LE GUIDE VERT

Côte d'Azur

Direction	Hervé Deguine
Rédaction en chef	Nadia Bosquès
Mise à jour	Hélène Payelle, Juliette Dablanc
Informations pratiques	Maryvonne Kerihuel, France-Lise Wachter, Catherine Rossignol, Danielle Leroyer, Philippe Robic, Sandrine Durieux
Documentation	Isabelle du Gardin
Cartographie	Alain Baldet, Geneviève Corbic
Iconographie	Stéphane Sauvignier, Anne Autissier
Secrétariat de rédaction	Mathilde Vergnault
Correction	Juliette Dablanc
Mise en page	Marie-Pierre Renier, Michel Moulin, Frédéric Sardin
Conception graphique	Christiane Beylier à Paris 12e
Maquette de couverture	Agence Carré Noir à Paris 17e
Fabrication	Pierre Ballochard, Renaud Leblanc
Marketing	Cécile Petiau
Ventes	Antoine Baron (France), Robert Van Keerberghen (Belgique), Christian Verdon (Suisse), Nadine Naudet (Canada), Sylvaine Cuniberti (grand export)
Relations publiques	Gonzague de Jarnac

Pour nous contacter

Le Guide Vert
Michelin – Éditions des Voyages
46, avenue de Breteuil
75324 Paris Cedex 07
☎ 01 45 66 12 34
Fax : 01 45 66 13 75
www.ViaMichelin.fr
LeGuideVert@fr.michelin.com

Note au lecteur

Ce guide tient compte des conditions de tourisme connues au moment de sa rédaction. Certains renseignements (prix, adresses, numéros de téléphone, horaires...) peuvent perdre de leur actualité, de même que des établissements ou des curiosités peuvent fermer. Michelin Éditions des Voyages ne saurait être tenu responsable des conséquences dues à ces éventuels changements.

À la découverte de la Côte d'Azur

Sertie au Nord par les montagnes, au Sud par la mer, étirée d'Est en Ouest comme un croissant doré, la Côte d'Azur est un joyau célèbre qui suscite admiration et convoitise dans le monde entier. La « French Riviera », comme l'appellent les Britanniques, est un mélange de simplicité provençale et de luxe ostentatoire, de douceur méridionale et de frénésie contemporaine. Sur les chemins escarpés des gorges du Loup ou sur la Croisette huppée de Cannes, vous serez sans cesse balancé entre ces deux extrêmes qu'a si bien mis en scène le cinéma : l'arrière-pays provençal de Pagnol d'un côté, la Côte d'Azur de Vadim et de Godard de l'autre.

Quels que soient vos projets, ce Guide Vert Côte d'Azur sera un compagnon fiable et fidèle, à la hauteur de vos attentes. Il a été rédigé par une équipe de spécialistes expérimentés, sous la direction de Nadia Bosquès, rédactrice en chef, et l'aide d'Hélène Payelle, secrétaire d'édition.

Un effort particulier a été fait sur la mise en page et le choix des photos. Les adresses pratiques, d'artisanat et de loisirs en particulier, ont été vérifiées avec soin. Les plans de ville et les cartes régionales ont été revues par notre équipe de cartographes.

Malgré nos efforts, il se peut que des erreurs ou des oublis se soient glissés ici ou là ; si tel était le cas, signalez-le nous ! Car, depuis plus de cent ans, notre souci est de vous offrir le meilleur des guides.

Merci d'avoir choisi le Guide Vert et bon voyage sur la Côte d'Azur

Hervé Deguine
Directeur de la collection des Guides Verts
LeGuideVert@fr.michelin.com

Sommaire

Informations pratiques

Invitation au voyage

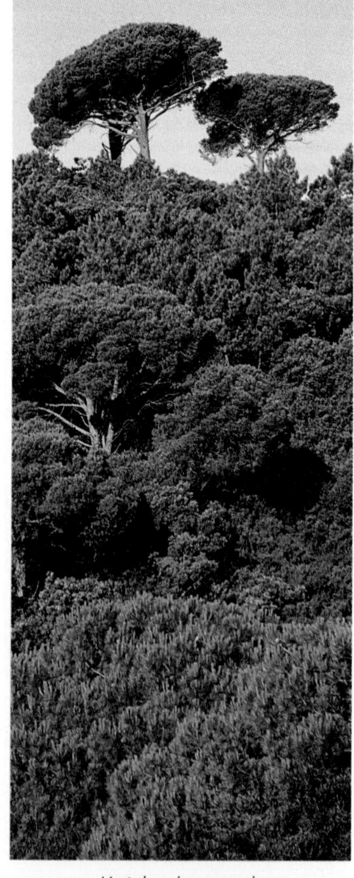

Vert, les pins parasols du massif des Maures.

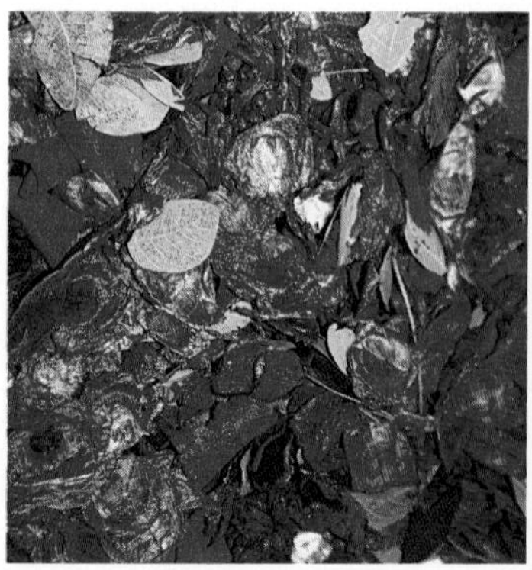

Rouge, les pétales de roses à Grasse.

Villes et sites

Jaune, les façades du vieux Nice.

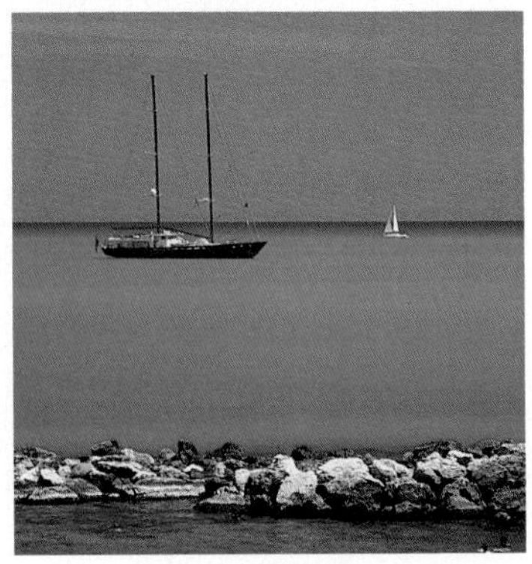

Bleu, l'horizon et la mer à Antibes.

Cartes et plans

Les cartes routières qu'il vous faut

Comme tout automobiliste prévoyant, munissez-vous de bonnes cartes. Les produits Michelin sont complémentaires : ainsi, chaque ville ou site présenté dans ce guide est accompagné de ses références cartographiques sur les différentes gammes de cartes que nous proposons. L'assemblage de nos cartes est présenté ci-dessous avec les délimitations de leur couverture géographique.

Les **nouvelles cartes Local**, au 1/150 000 ou au 1/175 000, ont été conçues pour ceux qui aiment prendre le temps de découvrir une zone géographique plus réduite (un ou deux départements) lors de leurs déplacements en voiture. Elles disposent d'un index complet des localités et proposent les plans des préfectures. Pour ce guide, consultez les cartes Local 340 et 341.

Et n'oubliez pas, la **carte de France** n° **721** vous offre la vue d'ensemble de la région Côte d'Azur au 1/1 000 000, avec ses grandes voies d'accès d'où que vous veniez.

Enfin sachez qu'en complément de ces cartes, le site Internet **www.ViaMichelin.fr** permet le calcul d'itinéraires détaillés avec leur temps de parcours, et offre bien d'autres services. Le minitel **3615 ViaMichelin** vous permet d'obtenir ces mêmes informations ; les **3617** et **3623 Michelin** les délivrent par fax ou imprimante.

L'ensemble de ce guide est par ailleurs riche de cartes et plans, dont voici la liste :

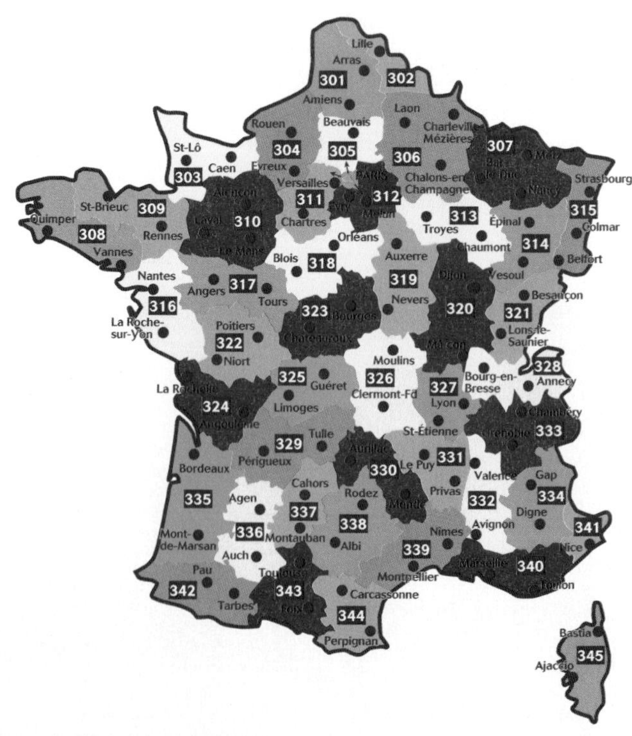

Cartes thématiques

Plans de villes

Plans de monuments

Cartes des circuits décrits

Légende

Monuments et sites

- Itinéraire décrit, départ de la visite
- Église
- Temple
- Synagogue - Mosquée
- Bâtiment
- Statue, petit bâtiment
- Calvaire
- Fontaine
- Rempart - Tour - Porte
- Château
- Ruine
- Barrage
- Usine
- Fort
- Grotte
- Monument mégalithique
- Table d'orientation
- Vue
- Autre lieu d'intérêt

Signe particulier

- Plage

Sports et loisirs

- Hippodrome
- Patinoire
- Piscine : de plein air, couverte
- Port de plaisance
- Refuge
- Téléphérique, télécabine
- Funiculaire, voie à crémaillère
- Chemin de fer touristique
- Base de loisirs
- Parc d'attractions
- Parc animalier, zoo
- Parc floral, arborétum
- Parc ornithologique, réserve d'oiseaux
- Promenade à pied
- Intéressant pour les enfants

Abréviations

A	Chambre d'agriculture
C	Chambre de commerce
H	Hôtel de ville
J	Palais de justice
M	Musée
P	Préfecture, sous-préfecture
POL.	Police
	Gendarmerie
T	Théâtre
U	Université, grande école

	site	station balnéaire	station de sports d'hiver	station thermale
vaut le voyage	★★★	☼☼☼	✱✱✱	⚲⚲⚲
mérite un détour	★★	☼☼	✱✱	⚲⚲
intéressant	★	☼	✱	⚲

Autres symboles

ℹ	Information touristique
═ ═	Autoroute ou assimilée
❶ ➀	Échangeur : complet ou partiel
	Rue piétonne
	Rue impraticable, réglementée
	Escalier - Sentier
	Gare - Gare auto-train
S.N.C.F.	Gare routière
	Tramway
	Métro
	Parking-relais
♿	Facilité d'accès pour les handicapés
	Poste restante
	Téléphone
	Marché couvert
	Caserne
	Pont mobile
	Carrière
⚒	Mine
B F	Bac passant voitures et passagers
	Transport des voitures et des passagers
	Transport des passagers
③	Sortie de ville identique sur les plans et les cartes Michelin
Bert (R.)...	Rue commerçante
AZ B	Localisation sur le plan

Carnet pratique

20 ch : 38,57/57,17 €	Nombre de chambres : prix de la chambre pour une personne/chambre pour deux personnes
demi-pension ou pension : 42,62 €	Prix par personne, sur la base d'une chambre occupée par deux clients
6,85 €	Prix du petit déjeuner; lorsqu'il n'est pas indiqué, il est inclus dans le prix de la chambre (en général dans les chambres d'hôte)
120 empl. : 12,18 €	Nombre d'emplacements de camping : prix de l'emplacement pour 2 personnes avec voiture
12,18 € déj. - 16,74/38,05 €	Restaurant : prix menu servi au déjeuner uniquement – prix mini/maxi : menus (servis midi et soir) ou à la carte
rest. 16,74/38,05 €	Restaurant dans un lieu d'hébergement, prix mini/maxi : menus (servis midi et soir) ou à la carte
repas 15,22 €	Repas type « Table d'hôte »
réserv.	Réservation recommandée
	Cartes bancaires non acceptées
P	Parking réservé à la clientèle de l'hôtel

Les prix sont indiqués pour la haute saison

Les plus beaux sites

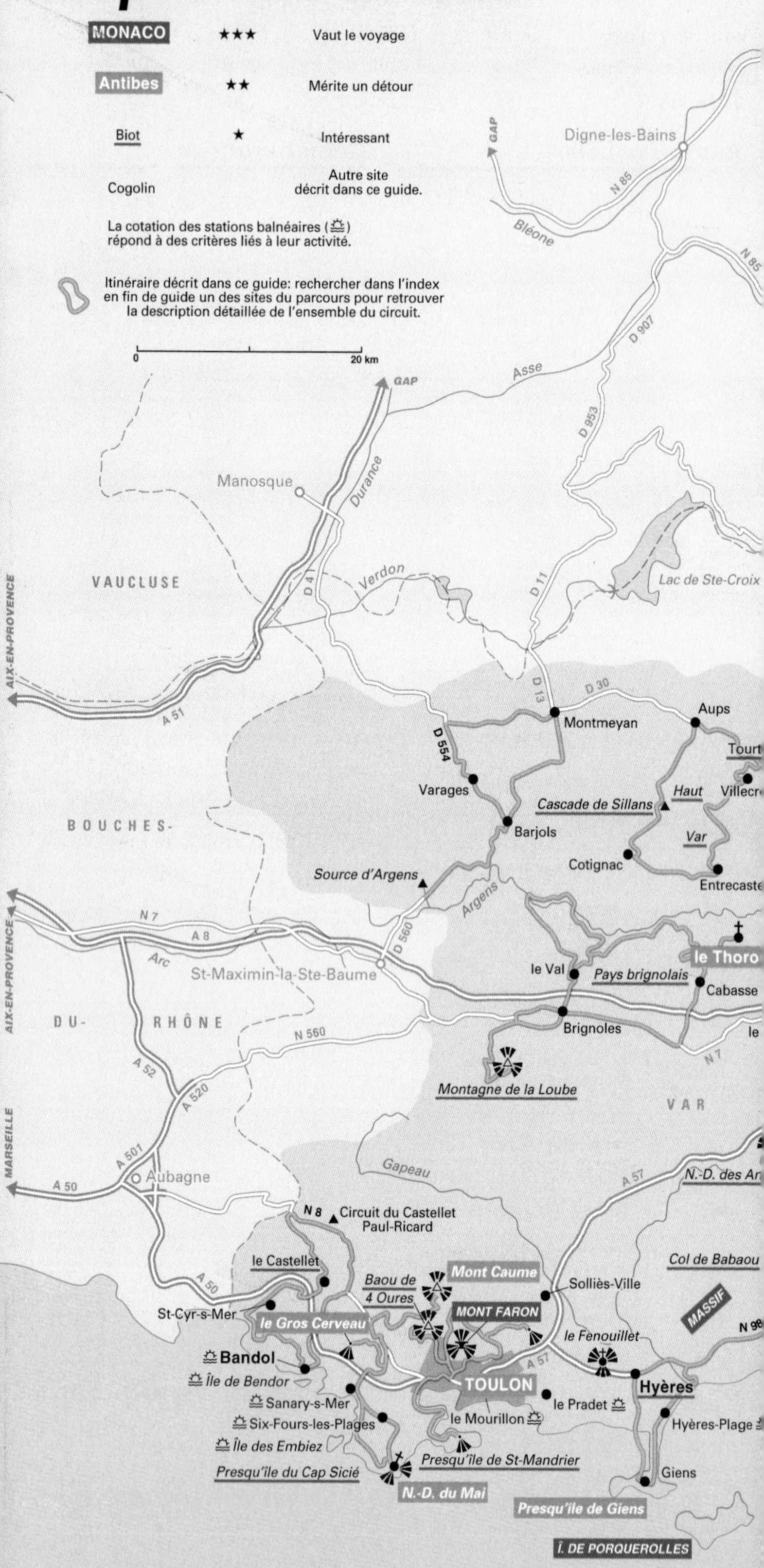

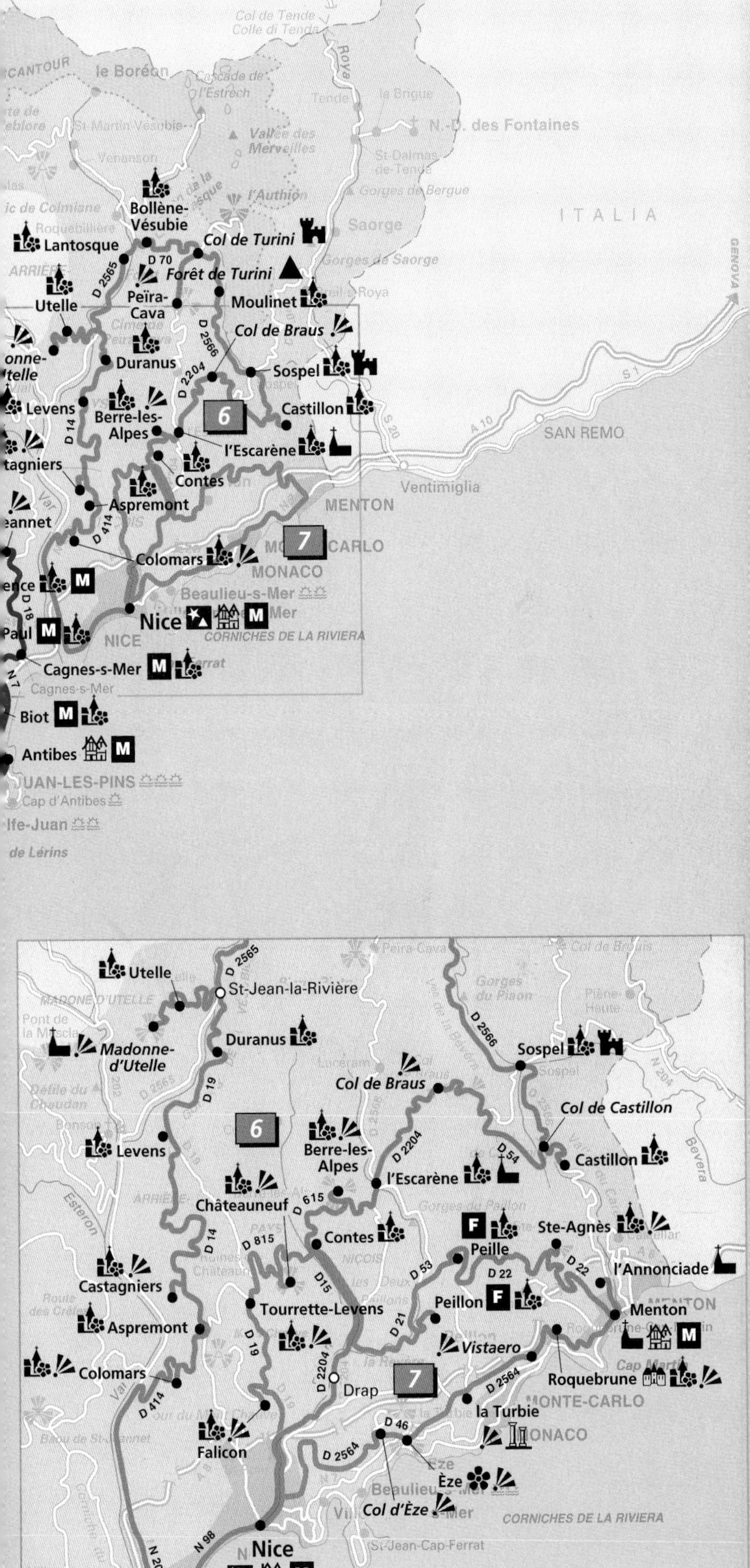

TORINO
Col de Tende
Colle di Tenda
Roya
Mercantour
le Boréon
Cascade de l'Estrech
Tende
la Brigue
St-Martin-Vésubie
N.-D. des Fontaines
Vallée des Merveilles
Venanson
St-Dalmas-de-Tende
Gorges de Bergue
Bollène-Vésubie
l'Authion
Saorge
ITALIA
Lantosque
Col de Turini
D 70
Forêt de Turini
Gorges de Saorge
GENOVA
D 2565
Peïra-Cava
Moulinet
Utelle
D 2566
Col de Braus
Duranus
D 2204
Sospel
S 1
Levens
Berre-les-Alpes
Castillon
6
D 14
l'Escarène
S 20
A 10
SAN REMO
Castagniers
Contes
Ventimiglia
Aspremont
MENTON
D 414
7
MONTE-CARLO
Colomars
MONACO
Beaulieu-s-Mer
D 18
Nice
Èze
CORNICHES DE LA RIVIERA
NICE
Cagnes-s-Mer
N 7
Biot
Antibes
JUAN-LES-PINS
Cap d'Antibes
de Lérins
Peïra-Cava
Col de Braus
Utelle
D 2565
St-Jean-la-Rivière
Gorges du Piaon
MADONE D'UTELLE
Pont de la Mescla
Duranus
Madonne-d'Utelle
D 2566
Sospel
Col de Braus
D 19
Col de Castillon
Bevera
6
Berre-les-Alpes
Levens
D 2204
D 54
Castillon
Châteauneuf
D 615
l'Escarène
Esteron
F
Contes
Ste-Agnès
D 14
D 815
Peille
D 15
D 53
D 22
l'Annonciade
Castagniers
Tourrette-Levens
D 21
Peillon
Menton
Aspremont
D 19
Vistaero
Colomars
D 2204
Roquebrune
Drap
7
D 2564
MONTE-CARLO
D 414
la Turbie
D 46
MONACO
Falicon
D 2564
Èze
Beaulieu-s-Mer
Col d'Èze
CORNICHES DE LA RIVIERA
N 98
Nice
St-Jean-Cap-Ferrat
N 202
Cap Ferrat
Cagnes-s-Mer
0
10 km

L'Esterel à Agay.

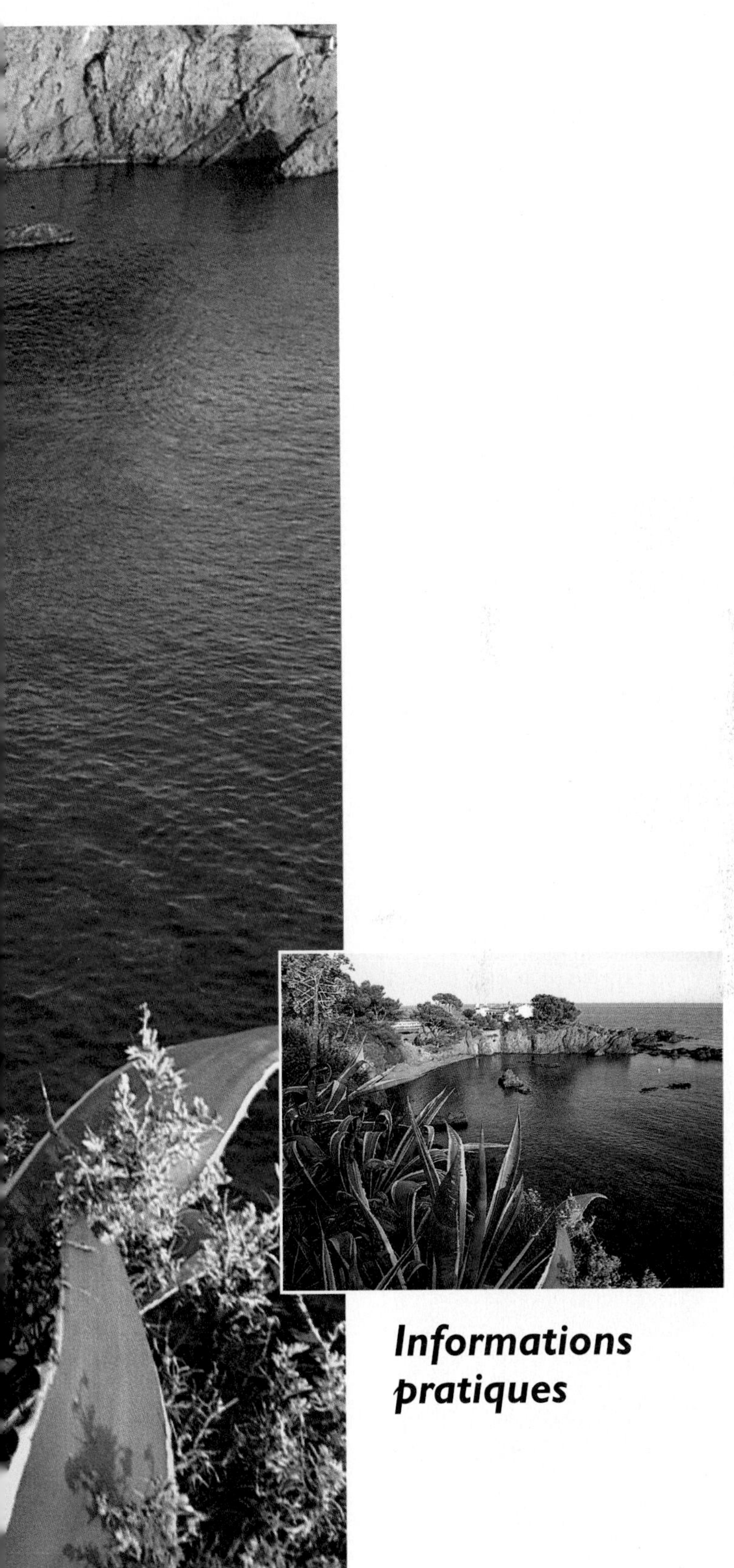

Informations pratiques

Avant le départ

adresses utiles

Ceux qui aiment préparer leur voyage dans le détail peuvent rassembler toute la documentation utile auprès des professionnels du tourisme de la région. Outre les adresses indiquées ci-dessous, sachez que les coordonnées des offices de tourisme ou syndicats d'initiative des villes et sites décrits dans le corps de ce guide sont précisées au début de chaque chapitre (rubrique « la situation »).

Comités régionaux de tourisme

Provence-Alpes-Côte d'Azur – Les Docks, Atrium 10.5, 10 pl. de la Joliette, BP 46214, 13567 Marseille Cedex 02, ☎ 04 91 56 47 00, fax 04 91 56 47 01.

Riviera-Côte d'Azur – 55 promenade des Anglais, BP 1602, 06011 Nice Cedex 1, ☎ 04 93 37 78 78, fax 04 93 86 01 06. www.guideriviera.com

Autres organismes de tourisme

Comité départemental du tourisme du Var – 1 bd Mar.-Foch, BP 99, 83003 Draguignan Cedex, ☎ 04 94 50 55 50, www.tourismevar.com.

Union départementale des Offices de tourisme et Syndicats d'initiative des Alpes-Maritimes – 2 r. Gustave-Deloye, 06000 Nice, ☎ 04 92 47 75 15, fax 04 92 47 75 10.

Office de tourisme et des congrès de la principauté de Monaco – 2A bd des Moulins, 98030 Monaco, ☎ (00) 377 92 16 61 16.

Villes et Pays d'art et d'histoire

Sous ce label décerné par le ministère de la Culture et de la Communication sont regroupés quelque 130 villes et pays qui œuvrent activement à la mise en valeur et à l'animation de leur patrimoine. Dans ce réseau sont proposées des visites générales ou insolites (1h1/2 ou plus), conduites par des guides-conférenciers et des animateurs du patrimoine agréés par le ministère. Les enfants ne sont pas oubliés grâce à l'opération « L'été des 6-12 ans » qui connaît chaque année un grand succès. Renseignements auprès des offices de tourisme des villes ou sur le site www.vpah.culture.fr

Les Villes d'art et d'histoire citées dans ce guide sont Fréjus, Grasse et Menton.

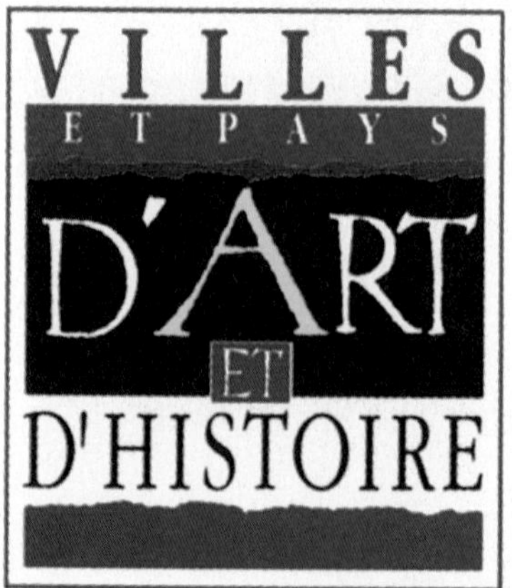

forfait

Carte Musées Côte d'Azur – Elle offre un accès libre, direct et illimité aux musées, monuments et jardins de la Riviera Côte d'Azur, pendant 1 (8€), 3 (15€) ou 7 jours (25€) ; l'accès à ces sites est gratuit pour les enfants de moins de 7 ans. Vente dans les musées concernés, les offices du tourisme de Grasse, Èze et Antibes, et dans les magasins FNAC. www.cmca.net

météo

Quel temps pour demain ?

Le service Météo-France a mis en place un système de services téléphoniques : les bulletins diffusés sont réactualisés trois fois par jour et sont valables pour une durée de sept jours.

Prévisions nationales – ☎ 08 92 68 00 00 (0,34€/mn).

Prévisions régionales – ☎ 08 92 68 01 01 (0,34€/mn).

Prévisions départementales – ☎ 08 92 68 02 suivi du département (☎ 08 92 68 02 83 pour le Var par exemple).

Prévisions pour les bords de mer – ☎ 08 92 68 08 suivi du numéro de département côtier et ☎ 08 92 68 08 77 pour les informations au large.

Toutes ces informations sont également disponibles sur 3615 météo et www.meteo.fr

Climat

Pendant longtemps, la Côte d'Azur ne reçut de visiteurs qu'en hiver et au printemps. Ils s'y pressent maintenant durant tout l'été. La « saison » touristique dure ainsi presque toute l'année.

La douceur de l'**hiver** sur la Côte reste proverbiale. Elle s'explique par une latitude déjà basse, la présence de la mer qui modère les écarts de température, l'exposition en plein midi et l'écran de montagne qui atténue les vents froids. La moyenne

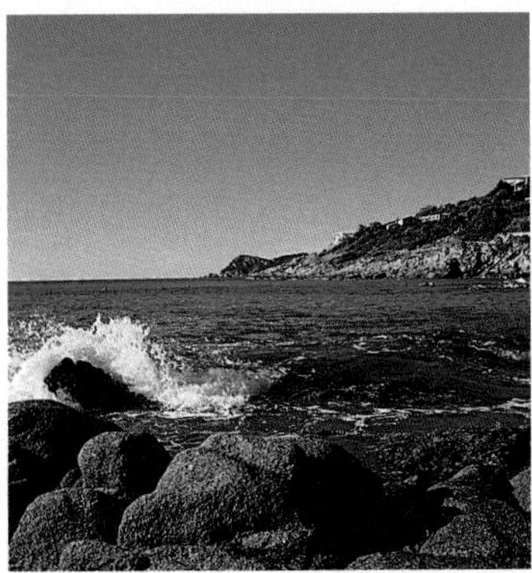

La plage de l'Escalet au Cap Teillat, près de Ramatuelle.

de janvier est de 8° à Nice alors qu'elle est de 3° à Paris. Le soleil peut faire monter le thermomètre jusqu'à 22°, mais au crépuscule et pendant la nuit, la température baisse subitement et fortement. Quand on pénètre dans l'arrière-pays, le froid et la neige réapparaissent, mais l'atmosphère reste pure et le soleil brillant. C'est le climat rêvé pour les sports d'hiver. L'hiver est aussi une saison riche en fêtes où se multiplient les corsos de fleurs. Les feuillages persistants et les fleurs qui continuent d'éclore conservent à la nature un air de fête.
Quelques pluies violentes mais courtes caractérisent le **printemps**. C'est la saison des fleurs qui ravit tous les sens. Mais c'est aussi en cette saison que le mistral souffle le plus fréquemment, surtout à l'Ouest de Toulon. Ce vent vient du Nord-Ouest, par froides rafales ; après quelques jours – trois, six ou neuf, dit-on – le jet puissant d'air pur a tout assaini : le ciel, balayé, est encore plus bleu !
La chaleur arrive avec l'**été**. La Côte offre alors son azur invariablement pur et ses 26° de moyenne en juillet-août. La chaleur reste toutefois supportable parce qu'elle est tempérée par la brise qui souffle pendant la journée. Ce n'est plus la saison des fleurs, peu s'en faut : la végétation, accablée par la sécheresse, sommeille. On fait la grimace quand arrive, du Sud, le souffle de feu du « sirocco ». L'arrière-pays offrant toute la gamme des séjours d'altitude jusqu'à 1 800 m, plus on aime le frais, plus on goûte l'air vif, et plus on montera.
L'**automne**, enfin, est la saison des orages violents après lesquels le soleil reparaît, brillant et chaud, donnant aux fleurs une nouvelle occasion de montrer le bout de leur nez ! Les journées idéales ne manquent point pendant l'automne. Dans toute l'année, il n'y a en moyenne que 86 jours de pluie à Nice contre 162 à Paris, bien que la quantité d'eau tombée soit bien plus forte.

transports

Par route

Informations sur internet et minitel – Le site internet www.ViaMichelin.fr offre une multitude de services et d'informations pratiques d'aide à la mobilité (calcul d'itinéraires, cartographie : des cartes pays aux plans de villes, sélection des hôtels et restaurants du Guide Rouge Michelin,...) sur 43 pays d'Europe. Les calculs d'itinéraires sont également accessibles sur minitel (3615 ViaMichelin) et peuvent être envoyés par fax (3617 ou 3623 Michelin).

Informations autoroutières – 3 r. Edmond-Valentin, 75007 Paris, ☏ 01 47 05 90 01 (lun.-ven.). Informations sur les conditions de circulation sur les autoroutes : ☏ 08 92 68 10 77, www.autoroutes.fr et 3615 autoroute. Consultez également l'Atlas autoroutier Michelin n° 914.

Grands axes – L'autoroute A 8 parcourt le littoral azuréen de Marseille à la frontière italienne. Elle est raccordée au réseau autoroutier italien sans interruption jusqu'à Gênes.
Accès depuis les Alpes de Haute-Provence par la route Napoléon (N 85) via Castellane et Grasse, et depuis le Piémont par l'axe du col de Tende et de la vallée de la Roya (jusqu'à Menton).
La durée moyenne du trajet par autoroute depuis l'Île-de-France est d'environ 7h.

En train

Depuis Paris (gare de Lyon), le TGV permet de rejoindre via Lyon les principales villes de la Côte d'Azur que sont Toulon (4h), Hyères (4h20), St-Raphaël, Cannes (5h), Antibes, Nice (5h30), Monaco et Menton (6h). Il existe 12 à 15 trains quotidiens au départ de Toulon et Paris.
Informations générales, 3615 ou 3616 SNCF ; informations sur le réseau régional, 3615 ou 3616 TER ; informations, réservation, vente, ☏ 08 36 35 35 35 ; informations sur répondeur, ☏ 08 36 67 68 69.

En avion

Deux grands aéroports proposent des liaisons régulières directes avec d'autres villes françaises et étrangères.

COMPAGNIES AÉRIENNES :

Air France – La compagnie assure des liaisons quotidiennes entre Ajaccio, Biarritz, Mulhouse, Lyon, Rennes, Clermont-Ferrand et l'aéroport de Nice. Nice est également desservie au départ de Deauville en été. En outre, Lille, Nantes, Strasbourg et Clermont-Ferrand sont reliés à l'aéroport de Toulon quotidiennement. Renseignements et réservations : ☏ 0 802 802 802. www.airfrance.fr.

Air Lib - La compagnie relie quotidiennement Paris et Metz à Nice. Elle assure également la liaison Paris-Toulon. Renseignements et réservations : ☎ 0 825 805 805. www.air-lib.fr

Air Littoral - La compagnie dessert l'aéroport de Nice depuis Calvi, Figari, Bordeaux, Lilles, Montpellier, Nantes, Strasbourg et Toulouse. Renseignements et réservations : ☎ 0 825 834 834. www.airlittoral.com

Buzz - La compagnie propose des vols à prix réduits pour Toulon au départ de l'aéroport de Bordeaux. Renseignements et réservations : ☎ 0 155 174 242. www.buzzaway.fr

Aéris - la compagnie assure la liaison journalière Brest-Toulon. Renseignements et réservations : ☎ 05 61 16 76 00.

AÉROPORTS QUI DESSERVENT LA RÉGION :

Aéroport international de Nice-Côte d'Azur - 06281 Nice Cedex 3, ☎ 0 820 423 333. www.nice.aéroport.fr

Aéroport de Toulon-Hyères - Bd de la Marine, 83400 Hyères, ☎ 04 94 00 83 83, www.toulon.aeroport.fr

EN BATEAU

Le **port de Nice** assure des liaisons toute l'année avec la Corse et en saison avec l'Italie. Capitainerie du port : ☎ 04 93 09 50 85. Liaisons avec la Corse : ☎ 04 93 13 66 66.
La **gare maritime de Toulon** offre des liaisons permanentes avec la Corse et saisonnières avec la Sardaigne. Elle constitue en outre un important port d'escale pour les navires de croisière en Méditerranée. Gare maritime : ☎ 04 94 22 80 82.
Pour connaître les conditions de traversée par bateau vers les îles qui longent la côte, se reporter aux « carnets pratiques » des villes concernées.

tourisme et handicapés

Un certain nombre de curiosités décrites dans ce guide sont accessibles aux handicapés. Elles sont signalées par le symbole ♿.
Pour de plus amples renseignements au sujet de l'accessibilité des musées aux personnes atteintes de handicaps moteurs ou sensoriels, contacter la direction des Musées de France, service des Publics, 6 r. des Pyramides, 75041 Paris Cedex 01, fax 01 40 15 80 72.

Guides Michelin Hôtels-Restaurants et Camping Caravaning France - Révisés chaque année, ils indiquent respectivement les chambres accessibles aux handicapés physiques et les installations sanitaires aménagées.

Guide Rousseau H... comme Handicaps - Édité par l'association France Handicaps (9 r. Luce-de-Lancival, 77340 Pontault-Combault, ☎ 01 60 28 50 12), il donne de précieux renseignements sur la pratique du tourisme, des loisirs, des vacances et des sports accessibles aux handicapés.

Hébergement, restauration

Si les noms des grands hôtels et des palaces vous font rêver et que le parfum de l'huile d'olive vous met l'eau à la bouche à la simple évocation de son nom, alors la Côte d'Azur est sans aucune hésitation votre destination et elle comblera tous vos désirs.
Séjours au bord de mer, à la campagne ou randonnées sportives dans l'arrière-pays ? À chaque envie, son type d'hébergement et pour chaque station, sa formule privilégiée.
Les villes sont largement pourvues dans la gamme large des hôtels et des pensions. Il en est de même pour les stations balnéaires dont le parc hôtelier, souvent cossu, reflète bien le prestige de la clientèle qui a fait la réputation de la Côte d'Azur. Plus haut pourrait-on dire, dans la majesté des altitudes du haut pays niçois, et à proximité du parc du Mercantour, les chambres d'hôte et les gîtes ruraux règnent en maître, mais, rançon de leur succès, ils sont pris d'assaut dès la sortie des premières primevères. Une infinité de stations de séjours au bord d'un lac, au fond d'un vallon couvert d'oliviers ou dans le pli d'un plateau sauront agrémenter vos vacances et vous étonner par de multiples activités : bases d'eaux vives au bord des petits torrents des Préalpes, centres équestres de randonnées de la Haute-Tinée, etc.
Mais les séjours au bord de la « Grande Bleue » demeurent la destination favorite avec bien sûr les sports nautiques déclinés sous toutes leurs formes dans les moindres criques ou port de plaisance... Tout le monde est sûr d'y trouver son compte...

les adresses du guide

Pour la réussite de votre séjour, vous trouverez la sélection des bonnes adresses de la collection Le Guide Vert. Nous avons sillonné la région pour repérer des chambres d'hôte et

des hôtels, des restaurants et des fermes-auberges... En privilégiant des étapes, souvent agréables, au cœur des villes, des villages ou sur nos circuits touristiques, en pleine campagne ou les pieds dans l'eau ; des maisons de pays, des tables régionales, des lieux de charme et des adresses plus simples... pour découvrir la région autrement : à travers ses traditions, ses produits du terroir, ses recettes et ses modes de vie. Le confort, la tranquillité et la qualité de la cuisine sont bien sûr des critères essentiels ! Toutes les maisons ont été visitées et choisies avec le plus grand soin, toutefois il peut arriver que des modifications aient eu lieu depuis notre dernier passage : faites-le nous savoir, vos remarques et suggestions seront toujours les bienvenues !
Les prix que nous indiquons sont ceux pratiqués en **haute saison** ; hors saison, de nombreux établissements proposent des tarifs plus avantageux, renseignez-vous.

Mode d'emploi

Au fil des pages, vous découvrirez nos carnets pratiques : toujours rattachés à des villes ou à des sites touristiques remarquables du guide, ils proposent une sélection d'adresses à proximité. Si nécessaire, l'accès est donné à partir du site le plus proche.
Dans chaque carnet, les maisons sont classées en trois catégories de prix pour répondre à toutes les attentes :
Vous partez avec un budget inférieur à 42€ pour l'hébergement ? Choisissez vos adresses parmi celles de la catégorie **« À bon compte »** : vous trouverez là des hôtels, des chambres d'hôte simples et conviviales. Côté restauration, des tables gourmandes, à prix toujours honnêtes, vous sont proposées à moins de 16€.
Votre budget est un peu plus large, jusqu'à 76€ pour l'hébergement et 31€ pour la restauration. Piochez vos étapes dans les **« Valeurs sûres »**. Dans cette catégorie, vous trouverez des maisons, souvent de charme, de meilleur confort et plus agréablement aménagées, animées par des passionnés, ravis de vous faire découvrir leur demeure et leur table. Là encore, chambres et tables d'hôte sont au rendez-vous, avec également des hôtels et des restaurants plus traditionnels, bien sûr.
Vous souhaitez vous faire plaisir le temps d'un repas ou d'une nuit, vous aimez voyager dans des conditions très confortables ? La catégorie **« Une petite folie ! »** est pour vous... La vie de château dans de luxueuses chambres d'hôte pas si chères que cela ou dans les palaces et les grands hôtels : à vous de choisir ! Vous pouvez aussi profiter des décors de rêve de lieux mythiques à moindre frais, le temps d'un brunch ou d'une tasse de thé... À moins que vous ne préfériez casser votre tirelire pour un repas gastronomique dans un restaurant renommé. Sans oublier que la traditionnelle formule « tenue correcte exigée » est toujours d'actualité dans ces élégantes maisons !

L'hébergement

Les hôtels – Nous vous proposons un choix très large en terme de confort. La location se fait à la nuit et le petit déjeuner est facturé en supplément. Certains établissements assurent un service de restauration également accessible à la clientèle extérieure.

Les chambres d'hôte – Vous êtes reçu directement par les habitants qui vous ouvrent leur demeure. L'atmosphère est plus conviviale qu'à l'hôtel, et l'envie de communiquer doit être réciproque : misanthropes, s'abstenir ! Les prix, mentionnés à la nuit, incluent le petit déjeuner. Certains propriétaires proposent aussi une table d'hôte, en général le soir, et toujours réservée aux résidents de la maison. Il est très vivement conseillé de réserver votre étape en raison du grand succès de ce type d'hébergement.

NB : certains établissements ne peuvent pas recevoir vos compagnons à quatre pattes ou les accueillent moyennant un supplément, pensez à le demander lors de votre réservation.

La restauration

Pour répondre à toutes les envies, nous avons sélectionné des restaurants régionaux bien sûr, mais aussi classiques, exotiques ou à thème... Et des lieux plus simples, où vous pourrez grignoter une salade composée, une tarte salée, une pâtisserie ou déguster des produits régionaux sur le pouce.
Quelques fermes-auberges vous permettront de découvrir les saveurs de la France profonde. Vous y goûterez des produits authentiques provenant de l'exploitation agricole, préparés dans la tradition et

généralement servis en menu unique. Le service et l'ambiance sont bon enfant. Réservation obligatoire ! Enfin, n'oubliez pas que les restaurants d'hôtels peuvent vous accueillir.

et aussi...

Si d'aventure vous n'avez pu trouver votre bonheur parmi toutes nos adresses, vous pouvez consulter les Guides Michelin d'hébergement ou, en dernier recours, vous rendre dans un hôtel de chaîne.

Le Guide Rouge hôtels et restaurants France

Pour un choix plus étoffé et actualisé, Le Guide Rouge recommande hôtels et restaurants sur toute la France. Pour chaque établissement, le niveau de confort et de prix est indiqué, en plus de nombreux renseignements pratiques. Les bonnes tables, étoilées pour la qualité de leur cuisine, sont très prisées par les gastronomes. Le symbole « **Bib Gourmand** » sélectionne les tables qui proposent une cuisine soignée à moins de 21€.

Le Guide Camping France

Le Guide Camping propose tous les ans une sélection de terrains visités régulièrement par nos inspecteurs. Renseignements pratiques, niveau de confort, prix, agrément, location de bungalows, de mobile homes ou de chalets y sont mentionnés.

Les chaînes hôtelières

L'hôtellerie dite « économique » peut éventuellement vous rendre service. Sachez que vous y trouverez un équipement complet (sanitaire privé et télévision), mais un confort très simple. Souvent à proximité de grands axes routiers, ces établissements n'assurent pas de restauration. Toutefois, leurs tarifs restent difficiles à concurrencer (moins de 38€ la chambre double). En dépannage, voici donc les centrales de réservation de quelques chaînes :

B&B, ☎ 0 820 90 29 29
Etap Hôtel, ☎ 08 92 68 89 00
Villages Hôtel, ☎ 03 80 60 92 70

Enfin, les hôtels suivants, un peu plus chers (à partir de 52€ la chambre), offrent un meilleur confort et quelques services complémentaires :

Campanile, ☎ 01 64 62 46 46
Kyriad, ☎ 01 64 62 51 96
Ibis, ☎ 0 803 88 22 22

Hébergement rural

Gîtes de France

Maison des Gîtes de France et du Tourisme vert – 59 r. St-Lazare, 75439 Paris Cedex 09, ☎ 01 49 70 75 75. Cet organisme donne les adresses des relais départementaux et publie des guides sur les différentes possibilités d'hébergement en milieu rural (gîtes ruraux, chambres et tables d'hôte, gîtes d'étape, chambres d'hôte et gîtes de charme, gîtes de neige, gîtes de pêche, gîtes d'enfants, camping à la ferme, gîtes Panda, gîtes équestres). Renseignements et réservation possibles 3615 gites de France et www.gites-de-france.fr

Stations vertes

Fédération des Stations vertes de Vacances et Villages de Neige – 6 r. Ranfer-de-Bretenières, BP 71698, 21016 Dijon Cedex, ☎ 03 80 54 10 50. www.stationsvertes.com. Cet organisme regroupe 865 communes labellisées pour leur attrait naturel, leur environnement de qualité, leur offre diversifiée en matière d'hébergement et de loisirs.

Hébergement pour randonneurs

Les randonneurs peuvent consulter le guide *Gîtes d'étapes, refuges* par A. et S. Mouraret (Rando Éditions, BP 24, 65421 Ibos, ☎ 05 62 90 09 90, 3615 cadole). Cet ouvrage est principalement destiné aux amateurs de randonnées, d'alpinisme, d'escalade, de ski, de cyclotourisme et de canoë-kayak.

Auberges de jeunesse

Ligue française pour les Auberges de la Jeunesse – 67 r. Vergniaud, 75013 Paris, ☎ 01 44 16 78 78. 3615 auberge de jeunesse et www.auberges-de-jeunesse.com. La carte LFAJ est délivrée contre une cotisation annuelle de 10,7€ pour les moins de 26 ans, et de 15,25€ au-delà de cet âge.

choisir son lieu de séjour

Faire un tel choix, c'est déjà connaître quel type de voyage vous envisagez. La carte que nous vous proposons page suivante fait apparaître des **villes-étapes**, localités de quelque importance possédant de bonnes capacités d'hébergement, et qu'il faut visiter. Les **lieux de séjour traditionnels** sont sélectionnés pour leurs possibilités d'accueil et l'agrément de leur site. Monte-Carlo, Nice, St-Tropez et Menton méritent d'être classées parmi les **destinations de week-end**.

Les offices de tourisme et syndicats d'initiative renseignent sur les possibilités d'hébergement (meublés, gîtes ruraux, chambres d'hôte) autres que les hôtels et terrains de camping décrits dans les publications Michelin, et sur les activités locales de plein air, les manifestations culturelles ou sportives de la région.

Propositions de séjour

idées de week-end

Nice

Destination idéale pour un premier contact avec la Côte d'Azur, Nice est distante d'à peine 1h d'avion de la capitale et des principales villes françaises.
Itinéraire conseillé à la sortie de l'aéroport : la promenade des Anglais. Vous devez la longer tranquillement en regardant alternativement la mer et les villas. Ouvrez vos yeux et vos poumons : vous êtes à Nice, station balnéaire, animée à toute heure de la journée et fréquentée par des touristes du monde entier.
Essayez de consacrez au moins une demi-journée à la visite des nombreux musées ; le choix est tel que vous trouverez forcément un circuit répondant à votre sensibilité artistique : musée d'Art naïf, musée d'Art moderne et contemporain, musée des Arts asiatiques... à vous de choisir. Le musée Chagall et le musée Matisse sont quant à eux incontournables ! Alors que l'après-midi sera déjà bien avancée, remontez les siècles en parcourant la colline embaumée de Cimiez : son monastère abritant de vénérables œuvres de Bréa, les ruines de la cité romaine et son musée. La fin de journée vous retrouvera sur la place Masséna, typique, avec ses arcades empruntées à l'architecture piémontaise et haut lieu du Carnaval ; à deux pas, la vieille ville vous réservera enchantement et surprises à chaque détour de rues. Profitez de l'activité de la fin de journée pour découvrir les métiers qui animent ce quartier et les boutiques où vont s'approvisionner les Niçois : marchands d'herbes, vendeur de socca. Mesurez l'opulence discrète des notables niçois en visitant le palais Lascaris et la cathédrale Ste-Réparate. Le soir, vous goûterez la douceur du climat à la terrasse d'un restaurant du Vieux Nice. Le lendemain, visite du parc Phœnix où presque toutes les variétés végétales se côtoient pour votre plaisir, puis évadez-vous vers les hauteurs jusqu'à la cascade de Gairaut où vous apprécierez l'étendue de la ville et le charme tout proche de l'arrière-pays dont les contreforts ponctués de villages perchés semblent à portée de main. En toute fin de journée, évidemment par beau temps, montez à la cascade du château pour profiter d'un dernier coup d'œil sur le panorama de la baie des Anges en vous promettant de revenir bien vite.

Cadran solaire à Bormes-les-Mimosas.

Monte-Carlo

Ici tout n'est que luxe, calme et parfois... volupté. Si vous êtes venu pour vous renflouer vos poches au casino, nous vous souhaitons bonne chance ! Pour tous les autres, qui ne manqueront cependant pas de tenter le sort à un « manchot », débutons ce court séjour par une visite du Rocher, siège du gouvernement monégasque. À 11h55 exactement, rendez-vous au Palais princier : c'est l'heure de la grande relève de la garde ! Départ 12h à la découverte du musée des Souvenirs napoléoniens et de la collection des Archives historiques du Palais, du jardin St-Martin, de la cathédrale, puis du fameux musée océanographique qui enchantera petits et grands avec son aquarium immense et ses squelettes imposants d'animaux : baleine, cachalot, crabe géant... Cette journée s'achèvera par le quartier moderne de Fontvieille, à l'urbanisme futuriste, où vous pourrez vous émerveiller devant deux collections princières confiées à des musées : celui des timbres et des vieilles voitures. Terminez la visite de ce quartier en vous amusant des grimaces des multiples chimpanzés et autres animaux exotiques peuplant le jardin animalier au pied du Rocher. Le soir, vous aurez l'embarras du choix entre une restauration classique dans le cadre ancien du Rocher, ou plus sophistiquée à la terrasse d'un des grands restaurants de Monte-Carlo en contemplant le carrousel des limousines, pour peu que ce soit une soirée de gala...
Le lendemain, prenez de la hauteur en attaquant le contrefort de la Tête de Chien et visitez le jardin exotique, la grotte et le musée d'Anthropologie préhistorique. Par le biais des ascenseurs publics qui facilitent bien les déplacements, rejoignez Monte-Carlo, retrouvez au casino (interdit aux mineurs !) les joueurs invétérés puis, touche d'exotisme finale, en poursuivant votre descente, rendez-vous au jardin japonais et au musée national.
Cette suggestion de week-end à Monte-Carlo se combine aisément avec celle de Menton pour former un séjour de 3 à 4 jours.

Lieux de séjour

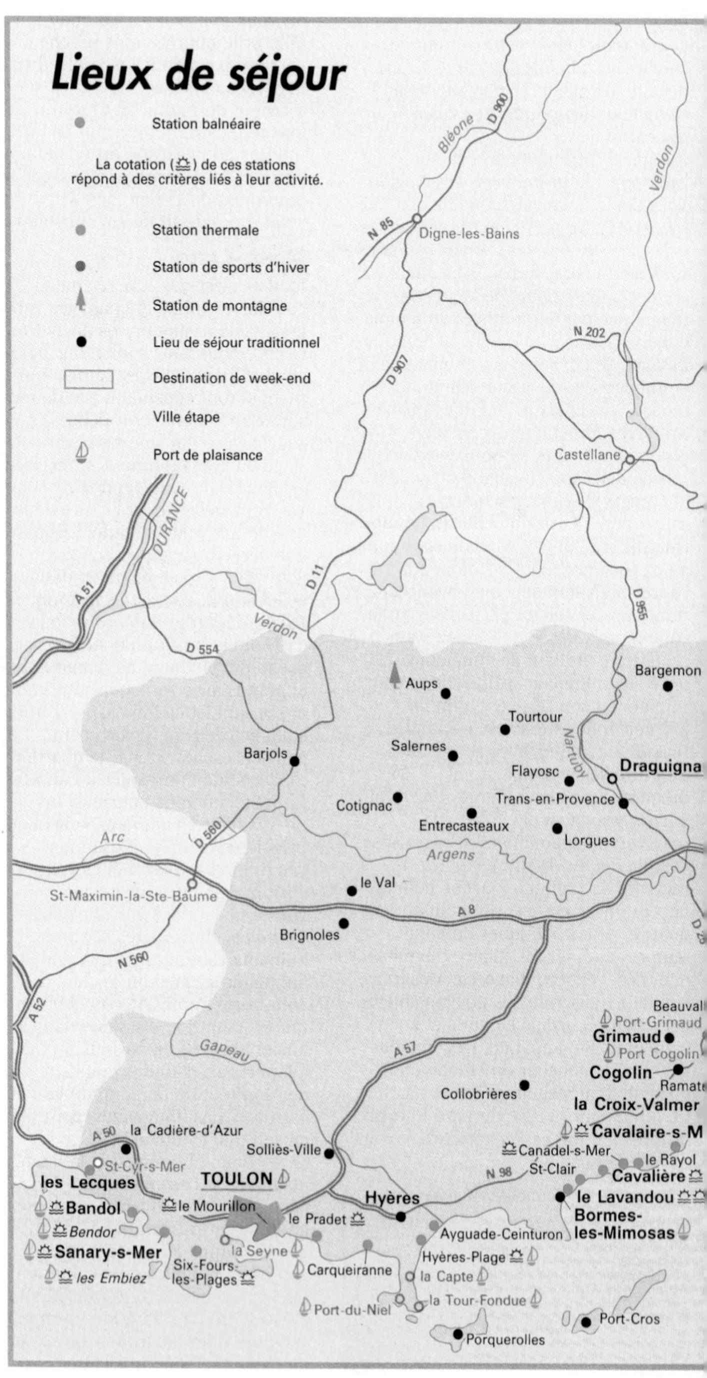

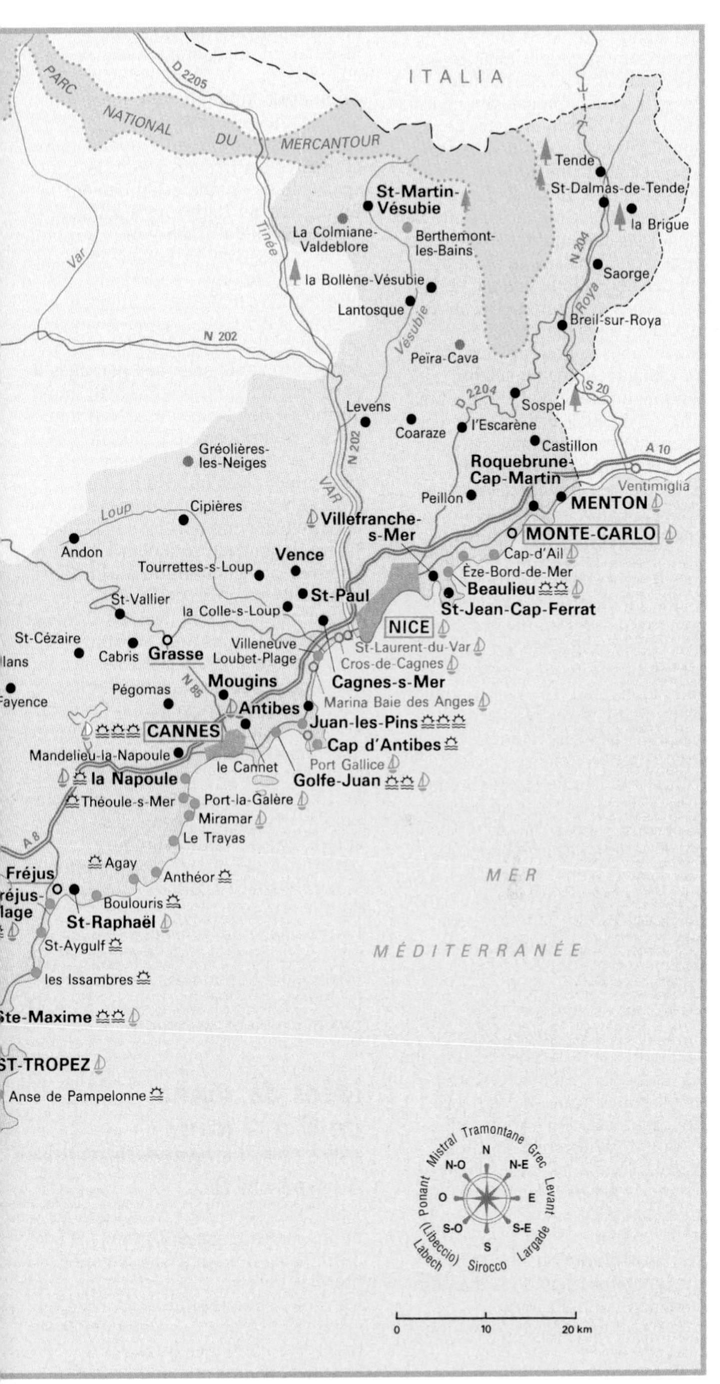
ITALIA
PARC NATIONAL DU MERCANTOUR
D 2205
Tinée
Var
Tende
St-Dalmas-de-Tende
la Brigue
St-Martin-Vésubie
La Colmiane-Valdeblore
Berthemont-les-Bains
la Bollène-Vésubie
Lantosque
Vésubie
N 204
Saorge
Roya
Breil-sur-Roya
N 202
Peïra-Cava
D 2204
Sospel
S 20
Levens
Coaraze
l'Escarène
Castillon
A 10
Gréolières-les-Neiges
N 202
Roquebrune-Cap-Martin
Ventimiglia
VAR
Peillon
MENTON
Loup
Cipières
Villefranche-s-Mer
MONTE-CARLO
Andon
Vence
Cap-d'Ail
Tourrettes-s-Loup
Èze-Bord-de-Mer
St-Paul
Beaulieu
St-Vallier
la Colle-s-Loup
St-Jean-Cap-Ferrat
NICE
St-Cézaire
Villeneuve Loubet-Plage
St-Laurent-du-Var
Cabris
Grasse
Cros-de-Cagnes
N 85
Mougins
Cagnes-s-Mer
Pégomas
Fayence
Antibes
Marina Baie des Anges
Juan-les-Pins
CANNES
Cap d'Antibes
Mandelieu-la-Napoule
le Cannet
Port Gallice
la Napoule
Golfe-Juan
Théoule-s-Mer
Port-la-Galère
Miramar
A 8
Le Trayas
Agay
Fréjus
Anthéor
MER
Boulouris
St-Raphaël
St-Aygulf
MÉDITERRANÉE
les Issambres
Ste-Maxime
ST-TROPEZ
Anse de Pampelonne
Tramontane
Mistral
Grec
N
N-O
N-E
Ponant
Levant
O
E
S-O
S-E
(Libeccio) Labech
S
Largade
Sirocco
0
10
20 km

Saint-Tropez

Un séjour même court dans la cité du Bailli, comme la dénomme les vieux Tropéziens, peut paraître une formule à mi-chemin entre snobisme et détente de star. Mais c'est sans aucun doute une journée de plaisir... Consacrez les premières heures de la matinée à déambuler (une première fois) sur les quais du vieux port à l'heure où les locataires (et parfois propriétaires) des somptueux yachts sont en train de s'éveiller. Croiser une star à la terrasse du Sénéquier pour une soupe à l'oignon après une nuit blanche est toujours possible – c'est une histoire de hasard ! – mais laissons cette quête aux paparazzi. Voici l'instant de profiter en solitaire des anses de la Ponche et des ruelles fraîches et désertes. Découvrez, entourée d'un agréable patio, l'étonnante maison des Papillons du peintre Lartigue, le fils du célèbre photographe de star J.-F. Lartigue, puis faites du « lèche-étals » au marché des Lices, puisque nous sommes samedi, jour le plus couru pour ce marché réputé. Appréciez en connaisseur les produits artisanaux ou faites-vous expliquer l'usage des nombreuses herbes en vente et la destination d'un objet traditionnel. Vous ne rentrerez pas bredouille ! Désaltérez-vous ensuite tout en comptant les points des joueurs de boules qui sont les seuls à s'échauffer à cette heure. Vous trouverez forcément un endroit pour déjeuner selon vos envies, chemin faisant vers la citadelle. Point de vue magnifique et observatoire privilégié des amateurs avisés de régates, vous saurez tout sur la vie de la station en visitant le musée naval. Le soir, à vous de choisir : soirée disco ? Papagayo, caves du Roy, il y en a pour tous les goûts mais prévoyez une tenue soignée ; soirée « croûtes » et flânerie ? Les quais du port vous accueillent, une animation s'y tient entre les fameux marchands de croûtes, dont vous emporterez un exemplaire, sans aucun doute... La nuit sera longue...
Le lendemain matin, accordez-vous une matinée culturelle pour ne plus rien ignorer du pointillisme et des nabis : direction le musée de l'Annonciade. La fin de la matinée approchant, on se dirigera vers Ramatuelle, en faisant une halte (selon la saison) pour se restaurer dans un des établissements de Pampelonne. L'après-midi à Ramatuelle sera un moment inoubliable. Village lové sur lui-même, il garde la mémoire de Gérard Philipe mais aussi le caractère intact des villages provençaux authentiques.

Menton

Autre perle de la Riviera, Menton peut à juste titre prétendre marier tous les genres et toutes les nationalités. La station la plus abritée de France bénéficie d'une exceptionnelle douceur de climat. Résultat, elle a vu affluer les plantes les plus étranges et les plus rares dans une multitude de jardins. Et les touristes les plus cosmopolites viennent les admirer ! Commencez ce séjour par une visite du vieux port et du musée Cocteau, logé dans l'unique vestige militaire de Menton, bastion du 17e s. Mettez à profit la matinée, si elle n'est pas trop chaude, pour vous attaquer au sommet de la vieille ville jusqu'au vieux cimetière peuplé de somptueuses tombes de nobles russes et anglais pour rêver devant le spectacle de la baie et du cap de Bordighera en Italie. Juste en dessous, l'église St-Michel cache un magnifique décor intérieur. Puis laissez-vous porter au gré de votre curiosité jusqu'au rivage. Les nombreuses échoppes d'artisanat sauront vous attirer. L'après-midi, vous la consacrerez à la salle des mariages de la mairie, décorée par Cocteau, puis au musée des Beaux-Arts. Non loin, le musée de Préhistoire régionale, un des plus complets de la région, saura passionner ceux qui désirent mieux connaître la vie de nos lointains ancêtres, déjà nombreux sur la Côte ! La fin de journée sera consacrée à admirer la végétation du jardin Biovès, théâtre de magnifiques expositions d'agrumes lors de la fête des Citrons. Le lendemain, journée verdure : vous allez parcourir d'Ouest en Est les plus beaux spécimens d'anciens jardins exotiques privés devenus la fierté de la cité du citron : jardin Maria Serena, Val Rameh, jardin des Romanciers et, si le temps vous l'accorde, franchissez la frontière jusqu'à Mortola Inferiore pour vous extasier devant les splendeurs du jardin Hanbury (Giardini Hanbury). En revenant vers le centre-ville de Menton, faites un détour jusqu'à la chapelle de l'Annonciade qui vous offre, de sa terrasse à plus de 200 m d'altitude, un incomparable panorama où vous pourrez noter les destinations de votre prochain séjour à Menton !

idées de séjour de 3 à 4 jours

Au départ de Nice

Vous voilà donc pour trois jours au moins face aux galets de la promenade des Anglais à Nice. Le premier jour, vous pourrez flâner dans les ruelles fraîches du vieux Nice en alternant la visite des chapelles avec celles des boutiques de tissus provençaux ou des marchands d'olives noires de Nice. Si vous avez l'âme encyclopédique et souhaitez combler d'éventuelles lacunes sur les grands peintres modernes, alors pas d'hésitation, arpentez tous les musées de la ville : Chagall, Matisse, Art naïf, Art moderne et contemporain, Arts

asiatiques, Beaux-Arts, etc. Sachez tout de même que deux jours pour ce marathon semblent le minimum. Le soir, octroyez-vous une détente soit dans la vieille ville à la terrasse d'un restaurant authentique, soit vers les rochers de Villefranche : des établissements très « select » proposent des menus de la mer avec vue sur la Corniche.
Le lendemain, partez à la découverte de la Riviera par la Grande Corniche accrochée à flanc de montagne. Si le beau temps le permet (et il le permet souvent !), n'hésitez pas à vous arrêter sur les aires de dégagement aménagées le long de la route. Elles sont généralement très bien exposées et vous offrent des vues à couper le souffle. Soyez en fin de matinée à Èze pour apprécier le jeu de l'ombre et de la lumière dans les ruelles qui mènent au Jardin exotique, un des plus riches de France.
La vue de ce nid d'aigle vous coupera le souffle mais sûrement pas l'appétit pour apprécier les recettes locales dans les restaurants réputés du village. Revenez vers Nice par la Basse Corniche qui se faufile entre les somptueuses villas ; marquez un arrêt à l'entrée de Beaulieu, la « petite Afrique », qui regroupe des villas mauresques dans un cadre végétal tout à fait africain. Une dernière halte dans la citadelle de Villefranche pour admirer les fresques de la chapelle des pêcheurs décorée par Jean Cocteau et vous atteignez le col de Nice juste à temps pour admirer la baie des Anges au soleil couchant. Une dernière vision féerique avant de partir...

Au départ de Cannes

Jouez les stars sur la terrasse du Carlton pour savourer un brunch à l'heure où les fêtards regagnent leur domicile. La première journée sera consacrée aux sites remarquables qui ont fait la réputation de Cannes, bien avant que la fée cinéma n'ait posé sa baguette sur la Croisette : le vieux Cannes et son musée, les villas exotiques et leurs parcs à la végétation luxuriante. Le lendemain, les îles de Lérins vous invitent à prendre le large ; profitez-en pour alterner baignade et recueillement dans le monastère ou au fort Sainte-Marguerite habité par le souvenir de son hôte, le mystérieux « Masque de fer ». Si l'air du large est bénéfique à votre teint, après cette journée à quelques encablures du port de Cannes, renouvelez l'expérience par beau temps (et en saison) de Cannes jusqu'à St-Tropez : sensation unique que celle de longer les côtes dentelées de porphyre rouge de l'Esterel. Cette escapade marine jusqu'à St-Trop' vous permettra de dénicher des œuvres intéressantes au fameux marché aux croûtes du vieux port après avoir mesuré la subtilité des coloris des maîtres exposés au musée de l'Annonciade. Traversez la pinède qui domine la ville pour monter à la citadelle : si vous aimez la photo, c'est le moment de mettre à l'épreuve votre talent. Avant de partir, laissez-vous rêver devant les somptueux yachts, et si votre chauffeur n'arrive pas, sachez que des services de cars relient Cannes par la corniche de l'Esterel. Le dernier jour sera consacré à l'arrière-pays et notamment à Grasse, sa vieille ville et la visite de ses parfumeries.

idées de séjour d'une semaine

Nice et l'arrière-pays

Au départ de Nice, les deux premiers jours seront consacrés à une visite de la capitale de la Côte d'Azur selon les propositions faites pour le séjour d'un week-end. Engagez-vous dans la vallée du Var d'où vous apercevrez les cimes tardivement enneigées des hauteurs de la Tinée. Les routes en corniche qui dominent le lit du Var traversent un chapelet de villages qui semblent aux antipodes de l'agitation de la Côte. Ici le temps semble s'être arrêté : Saint-Jeannet, Gattières, Carros, puis sur l'autre versant Castagniers, Aspremont, et Levens d'où l'on atteindra Utelle puis la Madone d'Utelle au point de vue vertigineux. À proximité des vignes de Bellet, voici une bonne occasion de goûter aux fameux cépages locaux ! Le quatrième jour, regagnez Contes, puis Coaraze (chapelle peinte) et Lucéram. Tout en charme et doté d'une des plus belles églises de l'arrière-pays, ce village donnera l'occasion de goûter la cuisine locale à base de farcis. Du col de l'Orme et la station d'altitude de Peïra Cava (joli panorama sur la vallée), vous serez saisi par le paysage alpin du col de Turini ceint de vestiges de fortifications. Faites le tour de l'Authion, par le circuit des Milles Fourches : le panorama sur les vallées sauvages à la lisière du Parc national du Mercantour est tout simplement exceptionnel. Avant de rejoindre Sospel et son pittoresque vieux pont à péage, passez par les gorges sauvages du Piaon. Le jour suivant (le 5e), allez jusqu'au col de Braus admirer l'Escarène et, juché sur sa crête comme un veilleur, le village perché de Berre-les-Alpes. Le vaste panorama depuis le village vous fera oublier les mille et un virages de la route : tout le littoral vous est offert en un seul coup d'œil... Le long de petites routes sinueuses, les villages jumeaux de Peille et Peillon montrent leur charmes cachés à qui sait les apprécier, et dévoilent la splendeur des fresques de leurs chapelles. Le dernier jour, redescendez vers la Côte par le col de Guerre et La Turbie, où vous irez admirer le célèbre trophée d'Auguste. Évitez encore un peu la cohue estivale en vous accordant un détour par Falicon, village niçois typique où Jules Romains a situé la plupart de ses romans.

Menton, haut pays et Ligurie

Avant de partir, prévoyez le nécessaire pour de brefs séjours en haute montagne (crème solaire, lunettes de protection, lainage, jumelles) et vos papiers d'identité, pour l'Italie. Après une première journée à Menton (voir la formule week-end), prenez la route en direction du village de Sainte-Agnès qui surplombe de ses 780 m tout le rivage azuréen jusqu'à San Remo. Si vous aimez les spécialités régionales, vous serez comblé par l'une des tables du village. En saison, pensez à réserver ! Revenez sur Menton pour vous engager à l'autre extrémité de la ville en direction de Castellar agrippé à son rocher face à Sainte-Agnès. Étroite, la route n'est cependant pas dangereuse, mais prudence tout de même. Après Castellar, allez à Castillon, agréable village d'artisans, qui domine le fond de la vallée de Menton. Dernière vue sur le rivage avant de parvenir à la vallée de Sospel, qui sera une excellente étape pour votre soirée. Avant de vous couchez, prenez une heure pour visiter l'église car elle abrite des œuvres de Bréa. Le jour suivant (3e jour), vous pouvez rejoindre la vallée de la Roya sauvage et torrentueuse, en passant par Breil, ancienne ville frontière, puis visiter Saorge, véritable village tibétain qui, vu de la route, s'étale vertigineusement à flanc de montagne. Mettez à profit la visite du village pour mieux connaître les traditions de ce coin isolé du comté de Nice. Vous pourrez vous y restaurer agréablement. Situé un peu plus haut dans la vallée, La Brigue est un rendez-vous incontournable pour les amateurs d'art. Le village représente avec N.-D.-des-Fontaines, située à 4 km, un haut lieu de l'art primitif. La journée s'achèvera à Saint-Dalmas-de-Tende, agréable station d'altitude disposant d'une énorme gare ferroviaire. Selon l'heure d'arrivée, on pourra mettre à profit la visite du musée des Merveilles à Tende. Autrement, on réservera ce moment au retour de la visite du site. La veille, pensez à vous renseigner auprès des organismes compétents sur les conditions de visite guidée des sites rupestres de la vallée des Merveilles. Le lendemain (4e jour), les lève-tôt s'engageront sur la route de Casterino jusqu'au lac des Mesches ou selon les horaires indiqués jusqu'à la station de Casterino. Ils profiteront ensuite de l'heure de marche d'approche pour apprécier le charme de l'épaisse forêt. À l'issue de la visite guidée des gravures préhistoriques qui émaillent les versants rocheux, il est possible, si l'on a pris la précaution de réserver, de séjourner dans un des deux refuges de la vallée des Merveilles pour bénéficier à l'aube d'un magnifique lever de soleil sur la vallée.
Le sixième jour, retour sur la vallée en faisant étape à Tende. Dans le vieux village, prenez votre courage à deux mains pour grimper les marches qui vous conduiront jusqu'aux ruines vertigineuses de l'ancien château des comtes de Lascaris. Vue étonnante sur le village ! Retour à Breil par le même itinéraire avant de passer la frontière italienne pour quelques heures. Les villages perchés sont noyés dans un paysage où domine l'olivier. L'arrivée par la voie rapide à Vintimille vous autorise une dernière halte pour savourer tout le charme ligure de la vieille ville médiévale et ses produits régionaux. Puis *ciao* Vintimille et retour à Menton pour l'apéro.

Cannes et l'Esterel

Depuis la capitale du cinéma, une incursion dans la forteresse rouge de l'Esterel ne nécessite pas de préparation particulière sauf l'appréhension des routes sinueuses et

des belvédères accessibles par des chemins parfois très escarpés. La première journée sera consacrée à la visite du vieux Cannes et son musée de la Castre, puis à longer la Croisette, son allée des stars et ses palaces où il se passe toujours quelque chose. Le lendemain, cap vers le large ou du moins jusqu'aux îles de Lérins : histoire et botanique à l'île Ste-Marguerite où séjourna le mystérieux « Masque de fer », puis détente, baignade et silence à St-Honorat, résidence des moines. Le troisième jour, prenez la route des villages perchés du Tanneron : Auribeau-sur-Siagne, Tanneron et Caillan se succèdent dans une explosion d'odeurs et de couleurs. Si vous venez en février, mois où les mimosas sont en fleurs, ce sera un véritable océan de jaune et de parfum qui vous accueillera. Arrêt incontournable à Mougins, village perché fréquenté en son temps par Picasso, avant d'étourdir vos sens devant l'orgue à parfum d'un « nez » à Grasse. Vieille ville, musée provençal, parfumeries à découvrir : Grasse offre un choix éclectique de distractions. Ce sera également une excellente étape pour votre soirée. Profitez-en pour vous promener, comme les Grassois après le dîner, sur la corniche qui domine la rade de Cannes.

Cabris et son superbe panorama, Saint-Vallier-de-Thiey et Saint-Cézaire : ces deux hauts lieux du monde souterrain azuréen occuperont votre quatrième jour. Vous visiterez les grottes avant de vous engager dans le pays de Fayence, moins touristique mais bien plus authentique. Après une nuit réparatrice dans un des hôtels de Fayence, la lumière du matin vous fera découvrir un relief insoupçonné : petites collines coiffées de villages ou hameaux semblant de loin assoupis. Laissez-vous séduire par Tourrettes, par le cadre antique de la colline de N.-D.-des-Cyprès puis par Seillans dont les ruelles ne connaissent que la pente. Rejoignez le littoral par Bagnols-en-Forêt. À l'approche de la cité romaine de Fréjus, vous êtes accueillis par les témoignages militaires de toutes les époques : mosquée sénégalaise, musée des Troupes coloniales et vestiges d'aqueduc romain. Gardez une partie de la soirée pour flâner dans la vieille ville. Ceux qui sont réfractaires aux vieilles pierres iront longer les canaux de Port-Fréjus. Le lendemain matin sera consacré à la visite du quartier épiscopal et de la chapelle N.-D.-de-Jérusalem. Vous irez ensuite déguster les spécialités de poissons à la terrasse d'un des restaurants de St-Raphaël avant de vous engager sur la corniche de l'Esterel. Multipliez les arrêts chaque fois que la route vous le permet : vous ne le regretterez pas, chaque point de vue est différent. Soirée à Agay. Le septième jour, longez la côte jusqu'à Cannes sans oublier de vous arrêter, le temps nécessaire, à la pointe du cap Roux et aux promontoires précédant Théoule-sur-Mer. L'apparition du château de la Napoule annonce la longue plage rectiligne menant à Cannes...

Circuits de découverte

Pour visualiser l'ensemble des circuits proposés, reportez-vous à la carte p. 13 du guide.

1 Littoral varois et îles d'Or

Circuit de 235 km au départ de Toulon – Le Toulon des Toulonnais est une ville à découvrir lentement, au fil de ses rues étroites et à l'ombre de ses platanes. Après avoir fait le plein de fruits et de douceurs au marché Lafayette, partez à la découverte de la « plus belle rade » de la Méditerranée par la pointe du fort Balaguier et le cap Sicié. Entre mer et montagne, Sanary et Bandol, que prolongent les îles de Bendor et des Embiez, ont un air de paradis sur terre. Les superbes villages perchés du Castellet, Beausset et Evenos ne peuvent que confirmer cette impression. La rade peut également se découvrir du haut du mont Faron. Le jardin des Oiseaux de La Londe vous emportera vers les tropiques, et un séjour aux îles d'Or (Porquerolles et Port-Cros) vous enchantera, car vous n'hésiterez pas à participer à l'originale « randonnée » à la nage dans le fameux sentier sous-marin. La visite de la mine du Pradet, au cap Carqueiranne offre une autre approche du littoral, beaucoup moins lumineuse mais tout aussi captivante.

2 Le haut Var

Circuit de 245 km au départ de Draguignan – En route pour parcourir le haut Var aux paysages vallonnés et boisés, ponctués de vénérables abbayes et de sites étonnants : comme Tourtour étiré sur la crête d'une colline dominant des oliveraies, Cotignac niché au cœur d'une falaise, Villecroze et Seillans entourés de concrétions de tuf, Entrecasteaux dominé par un château où le temps s'est figé. La variété des villages traversés vous surprendra : certains semblent sommeiller dans la tradition, alors que d'autres s'activent autour d'un artisanat dynamique. Les marchés aux truffes ou aux fromages de chèvres, selon la saison, sauront agrémenter vos étapes, et vous ne manquerez pas de goûter à la cuisine régionale, aussi raffinée que parfumée.

3 Le massif des Maures

Circuit de 275 km au départ de Fréjus – Loin de l'affluence estivale du littoral, laissez-vous gagner par la fraîcheur des bois de chênes-lièges et les parfums dégagés par les diverses essences de la forêt des Maures : chênes, châtaigniers, eucalyptus, cèdres de l'arboretum de Gratteloup. Remontez le temps au domaine du Rayol, vestige de ce que fut le rivage avant l'expansion du tourisme, et découvrez un artisanat vivant à Collobrières, capitale du marron, à Gonfaron, royaume du liège, ou encore à Cogolin, où l'on fabrique pipes et tapis. Les vues panoramiques sur la côte ne manquent pas depuis les sites perchés de Ramatuelle, Grimaud, Gassin et les moulins de Paillas. Avant de vous baigner dans une des criques abritées, allez côtoyer les stars à la terrasse du Sénéquier à St-Tropez, à moins que vous ne préfériez glaner dans le « marché aux croûtes » du vieux port, à la recherche d'un faux Picasso...

4 Massif de l'Esterel et pays de Fayence

Circuit de 285 km au départ de Cannes – Quelle que soit la saison où vous décidez de suivre ce circuit, tous vos sens seront ravis par la luxuriance et la variété de la nature : chant des cigales en été, senteurs du mimosa en hiver et douce caresse du soleil printanier, rougeoiement des pics de porphyre de l'Esterel au soleil estival... De La Napoule à Agay, la corniche d'Or plonge dans la mer dans une symphonie de vert, de bleu et de rouge. St-Raphaël, station balnéaire animée, Fréjus au brillant passé militaire, sans manquer Fréjus-Plage qui offre la plus longue plage de sable de la Côte d'Azur vous emballeront. Le pays de Fayence vous fera grimper et admirer ses petits villages accrochés aux pentes des montagnes et dominés parfois par des châteaux forts : Fayence, Tourrettes, Seillan, Caillan, Tanneron et Auribeau-sur-Siagne.

5 Parfums et couleurs des Préalpes

Circuit de 215 km au départ de Grasse – Les Préalpes provençales, adossées aux sommets alpins et coupées de gorges abruptes forment une palette de couleurs et de senteurs où les roses, le jasmin et les violettes se disputent la faveur aux oliviers et aux agrumes. Grasse doit une partie de sa renommée à cette richesse, et vous devez absolument commencer la visite de la ville par le musée du Parfum et les parfumeries. L'entrée des gorges du Loup permet d'admirer Gourdon, superbe village perché en gardien des gorges, puis le plateau de Caussols, lunaire et truffé d'avens qui créent un univers très particulier. St-Vallier et St-Cézaire proposent la visite de grottes aménagées pour découvrir l'envers de ce décor. Tourrettes-sur-Loup, capitale de la violette, et St-Paul-de-Vence, celle des peintres et artistes qui ont essaimé leurs œuvres dans les musées locaux, raviront vos yeux. St-Jeannet domine le cours du Var, lui-même coiffé du célèbre *baou* (« rocher » en provençal), destination rêvée de tout grimpeur qui se respecte. Enfin, le littoral de Cagnes-sur-Mer à Antibes alterne musées d'art moderne et vieilles villes préservées.

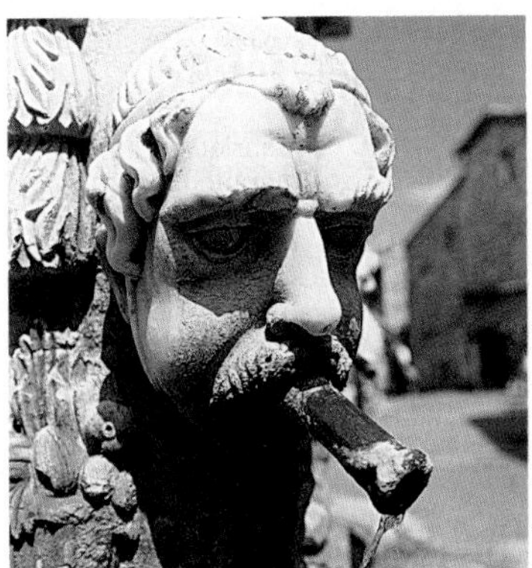

L'eau coule à Gourdon...

6 L'ARRIÈRE-PAYS NIÇOIS

Circuit de 270 km au départ de Nice – Villages perchés, chapelles peintes par d'illustres artistes ou de parfaits inconnus du Moyen Âge, belvédères impressionnants sur des gorges bouillonnantes et forêts au vénérables futaies bruissant d'une faune invisible : c'est un peu tout cela que ce parcours vous propose. Par la basse vallée du Var bornée à l'Ouest par l'impressionnant *baou* de St-Jeannet, on grimpe sur les premiers contreforts de l'arrière-pays niçois dominé par le mont Chauve. Il faut traverser Aspremont, Levens, Duranus pour se pencher sur les gorges de la Vésubie au saut des Français avant d'escalader (ou presque !) les lacets conduisant à la Madone d'Utelle où l'on se sent plus près du ciel... En remontant le cours de la Vésubie jusqu'au col de Turini, marquez un arrêt à Bollène-Vésubie, accroché vertigineusement au flanc de la montagne. À L'Authion, faites le tour de la pointe des Trois-Communes pour embrasser le panorama, un des plus vastes du secteur. Engagez-vous ensuite dans les gorges du Piaon, et après l'insolite chapelle de N.-D.-de-la-Menour, vous atteindrez Sospel qui, dans son verdoyant bassin, est une excellente étape où vous pourrez apprécier les spécialités du pays. Après une succession de cols pour atteindre la vallée de Lucéram, célèbre pour son église et son Noël de bergers, vous enchaînerez les belvédères occupés chacun par un village : Berre, Falicon, Tourrettes.

7 LES CORNICHES DE LA RIVIERA

Circuit de 250 km au départ de Nice – À l'image de Cary Grant jouant du volant dans les virages de la Grande Corniche (revoir *La Main au collet* d'Alfred Hitchcock), accrochez-vous à la rambarde des belvédères qui vont se succéder dans des à-pics vertigineux au-dessus des plus beaux sites de la Côte d'Azur. Par Villefranche, réputé pour sa rade et ses préparations de poissons tout autant que pour sa chapelle St-Pierre, décorée par Jean Cocteau, gagnez la Grande Corniche que vous suivrez jusqu'à Roquebrune avec des descentes sur Beaulieu (villa Kérylos) et St-Jean-Cap-Ferrat (villa Ephrussi-de-Rothschild), puis Èze, accroché entre ciel et mer, où l'artisanat a précédé les artistes, mais où tous cohabitent avec les coussins de belle-mère du jardin exotique. Un dernier panorama du Vistaero avant d'amorcer la descente sur Roquebrune, avec son château médiéval et aussi son olivier millénaire ! De Menton, prenez le chemin des écoliers pour découvrir les remarquables villages perchés de Ste-Agnès, Peille et Peillon dont les calades (rues pentues) vertigineuses mènent à des chapelles enluminées de fresques étonnantes de fraîcheur.

Itinéraires à thème

jardins exotiques

La douceur du climat et les abris offerts par le relief ont favorisé des microclimats permettant le développement d'espèces exotiques uniques en métropole : citronniers, orangers, palmiers se sont maintenant si bien fondus dans le paysage qu'on peut les croire d'origine.
Voici les principaux sites permettant de découvrir ces tableaux exotiques au cours d'un parcours d'Ouest en Est : au Rayol, le **domaine du Rayol** ; à Grasse, le **jardin de la princesse Pauline** ; au cap d'Antibes, le **jardin Thuret** ; à Nice, le **parc Phœnix** ; au cap Ferrat, les **jardins de la villa Ephrussi-de-Rothschild** ; à Èze, le **jardin exotique** ; à Monaco, le **jardin exotique** et le **jardin japonais** ; à Menton, les **jardins du Val Rameh, des Colombières** et celui **des Romanciers**. Et en poussant au-delà de la frontière, à Mortola (Italie), le **jardin Hanbury**.

art moderne et contemporain

Si Paris est une des plus prestigieuses vitrines de l'art moderne et contemporain, la Côte d'Azur peut se prévaloir d'être une rivale de qualité.

Forte de sa lumière, qui ne pouvait qu'envoûter les peintres, la Côte a illuminé les toiles de Dufy et de Matisse, de Léger et de Picasso. Rien d'étonnant à ce que cet éden touristique soit aussi celui des arts, avec une école de Nice pleine d'exubérance et une concentration unique de musées, de collections et de fondations de renom.
St-Tropez, musée de l'Annonciade.
Fréjus, chapelle de Jérusalem conçue par Cocteau.
Antibes, musée Picasso.
Le Cannet, chapelle St-Sauveur décorée par Tobiasse.
Cagnes-sur-Mer, musée Renoir.
Biot, musée Fernand-Léger.
Vallauris, musée Magnelli et musée national « Guerre et Paix » (Picasso).
Vence, chapelle du Rosaire décorée par Matisse.
Nice, musée Chagall, musée d'Art moderne et contemporain, musée Matisse et musée des Beaux-Arts.
Villefranche, chapelle St-Pierre décorée par Cocteau.
Menton, musée des Beaux-Arts, musée Jean-Cocteau.

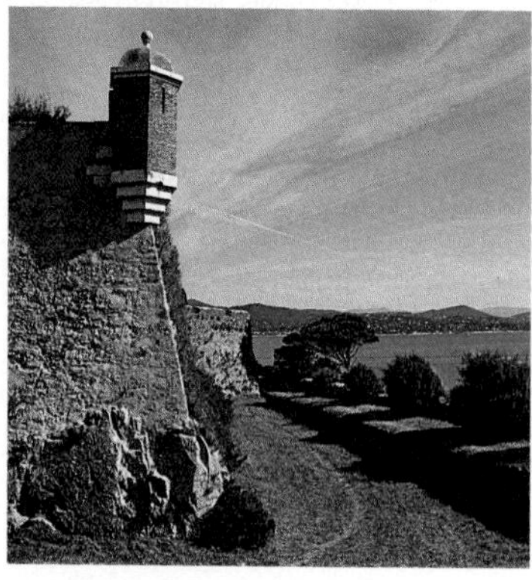

La citadelle de St-Tropez.

fortifications des Alpes-Maritimes

L'intérêt stratégique de la zone frontalière du Sud-Est, révélé par Vauban, a été mis en valeur à partir de 1880 par le système de défense promu par Séré de Rivières, système complété et amélioré dès 1929 par l'intégration de ce secteur à la ligne Maginot qui a fortifié les frontières de Dunkerque à Menton. L'ensemble des ouvrages constitue un panorama intéressant de l'architecture militaire des 19e et 20e s. Certains forts, désarmés et restaurés par des associations, sont accessibles aux visites ; ils sont décrits dans ce guide : fort de **Ste-Agnès** *(voir Menton)*, fort **St-Roch** à Sospel *(voir ce nom)*, fort **Suchet**, du 19e s. *(voir forêt de Turini)*.
D'autres, d'un intérêt moindre, constituent, par leur situation, un agréable but de randonnée avec de belles vues.
Le secteur hautement stratégique de **L'Authion**, près du col de Turini *(voir forêt de Turini)* conserve plusieurs exemples de l'architecture Séré de Rivières accessibles depuis la route en boucle qui ceinture le massif : le fort des Mille-Fourches, celui de la Forca et la redoute des Trois-Communes qui fut le premier ouvrage construit en béton armé en 1897.
Au Nord de Nice, le **mont Chauve d'Aspremont** *(voir Nice)* offre un superbe point d'observation où, lors de conditions anticycloniques idéales, le littoral se dévoile jusqu'à l'horizon. Le sommet (854 m) est coiffé d'un fort Séré de Rivières à la façade Sud monumentale, typique de l'époque. Il est occupé par des services des Télécommunications. Plus au Nord, on distingue la hauteur du mont Chauve de Tourrette, également coiffé d'un ouvrage de la même époque.
À proximité du **col de Tende** (ce secteur est resté italien de 1860 à 1947), l'imposant système défensif italien du 19e s. est surtout remarquable par le fort central. Situé au sommet même du col et accessible par la petite route du col qui part de l'entrée du tunnel routier, il présente une architecture différente sur chacune de ses façades. L'intérieur *(l'accès présente quelques difficultés)* offre l'aspect d'une petite ville disposant d'un approvisionnement autonome.
Le visiteur gardera à l'esprit les règles élémentaires de prudence et de respect des lieux car les ouvrages de l'époque Maginot, en apparence en bon état, recèlent des puits intérieurs dissimulés ou des passages dont l'accessibilité reste dangereuse. De même, certains de ces bâtiments ont été acquis par des particuliers et doivent être à ce titre considérés comme des propriétés privées.

Découvrir autrement la région

en train touristique

Train des Pignes

Le célèbre « train des Pignes » (l'appellation proviendrait des pignes - pommes de pin - utilisées comme combustible de la chaudière des locomotives), qui va de Nice à Digne-les-Bains, parcourt l'arrière-pays niçois et la haute Provence sur 150 km via Puget-Théniers, Entrevaux, Annot, St-André-les-Alpes. Construite de 1890 à 1911, sa voie métrique et unique franchit une soixantaine d'ouvrages d'art remarquables : ponts métalliques, viaducs, tunnels (dont un de 3,5 km). Le train des Pignes est le vestige d'un vaste réseau régional qui desservait au début du siècle tout l'arrière-pays jusqu'à Toulon via Draguignan. En 3h, ce voyage permet, en suivant le cours de cinq vallées, de découvrir de très beaux paysages et des villages perchés, qui sont parfois difficilement accessibles par la route.

Toute l'année, ce train permet de rejoindre le lac de Castillon et les gorges du Verdon ainsi que les stations de sports d'hiver des Alpes-Maritimes et des Alpes-de-Haute-Provence. La vallée de la Vésubie aux multiples possibilités de randonnées est accessible depuis la station de Plan-du-Var.

En dehors des gares, l'aménagement de haltes, indiquées par une signalisation, permet au randonneur d'organiser son itinéraire en quittant le train à un point donné pour le reprendre en fin de journée à un autre arrêt.

Train touristique à vapeur

Sur la section entre Puget-Théniers et Annot circule le dimanche de mi-mai à mi-oct. un train touristique à vapeur. 1h de voyage à 20 km/h, sur des banquettes en bois. Trajet avant (Nice-Puget) possible par le train des Pignes.

Renseignements

Pour ces deux trains : **Chemin de fer de Provence**, gare du Sud, 4 bis r. Alfred-Binet, BP 1387, 06007 Nice Cedex 1, ☎ 04 97 03 80 80. Autre adresse : gare, av. P.-Sémard, 04000 Digne-les-Bains, ☎ 04 92 31 01 58.

vue du ciel

Avion, hélicoptère

Plusieurs possibilités de survoler la côte, notamment le golfe de St-Tropez, le massif de l'Esterel, les îles de Lérins et la principauté de Monaco, sont proposées.

Aéroport de tourisme et d'affaires de Cannes-Mandelieu – 06150 Cannes-la-Bocca, ☎ 0820 426 666. www.cannes.aeroport.fr. Plusieurs possibilités de survoler la côte, notamment le golfe de St-Tropez, le massif de l'Esterel, les îles de Lérins et la principauté de Monaco, sont proposées.

Héli-Air-Monaco – Héliport de Monaco-Fontvieille, ☎ 00 377 92 050 050, www.heliairmonaco.com. Cette société assure toutes les 20mn une liaison quotidienne avec l'aéroport Nice-Côte d'Azur. Durée du trajet 6mn. Elle propose également des excursions en hélicoptère au-dessus du littoral.

Aéroport de Toulon-Hyères – ☎ 04 94 00 83 83. Une autre forme originale de survol d'un relief spectaculaire consiste en une balade en piper au-dessus des gorges du Verdon depuis l'aéroport de Toulon-Hyères.

Vol libre, deltaplane, parapente et ULM

Une vingtaine de sites sont propices à la pratique des sports aériens libres et à l'ULM. Pour obtenir la liste à jour des centres de vol libre et des lieux de pratique, s'adresser à :

Comité départemental de vol libre varois – Domaine de la Limatte, 83870 Signes, ☎ 04 94 90 86 13. http://parapente-fr. com/envol

Fédération française de vol libre (deltaplane, parapente et cerf-volant) – 4 r. de Suisse, 06000 Nice, ☎ 04 97 03 82 82. www.ffvl.fr

Fédération française de planeur ultra-léger motorisé – 96 bis r. Marc-Sangnier, BP 341, 94709 Maisons-Alfort Cedex, ☎ 01 49 81 74 43, www.ffplum.com

Vol à voile

Le principal centre de vol à voile se situe à Fayence où il bénéficie de conditions aérologiques exceptionnelles. Ce centre, animé par l'Association aéronautique Provence-Côte d'Azur, est devenu le premier centre de vol à voile en Europe. Il contribue à l'essor d'une discipline spectaculaire, la voltige en planeur.

Association aéronautique Provence-Côte-d'Azur – 83440 Fayence, ☎ 04 94 76 00 68. www.aapca.net. Le principal centre de vol à voile se situe à Fayence où il bénéficie de conditions aérologiques exceptionnelles. Ce centre, animé par l'Association Aéronautique Provence-Côte d'Azur, est devenu le premier centre de vol à voile en Europe. Il contribue à l'essor d'une discipline spectaculaire, la voltige en planeur.

Fédération française de Vol à Voile – 29 r. de Sèvres, 75006 Paris, ☎ 01 45 44 04 78. Internet : www.ffvv.org

Port d'embarquement	Destinations
Bandol	Îles des Embiez. Toulon par le cap Sicié. Cassis et la calanque d'En-Vau par la Ciotat. Journée complète au château d'If et les îles du Frioul.
Toulon	La Seyne-sur-Mer, Les Sablettes, Tamaris, St-Mandrier (navettes). Rade et port de Toulon.
Le Lavandou et Cavalaire	Île du Levant. Îles d'Hyères.
Hyères	Île d'Hyères.
St-Tropez	Îles d'Hyères. Ste-Maxime (navettes). Les Issambres (navettes). Port-Grimaud (navettes). Baie des Cannebiers.
Cannes	Îles de Lérins.
St-Raphaël	St-Tropez (navettes). Îles de Lérins.
Nice	La Riviera.
Menton	La Riviera. Monaco.

sur l'eau

Outre les lignes maritimes régulières desservant les îles de Bendor, des Embiez, de Hyères et de Lérins, des promenades en mer sont organisées en saison au départ des stations suivantes :

Vous trouverez les adresses dans les « carnets pratiques » des villes concernées.

Bateau pour les îles d'Hyères.

par l'artisanat

Des stages d'initiation à l'artisanat peuvent être entrepris en saison dans de nombreux villages et lieux de séjours.

Par exemple, au Cannet, stages de peinture sur porcelaine ; dans l'arrière-pays cannois, stages de tissage et d'ébénisterie.

À Grasse, les principales parfumeries organisent des stages d'initiation aux techniques de création de parfums en compagnie d'un « nez », avec la possibilité d'emporter le parfum que l'on a soi-même créé *(voir le carnet pratique de Grasse)*.

Les associations proposant des stages sont répertoriées auprès des Comités départementaux de tourisme à Toulon et à Nice.

par la gastronomie

Quelques prestataires proposent des stages de cuisine du terroir.

École de cuisine du Moulin de Mougins – Restaurant l'Amandier, pl. du Com.-Lamy, 06250 Mougins, ☎ 04 93 75 35 70. Cours de 2h1/2 destinés aux cuisiniers amateurs. Démonstration de deux plats et dégustation.

La Route des Saveurs – Association touristique du Canton de Levens, N 202, La Manda, 06670 Colomars, ☎ 04 93 08 76 31. De mi-nov. à fin mai à Castagniers-les-Moulins, ateliers de cuisine dispensés par les chefs de l'association « La Capelina d'Or », consacrée au maintien et à la défense de la cuisine du comté de Nice. Cours de 10h à 13h, déjeuner et débat. Possibilité de visite guidée l'ap.-midi.

dans le vignoble

Visite de caves

La visite des caves coopératives est partout possible dans les régions de vignobles : pays de Bandol, pays de Brignoles, Le Luc, Hyères et ses îles, golfe de St-Tropez, pays de Fréjus, pays dracenois (Draguignan) et pays niçois. Pour obtenir les adresses des caves et des domaines, s'adresser aux syndicats et maisons des vins ; pour connaître les dates des manifestations liées au vignoble, s'adresser aux offices de tourisme.

Vins de Bandol – Un circuit permet également de découvrir les crus des vins de Bandol. Renseignements à la Maison des Vins du Bandol, 22 allées Vivien, 83150 Bandol, ☎ 04 94 29 45 03.

Coteaux varois – Le vignoble s'étend de Brignoles aux contreforts de la Sainte-Baume. Renseignements au Syndicat de défense des vins des Coteaux varois, Abbaye de La Celle, 83170 La Celle, ☎ 04 94 69 33 18.

Côtes de Provence – C'est la plus importante zone AOC de la région Provence-Alpes-Côte-d'Azur. Elle s'étend de l'arrière-pays aixois à l'Esterel et de la côte provençale aux contreforts des gorges du Verdon. L'île de Porquerolles, fait partie de ce territoire. Renseignements à la Maison des vins des Côtes de Provence, RN 7, 83460 Les Arcs-sur-Argens. ☎ 04 94 99 50 20. Outre la vente des vins AOC côtes-de-provence, la maison des vins propose des stages de dégustation.

Vins de Bellet – Les collines de l'arrière-pays niçois abritent à St-Roman-de-Bellet le cru vin de Bellet, réputé et rare, qui s'étend sur 50 ha seulement. Se renseigner au Syndicat des vignerons de Bellet, 06200 St-Roman-de-Bellet, ☎ 04 93 37 81 57 ou www.vinsdebellet

Stages d'œnologie

Domaine de Lauzade – Rte de Toulon, 83340 Le Luc, ☎ 04 94 60 72 51. www.lauzade.com. Stages d'initiation à la dégustation des vins.

Maison des vins des Côtes de Provence – RN 7, 83460 Les Arcs. ☎ 04 94 99 50 20. Outre la présentation et la vente des vins d'appellation côtes-de-Provence, la Maison des vins propose une dégustation gratuite hebdomadaire et des stages de dégustation.

La Cave du Moulin – 50 av. Mallet, 06250 Mougins, ☎ 04 92 92 06 88. Initiation à l'œnologie et dégustation de vins.

avec les enfants

Pour varier les plaisirs de la plage, pour profiter d'une journée boudée par le soleil ou accaparée par un mistral trop présent, de nombreuses attractions sont aménagées le long de la Côte d'Azur : parcs de loisirs nautiques, parcs animaliers... Les horaires d'ouverture des plus importants sont mentionnés à la localité correspondante. Dans la partie « Villes et sites », le pictogramme ☺ signale la plupart de ces parcs, ainsi que bien d'autres sites susceptibles d'intéresser votre tribu.

Quelques idées parmi tant d'autres

Parc nautique Niagara à La Môle (☎ 04 94 49 58 87), Aquatica à Fréjus, Aqualand à St-Cyr-sur-Mer, zoo de Sanary-Bandol, zoo du Mont-Faron à Toulon, jardin d'oiseaux tropicaux à La Londe-les-Maures *(voir Hyères)*, village des tortues à Gonfaron *(voir massif des Maures)*, parc zoologique de Fréjus, jungle des papillons, petite ferme, golf Aventureland, Aquasplash et Marineland à Antibes, zoo de St-Jean-Cap-Ferrat (spectacles de chimpanzés), jardin animalier et musée des Poupées et des Automates de Monaco.

Réseau Ville et Pays d'art et d'histoire

Le réseau des Villes et Pays d'art et d'histoire (ministère de la Culture et de la Communication) propose des visites-découvertes et ateliers du patrimoine aux enfants. Munis de livrets-jeux et d'outils pédagogiques adaptés à leur âge, ces derniers s'initient à l'histoire et à l'architecture et participent activement à la découverte de la ville. En atelier, ils s'expriment à partir de multiples supports (maquettes, gravures, vidéos) et au contact d'intervenants de tous horizons : architectes, tailleurs de pierre, conteurs, comédiens. Ces activités ont également lieu pendant les vacances d'été dans le cadre de l'opération « L'Été des 6-12 ans ».
Les Villes d'art et d'histoire citées dans ce guide sont Fréjus, Grasse et Menton.

Sports et loisirs

baignade

À LA MER

Avec plus de 300 km de littoral, des centaines de plages de galets et de sable fin dont la liste serait trop longue à dresser, une eau dont la qualité et la température ne peuvent que rassurer les plus frileux, la baignade est le loisir roi de la Côte d'Azur. Le goût du sel sur les lèvres, la chaleur du soleil sur la peau, l'énergie du ressac dans le corps, vous plongez dans un monde à part : plages blanches, mer turquoise, collier d'îles échappé d'un cordon lagunaire, décor de palmiers et de cormorans frôlant l'écume des vagues, vous vous croyez dans un atoll au bout du monde ; vous êtes sur une plage de la Côte d'Azur ! De tous les loisirs que propose la région, c'est le moins cher. Peu de matériel est nécessaire, si ce n'est un maillot de bain, une serviette, de la crème et des lunettes de soleil, vos pelles, vos seaux, et une ou deux pièces pour le marchand de glaces... Bien que les vagues de la Méditerranée ne soient pas très importantes, quelques consignes de sécurité sont à respecter. De même, si l'eau est presque toujours chaude, elle n'est pas toujours propre. Si vous désirez connaître le résultat des contrôles de qualité des eaux de baignade effectués chaque mois à partir de juin pour toutes les plages du littoral, vous pourrez consulter sur minitel le 3615 infoplage. Sachez que les plages sont classées en 4 catégories, de A (bonne qualité) à D...

DANS LES LACS ET PLANS D'EAU

Pour ceux qui veulent se rincer de l'eau de mer, les lacs et plans d'eau aménagés de l'arrière-pays sont des lieux de baignade parfaits, où la sécurité fait bon ménage avec les joies du pédalo, de la planche voile et du pique-nique...
Parmi tous les lacs et les plans d'eau :

Lac de St-Cassien – Le plus vaste plan d'eau de l'Esterel, avec une superficie de 430 ha, joue un rôle très diversifié : énergétique par l'alimentation électrique et en eau de l'Est varois, sécuritaire par l'approvisionnement des canadairs (écopage) lors des incendies de forêts et réserve biologique sur la partie Ouest où une roselière accueille l'hivernage des oiseaux d'eau de passage (plus de 150 espèces y sont recensées). Les baigneurs pourront apprécier les joies de la planche à voile et du pédalo en s'équipant auprès des guinguettes qui bordent ses berges parfois abruptes. Une base nautique offre des stages d'initiation.

Lac de Carcès – Alimenté par le cours de l'Argens, il s'étend sur une superficie de 100 ha constituée d'une retenue de barrage. La route qui le longe sur sa berge Est permet une agréable traversée dans un cadre boisé. La rive opposée, plus champêtre, est un rendez-vous très couru des pêcheurs. La pratique du canoë-kayak est permise.

canoë-kayak

De nombreux cours d'eau des Alpes-Maritimes offrent d'intéressantes possibilités de descente en canoë-kayak, particulièrement au printemps. Les secteurs de la Roya et de la Tinée (classe III) disposent de structures d'encadrement et d'accueil permettant l'initiation à cette pratique.

Comité régional de canoë-kayak Côte d'Azur – 49 bd du Gén.-Louis-Delfino, 06300 Nice, ☎ 04 93 89 54 40.

Fédération française de canoë-kayak – 87 quai de la Marne, BP 58, 94344 Joinville-le-Pont, ☎ 01 45 11 08 50. Elle édite, avec le concours de l'IGN, une carte *France canoë-kayak et sports d'eau vive* avec tous les cours d'eau praticables. 3615 canoe plus. www.ffcanoe.asso.fr

canyoning

La technique du canyoning emprunte à la fois à la spéléologie, à la plongée et à l'escalade. Il s'agit de descendre, en rappel ou en saut, depuis des parois abruptes jusqu'au lit de torrents dont on suivra le cours au fil de gorges étroites (clues) et de cascades. Deux techniques de déplacement sont particulièrement utilisées : le **toboggan** (allongé sur le dos, bras croisés) et le **saut** (hauteur moyenne 8 à 10 m), plus délicat, où l'élan du départ conditionne la bonne réception dans la vasque. Il est impératif qu'un participant se « sacrifie » et descende effectuer un sondage de l'état et de la profondeur du plan d'eau avant tout saut. C'est le manquement à cette règle élémentaire qui constitue le cas le plus fréquent d'accident dans ce sport.
Il est bon de rappeler que de nombreuses clues (notamment des Alpes-Maritimes) peuvent en étiage estival masquer les risques inhérents à cette pratique ; malgré un bon équipement des parois, ces vallons

étroits nécessitent un long engagement (de l'ordre de 5 km) sans échappatoire, avec des marmites et vasques souvent comblées ; dans ces conditions, les violents orages, fréquents dans la région, transforment un paisible torrent en toboggan tumultueux d'une hauteur de plusieurs mètres emportant tout sur son passage. Plusieurs accidents récents ont sanctionné ces mauvaises appréciations des risques.

L'initiation débute par des parcours n'excédant pas 2 km, avec un encadrement de moniteurs. Ensuite, il demeure indispensable d'effectuer les sorties avec un moniteur sachant « lire » le cours d'eau emprunté et connaissant les particularités de la météo locale.

Les rivières des Alpes-Maritimes offrant les parcours les plus attrayants sont situées dans le périmètre du Parc national du Mercantour et de Saint-Martin-Vésubie. La **vallée de la haute Roya** dispose de deux sites exceptionnels près de Saorge : la **Maglia** (passage en grotte) et la **Bendola** (48h de randonnée aquatique pour ce dernier). La pratique du canyoning est strictement interdite dans la zone centrale du Parc national du Mercantour.

De St-Martin-Vésubie au confluent avec le Var, la **Vésubie** offre des canyons très variés : Duranus, le site plaisant de l'Imberguet, la Bollène et le canyon très technique de Gourgas. Sur la rive gauche du Var, un autre affluent, l'**Estéron**, propose des parcours classiques dans des sites exceptionnels s'étageant de Roquestéron à St-Auban.

Son réseau hydrographique accidenté fait du département du Var un haut lieu de canyoning. L'aménagement de onze sites correspondant à des niveaux d'aptitude différents permet de proposer à tous cette activité. Pour le niveau initiation et découverte, les gorges du **Destel**, du **Caramy** à Carcès, le cours inférieur du **Jabron** (en aval de Trigance) et les gorges de **Pennafort** sont parfaits. D'autres sites comme Seillans-la-Cascade, le Nartuby et le Desteou dans les Maures exigent de bonnes connaissances techniques.

Guide « Clues et Canyons » – Cette précieuse plaquette répertorie les sites pratiquables, accompagnée de judicieux conseils. Elle est diffusée par le conseil général des Alpes-Maritimes (DATDE, service des randonnées, BP 3007, 06201 Nice Cedex 3) ; elle est également disponible dans les offices de tourisme du département.

Adresses de prestataires – Voir la rubrique « escalade ».

cyclotourisme

La diversité du relief de l'arrière-pays et l'aménagement de sentiers pratiquables sur le littoral, ainsi que dans les massifs de l'Esterel et des Maures, dirigent la pratique du cyclisme vers le VTT. De nombreux organismes, associations et hôteliers proposent la location de ce type de vélo. La liste des loueurs est disponible auprès des syndicats d'initiative et des offices de tourisme.

Le comité départemental des Sports du Var diffuse une plaquette reprenant plus de 20 itinéraires balisés pour les cyclotouristes. Parmi les principaux, aux noms évocateurs, « le toit du Var » (70 km), « la route de la bauxite » (80 km), « l'ubac des Maures » (80 km) ou « les châtaigneraies des Maures » (90 km).

L'épreuve de VTT Roc'Azur à Fréjus *(voir le chapitre Calendrier festif)* est une des plus réputées d'Europe avec un parcours de 50 km et une dénivelée de près de 200 m.

La réglementation spécifique d'accès au Parc du Mercantour s'applique également à ce type de déplacement. La zone centrale du parc est interdite aux VTT. Pour les autres secteurs du Mercantour, se renseigner au préalable auprès des Maisons du Parc.

Comité départemental de cyclotourisme des Alpes-Maritimes – M. Bernage, 22 bis r. Trachel, 06000 Nice. ☎ 04 93 82 16 39.

Comité départemental de cyclotourisme du Var – L'Hélianthe, r. Émile-Ollivier, 83000 Toulon, ☎ 04 94 36 04 09.

Fédération française de cyclotourisme – 12 r. Louis-Bertrand, 94200 Ivry-sur-Seine, ☎ 01 56 20 88 88. www.ffct.org

À vélo sur l'île de Porquerolles.

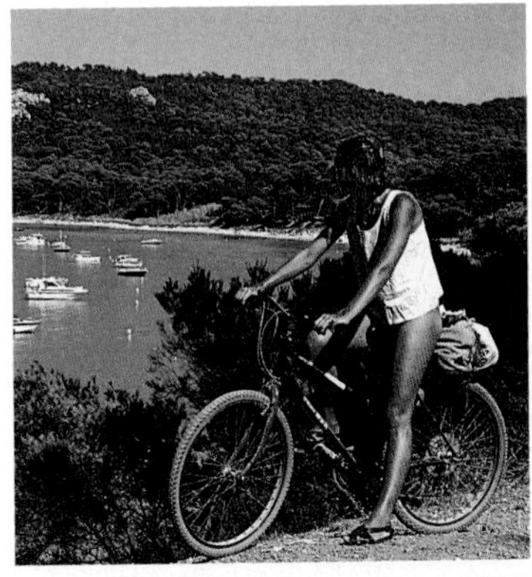

escalade

L'escalade offre un large éventail de possibilités dans tout l'arrière-pays, depuis les Préalpes niçoises jusqu'aux contreforts du Verdon, en passant par les falaises escarpées des *baous* de la vallée du Var et le rocher de Roquebrune-sur-Argens.

Des sorties accompagnées par des moniteurs qualifiés sont organisées en escalade, mais aussi en alpinisme, randonnées pédestres, ski de randonnée, raquette, canyoning et spéléo par les sections du Club alpin français :

Club alpin français du Var – 80 r. Jules-d'Aspre, 83000 Toulon, ☎ 04 94 92 66 73 ou 04 94 62 19 16 (répondeur) ; permanence mer. 18h30-20h au 3 pl. Poissonnière. www.clubalpin-toulon.online.fr

Club alpin français des Alpes-Maritimes – 14 av. Mirabeau, 06000 Nice, ☎ 04 93 62 59 99. Ouv. lun.-ven. 16h-20h (siège).

Association des guides et accompagnateurs des Alpes méridionales – Roquebillière, ☎ 04 93 03 44 30 ou 04 93 03 51 60 ; St-Martin-Vésubie, ☎/fax 04 93 03 26 00.

Bureau des guides de la Côte d'Azur – 15 boulevard de Cambrai, 06200 Nice, ☎ 04 93 86 78 33 ou 06 09 55 80 67.

Bureau des guides de la Côte d'Azur – 71 bd de la Rocade, 06250 Mougins, ☎ 04 93 75 27 39 ou 06 08 47 55 07. www.perso.wanadoo.fr/altitude

Bureau des guides du Mercantour – 75 r. du Dr-Cagnoli, 06450 St-Martin-Vésubie, ☎ 04 93 03 31 32 ; à Tende ☎ 04 93 04 77 85.

Comité départemental Montagne et Escalade du Var – Maison départementale des sports « L'Hélianthe », r. Émile-Ollivier, 83000 Toulon, ☎/fax 04 94 46 27 61.

Comité régional Montagne et Escalade des Alpes méridionales – Maison Régionale des Sports, Immeuble Estérel Gallery, 809 bd des Ecureuils, 06100 Mandelieu, ☎ 04 93 96 17 43.

Fédération française de la montagne et de l'escalade – 8-10 quai de la Marne, 75019 Paris, ☎ 01 40 18 75 50. 3615 ffme ou www.ffme.fr. Consulter également le *Guide des sites naturels d'escalade en France*, par D. Taupin (Éd. Cosiroc/FFME) pour connaître la localisation des sites d'escalade dans la France entière.

Via ferrata

À mi-chemin entre l'escalade, l'alpinisme et la randonnée, la pratique de la *via ferrata* constitue une découverte du monde vertical de l'escalade sans l'astreinte d'un long entraînement que justifiera une pratique soutenue, ici absente. Mais les règles de sécurité prescrites doivent être néanmoins rigoureusement respectées.

Au col de la Colmiane, sur le parcours de la *via ferrata* du **baou de la Frema**, le néophyte désireux de « tâter » de l'escalade dispose d'un étonnant ensemble d'équipements propre à susciter l'émotion : passerelle jetée entre deux pitons, pont de singe et passages vertigineux.

À Tende, une autre *via ferrata* des **« Comtes de Lascaris »** offre d'étonnantes sensations en toute sécurité.

Enfin, dernière née de ces aménagements, la *via ferrata* dominant le village de **Peille** (renseignement à l'Office de tourisme de la localité).

jet-ski

La pratique du jet-ski, sur des portions du littoral peu accessibles par terre et judicieusement choisies, constitue une superbe expérience de navigation autonome. Ce sport est néanmoins régi par des règles strictes : 150 m entre deux appareils, navigation diurne entre 300 m à l'extérieur des chenaux et jusqu'à 1 mille nautique, et désormais nécessité pour le pilote d'être titulaire d'un titre de conduite « mer ». La plupart des grandes stations assurent la location des jet-skis à l'heure ou à la demi-journée. Il est possible également de louer des **kayaks de mer** à Salins-d'Hyères et dans certaines stations varoises.

parachute ascensionnel

Pour modifier l'habituelle vision de sa plage préférée, vous pourrez vous exercer sans crainte aux joies du **parachute ascensionnel**. Il s'agit de voler sur l'eau accroché à un parachute tracté par un hors-bord. L'intérêt consiste à rester en l'air le plus longtemps possible à la hauteur la plus élevée. Pratiquement toutes les plages aménagées et bien ventées disposent de prestataires proposant des baptêmes et des découvertes de cette activité.

pêche au gros

Possibilité de s'exercer à la pêche au gros en louant des embarcations avec pêcheurs professionnels ou de participer à des matinées de pêche au large (généralement en saison de 6h à 10h) organisées par des sociétés de promenades en mer : à Sanary, Marine de Cogolin, Ste-Maxime.

Fédération française des pêcheurs en mer – Résidence Alliance, centre Jorlis, 64600 Anglet, ☎ 05 59 31 00 73.

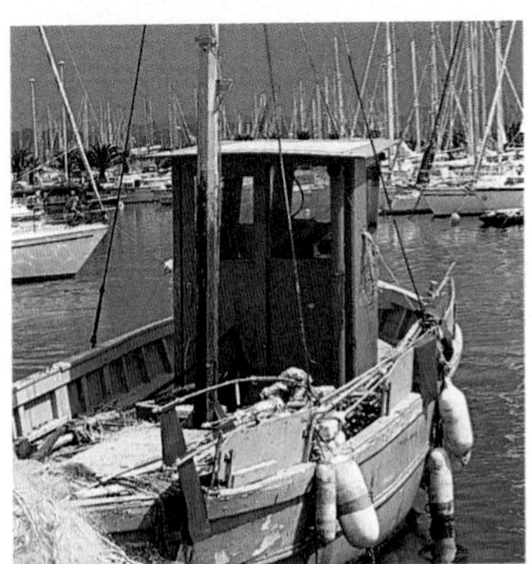

pêche en rivière

Pour la pêche en rivière (Gapeau, Real Martin, Argens, Roya, Bévera) et dans les lacs (Carcès, St-Cassien), il convient d'observer la réglementation nationale et locale et de s'affilier pour l'année en cours dans le département de son choix à l'association de pêche et de pisciculture agréée en acquittant les taxes afférentes au mode de pêche pratiqué ou, éventuellement, d'acheter une carte journalière auprès des vendeurs attitrés.
Quelques particularités de la nouvelle réglementation locale applicable depuis 1995 : la pêche à la truite est permise du 2e samedi de mars au 3e dimanche de septembre, celle au brochet n'est permise que du 31 janvier au 15 avril. Dans la Siagne, la pêche à l'ombre commun est interdite toute l'année.

Conseil supérieur de la pêche – 134 av. Malakoff, 75016 Paris, ☎ 01 45 02 20 20.
Il est conseillé de s'adresser aux **fédérations départementales** pour obtenir les dernières modifications concernant la législation locale. Dans le Var ☎ 04 94 69 05 56 et dans les Alpes-Maritimes ☎ 04 93 72 06 04.

pêche sous-marine

La pratique de ce sport, dont les multiples criques du littoral paraissent propres à satisfaire toutes les exigences, répond à une réglementation très stricte. Nous en rappelons les éléments essentiels :
- la capture et la pêche des mérous et des nacres sont interdites en permanence ;
- la chasse sous-marine est interdite de mai à sept. dans le Var, de nov. à fév. dans les Alpes Maritimes ;
- la pêche sous-marine est interdite à moins de 100 m de tous les établissements de cultures marines ;
- il est interdit de poursuivre et capturer (même sans intention de les tuer) des mammifères marins (dauphins, marsouins) ;
- il existe une taille réglementaire des prises pour chaque espèce ;
- en toutes circonstances, il est interdit de détenir un équipement tel que scaphandre autonome ou non permettant la respiration en plongée.

D'autre part, pour pouvoir pêcher, le plongeur doit faire une déclaration aux affaires maritimes en présentant une pièce d'identité et une attestation d'assurance stipulant sa couverture pour la pratique de la pêche sous-marine.
Certaines zones sont totalement interdites de pêche sous-marine toute l'année : dans le Var, la façade sud de la presqu'île de St-Mandrier, une partie de l'île de Porquerolles, l'île de Port-Cros et ses îlots, enfin, dans le secteur de St-Tropez, entre la pointe du Four à Chaux et l'extrémité Sud de la pointe de Grimaudeaux. Dans les Alpes-Maritimes, les secteurs de Golfe-Juan, Beaulieu et Roquebrune-Cap-Martin sont des réserves marines (balisées par des bouées). La rade de Villefranche-sur-Mer et du Cap Ferrat ainsi que l'aéroport de Nice sont classées zones de protection.
Il est indispensable de se renseigner au préalable auprès des **Affaires maritimes** de chaque département.

Direction départementale des Affaires maritimes du Var – 244 av. de l'Infanterie-de-Marine, 83000 Toulon, ☎ 04 94 46 92 00.

Direction départementale des Affaires maritimes des Alpes-Maritimes – 22 quai de Lunel, BP 4139, 06303 Nice Cedex 04, ☎ 04 92 00 41 50.

plaisance

L'engouement pour la navigation de plaisance a conduit à l'aménagement de gigantesques surfaces d'amarrage dont le confort satisfera les plaisanciers les plus exigeants. Parmi ces dernières, on retiendra les ports dont la capacité excède les 1 000 postes : Bandol, Toulon, Hyères (port St-Pierre), La Londe (port Miramar), Le Lavandou, St-Raphaël (Ste-Lucia), Cannes (Port-Canto et le vieux port), St-Laurent-du-Var et actuellement le plus vaste : port Vauban à Antibes.
La carte des lieux de séjour *(p. 24)* mentionne les ports de plaisance accessibles à tout plaisancier de passage.
La plupart des stations balnéaires possèdent une École française de voile qui propose des stages. Il est possible de louer des bateaux avec ou sans équipage, en saison. Se renseigner à la capitainerie de chaque port.
Le *Guide du plaisancier en Méditerranée*, Éd. France Yachting Service, répertorie tous les services disponibles dans chaque port.

Fédération française de voile – 55 av. Kléber, 75784 Paris Cedex 16, ☎ 01 44 05 81 00. www.ffvoile.org

France Station Voile - Nautisme et Tourisme – 17 r. Boissière, 75116 Paris. ☏ 01 44 05 96 55. www.france-nautisme.com

Quelques règles à respecter - La vitesse est limitée à cinq nœuds sur toute la bande littorale à moins de 300 m du rivage et l'usage des scooters de mer est interdit à moins de 300 m du rivage (sauf dans les chenaux d'accès) et dans les secteurs des îles d'Hyères, de Lérins et dans la baie de Villefranche.
Ne pas s'approcher à moins de 100 m d'un pavillon (blanc et bleu ou croix de St-André) signalant la présence de plongeurs.
La direction départementale des Affaires maritimes des Alpes-Maritimes diffuse une plaquette répertoriant les principales réglementations locales et les zones littorales réglementées.

planche à voile et funboard

Le littoral varois offre de longues étendues de plages aux coups de boutoir du mistral. C'est tout naturellement sur ses côtes que les adeptes des sports nautiques de vent (planche à voile, funboard, dont la planche plus courte autorise figures de saut et surf) ont trouvé un des meilleurs sites de la Méditerranée pour exercer leur passion. Sur la côte occidentale de la presqu'île de Giens, la **plage de l'Almanarre** est devenue un haut lieu du funboard et accueille les épreuves françaises du championnat du monde de cette spécialité. D'autres sites présentent un aspect plus technique : Six-Fours-les-Plages et les deux faces du cap Nègre. Les véliplanchistes doivent respecter les chenaux balisés, ne pas s'éloigner au-delà de la limite de 1 mille de la côte, s'abstenir de sortir lorsque le pavillon noir et blanc (vent de terre) est hissé et enfin ne jamais quitter leur flotteur en cas de difficulté.

plongée

De nombreux clubs nautiques proposent des forfaits d'initiation et de perfectionnement de plongée avec bouteilles, accompagnés de moniteurs. Les principaux centres d'activités subaquatiques se situent à Bendor (le centre Padl est l'un des plus importants d'Europe), au Pradet (plage de la Garonne), à Giens (la Tour Fondue), Sanary, Cavalaire, Ramatuelle (l'Escalet), St-Tropez, Ste-Maxime, St-Raphaël, La Napoule, Cannes et Villefranche.

Centre du Rayol-Canadel et Parc national de Port-Cros – Ils proposent des découvertes initiatiques de la faune et de la flore méditerranéennes.

Comité régional des sports sous-marins de la Côte d'Azur – Cap Blanc, le port, 83233 Bormes Cedex, ☏ 04 94 00 40 71. www.ffessmcrca.com

Fédération française d'études et de sports sous-marins – 24 quai de Rive-Neuve, 13284 Marseille, ☏ 04 91 33 99 31. 3615 ffessm et www.ffessm.fr. Elle regroupe un grand nombre de clubs locaux et publie un annuaire très complet sur l'ensemble des activités subaquatiques en France.

PLONGÉE « ARCHÉOLOGIQUE »

Les anfractuosités du littoral varois des Maures et de l'Esterel, la limpidité des fonds aux îles d'Hyères sont autant d'invites à retrouver l'ambiance du *Grand Bleu* et du *Monde du silence*. La fréquence du trafic maritime au cours des siècles a transformé les fonds en véritable musée d'épaves ; une centaine de bateaux et près de vingt avions ont été dénombrés au large du littoral azuréen. La plupart reposent par des profondeurs supérieures à 20 m, accessibles uniquement à des plongeurs chevronnés participant à des stages de découverte. En revanche, certaines épaves, situées à moins de 20 m de profondeur, peuvent être aisément repérées et « visitées » par des débutants. La fédération des sports sous-marins à Marseille fournit les coordonnées des centres proches des épaves.

Réglementation sur les découvertes archéologiques sous-marines – Tous les biens culturels maritimes (amphores, sites, épaves, etc.) situés dans le domaine public appartiennent à l'État. La nouvelle réglementation édictée en 1996 stipule que toute personne qui découvre, au cours d'une plongée, un vestige archéologique, même isolé, est tenue de le laisser en place et de ne pas y porter atteinte.
Dans le cas où l'on a fortuitement effectué un enlèvement (dans les filets, par exemple), il est interdit de

s'en séparer et obligatoire d'en avertir, dans les 48h, les Affaires maritimes les plus proches ou l'organisme de tutelle : la DRASSM à Marseille (département des Recherches archéologiques et sous-marines). Les contrevenants sont passibles du tribunal de grande instance.
Enfin, petite consolation, les plongeurs ayant déclaré la découverte d'épaves ou de vestiges archéologiques pourront bénéficier d'une récompense en espèces dont le montant, fixé par l'administration, est fonction de l'intérêt scientifique de la découverte.

La sécurité en milieu sous-marin – L'engouement croissant pour la découverte des superbes paysages sous-marins que propose la Côte d'Azur ne doit cependant pas faire oublier le respect par le plongeur occasionnel des règles élémentaires de sécurité qui éviteront des accidents aux conséquences souvent graves :
- ne jamais plonger seul, ni après un repas copieux ou arrosé, ou après avoir pris des boissons gazeuses, et en état de fatigue ;
- éviter impérativement les chenaux de passage des embarcations et les lieux d'évolution des véliplanchistes ;
- matérialiser correctement les points de plongée : pavillon alpha ou pavillon rouge à diagonale blanche ;
- signaler aux secours à terre la nature de l'accident afin qu'ils préparent des soins en milieu hyperbare, seul remède aux accidents de décompression même minime.

randonnée équestre

Des circuits aménagés de tourisme équestre existent dans les Alpes-Maritimes et le Var. Renseignements et documentation auprès des comités départementaux de tourisme.

Itinéraire Équestre des Espaces Naturels Franco-Italiens (Itinerario Equestre degli Spazi Naturali Franco-Italiani) – Une forme originale de découverte du massif du Mercantour : des randonnées équestres de montagne sont pratiquables sur un itinéraire balisé reliant St-Martin-Vésubie à Certosa di Pesio au travers des parcs italiens delle Alpi Marittime et d'Alta Valle Pesio. Une dizaine de haltes sont aménagées pour les cavaliers et leur monture.
Les renseignements pratiques sont fournis par les maisons d'information du Parc national du Mercantour et du parc delle Alpi Marittime.

Parc national du Mercantour – Il diffuse une brochure proposant divers itinéraires de randonnées équestres sur les massifs frontaliers de l'Argentera et du Mercantour avec les possibilités d'étapes.

Location d'ânes dans la Tinée – Itinérance, hameau de Villeplane, 06470 Guillaumes, ☎ 04 93 05 56 01.

Comité départemental d'équitation de randonnée des Alpes-Maritimes – M. Desprey, Mas de la Jumenterie, rte de St-Césaire, 06460 St-Vallier-de-Thiey, ☎ 04 93 42 62 98.

Comité régional de tourisme équestre Provence-Côte d'Azur – 33 chemin du Collet, 06650 Opio, ☎ 04 93 77 39 36 ou 04 93 77 74 02. www.perso. libertysurf. fr/liprocate

Comité national de tourisme équestre – 9 bd Mac-Donald, 75019 Paris, ☎ 01 53 26 15 50. www.eii.fr. Il édite une plaquette mise à jour annuellement *Tourisme et loisirs équestres en France*, répertoriant, région par région, les centres équestres dûment patentés et énumérant leurs activités.

randonnée pédestre

Sentiers du littoral

Le fameux sentier des douaniers qui longeait l'ensemble du littoral azuréen avant l'expansion immobilière a réussi à préserver plusieurs tronçons pittoresques de son parcours. Ces derniers ont fait l'objet d'un aménagement par le Conservatoire du littoral.
Plusieurs sentiers de pays (PR) sont balisés et pratiquables par tous le long du littoral varois. Une dizaine d'entre eux, de Bandol à St-Aygulf, sont décrits dans un topoguide édité par la Fédération française de la randonnée pédestre.

Balades dans l'arrière-pays

De nombreux sentiers balisés permettent de découvrir la région. Les sentiers de grande randonnée (GR) qui sillonnent l'arrière-pays niçois sont réservés aux randonneurs confirmés qui maîtrisent l'expérience de la montagne. Ils ne sont praticables dans leur ensemble que de fin juin à début octobre :

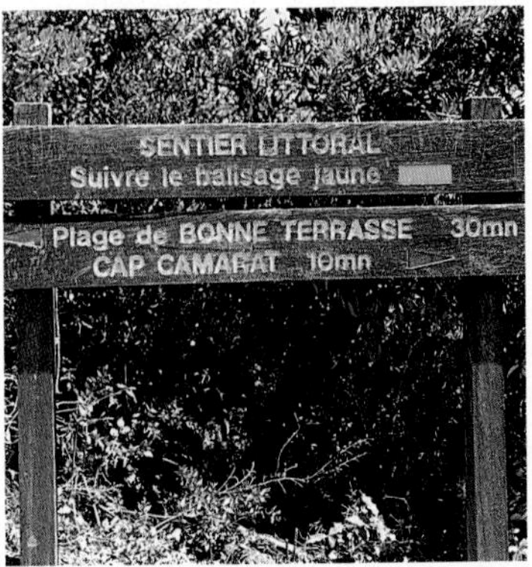

GR 5 – Le plus ancien et le plus majestueux, il aboutit à Nice après une traversée de l'Europe. En reprenant la dernière section de Nice à St-Dalmas-Valdeblore, on traversera Aspremont, Levens, les gorges de la Vésubie et la Madone d'Utelle.

GR 52 – De St-Dalmas-Valdeblore à Menton par le Boréon, la vallée des Merveilles, la forêt de Turini, Sospel. Il aboutit au jardin exotique de Val Rameh.

GR 52A – Il contourne par les cimes le Parc national du Mercantour dans sa partie orientale depuis le col de Tende.

D'autres sentiers sont praticables toute l'année par des randonneurs de tout niveau :

GR 4 – Au départ de Grasse, il rejoint les gorges du Verdon par Gréolières.

GR 51 – Surnommé « le balcon de la Méditerranée », il domine la côte depuis la première ligne de crêtes. Il permet de découvrir de remarquables panoramas entre le col de la Cadière (Esterel) et Castellar (à l'Est de Menton).

GR 510 – Entièrement dans les Alpes-Maritimes, il propose en 10 jours une intéressante variante transversale de vallée en vallée depuis Breil-sur-Roya jusqu'à St-Cézaire-sur-Siagne en passant par Sospel, Villars-sur-Var, Puget-Rostand, Roquestéron, St-Auban et Escragnolles, chaque étape permettant la découverte d'une nouvelle vallée ponctuée de villages perchés.

GR 9 – Il traverse le massif des Maures de Signes à St-Pons-les-Mûres.

GR 99 – Il relie Toulon aux gorges du Verdon en traversant le pays brignolais.

GR 90 – C'est le plus petit ! Il permet de traverser les Maures depuis Le Lavandou jusqu'à Notre-Dame-des-Anges d'où l'on peut reprendre le GR 9.

Fédération française de la randonnée pédestre – 14 r. Riquet, 75019 Paris, ☎ 01 44 89 93 90. www.ffrp.asso.fr. La fédération donne le tracé détaillé des GR, GRP et PR ainsi que d'utiles conseils.

Adresses

Des associations privées organisent des circuits de randonnées pédestres adaptables selon le niveau de difficulté à tout randonneur.

« RandOxygène » – Le conseil général des Alpes-Maritimes diffuse une série de guides, regroupant une foule de renseignements pratiques, intitulés « RandOxygène » consacrés aux randonnées pédestres, au VTT et au canyoning dans l'ensemble du département. Ces brochures sont disponibles auprès des principaux offices de tourisme, des maisons du Parc national du Mercantour et des bureaux des guides. On peut également se les procurer gratuitement par courrier sur simple demande au Conseil général des Alpes, Direction de l'aménagement du territoire départemental et de l'environnement, Services des randonnées, BP 3007, 06201 Nice Cedex 3.

Comité départemental des Alpes-Maritimes de randonnée pédestre – ☎ 04 93 20 74 73 ou 04 93 09 91 27.

Conseils

Attention aux vipères ! – Dans les garrigues et sur les causses, les pierres, la rocaille et les broussailles sont autant d'abris pour les vipères. Lorsqu'elles se sentent menacées, elles peuvent mordre celui qui vient de les déranger. Quelques minutes après, une bulle portant une petite tache rouge apparaît sur la cheville puis se transforme en œdème. Pour éviter la diffusion du venin et les complications qui s'ensuivent, il faut tout d'abord calmer le blessé et l'allonger. Mieux vaut ne pas poser un garrot, inciser la plaie ou aspirer le venin par la bouche ; d'autre part, il faut savoir que l'*aspivenin* n'est pas efficace à 100 %. La meilleure chose à faire est de transporter le blessé à l'hôpital dans les plus brefs délais ; c'est là que le sérum antivenimeux sera administré. Pour éviter ce genre d'accident, il faut tout d'abord porter de bonnes chaussures de marche protégeant éventuellement la cheville. Pour ne pas réveiller les vipères, évitez de soulever les pierres. Frapper le sol du pied, faire un peu de bruit fera fuir les vipères les plus audacieuses.

ski

À moins de deux heures de route de la Côte, il est possible de goûter aux plaisirs des sports d'hiver dans des stations qui bénéficient d'une réputation régionale : la Colmiane-Valdeblore, la Gordolasque-Belvédère, Boréon-St-Martin-Vésubie, Turini-Camp d'Argent, Peïra-Cava, Gréolières-les-Neiges, L'Audibergue.

Ski de fond

Des circuits de ski de fond sont aménagés dans la haute Roya : circuit de fond de la Brigue (alt. 900 m) et centre de ski de fond de **Tende-Val Casterino** (alt. 1 500 m).

La proximité de la station italienne de **Limone-Piemonte**, aisément accessible par navette ferroviaire, permet en outre de goûter les diverses variantes des sports de glisse.

Ski club de Nice – 6 r. Castel, 06000 Nice, ☎ 04 93 52 36 36.

spéléologie

L'ensemble des plateaux et des Préalpes calcaires renferme de multiples opportunités pour les spéléologues de tout niveau. Le Var présente des sites originaux de par leur configuration : le plateau de **Siou Blanc** est un véritable catalogue des variantes de gouffres et avens que l'amateur peut rencontrer. On y trouvera notamment l'aven le plus profond du département à -350 m. À proximité de Draguignan, la grotte de Mouret permettra à tous de s'entraîner. Dans les Alpes-Maritimes, le pays grassois et le plateau de Caussols proposent de belles occasions de s'exercer pour les amateurs aguerris. De même, le légendaire massif de Marguareis (au Nord-Est de Tende), qui vit les exploits « hors du temps » du spéléologue Michel Siffre dans les années 1960, reste le paradis de la spéléologie de haut niveau. Cet immense plateau calcaire truffé de dolines, de parois vertigineuses dominant le versant italien renferme des gouffres dépassant la profondeur de 900 m.

S'adresser aux sections « Spéléologie » du Club alpin français de Toulon et de Nice ou aux Comités départementaux de spéléologie :

Comité départemental de spéléologie du Var – L'Hélianthe, r. Émile-Ollivier, 83000 Toulon, ☎ 04 94 31 29 43. Permanence mar. 17h-20h.

Comité départemental de spéléologie des Alpes-Maritimes – Bât. 5, L'Alsace, bd Paul-Montel, 06100 Nice, ☎ 06 87 47 99 80.

École française de spéléologie – 28 r. Delandine, 69002 Lyon, ☎ 04 72 56 35 76.

Fédération française de spéléologie – 130 r. St-Maur, 75011 Paris, ☎ 01 43 57 56 54.

Les grottes azuréennes

Le relief karstique du pays grassois (plateau de Caussols notamment) offre d'intéressantes possibilités de découverte de phénomènes géologiques à des étapes différentes de leur constitution : des grottes « mortes » à **St-Cézaire** *(voir Grasse)*, des avens au sein de gigantesques lapiaz comme la **grotte des Audides** *(voir Cabris)* ou des grottes originales constituées d'une succession de gours telle la **grotte de Baume Obscure** *(voir St-Vallier-de-Thiey)*. Près de Draguignan, les **grottes de Villecroze** *(voir ce nom)* sont constituées de tuf ; leur aménagement rend la visite aisée.

D'autres grottes sont accessibles avec un équipement adéquat et une connaissance technique minimale. Elles entrent dans la catégorie des activités spéléologiques. Seul l' **« embut » de Caussols** (un « embut » est un entonnoir en provençal) peut vous donner sur la première partie (une dizaine de mètres seulement) la sensation de faire véritablement de la spéléologie sans avoir de grandes connaissances préalables.

Forme et santé

thalassothérapie et balnéothérapie

La Côte d'Azur voit apparaître ses premiers hivernants au 18e s. poussés vers la clémence de son climat par les médecins. Ces malades fortunés, tuberculeux ou phtisiques d'alors vont constituer la première vague du tourisme. Depuis, le tourisme a pris l'essor que l'on connaît, et la fatigue et le stress sont devenus les maux d'aujourd'hui. L'eau de mer et le climat maritime étant par ailleurs deux sources de jouvence indispensables pour une bonne cure, il n'y a rien d'étonnant à ce que la Côte se soit mise au goût du jour en proposant des cures de thalasso et de balnéothérapie. Parmi les nombreuses villes proposant des soins, citons : **Bandol** (thalassothérapie), **Hyères** (cure de pleine forme), **St-Raphaël** (« thalasports »), **Sainte-Maxime** et **Fréjus** (remise en forme), l'**île des Embiez** (balnéothérapie).

Fédération Mer et Santé – 8 r. de l'Isly, 75008 Paris, ☎ 01 44 70 07 57. 3615 thalasso et www.mer-et-sante.asso.fr

Maison de la thalassothérapie – 5 r. Denis-Poisson, 75017 Paris, ☎ 08 25 07 97 07.

thermalisme

Les Alpes-Maritimes ne prétendent pas rivaliser sur ce plan avec les régions alpines à la longue tradition thermale ; cependant, la petite station de **Berthemont-les-Bains** (☎ 04 93 03 47 00), par la source sulfureuse d'eau radioactive, traite avec succès les affections des voies respiratoires et les troubles articulaires. Renseignements :

Union Nationale des Établissements Thermaux – 1 r. Cels, 75014 Paris. ☎ 01 53 91 05 75. www.france-thermale.org

Chaîne thermale du Soleil/Maison du Thermalisme – 32 av. de l'Opéra, 75002 Paris. ☎ 01 44 71 37 00 ou 0 800 050 532 (n° Vert). 3614 novotherm. www.sante-eau.com

Le Guide Rouge Michelin France signale les dates officielles d'ouverture et de clôture de la saison thermale.

la nature et l'environnement

La santé n'est pas uniquement une question médicale ou de traitement par l'eau et les algues, c'est aussi une affaire de sport et de grand air. Voici donc les indications nécessaires pour respirer un air pur dans les îlots de verdure préservés et aménagés tout au long du littoral des Alpes-Maritimes que sont les parcs forestiers départementaux.

Parc de la Grande Corniche à Èze – *Accès depuis le col d'Èze sur la Grande Corniche.*

Parc de Vaugrenier – *Accès par la N 7 entre Antibes et Marina-Baie-des-Anges.*

Parc de la vallée de la Brague – À la sortie Nord du village de Biot.

Parc du San Peyre – *De La Napoule, prendre la direction de l'autoroute A 8, puis à gauche la route du cimetière.* Cet ancien poste de guet offre, d'une hauteur de 131 m, un superbe panorama sur la baie de Cannes.

Parc de la pointe de l'Aiguille – *Parking sur la N 98 à la sortie de Théoule.*

Souvenirs

Que rapporter d'un séjour sur la « Côte » ? Les choix sont vastes et se limitent à la place disponible dans vos bagages, sauf si vous « craquez » pour une magnifique mais énorme jarre vernie qu'il ne vous restera plus qu'à tenter de caser dans le coffre de la voiture !
Ces quelques idées n'ont d'autre ambition que vous aider à faire votre choix en toute connaissance, car la production artisanale authentique peut côtoyer des articles manufacturés diffusés comme partout ailleurs...

conseils

Les prix des marchés sont plus intéressants que dans les boutiques spécialisées.
Pour tous ces achats, le mieux est de flâner à son rythme dans les rues commerçantes à la recherche de l'affaire du siècle. N'oubliez pas que nous avons sélectionné pour vous une série de boutiques proposant des produits artisanaux et du terroir : vous les trouverez dans les « carnets pratiques » des villes décrites dans la partie « Villes et sites ».
La carte « Spécialités et vignobles » p. 46-47 répertorie les principales localités présentant des productions locales qui vous pouvez acheter sur place. Le chapitre « À l'ombre des platanes » dans l'« Invitation au voyage » détaille également plusieurs spécialités régionales.

que rapporter ?

À DÉGUSTER

Épicerie fine – De l'huile d'olive vierge (dans les moulins à huile d'Opio ou de la Cadière de préférence, ou encore à Flayosc, haut-lieu de l'oléiculture varoise), des bocaux d'olives vertes ou noires de Nice, marinées aux piments ou aux herbes, de la tapenade, de l'anchoïade, idéale pour accompagner des légumes crus (chou-fleur, fenouil, tomates, radis, carottes... auxquels on peut rajouter un œuf dur), de l'aïoli en petits (ou en gros...) pots de verre, voire de la rouille pour accompagner les soupes de poisson : vous trouverez tout cela dans les épiceries et sur les marchés.

Gourmandises – Les gourmands sont particulièrement gâtés sur la Côte d'Azur ! Entre le marron de Collobrières, marron glacé, crème de marron et marron au naturel, la violette de Tourrettes-sur-Loup (violettes en sucre parfumées), le nougat de Signes ou de Roquebrune-sur-Argens et les spécialités de fruits confits et de pâtes de fruit qu'ils trouveront dans toutes les confiseries niçoises, mais aussi à Tourrettes, ils n'auront que l'embarras du choix ! Quant aux pâtisseries, la fameuse tarte de Saint-Tropez sera à réserver à la consommation sur place... mais si vous passez dans la région entre Noël et l'Épiphanie, pourquoi ne pas ramener une couronne des rois qui changera de la sempiternelle galette à la frangipane, d'autant que vous y trouverez encore des fèves faites de petits sujets en porcelaine.

Nice, marché aux fruits confits.

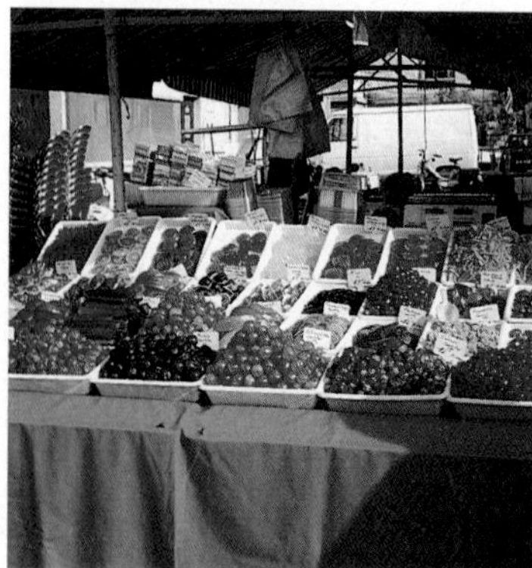

Vins et liqueurs

Vins des Côtes de Provence – Les caves vinicoles et les chais (à visiter) situés le long de la route des côtes-de-Provence proposent aux connaisseurs de très nombreuses dégustations (à pratiquer avec modération si vous prenez le volant !) souvent suivies de l'achat d'un carton (ou plusieurs !) de bouteilles.

L'île de Porquerolles dispose de trois domaines viticoles produisant un AOC côtes-de-Provence. Ces domaines proposent des dégustations-ventes : domaine de l'Île (le plus ancien), domaine Perzinsky et domaine Courtade.

Les caves coopératives du golfe de St-Tropez regroupent les viticulteurs de Cogolin, Gassin, Grimaud, Ramatuelle et St-Tropez. L'espace « Les maîtres vignerons de St-Tropez », au carrefour de La Foux, présente une large gamme des crus du golfe. Renseignements auprès du Comité interprofessionnel des vins côtes-de-Provence, Maison des vins, N 7, 83460 Les Arcs, ☎ 04 94 99 50 10.

Vins de Bandol – Un circuit permet de découvrir les crus des vins de Bandol. Renseignements auprès du Syndicat des domaines en appellation bandol contrôlée, « Maison des vins du Bandol », 22 allées Vivien, 83150 Bandol, ☎ 04 94 29 45 03.

Vins de Bellet – Les collines de l'arrière-pays niçois abritent à St-Roman-de-Bellet le cru vin de Bellet, réputé et rare, qui s'étend sur 50 ha seulement. On peut le découvrir dans les caves ouvertes au public. Se renseigner au Syndicat des vignerons du Bellet, 06200 St-Roman-de-Bellet, ☎ 04 93 37 81 57.

Liqueur de Lérina – Aux îles de Lérins, les moines de l'abbaye St-Honorat élaborent et vendent la célèbre liqueur de Lérina *(voir le carnet pratique des îles de Lérins)*.

Parfums et fleurs

Toute la Côte d'Azur propose des variétés superbes de bouquets de fleurs dont les plus remarquables sont les mimosas (en février) et les œillets. À noter, outre Ollioules, les marchés d'Antibes et du cours Saleya à Nice dont certains marchands assurent l'expédition en paquets conditionnés. Parfums à Grasse et dans les gorges du Loup, évidemment (vous éviterez difficilement de tomber sur une parfumerie), mais aussi à Èze, à Menton dans la rue Longue, où de multiples boutiques d'artisanat proposent parfums et toutes sortes de savons, de produits pour le bain ou pour le massage, mais aussi sachets de lavande pour les armoires, bougies parfumées, parfums d'ambiance (également pour la voiture), etc.

Pour la maison

Linge de maison – Nappes (toile cirée ou non) et sets de table, torchons, maniques et gants de cuisine en tissu provençal. L'engouement pour les **tissus provençaux** se retrouve dans le large choix des boutiques spécialisées ; les marques Soleïado et Mistral ont acquis une solide réputation de qualité en ce domaine..., mais il existe encore quelques boutiques où vous pourrez trouver des trésors.

Poteries et verreries – Outre les innombrables potiers qui peuplent les villages perchés à forte fréquentation touristique et chez qui le pire côtoie allègrement le meilleur (mais il en faut pour tous les goûts !), elles sont incontournables si vous passez à Biot ou à Vallauris (Verrerie de Biot et Ateliers Collet à Vallauris). Salernes, dans le haut Var, est réputée pour ses poteries, ses carreaux de faïence et ses tomettes.

Pipes et tapis – C'est la spécialité de Cogolin.

Objets en bois, en liège – L'arrière-pays niçois est plus spécialisé dans les objets tournés dans le bois d'olivier (couverts). À Gonfaron, objets manufacturés en liège.

Pour les enfants

Friandises et vêtements, bien sûr, mais aussi : souvenirs du Carnaval (masques, masques en chocolat proposés par tous les pâtissiers et confiseurs à l'époque du Carnaval) : jeux éducatifs sur les parfums, savons en forme de fruits ou de personnages de dessins animés (dans les boutiques des parfumeries). Vous trouverez également un peu partout (mais en particulier à St-Cyr-sur-Mer et à Roquebrune-sur-Argens) des santons provençaux qui donneront une note provençale à la crèche de Noël.

marchés provençaux

Les marchés typiques, qui fleurent bon l'ail, la farigoulette et l'estragon, sont indissociables, au même titre que les cigales et la lavande, de l'image que l'on se fait de la Provence. En écho à la célèbre chanson de Gilbert

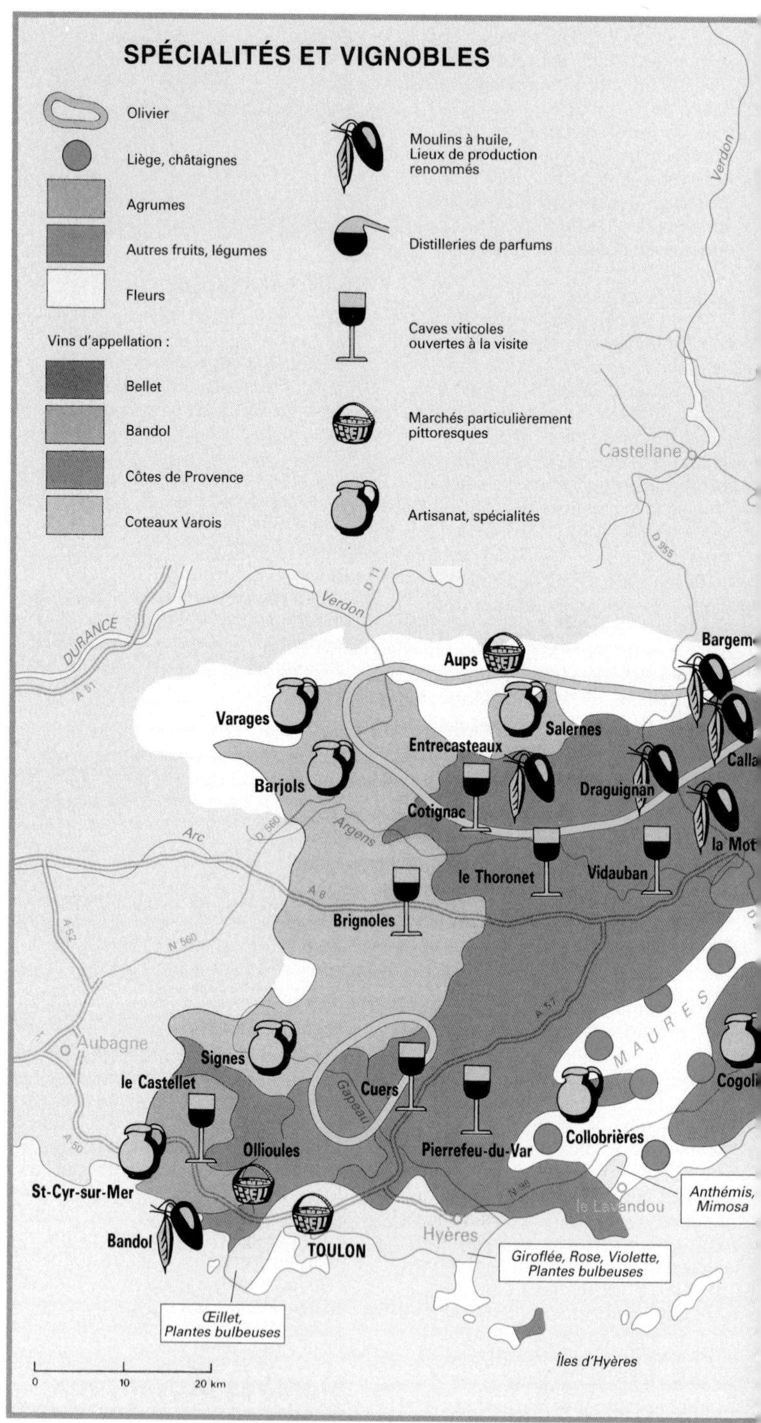
SPÉCIALITÉS ET VIGNOBLES
Olivier
Liège, châtaignes
Agrumes
Autres fruits, légumes
Fleurs
Vins d'appellation :
Bellet
Bandol
Côtes de Provence
Coteaux Varois
Moulins à huile, Lieux de production renommés
Distilleries de parfums
Caves viticoles ouvertes à la visite
Marchés particulièrement pittoresques
Artisanat, spécialités
Verdon
Castellane
D 955
D 11
Verdon
DURANCE
A 51
Aups
Varages
Salernes
Entrecasteaux
Barjols
Draguignan
Cotignac
Arc
D 560
Argens
le Thoronet
Vidauban
A 8
Brignoles
A 52
N 560
A 57
MAURES
Aubagne
Signes
le Castellet
Cuers
Gapeau
Ollioules
Pierrefeu-du-Var
Collobrières
A 50
St-Cyr-sur-Mer
N 98
le Lavandou
Anthémis, Mimosa
Bandol
TOULON
Hyères
Giroflée, Rose, Violette, Plantes bulbeuses
Œillet, Plantes bulbeuses
Îles d'Hyères
0
10
20 km

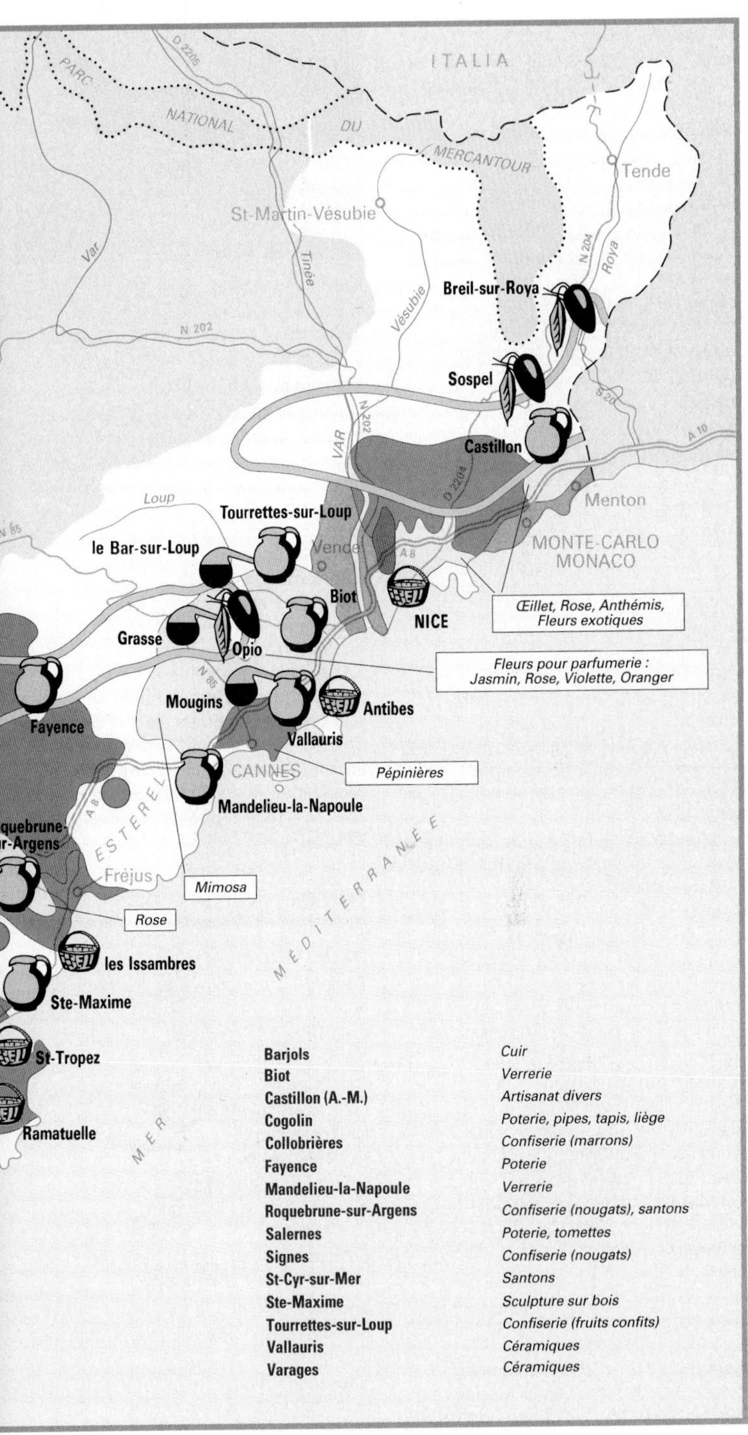
ITALIA
PARC NATIONAL DU MERCANTOUR
D 2205
Tende
St-Martin-Vésubie
Var
Tinée
Vésubie
Roya
N 204
N 202
Breil-sur-Roya
Sospel
S 20
Castillon
A 10
VAR
N 202
D 2204
Menton
MONTE-CARLO
MONACO
Loup
Tourrettes-sur-Loup
N 85
le Bar-sur-Loup
Vence
A 8
Biot
NICE
Œillet, Rose, Anthémis,
Fleurs exotiques
Grasse
Opio
Fleurs pour parfumerie :
Jasmin, Rose, Violette, Oranger
Mougins
Antibes
Fayence
Vallauris
CANNES
Pépinières
Mandelieu-la-Napoule
ESTEREL
quebrune-
r-Argens
Fréjus
Mimosa
Rose
MER MÉDITERRANÉE
les Issambres
Ste-Maxime
St-Tropez
Ramatuelle
Barjols — Cuir
Biot — Verrerie
Castillon (A.-M.) — Artisanat divers
Cogolin — Poterie, pipes, tapis, liège
Collobrières — Confiserie (marrons)
Fayence — Poterie
Mandelieu-la-Napoule — Verrerie
Roquebrune-sur-Argens — Confiserie (nougats), santons
Salernes — Poterie, tomettes
Signes — Confiserie (nougats)
St-Cyr-sur-Mer — Santons
Ste-Maxime — Sculpture sur bois
Tourrettes-sur-Loup — Confiserie (fruits confits)
Vallauris — Céramiques
Varages — Céramiques

Bécaud immortalisant le marché du cours Lafayette à Toulon, voici les principaux marchés présentant les produits du terroir et qui mettront en éveil tous vos sens.

Antibes – Tous les matins (sf lundi hors saison), cours Masséna.

Aups – Mercredi, samedi, pl. Frédéric-Mistral ; marché aux truffes jeudi (de fin nov. à mi-mars).

Bargemon – Jeudi, pl. St-Étienne.

Barjols – Jeudi, samedi, pl. de la Mairie.

Le Beausset – Vendredi (foire).

Bormes-les-Mimosas – Mardi au Pin-de-Bormes, mercredi au vieux village, samedi (en sais.) à La Favière.

Brignoles – Mercredi, samedi, pl. du Gén.-de-Gaulle et pl. du 8-Mai.

Callas – Grand marché le samedi.

Cogolin – Mercredi, samedi.

Cotignac – Mardi, cours Gambetta.

La Croix-Valmer – Dimanche matin.

Draguignan – Tlj sf lundi 7h-13h, pl. du Marché.

Entrecasteaux – Vendredi matin.

Fayence – Mardi, jeudi et samedi, pl. de l'Église.

Fréjus – Mercredi, samedi (foire), dans le centre ancien ; dimanche bd d'Alger.

La Garde-Freinet – Mercredi, dimanche.

Grimaud – Jeudi, pl. Vieille à Grimaud ; jeudi, dimanche, à Port-Grimaud.

Hyères – Marché paysan mardi et jeudi (mai-sept.), pl. de la République ; marché traditionnel samedi, dans le centre-ville.

Le Lavandou – Jeudi, pl. du Marché et av. du Prés.-Vincent-Auriol ; lundi (juin-sept) à Cavalière.

Lorgues – Mardi.

Le Luc – Vendredi matin.

Menton – Tlj sf lundi en matinée. Marché couvert quai de Monléon. Marché du Careï en haut des jardins Biovès, sous le pont du chemin de fer.

Ramatuelle – Jeudi, dimanche.

Roquebrune-sur-Argens – Vendredi matin et mardi (juil.-août).

St-Martin-Vésubie – Mardi, samedi et dimanche, pl. du Marché (juin-sept.).

St-Raphaël – Tlj pl. de la République et Victor-Hugo ; marché des pêcheurs au vieux port.

St-Tropez – Mardi, samedi, pl. des Lices.

Ste-Maxime – Vendredi (foire) ; marché couvert très animé tous les matins près de la pl. du Marché.

Sanary-sur-Mer – Tous les matins, marché aux primeurs sur les Allées Estienne d'Orves, marché aux fleurs devant la mairie ; mercredi matin grand marché provençal sur les Allées Estienne d'Orves et sur le port (juil.-août).

Toulon – Cours Lafayette, tous les matins sf lundi.

Marché de Lorgues.

Tourtour – Mercredi, samedi, pl. des Ormeaux.

Villecroze – Jeudi matin.

Il faut par ailleurs savoir qu'en saison estivale, le moindre village de l'arrière-pays accueille à l'ombre de ses platanes des maraîchers proposant le produit de leurs cultures ou de leur artisanat. Le marché ouvre en général le matin vers 8h ou 9h et se termine en début d'après-midi, vers 13h. Jusque vers 10h, l'ambiance est calme, les marchands s'installent, discutent. Le coup de feu ne démarre pas avant 10h ou 10h30. L'Association des métiers d'Art du Var établit un programme annuel des « Marchés des Métiers d'Art et de Tradition » présentant l'artisanat du terroir varois. Calendrier sur demande : Association des Métiers d'Art du Var, Hélène Ramos, 83510 St-Antonin-du-Var, ☏/fax 04 94 04 48 23.

foires

Foires thématiques

Barjols – Foire aux cuirs, les 10 et 11 août.

Cogolin – Fête provençale, dernier week-end d'août.

Draguignan – Foire de l'olive, la dernière semaine de juin.

Entrecasteaux – Foire aux plants et fleurs, 1er week-end de mai.

Grimaud – Foire de la Chandeleur, en février ; foire de la laine, le jeudi de l'Ascension.

St-Tropez – Foire de la Ste-Anne (pl. des Lices), le 26 juillet.

Seillans – Marché potier, le 15 août.

Signes – Foire biologique, le dimanche de Pentecôte.

Taradeau – Foire du vin nouveau, le 3e dimanche de novembre.

Le Val – Foire à la saucisse, le 1er week-end de septembre.

La Verdière – Fête du chien et de la chasse, le 4e dimanche de juillet.

De nombreux villages animent des foires également lors de la St-Michel.

Foires aux santons

Ces foires sont animées par les artisans santonniers qui vendent leurs productions.

Carqueiranne - Mi-juillet (au port).

La Celle - Mi-octobre.

Draguignan - De mi-novembre à mi-décembre, à la chapelle du Bon-Pasteur.

Fayence - Les Santoniades et le Salon du petit format, en novembre.

Fréjus - La semaine qui précède Noël. Cette foire est animée par les membres d'un groupe folklorique «La Miougrano» qui vendent leurs productions.

La Garde-Freinet - De la semaine qui précède Noël, jusqu'à début janvier.

Ollioules - En décembre, au Vieux-Moulin (avec crèche animée).

Puget-Ville - 2e week-end de décembre.

Signes - En novembre.

Solliès-Ville - Du dernier week-end de novembre à fin décembre au moulin d'Oli.

La Valette - 2e quinzaine de décembre au moulin d'Ardouvin.

principaux aïolis de l'été dans le Var

La participation payante se fait sur réservation auprès de l'office de tourisme de la localité.

Ampus - Du 14 au 16 août. La participation payante se fait sur réservation auprès du comité « Ampus Festivités » de la localité (☎ 04 94 70 97 21).

La Celle-du-Var - Du 12 au 15 août.

Châteauvieux - 1er et 2e lundis de juillet (sur réservation auprès de « La Gruppi », ☎ 04 94 76 81 26).

Collobrières - Autour du 15 août. Renseignements : Office de tourisme, ☎ 04 94 48 08 00.

Entrecasteaux - 1er week-end d'août (un des plus importants aïolis de la région).

Fayence - Début septembre.

Mazaugues - 1er week-end d'août sur la place du Jeu de Boules.

Solliès-Ville - Dernier dim. du mois d'août.

Kiosque

Ouvrages généraux – tourisme

La Côte varoise et les îles d'Or, Lucchesi, Édisud.

Grottes touristiques en Provence-Côte d'Azur, F. Ricordel, Serre.

Montagnes sans frontières du col de Larche à la Méditerranée, B. Charpentier, Parc national du Mercantour et Parco delle Alpi Marittime.

Voyages en Provence, Alpes, Côte d'Azur, E. Temime, Gallimard.

Histoire

Histoire de Nice et de son comté, A. Compan, Serre.

Histoire de la Provence, M. Agulhon et N. Coulet, P.U.F., coll. « Que sais-je ? ».

Les éditions Serre à Nice publient de nombreux ouvrages traitant de l'histoire d'un village du comté ou d'une vallée.

Art

Alpes romanes, J. Thirion, Zodiaque.

L'Art cistercien, M. Anselme Didier, Zodiaque.

L'Art religieux dans les Alpes-Maritimes, P. de Beauchamp, Édisud.

Fortifications de l'époque moderne dans les Alpes-Maritimes, C. Raybaud, Serre.

Provence romane, tome 2, G. Barroul, Zodiaque.

Trésors des vallées niçoises, C. Lorgues-Lapouge, Serre.

Gastronomie

Les Recettes de Réparate, C. Bourrier-Reynaud, Serre.

Les Côtes de Provence, René Lorgues, Serre.

Nature – Randonnées

Les Plus Belles Balades autour de Nice, B. Charpentier, Pélican.

Les Lacs d'azur, R. Wacongne, Glénat.

Canyons méditerranéens, Barbier et Ranc, GAP.

Littérature

Avenue des diables bleus ; Chemin de la lanterne ; Le Ruban rouge, L. Nucera, Grasset. Plusieurs quartiers populaires de Nice, pendant l'entre-deux-guerres, servent de cadre à une puissante fresque de la vie des Niçois et des émigrés italiens.

Les Amants du paradis, R. Mille, Grasset.

La Baie des anges ; Le Palais des fêtes ; La Promenade des Anglais, M. Gallo, Robert Laffont. Une trilogie sur Nice, de la Belle Époque à nos jours.

Dimanches d'août, P. Modiano, Gallimard.

La Douceur de la vie (tome 18 de la série *« Les Hommes de bonne volonté »*), J. Romains, Livre de Poche. L'action se passe à Nice et dans l'arrière-pays dans les années 1920.

Le Frère de la côte, J. Conrad, Gallimard. Étude d'un vieux marin provençal.

Maurin des Maures, J. Aicard, Phébus. Histoire romancée d'un forestier, adaptée ensuite en série télévisée, 1996.

Le Procès-Verbal, J.-M.-G. Le Clézio, Gallimard. Plusieurs autres livres de l'écrivain niçois traitent de sa ville natale.

La Promenade niçoise, M. Alocco, L'Ormaie.

Cinéma

Par le foisonnement et la diversité de ses sites et l'omniprésence de la lumière, l'ensemble de la Côte d'Azur semblait prédestiné à servir de gigantesque décor naturel pour tous les scénarios sortis de l'imagination des réalisateurs de cinéma. Certains sites ont servi en partie ou en totalité au tournage des films suivants :

À propos de Nice (1929) de Jean Vigo, axé sur le contraste entre les vacanciers de la plage et les quartiers populaires de Nice.

L'Étrange Monsieur Victor (1937) par J. Grémillon, avec Raimu, à Toulon, et **Fleur d'amour** (1927) par Marcel Vandal, qui décrit le quartier toulonnais jadis chaud de « Chicago ».

La Femme du boulanger (1938) de Pagnol, dans le vieux village du Castellet.

Les Visiteurs du soir (1942) de Marcel Carné, à Tourrettes-sur-Loup.

Extrait de La Main au collet.

La Main au collet (1955) d'Hitchcock, avec le couple inoubliable Cary Grant-Grace Kelly dans les impressionnants aplombs de la Grande Corniche.

Et Dieu créa la femme (1956) de Roger Vadim, avec Brigitte Bardot, **La Collectionneuse** (1966) de Rohmer, **La Cage aux folles nº 1** (1978) d'Édouard Molinaro, et bien sûr la célèbre série du **Gendarme de St-Tropez** de Jean Girault, avec Louis de Funès, dont six histoires furent tournées à St-Tropez entre 1964 et 1982.

Le Testament d'Orphée (1959) de Jean Cocteau, dans les rues obscures de Villefranche-sur-Mer.

Mélodie en sous-sol (1962) d'Henri Verneuil avec Jean Gabin, au Palm Beach de Cannes.

Le Masque de fer (1962) d'Henri Decoin, avec Jean Marais, à Sospel.

La Baie des Anges (1964) de Jacques Demy, avec Jeanne Moreau, à Cannes.

Pierrot le Fou (1965) de J.-L. Godard, avec J.-P. Belmondo, sur l'île de Porquerolles.

Le Passager de la pluie (1969) de René Clément, avec Marlène Jobert, à Hyères.

La Nuit américaine (1972) de Truffaut dont l'action se situe en partie aux studios de la Victorine et à l'hôtel Atlantic de Nice.

Un sac de billes (1975) de Jacques Doillon, dans le cadre médiéval du village de Sospel.

La Coccinelle à Monte-Carlo (1977) de V. McEveety, à Monte-Carlo.

Vivement dimanche ! (1982) de Truffaut, à Hyères.

En haut des marches (1982) de Paul Vecchiali, avec Danielle Darrieux, retrace une vie vécue en filigrane des événements historiques toulonnais.

Au nom de tous les miens (1983) de Roberte Enrico, à Cannes.

Pirates (1986) de Polanski : le port de Cannes abrite le fameux bateau des pirates.

Le Grand Bleu (1988) de Luc Besson, à Antibes.

La Cité de la peur (1994) d'Alain Berbérian propose une parodie du Festival de Cannes.

Le Fils préféré de Nicole Garcia (1994), avec G. Lanvin, à Nice, Menton et Grasse.

Ronin (1998) de John Frankenheimer, avec R. de Niro et J. Reno, dans les ruelles du vieux Nice.

La Vérité si je mens 2 (2001) de Thomas Gilou, à St-Tropez.

Le cinéma provençal

Des écrivains du terroir (Jean Aicard, Marcel Pagnol) et des comédiens méridionaux de renom ont donné ses lettres de noblesse à une expression cinématographique qui a puisé son inspiration dans la tradition locale. Parmi les plus représentatifs, citons :

Maurin des Maures (1932), adaptation pour la télévision du roman de Jean Aicard. **L'Illustre Maurin**, et **Gaspard de Besse** (avec Raimu dans le rôle principal) d'André Hugon.

César (1936) de Pagnol, avec l'enfant du pays, **Raimu**.

Les Démons de l'aube (1945) de Yves Allégret, relatant le débarquement de Provence.

Escapade transalpine

L'Italie n'est pas loin : vous pouvez y aller en train en quelques heures ou même à pied, au cours d'une randonnée. Un petit air d'exotisme, l'occasion de faire des emplettes et de rencontrer nos voisins européens à portée de la main...

en train de Nice à Coni (Cuneo)

La ligne SNCF à voie unique qui relie Nice, à travers le comté, à Coni (Cuneo, Italie) est une des plus belles de toutes les Alpes et doit être parcourue pour elle-même. Elle dessert les gares de Peillon, Peille, l'Escarène, Sospel, Breil-sur-Roya, Fontan-Saorge, St-Dalmas-de-Tende, Tende et Vievola, puis Limone en Italie. Ses tracés hardis et tourmentés, créés à partir de 1920 au prix de remarquables ouvrages d'art (tel le viaduc de Scarassouï), révèlent d'admirables paysages et donnent du haut pays des aperçus originaux que la route ne peut pas toujours offrir, notamment entre Breil et Tende le long des gorges sauvages de la Roya, et entre l'Escarène et Sospel.

Longue de 119 km, la ligne s'élève sur 85 km du niveau de la mer à 1 279 m, à l'entrée du tunnel creusé sous le col de Tende. L'ensemble du tracé français, qui avait subi d'importantes destructions à la fin de la Seconde Guerre mondiale, a été remis en état seulement en 1980. Le versant italien, moins accentué, descend doucement vers Coni par la pittoresque vallée de la Vermegnagna. La fréquence des allers et retours permet d'utiliser cet accès au massif du Mercantour pour profiter d'une journée à la station italienne de sports d'hiver de **Limone-Piemonte**.

Au moins quatre allers et retours quotidiens au départ ou à destination de Nice.

À Breil-sur-Roya, la ligne rejoint celle reliant Vintimille à Coni par Breil, mieux desservie par les chemins de fer italiens ; renseignements sur les horaires : ☎ 04 93 87 50 50.

Entre Nice et Coni, viaduc de Scarassouï.

randonnée au-delà des crêtes

L'ancienne réserve de chasse royale de la monarchie sarde s'étendait jusqu'à la Seconde Guerre mondiale sur les deux versants du Mercantour et du Marguareis. La partie italienne a fait depuis l'objet d'une politique de préservation des espèces et des biotopes. Deux grands parcs naturels ont vu le jour : le **parco delle Alpi Marittime** (anciennement de l'Argentera), et celui de l'**Alta Valle Pesio**, plus à l'Est. En commun avec le Parc du Mercantour, ils ont mené une campagne de réintroduction d'espèces menacées : gypaète barbu et bouquetin. Dans le parc delle Alpi Marittime, de nombreux sentiers botaniques, dits royaux, ont été aménagés et sont aisément accessibles aux randonneurs depuis les cols frontaliers : le col de la Lombarde *(voir Le Guide Vert Alpes du Sud)* et celui de Tende. Du col de Tende, deux sentiers suivent les crêtes vers la Rocca dell'Abisso (2 755 m) vers l'Ouest et vers la Cima di Pepino (2 335 m) vers l'Est.

Le parc de l'**Alta Valle Pesio**, au sein du massif du Marguareis, est plus sauvage et moins accessible depuis la France. Les randonneurs ont intérêt à bifurquer par la route vers le Nord-Est depuis Limone-Piemonte ou remonter la vallée depuis Savone.

La vallée de Vermenagna qui s'étend du col de Tende à la plaine de Cuneo reste empreinte de culture occitane. En juillet, des manifestations provençales ont lieu dans la vallée Grana : la Roumiage de Provenço. Les randonneurs de passage seront intéressés par quelques spécialités artisanales dont un fromage réputé, le castelmagnol, et une coutellerie faite main, tel le couteau de poche de Vernantino.

Parco naturale delle Alpi Marittime – Corso Dante, Livio Bianco 5, 12010 Valdieri (CN), ☎ (00) 39 0171 97397. www.parks.it/parco.alpi.marittime

Parco naturale Alta Valle Pesio e Tanaro – Via Sta Anna 3, 12013 Chiusa di Pesio (CN), ☎ (00) 39 0171 73 40 21.

Office du tourisme (azienda di turismo) de Limone-Piemonte – Via Roma (CN), ☎ 0039-0171 92 101.

marchés et découverte du littoral ligure

Incontournable, **le marché de Vintimille**, le vendredi, qui draine les produits de l'arrière-pays ligure mais surtout une foule cosmopolite où l'autochtone devient minoritaire.
À noter l'intérêt du marché aux fleurs et des productions artisanales régionales de qualité (parfois inégales malgré tout). Nous conseillons au visiteur de rester vigilant sur les produits de grandes marques dont les contrefaçons sont couramment proposées à la vente. La perspicacité des douaniers transformeront la bonne affaire en cuisant souvenir.
Plaisirs des sens en allant se promener dans les **jardins Handbury** (Giardini Handbury) à **Mortola Inferiore** juste de l'autre côté de la frontière en passant par le pont St-Louis. Créé à la fin du siècle dernier par Sir Thomas Handury, ce jardin est situé à flanc de colline et surplombe la mer. La poésie que l'on découvre au long de ses allées entrecoupées de bassins et de bancs est en harmonie avec le paysage qui l'entoure et que l'on peut sans aucune exagération qualifier de paradisiaque.
L'arrière-pays, accessible par plusieurs routes étroites, renferme de nombreux villages encore actifs, souvent nichés dans des oliveraies et qui semblent vivre au seul rythme des saisons : **Pigna**, Apricale, Castelvittorio... Plusieurs disposent de chambres d'hôte et d'une cuisine familiale chaleureuse ; renseignements auprès des **aziende di turismo** (offices de tourisme) de Imperia et Vintimille.

Calendrier festif

fêtes traditionnelles

Janvier	
Fête de la St-Marcel (mi-janvier).	**Barjols**
Fête de la Sainte-Dévote (le 27, festivités le 26 au soir).	**Monaco**
Fête de St-Blaise, du raisin et des produits du terroir (dernier week-end).	**Valbonne**
Février	
Corso du mimosa (3e dimanche).	**Bormes-les-Mimosas**
Carnaval : corsos carnavalesques et batailles de fleurs (week-ends autour de Mardi gras).	**Nice**
Fête du Citron, corso des Fruits d'or (2 semaines autour de Mardi gras).	**Menton**

Reconstitution du débarquement de Napoléon à Golfe-Juan.

Mars	
Reconstitution historique du débarquement de Napoléon à Golfe-Juan (1er week-end).	**Golfe-Juan**
Avril	
Fête du miel (fin du mois).	**Mouans-Sartoux**
Festin des cougourdons (courges séchées et peintes).	**Nice**
Mai	
Bravade St-François (mi-avril).	**Fréjus**
Bravades (les 16, 17, 18).	**St-Tropez**
Fête des Mais (1er mai et tous les dimanches) : groupes folkloriques, vente de produits locaux.	**Parc des Arènes de Cimiez, à Nice**
Fête de la rose.	**Grasse**
Fête de la transhumance (dimanche de Pentecôte).	**La Garde-Freinet**
Juin	
Bravade des Espagnols (le 15 juin).	**St-Tropez**
Fête de la St-Pierre (le 29 juin).	**St-Tropez**
Juillet	
Fêtes de Notre-Dame de Bon-Port (début du mois) : fête des marins.	**Antibes**
Fête de la St-Pierre : fête des pêcheurs (1er dimanche).	**Villefranche-sur-Mer**
Fête de la St-Éloi, patron des muletiers (2e dimanche).	**Tende**
Les Vignades : dégustation-vente de vins (3e sam.).	**Hyères**
Août	
Procession de la Passion dans les rues du vieux village (le 5).	**Roquebrune-Cap-Martin**
Fête du Jasmin (1er week-end).	**Grasse**
Fête du raisin (1er week-end).	**Fréjus**
Fête de la poterie (2e dimanche).	**Vallauris**
Fête de la céramique (2e dimanche).	**Varages**

Septembre

Festin des baguettes : commémoration d'une pénurie d'eau qui prit fin grâce à l'intervention d'un berger sourcier muni d'une baguette d'olivier (1er week-end). **Peille**

Octobre

Fête de l'olivier (1er week-end). **Ollioules**

Fête du Miel (1er week-end). **Roquebrune-sur-Argens**

Fête de la châtaigne (3 derniers dimanches). **Collobrières**

Fête de la châtaigne (3e et 4e dimanches). **La Garde-Freinet**

Fête de la châtaigne (fin du mois). **Gonfaron**

Novembre

Fête nationale monégasque (le 19). **Monaco**

Décembre

Fête du vin (1er dimanche). **Bandol**

Pastorale des bergers et messe en dialecte (24 décembre), circuit des crèches en déc.-janv. **Lucéram**

festivals

Mi-janvier

Festival international du Cirque **Monaco**

Mi-avril-mi-mai

Printemps des arts. ☎ (00377) 93 15 85 15. **Monaco**

Mai

Festival international du film (réservé aux professionnels mais l'ambiance qui règne autour du palais des Festivals vaut le déplacement). **Cannes**

Au pays des palmiers et du festival de Cannes : d'or ou d'argent, des palmes pour les stars (porte du palais des Festivals).

Mi-juin-mi-juillet

Festival de Musique (concerts classiques à Toulon et baroques à la Collégiale de Six-Fours). ☎ 04 94 93 55 45. **Toulon**

Mi-juin-fin-août

Festival international de la peinture. **Cagnes-sur-Mer**

Fin juin-début juillet

Festival de musique de chambre. ☎ 04 94 04 41 70. **Entrecasteaux**

Juillet

Les Temps Musicaux (2e quinzaine) : musique classique. ☎ 04 98 12 64 00. **Ramatuelle**

Festival international de jazz (mi-juillet). ☎ 04 92 90 53 00. **Juan-les-Pins**

Nuits d'été du Pont d'Olive (3e semaine de juil. ; à 3 km au Sud-Est de Brignoles, sur la route de Camps-la-Source). ☎ 04 94 72 08 27. **Brignoles**

Nice Jazz Festival (fin du mois). ☎ 04 92 14 48 00. **Nice**

Nuits musicales du Suquet (fin du mois ; les jours pairs). ☎ 04 92 59 41 20. **Cannes**

Rencontres de musique médiévale (2e quinzaine). **Abbaye du Thoronet**

Juillet-août

Festival de théâtre du Rocher (mi-juillet à mi-août). ☎ 04 94 04 61 87. — **Cotignac**

Les Nuits du Sud : festival de musiques du monde (10 soirées entre mi-juillet et mi-août). ☎ 04 93 58 06 38. — **Vence**

Juillet-octobre (années paires)

Biennale internationale de céramique. ☎ 04 93 63 82 58. — **Vallauris**

Août

Festival Jazz (1re semaine d'août). — **Brignoles**

Festival de théâtre (1re quinzaine). ☎ 04 98 12 64 00. (Pièces récentes et de qualité, variétés). — **Ramatuelle**

Festival Jazz (2e quinzaine). ☎ 04 79 10 29.

Festival de musique de chambre sur le parvis de l'église St-Michel (environ 12 concerts). ☎ 04 92 41 76 95. — **Menton**

Octobre-novembre

Fête du Moyen et du Haut Pays : festival des métiers, musiques et danses du pays de Vence (1er w.-end d'oct.). ☎ 04 93 58 40 10. — **Vence**

Quatuors à cordes du pays de Fayence. ☎ 04 94 76 02 03. — **Fayence**

Festival international de la danse (fin nov.). ☎ 04 92 59 41 20. — **Cannes**

événements sportifs

Janvier

Rallye automobile de Monte-Carlo (fin du mois). — **Monaco et arrière-pays**

Mi-avril

Tournois internationaux open de tennis. — **Monaco**

Mai

Grand Prix automobile de Formule 1 (3e week-end). — **Monaco**

Les 12h d'Hyères : course de voitures anciennes (3e week-end). — **Hyères**

Juin

Golf Open — **Monaco**

Septembre

Régates royales (fin septembre). — **Cannes**

Octobre

Roc D'Azur, courses de VTT. — **Fréjus**

Le village perché de Piène-Haute, dans la vallée de la Roya.

Invitation au voyage

Lumières de la Riviera

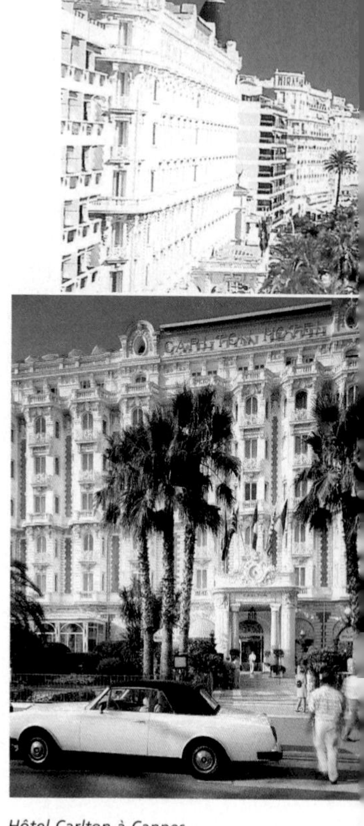

Hôtel Carlton à Cannes.

La Côte d'Azur est un bout de Provence tourné vers l'Italie. Cette mince frange isolée, coincée entre les montagnes et la mer, est devenue, par la faveur de son climat protégé, le salon d'hiver de l'aristocratie européenne. De cette vogue du « grand tourisme » hivernal sont nés un rivage digne des Mille et Une Nuits, et un festival de villes qui s'égrènent en chapelet le long d'une côte enchanteresse, tout en avancées et en retraits, en îles, en rades, en caps et en baies

Mille et une nuits

Sur cette côte sauvage qui fascina les artistes par ses couleurs et ses contrastes, surgirent des palaces somptueux, des villas de tous les styles, décors de roman ou de cinéma offrant une vue de leurs terrasses étagées, au milieu de parcs luxuriants où se mêlèrent, pour le plaisir d'hôtes fortunés, les essences exotiques.

Aujourd'hui les princes ont cédé la place aux célébrités de la mode, du spectacle ou de la politique. La Côte d'Azur est un rivage éminemment médiatique, où le défilé des stars le dispute aux fêtes de Saint-Tropez. Mais les allées et venues d'une clientèle internationale fortunée, les palaces ruisselants de stucs, les yachts étincelants, les compétitions de prestige font partie de la légende d'une région qui conserve un formidable pouvoir d'attraction grâce à ses multiples atouts : soleil éclatant, ciel limpide, mer d'un bleu souverain.

Dans ce pays, les contrastes sont partout : les villes du littoral sont à moins de 2 heures de route des sommets enneigés des Alpes. Elles ont accueilli et accueillent des résidents secondaires, des retraités, des artistes, des rapatriés d'Afrique du Nord et une immigration intense en provenance de toute la Méditerranée. Leur dynamisme culturel s'affiche sans limite. L'arrière-pays, lui, a souvent conservé son aspect authentiquement provençal : les villages perchés sont restaurés ; la convivialité du mode de vie s'exprime à travers les foires, les marchés, les fêtes villageoises. Le tempérament méridional est fait de sensibilité. Sa relation avec les autres passe par la conversation, la fameuse *pastrouille*, la partie de boules, la terrasse de café, le bal, les saveurs de la cuisine provençale et l'artisanat.

Sauf en plein été, l'atmosphère pure donne une grande netteté aux reliefs ; les silhouettes se découpent et prennent aisément un caractère architectural ; les couleurs vibrent : bleu de la mer et du ciel, vert des forêts, gris argenté des oliviers, rouge des porphyres, blanc des calcaires, jaune des mimosas.... Le voyageur qui veut résumer cette prodigieuse multiplicité d'impressions trouve dans le climat méditerranéen le lien qui les unit. Il est partout présent dans cet *« empire du soleil »* que fêtait Mistral.

Off-shore dans la houle : ivresse de la vitesse.

Cannes, la Croisette et ses paillettes.

La côte

La côte attire à elle toute la vie de la région : les villes les plus importantes, les stations les plus variées et les mieux équipées s'y concentrent ; mais l'afflux touristique, en été surtout, peut y masquer la vie locale. Les meilleurs mois pour la découvrir sont mai, juin et septembre.

Le littoral des Alpes-Maritimes regroupe, entre Cannes et Menton, les stations balnéaires les plus prestigieuses, mais le reste de la côte varoise offre un espace plus vaste, parfois plus sauvage, et compose une contrée digne d'être célébrée par les écrivains et les peintres qui la découvrirent.

Revers de la médaille, de très nombreuses constructions envahissent le littoral. Beaucoup de propriétés se sont établies sur la côte, même si, en principe, l'accès à cette dernière est libre partout.

La plupart des villes et des villages de la côte sont devenus des stations balnéaires avec leurs plages aménagées (y compris Toulon avec la presqu'île de St-Mandrier), leurs ports de plaisance, leurs commerces et leurs services ; des marinas ont été bâties sur l'eau, telles Port-Grimaud, les Marines de Cogolin, la cité marine de Port-la-Galère. Il n'y a pas de grands ports de pêche, mais, disséminés le long de la côte, des petits ports : Sanary-sur-Mer, Bandol, St-Tropez, Le Lavandou, St-Raphaël, Villefranche-sur-Mer se sont équipés pour accueillir les bateaux de plaisance. Sainte-Maxime est une station très à la mode, protégée par le massif des Maures.

Mer ludique, la Méditerranée offre une panoplie étendue d'activités nautiques : voile, planche à voile, funboard, ski nautique et, bien sûr, baignade. La Côte d'Azur, comprise au sens large de Saint-Cyr-sur-Mer à Menton, réunit une extraordinaire diversité de sites, due à la rencontre de la montagne et de la mer. De Menton au fort carré d'Antibes, le galet règne en maître ; le sable apparaît sur le littoral Ouest, à partir de Juan-les-Pins. Plages de sable ouvrant mollement le littoral, petites criques serrées entre les rochers de porphyre rouge : il y en a pour tous les goûts !

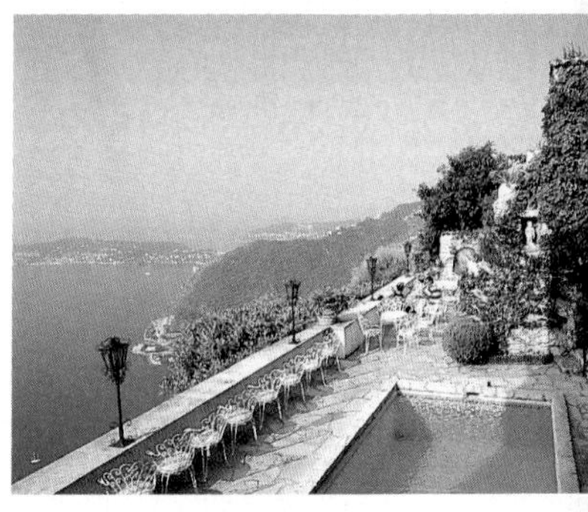

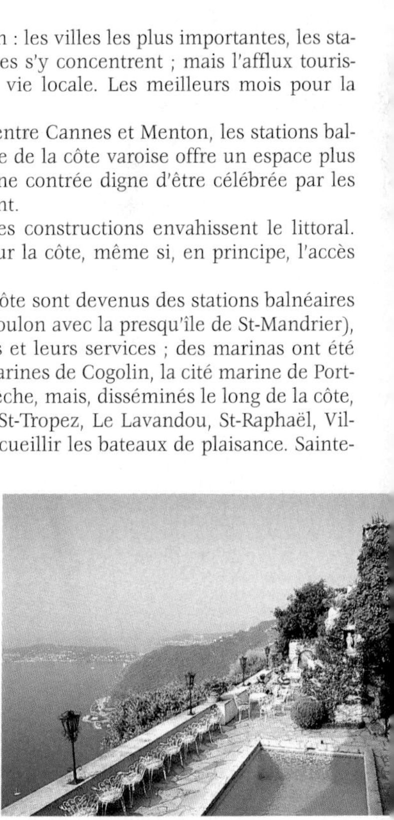

Château de la Chèvre d'Or, à Éze.

Fontaine du Peyra à Vence.

L'arrière-pays

À cette côte si diverse correspond un arrière-pays étonnamment varié. Les massifs des Maures et de l'Esterel n'atteignent pas 800 m : le premier, vallonné, touffu et mystérieux, est tapissé de forêts de chênes-lièges, de pins maritimes et de châtaigniers ; les forêts du second se reconstituent lentement après les incendies qui les ont amoindries, mais la beauté de son relief déchiqueté et ses panoramas d'une ampleur prodigieuse le rendent incomparable.

Dans la Provence varoise, les vallées fertiles, où dominent les cultures méditerranéennes, bordées de collines couvertes de garrigue, alternent avec les chaînons courts, arides et âpres, comme au Nord de Toulon. Sur les plateaux calcaires, les tons vert tendre de la vigne se mêlent au vert argenté des oliviers. Cette nature protégée, c'est aussi le pays des églises romanes, des campaniles en fer forgé, des places où la vie s'écoule dans le bruissement des fontaines, des parties de pétanque et des spécialités à base de miel et de châtaignes, de l'huile d'olive et du nougat des Maures que l'on trouve sur les marchés, des crus de côtes-de-Provence que l'on déguste aux Arcs ou à Brignoles (ceux de Bandol le seront à La Cadière-d'Azur ou au Castellet). Les possibilités de loisirs sont multiples avec le circuit du Castellet, les randonnées, l'escalade, les sports d'eau vive, le golf ou le VTT. Le lac de Saint-Cassien, rendez-vous des pêcheurs, est une base nautique d'où les moteurs sont bannis.

Fenêtres de Vence.

Dans le haut pays varois, les villages perchés sont des centres d'artisanat : Tourtour, le « village dans le ciel », Salerne, la capitale de la céramique, Entrecasteaux et ses tisserands. Plus à l'Est, Fayence abrite des céramistes, des santonniers, des verriers, des ferronniers, des tailleurs de pierre, des sculpteurs sur bois d'olivier. Mais elle est surtout la capitale du vol à voile, favorisé par une excellente visibilité.

Joueurs de boules, place des Lices à St-Tropez.

Boules de pétanque.

On aborde alors le pays grassois, le « balcon de la Côte d'Azur », la campagne des fleurs et des parfums qui inspira écrivains et peintres. Les croupes onduleuses de l'arrière-pays de Cannes et de Nice se propagent jusqu'au pied des Préalpes de Grasse, où les vallées entaillent les plateaux en gorges et coupent les chaînons montagneux en « clues ». La nature calcaire du terrain permet les découvertes spéléologiques, mais le pays de Grasse est surtout celui des randonnées équestres et pédestres, du vol libre et des golfeurs. Le pays vençois offre des villages ravissants, qui retiennent artistes et artisans (Saint-Paul, Tourrettes-sur-Loup, Gourdon), ses gorges (du Loup) et ses cascades (de Courmes, des Demoiselles, du Saut-du-Loup), l'escalade du *baou* de St-Jeannet qui domine tout le littoral azuréen ; des défilés et des villages perchés au bord d'à-pics impressionnants jalonnent la basse vallée du Var.

Enfin, derrière la Riviera s'élèvent, jusqu'à 2 000 m d'altitude, les Préalpes de Nice. Sur les versants des vallées et les pentes des collines, des murettes en terrasses soutiennent d'étroites bandes de céréales, deux ou trois rangs de vigne et quelques oliviers et arbres fruitiers. On traverse de petites villes un peu endormies ou de vieux villages en nid d'aigle quelquefois désertés. L'arrière-pays propose d'étonnantes possibilités de randonnée pédestre (4 000 km d'itinéraires balisés dans les Alpes-Maritimes), de VTT, d'escalade, de pêche (97 % des 1 200 km de cours d'eau des Alpes-Maritimes sont classés en 1re catégorie).

Plus au Nord et au Nord-Est, c'est le domaine de la haute montagne. La douceur hivernale de la côte niçoise cède la place à l'air glacé des champs de ski, l'ardeur du soleil estival sur le littoral fait place à la délicieuse fraîcheur des stations d'altitude. Les *via ferrata*, voies d'escalade équipées, offrent leurs parcours au cœur des parois rocheuses ; les sports d'eau vive se pratiquent dans la vallée de la Roya ; celle de la haute Tinée abrite les principales stations de ski du département (La Colmiane-Valdeblore). La vallée de la Vésubie, le massif de l'Authion, la forêt de Turini, aux hêtres et aux sapins centenaires, sont le domaine de la montagne « verte », des lacs et des pêcheurs. La vallée de la Gordolasque et le lac du Boréon, près de Saint-Martin-Vésubie, constituent le point de départ des randonneurs vers le Mercantour. La vallée des Merveilles et le val de Fontanalbe demandent au moins trois jours de randonnée pour découvrir les gravures stylisées datant en grande majorité du bronze ancien (entre 2800 et 1300 avant J.-C.). La nature est intacte, les paysages préservés : sommets sauvages et grandioses, multiples lacs, forêts et alpages. L'arrière-pays de l'ancien comté de Nice présente les derniers témoignages d'une vie rude et précaire, où les villages perchés comme Peillon, sur la route de l'Italie, possèdent des chapelles décorées de fresques merveilleuses.

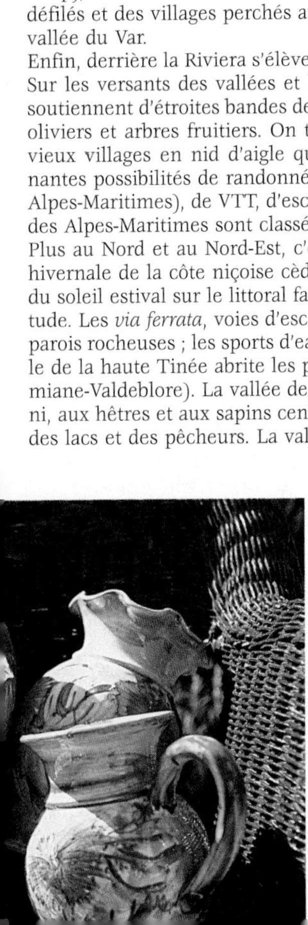

Poteries de Vallauris.

Les villages perchés

Du 11e au 15e s., les paysans regroupèrent leurs habitations et leur église sur une hauteur qui constituait un site défensif de premier ordre, mais qui les éloignait de leurs cultures. Ensoleillé et à l'abri des vents dominants, le village perché semble constituer un vestige vivant d'une civilisation de la pierre : pierre sèche des terrasses, pierre taillée des maisons, pierre creusée des citernes. C'est sous sa protection que de nombreux artisans ont choisi aujourd'hui de développer leur savoir-faire...

La Bollène-Vésubie.

Défense...

Semblable prudence n'était pas superflue aux temps des razzias des pirates et des méfaits des gens de guerre du Moyen Âge et de la Renaissance. Mais la sécurité recoupe la volonté des seigneurs féodaux de rassembler la population sous leur autorité et le souci des paysans de préserver les terroirs. La multiplication des villages perchés aux 12e et 13e s. est aussi la conséquence de la croissance démographique.

Bâtis avec la pierre de la colline, parfois au bord d'un piton rocheux, ils se confondent presque avec elle. Le dédale des rues et des ruelles *(calades)* sinueuses, dallées ou caillouteuses, en pente et coupées d'escaliers tortueux – car elles suivent les courbes de niveau –, ne peut être suivi qu'à pied. Des voûtes et des arcs les enjambent. Parfois, des arcades au rez-de-chaussée des maisons mettent le passant

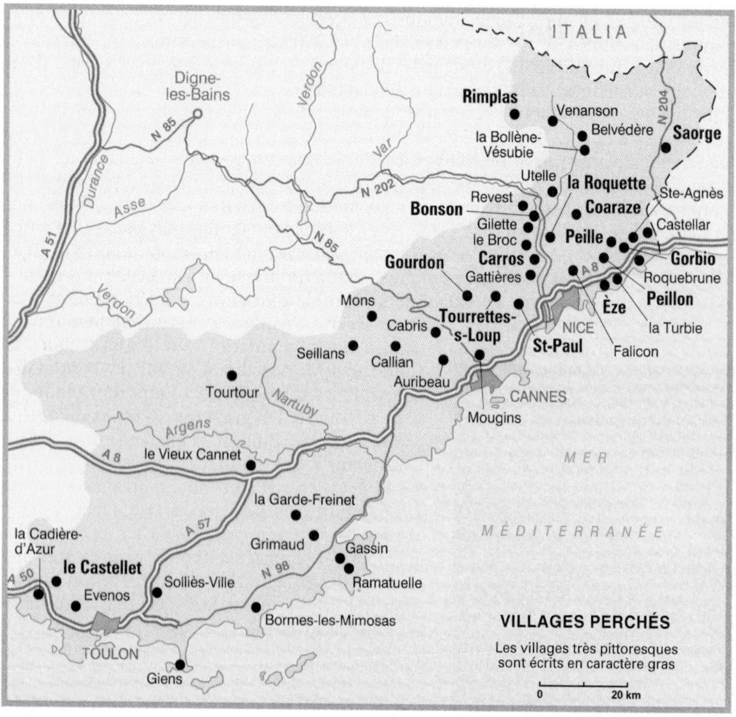

à l'abri du soleil et de la pluie. De vieilles portes aux clous en pointes de diamant, des pentures de fer forgé, des heurtoirs de bronze signalent les habitations bourgeoises. Certains de ces petits bourgs sont ceints de remparts et on y pénètre par une porte fortifiée.
L'amélioration des communications et l'évolution agricole au 19e s. parvinrent à rompre l'isolement : les villages purent se développer en plaine, se dédoublant parfois. Le paysan vécut au milieu de ses terres et y bâtit sa maison. Gourdon, Èze, Utelle, Peille et bien d'autres bourgs témoignent encore de l'ancienne économie de type provençal.

Tourtour.

Les hauts lieux de l'artisanat

Perchés en nid d'aigle ou étagés au flanc d'une hauteur, les vieux villages ont été pour la plupart restaurés. De nombreux artisans s'y sont installés, permettant de faire revivre des métiers traditionnels parfois séculaires.

La céramique

La présence de bancs d'argile d'excellente qualité explique que la poterie ait été une activité importante. La fabrication de jarres à Biot remonte à l'époque des Phocéens et la céramique se développa à Vallauris dès le 11e s. La production fut relancée au 15e s. par l'arrivée de potiers italiens venus repeupler les deux villages décimés par la peste. Biot connut son apogée au 18e s. avec le développement de la poterie d'art ; le village comptait alors 32 fabriques ; mais, à la fin du siècle, les potiers de Vallauris ajoutèrent aux traditionnels ustensiles de cuisine en argile vernissée une fine vaisselle Louis XV, et l'emportèrent sur ceux de Biot au cours du 19e s. Vallauris connut une renommée internationale au lendemain de la Seconde Guerre mondiale, lorsque Picasso vint y travailler en 1946, attirant une foule d'amateurs, comme Fernand Léger qui s'installa à Biot à partir de 1951, ou encore Jean Cocteau.

Le verre soufflé

Depuis la fondation en 1956 de la Verrerie de Biot, la réputation du village s'est accrue grâce à ses objets artisanaux. Au cours de la visite, on suit la fabrication du verre bullé d'après les techniques anciennes. Remarquer les « calères » provençales et les « porrons », sortes de cruches à long bec pour boire à la régalade.

Les tissus

Après avoir été au Moyen Âge un centre important de tissage, Tourrettes-sur-Loup a retrouvé cette activité après la Seconde Guerre mondiale. Les tisserands exécutent à la main des étoffes de très belle qualité, mais en petite quantité. Plusieurs échoppes, installées dans des ruelles tortueuses, proposent une gamme très variée de tissus. Des reproductions d'anciennes étoffes provençales, des tissus aux couleurs chatoyantes destinés à la haute couture ou à l'ameublement, des cravates tissées retiennent l'attention.

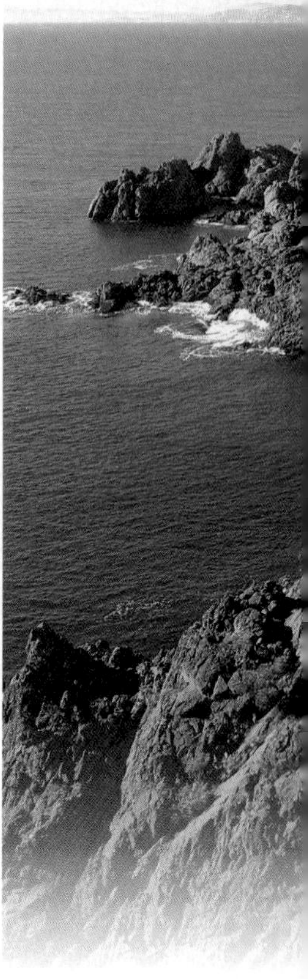

Une terre de contrastes

Contrastée, la Côte d'Azur l'est dans son climat, dans sa végétation, dans son animation. La tiédeur hivernale de la côte niçoise tranche avec l'air glacé des champs de ski de Valdeblore, les hêtres et les sapins de la forêt de Turini se distinguent des chênes-lièges et des pins typiquement méridionaux de l'Esterel, l'isolement des villages perchés rompt avec la cohue des stations balnéaires... Une multiplicité d'impressions qui se comprend au regard d'un relief pluriel.

Les Maures et l'Esterel

Deux systèmes montagneux ont constitué la Provence : l'un, très ancien : Maures et Esterel ; l'autre, beaucoup plus jeune : chaînons provençaux, d'origine pyrénéenne, Préalpes, d'origine alpine.
Les Maures sont un massif cristallin de faible altitude (point culminant : la Sauvette, 779 m), baignant dans la mer au Sud et limité au Nord par une longue dépression. La côte des Maures offre ses festons multiples entre Hyères et St-Raphaël. Le rivage dessine de grosses saillies (cap Bénat et presqu'île de St-Tropez), des caps effilés (cap Nègre, cap des Sardinaux), de larges baies (rade de Bormes ou golfe de St-Tropez). La presqu'île de Giens est rattachée à la terre ferme par deux isthmes de sable ; elle est voisine des îles d'Hyères, couvertes d'une magnifique végétation. La plaine de Fréjus est, quant à elle, un ancien golfe comblé par les alluvions de l'Argens.
L'Esterel, séparé des Maures par la vallée inférieure de l'Argens, est depuis très longtemps également raboté par l'érosion : le point culminant, le mont Vinaigre, n'atteint que 618 m. Des collines ? Les profonds ravins qui découpent le massif, ses crêtes déchiquetées chassent vite cette impression !
Abrupts et chaotiques, les porphyres rouges de la côte de l'Esterel contrastent avec la mer bleue. La montagne lance des promontoires puissants encadrant des calanques ou des baies minuscules. En avant de la côte pointent des milliers de rochers, d'îlots, que les lichens teintent parfois de vert ; des récifs transparaissent sous l'eau limpide dessinant sur la surface turquoise des tâches plus foncées qu'on appelle ici des « silaques ». Tout le long de cette côte de feu s'égrènent les stations et les points de vue qui font la réputation universelle de la corniche d'Or.

Les chaînons provençaux

Ils constituent un ensemble de courtes chaînes calcaires, hautes de 400 à 1 150 m, accidentées et arides. Les chainons les plus méridionaux sont ceux du Gros Cerveau (429 m), entaillés par les gorges d'Ollioules, et du mont Faron (542 m), qui domine la

Récolte des olives de Nice.

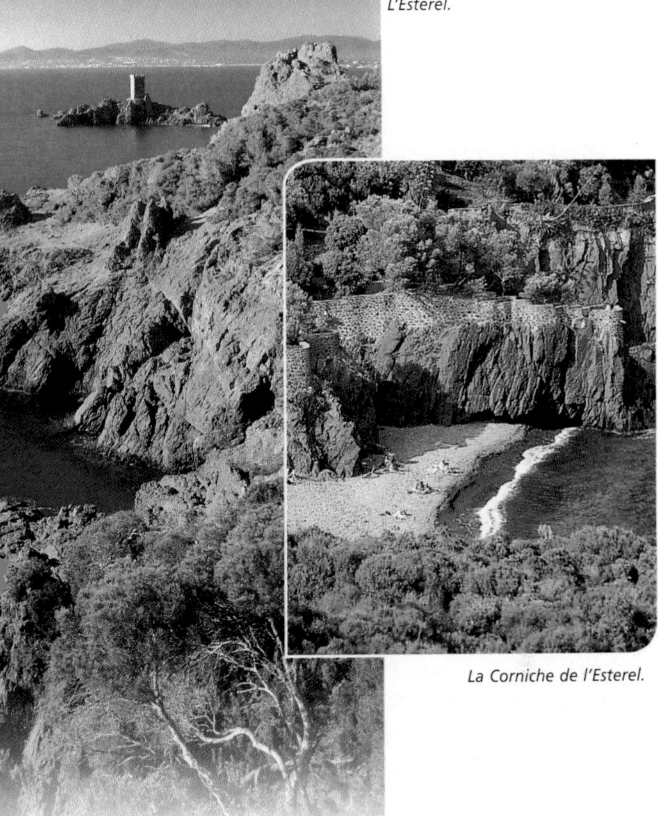

L'Esterel.

La Corniche de l'Esterel.

ville de Toulon. Entre eux se nichent des bassins fertiles où s'associent les trois cultures classiques : le blé, la vigne, l'olivier.
La côte toulonnaise, très découpée, offre d'excellents abris pour les ports : baie de Bandol, baie de Sanary, et surtout la merveilleuse rade de Toulon. Elle n'est pas abrupte partout (cap Sicié) et d'excellentes plages y favorisent le tourisme balnéaire.

De Cannes à Nice, nouveau changement d'aspect. La côte d'Antibes n'est plus escarpée ni fouillée par la mer ; elle s'aplanit, s'ouvre en larges baies. C'est une côte calme et régulière, dont la presqu'île du cap d'Antibes est la seule saillie.

Les plans de Provence

Du plan de Canjuers au col de Vence, les Préalpes sont ourlées d'un glacis de plateaux calcaires accidentés, véritables « causses », où les eaux s'infiltrent, disparaissent dans les avens et vont alimenter des résurgences comme celle de la Siagne. Le Loup y a découpé des gorges très pittoresques.
En contrebas s'étire une zone de dépression, le « pays d'en bas », que jalonnent Vence, Grasse, Draguignan. À partir de l'Argens, cette dépression s'étend vers Fréjus d'une part, Brignoles de l'autre, mais son axe principal s'oriente vers Toulon au pied du versant septentrional des Maures (bassin du Luc).

Grottes et avens

Le plateau de Caussols *(voir St-Vallier-de-Thiey)* déroule ses vastes solitudes pierreuses. Cette sécheresse du sol est due à la nature calcaire de la roche qui absorbe comme une éponge toutes les eaux de pluie. Chargées d'acide carbonique, celles-ci dissolvent le carbonate de chaux contenu dans le calcaire. Alors se forment des dépressions, généralement circulaires et de dimensions modestes, appelées cloups ou sotchs. Lorsque les cloups s'agrandissent, ils forment des dolines.

Mimosa.

Si les eaux de pluie s'infiltrent plus profondément, la dissolution de la roche crée des puits ou abîmes naturels appelés avens. Peu à peu, les avens se ramifient, communiquent entre eux et s'élargissent en grottes.

Les eaux d'infiltration finissent par former des rivières souterraines à circulation plus ou moins rapide. Lorsqu'elles s'écoulent lentement, elles forment de petits lacs en amont des gours, barrages naturels édifiés peu à peu par dépôt du carbonate de chaux. Il arrive qu'au-dessus des nappes souterraines se poursuive la dissolution de la croûte calcaire : une coupole se forme, dont la partie supérieure se rapproche de la surface du sol. Lorsque la voûte de la coupole devient très mince, un éboulement découvre brusquement la cavité et ouvre un gouffre.

La Bollène-Vésubie.

Lac du Basto, dans la vallée des Merveilles.

Le Boréon.

Les Préalpes

Entre le Verdon et le Var, une série de chaînons parallèles orientés Ouest-Est, et dont l'altitude varie entre 1 100 et 1 600 m, forment les Préalpes de Grasse ; ils sont parfois coupés par des gorges étroites et sauvages (gorges du Loup ou gorges de la Siagne), les « clues » (clue de Gréolières). Les Préalpes de Nice, du confluent de l'Esteron à la Roya, étagent, depuis la côte jusqu'à plus de 1 000 m d'altitude, les sites riches en contrastes de l'arrière-pays niçois et mentonnais. Les chaînons, d'origine alpine, s'orientent du Nord au Sud, puis brusquement se courbent parallèlement à la côte.

De Nice à Menton, les Préalpes plongent brusquement dans les eaux. Le front de mer, espalier merveilleusement exposé, ouvre la Riviera, terme passé dans le langage géographique, sur la Méditerranée, en l'éloignant de son arrière-pays. Les presqu'îles du cap Ferrat et du cap Martin forment les deux promontoires principaux du rivage. Une triple route s'agrippe en corniche aux versants raides que peuplent villas et immeubles.

Les cimes du Mercantour

Au Nord-Est du pays, l'horizon est barré par l'épaisse masse montagneuse des Alpes méditerranéennes (altitude : 1 500 à 2 900 m), compartimentée par les hautes vallées du Var, de la Tinée, de la Vésubie et de la Roya qui servent de difficiles régions de passage. Elle vient buter, à la frontière italienne, contre l'important massif cristallin du Mercantour-Argentera dont les sommets dépassent 3 000 m (cime du Gélas, 3 143 m).

Des crues dévastatrices

L'été réduit les rivières à leur lit caillouteux ; surviennent l'automne ou le printemps, les pluies s'abattant soudain avec violence, les moindres rivières deviennent en quelques heures des torrents dont le flot impétueux est lancé à la vitesse d'un cheval au galop. Aux grandes crues, le Var, dont le débit oscille entre 17 et 5 000 m^3, coule sur une largeur de 1 km et son flot limoneux se distingue sur la mer jusqu'à la hauteur de Villefranche.

En direct de la mer

De Bandol à Menton, la mer baigne plus de 300 km de littoral d'une incomparable beauté. Sa couleur « bleu de cobalt » provient de la très grande limpidité de l'eau, une eau dont la température, variable en surface sous l'influence du soleil, est constante en profondeur : 13° de 200 m à 4 000 m de profondeur, alors que pour l'océan Atlantique, elle passe de 14° à 2° ! Facteur important du climat puisque cette énorme masse liquide rafraîchit l'été et réchauffe l'hiver, la mer réjouit baigneurs et gastronomes, comme elle sait étonner ceux qui se lancent à la découverte de ses fonds.

Mérous et méduses...

La Méditerranée est la moins poissonneuse des mers bordant le littoral français, ce qu'explique l'étroitesse du plateau continental. Toutefois, les poissons de roche y pullulent et les bancs de sardines, anchois, daurades, loups et thons passent en nombre au large.

La vie animale de la Méditerranée ressemble à une étrange cohabitation d'êtres dotés de caractéristiques parfois peu banales. Au fil de ses promenades sous-marines, le plongeur curieux pourra découvrir quelques-unes de ces étonnantes créatures.

Touché par le vedettariat après le film *Le Monde du silence*, le mérou s'était fait très rare en Méditerranée, car le jeune mérou est une candide femelle qui, fréquentant les fonds rocheux à faible profondeur (moins de 10 m), devient une proie facile pour les chasseurs sous-marins et autres prédateurs. Si elle a survécu jusque-là, vers l'âge de neuf ans, lorsque son poids atteint 10 kg, elle se transforme en un mâle taciturne. Pendant le reste de sa longue vie (environ 50 ans), le mérou habite des cavités rocheuses à plus de 50 m de profondeur. Ce redoutable carnivore, que sa position à l'extrémité de la chaîne alimentaire marine garantit contre les gêneurs, peut atteindre la taille de 1,20 m pour 30, voire 40 kilos. Un moratoire interdit la capture du mérou jusqu'en 2003 et l'animal bénéficie de surcroît d'un périmètre de protection autour de l'île de Port-Cros.

La présence saisonnière des méduses sur le littoral entraîne périodiquement des désagréments pour les vacanciers. L'espèce la plus fréquente, la pélagie, possède des cellules urticantes sur ses bras buccaux, ses tentacules et son ombrelle. La toxine, destinée à immobiliser les proies, provoque rougeurs et brûlures sur la peau des baigneurs : mais leur ballet est d'une beauté si étrange, lorsque, bien à l'abri dans un navire d'observation sous-marine, on les découvre flottant entre deux eaux, qu'on peut bien leur pardonner ce désagrément ! Leur prolifération suit un cycle d'environ 12 ans, conditionné par les modifications climatiques ; leur arrivée est généralement précédée d'un printemps très sec. Une espèce voisine des méduses, la physalie ou

Mérou brun de Méditerranée.

Vue du vieux port de Cannes.

Flabelline mauve.

« galère portugaise », présente des filaments tentaculaires dotés d'un pouvoir urticant élevé et pouvant atteindre 10 m de longueur, ce qui rend l'animal invisible des baigneurs. Heureusement, elle est rare en Méditerranée.

... et des prairies sous la mer

Les herbiers de posidonies, plantes à fleurs constituées de bouquets aux longues feuilles vert foncé, jouent un rôle primordial dans les biotopes méditerranéens. La croissance lente des rhizomes permet à la posidonie de fixer les sédiments du littoral et de créer un biotope riche en oxygène, favorable au développement de nombreuses espèces animales. Quand les posidonies meurent, les espèces animales qui y avaient trouvé domicile disparaissent ou migrent.

Une promenade au-dessus du monde bigarré des herbiers offrira au plongeur occasionnel la possibilité d'étonnantes rencontres. Le concombre de mer, ou holothurie, véritable éboueur des fonds sableux, se reproduit uniquement dans les herbiers. Une limace de mer, la doris maculée, endémique en Méditerranée, est un mollusque blanc tacheté de marron qui tranche sur le rouge des éponges. La vive rayée habite les fonds sableux proches des herbiers ; enfouie dans le sable, elle ne laisse dépasser que la tête. L'épine de sa nageoire dorsale est particulièrement venimeuse : la piqûre, très douloureuse, peut avoir des conséquences graves. Enfin, pour compléter ce tableau, l'hippocampe aime se nicher à proximité de son cousin le poisson-aiguille, ou syngnathe, dont l'étonnante morphologie filiforme, avec une bouche en trompette, lui permet de se dissimuler par mimétisme dans les feuilles de posidonie.

Les constructions côtières et les travaux portuaires ont provoqué une importante sédimentation et une pollution mettant en péril ce fragile biotope. Depuis 1989, l'une des six espèces d'algues caulerpes d'origine tropicale déjà signalées en Méditerranée, la taxifolia (non toxique pour l'homme), a rapidement proliféré sur le littoral azuréen. Ce développement rapide a fait craindre qu'elle ne devienne nuisible pour l'environnement, mais on constate qu'elle repeuple des fonds trop acides et désertés par la posidonie.

Herbier de posidonies.

Jardin exotique d'Èze.

Le jardin de la Méditerranée

Palmiers et agaves, aloès et figuiers de Barbarie, oliviers, orangers et citronniers, mimosas et jasmins, roses et œillets : ils symbolisent l'exotisme et la luxuriance végétale de la côte, comme ils sont les témoignages d'un climat exceptionnel. Effectivement, sur la côte, les fleurs poussent au printemps, repoussent en automne, restent épanouies en hiver, et ne se reposent qu'en été...

Le pays de l'olivier

Olivier.

La culture de l'olive marque traditionnellement la limite septentrionale du Midi : « Où l'olivier renonce finit la Méditerranée » écrivait Georges Duhamel. Importé en Provence par les Grecs il y a 2 500 ans, l'olivier compte plus de soixante variétés. On le trouve dans le fond des vallées comme sur les pentes jusqu'à 600 m d'altitude. On l'a appelé « l'arbre immortel », car, sauvages ou greffés sur des troncs sauvages, ils repartent indéfiniment de leur souche.
La production oléicole régionale représente plus des deux tiers de celle du pays et demeure bien implantée dans le Var (secteurs de Draguignan et Brignoles) et dans les vallées de la Bévéra et de la Roya (Breil-sur-Roya). À la suite des gels de l'hiver 1956, les oliveraies ont été progressivement replantées avec deux espèces plus résistantes : l'aglandau et la verdale. De nombreuses autres variétés existent et la tradition veut que l'on en cultive plusieurs dans la même oliveraie. La récolte débute, selon les régions, à partir de la fin août ; les olives sont cueillies à la main lorsqu'elles sont destinées à la table, ou gaulées et ramassées dans des filets pour être envoyées au moulin. En pays niçois, le gaulage est l'unique technique employée.

Pins et cyprès...

Pin Parasol.

Les trois types de pins rencontrés sur la Côte d'Azur se distinguent par leurs silhouettes : le pin maritime, au feuillage sombre et bleuté et à l'écorce rouge violacé ; le pin parasol, souvent isolé et à la forme facilement reconnaissable ; le pin d'Alep, au tronc souvent tordu et à l'écorce grise, qui se plaît sur le littoral.
Les platanes et les micocouliers ombragent les « cours » et les places des villages. La silhouette effilée du noir cyprès marque le paysage méditerranéen. L'amandier commun, très répandu, présente une superbe floraison blanche très précoce. Dans les Maures se trouvent de puissants châtaigniers, dans les Alpes, des sapins et des mélèzes de haute montagne.

Fleurs et primeurs

La culture des fleurs coupées et du mimosa s'est prodigieusement développée depuis 1865 grâce à l'irrigation, à l'utilisation de serres chauffées et aux débouchés commerciaux permis par le chemin de fer. Elle se concentre dans des noyaux agricoles

aux exploitations modernes : plaine d'Ollioules, d'Hyères, de Fréjus et d'Antibes.
La plupart des fleurs coupées sont encore cueillies manuellement : les œillets dans la région niçoise (la moitié de la production française), les roses (20 % de la production nationale) à Antibes et dans la région de Grasse, le mimosa (75 % de la production nationale) sur le massif cristallin du Tanneron où il fleurit plusieurs fois par an (mais principalement en janvier-février). Les violettes poussent à l'ombre des oliviers à Tourrettes-sur-Loup.

La garrigue et le maquis

Il est des terrains calcaires si pierreux que les broussailles épineuses ou parfumées (thym, lavande, romarin) n'ont pu s'y installer que par endroits, laissant largement apparaître la roche nue : cette couverture végétale dégradée est la « garrigue » qui doit son nom au « garric », le chêne kermès qui en a fait son royaume, partagé avec plusieurs espèces de chênes à feuilles persistantes comme le chêne blanc, ou pubescent, le chêne vert (plus développé, trapu, à l'écorce gris-noir,). Propre aux sols siliceux, le maquis forme un tapis végétal dense, souvent impénétrable. En mai-juin, la floraison des cistes sur l'Esterel offrent un merveilleux spectacle. Le chêne-liège se reconnaît à son écorce crevassée. Le prélèvement, sur le tronc, de sa couche de liège laisse apparaître un bois de couleur brun-rouge ; cette opération, le « démasclage », se pratique tous les 8 à 12 ans. Parmi les autres arbustes, on observe le lentisque, le pistachier térébinthe, qui peut atteindre 4 ou 5 m de hauteur, et le chardon en boule.

Aloès.

Palmier.

Un « paysage importé »

Les falaises maritimes entre Nice et Menton constituent un remarquable coupe-vent qui en fait l'aire la plus chaude de France. Les Anglais l'ont bien compris en acclimatant des essences tropicales dans de superbes jardins à Menton et à Nice à partir de 1830, tandis que les cactées ont trouvé refuge dans la principauté de Monaco.
Le long des avenues, dans les parcs et les jardins se dressent de magnifiques eucalyptus, arbres robustes et de grandes dimensions, originaires d'Australie, qui se sont fort bien acclimatés dans le Midi. Le palmier règne sur la région d'Hyères ; deux espèces sont répandues sur la Côte d'Azur : le palmier-dattier au tronc lisse et élancé et le palmier des Canaries, plus rustique et au port majestueux. Enfin, orangers et citronniers, présents depuis la fin du Moyen Âge, apparaissent de Cannes à Antibes, de Monaco à Menton. 70 % des citrons cultivés en France proviennent de cette dernière ville.
Quant aux plantes grasses, elles poussent en pleine terre, tels le cactus, l'aloès, dont on extrait des feuilles un suc amer très employé en médecine, le figuier de Barbarie, plante originaire d'Amérique centrale aux feuilles hérissées d'épines, l'agave. Les ficoïdes, aux larges fleurs rose et blanc, envahissent les vieux murs.

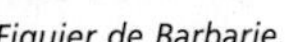

Figuier de Barbarie.

Une histoire du Sud

Le Trophée des Alpes domine la Turbie.

Avant J.-C.

● **Paléolithique inférieur** – La Côte d'Azur a de bonne heure attiré l'homme, comme l'atteste, entre autres, le site de Terra Amata à Nice (400 000 avant J.-C.).

● **1800-1500** – Gravures de la vallée des Merveilles.

● **900-600** – Les Ligures occupent le littoral méditerranéen.

● **600** – Fondation de Marseille (Massalia) par les Phocéens. Ceux-ci importent l'olivier, le figuier, le noyer, le cerisier, la culture de la vigne et substituent, dans les échanges, la monnaie au troc.

● **5e-4e s.** – Les colons grecs de Marseille (Massaliotes) établissent des comptoirs commerciaux : Hyères, St-Tropez, Antibes, Nice, Monaco. Les Celtes envahissent la Provence et se mêlent aux Ligures.

La Provence gallo-romaine

● **2e s.** – Rome intervient pour protéger Marseille et ses comptoirs des Celtes – défaits en 124 –, des Cimbres et des Teutons – écrasés par Marius près d'Aix en 102. La province narbonnaise fait la jonction entre l'Espagne et l'Italie.

● **58-51** – Conquête de la Gaule par Jules César qui fonde Fréjus en 49.

● **6** – La pacification des peuples des Alpes est commémorée par le trophée d'Auguste à La Turbie.

Après J.-C.

● **1er-3e s.** – L'agriculture et les villes s'épanouissent sous l'Empire. Les Romains organisent le négoce du vin dans toute la Gaule. La voie aurélienne est l'artère du pays. Fréjus (colonie de vétérans), Cemenelum (Cimiez), la capitale des Alpes maritimes, et Antibes se parent de monuments.

● **4e-5e s.** – En 410, saint Honorat s'installe dans les îles de Lérins, centre rayonnant du monachisme. Le christianisme se diffuse des villes du littoral vers l'intérieur.

● **5e-6e s.** – Vandales, Wisigoths, Burgondes, Ostrogoths, Francs envahissent tour à tour la Provence qui avait été jusque-là relativement épargnée par les invasions.

● **8e s.** – La Provence est une province périphérique de l'empire carolingien.

Le comté de Provence

● **843** – Le traité de Verdun règle le partage de l'empire de Charlemagne. La Provence, qui échoit à Lothaire en même temps que la Bourgogne et la Lorraine, est érigée en royaume en 855.

● **883** – Les Sarrasins s'installent dans les Maures (Fraxinetum) et restent, un siècle durant, la terreur du pays.

● **974** – Le comte d'Arles, Guillaume « Le Libérateur », chasse les Sarrasins.

● **10e-11e s.** – La Provence, passant de main en main, est finalement rattachée au Saint Empire romain germanique, mais jouit d'une indépendance de fait.

● **12e s.** – Les comtes de Provence tiennent à Aix une cour raffinée, mais leur autorité est limitée par l'autonomie communale. Les villes, enrichies par le commerce, se dotent de consuls.

● **1229** – Raymond Bérenger V, de la dynastie catalane, s'inquiète de l'expansion génoise sur le littoral (fortification de Monaco en 1215). Nice est contrainte de se soumettre.

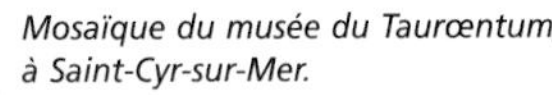

Mosaïque du musée du Taurœntum, à Saint-Cyr-sur-Mer.

● **1246** – Charles d'Anjou, frère de Saint Louis, succède à Raymond Bérenger V, dont il est le gendre. Sous l'administration des Angevins, Nice est pleinement intégrée à la Provence (le viguier est le représentant du comte).

● **1254** – Débarquement à Hyères de Saint Louis, de retour de la VIIe croisade.

● **1260-1265** – Les liens avec l'Italie du Nord sont renforcés par l'occupation d'une partie du Piémont et de Vintimille. En 1265, Charles Ier devient roi de Sicile. Les ambitions angevines dans le Sud de l'Italie favorisent les intérêts des marchands et des armateurs niçois, mais vont se réaliser aux dépens de la Provence.

● **1295** – Charles II fonde Villefranche dans une rade bien abritée.

● **1308** – La seigneurie de Monaco est achetée aux Génois par un membre de la famille Grimaldi.

● **1343-1382** – Règne de la reine Jeanne Ire. Celle-ci laisse un souvenir populaire, car, à court d'argent, elle est obligée de revendre des droits aux communautés urbaines. Les bandes armées dévastent la Provence atteinte par la peste (1347) et frappée par les mauvaises récoltes. À la fin de ce siècle difficile, la Provence a perdu la moitié de ses habitants.

● **1388** – Sédition de Nice qui est officiellement cédée au duc de Savoie en 1419.

● **1436-1480** – René d'Anjou, le « bon roi René », ne réside que les dix dernières années de son règne à Aix où il laisse le souvenir d'un mécène fastueux, dans un contexte de renouveau économique.

● **1481** – Charles du Maine, neveu de René d'Anjou, lègue la Provence à Louis XI. Floraison artistique en pays niçois.

● **1486** – La réunion de la Provence à la France est ratifiée par les « États de Provence » (assemblée des représentants des trois ordres). La Provence est rattachée au royaume, « comme un principal à un autre principal ».

● **1489** – L'indépendance de Monaco est reconnue, mais restera « protégée » par les puissances. Pour se repeupler, la Provence et le comté de Nice font appel à l'immigration (« actes d'habitation » conclus avec les seigneurs).

La Provence depuis la « réunion »

● **1501** – Institution du parlement d'Aix (ou parlement de Provence), cour souveraine de justice qui s'arroge par la suite certaines prérogatives politiques.

● **Début 16e s.** – Lors des guerres qui opposent François Ier (1515-1545) à Charles Quint, la Provence est envahie par les Impériaux, que commande le connétable de Bourbon en 1524, puis en 1536. La trêve de Villefranche met fin à ces déprédations en 1538.

● **1539** – Édit de Villers-Cotterêts : l'usage du français est imposé pour les actes administratifs.

● **1543** – Nice est assiégé par les Français alliés aux Turcs. La défense menée par Catherine Ségurane oblige ceux-ci à lever le siège.

● **1589-1610** – Les guerres de Religion prolongent l'insécurité. Sous le règne d'Henri IV, la première darse du port de guerre de Toulon est aménagée.

● **1639** – Richelieu crée une marine militaire, armée à Toulon pour la flotte du Levant.

● **1643-1715** – L'avènement de Louis XIV marque la fin du particularisme provençal. Pendant les guerres qui marquèrent la fin du règne, Nice est occupé de 1691 à 1696, puis de 1707 à 1713. En 1707, la Provence est envahie par le prince Eugène de Savoie (siège de Toulon qui résiste victorieusement).

Débarquement de Napoléon Ier à Golfe-Juan.

● **1718** – Le duché de Savoie, dont dépend le comté de Nice, devient le royaume de Sardaigne.

● **1720-21** – La dernière grande peste d'Occident décime les populations provençales.

● **1746** – L'offensive austro-sarde est brisée devant Antibes (guerre de succession d'Autriche).

● **1787** – Réunion des « États de Provence ».

La Révolution et l'Empire

● **1790** – La Provence forme trois départements : Bouches-du-Rhône, Var, Basses-Alpes. Les nobles émigrés affluent dans le comté de Nice.

● **1793** – Bonaparte se distingue au siège de Toulon, rebaptisé « Port-la-Montagne » pour s'être livré aux Anglais. Nice est réuni à la France. Les « barbets » ultra-royalistes sèment la terreur dans les hautes vallées.

● **1799-1814** – Revenant d'Égypte le 9 octobre, Bonaparte débarque à St-Raphaël. Les préfets nommés par Napoléon (Dubouchage à Nice) restaurent l'ordre en Provence, mais le blocus continental ruine son économie. La route de la Grande Corniche est réalisée jusqu'à Menton.

● **1814** – Napoléon abdique le 6 avril à Fontainebleau et s'embarque le 28 à St-Raphaël pour l'île d'Elbe. Le comté de Nice est rendu au roi de Sardaigne (traité de Paris).

● **1er mars 1815** – Débarquement de Napoléon à Golfe-Juan, début des « Cent-Jours ». Évitant Marseille et la vallée du Rhône, qu'il sait hostiles, Napoléon gagne Grenoble, où l'opinion lui est favorable, par un sentier étroit et difficile, parfois enneigé *(voir la route Napoléon)*. Il traverse les Alpes en un temps record et surprend la monarchie restaurée de Louis XVIII.

● **18 juin 1815** – Bataille de Waterloo.

19e siècle

● **1851-1852** – Troubles paysans dans le Var à la suite du coup d'État du 2 décembre 1851. La tradition républicaine se maintient sous le Second Empire.

● **1860** – Retour du comté de Nice à la France en échange de l'aide apportée aux débuts de l'unité italienne par Napoléon III (1852-1870). Le département du Var conserve sa dénomination, mais le territoire qui borde le fleuve, l'arrondissement de Grasse, qui forme, avec l'ancien comté de Nice, devient le département des Alpes-Maritimes.

● **1865** – Les droits sur les villes de Roquebrune et de Menton, qui avaient proclamé leur autonomie lors de la révolution de 1848, sont rachetés au prince de Monaco.

● **1878-1879** – Le casino de Monte-Carlo est rebâti par Charles Garnier. Développement du tourisme d'hiver sur la « Côte d'Azur ».

● **Fin 19e s.** – Paul Signac s'installe à Saint-Tropez et y attire un grand nombre de peintres.

20e siècle

● **1940** – Occupation de Menton par les Italiens. Le Midi, en zone libre, est relativement épargné.

Garibaldi en 1870.

● **1942** – Invasion de la zone libre par les Allemands. Sabordage de la flotte de Toulon (27 novembre).

● **1944-1945** – La 7e armée américaine du général Patch, composée principalement de la 1re armée française, débarque le 15 août 1944 sur la côte des Maures (opération « Dragon »). En moins de 15 jours, la Provence est libérée. Les Américains, épaulés par les forces de la Résistance, refoulent les Allemands vers les Alpes italiennes ; mais le massif de l'Authion, transformé en camp retranché, est conquis par la 1re division française libre après huit mois de très durs combats (13 avril). Tende n'est libéré que le 5 mai 1945, 3 jours avant l'armistice.

Masséna, général de division an IV (1796).

● **Depuis 1946** – Reprise du festival de Cannes (créé en 1939). Développement du tourisme d'été sur la Côte d'Azur.

● **1947** – Rattachement à la France de la haute vallée de la Roya avec Tende.

● **1960-1963** – L'art moderne connaît un rayonnement international sur la Côte d'Azur avec le « nouveau réalisme » (Arman, César, Raysse, Klein) et l'École de Nice (Ben, Viallat).

● **1969** – L'université de Nice, ouverte en 1965, développe le centre de haute technologie de Sophia-Antipolis sur le plateau de Valbonne.

● **1980** – La région est désenclavée par l'autoroute « La Provençale » qui relie le réseau du Rhône au réseau italien.

● **1991-1998** – Nice, capitale historique de la Côte d'Azur et porte d'entrée du tourisme international, confirme son rôle culturel en inaugurant le musée d'Art moderne et d'Art contemporain et le musée des Arts asiatiques.

La côte des artistes

Creuset de rêves et de fantasmes, la Côte d'Azur ne cesse d'attirer les artistes qui s'y sentent chez eux, dans le calme et le repos ou dans les plaisirs, la fête, les mondanités.

Picasso et Brigitte Bardot à Vallauris.

Rivage propice à l'inspiration, où le séjour se berce de l'indolence méditerranéenne, la Côte est, pour les cinéastes, les acteurs, les chanteurs à la fois un tremplin vers le succès et la marque de celui-ci, ainsi qu'un lieu où l'on se rencontre. Parler du cinéma sur la Côte d'Azur, c'est aller au-devant d'un mythe que l'on touche du doigt pendant le festival de Cannes et pendant la saison estivale, focalisé sur St-Tropez et ses fêtes et grossi par la presse à sensation. Depuis *La Côte d'Azur vue d'un train* (1903) des frères Lumière, la « Riviera » a joué un rôle déterminant dans l'industrie cinématographique et dans l'imaginaire français et mondial.

Les premiers amoureux

Les écrivains sont, avec les peintres, ceux qui tombent les premiers amoureux de cette nouvelle Arcadie. Maupassant évoque dans *Sur l'eau* les beautés de la Côte ; Gaston Leroux s'en enthousiasme dans *Le Parfum de la dame en noir* ; Guillaume Apollinaire y est attaché depuis l'enfance. Les Anglo-Saxons, ensuite, viennent y respirer un air plus pur et frivole comme la Néo-Zélandaise Katherine Mansfield qui laisse dans son *Journal* une vision enchanteresse de Menton. Édith Warthon écrit à Hyères *Le Temps de l'innocence*, Aldous Huxley rédige *Le Meilleur des mondes* à Sanary en 1931, David-Herbert Lawrence, l'auteur de *L'Amant de lady Chatterley*, meurt à Vence en 1930. Les Américains de la « génération perdue » : Miller, Fitzgerald, Hemingway animent la plage de Juan-les-Pins et le cap d'Antibes qu'arpente Jacques-Henri Lartigues, familier de l'Hôtel du Cap avec sa femme « Bibi », auteur d'inoubliables clichés de la Côte d'Azur conçue comme un art de vivre. Installé à Opio, dans l'arrière-pays grassois, il y mourra en 1980.

Lumière sur le cinéma

L'omniprésence de la lumière était indispensable au cinéma à ses débuts et les studios de la Victorine à Nice ont activement participé à l'essor du 7e art sur la Côte. Très vite, celui-ci puise son inspiration dans la tradition locale. André Hugon, réalisateur du premier film parlant français, campe les personnages typiques de la Provence adaptés des romans de Jean Aicard : *Maurin des Maures* (1932), *L'Illustre*

Gérard Philipe dans le film Juliette ou la clé des songes *(1951).*

Maurin et *Gaspard de Besse* (1936). Le vieux village du Castellet sert de décor à *La Femme du Boulanger* (1938). Yves Montand sera, plus tard, un excellent « papet » dans *Jean de Florette* et *Manon des sources* (1985-1986) que Claude Berri choisit de tourner autour de Riboux, dans le Var.
Gide, Roger Martin du Gard (prix Nobel en 1937), les surréalistes, dont Paul Éluard, très lié à Picasso, s'y retrouvent. Tous deux sont photographiés par Man Ray qui tourne *Les Mystères du château de Dé* (1929) dans la villa de Noailles, à Hyères, tandis que Colette se retire dans sa villa de St-Tropez, entre 1925 et 1938.
Mais les nuages s'amoncellent, avec le début de la guerre et Sanary-sur-Mer devient un refuge d'écrivains allemands fuyant le nazisme : Klaus Mann, qui se suicidera à Cannes en 1949, Heinrich Mann, qui se marie à Nice. Le repli pendant la guerre de toute une frange du cinéma français est à l'origine du dernier âge d'or : Marcel Carné tourne *Les Visiteurs du soir* (1942), puis *Les Enfants du Paradis* (1944), sur des textes de Prévert. Gérard Philipe fait ses débuts au cinéma. Hommage à une époque révolue, François Truffaut placera un tournage aux studios de la Victorine au cœur de *La Nuit américaine (1972).*

Après la guerre

Les années 1950 sonnent le glas d'une certaine image de la Côte d'Azur, dont Jean Cocteau, peintre, écrivain, cinéaste, est le dernier magicien. Villefranche-sur-Mer accueille, dans l'intimité de sa pittoresque « rue Obscure », son *Testament d'Orphée* (1960). Jean Marais, avant d'endosser ses rôles de cape et d'épée comme *Le Masque de fer* (1962) d'Henri Decoin, tourné dans le cadre médiéval de Sospel, avait choisi la peinture, puis laissant de côté le cinéma, il pratique la poterie à Vallauris, où il s'installe en 1980.
Avec le tournage mythique, en 1956, de *Et Dieu créa la femme,* Roger Vadim lance sur les écrans à la fois Brigitte Bardot (qui deviendra son épouse) et St-Tropez. La Nouvelle Vague déferle et J.-P. Belmondo incarne *Pierrot le Fou* (1965), de Jean-Luc Godard, dans l'île de Porquerolles. La carrière de Johnny Hallyday est lancée, durant l'été 1960, au cabaret *Le Vieux Colombier* de Juan-Les-Pins. Spectacle permanent, la Côte est le rendez-vous de tous ceux dont la réussite se doit d'éblouir. Une pléiade d'acteurs et de vedettes de la chanson y élisent domicile : Gérard Philipe à Ramatuelle (avant que Johnny Hallyday y héberge sa collection de Harley-Davidson), Jean Marais à Cabris, puis Vallauris, Yves Montand à St-Paul, en grand amateur de parties de pétanque et de belote, Jean-Paul Belmondo à St-Jean-Cap-Ferrat, Eddy Barclay, producteur de disques et « dénicheur » de stars à St-Tropez,

Yves Montand jouant aux boules.

où il organise de fastueuses soirées. Entre notoriété et existence au quotidien, bien souvent, les artistes se fondent parmi les gens du village. La principauté de Monaco est un gigantesque décor qui, depuis le passage de Max Linder (*Max à Monaco,* 1913), fascine les cinéastes. Le casino de Monte-Carlo et l'Hôtel de Paris ont même été reconstitués, pour un coût faramineux, à Hollywood, en 1924, pour le film d'Erich von Stroheim *Folies de femme*, mais les tables de jeux inspirent d'une façon plus profonde le *Roman d'un tricheur* (1936) à Sacha Guitry et *Vingt-quatre heures de la vie d'une femme* (1927) à Stefan Zweig. Jacques Demy mêle les passions et l'enfer du jeu sous les traits de Jeanne Moreau dans *La Baie des Anges* (1962). La Riviera dessine une frontière entre le bien et le mal qu'incarnent le personnage pudique de Grace Kelly ou celui d'Alain Delon dans *Les Félins*, de René Clément (1963), recueilli par un couple de jeunes femmes (dont Jane Fonda), elles-mêmes bien mystérieuses. Toute une tradition du film noir fait partie de l'image de la Côte d'Azur. Les amateurs de thrillers seront captivés par le tandem J. Gabin-A. Delon et par le dénouement inoubliable du casse du casino de Palm Beach, à Cannes,

Johnny Hallyday et sa moto.

dans *Mélodie en sous-sol* (1962) d'Henri Verneuil. *Vivement dimanche !* (1983), le dernier long-métrage de François Truffaut (tourné à Hyères), est un hommage au film noir plein de charme et d'humour. La même année, James Bond, alias Sean Connery, revient dans *Jamais plus jamais* et affronte une redoutable (et ravissante) tueuse jusqu'aux abords de Monte-Carlo.

Grace Kelly (1928-1982) fascine par sa retenue, sa distinction, sa pudeur. À contre-courant du cinéma américain des années 1950, elle incarne une aristocrate un peu lointaine qui évolue dans un monde de bienséance. Durant sa carrière cinématographique assez brève, elle travaillera avec les plus grands d'Hollywood (Hathaway, John Ford, Zinnemann) et aura comme partenaires les vedettes les plus en vue. Mais c'est sa collaboration avec le maître du suspense, Alfred Hitchcock, qui laissa d'elle l'image la plus marquante, celle d'une femme sur le fil du rasoir, plongée dans un univers inquiétant, comme une sorte de contrepoint qui met en valeur la duplicité, le soupçon, la machination. Il en reste une atmosphère inoubliable de mystère, d'angoisse et de charme que l'on retrouve dans *Le crime était presque parfait* (1954), *Fenêtre sur cour* (1954) et *La Main au collet* (1956). Dans ce dernier film, les aplombs de la Grande Corniche ont merveilleusement servi les scènes interprétées par Cary Grant. C'est en allant le promouvoir au festival de Cannes que l'actrice américaine rencontra le prince Rainier de Monaco, ouvrant ainsi un nouveau chapitre (et non des moindres) de la légende de la Côte.

Tourisme de masse et comique grand public vont de pair dans les six épisodes, tournés entre 1964 et 1982, de la série du *Gendarme de St-Tropez* de Jean Girault, avec Louis de Funès sous les ordres d'un Michel Galabru que l'on retrouve en père de famille rigoriste devant un Michel Serrault travesti dans *La Cage aux folles* (1978) d'Édouard Molinaro. Mais plusieurs films prennent le contre-pied d'une vision trop attendue : *La Collectionneuse* (1967) d'Éric Rohmer, *La Piscine* (1969) de Jacques Deray, image inoubliable du couple Alain Delon-Romy Schneider, *Les Biches* (1968) de Claude Chabrol, où Stéphane Audran évolue parmi la faune artificielle et fortunée d'un St-Tropez hivernal.

Aujourd'hui encore

Le cinéma se moque parfois de lui-même : le galion *Neptune*, souvent amarré dans le vieux port de Cannes, rappelle les exploits des *Pirates* (1986) de Polanski ; *La Cité de la peur* (1994) d'Alain Berbérian propose une parodie burlesque du festival de Cannes. Les extérieurs de *Un sac de billes* (1975) de Jacques Doillon ont été pris à Sospel, tandis que *Le Fils préféré*, peinture délicate d'un trio masculin par Nicole Garcia (1994), utilise le cadre de Nice, Menton et Grasse. Dans *En haut des marches* (1982), Paul Vecchiali avait rendu un hommage à Toulon et à Danielle Darrieux, hommage que Jules Romains avait rendu auparavant à Nice en y poursuivant jusqu'en 1947 la rédaction des *Hommes de bonne volonté*. Chantée par Max Gallo et le délicieux Louis Nucéra, la ville continue d'enfanter des écrivains de talent comme Jean-Marie Gustave Le Clézio.

Mariage de Grace Kelly et du prince Rainier en 1956.

ABC d'architecture

Architecture antique

LA TURBIE – Trophée des Alpes (1er s. avant J.-C.)

Grandiose construction élevée à la gloire d'Auguste (27 av. J.-C.) vainqueur des campagnes des Alpes, ce monument est un des rares trophées hérités du monde romain. Il a connu mille vicissitudes avant d'être restauré par l'architecte Formigé dans les années 1930.

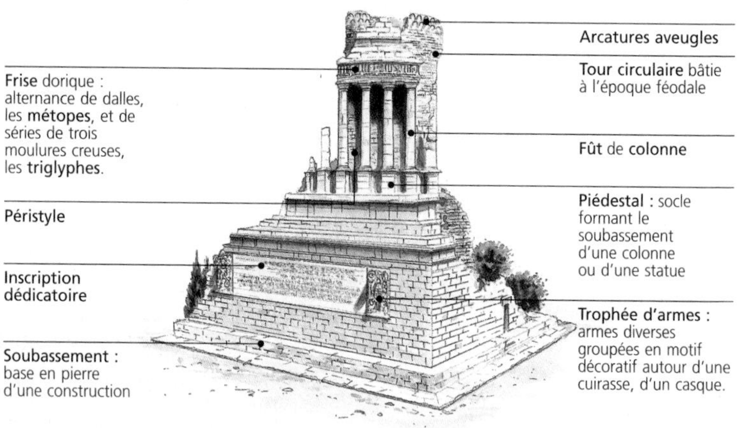

Architecture religieuse

FRÉJUS – Intérieur du baptistère (5e s.)

Cet édifice paléochrétien se présente sous l'aspect d'un bâtiment carré de 11 m environ de côté. À l'intérieur, s'inscrit un octogone dont les côtés comportent de petites niches séparées par des colonnes de granit noir. Certains éléments antiques proviennent de bâtiments romains. Une restauration, au début du 20e s., lui a rendu son aspect d'origine.

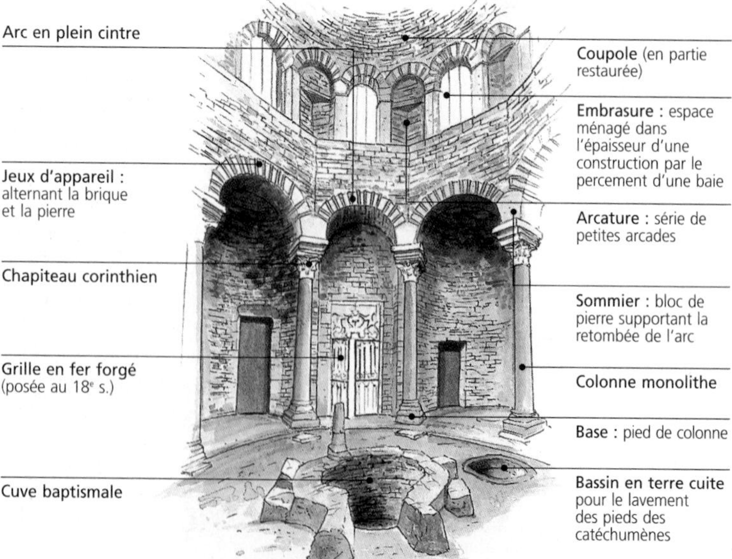

LE THORONET – Plan de l'église abbatiale (11e s.)

Le large transept et l'absence de décoration caractérisent les édifices élevés par les moines de l'ordre de Cîteaux. Ces derniers privilégiaient le chevet plat, mais la voûte en berceau brisé et l'abside semi-circulaire reflètent la manière de bâtir des maîtres d'œuvre locaux. N'ayant pas de vocation paroissiale, l'église ne possède pas de portail central.

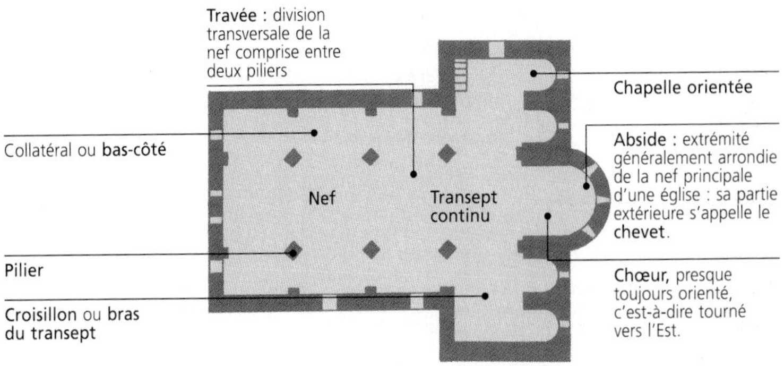

Coupe en élévation d'une église romane provençale

Nous proposons deux variantes de l'église romane provençale telle qu'on la rencontre le plus souvent.

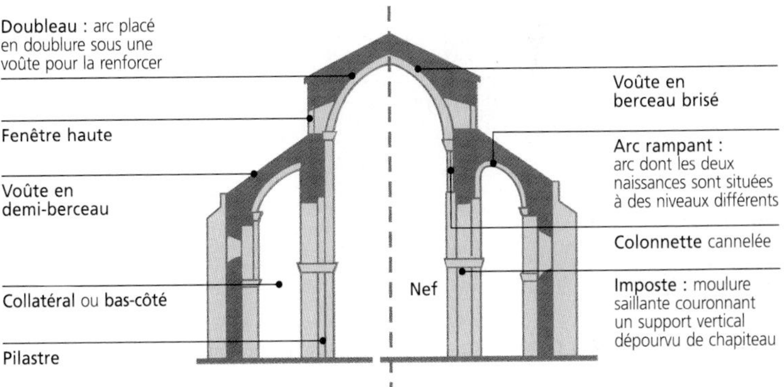

GRASSE – Portail de la chapelle de l'Oratoire (14e s.)

La porte ainsi que la fenêtre gothiques de cette chapelle ont été récupérées sur l'ancienne église des Franciscains. Elles furent intégrées en 1851 à la façade de l'Oratoire.

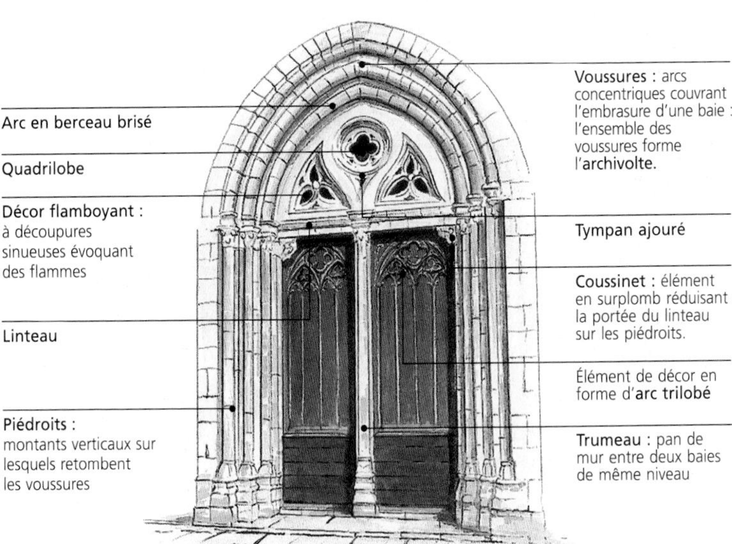

NICE – Cathédrale Sainte-Réparate (17e s.)

À l'origine, Sainte-Réparate était une chapelle, construite au 13e s. Sa façade et son plan actuels, de style baroque, sont l'œuvre de l'architecte niçois Jean-André Guibert. La façade répond à un schéma traditionnel : deux étages divisés en trois sections par des pilastres conduisent à une recherche sobre du mouvement. La composition reste claire et respecte une certaine rigueur des lignes.

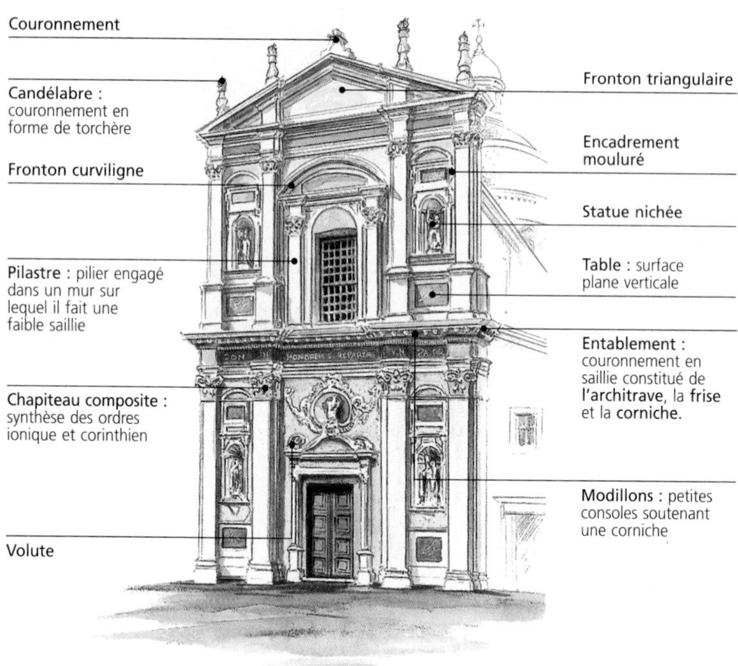

LES ARCS – Retable de la chapelle Sainte-Roseline (début du 16e s.)

En fait de retables baroques, Nice et sa région privilégient les marbres de couleur et les stucs ; le bois doré domine de l'autre côté du Var.

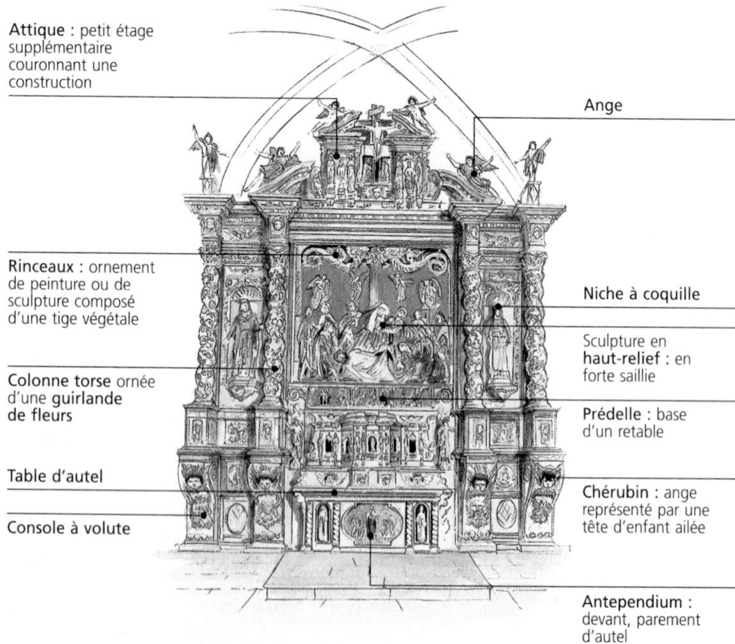

Architecture traditionnelle

SAINT-TROPEZ – Maisons sur le port

Étroites et hautes, les petites maisons serrées les unes contre les autres et les teintes vives des façades caractérisent les ports de la Côte d'Azur.

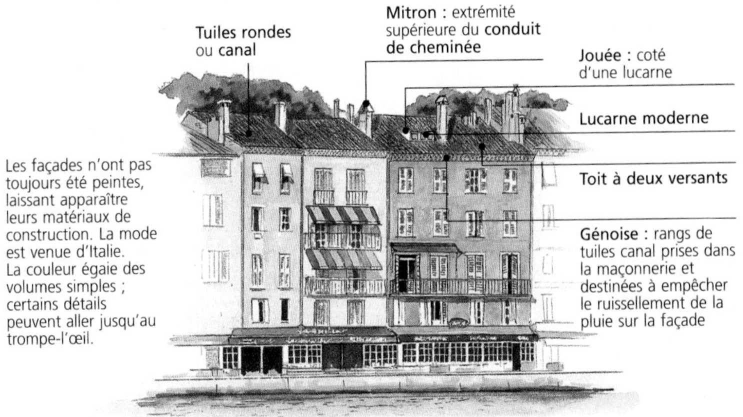

LE VIEUX-CANNET – Campanile

Les campaniles apparurent au 16e s. au sommet des clochers et beffrois. Leur complexité et leurs dimensions sont très variables.

LORGUES – Fontaine de la Noix (1771)

Chaque ville ou village possède sa ou ses fontaines, du modeste filet d'eau au monument sculpté et souvent daté.

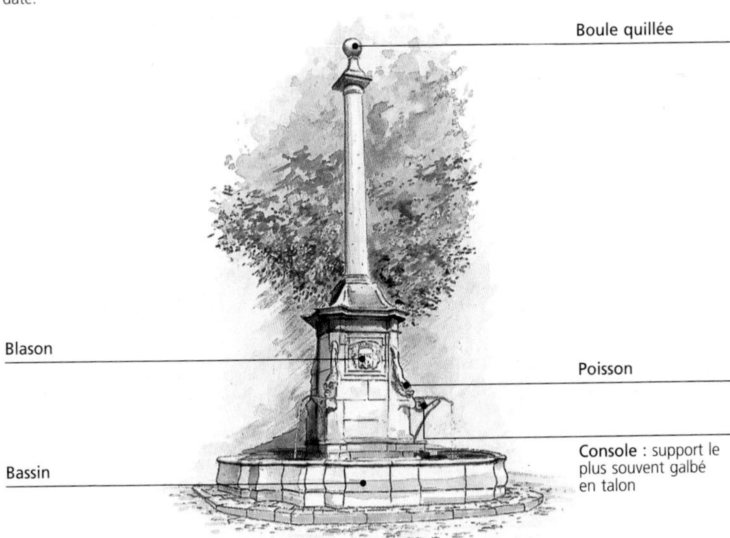

Architecture balnéaire

HYÈRES – Villa « tunisienne » (1884)

Les villas des stations balnéaires du 19e s., elles-mêmes créées de toutes pièces, sont un résumé des architectures du monde et un hymne à l'extravagance, bien que l'intérieur conserve une distribution conforme au mode de vie bourgeois. Cette architecture aujourd'hui réhabilitée est volontiers orientaliste. Chapoulart, architecte d'une villa « mauresque » à Hyères, construisit pour lui-même cette variante avec patio, dite « algérienne », puis « tunisienne ».

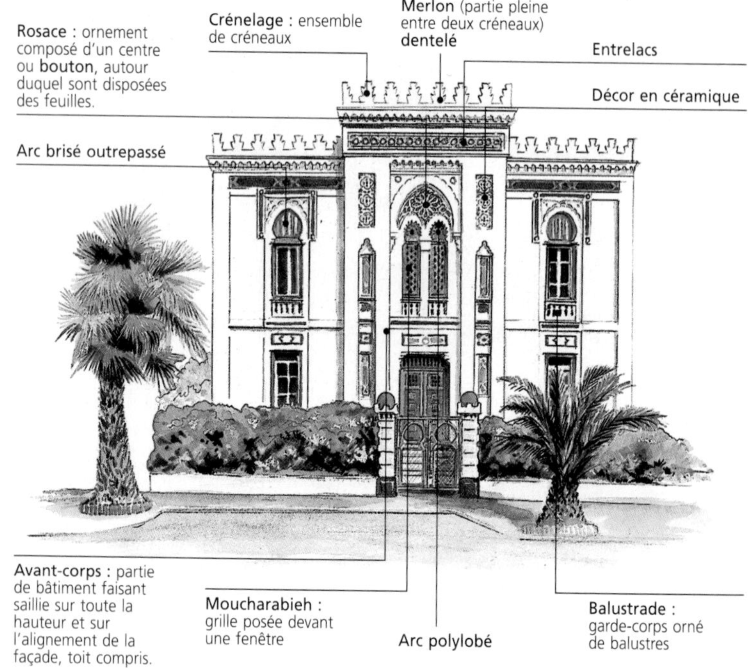

MONTE-CARLO – Salle du casino (2e moitié du 19e s.)

Monte-Carlo s'est construit autour du casino, caractéristique du style éclectique qui fleurit sur le littoral à la fin du 19e s. La luxueuse décoration intérieure fait écho à celle du dehors.

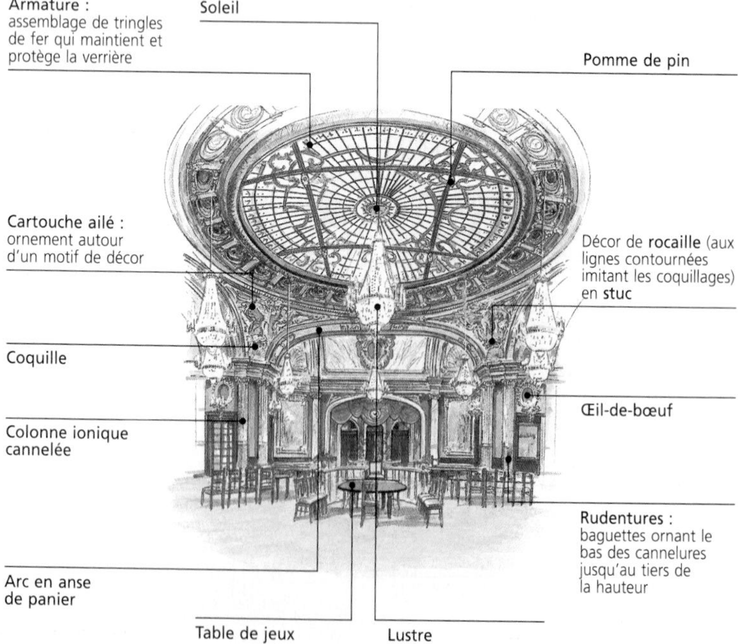

Architecture militaire

ANTIBES – Fort Carré (16e s.)

Les remparts d'Antibes ont été démolis en 1895. En subsiste ce fort, terminé en 1585 et dont le plan bastionné préfigure les étoiles du système défensif de Vauban au siècle suivant.

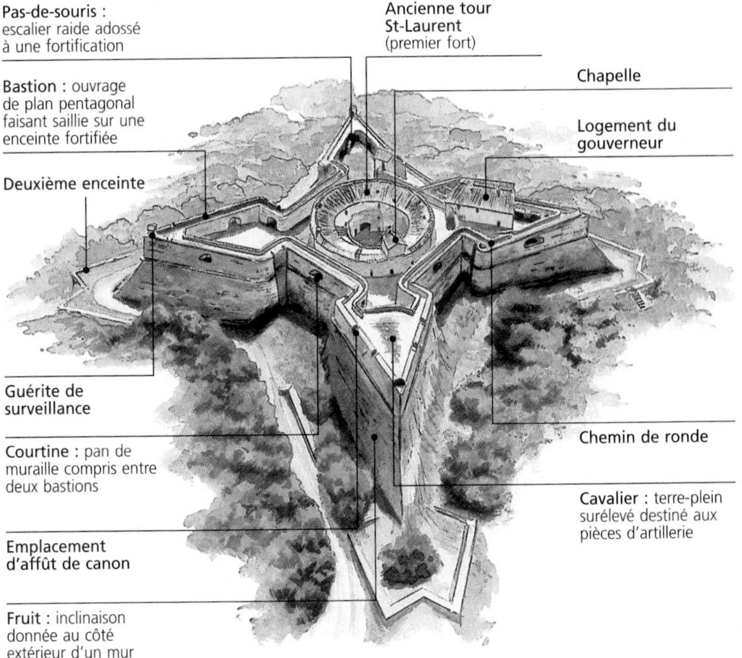

Architecture contemporaine

SOPHIA ANTIPOLIS – Bâtiment d'entreprise (1978)

Les bâtiments de la technopole de Valbonne ont été construits à partir du milieu des années 1970. La déclivité du terrain est utilisée pour éviter toute monotonie et intégrer discrètement le paysage à l'architecture. Les baies vitrées et les patios permettent un éclairage important. Le mélange des matériaux et la recherche de la transparence dessinent une structure légère et « high-tech » qui mêle prestige et modernité.

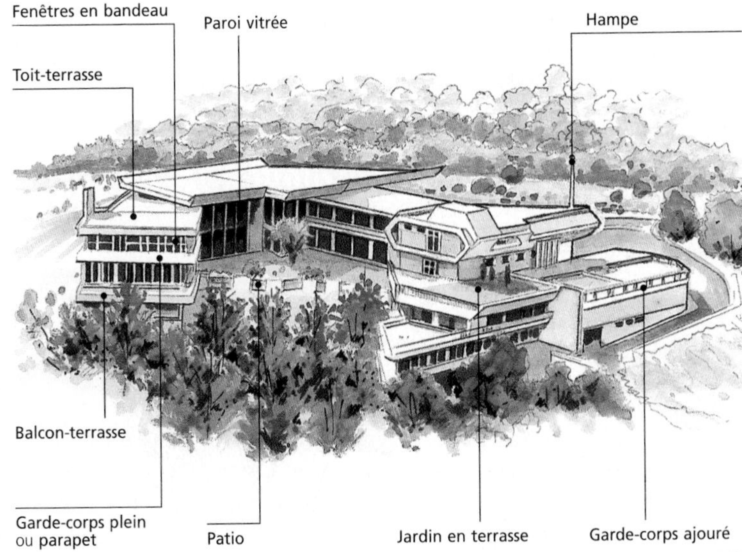

L'art de l'azur

Est-ce cette lumière incomparable ou une ambiance particulière qui stimule la création ? Toujours est-il que la Côte d'Azur peut se flatter de posséder les expressions les plus anciennes et les plus modernes de l'art, des gravures de l'âge du bronze aux recherches contemporaines.

Âge du bronze

Les gravures rupestres qui ont donné leur nom à la vallée des Merveilles n'ont pas encore livré tous leurs secrets. Les représentations de bovidés, d'armes et d'outils, de figures anthropomorphes ou géométriques datent toutes du bronze ancien (1800-1500 avant J.-C.) et ont été dessinées par des bergers.

Antiquité gallo-romaine

La réutilisation ultérieure des matériaux n'a laissé que des traces fragmentaires de la prospérité que connut la Provence gallo-romaine. Cimiez *(voir Nice)* a conservé d'importantes ruines romaines, la Turbie, son trophée, témoignage presque unique de ce type de monument, Fréjus, ses arènes et des vestiges de ses installations portuaires. Dans les cantons de Fayence, Fréjus et St-Raphaël, les ouvrages d'adduction d'eau romains sont encore utilisés.

Peinture de Bréa, dans l'église Saint-Michel de Sospel.

Art roman

Des périodes mérovingienne et carolingienne subsistent d'intéressants monuments comme le baptistère de Fréjus, la chapelle N.-D.-de-Pépiole ou la Trinité de St-Honorat de Lérins.

Au 12e s., la Provence connaît une véritable renaissance architecturale qui conduit à l'éclosion d'églises, dont l'appareil de pierres régulièrement taillées et liées par un mince mortier est remarquable. La façade est souvent pauvre. De puissants contreforts rompent la monotonie des flancs. Le clocher carré et le chevet sont décorés d'arcatures plaquées, dites « bandes lombardes », qui témoignent de l'influence de l'Italie du Nord. Lorsqu'on pénètre à l'intérieur, on est frappé par la simplicité et l'austérité du vaisseau, qui comporte le plus souvent une nef unique et un transept peu saillant. Si l'édifice comprend des bas-côtés, l'abside se termine par un hémicycle flanqué de deux absidioles.

Le « gothique provençal »

L'art gothique n'a laissé que peu d'édifices dans la région. Le « gothique provençal » est un art de transition, mal dégagé des traditions romanes, qui s'affirme avec les puissantes voûtes aux robustes ogives de Fréjus (le cloître est remarquable) ou de Grasse. Dès la fin du 15e s., le roi René attira en Provence de nombreux artisans italiens. Mais, fait curieux, si la Renaissance devait marquer de son influence la peinture provençale, elle eut peu de prise sur son architecture.

Outrage par les soldats de Pilate, *par Canavesio dans la chapelle N.-D.-des-Fontaines.*

Maison baroque place de l'Île-de-Beauté à Nice.

Les « primitifs niçois »

Du milieu du 15e s. au milieu du 16e s., une école de peinture d'abord toute gothique, puis inspirée de la Renaissance italienne, fleurit dans le comté de Nice. Elle est illustrée par la dynastie des **Bréa** (Louis, son frère Antoine et son neveu François) et Jacques Durandi. Ces peintres travaillent surtout pour les confréries de pénitents, ce qui explique la dissémination de leurs tableaux en de nombreuses églises et chapelles de pèlerinage. On en voit à Nice, Gréolières, Antibes, Fréjus, Grasse, Monaco.
La douceur du modelé de Louis Bréa (né à Nice vers 1450), habile à faire sentir l'humanité des sujets qu'il traite, trahit une influence flamande ; son style simple et ses tonalités sourdes s'accommodent du faste des retables.
Au même moment, dans l'arrière-pays niçois, des artistes souvent itinérants, d'origine piémontaise, ornent, du 14e au 16e s., les plus humbles sanctuaires de peintures murales très vivantes, aux coloris remarquablement préservés. Elles composent une sorte de catéchisme illustré, destiné aux fidèles illettrés. Les saints intercesseurs sont souvent représentés, en particulier saint Sébastien, des plus utiles en cas d'épidémie de peste. Ces chapelles ont essaimé dans les vallées de la Roya, du Paillon et de la basse Tinée : Coaraze, Lucéram, Peillon, Venanson, et surtout La Brigue, à la chapelle N.-D.-des-Fontaines, où Jean Canavesio (1420-début du 16e s.), à côté de Jean Baleison, son élève, a laissé une œuvre exceptionnelle.

À la frontière du baroque et du classicisme

Pierre Puget (1620-1694), né à Marseille, est l'un des plus grands sculpteurs français du 17e s. Les *Atlantes* soutenant le balcon d'honneur de l'ancien hôtel de ville de Toulon sont, avec *Milon de Crotone* exposé au musée du Louvre à Paris, ses compositions les plus célèbres. Il sut allier, dans ses œuvres, la puissance, le mouvement et le sens du pathétique, expression de l'art baroque.
Les modèles romains, piémontais ou génois marquent surtout les édifices religieux du comté de Nice. Les façades d'église s'ornent de frontons, de niches, de statues, mais se distinguent par une ordonnance équilibrée. À l'intérieur, les innombrable retables, les lambris et les baldaquins sont d'une grande richesse. La façade du palais Lascaris (1648-1680) et l'ordre colossal (élévation des pilastres ou des colonnes sur plusieurs étages) de l'ancien Sénat de Nice exaltent le pouvoir, comme l'urbanisme régulier à portiques, qui fixe (place Garibaldi, 1782-1792), sur le modèle des voies de Turin, les grandes lignes de l'extension de Nice.

Aux 17e et 18e s., les Parrocel, les Van Loo, Joseph Vernet, Hubert Robert ont laissé de fort belles toiles, mais c'est surtout Fragonard (1732-1806) qui est l'orgueil de la région. Les paysages baignés de lumière et les jardins de Grasse, sa ville natale, sont les sources où il a souvent puisé le décor des scènes libertines, qu'il peignit dans un style exquis.

Le triomphe de l'éclectisme

L'édification à Cannes, en 1835, du château Éléonore par le promoteur de la station, lord Brougham, lance la mode de l'éclectisme. Chaque villégiature a son urbaniste : Chapoulard marque Hyères, Pierre Audié, St-Raphaël, où il introduit le romano-byzantin ; le Niçois Charles Delmas et le Danois Hans-Georg Tersling dressent les plans de nombreux palaces à Nice et à Menton (où œuvra également Charles Garnier) et de villas qui parsèment les caps.

Prolongeant l'intérêt des romantiques pour l'Orient, les architectes inventent des villas dites « mauresques », caractérisées par l'abondance de carreaux de faïence, d'arcs outrepassés et de tours-minarets. L'engouement pour le style néomédiéval ou troubadour fait fleurir merlons et créneaux (château Scott, Cannes, 1868-1872). Parfois, les styles se mélangent en une synthèse originale dans des villas habitées par d'anciens administrateurs des colonies françaises ou britanniques, telle la « folie » du colonel Smith à Nice, dit « château de l'Anglais » (1856-58). Les nobles et industriels russes reconstituent des « petites Russies » dans les vastes domaines acquis, où l'influence méditerranéenne, en particulier dans le choix des matériaux, se mêle à l'art slave.

De nombreuses façades de Nice et Menton sont peintes pour masquer la pauvreté des matériaux. Cette mode, qui s'étend de 1850 à 1920, dénote l'influence des maçons piémontais, conséquence d'une forte immigration italienne. Le décor se réduit à des couleurs nuancées et à des motifs architecturaux en trompe l'œil. L'Art nouveau s'empare des frises, dont le dessin de fleurs stylisées est tracé à l'aide d'un pochoir.

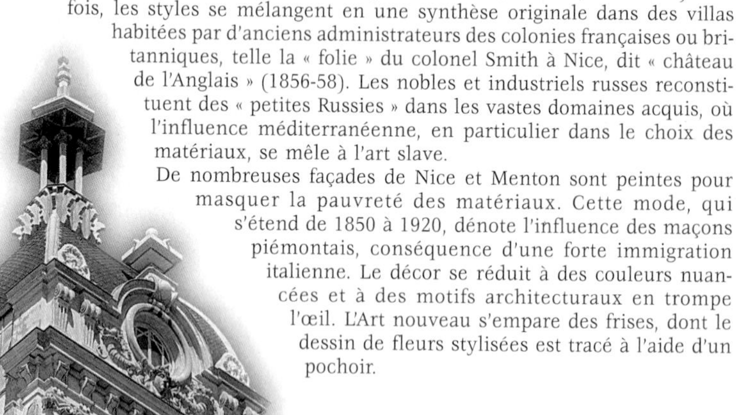

Un hôtel très éclectique, l'ancien Excelcior Regina Palace (1895), sur les hauteurs de Cimiez à Nice. Il fut fréquenté en son temps par la reine Victoria.

Hôtel de l'Ermitage, à Monte-Carlo.

Urbanisation et tourisme balnéaire (1920-1935)

L'Art déco soumet l'ornementation – mosaïques, vitraux, ferronnerie, dallages – aux lignes géométriques de l'architecture. Mais les bâtiments les plus intéressants des années 1920 et 1930 se caractérisent par la maîtrise du béton armé : l'église Ste-Jeanne-d'Arc, « Notre-Dame-des-Œufs » (1932), bâtie par Jacques Droz à Nice, en est le meilleur exemple. Les immeubles paquebots déploient la pureté et la blancheur de leurs volumes, parcourus de coursives, le long de la Méditerranée : l'Hôtel Latitude 43 (1931-33, reconverti en copropriété), construit par Georges-Henri Pingusson à la sortie de Saint-Tropez, et les courbes dynamiques de l'escalier de l'immeuble Gloria Mansions (1930), à Nice, sont les chefs-d'œuvre de cette période. Par le jeu des lignes pures et son adaptation au site, l'architecture fonctionnaliste (Le Corbusier) trouve une application dans la réalisation de villas luxueuses. Le projet initial de la villa de Noailles (1924), construite par Mallet-Stevens à Hyères, a été modifié mais le vitrail compartimenté du plafond du grand salon donne une idée de l'inspiration originale.

L'évolution contemporaine

La reconstruction s'impose dans le paysage : Jean de Mailly œuvre à Toulon avec de grands ensembles. À la transformation brutale des sites, qui a laissé quelques exemples déplorables, succèdent la recherche de la transparence et la volonté de se fondre dans le paysage. Les ports de Bormes et de Monte-Carlo restent les témoins de l'intense spéculation immobilière, mais le laboratoire IBM de La Gaude (1963, Marcel Breuer), l'ensemble de Marina-Baie-des-Anges (1970, André Minagoy) à Villeneuve-Loubet, le village lacustre de Port-Grimaud (1966, François Spoerry), la marina de Cogolin témoignent d'une réflexion sur l'intégration de l'architecture au site. La lumière méditerranéenne rehausse la polychromie de la fondation Maeght à St-Paul (1963-1964, José Luis Sert) ; elle est ménagée dans le musée Chagall (1972, André Hermant). Les années 1980 sont encore marquées par le gigantisme (palais des Festivals et des Congrès de Cannes, surnommé le « bunker », 1982), et d'audacieux mélanges de matières – brique, acier, verre, béton clair – rendent la masse architecturale plus ludique, plus souple (musée d'Art moderne et d'Art contemporain à Nice, voire Forum Grimaldi à Monte-Carlo).

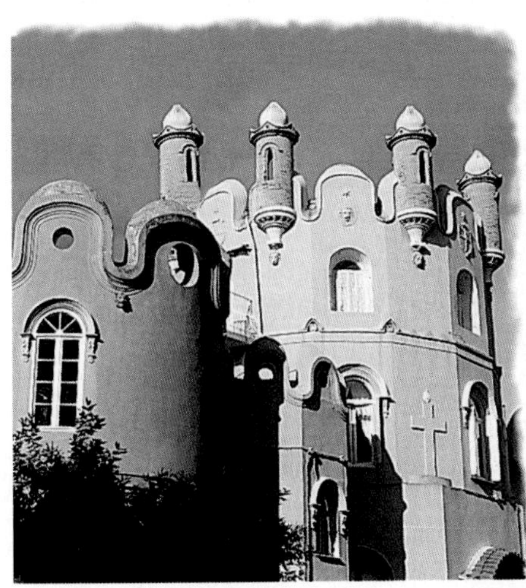

Savant mélange de gothique anglais et de décor hindou, le « château de l'Anglais » (1858), construit à Nice pour le colonel Smith, de l'armée des Indes.

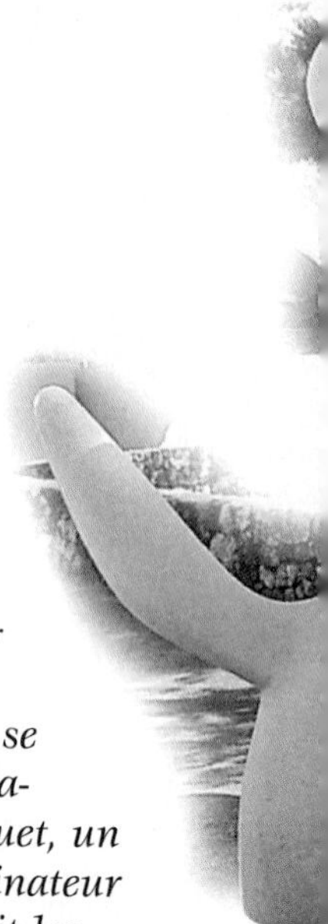

Le zénith de l'art moderne

Autrefois isolée, mal desservie, la Côte d'Azur fut d'abord perçue comme une contrée pittoresque que l'on découvre par la mer mais où se révèle l'éblouissement de la lumière méditerranéenne. Source d'inspiration pour un Paul Huet, un Félix Ziem ou un Dunoyer de Segonzac, dessinateur inlassable du pays de St-Tropez, elle a conduit les peintres de la modernité à de nouvelles recherches picturales. En cela, et parce qu'elle a donné naissance à une génération d'artistes, la Côte d'Azur peut être considérée comme l'un des grands rivages civilisateurs du 20e s.

Impressionnisme, fauvisme...

Le retour de Cézanne en Provence (1881) est déterminant pour les impressionnistes, adeptes de la peinture de plein air. Monet et Renoir lui rendent visite et poussent plus loin le long du littoral azuréen. Les œuvres d'Antibes de Monet marquent l'apparition de la Côte d'Azur dans la peinture : « Je m'escrime et lutte avec le soleil » (lettre de Monet à Rodin, janvier 1888). Elles amorcent un tournant dans la carrière du peintre qui se consacre, à partir de cette période, aux « séries », enregistrant les variations de la lumière sur un même sujet. Renoir s'installe à Cagnes, où il passe les dernières années de sa vie, peignant sans cesse les oliviers de son domaine des *Colettes*.

Signac, continuateur de Seurat, s'établit à St-Tropez en 1892, où il attire quelques amis, dont Manguin, Bonnard, l'« ermite » du Cannet, et Matisse (*Luxe, calme et volupté*, 1904, musée d'Orsay, Paris) qui aborde la Côte d'Azur par des intérieurs épurés, ouverts sur la mer, puis suggère le rivage niçois à travers le tamis des fenêtres, des persiennes. À Nice, Dufy dépeint la scène côtière en spectateur après avoir acquis à Vence son style pictural original. Le passage de Picasso à Saint-Raphaël pendant l'été 1919 ouvre le cubisme sur le grand large et débouche sur les géométries lumineuses de Juan-Les-Pins à partir de 1920.

Soutine, qui séjourne sur la Côte d'Azur entre 1918 et 1921, décèle, dans la lumière et le jeu des ombres, un « pathétique intense » qui se déploie dans des formes en torches.

Au mythe édénique de Matisse, Bonnard et Dufy succèdent le cycle du Minotaure (à partir de 1927-28), les faunes et les centaures de Picasso, repris dans les céramiques de Vallauris. Marcel Duchamp, Masson (tableaux de sable à Sanary en 1926, sable également employé par Kandinsky, hôte de La Napoule), Cocteau, Picabia qui s'installe à Mougins pratiquent le détournement de l'objet et les assemblages.

Installé à Antibes, Nicolas de Staël ne séjourna pas hélas très longtemps dans la région, mais son passage laissa des traces inoubliables dans sa peinture.

Sculpture de Dubuffet à la fondation Maeght.

Sculpture de Mirò à la fondation Maeght.

Cubisme, surréalisme...

Pendant les années de guerre, Jean Arp, sa compagne Sophie Taeuber, et Sonia Delaunay, désemparée après la mort de son époux Robert Delaunay en 1941, trouvent refuge dans la villa qu'Alberto Magnelli possède à Grasse. Travaillant avec des matériaux de fortune, le « groupe de Grasse » débouche sur des œuvres d'une grande liberté d'inspiration. Arp et Taeuber rencontrent Max Ernst qui s'est enfui du camp des Milles, près d'Aix, où étaient internés tous les ressortissants allemands.

Alors que le monde de l'art s'internationalise et que les artistes européens sont revenus de leur exil américain, nombre de peintres s'installent dans l'arrière-pays : Picasso à Mougins, Braque au Cannet, Fernand Léger à Biot, Dubuffet à Vence. Il n'y aurait peut-être pas eu *La Guerre et la Paix* de Picasso à Vallauris sans la chapelle du Rosaire à Vence (1951), œuvre d'art totale de Matisse. Le rapport à l'architecture engendre une interpénétration des disciplines. Marc Chagall, établi à partir de 1950 à Vence, étend son art à de nombreuses techniques : lithographie,

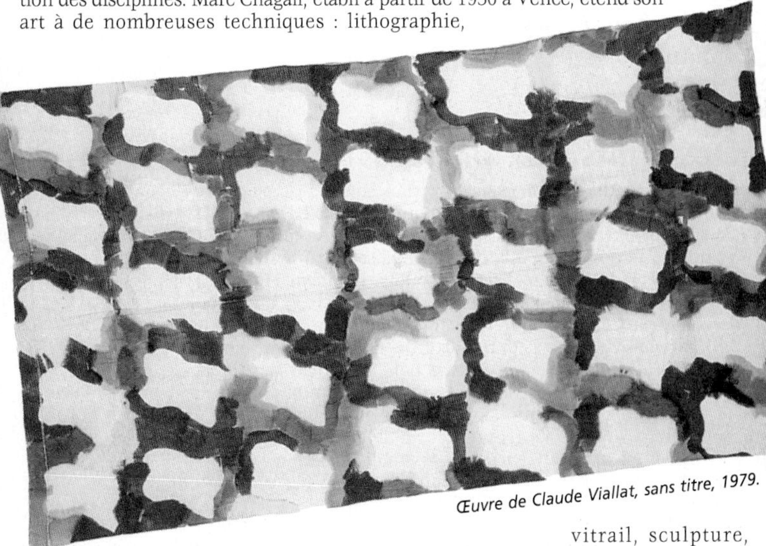

Œuvre de Claude Viallat, sans titre, 1979.

vitrail, sculpture, céramique et mosaïque (fondation Maeght). La nouvelle génération d'artistes peut donc compter sur un patrimoine important, à l'origine d'institutions comme la fondation Fernand Léger à Biot (1960) et la fondation Maeght à Saint-Paul (1964), qui en font le second lieu d'initiation à l'art moderne après Paris : « la modernité prenait un visage méridional » (André Chastel)..

Expression contemporaine de la Côte

Toute une génération d'artistes est née en Provence : César en 1921 à Marseille, Yves Klein et Arman en 1928 à Nice, Martial Raysse en 1936 à Golfe-Juan. Arman et Klein développent le concept d'« actions » ou « happenings » à partir de 1953. Le Nouveau Réalisme, qui regroupe Arman, César, Dufrêne, Hains, Klein, Raysse, Rotella, Spoerri, Tinguely et Villeglé, auxquels se joignirent ensuite Niki de Saint-Phalle, Deschamps et Christo, naît à Nice en 1960. Les nouveaux réalistes réagissent à l'abstraction dominante des années d'après-guerre et travaillent sur le « réel perçu en soi » du monde moderne, industriel et médiatique. À côté d'eux, l'école de Nice voit s'épanouir les recherches très différentes de Ben, qui acclimate à Nice le mouvement « Fluxus », Bernard Venet, Sacha Sosno ou encore Bernard Pagès et Claude Viallat, dont les travaux sur l'art conceptuel mèneront à la création du groupe « Supports/Surfaces » dans les années 1970.

Un bouquet de parfums

À Grasse, capitale de la parfumerie de renommée mondiale, les pétales de fleurs – roses de mai, jasmin, fleurs d'oranger et lilas – forment la matière première de précieuses essences et de somptueux parfums. Les bouquets fleurissent aussi à Bar-sur-Loup, Golfe-Juan, Le Cannet, Vallauris et Seillans, centres importants de fabrication de matières premières aromatiques naturelles.

Des gants aux parfums

Installée dans une plaine riche et fertile, Grasse tient peut-être son nom de Crassus, riche propriétaire terrien. L'arrière-pays était plutôt une région d'élevage et rien, dans la tannerie qui fit la fortune de la ville à l'origine, ne laissait supposer l'essor des parfums (du provençal *perfum* et du latin *fumare* : « fumer ») au 16e s. Or, le gant, signe de noblesse, va tout changer. La mode des gants parfumés vient d'Italie et Catherine de Médicis en est une adepte. Masquer l'odeur forte du cuir s'accorde bien au savoir-faire local et le microclimat dont bénéficie la ville permet de cultiver les fleurs les plus délicates : l'industrie du parfum est lancée. Les gantiers-parfumeurs grassois se constituent en un corps doté de statuts propres au début du 18e s., siècle au cours duquel apparaît l'art du flaconnage. Mais au début du 19e s., la concurrence des maisons parisiennes récemment créées oblige les parfumeurs grassois à abandonner le commerce des produits finis et à se tourner vers celui des matières premières. En 1850 apparaissent les essences de fleurs, dont Grasse devient le plus important producteur mondial avant l'apparition des parfums de synthèse. Cette industrie de luxe compte actuellement une trentaine d'usines (7 % du chiffre d'affaires mondial de l'industrie du parfum) et travaille beaucoup pour l'étranger, les principaux clients étant les États-Unis, le Japon, l'Allemagne et la Grande-Bretagne. Mais le secteur des fleurs à parfum est en nette régression, dépassé par l'industrie des parfums de synthèse (au nombre de 4 000) et des arômes alimentaires.

Les fleurs de Grasse

Les deux cultures dominantes sont la rose et le jasmin. La rose de mai à fleurs simples est la même que celle qui se cultive en Orient, mais elle donne des produits plus fins. Le jasmin est la variété à grande fleur, greffée sur du jasmin officinal. C'est une culture très coûteuse (330 kg de fleurs sont nécessaires pour obtenir 1 kg d'essence absolue) et délicate. Puis vient l'oranger. C'est l'arbre à fruits amers, le « bigaradier », qui donne ses fleurs à la parfumerie. L'eau

Cueillette de senteurs à Grasse.

Roses de mai.

de fleur d'oranger provient directement de la distillation de la fleur. La feuille seule de la violette est utilisée pour la parfumerie ; Tourrettes-sur-Loup en est la capitale.
Le laurier-cerise, l'eucalyptus, le cyprès sont distillés pour l'essence ou pour l'eau. Les mimosas servent à faire des essences par extraction. Le basilic, la sauge sclarée, l'estragon, la mélisse, la verveine, le réséda, le géranium donnent des produits employés en parfumerie, en confiserie et en pharmacie. Les plantes odoriférantes : lavande, aspic, thym, romarin, sauge, etc. font l'objet d'une production importante, ainsi que de nombreuses plantes médicinales.

L'alchimie du parfum

On connaissait bien le principe de la distillation en Provence au Moyen Âge, mais les huiles essentielles étaient considérées comme des sous-produits indésirables. Cette tradition des « eaux parfumées » étaya la théorie du médecin suisse Paracelse (1493-1541) qui fit de la *quinta essentia* (quintessence) la partie efficace de chaque drogue et le but de la pharmacopée.
La distillation est donc le plus ancien des procédés. L'eau et les fleurs sont portées à ébullition dans un alambic à vapeur. L'eau et l'essence condensée s'écoulent dans la bouteille dite « florentine », où leur différence de densité et leur insolubilité les séparent.
Au 18e s. fut inventé l'enfleurage à froid. Ce procédé utilise la propriété qu'ont les graisses de se charger en matières odoriférantes. On dispose, à plusieurs reprises, les pétales des fleurs fraîches les plus fragiles (jasmin, jacinthe) sur une couche de graisse, autrefois étalée sur un châssis de verre. Par un lavage à l'alcool éthylique, les matières odoriférantes sont séparées des graisses : on obtient l'« absolu de pommade ». Cet alcool est ensuite distillé sous vide. Peu de firmes utilisent aujourd'hui ce procédé qui nécessite une main-d'œuvre importante.
Le procédé le plus récent est l'extraction, qui permet de prélever le parfum des fleurs avec un maximum de concentration et de puissance. Les fleurs sont mises en contact avec un solvant qui est ensuite évaporé. On obtient l'essence de « concrète » qui renferme de la cire (inodore) et des constituants odorants. Il faut une tonne de fleurs de jasmin de Grasse pour obtenir 3 kg de « concrète » entre 150 000 et 175 000F le kg en 1992. Puis la cire est éliminée au moyen d'alcool éthylique et les 40 % restants constituent l'essence « absolue de concrète », le parfum concentré à l'état pur.

À l'ombre des platanes

Place aux Aires à Grasse.

Dans ce pays, on vit hors de la maison, maintenue obscure, et on aime la vie de société, la conversation, la politique. Le cœur du village, c'est la petite place ou le « cours », ombragé de platanes et décoré d'une fontaine. C'est là que se tiennent les marchés et que l'on se réunit dans les cafés autour d'un verre de pastis ou d'une partie de cartes.

Jeu de boules et pétanque...

Le jeu de boules est la distraction populaire par excellence. Les parties se font par équipes de trois (triplettes) ou de quatre (quadrettes). Les « pointeurs » lancent leurs boules le plus près possible du cochonnet (ou bouchon), envoyé au bout du terrain de jeu ; les « tireurs » doivent déloger les boules de l'autre équipe en les frappant avec les leurs. Les plus adroits réussissent le coup en prenant exactement la place de la boule adverse : ils ont alors « fait un carreau ». Il y a deux types principaux de jeux de boules. La pétanque, du provençal « pieds tanqués » (c'est-à-dire pieds joints et immobiles), se joue sur des distances entre 6 m et 10 m. Les joueurs se placent dans un cercle tracé au sol qu'ils ne doivent pas franchir. Le jeu provençal, ou la « longue », se joue sur un terrain d'au moins 25 m de long : les pointeurs font un pas hors du cercle, se tiennent en équilibre sur la jambe gauche (pour les droitiers) et lèvent le pied en appui à l'instant d'envoyer la boule ; les tireurs font trois pas sautés hors du cercle avant de lancer leur boule. Les désaccords dans l'appréciation des distances qui séparent les boules du cochonnet se traduisent par des polémiques bruyantes et passionnées, inséparables du jeu.

Avé l'accent

Aux cours des visites de vieux quartiers, la curiosité peut être attirée par les plaques indicatrices de rues et des inscriptions commémoratives écrites en français et en provençal. Les pays de la rive droite du Var possèdent une expression provençale commune. Il n'en est pas de même à l'intérieur du comté de Nice où l'extraordinaire complexité des parlers reste bien présente.

Le nissart, dont les premiers écrits datent du 16e s., est un dialecte du provençal (comme le mentonnais). Les travaux d'érudits (Pierre Isnard, André Compan), le théâtre de Francis Gag (avec la figure légendaire de *Tanta Viturina*) ont accompagné son renouveau, relayé par la presse d'expression

Socca.

niçoise *(Lou Sourgentin, Mesclun)*. Un Provençal risque fort de ne rien saisir à une conversation en monégasque. Les racines ligures, et particulièrement génoises, de ce parler enseigné comme langue nationale dans les écoles de la principauté, se retrouvent dans les termes relatifs à la mer et à la navigation, dans les expressions proverbiales et la gastronomie.

La table provençale

L'ail, la friture à l'huile d'olive et les aromates caractérisent la cuisine provençale. L'ail a trouvé ses poètes qui ont chanté cette « truffe de la Provence ». Quant à l'huile d'olive, elle remplace le beurre dans tous ses emplois septentrionaux : « Un poisson vit dans l'eau et meurt dans l'huile », dit un proverbe local.

L'aïoli, mayonnaise à l'huile d'olive, fortement parfumée d'ail pilé, accompagne les hors-d'œuvre, la bourride, soupe aux poissons (baudroie, loup, merlan, etc.) et nombre de plats.

Cultivées ou poussant naturellement sur les pentes ensoleillées, les plantes aromatiques, sous l'appellation générique d'« herbes de Provence », jouent, selon le génie culinaire de chacun, un rôle essentiel. Elles regroupent : la sarriette (ou *pèbre d'ase* – poivre d'âne – en provençal) qui parfume les fromages de chèvre et de brebis ; le thym (ou *farigoule*) qui se mêle à la plupart des légumes et relève les grillades ; le basilic, la sauge, le serpolet, le romarin (qui a des vertus digestives), l'estragon, le genièvre (pour accompagner les gibiers), la marjolaine et le fenouil, dont le goût anisé fait merveille avec un « loup » grillé.

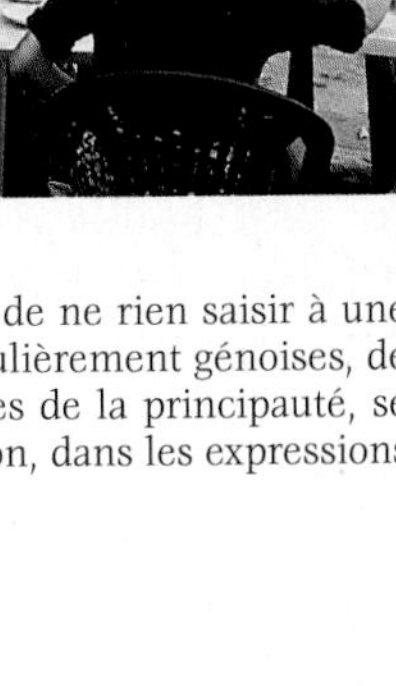

Parmi toutes les variétés d'olives, la tanche (ou olive de Nyons) est la seule variété bénéficiant de l'appellation d'origine contrôlée (AOC). La belgentiéroise, récoltée fin août, peut être consommée dans le mois. La grossane est une olive noire charnue piquée au sel, la salonenque, une variété verte dite aussi olive des Baux. Les olivettes sont pléthore dans la région de Draguignan, de Sospel et dans la vallée de la Roya. Enfin, la cailletier, ou petite olive de Nice, très savoureuse, est laissée six mois en saumure avant d'être consommée. Toutes sont destinées à la fois à la table et à la presse du moulin.

Pissaladière.

Pigeons au Pernod.

La bouillabaisse classique doit comporter les « trois poissons » : rascasse (indispensable), grondin, congre. L'assaisonnement est tout aussi important : oignon, tomate, safran, ail, thym, laurier, sauge, fenouil, peau d'orange ; parfois un verre de vin blanc ou de cognac aromatise le bouillon qu'on verse finalement sur d'épaisses tranches de pain. Ce qui fait la qualité d'une bouillabaisse c'est une véritable huile d'olive et de l'excellent safran.
L'un des meilleurs poissons de la Méditerranée est le rouget que Brillat-Savarin appelait la « bécasse de mer », sans doute parce que les gourmets le mettent à cuire non écaillé et non vidé. Le loup (nom local du bar), grillé au fenouil ou aux sarments de vigne, est un plat délicieux. La brandade de morue est une crème onctueuse de morue pilée préparée avec de l'huile d'olive, du lait, de l'ail et des truffes.
La tradition provençale du dessert de Noël consiste à présenter aux convives treize desserts représentant le Christ et les douze apôtres : raisins secs, figues sèches, noix, noisettes, amandes, raisins secs présentés en branches, pommes, poires, nougat noir (fabriqué à base de miel), fougasse, pruneaux farcis à la pâte d'amande, melons conservés dans la paille et gâteaux secs parfumés à la fleur d'oranger.
Pour l'Épiphanie, la galette des rois se présente sous la forme d'une couronne en brioche recouverte de grains de sucre, de fruits confits et renfermant un sujet en porcelaine.

Les vins

Le bandol, issu du cépage mourvèdre, est un vin de garde (10 à 15 ans) à la robe rouge sombre ; sa charpente et sa rondeur s'accompagnent d'arômes de framboise, de vanille, de sous-bois, d'épices. Les vins de l'appellation côtes-de-Provence (80 % du vignoble provençal) se sont améliorés par l'utilisation de cépages inconnus auparavant dans la région (cabernet sauvignon). Les collines de schiste des Maures donnent des vins blancs et des rosés subtils, tandis que les plateaux calcaires du haut pays varois produisent des blancs et des rouges remarquables. Le minuscule (35 ha) et très ancien (3e s. avant J.-C.) vignoble du Bellet s'étage en terrasses sur les pentes raides d'éboulis calcaires qui dominent la plaine du Var et donne des vins rouges, rosés et blancs (les meilleurs, aux arômes de tilleul et de miel, mais chers). Le côteau varois est un vin délimité de qualité supérieure (VDQS), échelon qui précède l'AOC.

Les spécialités du comté de Nice

La cuisine niçoise, expression bien vivante du particularisme du comté de Nice, s'inspire à la fois des traditions culinaires de la Provence et de la Ligurie entre lesquelles elle assure la transition. Agglutinées au pied de la colline du château, les ruelles du vieux Nice regorgent d'occasions de découvrir ces préparations.
La pissaladière, tourte aux oignons garnie de pissala (sauce épaisse à base d'anchois) et d'olives noires niçoises, et la salade niçoise, savoureux mariage de petites tomates découpées en quartiers, de petits artichauts, de poivron vert, de thon, d'œufs durs en rondelles, d'olives niçoises, le tout nappé d'huile d'olive, recouvert

de filets d'anchois et relevé de pointes de basilic, sont deux symboles de la cuisine niçoise. La *socca*, grande crêpe de farine de pois chiche, se déguste sur le pouce, débitée en portions, et arrosée d'un « pointu » (petit verre de vin de pays) dans les parages des rues et place St-François. À midi, un pan bagna (pain trempé) permettra de poursuivre la découverte des vieilles ruelles. La *merenda* (petite faim d'après sieste) sera apaisée avec des tranches frites de *panisse* (galettes de farine de pois chiche).

La *poutina* (marinade d'alevins pêchés par autorisation locale pendant le mois de février entre Antibes et Menton) se déguste en salade, en omelette ou en soupe. En dehors de cette période, le gourmet se consolera avec la soupe aux poissons de roche mélangée de *favouilles* (petits crabes). Le menu sera relevé par la présence d'une tranche de *porchetta*, cochon de lait farci d'herbes et de ses propres abats, accompagnée de *mesclun* (« mélange » en niçois), association de quatorze variétés de jeunes plants de salades cueillis dans l'arrière-pays.

Parmi les autres préparations qui méritent d'être savourées dans les minuscules restaurants des villages de l'arrière-pays : les fleurs de courgette farcies, la bohémienne ou ratatouille (ragoût de tomates, aubergines, poivrons et courgettes revenus doucement à l'huile), les gnocchis (coquilles de farine de blé et de pommes de terre assaisonnées d'une sauce de daube), les *barbajouans* (« oncle Jean » : beignets de pâte renfermant une farce à base de riz, courge, ail, oignon et fromage), l'estocaficada *(voir ci-dessous)*. Le pistou, plat familial, est une soupe de légumes relevée d'une onctueuse pommade faite de basilic, d'ail, de tomates, et noyée d'huile d'olive.

La *tourta de blea*, tarte sucrée garnie de feuilles de blettes hachées, de pignons de pin et de raisins de Corinthe, fera office de dessert. À la Mi-Carême, les *ganses*, oreillettes sucrées, monopolisent les devantures des pâtissiers. La fougasse, galette parfumée à la fleur d'oranger, se vend toute l'année ; à Monaco, elle est décorée de grains d'anis blanc et rouge *(fenuglieti)*, les couleurs nationales.

Enfin, on combattra les heures de canicule en dégustant à l'ombre un verre de *gratta queca*, glace granulée arrosée de menthe.

L'ESTOCAFICADA

Version niçoise du stockfish marseillais, que les vieux Niçois prononcent « estocafic », ce plat de fête s'accompagne d'un gouleyant vin du Bellet. Les filets de stockfish (morue séchée), réduits en lambeaux, doucement rissolés et arrosés d'eau-de-vie (la brande), cuisent à l'étouffé pendant 3 à 4h au milieu des légumes (tomates pelées et épépinées, oignons, poivrons, pommes de terre nouvelles) et des bouquets d'aromates (fenouil, marjolaine, persil, thym, laurier, sarriette), pointés de petites olives noires de Nice.

Courgettes rondes farcies.

Façade du Négresco, à Nice. Le symbole de l'âge d'or de la Côte d'Azur...

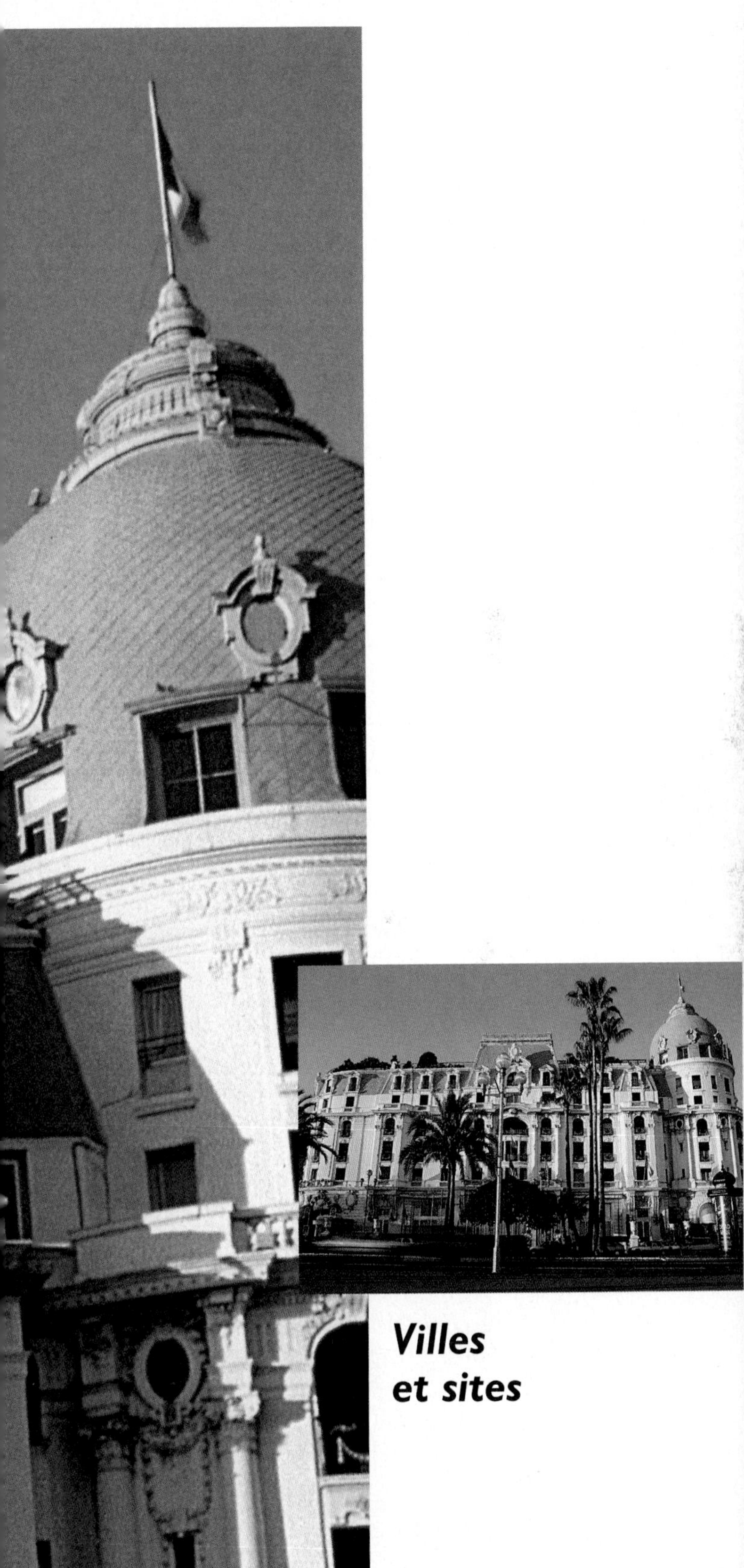

Villes et sites

Antibes★★

Des fleurs à foison
La région d'Antibes est un des grands centres européens de production industrielle de fleurs : roses (notamment celles du rosiériste Meilland), œillets, anémones et tulipes. Châssis et serres couvrent une superficie vitrée de près de 300 ha. On y cultive également des plantes vertes et des primeurs.

De l'autre côté de la baie des Anges, Antibes est bâti entre deux anses, Salis et St-Roch, dans un site auquel ni les peintres, ni les clients de palaces légendaires comme l'Eden Roc, ni, hélas, les promoteurs n'ont su résister. Le port de plaisance, la vieille ville, le cap d'Antibes en font l'un des passages obligés de la Côte d'Azur.

La situation

Carte Michelin Local 341 D6 – Alpes-Maritimes (06). La vieille ville se serre contre le rivage, au Sud du port. Le boulevard Wilson traverse l'agglomération jusqu'au cœur de Juan-les-Pins, de l'autre côté de la presqu'île.
11 pl. du Gén.-de-Gaulle, 06200 Antibes, ☎ 04 92 90 53 00.

Le nom

Les Grecs de Massalia (l'antique Marseille) fondent au 4e s. avant J.-C. une série de comptoirs le long de la côte. Une cité nouvelle s'élève en face de Nice. Le nom grec d'Antibes, *Antipolis*, qui signifie « la ville en face », rappelle précisément cette situation.

Les gens

72 412 Antibois. Jacques Audiberti (1899-1965), écrivain et homme de théâtre, est né à Antibes ; Nikos Kazantzakis y a écrit *Zorba le Grec* et *La Dernière Tentation du Christ* ; le peintre Nicolas de Staël (1914-1955) a choisi d'y mourir.

comprendre

Antibes, place frontière – À partir de la fin du 14e s., Antibes se trouve à la frontière franco-savoyarde, ce qui lui assigne un important potentiel militaire et stratégique. Henri IV ne s'y trompe pas et rachète la ville aux Grimaldi, propriétaires depuis 1386. Les rois suivants s'emploient à fortifier la cité, une œuvre achevée par Vauban. En 1860, le comté de Nice est rattaché à la France : les fortifications deviennent alors inutiles.

Bonaparte en famille – En 1794, Bonaparte, chargé de la défense du littoral, installe les siens à Antibes. Il a beau être général, la solde arrive rarement au jour dit et les temps sont durs : Mme Lætitia, sa mère, lave elle-même le linge dans le ruisseau voisin ; ses sœurs rendent de furtives visites aux artichauts et aux figues du propriétaire ; le bonhomme les pourchasse, mais les futures princesses sont plus agiles que lui. Bonaparte reviendra à Antibes après la chute de Robespierre, en tant que détenu au fort Carré.

Port Vauban : à Antibes, une forteresse massive veille sur une flottille des plus pacifiques.

carnet pratique

TRANSPORTS

Bus – *Sillages-STGA - Pl. Guynemer - ☎ 04 93 34 37 60 ou 04 93 34 81 71. www.sillages/stag.tm.fr.* Quinze lignes dont 1A et 3A (dir. Juan-les-Pins), 2A (dir. cap d'Antibes), 2A bis (dir. tour du Cap d'Antibes de mi-juin à mi-sept.), 10A (dir. Biot), 2VB (dir. Sophia-Antipolis et Valbonne), 5V (dir. Vallauris) et les « Noctantibes » (dir. Juan-les-Pins juil.-août de 20h à 24h).

RESTAURATION

• À bon compte

La Croustille – *4 cours Masséna - ☎ 04 93 34 84 83 - fermé vacances de Toussaint, 20 au 26 déc. et mar. - 7,62/15,24€.* La jolie terrasse de cette crêperie-saladerie est idéalement placée pour observer l'animation du marché. Sa mini-salle est chaleureusement décorée de vieilles photos et de maquettes de voiliers. Accueil prévenant et prix sages pour se restaurer lors de la visite du vieil Antibes.

L'Oursin – *16 r. de la République - ☎ 04 93 34 13 46 - fermé 24 fév. au 2 mars, mar. soir et dim. sf le midi hors sais., sam. midi et lun. sf le soir en juil.-août - 17€.* Ce bistrot est devenu au fil des ans une institution locale. Les produits de la mer y tiennent le haut de l'affiche et se dégustent au coude à coude dans une joyeuse ambiance. Terrasse et banc d'écailler sur la place de la poste.

Restaurant Chez Olive – *2 bd du Mar.-Leclerc - ☎ 04 93 34 42 32 - fermé 9 au 23 déc. - 13,10€ déj. - 21,30/26€.* Un coquet décor aux accents provençaux : de jolies nappes fleuries, une exposition de peintres locaux, des plats typiques, un accueil sympathique, voilà la recette du succès de ce restaurant situé à deux pas du Musée archéologique.

• Valeur sûre

Oscar's – *8 r. Dr-Rostan - ☎ 04 93 34 90 14 - fermé 1er au 15 août, 20 déc. au 5 janv., dim. soir, mar. midi et lun. - 19,51€.* Laissez-vous surprendre par le décor original de niches agrémentées de sculptures et paysages antiquisants. La goûteuse cuisine italo-provençale assure le succès de cette discrète maison située dans une ruelle du vieil Antibes.

Romantic – *5 r. Dr-Rostan - ☎ 04 93 34 59 39 - gicordier@aol.com - fermé 10 au 27 déc., le midi en juil.-août sf dim., mer. sf le soir d'avr. à sept. et mar. - 23/32€.* Adresse familiale dans une ruelle animée proche du musée Peynet. Sous les poutres anciennes de la coquette salle à manger, on propose une cuisine traditionnelle assaisonnée d'une pincée de saveurs provençales.

HÉBERGEMENT

• À bon compte

Bleu Marine – *2,5 km du centre ville chemin des 4-Chemins (près de l'hôpital) - ☎ 04 93 74 84 84 - P - 18 ch. : 51/60€ - ☕ 6€.* Dans le quartier de l'hôpital, établissement disposant de chambres d'ampleur moyenne, pratiques et bien entretenues. Celles des étages supérieurs bénéficient d'une échappée sur la mer.

• Valeur sûre

Le Ponteil – *11 imp. Jean-Mensier - ☎ 04 93 34 67 92 - fermé 8 janv. au 7 fév. et 20 nov. au 27 déc. - P - 14 ch. : 50,40/79,30€ - ☕ 7€.* À deux pas des plages, une maison dont vous apprécierez l'ambiance « pension de famille » toute simple. Les chambres sont accueillantes et calmes. Jardin arboré et fleuri. Le restaurant est réservé aux résidents.

Chambre d'hôte La Bastide du Bosquet – *14 chemin des Sables (Domaine des Muriers) - 06160 Cap-d'Antibes - ☎ 04 93 67 32 29 - lebosquet@infonie.fr - fermé mi-nov. au 20 déc. - ⊄ - 3 ch. : 68/90€.* Jolie bastide du 18e s. au cœur d'un quartier résidentiel qui garantit la quiétude du séjour (trois nuits minimum). Les chambres provençales sont agréables, fraîches, d'ampleurs et de couleurs variées. Goûtez aux plaisirs du jardin et de la terrasse.

LE TEMPS D'UN VERRE

The Hop Store Irish Pub – *38 bd d'Aguillon - 06160 Cap-d'Antibes - ☎ 04 93 34 15 33 - 9h-2h30, hors sais. 15h-0h30.* Cette belle et spacieuse cave voûtée fit longtemps office d'entrepôt à sel avant d'être transformée en pub irlandais. Situé près de l'une des plus grandes marinas de la côte, l'établissement draine énormément d'Anglo-Saxons.

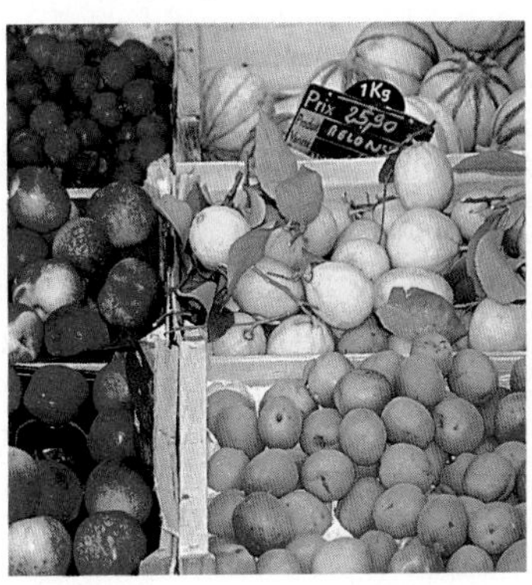

ACHATS

A Casetta – *16 r. Clemenceau - ☎ 04 95 65 32 15 - juin-juil. : 9h-21h ; août : 9h-00h ; avr. -mai, sept.-oct., déc. : 9h-12h30, 15h-20h - fermé nov., janv. et fév.* En passant sous les jambons suspendus à la potence au-dessus de l'entrée de cette jolie boutique, vous trouverez une belle sélection de produits artisanaux: fromages, huiles, alcools, herbes du maquis...

Marché – Tous les matins (sf lundi hors saison), cours Masséna.

Les commerces sont concentrés dans les rues de la République et James-Close.

LOISIRS-DÉTENTE

Piscine – La somptueuse piscine de l'hôtel du Cap Eden Roc, payante, est accessible aux non-résidents de l'hôtel. Entrée 30,49€ ; location de matelas : 22,87€.

Plages – La grande plage d'Antibes s'étend au delà du fort Carré. La gravette (au sud du vieux port), l'îlette, la Salis et la Garoupe, plus petites, sont de sable fin.

ANTIBES

Aguillon (Bd d') . . . . .DX
Albert Ier (Bd) . . . . .CDY
Albert Ier (Square) . . . . . . .DY
Alger (R. d') . . . . .CX 3
Arazy (R.) . . . . .DXY 4
Arène (Av. Paul) . . . . .DX
Aubernon (R.) . . . . .DX
Bacon (Bd de) . . . . .BUV
Barnaud (Pl. Amiral) . . . . .DY 6
Barquier (Av.) . . . . .DY 8
Bas-Castelet (R. du) . . . .DY 9
Bateau (R. du) . . . . .DX 10
Baudoin (Bd Édouard) . . .BV
Bourgeois (Av. Gaston) . .CY
Briand (Av. Aristide) CX
Chancel (Bd. Gustave) . . .CY
Chataignier (Av. du) . . . . .AU 13
Clemenceau (R. G.) . . . . .DX 14
Close (R. James) . . . . . . .DX
Contrebandiers (Ch. des) .BV 16
Dames-Blanches (Av. des)CY 19
Directeur Chaudon (R.) . .CY 20
Docteur Rostan (R. du) . .DX 24
Dugommier (Bd) CX
Fersen (R. de) . . . . .DXY
Foch (Bd Maréchal) . . . .CDY
Frères Roustan (Av. des) .CY
Gambetta (Av.) . . . . .CX 30
Gardiole-Bacon (Bd) . . .BUV 31
Garoupe (Bd de la) . . . . .BV 33
Garoupe (Ch. de la) . . . . .BV 34
Gaulle (Pl. Gén. de) . . . .CXY
Grand-Cavalier (Av. du) . .CX 37
Grasse (Promenade
Amiral de) . . . . .DXY
Grec (Av. Jules) . . . . . . .ABU 38
Guynemer (Pl.) . . . . .CX 40
Haut-Castelet (R. du) . . . .DY 42
Horloge (R. de l') . . . . . . .DX 43
Juin (Bd du Maréchal) . . .BV
Kennedy (Bd J. F.) . . . . . .BV
Lacan (R.) . . . . .DX
Leclerc (Bd Maréchal) . . .DY
Lemeray (Av.) . . . . .CY
Libération (Av. de la) CX
Maizière (Av. Gén.) . . . . .DY
Malespine (Av.) . . . . .BV 50
Martyrs de la
Résistance (Pl. des) .CDX 51
Masséna (Cours) . . . . . . .DX 52
Meilland (Bd Francis) . . . .BV
Mistral (Av. Frédéric) CX
Moulin (Espl. Jean) . . . . .DX
Nationale (Pl.) . . . . .DX 55
Nice (Av. de) . . . . .BU
Nielles (Ch. des) . . . . . . .BV
Orme (R. de l') . . . . .DX 57
Pasteur (Av.) CX
Phare (Route du) . . . . . . .BV 62
Président Wilson (Av. du) CY
Provence (Av. de) . . . . . .CY
Puy (Ch. du) . . . . .AU
Rambaud (Q. Henri) . . . .DX
Raymond (Ch. G.) . . . . . .BV 64
Reibaud (Av.) . . . . .AU 65
République (R. de la) . .CDX 67
Revely (R. du) . . . . .DX 68
Revennes (R. des) . . . . . .DY 69
Rochat (Av. Philippe) . . . .AU
Sables (Ch. des) . . . . . . .BU
Sade (R.) . . . . .DX
Sadi Carnot (R.) CX
St-Claude (Ch. de) . . . . . .AU
St-Roch (Av.) . . . . .CX 72
Safranier (Pl. du) . . . . . . .DY 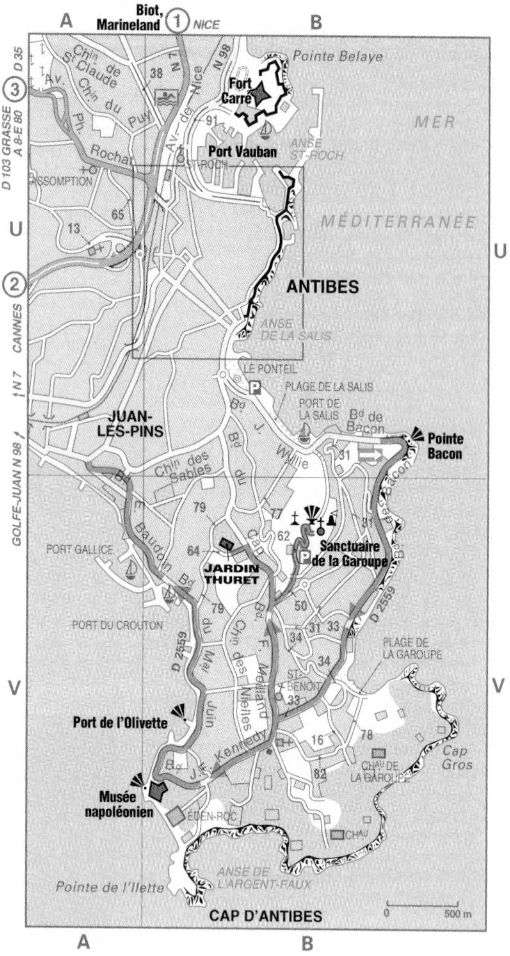
Saleurs (Rampe des) . . . . . .DX 75
Salis (Av. de la) . . . . .BV 77
Sella (Av. André) . . . . .BV 78
Soleau (Av. Robert) CX
Tamisier (Ch. du) . . . . .BV 79
Thiers (Av.) CX
Thuret (R.) . . . . .DX
Tour-Gandolphe (Av.) . . . . . . .BV 82
Tourraque (R. de la) . . . . . . .DY 83
Vandenberg (R. Gén.) . . . . . .DY
Vauban (R.) CX
Vautrin (Bd Gén.) . . . . .CX 84
Verdin (Av. de) . . . . .CDX
Weiss (Square L.) CX
Wyllie (Bd James) . . . . .BU
8 Mai 1945 (Square du) . . . .DX 90
11 Novembre (Av. du) . . . . .BU 91
24 Août (Av. du) . . . . .CY 92

se promener

LA VIEILLE VILLE★

Compter 1h3/4.

Le long de l'anse St-Roch, depuis l'**avenue de Verdun,** belle vue sur le port de plaisance dominé par le fort Carré ; au-delà et sur la droite, on distingue Cagnes et les hauteurs qui couronnent Nice.

Port Vauban

C'est l'un des premiers ports de plaisance de la Méditerranée. De somptueux navires de croisière y font escale. Et c'est ici que Maupassant faisait mouiller son yacht, le *Bel Ami.*

Franchir la vieille porte marine et, par la montée des Saleurs, longer les remparts jusqu'à la promenade Amiral-de-Grasse.

Promenade Amiral-de-Grasse

Anciennement promenade du Front-de-Mer, elle se déroule face à la mer, sur la seule partie des remparts restée intacte depuis le 17e s., et longe en contrebas l'ancienne cathédrale et le château Grimaldi (musée Picasso).

DEPUIS LA PROMENADE
Belle **vue★** sur le littoral vers Nice, et sur les Alpes qui constituent un fond de décor, neigeux une grande partie de l'année.

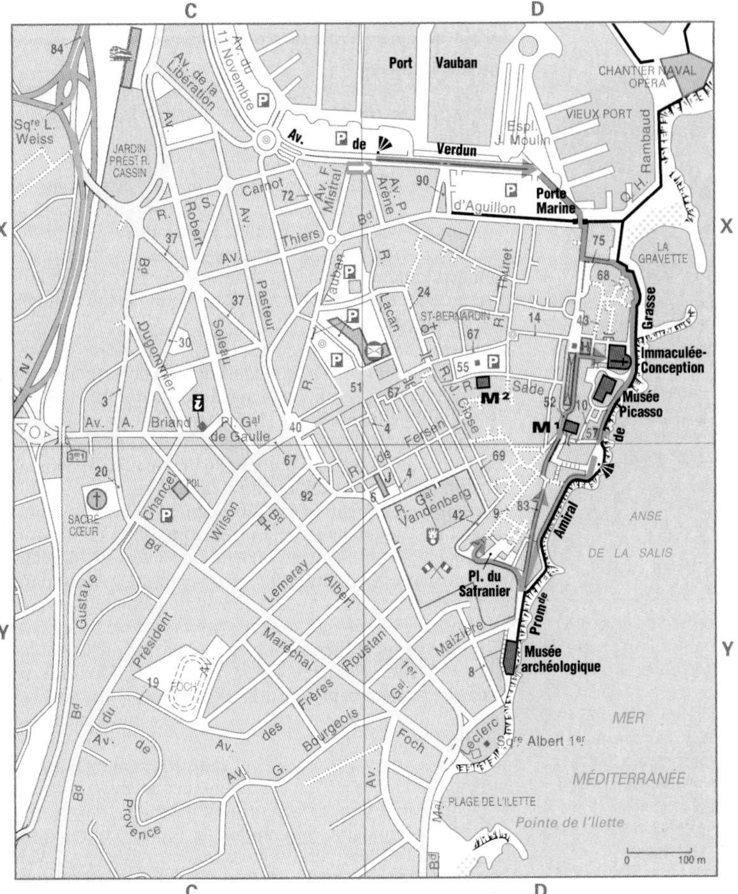

Biot	AU	Musée napoléonien	ABV	
Église de l'Immaculée-Conception	DX	Musée Peynet et de la Caricature	DX	M2
Fort Carré	BU	Musée Picasso	DX	
Jardin Thuret	BV	Pointe Bacon	BV	
Marineland	AU	Port de l'Olivette	ABV	
Musée archéologique	DY	Porte marine	DX	
Musée de la Tour des arts et traditions populaires	DX M1	Port Vauban	DX	
		Sanctuaire de la Garoupe	BV	

Place du Safranier

C'est le centre de la commune libre du Safranier, créée après la Seconde Guerre mondiale. Au n° 8 de la rue du Bas-Castellet vécut l'écrivain grec Kazantzakis. La plaque rappelle sa philosophie : « Je ne crains rien. Je n'espère rien. Je suis libre. »

Continuer par la rue de la Touraque.

À droite et à gauche, entrelacs de **vieilles rues** colorées et fleuries à quelques pas de la mer.

Rejoindre le cours Masséna et prendre à droite la rue de l'Orme puis la rue du Bateau.

Église de l'Immaculée-Conception

Sa façade, ocre et classique, aux **vantaux** de bois sculptés (1710), transforme l'édifice qui fut cathédrale au Moyen Âge. Seul le chevet est roman. Le clocher carré est une ancienne tour de guet (12e s.).

À l'intérieur, dans le chœur, Christ en croix de 1447 ; dans l'absidiole de droite, autel monolithe probablement sculpté dans un autel païen ; à droite du retable de Bréa se trouve un beau **Christ gisant** du 16e s., sculpté dans un tilleul. ►

Les rues de l'Horloge et du Revely, à gauche, rejoignent la rue Aubernon qui ramène au port.

Une œuvre de Louis Bréa

Le retable de la *Vierge au rosaire* (1515), au panneau central largement retouché, est entouré de 13 compartiments, traités comme des miniatures.

visiter

Plat espagnol décoré de taureaux et de motifs solaires : une céramique de Picasso.

Musée Picasso

Juin-sept. : 10h-18h, ven. 10h-22h ; oct.-mai : tlj sf lun. 10h-12h, 14h-18h. Fermé 1er janv., 1er mai, 1er nov. et 25 déc. 4,57€. ☎ 04 92 90 54 20.

Le musée est situé dans le **château Grimaldi**, élevé au 12e s. sur une terrasse dominant la mer, sur les structures d'un *castrum* romain lui-même bâti sur l'acropole d'Antipolis. Reconstruit au 16e s., le château a gardé de l'édifice primitif la tour romaine carrée, un chemin de ronde crénelé et plusieurs fenêtres géminées. Résidence des évêques au Moyen Âge, il fut habité jusqu'au 17e s. par les Grimaldi.

Donation Picasso★ – *Premier étage.* À l'automne 1946, Pablo Picasso (1881-1973), établi depuis peu sur la Côte d'Azur, cherche un atelier capable d'abriter la création de grandes compositions. Une partie du château Grimaldi est mise à sa disposition : l'artiste va alors produire en une seule saison la plupart des tableaux, dessins et esquisses exposés, qu'il offrira à la ville en partant.

La grande composition sur fibrociment (l'un des matériaux disponibles avec le contreplaqué dans la pénurie de l'après-guerre) intitulée ***La Joie de vivre** ou Antipolis* est une pastorale souriante, où une femme-plante danse parmi des satyres et des chevreaux exubérants.

Antibes en peinture
Dans la chapelle située dans la cour se trouve une très belle *Déposition de croix*★ (1539) d'Antoine Aundi. Antibes est représenté à l'arrière-plan du tableau : c'est la première représentation connue de la ville.

Les autres **peintures**, souvent joyeuses, tirent leur inspiration méditerranéenne de sujets marins ou mythologiques : *Ulysse et les Sirènes, Le Chêne, Satyre, faune et centaure au trident* (triptyque). La *Nature morte au poisson*, l'extraordinaire *Nature morte à la pastèque* sont d'une rigoureuse géométrie.

Une imposante collection de **céramiques** est également présentée. La beauté et l'originalité des formes, la variété des décors s'y déploient en une débauche d'imagination et d'ingéniosité. Silhouettes de femme, hibou, taureau ou cabri, ces céramiques ont été réalisées à Vallauris en 1948 et 1949. Les dessins et estampes de la suite Vollard, regroupés autour des sculptures monumentales, datent des années 1930.

Dans l'ex-atelier de Picasso *(2e étage)*, des œuvres de Nicolas de Staël (*Nature morte au chandelier, Le Fort Carré* et *Le Grand Concert*) évoquent son passage à Antibes. Dans l'escalier sont présentées des œuvres d'Arp, Magnelli, Ernst.

Cour intérieure et terrasse – Dans la cour intérieure, les guitares de la sculpture d'Arman rendent hommage à une peinture de Picasso, *À ma jolie*. Sur la terrasse, les plantes aromatiques alternent avec les sculptures de Germaine Richier, Miró, Pagès, Amado, Spoerri et Poirier.

Archéologie – Stèles, urnes funéraires, frises et inscriptions romaines sont disséminées dans les salles du musée Picasso et sur la terrasse.

Musée Peynet et du dessin humoristique★

♿ *Juin-sept. : tlj sf lun. 10h-18h ; oct.-mai : tlj sf lun. 10h-12h, 14h-18h. Fermé 1er janv., 1er mai, 1er nov. et 25 déc. 3€. ☎ 04 92 90 54 30.*

Les « amoureux » de Peynet sont seuls au monde, tendres et souriants, sur lithographies, dessins à la plume, aquarelles, gouaches, en sculptures ou en poupées, présentés dans cette ancienne école du 19e s. Dessinateur, illustrateur de livres et décorateur de théâtre, **Peynet** (1908-1999) s'installa à Antibes en 1950.

Fort Carré

Juin-sept. : visite guidée (3/4h) tlj sf lun. 10h15-17h30 ; oct.-mai : 10h15-16h. Fermé 1er janv., 1er mai, 1er nov. et 25 déc. 3€. ☎ 06 14 89 17 45.

Dans les fossés du fort repose le **général Championnet**, héros des campagnes d'Allemagne et d'Italie, mort à Antibes en 1800, à 38 ans. Son buste orne le cours Masséna.

Construite en 1550 sur un rocher isolé, la tour centrale St-Laurent est entourée quinze ans après des 4 bastions « Antibes », « Nice », « France » et « Corse ». Perfectionné par Vauban, le fort a résisté à presque tout le monde, sauf au duc d'Épernon et aux adversaires de Napoléon.

Musée archéologique

♿ Juin-sept. : tlj sf lun. 10h-18h., ven. 10h-22h ; oct.-mai : tlj sf lun. 10h-12h, 14h-18h. Fermé 1er janv., 1er mai, 1er nov. et 25 déc. 3€. ☎ 04 92 90 54 35.

Installé dans le bastion St-André, fortification de Vauban, il rassemble les témoins de 4 000 ans d'histoire, retrouvés sur terre et en mer, à Antibes et dans les environs, notamment la copie de la tête de Silène en bronze (original au Musée archéologique de Nice) et un sarcophage en plomb décoré. Au fond d'une grande salle voûtée, bâtie sur une citerne, un four à pain et, à droite, la reconstitution d'un navire romain transportant des amphores. Belles collections de poteries.

Musée de la tour des Arts et Traditions populaires

Cours Masséna. Été : mer., jeu., sam. 16h-19h ; hiver : mer., jeu., sam. 15h-17h. Fermé j. fériés. 3,05€. ☎ 04 93 34 50 91 ou 04 92 90 53 00.

Dans la tour de l'Orme, bel échantillon de costumes, d'objets usuels et de meubles traditionnels de la région, datant pour la plupart des 18e et 19e s.

Originaux
Le musée présente les skis nautiques de Léo Roman, qui lança ce sport à Juan-les-Pins à partir de 1921.

alentours

Marineland*

En direction de Nice, 4 km au Nord. Forfait un ou deux jours. Parking. Restaurants, snacks. ♿ Juil.-août : 10h-24h ; sept.-juin : 10h-18h. 24€ (enf. : 16€). ☎ 04 93 33 49 49. www.marineland.fr

☺ Dans de grands bassins évoluent dauphins, orques, éléphants de mer, phoques et otaries à crinière de Californie. Des manchots royaux sont élevés dans un enclos réservé, la « manchotière ». Les dauphins et les orques dressés exécutent régulièrement des spectacles d'acrobaties. Un petit musée de la mer présente une belle collection de maquettes, instruments de marine et objets marins. Premier parc animalier marin d'Europe, le Marineland s'enorgueillit de plusieurs naissances : orques, otaries à crinière et manchots royaux, espèces se reproduisant rarement en captivité. Les spécialistes de Marineland assurent en outre une assistance médicale auprès des mammifères marins de la Méditerranée.

Sensations
« Sharks !! », ou les requins comme vous ne les avez jamais vus, à travers un tunnel vitré au fond du bassin. Également, le bassin des raies, pour voir de plus près ces étranges animaux. Enfin, l'immense bassin des orques, vitré : pour un face à face inoubliable !

Entre pitreries et savantes évolutions, les dauphins sont assurés de faire le plein de spectateurs, par leur capital de sympathie...

Parc Aqua-Splash – *Même accès que Marineland. De mi-juin à fin août : 10h-19h. 16€ (enf. : 13€). ☎ 04 93 33 49 49. www.marineland.fr*

☺ Éclaboussures garanties, comme son nom l'indique, dans ce parc aquatique : piscine géante, toboggans, piscine d'eau de mer à vagues, et piscine tranquille pour les tout-petits.

La Jungle des papillons – *Entrée par le parking de Marineland. ♿ De 10h au coucher de soleil. 8€ (enf. : 5€). ☎ 04 93 33 49 49.*

☺ Jardin exotique sous serre, peuplé de toutes sortes de papillons diurnes, adultes et chrysalides (un papillon vit en moyenne 3 semaines). Des crocodiles, des iguanes et de nombreux insectes attendent également les amateurs de frissons.

La **Petite Ferme** accueille les enfants, et les trois parcours d'**Adventure Golf**, les mordus du golf miniature.

Conseil
La Jungle des papillons est à voir un jour de grand soleil. Portez des vêtements de couleurs vives, voire un parfum citronné, les papillons adorent !

circuit

LE CAP D'ANTIBES

10 km – environ 2h – schéma p. 102.

L'usage a étendu à toute la presqu'île, qui s'avance au Sud d'Antibes et de Juan-les-Pins, le nom de sa pointe extrême : le cap d'Antibes. Le tour de cette presqu'île est une promenade délicieuse, dans un site où de somptueux hôtels et villas se nichent dans la verdure et les fleurs.

De la **pointe Bacon, vue★** étendue sur Antibes et le fort Carré, l'ensemble de la baie des Anges, Nice et les presqu'îles du cap Ferrat et du cap Martin, et enfin l'arrière-pays niçois.

L'ÉDEN-ROC : UN PARADIS DE LA BELLE ÉPOQUE

Le majestueux palace, trônant au cœur d'un domaine de 8 ha, occupe un promontoire du cap d'Antibes. Au printemps 1870, une somptueuse fête donnée par des princes russes annonçait le lancement du Grand Hôtel du Cap. Après une période d'assoupissement, le Grand Hôtel fut relancé grâce au mécénat de l'Américain Gordon Bennett. En 1914 fut créée son annexe, l'Éden-Roc (nom qui a désigné ensuite l'ensemble du palace) et sa plage privée, préfigurant les séjours balnéaires d'été sur la Côte.

Sanctuaire de la Garoupe

Été : 9h30-12h, 14h30-19h ; hiver : 10h-12h, 14h30-17h. ☎ 04 93 67 36 01.

Les grilles en fer forgé donnent accès à deux chapelles contiguës, unies par deux larges arcades. L'une, décorée d'une fresque moderne de J. Clergues, présente une intéressante **collection d'ex-voto** (le plus ancien remonte à 1779). De part et d'autre du maître-autel, l'**icône de Sébastopol**, magnifique œuvre russo-byzantine, peut-être du 14e s., et la *plachzanitza* des Woronzoff, splendide soierie peinte, provenant également de Sébastopol. Dans l'autre nef, outre des fresques d'E. Colin, on peut voir des ex-voto navals et des souvenirs maritimes, ainsi que la statue en bois doré de **N.-D.-de-Bon-Port**. Attenant au sanctuaire, curieux oratoire de Ste-Hélène dont le culte, substitué à un culte païen, remonterait au 5e s.

Phare de la Garoupe

Visite guidée (1/4h) suivant disponibilité du gardien. ☎ 04 93 61 57 63.

L'un des plus puissants de la côte méditerranéenne. Par temps clair, sa portée nominale est de 52 km pour la marine et de plus de 100 km pour l'aviation. Son radiophare porte à 185 km.

GUSTAVE EN SON JARDIN

Le botaniste Gustave Thuret crée le jardin en 1857 dans le but d'acclimater plantes et arbres des pays chauds, dont les premiers eucalyptus venus d'Australie. « Ce fada de Parisien, qui plante des espèces bizarres qui ne servent à rien », disait-on alors, a ainsi fortement contribué à transformer le paysage azuréen.

Jardin Thuret★

Été : tlj sf w.-end 8h-18h ; hiver : tlj sf w.-end 8h30-17h30. Fermé j. fériés. Gratuit. ☎ 04 93 67 88 66.

Géré par l'Institut national de recherche agronomique (INRA), ce jardin botanique de 4 ha présente une magnifique collection de plantes et arbres exotiques. Palmiers, mimosas, eucalyptus, cyprès sont particulièrement bien représentés parmi 3 000 espèces de plein air. La villa Thuret abrite le service de botanique et plusieurs laboratoires de recherche scientifique.

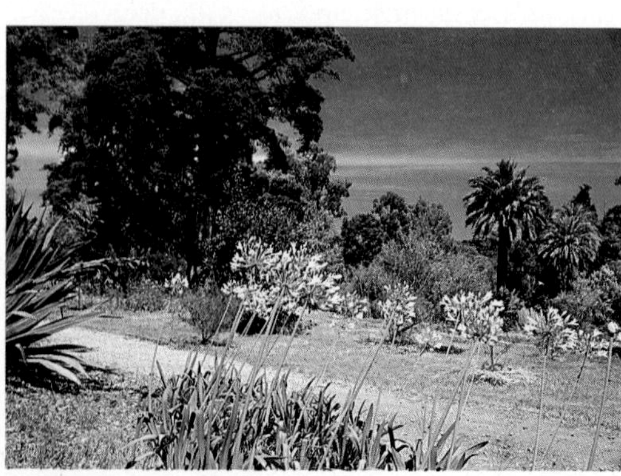

Le jardin Thuret : quand Gustave acclimatait les paysages des tropiques.

Musée napoléonien

♿ *Tlj sf dim. 9h30-11h45, 14h-17h45, sam. 9h30-11h45. Fermé oct. et j. fériés. 3€.* ☎ *04 93 61 45 32.*
L'ancienne batterie du Grillon a été transformée en un ► musée où deux répliques d'un canon de bronze d'époque Louis XIV accueillent le visiteur. À l'intérieur, souvenirs napoléoniens (buste de l'empereur par Canova, figurines de soldats et officiers de la Grande Armée, autographes de Bonaparte, imagerie populaire).

Toujours pour voir
De la plate-forme qui couronne le bastion, belle **vue★** sur l'extrémité boisée du cap, la côte jusqu'aux îles de Lérins et sur les Alpes.

Les Arcs

En pleine zone viticole, ce gros bourg dispute à Brignoles le titre envié de capitale des côtes-de-Provence : ses environs produisent en effet d'excellents crus. Dominant le village, le vieux quartier du Parage et les ruines du château de Villeneuve, qui constitue le kilomètre zéro de la route des vins, vous attendent.

Une grande famille
Le Catalan Romée de Villeneuve reçut au 13e s., en échange de ses loyaux services au comte de Provence, de nombreux fiefs, parmi lesquels les Arcs, que la famille conserva jusqu'au 17e s.

La situation

Carte Michelin Local 340 N5 – Var (83). La ville moderne est en contrebas du vieux bourg. La tour de l'Horloge les sépare.
ℹ *Place du Gén.-de-Gaulle, 83460 Les Arcs,* ☎ *04 94 73 37 30.*

Le nom

Les Arcs ou Arcs-sur-Argens : quoi qu'il en soit, c'est une histoire de pont, *arcus* désignant en latin l'arche d'un pont. Mais ce dernier enjambe un affluent et non pas l'Argens, situé à 3 km au Sud. Ainsi, l'origine du nom provient peut-être du pont romain situé à 300 m de Pont-sur-Argens.

Les gens

5 334 Arcois. Le château de Villeneuve vit naître sainte Roseline (1263-1329), fille du seigneur Arnaud de Villeneuve et de Sybille de Sabran.

Une grande sainte
Enfant déjà, Roseline réservait en cachette de la nourriture qu'elle donnait aux pauvres. Un jour qu'on lui demanda ce qu'elle transportait, elle répondit : « des roses ». Ce qui fut le cas quand elle ouvrit son tablier !

se promener

Le Parage

Monter jusqu'au donjon par la rue de la Paix qui s'amorce sur la place de l'Église. Ce vieux quartier, bien restauré, mérite quelques minutes de flânerie dans ses ruelles tortueuses, coupées d'escaliers et de voûtes ; il est blotti autour des ruines du château, d'où son nom occitan de *paratge* désignant la partie castrale située sur les hauteurs d'une cité.

Église

Elle est très visitée pour sa curieuse **crèche animée** *(à gauche en entrant)* dont le décor reconstitue le vieux village des Arcs. Les chapelles latérales sont peintes à fresque : dans celle de gauche, une peinture de

carnet pratique

Hébergement

• ***Une petite folie !***

Logis du Guetteur – *Au village médiéval -* ☎ *04 94 99 51 10 - mcallega@fr.packardbell.org - fermé 15 janv. au 2 mars -* 🅿 *- 11 ch. : 103,67/149,40€ - ☕ 10,37€ - restaurant 26,68/73,18€.* Dans un fort du 11e s. au cœur du village, cet hôtel-restaurant a installé ses salons et ses salles à manger au sous-sol, dans de superbes salles voûtées aux pierres apparentes. Les quelques chambres dispersées dans plusieurs bâtisses sont climatisées. Piscine.

Achats

Château Ste-Roseline – *Quartier Sauteirane (à côté de la chapelle Ste-Roseline) -* ☎ *04 94 99 50 30.* Vente et dégustation. À partir d'une quinzaine de visiteurs présents, visite des vignes et des chais.

Chapelle Ste-Roseline : le superbe retable baroque du 16e s. rappelle la puissance dont disposaient les chartreuses commanditaires de cette œuvre.

Baboulaine évoque le miracle des roses de sainte Roseline. Sur le côté droit, un admirable **polyptyque**★ à 16 compartiments du 15e s., attribué à Jean de Troyes et un retable de 1501 de Louis Bréa.

alentours

Chapelle Ste-Roseline★

4 km à l'Est des Arcs par la D 91. Juin-sept. : tlj sf lun. 15h-19h ; mars-mai : tlj sf lun. 14h-18h ; oct.-fév. : tlj sf lun. 14h30-17h. Gratuit. ☎ 04 94 73 30 13 ou 04 94 47 42 71.

Dans les paisibles vignobles environnant les Arcs, la chapelle Ste-Roseline appartient à l'ancienne abbaye de la Celle-Roubaud fondée au 11e s. et occupée par les chartreuses à partir du 13e s. De cette abbaye ne subsistent que le cloître du 12e s. et la chapelle, de style roman provençal.

◀ À l'**intérieur**★, nombreux trésors : au maître-autel, un superbe retable en bois doré encadre une Descente de croix du début du 16e s. ; elle est surmontée d'une statue polychrome de sainte Catherine d'Alexandrie. Des stalles finement sculptées (17e s.) se terminent en clôture entre le chœur et la nef. En bas de la nef, un autel porte un autre très beau retable Renaissance : la Nativité ; à gauche du chœur est accrochée une précieuse prédelle du 15e s.

On doit à Marguerite Maeght l'illustration de la légende de la sainte par des artistes contemporains : une grande mosaïque de Chagall, *Le Repas des anges (ogive du bas-côté droit)* ; un bas-relief en bronze et un lutrin en forme d'arbuste de Diego Giacometti ; un grand vitrail de Bazaine aux tons chatoyants, et quatre de Raoul Ubac, qui éclairent la chapelle.

Corps saint

La **châsse** de sainte Roseline *(à droite de la nef)* – dont le corps est étonnamment conservé – fait l'objet de pèlerinages (pour guérison d'enfants) qui ont lieu cinq fois par an, les plus fréquentés se situant le dimanche de la Trinité et le 1er dimanche d'août.

Aups

Avec son cours ombragé de platanes, le paisible et secret Aups s'anime les jours de marché en un festival de couleurs et d'odeurs de la haute Provence : olives, truffes, fromages de chèvre, thym, miel, vins...

Ses placettes, les ruines de son château fort et ses vieilles rues, comme la rue de l'Horloge avec son campanile de fer forgé, sont une invitation permanente à la flânerie et à la douceur de vivre.

La situation

Cartes Michelin Local 340 M4 – Var (83). Parking sur la place où un monument rappelle que Aups fut un haut lieu de la résistance républicaine en 1851, comme elle le fut lors de la résistance de 1939-1945. Aux portes du pays du Verdon, Aups est bâti entre la montagne des Espiguières et une plaine fertile, arrosée de sources qui coulent dans les fontaines du village.

ℹ *Pl. F.-Mistral, 83630 Aups, ☎ 04 94 70 00 80.*

L'autre or noir

La **truffe** (*rabasse* en provençal) est un champignon qui se développe sur les sécrétions s'écoulant des chênes malades. Il existe deux catégories de truffes : la blanche, peu comestible, et la noire, qui arrive à maturité à l'automne et qui est identifiable à son odeur particulière. La récolte s'effectue de novembre à février.

carnet pratique

Achats

Spécialités – Dans les épinards, les salades, les omelettes... la truffe est partout. Sa foire a lieu le dernier dimanche de janvier. Autres valeurs sûres : le miel et le savoureux chèvre fermier de la région du haut Var.

Moulin à huile Gervasoni – *Montée des Moulins - ☎ 04 94 70 04 66 - avr.-sept. : 10h-12h, 14h30-19h ; juil-août : 9h30-12h30, 14h-19h.* Moulin à huile du 18e siècle où vous pourrez trouver de l'huile d'olive fabriquée sur place et des produits régionaux. Vidéo sur la fabrication de l'huile.

Mamie Martin – *10 r.de l'hôpital-Vieux - ☎ 04 94 70 10 78.* Santons traditionnels : pièces unique de collection.

Marché – Mercredi, samedi, pl. Frédéric-Mistral ; marché aux truffes jeudi (de nov. à mi-mars).

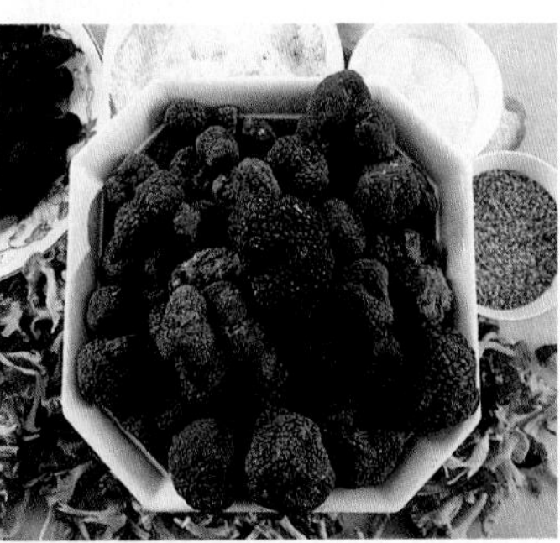

Le nom

C'était autrefois Almis devenu Alms, puis Aus au fil des siècles. Quant au p final, il est né d'une confusion avec le mot « alpe »...

Les gens

1 903 Aupsois. Professionnels et amateurs de truffes se retrouvent tous les jeudis matin, de novembre à février, pour le plus important marché spécialisé du Var. De très sérieuses transactions autour de l'or noir animent fébrilement ces rendez-vous incontournables.

visiter

Collégiale St-Pancrace

Visite du Trésor sur demande préalable au Syndicat d'initiave. ☎ 04 94 70 00 80.

De style gothique provençal, elle est dotée d'un portail Renaissance. Outre d'intéressantes toiles, l'église renferme de belles pièces d'orfèvrerie du 15e s. au 18e s. dans son trésor.

Procession

Pendant trois jours à la mi-mai, les habitants d'Aups fêtent la St-Pancrace.

Musée Simon-Segal

R. du Mar.-Joffre. De mi-juin à mi-sept. : 10h-12h, 15h-19h. 2,30€. ☎ 04 94 70 01 95.

Installé dans l'ancienne chapelle du couvent des Ursulines, ce musée d'art moderne expose 280 toiles dont 175 de l'école de Paris.

circuit

LE HAUT VAR★

53 km – environ 5h. Sortir d'Aups à l'Est par la D 77.

Très belle route qui serpente le long des flancs assez abrupts de la montagne des Espiguières, puis s'enfonce dans la forêt. Peu après le château de la Beaume, prendre la D 51 à gauche vers Tourtour. Perchés ou blottis au pied des falaises, les villages se découvrent au détour de petites routes bordées d'oliviers, de pins, de chênes et de vignes.

Tourtour★ *(voir ce nom)*

Villecroze *(voir ce nom)*

Salernes

5 km au Sud-Ouest de Villecroze. Gros bourg agricole et industriel, connu comme centre de fabrication des **tomettes** et pour ses poteries. Originale, l'église est dotée d'un clocher à chaque extrémité. Maisons du 17e s. dans les ruelles autour de l'église. Nombreuses fontaines et immense cours ombragé qu'un marché anime le mercredi et le dimanche.

Prendre au Sud de la ville la D 31 qui descend la vallée de la Bresque.

Tomettes

Dure à briquer, mais si chaleureuse avec sa couleur rouge, telle est la tomette hexagonale des intérieurs provençaux. L'eau de la Bresque et une terre riche en argile ferrugineuse ont permis cette production dès le 18e s. Parmi la quinzaine de fabriques encore en activité, quelques-unes perpétuent la tradition, d'autres se reconvertissent dans le carreau de faïence.

Brutes aux tons chaleureux ou vernissées à la mode andalouse : du sol aux murs, les indispensables tomettes de Salernes.

Entrecasteaux *(voir ce nom)*

Sortir d'Entrecasteaux par le Sud, D 31, puis prendre à droite la D 50.

Cotignac *(voir ce nom)*

En remontant vers Aups par la D 22, on a une superbe vue sur le site de Cotignac. Plus loin, on aperçoit à droite, entre les arbres, la cascade de Sillans.

Cascade de Sillans★

1/2h à pied AR. Prendre, juste avant l'entrée du village à droite, un chemin signalisé. Dans un beau site verdoyant, la Bresque bondit d'une hauteur de 42 m dans un petit lac couleur émeraude ; elle est très abondante en dehors de l'été.

Sillans-la-Cascade

Entouré de forêts et perché sur la Bresque, adorable village avec ses remparts et ses ruelles authentiques. La poste est surmontée d'un clocheton et le château est du 18e s.

Poursuivre la D 22 pour rentrer à Aups.

LOISIRS
Office du tourisme de Sillans - ☎ *04 94 04 78 05.* Canyoning sur la cascade, randonnées et équitation dans la campagne verdoyante de Sillans.

Bandol

Bandol attire chaque année les amateurs de plage et de voile. Un engouement qui ne date pas d'hier : parmi les premiers touristes venus grâce au chemin de fer du littoral, on a compté des écrivains comme Thomas Mann ou Katherine Mansfield et des comédiens comme Raimu et Fernandel qui, il est vrai, venaient, eux, de moins loin !

La situation

Carte Michelin Local 340 J7 - Var (83). Accessible par l'A 50, Bandol est à 18 km de Toulon. La station est abritée des vents du Nord par de hautes pentes boisées.
Allée Alfred-Vivien, 83150 Bandol, ☎ *04 94 29 41 35.*

Le nom

Au Moyen Âge, on citait l'île de Bendor : la racine *ban* ou *ben*, « hauteur », « pointe » est une claire allusion au rocher qui la caractérise !

Les gens

7 905 Bandolais. Comme l'industriel Paul Ricard naguère, Napoléon Bistagne, l'un des personnages de l'opérette de R. Bentazky, *L'Auberge du cheval blanc*, ne jurait que par Bandol !

PROMENADES
Le chemin de la Corniche fait le tour de la presqu'île qui pointe vers l'île de Bendor. Vue étendue, du cap de l'Aigle au cap Sicié.

séjourner

Port de plaisance

Aménagé dans une anse, il est bordé par les **allées Jean-Moulin★** et Alfred-Vivien, plantées de pins, de palmiers et de fleurs.

carnet pratique

Restauration

• À bon compte

L'Oulivo – *19 r. des Tonneliers - ☎ 04 94 29 81 79 - fermé oct., le soir du dim. au jeu. et le midi en sais. - 12,20€ déj. - 18,50/23€.* Ce sympathique restaurant de quartier fleure bon la Provence : décor tout simple agrémenté de vieilles affiches de cinéma rendant hommage à Raimu et Fernandel, plaisante terrasse sur rue et petits plats embaumant l'huile d'olive, l'ail et les aromates.

• Valeur sûre

Clocher – *1 r. Paroisse - ☎ 04 94 32 47 65. fermé nov., vac. de Noël et fév., mar. et mer.- 19/27€.* Dans une maison ancienne veillée par le clocher de l'église du vieux Bandol, sympathique petit restaurant dont l'intérieur évoque un café provençal. Terrasse sur la ruelle. Dans l'assiette, retrouvez les saveurs du Midi.

L'Oasis – *15 r. des Écoles - ☎ 04 94 29 41 69 - fermé déc. et dim. soir hors sais. - 22/50€.* La salle à manger, repeinte dans les chaudes couleurs du Midi, est des plus plaisantes. L'été, agréable terrasse ouverte sur le jardin. La partie hôtel rénove progressivement ses chambres, peu spacieuses mais méticuleusement tenues.

Restaurant La Farigoule – *2 pl. du Jeu-de-Paume - 83330 Le Castellet - ☎ 04 94 32 64 58 - fermé 3 sem. en nov., mar. et mer. hors sais. - réserv. obligatoire en été - 18/30€.* Les tables de la jolie salle aux tons provençaux, aux multiples bibelots entourent la cheminée où crépitent joyeusement les grillades. Le restaurant est installé au cœur de ce charmant village au-dessus d'une agréable terrasse ombragée par un mûrier platane.

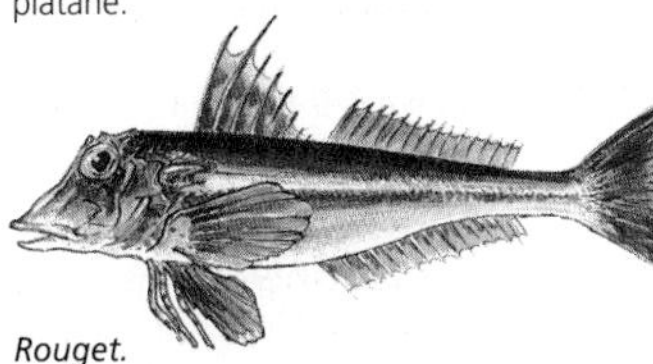

Rouget.

Hébergement

• À bon compte

Chambre d'hôte Les Cancades – *1195 chemin de la Fontaine de Cinq-Sous - 83330 Le Beausset - 3 km à l'E du Castellet puis face au supermarché prendre ch. de la Fontaine de Cinq-Sous - ☎ 04 94 98 76 93 - charlotte.zerbib@wanadoo.fr - ⊠ - 4 ch. : 58/68€.* Un chemin, étroit et escarpé, s'étire jusqu'au quartier résidentiel et boisé où un architecte à la retraite a implanté son mas provençal. Les belles chambres aménagées avec soin, l'appartement, le parc, la piscine et sa cuisine d'été bénéficient de la même quiétude.

• Valeur sûre

Golf Hôtel – *Sur plage Rénecros par bd Louis-Lumière - ☎ 04 94 29 45 83 - golf.hotel@nomade.fr - nov.-mars - P - 23 ch. : 67/100€ - ☕ 7€ - restaurant 14,94/18,29€.* Au bord de l'eau, cet hôtel installe ses matelas et son restaurant sur la plage en saison. La majorité des chambres, toutes simples, ouvrent leurs fenêtres sur la mer. Certaines ont un balcon. Service du dîner assuré en juillet et août uniquement. Menu enfant.

• Une petite folie !

Hôtel Delos – *Île de Bendor - accès par bateau - ☎ 04 94 29 11 60 - ethebault@hoteldelos.com - fermé nov.- fév. - 55 ch. : 79,50/240€ - ☕ 10,70€.* Sur l'île de Bendor, cet hôtel est très bien situé entre mer et port. Ses grandes chambres installées dans deux bâtisses en pierres de pays ont toutes une belle vue. Préférez celles du bâtiment principal, avec leurs meubles de style. Belle piscine.

Hôtel La Ker-Mocotte – *103 r. Raimu - ☎ 04 94 29 46 53 - info@kermocotte.com - fermé mi- nov.- mars - P - 20 ch. : 90/330€ - restaurant 35€.* Autrefois propriété de l'acteur Raimu, cette grande villa domine la baie de Rénecros avec accès direct à la plage. De vieilles affiches de cinéma perpétuent son souvenir. Restaurant face à la mer et chambres calmes, au sobre décor provençal.

Le temps d'un verre

Tchin Tchin – *11 allée Jean-Moulin - ☎ 04 94 29 41 04 - 10h-13h30, 18h-3h.* Ce bar de standing créé en 1962 emprunte son nom à une chanson de Richard Antony. Bon choix de cocktails, ambiance feutrée, musique jazzy et cave à cigares caractérisent l'adresse.

Achats

Domaine de Souviou – *N 8 - 83330 Le Beausset - ☎ 04 94 90 57 63 - visite groupe sur demande préalable : de Pâques à fin sept. : 9h30-12h, 15h-19h : lun.-sam. 9h30-12h, 14h-18h - fermé j. fériés en hiver.* Vente de vins et d'huile d'olive.

Le Tonneau de Bacchus – *296 av. du 11-Novembre - ☎ 04 94 29 01 01 - www.letonneaubacchus.com - juil-août : 9h30-12h30, 16h-20h ; juil.-août : tlj sf lundi et dim. après-midi , fermé de mi à fin janv.* Cette cave propose un grand choix de vins de Bandol et de France. Le caviste connaît bien son métier et vous fera découvrir ses produits avec un plaisir sincère. Toute l'année, la maison organise des cours d'œnologie et des soirées à thèmes. Les produits fins de Provence sont également au rendez-vous.

Loisirs-Détente

Casino de Bandol – *2 pl. Lucien-Artaud - ☎ 04 94 29 31 31 - 10h-4h.* Doté de 120 machines à sous, d'une salle de jeux traditionnels et d'un piano-bar, ce casino est également réputé dans la région pour ses soirées et sa discothèque.

Aquascope – *608 chemin du Grand-If - ☎ 06 03 44 59 63 - 10h-12h, 14h-19h, hors sais. : mar.-dim. - fermé oct.-avr. Durée 1/2h - 11€ (enf. : 6€).* Bateau à vision sous-marine.

Gare maritime- *☎ 04 94 32 51 41.* Liaisons et excursions assurées vers les îles des Embiez, Toulon par le cap Sicié, Cassis et les calanques, les îles du Frioul.

Ambiance de village provençal à l'écart de la foule.

Plages

Trois principales plages de sable : l'anse de Rènecros, bien abritée à l'Ouest, la plage du Casino et celle de l'Est (ou du Lido). Sur le reste de la côte alternent petites plages et zones rocheuses.

Jardin exotique et zoo de Sanary-Bandol

3 km au Nord-Est, direction A 50. Au rond-point d'accès à l'autoroute, laisser à droite la bretelle d'accès. 500 m plus loin, prendre à droite la route du « zoo-jardin exotique ». ♿ *Juin-sept. : 9h-12h, 14h-19h, w.-end et j. fériés 14h-19h ; oct.-mai : 9h-12h, 14h-18h, dim. et j. fériés 14h-18h. 6,50€.* ☎ *04 94 29 40 38.*

Parc planté de cactées et d'espèces tropicales. Un parcours fléché permet de rencontrer des animaux aussi exotiques que les plantes : singes (ouistitis, saïmiris capucins, gibbons et leur progéniture), lémuriens, coatis, fennecs, kinkajous, et d'autres plus familiers (daims, poneys, ânes, etc.). Des paons en liberté toisent perroquets et flamants roses.

Au jardin exotique : des coussins pour belle maman ? C'est en tout cas le nom qu'un botaniste peu amène donna à ces cactées...

Île de Bendor

Dép. réguliers. Traversée 7mn. 4,57€ AR. ☎ *04 94 29 44 34.*

C'est un agréable lieu de promenade pour les estivants : plages, port de plaisance, village provençal avec boutiques artisanales. C'est Paul Ricard, le roi du pastis, qui a commencé à aménager l'île dans les années 1950. La curieuse **exposition des vins et spiritueux** présente 8 000 bouteilles de vins, apéritifs et liqueurs de 52 pays, sans compter les verres et carafes de cristal. *De déb. juil. à mi-sept. : tlj sf mer. 10h-12h30, 15h-19h ; de mi-avr. à fin juin : 14h30-17h30, w.-end et j. fériés : 10h-12h30, 14h30-17h30. Gratuit.* ☎ *04 94 29 44 34.*

circuit

SITES PERCHÉS DU PAYS DE BANDOL★

55 km. Quitter Bandol au Nord-Est par la D 559 et prendre à gauche la route du Beausset (D 559B). Passer sous le viaduc du chemin de fer.

1 km après Le Beausset, sur la N 8, à droite, une petite route serpente parmi les vignobles, les oliviers, les cyprès, les genêts et les arbres fruitiers.

Le bandol

Le vignoble de Bandol (AOC depuis 1941) est compris, *grosso modo*, entre St-Cyr-sur-Mer, Le Castellet et Ollioules. Il produit principalement un vin rouge et tannique, mais il existe aussi des blancs et des rosés. Trois ans lui sont nécessaires pour révéler une personnalité généreuse, capable d'accompagner viandes et poissons.

Chapelle N.-D. du Beausset-Vieux

Laisser la voiture en contrebas de la chapelle. Mer. et w.-end 10h-17h, lun., mar., jeu. et ven. 14h-17h. ☎ *04 94 98 61 53.*

Chapelle très dépouillée, de style roman provençal, restaurée par des bénévoles ; nef en berceau et abside en cul-de-four. Dans le chœur, Vierge à l'Enfant provenant de l'atelier de Pierre Puget. À gauche, dans une niche, des **santons**, vieux de quatre siècles, figurent la Fuite en Égypte. Le bas-côté comporte aussi une collection d'ex-voto, dont certains datent du 18e s. De la terrasse qui surplombe la chapelle, **vue★** circulaire sur Le Castellet, la Ste-Baume, le Gros Cerveau et la côte de Bandol à La Ciotat.

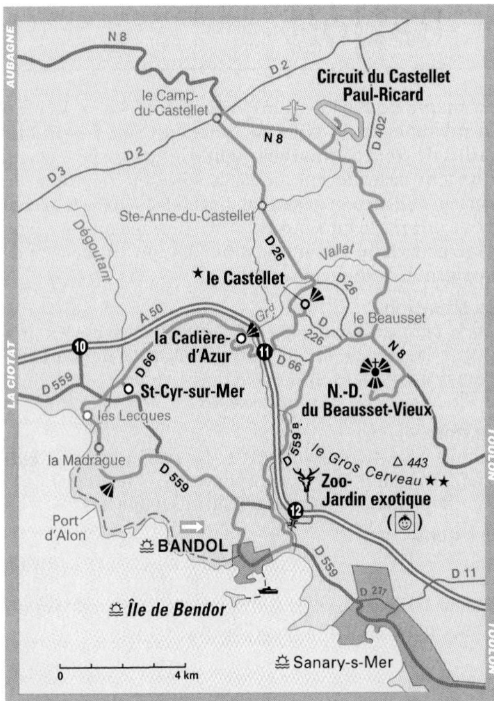

Revenir à la N 8 et retraverser Le Beausset. Poursuivre au Nord en direction d'Aubagne.

Circuit du Castellet Paul-Ricard

8 km au Nord du Beausset sur la N 8. Inauguré en 1970 avec le premier Grand Prix de France, le **circuit**, long de 5,8 km, est bien connu des pilotes de F1 et F3, dont plusieurs ont fréquenté son école de pilotage (Alain Prost, en 1976).

Les compétitions se sont multipliées, sur piste et dans les airs, grâce à l'aérodrome du Castellet.

À la sortie du circuit, prendre à droite la N 8 vers Aubagne jusqu'au carrefour du Camp-du-Castellet. Puis deux fois à gauche la D 226 vers le village du Castellet.

RENDEZ-VOUS

Avril – Grand Prix historique de Provence et les Deux Tours d'Horloge (voitures historiques).

Mai – Grand Prix international de camions.

Le Castellet★

Plusieurs films ont été tournés dans ce très joli village, juché sur un piton boisé, ancienne place forte pourvue de remparts bien conservés, d'une église du 12e s. soigneusement restaurée et d'un château (11e s., pour les parties les plus anciennes). Nombreuses maisons datant des 17e et 18e s. Au bout de la place de la mairie, franchir une poterne : jolie **vue** sur l'arrière-pays vers la Sainte-Baume.

Descendre vers la D 66 pour atteindre la Cadière-d'Azur.

Escargot de tuiles romaines lové sur lui-même, le village du Castellet ne se livre qu'à celui qui prend le temps de le mériter !

La Cadière-d'Azur

La porte du Peï (13e s.), devant la mairie, donne accès aux vieilles ruelles qui font le charme du village, une très vieille cité qui compta 4 000 habitants sous la Révolution. Vestiges de remparts. À l'extrémité Est, belle **vue★** sur l'arrière-pays avec Le Castellet au premier plan et sur la Sainte-Baume.

Poursuivre la D 66 en direction de St-Cyr-sur-Mer.

St-Cyr-sur-Mer *(voir ce nom)*

Des Lecques, on empruntera au Sud de la Madrague la petite route qui offre de jolies **vues** sur la côte et son arrière-pays.

La D 559 ramène à Bandol.

Barjols

Eau précieuse
Une **maison régionale**, consacrée à l'eau, est installée dans l'ancien hospice du 18e s. Outre une information sur la gestion de l'eau, elle présente dans ses aquariums les poissons des rivières de la région. *Tlj sf dim. 9h-12h, 14h-18h. Fermé j. fériés et vac. scol. de Noël. Gratuit. ☎ 04 94 77 15 83.*

◄ La magie de Barjols tient en un mot : l'eau. Elle est la musique de la ville, sa fraîcheur, son passé. Elle jaillit de trente fontaines depuis les trois rivières qui forment cascade autour de la ville et irriguent ses vertes collines. Barjols exploita très tôt ce trésor pour tanner le cuir qui fit sa renommée au 19e s. Son âme provençale se renouvelle chaque année lors de l'originale fête de Saint-Marcel.

La situation
Carte Michelin Local 340 L4 – Var (83). Parkings en arrivant à l'Ouest de la ville, près de l'Office de tourisme. Plan des fontaines disponible.
ℹ Bd. de Grisolle, 83670 Barjols, ☎ 04 94 77 20 01.

Le nom
Barjols ou « Barióu » au 11e s. La racine celtique *barr* signifie « sommet », « escarpement », « hauteur » ; *riu* signifie « ruisseau » (*rivus* en latin) : tout est dit.

Les gens
2 414 Barjolais. Il faut rendre visite au dernier fabricant de tambourins et galoubets (petites flûtes) qui animent les fêtes villageoises. D'autres artisans sont à découvrir dans l'ancienne tannerie à l'Est du bourg.

carnet pratique

Restauration

• À bon compte

L'Auberge de l'Eau Salée – *606 chemin de l'Eau-Salée - à la sortie du village sur la route de St-Maximin - ☎ 04 94 77 26 30 - fermé lun. hors sais. et mar. sf le soir en sais. - 11€ déj. - 18/23€.* Cette auberge tout récemment établie aux portes du village est très appréciée des familles qui y trouvent un bel espace de jeux pour les enfants. Salle de restaurant aux couleurs douces, éclairée par de grandes baies vitrées. Terrasse. Hébergement de style motel.

Le Val d'Argens – *pl. Arenier - 83570 Correns - 13 km au SE de Barjols - ☎ 04 94 59 57 02 - argens83@club-internet.fr - fermé nov. à fév. et mer. hors sais. - 16/21€.* Cette sympathique adresse doit son nom au ruisseau qui coule à ses pieds, le long duquel s'étale une délicieuse terrasse sous les platanes. Décor original avec affiches, plaques de rue, cloches et autres fantaisies. Goûteux petits plats maison aux saveurs provençales.

Achats

Marché – Mardi, jeudi, samedi, pl. de la mairie

Foire – Foire aux cuirs les 11 et 12 août.

comprendre

Le lendemain
Après la messe, la procession rejoint le char sur lequel repose le bœuf embroché et se rend sur la grande place où attend l'énorme tournebroche. Pendant qu'il tourne, se déroule une grande fête avec tambourins, galoubets et danseurs. Le jour suivant, le bœuf grillé est distribué à la population.

La fête de Saint-Marcel ou des Tripettes – Le 17 janvier 1350, les reliques de Saint Marcel (évêque du 5e s.) furent enlevées de l'abbaye en ruines de Montmeyan pour être transportées à Barjols. Le cortège rencontra des gens en train de laver les tripes d'un bœuf, commémorant une famine enrayée grâce à la présence d'un bœuf dans une ville assiégée. Joignant le profane au sacré, les Barjolais entrèrent tous allègrement dans l'église et chantèrent pour la première fois leur fameux refrain « Saint Marcel, saint Marcel, les tripettes, les tripettes ». Depuis, chaque 17 janvier, devant la statue du saint patron de Barjols, un bœuf décoré, entouré des bouchers et des charcutiers, est solennellement béni puis, après un tour de ville, conduit à l'abattoir.

se promener

LE VIEUX BOURG
Parmi les douze lavoirs et trente **fontaines** du village, on remarque près de l'hôtel de ville la bien-nommée « Champignon », formée d'un dépôt de calcaire recouvert de mousse. Le majestueux platane de la place de la

mairie passe pour être le plus gros de Provence avec ses 12 m de circonférence. Le bas du bourg abrite l'ancien hôtel des Pontevès, vieille famille provençale originaire d'un village voisin. Belle porte Renaissance.

Le plus ancien quartier de Barjols, le **Réal★** est installé sur le flanc de la colline juste au-dessus de l'église. Habité dès le 12e s. et occupé principalement par des tanneurs pour qui l'eau était un outil de travail primordial, le quartier du Réal s'étage sur trois niveaux de bassins de trempage et de rinçage partiellement troglodytiques (16e-17e s.). Près des bassins, une voûte abrite le texte intégral de la Déclaration des droits de l'homme et du citoyen, gravé sur des stèles vernissées.

Les sources jaillissantes de la ville, qui porte bien son surnom de « cité aux trente fontaines », dispensent leurs bienfaits depuis l'Antiquité.

Église

Fondée au 11e s., c'est l'une des plus anciennes églises de la région. À droite en entrant, derrière de superbes fonts baptismaux du 12e s., se trouve l'ancien tympan roman du portail, illustrant le Christ en majesté entouré d'anges et des symboles des évangélistes. La belle nef gothique date du 16e s. On pourra admirer les boiseries et les stalles aux miséricordes sculptées (17e s.) dans le chœur et le buffet d'orgue de la même époque.

La fête de la St-Marcel constitue un temps fort dans l'année des Barjolais chaque 17 janvier.

circuits

LA SOURCE D'ARGENS

15 km au Sud-Ouest. Quitter Barjols par la D 560.

Vallon de Font-Taillade

La route s'enfonce dans ce frais vallon, tapissé de prairies et de champs, et serpente en suivant le ruisseau. Les versants alternent vignes et chênes verts ou pins.

500 m après Brue-Auriac s'amorce, à gauche, un chemin qui mène à la chapelle.

Chapelle Notre-Dame

À l'abandon dans une envahissante végétation, cette chapelle romane à la pierre rousse présente une belle **façade★** percée d'un oculus et d'une baie, et surmontée d'un clocher-mur à deux baies géminées.

Revenir à la D 560 qu'on prend à gauche. À 3 km, avant un pont, garer la voiture.

Source d'Argens

Un sentier, à droite de la route, s'enfonce dans la verdure et accède immédiatement à une source de l'Argens qui s'écoule parmi les herbes.

LES PLATEAUX DU HAUT VAR

52 km – 1/2 journée. Quitter Barjols peu avant la piscine, par une petite route qui conduit à Varages, par le Nord-Ouest.

Varages

L'eau fait aussi la richesse de ce village. L'abondante source de la Foux a sculpté la falaise qui porte le village ; elle vivifie ses gigantesques platanes et modèle les céramiques de ce rival de Moustiers.

Vivante

D'une décoration souvent similaire aux créations moustériennes (les artisans décorateurs exerçaient parfois dans plusieurs centres), la faïence de Varages continue à être produite sur place par deux manufactures. Une grande partie est exportée.

À Varages, l'art de la faïence est une affaire de famille depuis maintenant trois siècles.

Église – Bâtie au 17e s. en style gothique provençal, elle possède un beau clocher couvert de tuiles polychromes vernissées. À l'intérieur, l'autel de St-Claude, orné de médaillons et de croix, témoigne de la reconnaissance de faïenciers prospères envers leur saint patron.

Musée des Faïences – *Pl. de la Libération. Juil.-août : tlj sf lun. matin 10h-12h, 15h-19h ; sept.-juin : tlj sf lun. et mar. 14h-18h, w.-end et j. fériés 10h-12h, 14h-18h. Fermé janv., 1er mai et 31 déc. 2,50€. ☎ 04 94 77 60 39.*
Installé dans la maison du général d'Empire Gassendi, le musée présente la belle production faïencière locale depuis la fin du 17e s. Intéressante présentation des techniques mises au point par les dynasties de faïenciers tels Armand, Clérissy et Niel : décoration à la main, au tampon, émaillage... À l'étage, remarquable fontaine en faïence du 19e s. du peintre Mazières.

La **Manufacture des Lauriers** maintient la tradition provençale, avec une production importante. Enfin, les **artisans faïenciers** ouvrent leurs ateliers à la visite. ♿ *Mars-oct. : 9h-12h, 14h-19h, ven. 14h-19h ; nov.-fév. : 9h-12h, 14h-18h, ven. 14h-18h. Gratuit. ☎ 04 94 77 64 10.*

Au Nord de Varages, la D 554 traverse des collines où des terrasses de vignes et d'oliviers le disputent aux chênes verts et aux pins.

La Verdière

Le village, dominé par son église et son château, descend sur une colline. La forteresse, construite au 10e s. par les Castellane, passe au 17e s. à la riche famille des Forbin d'Oppède par mariage. Le vaste et austère château semble n'avoir pas changé depuis les aménagements de Louis-Roch de Forbin au 18e s.

Prendre à l'Est de La Verdière la D 30 en direction de Montmeyan.

Le Causse

Vers Montmeyan, le plateau calcaire désertique est recouvert d'une maigre végétation. Outre les genévriers, chênes verts et buissons d'aubépine, les pins matérialisent la progression vers le Nord. Cette forêt rabougrie est parsemée de tas de pierres, vestiges des tentatives de mise en valeur de ces terres lors de l'extension rurale du 19e s.

Montmeyan

Dressé sur une hauteur, ce bourg médiéval domine l'entrée des gorges du Verdon. Belle vue au seuil du village, côté Sud, sur la barre rocheuse des Préalpes de Castellane vers l'Est. Panorama sur le plateau à contempler depuis le belvédère situé après la tour Charlemagne, vestige du château du 14e s.

De Montmeyan, prendre au Sud la D 13 puis la D 71 jusqu'à Tavernes.

Tavernes

Entre oliviers, vignes et collines, cet agréable village conserve de beaux restes de son passé : un beffroi carré coiffé d'un campanile très ouvragé du 18e s., des vestiges d'enceintes médiévales. Au point culminant se dresse la chapelle N.-D.-de-Bellevue.

La D 554 qui ramène à Barjols traverse puis longe le ruisseau des Écrevisses.

Le Bar-sur-Loup

Regardant la vallée du Loup du haut de sa colline, ce vieux bourg est entouré de terrasses d'orangers, de jasmins et de violettes. Fief du comté de Grasse, il conserve de son passé prestigieux le donjon de son château et des trésors d'art religieux. Ici, point de tourisme mais la douceur de vivre dans un site★ qui invite à se rafraîchir le long du torrent ou à gravir les abrupts sommets.

À voir

Place de l'église, la **vue**★ porte en enfilade sur les gorges du Loup et les collines du pays de Vence.

La situation

Carte Michelin Local 341 C5 - Alpes-Maritimes (06). Bar se situe à la sortie des gorges (rive droite) sur la vallée inférieure du Loup. ℹ *Pl. F.-Paulet, 06600 Le Bar-sur-Loup, ☎ 04 93 42 72 21.*

Le nom

Bar en celtique signifie « hauteur », et *loup*, « rivière ». Tout concorde !

se promener

LE BOURG

Les rues étroites du vieux village s'enroulent autour du château des comtes de Grasse (16e s.), massivement cantonné de tours rondes et portant les restes d'un donjon.

Église St-Jacques

Possibilité de visite guidée sur demande à l'Office de tourisme, ☏ 04 93 42 72 21.

Encastrée au pied du clocher se trouve une pierre funéraire venant d'un tombeau romain et sur laquelle une inscription latine rend hommage à deux jeunes Romaines. Remarquer en entrant les magnifiques **vantaux** du portail gothique, sculptés, pense-t-on, par Jacques Bellot, l'auteur des stalles de Vence *(voir ce nom)*. Au maître-autel se déploie un grand **retable** de Louis Bréa : très bel ensemble composé de 14 tableaux peints sur fond d'or, traité en 3 registres avec 12 saints autour de l'apôtre Jacques le Majeur et la Vierge à l'Enfant ; le fronton figure la Trinité et les symboles des évangélistes. La tribune abrite une étonnante peinture sur bois du 15e s., la **Danse macabre**★ : dix hommes et femmes gambadent gaiement au son du tambourin et du galoubet, ► leur âme de pêcheur veillant sur eux. Mais le mal est fait et déjà la mort décoche sa flèche sur deux d'entre eux. Le diable enfourne un mort dans la gueule béante de l'enfer, après que saint Michel eut pesé son âme dans sa balance. Dessous, un poème de 33 vers en provençal à lettres gothiques tire la morale de l'histoire.

RESTAURATION

Jarrerie – *8 av. Amiral-de-Grasse - ☏ 04 93 42 92 92 - fermé 2 au 31 janv., lun. d'oct. à avr., mer. midi de mai à sept. et mar. - 19€ déj. - 24/43€.* Cette partie du monastère du 17e s. a conservé son charme ancien : grande cheminée, pierres apparentes, poutres... Détendez-vous dans la salle à manger ou sur la terrasse ombragée. Grande salle de réception.

« FOLLA DANSA »

Selon la légende, un comte de Bar aurait donné un bal en plein carême. Crime impardonnable, s'il en est ; rien de plus normal si les invités sont morts au cours de leurs ébats. La Danse macabre aurait été peinte pour commémorer ce juste châtiment céleste.

Détail de la Danse macabre : la Mort armée des flèches du temps exécute les danseurs du Carême. Les petits lutins s'agitant autours des personnages figurent les âmes s'échappant des pêcheurs.

Beaulieu-sur-Mer

Bien à l'abri au pied de sa ceinture de collines, cette station balnéaire est appréciée depuis l'Antiquité comme l'un des endroits les plus chauds de la Côte d'Azur, été comme hiver. Le charme de Beaulieu se concentre autour de la baie des Fourmis★, verte et fleurie, et du boulevard Alsace-Lorraine, dans le quartier que sa végétation exotique a fait surnommer la « Petite Afrique ».

La situation

Carte Michelin Local 341 F5 - Schéma p. 302 - Alpes-Maritimes (06). Le meilleur accès pour Beaulieu-sur-Mer se fait par la Basse Corniche (N 98). Les parkings les plus

Fantasque de la Côte
Gordon Benett, grand patron de presse américain, découvrit en 1891 le petit port de Beaulieu, alors dépourvu d'embarcadère. Il propose d'en financer un, mais les pêcheurs du cru refusent. À défaut, la **route en corniche** reliant Beaulieu à Villefranche est tracée à ses frais. Elle porte aujourd'hui son nom.

commodes sont en direction du port de plaisance, derrière l'hôtel de ville. Et pour aborder la promenade Maurice-Rouvier, il est conseillé de laisser sa voiture le long de l'avenue Blundell-Maple.

Pl. G.-Clemenceau, 06310 Beaulieu-sur-Mer, ☎ 04 93 01 02 21.

Le nom

Il parle de lui-même, non ? Déjà, au 12e s., Beaulieu s'appelait *Bello Loco*.

Les gens

3 675 Berlugans. L'hiver à Beaulieu, déjà fort apprécié par Gustave Eiffel ou l'Américain Gordon Bennett est une oasis de calme et de douceur. Nous avons bien dit l'hiver !

visiter

Folie !
Les matériaux les plus précieux ont été utilisés : marbre de Carrare, albâtre, bois exotiques et citronnier. Les meubles en bois sont incrustés d'ivoire, de bronze et de cuir.

Villa grecque Kérylos★★

Juil.-août : 10h-19h ; fév.-juin et sept.-oct. : 10h-18h ; nov.-janv. : 14h-18h. 7€. ☎ 04 93 01 01 44.

Dans un **site★** qui rappelle les rivages de la mer Égée, cette villa est un pastiche d'une maison de la Grèce antique, conçue par et pour un archéologue fou amoureux de cette civilisation, **Théodore Reinach**. Édifiée en 1902 par l'architecte Pontremoli, elle a été léguée en 1928 à l'Institut de France. Elle est décorée au détail près d'éléments qui faisaient le confort grec, complétés discrètement de ceux qui faisaient, cette fois, le confort Belle Époque de son auteur, qui ne dédaignait pas d'y évoluer revêtu d'une toge, et, peut-on supposer, en déclamant des tirades de ses auteurs préférés ! Des pièces authentiques – mosaïques, amphores, vases, lampes, statuettes de Tanagra – côtoient des meubles réalisés d'après les illustrations des vases et des mosaïques anciennes. Les fresques sont des reproductions. Partout, les fenêtres offrent des vues merveilleuses sur la mer, la baie des Fourmis et le cap Ferrat, Èze et le cap d'Ail. Dans les soubassements de la villa, sur trois côtés, a été aménagée dans une galerie ouvrant directement sur les flots une **galerie des Antiques** où vous retrouverez l'Apollon du Belvédère et la Vénus de Milo... Des copies certes, mais qui, dans ce cadre, ont un charme fou.

carnet pratique

Restauration

• *À bon compte*

Le Petit Paris – *bd Marinoni - ☎ 04 93 01 69 91 - 14,64/19,82€.* Tables nappées de blanc, chaises en rotin et affiches publicitaires glanées dans les galeries d'art régionales donnent un petit air de bistrot à cette salle de restaurant agrandie d'une mezzanine. Plats de type brasserie.

• *Valeur sûre*

Le Marco Polo – *Au port de plaisance - ☎ 04 93 01 06 50 - fermé jeu. midi en juil-août, mar. et mer. - 24€.* Pâtes, poissons et suggestions saisonnières : cuisine vouée à la Méditerranée, servie dans une salle à manger-véranda lumineuse ou sur la terrasse face au port de plaisance et à ses yachts. Attrayant menu du jour à prix sage pour la région.

Hébergement

• *À bon compte*

Le Sélect – *1 r. André-Cane - ☎ 04 93 01 05 42 - fermé 15 nov. au 15 déc. - 19 ch. : 48,78/53,36€ - ☕ 4,27€.* Un bel immeuble ancien abrite cet hôtel décoré aux couleurs provençales. Chambres refaites à neuf, dotées de grands lits et de salles de bains bien équipées. L'été, les clients apprécient de prendre le petit-déjeuner sur la place située juste en face.

Le Havre Bleu – *Bd Mar.-Joffre - ☎ 04 93 01 01 40 - pascal.cheruy@wanadoo.fr - fermé 5 au 25 janv. - P - 22 ch. : 50/55€ - ☕ 6€.* En retrait du boulevard, cette maison s'habille de bleu et de blanc. Le confort est assez simple mais les chambres se rénovent peu à peu. Choisissez-en une sur l'arrière, elles sont plus calmes. Prix abordables pour la station.

Loisirs-Détente

Petites plages de galets bien protégées des vents du Nord avec ensoleillement garanti. On les trouve de chaque côté de l'immense port de plaisance : plage de la baie des Fourmis et plage de la Petite Afrique au Nord.

Pour voyager en Grèce antique, point besoin d'un long périple : la villa Kérylos offre une reconstitution fidèle et unique, avec un mobilier extrêmement riche.

randonnées

Sentier du plateau St-Michel★★

1h3/4 à pied AR ; forte montée. Au Nord du boulevard Édouard-VII, le sentier gravit l'escarpement de la Riviera jusqu'au plateau St-Michel où, à la table d'orientation, une très belle vue vous attend, de la pointe du cap d'Ail à l'Esterel.

Promenade Maurice-Rouvier★

1h à pied AR. Cette remarquable promenade se déroule le long du rivage, de Beaulieu à St-Jean-Cap-Ferrat, entre les villas ceintes de beaux jardins et la mer. Belles vues sur la Riviera et la presqu'île de la pointe St-Hospice.

Biot★

Sur sa colline, à 4 km de la mer, le vieux village de Biot (si vous ne voulez pas passer pour un « Parisien », prononcez toutes les lettres !) est au cœur d'un magnifique bouquet de fleurs. Ses paysans y cultivent roses, œillets, mimosas et anémones qui sont expédiés en fleurs coupées. Ses artisans produisent eux, depuis l'Antiquité, de belles céramiques et, plus récemment, le fameux verre soufflé à bulles. Depuis 1960, le nom de Biot est par ailleurs inséparable de celui de Fernand Léger, dont le musée fait de la petite cité un centre d'art réputé.

La situation

Carte Michelin Local 341 D6 - Alpes-Maritimes (06). Parkings gratuits et payants en redescendant de l'autre côté de la ville (Nord) où se trouvent en contrebas la Verrerie de Biot, puis le musée Fernand-Léger. *46 r. St-Sébastien, 06410 Biot, ☎ 04 93 65 78 00.*

Le nom

Anciennement *Buzot*, puis *Bisot* de la racine *Büd* désignant une éminence.

Les gens

7 385 Biotois. La ville compta parmi ses habitants le cinéaste Claude Autant-Lara, la styliste Chacock et le dessinateur des amoureux, Peynet.

comprendre

2 500 ans d'histoire – De nombreux vestiges découverts dans les environs de Biot et dans la plaine de la Brague attestent le passage des Celto-Ligures, des Grecs et des Romains. En 1209, une commanderie de templiers créa l'unité territoriale du village en rassemblant les fractions éparses des seigneuries foncières. Puis, en 1312, les

carnet pratique

Restauration

• *À bon compte*

Le Café de la Poste – *24 r. St-Sébastien - ☏ 04 93 65 19 32 - fermé 11 nov. au 11 déc. - 10/28€.* Une immense fresque peinte sur faïence, un joli comptoir en bois et quelques peintures humoristiques composent le nouveau décor de ce sympathique restaurant aux airs de bistrot fondé en 1885. Ambiance décontractée, service efficace et cuisine traditionnelle.

Achats

La Verrerie de Biot – *Chemin des Combes - ☏ 04 93 65 03 00 - www.verreriebiot.com - juil.-août : lun.-sam. 9h-20h, dim. et j. fériés 10h-13h, 15h-19h ; sept.-oct. : lun.-sam. 9h-19h, dim. et j. fériés 10h30-13h, 14h30-18h30 ; nov.-mars : lun.-sam. 9h-18h, dim. et j. fériés 10h30-13h, 14h30-18h30 - fermé Noël.* Suivez les différentes étapes de la fabrication artisanale du verre soufflé et bullé dans cette verrerie implantée à Biot depuis 1956. Également sur place : deux boutiques, un écomusée et une galerie d'exposition.

biens furent transférés aux hospitaliers de St-Jean-de-Jérusalem qui firent régner le bon ordre. Au 14e s., Biot fut décimé par la peste noire et des factions rivales. Ce n'est qu'à la suite d'un édit du roi René en 1470, autorisant l'implantation de 40 familles venant d'Oneglia et de Porto Maurizio, que le bourg retrouva son essor.

Poterie, céramique et verrerie – Sur une terre riche en argile, sable, manganèse et cinérite (pierre à four), la poterie biotoise a trouvé depuis longtemps les conditions favorables à son expansion. Jusqu'au milieu du 18e s., les jarres de Biot jouirent d'une grande renommée et étaient largement exportées par les ports d'Antibes et de Marseille. Depuis 1956, la réputation de Biot s'est accrue grâce à ses verreries et à leur célèbre verre à bulles.

se promener

LE VIEUX VILLAGE

Il a gardé beaucoup d'authenticité. On en aura un bon aperçu en suivant le parcours fléché dans la ville : celui-ci part du Syndicat d'initiative, passe sous la porte des Migraniers (grenadiers) et la porte de Tines, toutes deux du 16e s., et suit une série de ruelles anciennes.

Église

Le campanile et un joli pavage polychrome vous conduisent à cette église qui semble se cacher au bout de la place des Arcades. Reconstruite au 15e s., elle était décorée de peintures murales que l'évêque de Grasse fit effacer en 1699 pour indécence ! Un chef-d'œuvre attribué à Louis Bréa y figure : le **retable du Rosaire★** *(revers de la façade)*. Précieusement rehaussée d'or, la Vierge de Miséricorde protège les clercs et les laïques de son manteau tenu par de ravissants anges ; parmi les 7 autres compartiments, Marie-Madeleine éblouit par sa grâce.

Observez les visages du retable du Rosaire : celui de la Vierge est empreint de noblesse et de dignité ; remarquer la richesse des détails dans une composition équilibrée, dominée de rouge et d'or.

Un autre beau retable attribué à Canavesio, qui avait épousé une Biotoise, représente le **Christ aux plaies**, entouré des instruments de la Passion. Au-dessus du panneau figurent la Flagellation, les Outrages et la Résurrection.

visiter

Musée national Fernand-Léger★★

Au Sud-Est du village, un peu à l'écart de la D 4 (fléchage). ♿ *Juil.-août : tlj sf mar. 10h30-18h ; avr.-juin : tlj sf mar. 10h-12h30, 14h-18h ; oct.-mars : tlj sf mar. 10h-12h30, 14h-17h30. Fermé 1er janv., 1er mai et 25 déc. 4€ (enf. : gratuit), gratuit 1er dim. du mois.* ☎ *04 92 91 50 30.*

Ce sobre édifice a été conçu en 1960 par Andreï Svetchine dans la propriété du Mas Saint-André que Fernand Léger (1881-1955) avait achetée peu avant sa mort soudaine. Il contient les 348 œuvres léguées à l'État par l'épouse du peintre, Nadia Léger. Celles du parc, en céramique et en bronze, illustrent la variété des modes d'expression de l'artiste.

La façade principale est recouverte d'une immense **mosaïque** (près de 500 m²) aux couleurs vives, conçue pour décorer le stade de Hanovre et qui célèbre les sports. Un épais vitrail en dalle de verre éclaire l'entrée. Des céramiques originales illustrent ensuite la création de F. Léger durant les années 1950-1955 dans l'atelier Brice à Biot.

Un grand nombre de **tableaux** permettent de saisir l'évolution du peintre de 1905 à sa mort. Après des débuts impressionnistes (*Portrait de l'oncle* et *Le Jardin de ma mère*), Cézanne l'influence de façon déterminante (*Étude pour la femme en bleu* [1912] et *14 juillet*). Entre les deux guerres, il cultive les constructions géométriques (*Le Grand Remorqueur,* 1923) et les oppositions d'à-plats de couleurs pures, comme dans l'insolite *Joconde aux clés* (1930). L'*Étude pour Adam et Ève* (vers 1934) affirme désormais son indifférence pour les traits des personnages, soumis aux seules exigences de l'ensemble de la composition. Par une nouvelle mutation (1942), Léger libère la couleur du dessin qui la cernait jusqu'alors dans un décalage qui contribue à la rigoureuse composition (*Plongeurs polychromes*). Après 1945, les œuvres de F. Léger expriment, par leur composition, sa formation d'architecte et, par leurs sujets, ses préoccupations sociales : il dépeint la guerre qui l'a blessé, la civilisation industrielle, la ville, la modernité, la vie (*Campeur, Grande Parade sur fond rouge*). Son œuvre la plus significative à ce titre est *Les Constructeurs* en 1950.

Les grandes mosaïques extérieures ont été réalisées d'après des dessins originaux de l'artiste, dont un projet prévu pour la Triennale de Milan et une reprise des *Oiseaux sur fond jaune.*

ARCHITECTURE

L'architecte Andreï Svetchine, fils d'un général russe et élève aux Arts décoratifs de Nice, exerça ses talents dans la création de demeures de la Côte : la villa de Marc Chagall, le musée Fernand-Léger... Il remania la Colombe d'Or à St-Paul et, à la fin de sa carrière, en 1984, présida à la restauration de la cathédrale orthodoxe de Nice.

Musée de Biot

Juil.-sept. : tlj sf lun. et mar. 10h-18h ; oct.-juin : tlj sf lun. et mar. 14h-18h. Fermé j. fériés. 2€, gratuit 1er dim. du mois. ☎ *04 93 65 54 54.*

Aménagé dans les vestiges de la chapelle des Pénitents-Blancs, encore dominée par un clocheton à trois pans, il évoque les épisodes les plus importants de l'histoire de Biot. Remarquer, en particulier, une collection de fontaines d'appartement du 19e s., caractérisées par leur émail jaune marbré de vert et de brun, une série de jarres frappées des marques des anciens maîtres potiers ▶ ainsi qu'une cuisine biotoise reconstituée.

CÉRAMIQUE BIOTOISE

La fabrication de jarres à Biot remonte à l'époque des Phocéens. Au Moyen Âge, Biot se rendit célèbre par sa production de grandes jarres vernissées qui servaient au transport et à la conservation de l'huile. De nos jours, quelques ateliers en produisent encore, ainsi que des poteries, des grès d'ornement et des pièces d'orfèvrerie.

Bonsaï arboretum

Chemin du Val-de-Pôme, 100 m au Sud du musée Fernand-Léger. ♿ *Avr.-sept. : tlj sf mar. 10h-12h, 15h-18h30 ; oct.-mars : tlj sf mar. 10h-12h, 14h-17h30. 4€.* ☎ *04 93 65 63 99.*

Vous découvrirez une impressionnante quantité et variété de ces arbres miniatures au cours d'une promenade dans un univers japonais de 3 000 m², qui pourra se prolonger par une tasse de thé. Également d'autres plantes exotiques, à voir... et à acheter.

Bormes-les-Mimosas★

Dans un site★ enchanteur, proche de la mer, à l'entrée de la forêt du Dom, Bormes-les-Mimosas est la station dédiée au farniente et au plaisir des sens. Eucalyptus, cyprès, lauriers-roses, anthémis et surtout mimosas exhalent leurs effluves dans ce vieux village étagé sur le flanc des Maures. La Provence y est en fête, comme en février avec le corso fleuri de mimosas.

La situation

Carte Michelin Local 340 N7 - Schéma p. 228 - Var (83). La commune possède 17 km de plages qui s'étendent du Lavandou à l'anse de Brégançon : La Favière avec son port de plaisance (850 bateaux), baie du Gaou, cap Bénat (privée), Cabasson, Léoube... et des criques à découvrir par le sentier du littoral. *Pl. Gambetta, 83230 Bormes-les-Mimosas, ☎ 04 94 01 38 38.*

Jaune sur fond bleu : ce sont les couleurs de Matisse, et le bel apparat du mimosa.

Le nom

Bormo désignait pour les Gaulois une divinité des eaux chaudes, mais il n'y a pas d'eaux thermales ici... et pas de Gaulois non plus. Or, en ligure, *bor* signifie « hauteur », ce qui convient mieux à la topographie comme à l'histoire des lieux. On accola « les-Mimosas » à Bormes au début du siècle, et on officialisa l'appellation en 1968 pour attester de la culture florale de la ville.

Les gens

6 324 Borméens. Bormes, terre de gauchos ? En tout cas, deux Borméens jouèrent un rôle au 19e s. lors des guerres d'indépendance en Amérique du Sud : il s'agit de H. Mourdeille (1758-1807), qui chassa les Espagnols de Montevideo, et de H. Bouchard (1780-1837), qui organisa la marine de guerre argentine. En leur mémoire, Bormes célèbre chaque année, le 9 juillet, la fête nationale argentine.

se promener

Vieilles rues★

En contrebas de l'église s'étend le vieux Bormes qui a conservé son caractère merveilleusement provençal. Plusieurs passages couverts (appelés ici *cuberts*) où se tenaient, abritées du soleil, les réunions de voisinage ponctuent la promenade. De nombreuses ruelles en pente dévalent depuis la hauteur du château.

Place St-François

Sur la place trône la statue de saint François de Paule, moine calabrais qui aurait délivré le village de la peste en 1481. Face à la statue, trapue et entourée de noirs cyprès, la chapelle St-François fut érigée au 16e s.

« Casse-cou ? »
Telles sont les ruelles raides de Bormes, notamment celle du Rompi-Cuo (en provençal « casse-... derrière »), revêtues de dalles lisses séparées par une rigole centrale.

Bormes... pour une fois sans mimosas. Mais ceux-ci ne sont pas loin et illuminent de leurs tâches d'or la cité de Jean Aicard.

carnet pratique

Restauration

• À bon compte

La Ferme des Janets – *378 chemin des Janets, RN 98 - ☎ 04 94 71 45 11 - fermejanets@free.fr - fermé 2 janv. au 11 fév., lun. soir, mar. soir, jeu. soir et mer. de nov. à fin mars - 15€ déj. - 20/38€.* Un petit chemin longe les vignes, passe sous les chênes-lièges, les cyprès, les lauriers et rejoint ce mas où sont élevés canards et poulets. Vous profiterez de la belle terrasse verdoyante et du jeux de boules après un repas aux accents campagnards.

• Valeur sûre

Lou Portaou – *r. Cubert-des-Poètes - ☎ 04 94 64 86 37 - fermé 15 nov. au 20 déc., mar. hors sais. et le midi en juil.-août - réserv. obligatoire - 28,20€.* Installé dans une tour de guet du 12e s. du village, ce restaurant joue la carte de l'authenticité. Dans ses salles en pierres apparentes décorées d'objets et de meubles anciens ou sur sa terrasse, le patron sert une cuisine aux accents du pays.

Hébergement

• Valeur sûre

Le Grand Hôtel – *167 rte du Baguier - sortie N de Bormes, dir. Collobrières - ☎ 04 94 71 23 72 - grand.hotel@libertysurf.fr - P - 50 ch. : 32/92€ - ☕ 7€.* Il règne une ambiance délicieusement surannée en ce grand hôtel de 1903 bâti à flanc de colline, sur les hauteurs de la ville. Les chambres, d'ampleur variée, possèdent pour la plupart un balcon d'où l'on peut contempler à loisir le littoral varois.

Hôtel Les Palmiers – *Chemin du Petit-Fort - 8 km au S de Bormes - ☎ 04 94 64 81 94 - les.palmiers@wanadoo.fr - fermé 15 nov. au 31 janv. - P - 17 ch. : 85/116€ - ☕ 9€ - restaurant 26/45€.* Dans une zone résidentielle, non loin de la plage et du fort de Brégançon, cet hôtel jouit d'une grande tranquillité. Ses chambres ont pour la plupart de grands balcons. Le restaurant ouvre sur une terrasse verdoyante où l'on sert en été. Demi-pension obligatoire en saison.

Achats

Marchés – Mardi au Pin-de-Bormes, mercredi au vieux village, samedi (sais.) à la Favière.

Calendrier

Corso – Entre fin janvier et début mars, la Côte d'Azur est animée par une multitude de défilés de chars, les corsos, dans les rues de Cannes, Menton, Nice, Tourettes-sur-Loup et bien sûr Bormes-les-Mimosas. Corso du mimosa (3e dimanche de fév.).

À droite de la chapelle, le vieux cimetière est envahi par une végétation exotique : parmi des tombes du 18e s. s'élève un monument à la mémoire du peintre Jean-Charles Cazin, qui affectionnait particulièrement ce site.

Terrasse

Située devant la chapelle, elle offre une belle **vue** sur la rade de Bormes et le cap Bénat. À l'extrémité, on aperçoit la tour ronde d'un vieux moulin.

Église St-Trophyme

Elle s'élève à 200 m de l'hôtel de ville. C'est un robuste ▶ édifice du 18e s. à 3 nefs, d'inspiration romane. À l'intérieur, les piliers portent 6 bustes reliquaires en bois doré, de la même époque. Chemin de croix : 14 peintures à l'huile d'Alain Nonn (1980).

De l'heure du jour à l'heure de Dieu

Telle est la traduction de la devise du cadran solaire sur la façade de l'église : « Ab hora diei ad horam Dei ».

Château

Près de l'église, en montant la route balisée « parcours fleuri » (le village a été primé plusieurs fois pour ses parterres de fleurs), on longe les vestiges – partiellement restaurés et habités – du vieux château (13e-14e s.) des seigneurs de Fos, qui domine le village. Au-delà, une terrasse offre un superbe **point de vue★** sur Bormes, sa rade, le cap Bénat, les îles de Port-Cros et du Levant.

visiter

Musée « Arts et Histoire »

65 r. Carnot. Juin-août : 10h-12h, 15h30-19h ; sept.-mai : tlj sf mar. 10h-12h, 14h30-17h30, dim. et j. fériés 10h-12h. Gratuit. ☎ 04 94 71 56 60.

Il évoque l'histoire de Bormes, du fort de Brégançon et du monastère de la Verne, et présente un siècle de peinture régionale, à travers notamment les œuvres de Cazin (1841-1901), peintre paysagiste et décorateur.

Par ailleurs, les vies aventureuses des deux héros borméens, H. Bouchard et H. Mourdeille, y sont retracées.

L'île trapue du fort de Brégançon ne se laisse pas aisément approcher : idéal pour des vacances présidentielles !

alentours

Présidentiel
Le fort est depuis 1968 la résidence estivale du président de la République. Si Georges Pompidou y vint, ce fut avec moins d'assiduité que Jacques Chirac, à qui le lieu doit rappeler ses vacances d'enfant, au domaine du Rayol.

Cap de Brégançon

À l'extrémité orientale de la rade d'Hyères s'avance un îlot rocheux dominé par une forteresse : c'est le **fort de Brégançon** *(on ne visite pas)*, rattaché par une passerelle au rivage du cap Bénat. Laissé à l'abandon au 18e s., il reçut un début de restauration de la part du jeune général Bonaparte avant d'être complètement restauré dans l'entre-deux-guerres. Ses parties les plus anciennes datent du 16e s. Depuis la plage jouxtant la clôture, on aperçoit le pont-levis et les deux tours crénelées.

Breil-sur-Roya

Blotti entre le sommet de l'Arpette (1 610 m) et la rivière, ce joli bourg n'est qu'à deux sauts de cabri de l'Italie, dont il a la couleur, le parfum et l'animation. Les amoureux de la nature et du sport pourront s'y ressourcer avant de descendre des gorges sauvages ou de gravir les montagnes qui l'environnent.

La situation

Carte Michelin Local 341 G4 – Schéma p. 287 – Alpes-Maritimes (06). Breil s'étend sur les deux rives de la Roya, élargie par un petit barrage. La vieille ville se presse sur la rive gauche. ℹ *Pl. Bianchéri, 06540 Breil-sur-Roya, ☎ 04 93 04 99 76 ou Office du tourisme de la Vallée de la Roya, Breil-sur-Roya, ☎ 04 93 04 99 90.*

Le nom

Issu du gaulois *brogilus*, il signifie « champ, enclos ». Allusion aux milliers d'oliviers qui entouraient jadis le village ou au méandre de la Roya qui semble enserrer le promontoire au pied duquel s'étend la bourgade d'aujourd'hui ?

Blotties sous la montagne de l'Arpette, les vieilles maisons de Breil n'ont d'autre choix que de s'étaler sur la mince bande de terre longeant la retenue de la Roya.

carnet pratique

TRANSPORTS

Accès en train – Les lignes françaises et italiennes de Nice et Vintimille vers Cunéo et Turin suivent les anciennes routes du sel et desservent la gare de Breil (Roya-Bévéra), ainsi que celles de Sospel et de Tende. Le voyage est particulièrement pittoresque.

RESTAURATION

• ***Valeur sûre***

Le Roya – *pl. Brancion - ☎ 04 93 04 47 38 - fermé lun. - ⊠ - 19,51/33,54€.* La découverte de ce charmant bourg vous a ouvert l'appétit ? Installez-vous donc sous les voûtes de cette petite salle de restaurant rustique, décorée de vieux pressoirs. Vous y dégusterez une cuisine traditionnelle, dans une ambiance sympathique.

HÉBERGEMENT

• ***À bon compte***

Le Roya – *Pl. Biancheri - ☎ 04 93 04 48 10 - 13 ch. : 41,16/48,80€ - ☕ 5,35€.* Dressée sur la rive gauche de la Roya, façade colorée abritant des chambres sans luxe mais bien tenues et équipées de vastes salles de bains ; celles avec vue sur la montagne et la rivière sont les plus plaisantes.

LOISIRS

A.E.T. Rando Nature – *Foussa - ☎ 04 93 04 47 64 - aetnature@infonie.fr - tte l'année sur réservation.* Canyoning, randonnées pédestres, via ferrata, rafting et gîte d'étape d'une capacité de 20 places en chambres de 2 à 6 personnes.

Roya Evasion – *1 r. Pasteur - ☎ 04 93 04 91 46.* Organisateur et accompagnateur, Roya-Evasion propose tous types d'activités de sports et loisirs : kayak, canyoning, rafting, randonnées pédestres, VTT, raquettes. Location de matériel.

CALENDRIER

« A Stacada » – Cette manifestation se déroule tous les 4 ans (la dernière a eu lieu en 2001) pour commémorer l'abolition du droit de cuissage par la révolte des habitants de Breil soumis à un tyran local au 14e s. Une partie de la population, parée de costumes médiévaux, traverse la cité. L'arrivée à l'improviste du seigneur permet à la population de demander réparation. Après de nombreuses courses poursuites dans les ruelles entre la garde turque du seigneur et les notables, ces derniers sont définitivement capturés et enchaînés, c'est-à-dire *a stacada*.

se promener

LE VIEUX VILLAGE

Ses charmantes ruelles serrées de demeures anciennes, colorées parfois de fresques en trompe l'œil, sa place à arcades, le clocher polychrome de l'église paroissiale et la façade Renaissance de la chapelle Ste-Catherine dénotent l'ancienne appartenance italienne de la ville, autrefois étape de la route Vintimille-Turin. Également, vestiges de remparts et de portes.

Église Sancta-Maria-in-Albis

Ce magnifique édifice baroque du 18e s. s'ouvre par de beaux vantaux sculptés. On peut y admirer les fresques qui ornent les voûtes (Assomption de la Vierge), un magnifique **buffet d'orgue** en bois sculpté et doré et, à gauche du chœur, un **retable** primitif (1500) consacré à saint Pierre, représenté en pape coiffé d'une triple tiare.

La magnificence du décor du buffet d'orgue (17e s.) est représentative du luxe affiché par la bourgeoisie locale dans les églises au 17e s.

visiter

Écomusée du Haut Pays

Juil.-sept. : jeu. et dim. 10h30-17h30. 2,29€. 04 93 04 46 91.

Intéressant raccourci de l'évolution du transport en commun dans le haut pays niçois depuis le début du siècle, ce musée se situe sur le terrain de la gare frontalière de Breil. Les activités agricoles et hydrauliques de la région sont également retracées.

À BON TRAIN !

Remarquer le tramway 1900, identique à ceux qui reliaient Menton et Sospel, et la locomotive à vapeur 141 R.

Brignoles

Ruelles et traverses, étroites et tortueuses, montantes ou descendantes dessinent le labyrinthe du vieux Brignoles, aujourd'hui quartier central d'une ville animée qui, prospère grâce à son importante foire et à l'exploitation de la bauxite, a depuis longtemps débordé le vieux tracé des remparts.

La situation

Carte Michelin Local 340 L5 – Var (83). Situé dans le bassin de la vallée du Carami, le vieux Brignoles occupe le versant Nord d'une petite colline surmontée de l'ancien château des com-tes de Provence. La ville nouvelle (zone industrielle à l'Ouest, lotissements partout ailleurs) se développe dans la plaine. Venant du Sud ou du Nord, on finit toujours par aboutir au grand parking, place des Augustins. Davantage de possibilités pour se garer en venant de l'Est.

10 r. Palais, 83170 Brignoles, ☎ 04 94 69 27 51.

Le nom

Brin et *on* (« prune bonne ») : ces deux mots d'origine celte ou ligure auraient donné Brignoles.

Les gens

12 487 Brignolais. Le duc de Guise n'y a sans doute jamais mis les pieds... mais il aurait grignoté quelques prunes de Brignoles avant d'être assassiné à Blois (sans qu'il y ait le moindre rapport de cause à effet). Réputées alors dans toutes la France, les prunes de Brignoles viennent aujourd'hui... de Digne !

se promener

LE VIEUX BRIGNOLES

Deux parcours sont balisés par des écussons : circuit des remparts (départ à l'hôtel de ville, pl. Carami), circuit intra-muros *(départ traverse Cavaillon).*

Au Sud de la place Carami, la rue du Grand-Escalier et ses voûtes, la rue St-Esprit, la rue des Lanciers, où se trouve une **maison romane** à fenêtres géminées, pénètrent dans le vieux Brignoles.

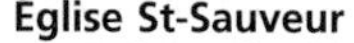

Détail de la porte de l'église St-Sauveur : panneau finement ciselé.

Église St-Sauveur

Dim. 9h30-13h, 18h-20h.

Elle présente à l'extérieur un beau portail du 12e s. encadré de colonnes ioniennes. À l'intérieur, nef de style gothique provençal et jolie porte de sacristie (16e s.). Le maître-autel est entouré de bois doré du 15e s. (sacrifice d'Abraham et distribution de la manne). Dans la chapelle de droite, **Descente de croix** de Barthélemy Parrocel, peintre mort à Brignoles en 1660.

BRIGNOLES

Carami (Pl.) 3
Cavaillon (Traverse) 4
Comtes de Provence (Pl. des) 6
Dr-Barbaroux (R. du) 8
Dréo (Av.) 9
Ferry (R. Jules) 12
Foch (Av. Mar.) 14
Grand Escalier (R. du) 15
Lanciers (R. des) 19
Liberté (Cours de la) 21
Mistral (Av. Frédéric) 22
Ottaviani (R. Louis) 25
Parrocel (Pl.) 26
République (R. de la) 28
St-Esprit (R.) 30
St-Louis (Bd) 32
St-Pierre (Pl.) 34
8 Mai 1945 (R. du) 38

Maison romane . . . . . E
Musée du Pays brignolais . . . . . M

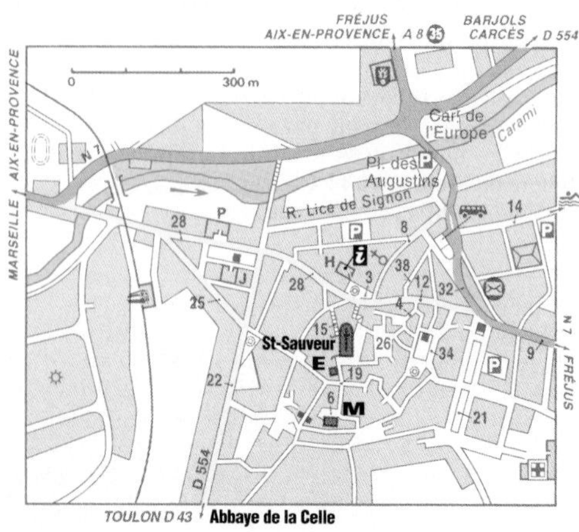

carnet pratique

Restauration

• À bon compte

La Remise – *4 av. de la Libération - 83890 Besse-sur-Issole - 15 km au SE de Brignoles par N 7 dir. le Luc et à droite sur D 13 - ☎ 04 94 59 66 93 - fermé lun. en juil. août - 13€ déj. - 15/20€.* Petite adresse sans prétention derrière une discrète façade postée à l'entrée du village. Décor empreint de sobriété : murs blancs égayés de quelques photos et tableaux. Cour-terrasse ombragée. En cuisine, visible de la salle, on prépare des plats simples à tendance régionale.

Hébergement

• À bon compte

Chambre d'hôte Château de Vins – *83170 Vins-sur-Caramy - 9 km de Brignoles par D 24, rte du Thoronet - ☎ 04 94 72 50 40 - chateau.de.vins@wanadoo.fr - fermé nov. à avr. - 5 ch. : 46/66€.* Ce bel édifice du 16e s. cantonné de quatre tours abrite des chambres sobrement aménagées ; toutes portent des noms de musiciens. Rénové avec passion par un dynamique propriétaire, il accueille activités culturelles, stages de musique, expositions et concerts estivaux.

• Valeur sûre

La Cordeline – *14 r. des Cordeliers - ☎ 04 94 59 18 66 - lacordeline@ifrance.com - réserv. obligatoire - 5 ch. : 61/91,50€ - repas 23€.* Ravissante maison de maître du 17e s., havre de bien-être en pleine ville. Beaux meubles anciens dans les chambres, toutes équipées de salles de bains neuves et d'un petit salon. Dès les premiers jours de soleil, le charme de la terrasse sous la treille est inégalable.

Achats

Foire de l'Agriculture – Cette foire-exposition, créée en 1921, est consacrée aux vins du Var et de la Provence, au miel, aux olives et à l'huile d'olive, etc. Elle a lieu pendant une dizaine de jours au mois d'avril.

Spécialités – On trouve encore des bonbons et des confitures aux prunes dans de nombreuses boutiques de la ville.

Musée du Pays brignolais

Avr.-sept. : tlj sf lun. et mar. 9h-12h, 14h30-18h, dim. 9h-12h, 15h-18h ; oct.-mars : tlj sf lun. et mar. 10h-12h, 14h30-17h, dim. 10h-12h, 15h-17h. Fermé 1er janv., Pâques, 1er mai, 1er nov. et 25 déc. 4€. ☎ 04 94 69 45 18.

Il est établi dans l'ancien palais des comtes de Provence (en partie du 12e s.) dont la tour domine la ville *(table d'orientation)*. Art religieux dans l'ancienne chapelle, reconstitutions d'une cuisine provençale du 18e s. et d'une galerie de mine de bauxite. La barque en ciment est due à Joseph Lambot, inventeur du ciment armé ! À l'étage, peinture religieuse et profane des peintres brignolais Barthélemy et Joseph Parrocel, et de Montenard (1849-1926). La **crèche animée**, fabriquée selon la tradition provençale, date de 1952.

Païen ou chrétien ?

Le sarcophage de la Gayole★ (2e s.), présenté dans le musée, serait le plus ancien monument chrétien de Gaule, mais l'iconographie (pêcheur, ancre, berger ramenant une brebis, arbres du jardin céleste, soleil personnifié) est encore marquée par la tradition polythéiste gréco-romaine.

alentours

Abbaye de La Celle

Quitter Brignoles par la D 554, au Sud, puis prendre à droite la D 405. Avr.-sept. : visite guidée (3/4h) 9h-12h, 14h30-18h ; oct.-mars 9h-12h, 14h-16h, w.-end 10h-12h, 14h-17h. Fermé 1er janv., 1er mai, 1er et 11 nov., 24-25 et 31 déc. 2,29€. ☎ 04 94 59 19 05.

On visite les ruines du cloître, la salle capitulaire et le réfectoire. Avec sa nef unique en cul-de-four, l'austère chapelle romane a une allure de forteresse. Elle est devenue l'**église paroissiale**. Le Christ sculpté est d'un réalisme saisissant.

Scandale au couvent

Monastère fondé au 6e s., érigé en abbaye au 11e s., ce couvent de bénédictines attire les filles de la haute noblesse provençale. Aux 16e et 17e s., sa réputation change de nature : les religieuses se distinguent « par la couleur de leur jupon et le nombre de leurs galants » ; le scandale cause en 1660 le transfert à Aix de la communauté, sur ordre de Mazarin, abbé commendataire. Le couvent déclinera jusqu'en 1770.

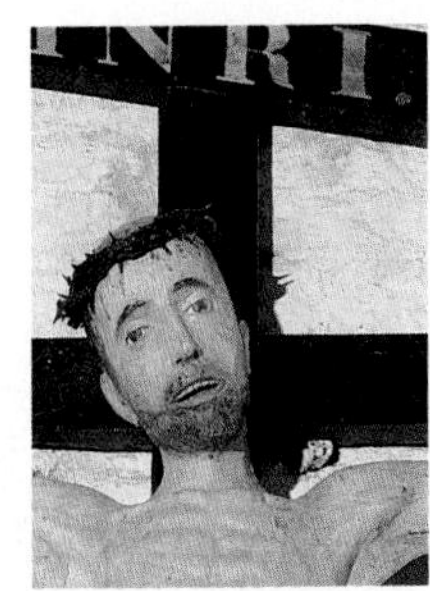

Le réalisme saisissant de cette sculpture du Christ dans l'église paroissiale est d'autant plus étonnant que l'œuvre date du début du 15e s. !

circuits

PAYS BRIGNOLAIS★ 1

56 km – environ 3h. Quitter Brignoles au Nord par la D 554.

Le Val

À voir au Val
Dans l'église romane du Val, belles **fresques** du 18e s.
Peintures et sculpture de Le Couëdic, élève de Dali (façade de l'**Hôtel des Vins**, jardin-théâtre).
Statue de « Vierge à l'enfantement » (enceinte) au musée d'Art sacré.

En bordure de l'ancienne voie Aurélienne, Le Val regroupe ses maisons étroites au caractère provençal préservé, autour d'un délicat campanile en fer forgé du 18e s. « Maison de Ville » à la belle façade romane *(rue Niel)* et vieux lavoir *(sortie Est)*.

La longue pièce voûtée de l'ancien four banal (12e s.) abrite le **musée du Santon** : santons de Provence et d'ailleurs (Venise, Israël, Amérique latine et Afrique noire), en verre filé de Venise, en mie de pain de Quito, etc. *Juil.-août : visite guidée (1h) 9h30-12h30, 14h30-18h30 ; sept.-juin : 9h-12h, 14h-18h. Fermé 1er janv. et 25 déc. 2€. ☎ 04 94 37 02 21/22.*

Dans la chapelle des Pénitents-Noirs (16e s.), **musée d'Art sacré** : ex-voto, statues, vêtements sacerdotaux brodés. *Mêmes conditions de visite que le musée du Santon.*

Le **musée de la Figurine historique** présente des jouets anciens (certains datent de 1850), des figurines historiques et quelques uniformes militaires anciens. Dioramas de l'époque napoléonienne et planches anciennes de soldats en papier. *Tlj sf lun. 10h-11h30, 14h-17h. Fermé 1er janv. et 25 déc. 2€. ☎ 04 94 37 02 28/21.*

Prendre la D 562 au Nord-Est.

Carcès

Lac de Carcès
Rendez-vous des pêcheurs et de la fraîcheur, ce plan d'eau de 60 ha, créé en 1936, retient 8 millions de m³ destinés à alimenter en eau potable Toulon et d'autres communes de la côte. Abords boisés (pins). À l'extrémité Sud, **vue** sur les collines avoisinantes.

Ses maisons aux longs toits plats couvrent une petite colline dominée au loin par le sommet du Gros Bessillon. Certaines façades sont couvertes d'écailles en faïence de Salernes, une rareté très varoise. Carcès produit de l'huile et du miel et possède de grandes caves de vinification.

À la sortie de Carcès, la D 13 *(direction Cabasse)* longe la rive du Carami qui court sous les arbres ; à 2 km, fraîche **cascade** en plusieurs sauts *(sentier balisé)*.

Poursuivre la D 13.

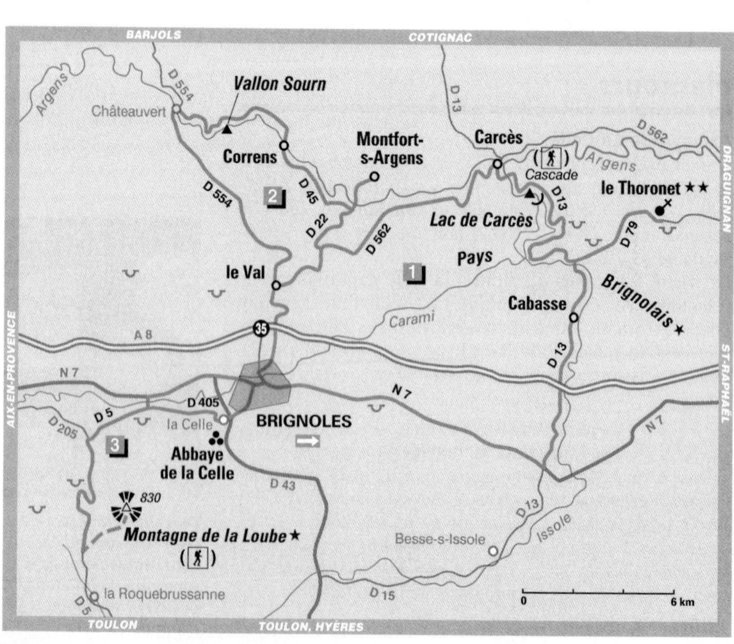

Les façades de tuiles vernissées qui donnent un charme si particulier aux rues de Carcès servent à protéger les maisons du mistral en hiver.

Après le lac de Carcès, un détour par la D 79 conduit à l'**abbaye du Thoronet★★** *(voir ce nom).*

Revenir à la D 13 et à la vallée de l'Issole à gauche.

Cabasse

Sur la route des vins des Côtes-de-Provence, menhirs et dolmens avoisinent ce village à la place ombragée, dotée d'une fontaine en forme de vasque. La nef latérale de l'**église St-Pons** (16e s.) présente des culs-de-lampe en forme de visages grotesques ou empreints de douceur. Le **maître-autel★** en bois doré est d'inspiration Renaissance espagnole. *S'adresser au bar pl. de l'église.*

Continuer sur la D 13 puis tourner à droite dans la N 7 qui ramène à Brignoles.

VALLON SOURN 2

39 km – environ 1h. Quitter Brignoles par le Nord (D 554). Au Val, prendre à droite la D 562, puis à gauche, la D 22.

Montfort-sur-Argens

Ancienne commanderie de templiers, le village a gardé ses remparts et les ruines d'un château féodal d'aspect farouche : deux tours carrées percées de fenêtres à meneaux et un bel escalier à vis (15e s.). Le terroir produit d'excellentes pêches et du raisin.

Rebrousser chemin jusqu'au carrefour de la D 45 et remonter la vallée de l'Argens (à droite).

Correns

Charmant village à cheval sur l'Argens. Nombreuses fontaines, vieux château dont le donjon a conservé ses gargouilles. On y produit et on y boit un bon vin blanc.

Vallon Sourn

Som (prononcer *soum*) signifie « creux » en provençal. La haute vallée de l'Argens, ombragée et fraîche, s'encaisse entre de belles falaises. Les grottes servirent de refuge durant les guerres de Religion.

À Châteauvert, la D 554 (à gauche) ramène à Brignoles.

randonnée

Montagne de la Loube★ 3

14 km au Sud-Ouest – environ 3h. Quitter Brignoles par la D 554. À La Celle, la D 405 conduit à la D 5 qu'on descend vers le Sud. 1 km avant la Roquebrussanne, laisser la voiture sur la gauche.

2h à pied AR par la petite route interdite aux véhicules. Très verte et fleurie au printemps, cette route longe ou surplombe des roches dolomitiques où l'érosion a parfois sculpté d'étranges silhouettes d'apparence animale ou humaine.

La bauxite
Les environs du Thoronet et de la montagne de la Loube sont rougis par l'oxyde de fer de nombreuses mines de bauxite. L'extraction de cette roche, baptisée d'après les Baux-de-Provence et source du minerai d'aluminium, fut jusque dans les années 1970 une activité majeure de la région.

Pour finir l'excursion, grimper sur les rochers près des installations d'un relais de télécommunication (escalade facile). Au sommet (alt. 830 m), intéressant **panorama**★ : dans les plaines, les cultures découpent des rectangles multicolores sertis de chaînons arides, et au flanc des collines, au milieu des pins et des chênes, apparaît le rouge des carrières de bauxite. Au Nord, au-delà de la vallée du Carami, on découvre les collines de la Provence intérieure ; à l'Est, les Alpes ; au Sud, les montagnes qui dominent Toulon et à l'Ouest, la longue chaîne de la Ste-Baume.
Rentrer à Brignoles par la D 5 et la N 7.

La Brigue

Hébergement
Le Pra-Réound – *Chemin St-Jean - sur D 43 sortie du village après la maison Adapeï - ☎ 04 93 04 65 67 - fermé 20 nov. au 1er mars - ⊠ - 6 ch. : 26,50/34€ - ☕ 4,50€.* Les randonneurs apprécient cette petite adresse postée aux portes d'un charmant village montagnard. Chambres de style motel, bénéficiant toutes d'une terrasse avec vue sur les cimes enneigées. Cuisine équipée à disposition, pour préparer petits-déjeuners et en-cas.

Ce charmant village montagnard entouré de vergers s'allonge dans le vallon de la Levense qui s'ouvre sur le spectacle du mont Bégo. Ancienne seigneurie des Lascaris du 14e au 18e s., La Brigue représente, avec Notre-Dame-des-Fontaines, située à 4 km, un haut lieu de l'art primitif niçois.

La situation

Carte Michelin Local 341 G3 – Schéma p. 287 – Alpes-Maritimes (06). En venant de Saint-Dalmas-de-Tende, traversez le pont roman qui enjambe le torrent. Vous arrivez dans La Brigue et bénéficiez alors de la plus belle vue sur le mont Bégo.

Le nom

Du ligure *brik*, il signifie, à juste titre ici, « hauteur fortifiée ».

Les gens

595 Brigasques. Tout ce que l'on sait d'eux, c'est qu'ils mangent bien et apprécient tout particulièrement la truite de leur rivière !

Des arcades, de hautes parois : déjà alpine, toujours méridionale, l'austérité secrète du haut pays nissart à La Brigue.

se promener

Vieux village

Au pied des ruines du château et de la tour, de nombreuses maisons médiévales en schiste vert de la Roya présentent de remarquables linteaux armoriés, historiés, ou encore à arcades. De part et d'autre de l'église paroissiale, deux chapelles de pénitents du 18e s. : à droite, la **chapelle de l'Assomption** dresse une façade baroque flanquée d'un gracile clocher génois. Elle abrite le trésor de la collégiale. À gauche, la **chapelle de l'Annonciation**, de plan hexagonal, abrite une collection d'ornements sacerdotaux.

Visite
Chapelles de l'Assomption et de l'Annonciation – *Visite guidée sur demande à l'Office de tourisme. ☎ 04 93 04 36 07.*

Collégiale St-Martin★

Cette église paroissiale, ornée de bandes lombardes, est dominée par un beau clocher carré de la fin du 15e s. Le portail, surmonté d'un encadrement et d'un linteau du 16e s., ouvre sur une nef somptueusement décorée d'or à l'italienne. Outre le buffet d'orgue du 17e s. (réhabilité au 19e s. par des facteurs d'orgues italiens) et les fonts baptismaux de marbre blanc, on est ébloui par le très bel ensemble de **peintures de primitifs niçois★**. En entrant dans le bas-côté droit : une Crucifixion dans le style de celle de Louis Bréa à Cimiez ; le retable de Ste-Marthe : s'il présente quelques maladresses, la prédelle amuse par l'interprétation provençale de la vie de la sainte ; le Martyre de saint Érasme, d'un réalisme cruel qui surprend chez le doux Louis Bréa ; du même peintre, on voit un peu plus loin le beau retable de l'**Adoration de l'Enfant**, et enfin le panneau central d'un triptyque de la même école représentant l'Assomption de la Vierge, entourée d'anges ravissants.

Dans la première chapelle de gauche, admirer le triptyque de 1507 de l'Italien Fuseri, **Notre-Dame-des-Neiges**, inséré dans une superbe boiserie baroque du 18e s.

Remarquer
La barque qui transporte sainte Marthe à Marseille est devenue ici un vaisseau de haut bord *(prédelle du retable)* !

alentours

Chapelle Notre-Dame-des-Fontaines★★

4 km à l'Est par la D 43. Juin-sept. : visite guidée mar. et jeu. 15h-17h. S'adresser à l'Office du tourisme de La Brigue.

N.-D.-des-Fontaines est isolée dans le vallon du Mont-Noir, non loin du fascinant mont Bégo, et domine l'un des nombreux torrents de la région. En montant au mont Saccarel (2 200 m), on voit la frontière avec l'Italie.

Ce lieu miraculeux était déjà fréquenté au 2e ou au 3e s. comme l'atteste un premier sanctuaire des eaux, remplacé par une chapelle (dont il reste le chœur du 12e s.), à laquelle succéda celle de N.-D.-des-Fontaines (14e s.). Elle matérialise la réalisation du vœu des Brigasques de voir les sources, alors taries, couler à nouveau. Elle fait toujours l'objet d'un pèlerinage très suivi dans la région. Avant sa surélévation au 18e s. qui la dota de sept fenêtres hautes, elle fut agrandie au 15e s. pour recevoir en 1492 une extraordinaire décoration picturale : on a en effet le souffle coupé devant la beauté et la profusion des **fresques** qui ornent entièrement la chapelle.

Détail de la Passion du Christ, par Jean Canavesio.

Les fresques★★★ – **Jean Baleison**, meilleur artiste représentatif du gothique dans cette région des Alpes, a peint le chœur, consacré à la gloire de la Vierge. La voûte est revêtue des quatre évangélistes. Son style se reconnaît à la délicatesse, la légèreté et la grâce de ses personnages, comparables à ceux des fresques de Venanson. À travers la Passion *(nef)* et le Jugement dernier *(revers de la façade)*, le grand talent du primitif renaissant **Jean Canavesio** s'exprime d'une manière tout autre : dramatique, sombre et réaliste. Son art exubérant, s'il est encore d'inspiration gothique, s'affirme dans un dessin plus nerveux et un meilleur sens de l'espace.

Catéchisme
Les images des fresques devaient raviver la foi dans ces contrées excentrées, d'où le style burlesque, macabre ou poétique de ces scènes pleines de vie et d'anecdotes précieuses sur l'époque.

Une certaine interprétation du texte biblique semble être proposée à travers les détails ponctuels de ses compositions complexes. Ces anomalies peuvent dissimuler une critique pré-réformiste de la papauté (représentée par Pierre), alors avide de pouvoir politique et temporel (le couteau), attachée à son confort physique et peu soucieuse de purification (symbolisée par l'eau).

Dans la scène du lavement des pieds, Judas est en revanche le seul à ôter ses sandales, comme désireux d'être lavé de ses péchés, et quand il est pris de remords, il marche pieds nus. Chef-d'œuvre effroyable, Judas pendu et éventré (selon les deux versions de sa mort) exhibe ses viscères dédoublés (deux cœurs, deux foies, deux intestins), traduction probable de son double destin : de traître, nécessaire à l'accomplissement des Écritures, et de pécheur repenti, qui annonce le pardon du Christ.

Observer
Infidélités au texte biblique dans les scènes de la Passion : Simon-Pierre, représenté brandissant un grand couteau lors de la Cène et un cimeterre, ou sabre oriental, lors de l'arrestation de Jésus ! Au jardin des Oliviers, il dort allongé (et non assis) et, lors du reniement, il est surpris en train de se réchauffer la plante des pieds ! Lorsque Jésus s'apprête à les lui laver, ceux-ci restent curieusement à la surface de l'eau.

Cabris★

TURBULENTE
Cabris évoque le nom de sa marquise, la sœur de Mirabeau. La Révolution fut pour elle l'occasion de renforcer ses droits seigneuriaux, ce qui provoqua, quatre ans plus tard, la destruction du château par les habitants révoltés.

Ce charmant village perché du haut pays grassois s'inscrit dans un admirable site★ : sur le rebord de la haute Provence naissante, il regarde le bleu du lac de St-Cassien et celui de la mer à 20 km. Vous aimerez y lézarder, comme le firent naguère des écrivains et aujourd'hui les artisans, avant la saison touristique. Pour la fraîcheur, la grotte des Audides voisine sera idéale.

La situation

Carte Michelin Local 341 C6 – Alpes-Maritimes (06). À deux pas de Grasse, sur la route de St-Cézaire.
9 r. Frédéric-Mistral, 06530 Cabris, ☎ 04 93 60 55 63.

Le nom

Cabris est dérivé du latin *capra* qui signifie « chèvre ».

Les gens

1 472 Cabriencs. La mère de Saint-Exupéry vécut à Cabris, raison pour laquelle la place centrale du village porte le nom de l'aviateur-écrivain, dont le souvenir est commémoré chaque année le 1er dimanche d'août.

se promener

UN MURILLO ?
Ne vous y trompez pas, le tableau derrière l'autel est une copie.

Église

◄ Située tout en haut du village, elle date du 17e s. comme sa chaire sculptée en bois polychrome et, sous la tribune, son retable rustique.

VOIR AUSSI
Les chapelles Ste-Marguerite *(rte de Grasse)* et St-Jean-Baptiste *(à l'Ouest du village).*

Ruines du château

Il en reste un mur d'enceinte et une plate-forme, d'où ◄ la **vue★★** est sublime : à gauche sur Mougins et les collines qui se prolongent jusqu'au Cannet, le golfe de la Napoule et les îles de Lérins ; en face, sur Peymeinade, les croupes du Tanneron et de l'Esterel ; plus à droite, sur le lac de St-Cassien avec les Maures au loin.

alentours

Grotte des Audides

À la sortie de Cabris, prendre la D 4 en direction de St-Vallier-de-Thiey sur 4 km. L'entrée se situe en contrebas à gauche en venant de Cabris. Il est conseillé d'être chaussé contre la pluie. Juil.-août : visite guidée (40 mn) 10h-18h ; avr.-juin et sept. : tlj sf lun. et mar. 14h-17h ; oct.-mars : sur demande. Fermé 1er jan., Ascension et 25 déc. Grottes 5€, parc 3€ (enf. : 3€, 2,5€). ☎ 04 93 42 64 15.

PRÉHISTORIQUE
Les grottes étaient habitées dès l'aube de l'humanité comme l'attestent les outils taillés, fossiles et ossements retrouvés. On pourra les découvrir dans le parc aménagé à l'extérieur où des scènes reconstituent la vie des premiers hommes.

◄ Six gouffres ont été découverts en 1988. Sur 60 m de profondeur – le tiers de ce qui a été exploré –, on découvre le beau paysage géologique d'un aven en pleine activité de concrétion, avec son cours d'eau souterrain. Belles concrétions, « méduses géantes » et stalagmites, lapiaz géants, calcaires ruiniformes, etc. Un courant d'air permanent maintient une agréable aération.

carnet pratique

HÉBERGEMENT

• *À bon compte*

Chambre d'hôte Mme Faraut – *14 r. de l'Agachon - ☎ 04 93 60 52 36 - fermé 15 oct. au 1er avr. - ⊠ - 5 ch. : 46/52€.* Empruntez les ruelles du village et faites étape dans cette maison ancienne à la façade jaune. Vous y trouverez des chambres blanches, sobres, au calme. Certaines d'entre elles ainsi que le salon disposent d'une jolie vue sur le massif de l'Esterel et le lac de St-Cassien.

• *Valeur sûre*

Chambre d'hôte Villa Loubéa – *970 chemin Daou-Riba - 06530 Spéracèdes - 1,5 km au SO de Cabris - ☎ 04 93 60 63 80 - ouv. d'oct. à avr. - ⊠ - 5 ch. : 76,22/82€.* On ne peut rêver panorama plus exceptionnel sur la côte, de cap Martin à St-Tropez, que depuis cette villa plantée sur un coteau au milieu des pins. Les chambres, aménagées avec goût, profitent toutes de la vue. Joli jardin en terrasses.

Cagnes-sur-Mer★

Cagnes est bâti dans un paysage de collines, que couvrent oliviers, cyprès, palmiers, agrumes et cultures florales (œillets, roses, mimosas). La ville haute est la terre d'élection des peintres, attirés par le charme du site et la luminosité de l'atmosphère.

La situation

Carte Michelin Local 341 D6 - Alpes-Maritimes (06). Trois villes en une : le Haut-de-Cagnes médiéval, Cagnes-Ville, moderne et commerçante, et le Cros-de-Cagnes, station balnéaire (2 km de plage de galets) et village de pêcheurs, coupé du reste de la ville par les voies à grande circulation reliant Nice à Cannes. *Centre-ville : 6, bd Mar.-Juin, 06800 Cagnes-sur-Mer, ☎ 04 93 20 61 64. Cros-de-Cagnes : 20 av. des Oliviers, Cagnes-sur-Mer, ☎ 04 93 07 67 08.*

Le nom

Du celte *kan*, « lieu habité sur une colline arrondie ». Au 18e s., une interprétation d'après le latin *canis* (*canh* en occitan) fit placer un chien sur le blason de la ville !

Les gens

43 942 Cagnois. Le peintre impressionniste Renoir adopta la ville où il vécut de 1903 à sa mort en 1919.

Dès les beaux jours, turfistes et amateurs se pressent dans les tribunes de l'hippodrome de Cagnes où se disputent des courses de niveau national.

comprendre

Les Grimaldi de Cagnes – Le château fort de Cagnes est élevé en 1310 par Rainier Grimaldi, souverain de Monaco, amiral de France et seigneur de Cagnes. En 1620, le bâtiment est transformé par Henri Grimaldi en une demeure magnifiquement décorée. Henri décide son cousin, Honoré II de Monaco, à renoncer au protectorat espagnol et à se mettre sous la protection française (traité de Péronne, 1641). Choyé par Louis XIII et Richelieu, Henri mène à Cagnes une vie fastueuse. Mais à la Révolution, le Grimaldi en place est chassé par les habitants et doit se réfugier à Nice.

VISITE
Visites guidées – L'Office de tourisme fait découvrir la ville dim. 15h-16h30. Mai-sept. : visite suppl. dim. 16h30-18h. 3€.

se promener

HAUT-DE-CAGNES★

Accès à pied, par la montée de la Bourgade.

Le bourg★

Près de la tour de l'Église s'ouvre une porte ogivale, dite **porte de Nice**, datant du 13e s. Entouré de remparts et dominé par le château médiéval, le bourg invite à flâner dans les rues en calades, les escaliers et passages sous voûtes. Nombreuses maisons datées du 15e au 17e s. (notamment, près du château, maisons à arcades de la Renaissance).

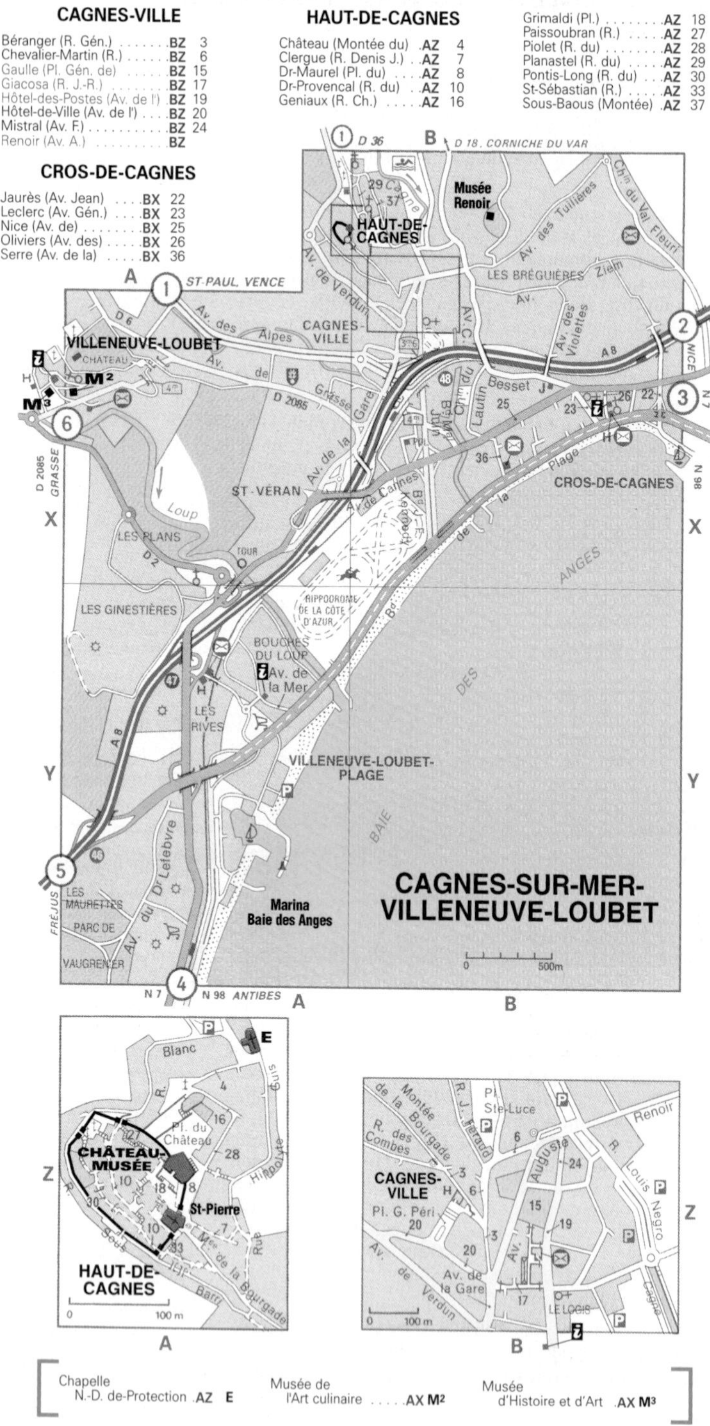

Église St-Pierre

14h-19h. Fermé j. de pluie. ☎ 04 93 20 67 14.

On y entre curieusement par la tribune. La petite nef, de style gothique primitif, abrite les tombeaux des Grimaldi de Cagnes. Dans l'autre nef plus vaste, ajoutée au 18e s., le maître-autel possède un retable (18e s.) de l'école espagnole : *Saint Pierre recevant les clés du paradis* ; à droite du chœur, jolie statue de Vierge à l'Enfant (même époque).

carnet pratique

Restauration

• À bon compte

La Goutte d'Eau – *108 montée de la Bourgade, Le Haut-de-Cagnes - ☎ 04 93 20 81 23 - fermé 10 j. en oct. et lun. - ⊄ - 14/19,50€.* L'étape, trouvée après avoir gravi les ruelles pentues de la vieille ville, se mérite. Vous y dégusterez une cuisine simple concoctée sous vos yeux par le patron qui assure également le service.
Aux beaux jours, la terrasse est toujours appréciée.

• Valeur sûre

Villa du Cros – *Port du Cros - 06800 Cros-de-Cagnes - Sud-Est : 2 km - ☎ 04 93 07 57 83 - fermé 1er déc. au 31 janv., dim. soir et lun. soir hors sais. et dim. midi en juil.-août - 25/40€.* Accueil charmant dans ce restaurant ancré sur le port du Cros. Meubles de style, peintures accrochées aux murs et tables soigneusement dressées rendent attrayante la salle à manger. Recettes provençales et produits de la pêche locale.

Hébergement

• À bon compte

Hôtel Le Mas d'Azur – *42 av. de Nice - ☎ 04 93 20 19 19 - P - 15 ch. : 39/55€ - ☕ 5,50€.* Au bord d'une route assez passante, demeure bâtie au 18e s. aux abords joliment fleuris. Chambres pas très grandes mais nettes, souvent tournées sur l'arrière et bénéficiant d'un double vitrage efficace. Terrasse sous les parasols pour les petits-déjeuners.

Hôtel Chantilly – *31 r. Minoterie - ☎ 04 93 20 25 50 - P - 20 ch. : 48/60€ - ☕ 6€.* L'atout majeur de cet hôtel sis dans une villa, derrière le célèbre hippodrome, est son prix. Certes ce n'est pas le luxe, mais son environnement de verdure, la propreté des chambres et son atmosphère familiale attirent de nombreux habitués.

• Valeur sûre

Les Jardins Fragonard – *12 r. Fragonard - ☎ 04 93 20 07 72 - jardinsfragonard@hotmail.com - ⊄ - 3 ch. : 53/70€ - repas 16€.* Une douce quiétude règne dans cette belle villa de 1925 dressée au milieu d'un parc d'essences méridionales. Tonalités provençales et mobilier en rotin dans les vastes chambres, dotées de salles de bains neuves. Agréables petits-déjeuners en terrasse.

• Une petite folie !

Villa Estelle – *5 montée de la Bourgade - ☎ 04 92 02 89 83 - info@villa-estelle.com - fermé 23 au 27 déc. - ⊄ - 7 ch. : 145/185€ - ☕ 12€.* Le lieu est magique. De la superbe terrasse en dalles de terre cuite, vous surplombez la ville et, au loin, la mer. À l'intérieur, tout est synonyme d'un véritable art de vivre : chambres décorées à ravir, salles de bains luxueuses et, un peu partout, tableaux et objets d'art.

Loisirs

Hippodrome de la Côte d'Azur - *☎ 04 92 02 44 44.* La saison des courses bat son plein de décembre à mars ainsi qu'au mois de juillet et août.

visiter

Château-Musée★

Mai-sept. : tlj sf mar. 10h-12h, 14h-18h ; oct.-avr. : tlj sf mar. 10h-12h, 14h-17h. Fermé nov., 1er janv., 1er mai et 25 déc. 3€. ☎ 04 92 02 47 35.

Un escalier à double rampe et un portail Louis XIII donnent accès à cette altière forteresse couronnée de mâchicoulis. Au rez-de-chaussée, les salles basses et voûtées du Moyen Âge donnent sur le patio ; au premier étage, salles de réception (17e s.). En haut de la tour, beau **panorama★** sur les toits du vieux Cagnes, la mer (du cap Ferrat au cap d'Antibes) et les Alpes.

Vert feuillage

Allez prendre le vert dans l'élégant **patio★★** Renaissance, une cour entourée de deux étages de galeries ornées d'arabesques et portées par des colonnettes de marbre.

Histoire – *Rez-de-chaussée.* Les salles 1 et 2, où l'on peut voir une belle cheminée monumentale Renaissance, sont affectées à une rétrospective médiévale. Dans la salle 6, sculptures romaines du 2e s. découvertes à Cagnes. Le **musée de l'Olivier** *(salles 3, 4 et 5)* traite de l'histoire et de la culture de l'olivier, l'utilisation de son bois, les moulins et la fabrication de l'huile.

Donation Suzy Solidor★ – *1er étage. Ancien boudoir de la marquise de Grimaldi.* Quarante portraits de la célèbre chanteuse, signés par les plus prestigieux peintres du 20e s. Un oratoire voisin possède un plafond décoré de gypseries Louis XIII et un antiphonaire (recueils de chants liturgiques) de 1757.

Prémonition

Au plafond de la salle des Fêtes au 1er étage, *La Chute de Phaéton★* (1621-1624) fut peinte par le Génois Carlone. L'œuvre terminée, il ne pouvait s'en arracher : « Ma belle chute, soupirait-il, je ne te verrai plus. » Il mourut six semaines après son départ de Cagnes.

Musée d'Art moderne méditerranéen – *Salle des Fêtes et 2e étage.* Les anciens appartements privés présentent par roulement, sauf en cas d'expositions temporaires, un riche fonds de toiles de peintres du 20e s. originaires des bords de la Méditerranée ou qui y ont résidé, de Dufy à Vasarely.

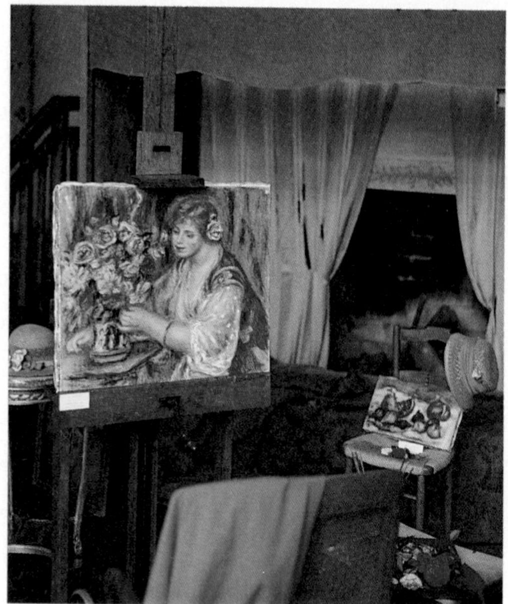

Malgré le fauteuil roulant et l'arthrose qui paralyse sa main, Renoir poursuit son travail de création en déclarant : « Je commence à savoir peindre. »

Musée Renoir

Mai-sept. : tlj sf mar. 10h-12h, 14h-18h ; oct.-avr. : tlj sf mar. 10h-12h, 14h-17h. Fermé nov., 1er janv., 1er Mai et 25 déc. 3€. ☎ 04 92 20 61 07.

Dans le merveilleux jardin du musée, planté d'oliviers, d'orangers et de citronniers, sculptures de Renoir dont la grande *Vénus Victrix*★ en bronze.

◄ Les Collettes, une oliveraie où vécurent le peintre et sa famille, a été transformée en musée du souvenir : mobilier d'origine, objets familiers dans les deux ateliers de l'étage. Les **toiles** présentées sont de la dernière période de Renoir, celle particulièrement sensuelle des formes pleines et nacrées, expression des beautés de la nature.

Renoir à Cagnes

Né à Limoges en 1841, Pierre-Auguste Renoir découvre à partir de 1882, chez Cézanne, la lumière de la Provence et les paysages méditerranéens. Pour tenter de soigner des rhumatismes articulaires, il gagne le Midi en 1900 avec sa femme et son fils Jean, le futur cinéaste.

En 1907, il achète Les Collettes, séduit par la vue sur la mer et le vieux village. Aidé de Richard Guino, un élève de Maillol, il se met à la sculpture en 1913, dans un atelier vitré construit dans le jardin. Il peint, encore et toujours, jusqu'à sa mort, en 1919.

Chapelle N.-D.-de-Protection

W.-end et j. fériés 15h-17h. Visite guidée dim. 15h-16h30. Gratuit (visite guidée : 6€). ☎ 04 93 20 61 64.

Cette chapelle à porche et clocher italianisants a inspiré Renoir. L'abside est couverte de **fresques** (16e s.) un peu altérées par le temps : sur la voûte, les évangélistes, Isaïe, la sibylle ; sur les murs, enfance de Jésus et vie de la Vierge ; au centre N.-D.-de-Protection, Vierge de miséricorde. Dans la chapelle de gauche, La Vierge au rosaire, retable du 17e s.

circuit

BAOUS ET CORNICHE DU VAR★

32 km – environ 1h1/4 (sans l'ascension du baou *de St-Jeannet). Quitter Cagnes par l'avenue Auguste-Renoir et la D 18 vers la Gaude.*

Outre des vues sur Vence, les *baous* et la Gaude, la route donne un aperçu du charme des collines cagnoises : oliviers, cultures de fleurs et de primeurs, belles propriétés.

La Gaude

Sur la crête dominant la rivière Cagne, le village abrite des centres de recherche en informatique *(voir ci-dessous)*, agronomie, horticulture. Il vivait jadis de la vigne et de la culture des fleurs. Le château de la Gaude (14e s.), sur la commune de St-Jeannet, est attribué aux templiers. Vue sur la vallée et la baie des Anges.

Au Peyron, la D 18 s'élève entre vignes et arbres fruitiers.

St-Jeannet

Dans un **site★** remarquable, ce charmant village est construit sur une terrasse d'éboulis au pied du *baou*, au milieu des vignes (ses vins sont réputés), des orangers et des cultures florales. Derrière l'église, à gauche, la plaque « panorama » indique une petite terrasse avec **vue★** étendue (*baous*, cap d'Antibes, vallée du Var, montagnes alentour).

Reprendre la D 18 en direction de la Gaude, puis tourner à gauche dans la D 118.

Coup d'œil
Baou de St-Jeannet★★ – *2h à pied AR. Départ pl. Ste-Barbe, au coin de l'Auberge de St-Jeannet (chemin fléché).* Du sommet *(table d'orientation)*, vaste **panorama★★**, de l'Esterel aux Alpes françaises et italiennes.

Centre d'études et de recherches IBM

Bel exemple d'architecture contemporaine intégrée au paysage, l'œuvre de l'architecte Breuer s'élève sur la gauche : vastes bâtiments en Y opposés, construits sur des pilotis de béton adaptés aux dénivellations du terrain, volumes agencés en jouant sur les contrastes d'ombre et de lumière.

Corniche du Var★

La route, par endroits installée sur les crêtes, s'accroche à la rive droite du Var. Beaux aperçus sur la vallée et les collines de l'arrière-pays niçois. Les versants escarpés, couverts de cultures florales et d'oliviers, encadrent la vallée.

St-Laurent-du-Var

Jusqu'en 1860 (date du rattachement du comté de Nice à la France), ce gros bourg commandait le passage du Var, alors frontière franco-sarde. On traversait le plus souvent à gué, à dos d'homme. En 1864, un pont permanent fut construit en aval du village.

Regagner Cagnes par la N 7.

Petit bateau
À proximité de l'embouchure du Var, vaste plan d'eau protégé par une digue, aménagé en port de plaisance (plus de 1 000 postes de mouillage).

Impérial sur la plaine du Var, le baou de St-Jeannet, haut lieu d'escalade, se laisse conquérir aisément pour savourer du sommet, à 400 m, l'inoubliable panorama.

Cannes☼☼☼

Star de la Côte, la Croisette place Cannes en haut de l'affiche. À l'Ouest, l'Esterel découpe ses roches rouges ; en face, les îles de Lérins invitent à prendre le large. Depuis 1834 se succèdent dans ce site★★ enchanteur les noms prestigieux qui firent sa renommée : hier, ceux de l'aristocratie qui en firent une douce villégiature d'hiver, aujourd'hui, des célébrités du cinéma dont Cannes est une des capitales.

Prosper Mérimée

En 1870, depuis sa maison au n° 5 du square qui porte aujourd'hui son nom, il décrivait ainsi l'hiver cannois : « Prenez des turquoises, des émeraudes et des lapis-lazulis : voilà pour le fond du ciel. Mettez-moi dessus de la poudre de diamant avec des feux de Bengale : ce sera pour deux ou trois nuages au-dessus de notre montagne. Quant à la mer..., ne prenez autre chose que le train pour venir la voir. »

La situation

Carte Michelin Local 341 D6 – Schéma p. 165 – Alpes-Maritimes (06). Depuis la colline du Cannet, la ville s'étend en terrasses jusqu'à la mer. De l'A 8, la N 285 vous y mène par le boulevard Carnot, interrompu par la voie rapide. Aux extrémités de la Croisette vous trouverez les ports de plaisance parmi les plus animés de la côte et de nombreux parkings pour vous garer. **i** *Palais des Festivals, 1 la Croisette, 06400 Cannes, ☎ 04 93 39 24 53. www.cannes-on-line.com. Annexe dans l'aile Est de la gare SNCF, ☎ 04 93 99 19 77.*

Le nom

S'agit-il des roseaux *(canas)* des marais avoisinants ? Ou d'une racine *can-* signifiant « hauteur » ? Il n'y a qu'à voir la vieille ville bâtie sur le promontoire du Suquet (de *suc*, « sommet ») pour pencher pour cette seconde hypothèse.

Les gens

67 304 Cannois. La ville qui vit naître Gérard Philipe en 1922 avait été adoptée par les écrivains Prosper Mérimée, Guy de Maupassant et Stephen Liégard, qui y formula l'expression « Côte d'Azur » en 1887.

comprendre

Cannes, vigie du littoral – Vieux site ligure puis comptoir romain, Cannes est au 11e s. un petit port abrité par un rocher, le mont Chevalier ou « Suquet ».

Les abbés de Lérins, qui occupent les deux îles depuis le 5e s., en deviennent les seigneurs et construisent au sommet une tour, un château et une enceinte destinés à protéger les pêcheurs des Sarrasins. Ce sont des ordres religieux qui assument la direction de cette défense : les templiers d'abord, les chevaliers de Malte ensuite.

Naissance d'une station (1834) – Cannes était encore un village de pêcheurs lorsqu'en 1834, un chancelier d'Angleterre, **lord Brougham**, s'y arrêta, refoulé dans

Festival de Cannes, 1957 : le sourire éblouissant de Giuletta Massina, entre le « maestro » Fellini et Amedeo Nazzari.

Tremplin vers la célébrité du 7e art, ou simple passerelle pour approcher les stars de passage à l'incontournable Carlton ?

son périple vers Nice par les douaniers de l'État sarde qui tentait ainsi de contenir le choléra sévissant en Provence. Charmé par l'accueil et la bouillabaisse de son aubergiste, et surtout par le site, il choisit d'y passer tous ses hivers, ce qu'il fit durant trente-quatre ans jusqu'à sa mort. Son exemple sera suivi par l'aristocratie anglaise, puis russe, qui fera de Cannes l'une des reines balnéaires de la Côte à l'aube du 20e s.

Le Festival international du film – Créé à la veille de la guerre par Jean Zay, ministre des Beaux-Arts du Front Populaire, le Festival international du film est véritablement lancé en 1946. Sa notoriété se confirme au fil des ans par le prestige de son jury que président J. Romains, M. Pagnol, J. Cocteau, J. Giono ou R. Clair, et qui a su couronner (non sans polémique, parfois) la plupart des talents du 7e art, de Bergman à Nani Moretti, en passant par Antonioni, Coppola et Almodovar.

Une villa de Lord

Le château Eleonore, du nom de la fille de lord Braugham, se trouve toujours avenue du Dr-Picaud, à la Croix des Gardes.

se promener

LE FRONT DE MER** 1

Visite : 1h1/2

Boulevard de la Croisette**

Qu'il fait bon flâner entre les architectures élégantes, les palmiers exotiques et les plages de sable fin, bigarrées de parasols. Vous y croiserez des têtes argentées, retraités dans leurs quartiers d'hiver, ou des stars, plus ou moins avérées, en attente de leur palme. Entre le palais des Festivals et la pointe de la Croisette, vous serez transporté dans un monde irréel, celui des restaurants et des boutiques de luxe, des belles voitures garées au pied d'hôtels au nom prestigieux. Jusqu'à la rue d'Antibes, parallèle, vous êtes dans le « ghetto » de la jet-set internationale, à fréquenter pour ses bonnes boîtes de nuit, ses bars branchés et sa cuisine gastronomique.

À l'Est du vieux port s'élève le **palais des Festivals et des Congrès** qui intègre le casino municipal. Construit en 1983 par Sir Hubert Bennet, Pierre Braslawsky et François Druet, ce vaisseau doté d'équipements ultramodernes s'étend jusqu'à la mer.

Depuis le palais, vous marcherez sur les 200 dalles de l'**allée des Stars**, moulées des empreintes de main des grandes vedettes, et bordées des magnifiques palmiers de l'esplanade G.-Pompidou. Suivez-les, ils vous conduiront jusqu'à la Pointe, contemplant d'un côté la divine grande bleue, de l'autre les témoins grandioses de l'essor de la

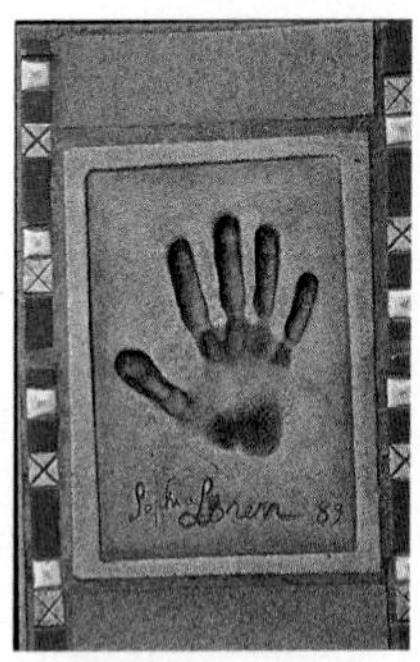

L'allée des Stars, derrière le palais des Festivals, se compose de près de 200 dalles conservant l'empreinte de la main et la signature de toutes les stars qui ont fait Cannes, comme ici, celles de Sophia Loren.

Vous voulez postuler ?

Votre film doit avoir été réalisé dans les 12 derniers mois et concourir pour la première fois. Sa diffusion jusqu'à la sélection doit être limitée à son pays d'origine. Lauréate ou simplement présentée, votre œuvre bénéficiera d'un tremplin unique grâce à la grande médiatisation du festival. Vous pourrez alors monter avec émotion les marches de la gloire sous les feux des projecteurs.

Restauration

• À bon compte

Côte d'Azur – *3 r. J.-Daumas - ☎ 04 93 38 60 02 - fermé le soir et dim. - 13,50/15€.* Ce vénérable restaurant de quartier séduit toujours : accueillante salle à manger habillée d'affiches en tous genres, mobilier ancien, accueil bon enfant, cuisine traditionnelle et surtout prix défiant toute concurrence.

Aux Bons Enfants – *80 r. Meynadier - fermé 4 août au 1er sept., 24 déc. au 2 janv., sam. soir d'oct. à avr. et dim. - - 15€.* Ce restaurant s'applique à cultiver son côté simple, familial et convivial. La cuisine a le bel accent méridional. Particularités de la maison : elle n'a pas le téléphone et on paie son repas en liquide.

Au Poisson Grillé – *8 quai St-Pierre - au vieux port - ☎ 04 93 39 44 68 - 18,75€.* Bien placée sur le vieux port, cette petite adresse régale, depuis 1949, ses hôtes de poissons grillés et autres plats méditerranéens. Chaleureux décor de bois verni, façon intérieur de bateau. Service diligent et prix raisonnables.

Le Comptoir des Vins – *13 bd de la République - ☎ 04 93 68 13 26 - contact@comptoirdesvins.com - fermé fév., lun. soir, mar. soir, mer. soir, dim. et j. fériés - 15€ déj. - 22,50/30€.* À première vue, juste une cave à vins richement achalandée. Mais avancez jusqu'au fond de la boutique et vous découvrirez un joli endroit tout en couleur, propice à la dégustation de produits du terroir et plats du jour, accompagnés d'un beau choix de vins au verre et à la bouteille.

• Valeur sûre

Fred L'Écailler – *7 pl. de l'Étang - ☎ 04 93 43 15 85 - fredlecailler@ol.com - 15/30€.* On ne peut rater cette large enseigne lumineuse dressée sur une charmante placette à l'ambiance villageoise. Intérieur rustique décoré de filets de pêche. La terrasse offre le spectacle des parties animées des joueurs de pétanque. Beau choix de produits de la mer.

Le Caveau 30 – *45 r. Felix- Faure - ☎ 04 93 39 06 33 - lecaveau30@wanadoo.fr - 19,21/27,44€.* Vaste restaurant disposant de deux salles à manger de style brasserie des années 1930. La terrasse donne sur une grande place ombragée où galèjent les boulistes. Au programme des saveurs : produits de la mer.

Bistrot des Artisans – *67 bd de la République - ☎ 04 93 68 33 88 - bistrot-des-artisans@wanadoo.fr - fermé 15 juil. au 15 août et dim. - 25,15€.* « À boire et à manger » est la seconde enseigne de ce restaurant au décor surprenant. De vieux outils d'artisans, des casques de chantiers, des fresques murales naïves, un mobilier rudimentaire composent ce mélange hétéroclite. Cuisine bistrot copieuse et soignée.

Hébergement

• À bon compte

Le Chanteclair – *12 r. Forville - ☎ 04 93 39 68 88 - fermé nov. à mi-déc. - - 15 ch. : 34/42€ - ☕ 4€.* Il vous faudra traverser un premier immeuble avant d'accéder à cet hôtel tourné sur une agréable courette intérieure où, dès les beaux jours, vous sont servis les petits-déjeuners. Chambres de différents niveaux de confort, et donc de prix. Ambiance sympathique.

Hôtel Lutetia – *6 r. Michel-Ange - ☎ 04 93 39 35 74 - lutetiahotel@free.fr - 8 ch. : 38/61€ - ☕ 5,40€.* Cette maison accueillante et sans prétention située dans une ruelle bien calme la nuit est vite adoptée. Les chambres y sont meublées avec simplicité.

Hôtel National – *9 r. du Mar.-Joffre - ☎ 04 93 39 91 92 - hotelnationalcannes@wanadoo.fr - 17 ch. : 40/55€ - ☕ 5€.* L'avantage de ce modeste hôtel est sa situation à deux pas du palais des Festivals et de la mer. Chambres en gris et blanc, privilégiant avant tout le côté pratique ; salles de bains entièrement carrelées, légèrement exiguës mais bien tenues.

• Valeur sûre

Hôtel Appia – *6 r. Marceau - ☎ 04 93 06 59 59 - fermé 25 nov. au 25 déc. - 31 ch. : 39/79€ - ☕ 6€.* Niché dans une impasse du centre-ville, établissement avant tout fonctionnel dont les chambres, peut-être un peu exiguës, sont bien aménagées, climatisées et insonorisées ; salles de bains impeccables.

Beverly – *14 r. Hoche - ☎ 04 93 39 10 66 - contact@hotel-beverly.com - 19 ch. : 46/70€ - ☕ 6€.* Dans une rue commerçante cannoise, haute façade dissimulant de menues chambres avant tout pratiques, que l'on rénove progressivement. Les prix restent raisonnables pour la station.

Hôtel Albert 1er – *68 av. de Grasse - ☎ 04 93 39 24 04 - fermé 17 nov. au 16 déc. - P - 11 ch. : 50/58€ - ☕ 5,50€.* Accueil chaleureux et familial dans cette villa située au calme d'un quartier résidentiel, légèrement excentré. N'hésitez pas à prendre votre petit-déjeuner sur la terrasse, à l'ombre des lauriers roses.

Les Charmettes – *47 av. de Grasse - ☎ 04 93 39 17 13 - hotelcharmcan@aol.com - 11 ch. : 54,88/64,03€ - ☕ 5,79€.* Cet établissement situé sur les hauteurs de la ville possède un atout majeur : toutes ses chambres disposent d'un balcon ou d'une terrasse, très apprécié l'été pour prendre les petits-déjeuners. Décor simple : tons pastel et mobilier en rotin blanc.

Villa L'Églantier – *14 r. Campestra - ☎ 04 93 68 22 43 - ⊠ - 4 ch. : 75/100€.* Sur les hauts de Cannes, grande villa blanche de 1920 paressant au milieu d'un jardin planté de palmiers et autres essences exotiques. Les chambres, spacieuses et calmes, sont toutes prolongées par un balcon ou une terrasse.

Le temps d'un verre

Taverne Lucullus – *4 pl. du Marché-Forville - ☎ 04 93 39 32 74 - mar.-dim. 5h-16h.* Loin du strass, vous retrouverez ici le Cannes populaire et convivial. Situé sur la place du Marché, ce petit bistrot est voué au football et à ses fans. Des dizaines d'écharpes et de fanions décorent les murs.

L'Amiral – *73 bd de la Croisette - ☎ 04 92 98 73 00 - www.hotel.martinez.com - 10h-2h.* Très fréquenté, c'est le bar de palace qui réalise le plus gros chiffre d'affaires de la Côte. Sa réputation repose sur le savoir-faire de son chef barman et de son pianiste américain Jimmy. Animation musicale chaque soir, à partir de 20h.

Pavillon Croisette - Havana Room – *42 bd de la Croisette - ☎ 04 92 59 06 90 / 04 93 38 58 68 - mai-nov. : 9h-2h ; déc.-avr. : 12h-0h.* Ce bar est digne des meilleurs clubs londoniens. Plus de 300 alcools à la carte et l'une des plus belles caves à cigares de France : 150 tailles de cigares au choix ! Animation musicale chaque soir.

Sorties

Rien de tel, pour découvrir la cité des stars, que de se rendre dans ses palaces : allez boire un verre sur la terrasse du Carlton ou sur la plage du Majestic, allez écouter le pianiste du Martinez...
Vous pourrez aussi vous adonner à de nombreux sports nautiques : voile, plongée sous-marine, ski nautique...
Et si vous préférez le calme, embarquez pour les îles de Lérins, un havre de bonheur avec leurs sentiers ombragés de pins et d'eucalyptus.

Cat Corner – *22 r. Macé - ☎ 04 93 39 31 31 - tlj à partir de 22h.* Cette discothèque dans le vent est placé sous le signe de la folie : elle attire un monde fou qui se déchaîne dans une ambiance électrique.

Palais des Festivals et des Congrès – *Espl. Georges-Pompidou - La Croisette - ☎ 04 93 39 01 01 - www.cannes-on-line.com - 9h-19h.* Inauguré en 1982, il couvre 60 000 m² de surface sur 8 niveaux. **Le Grand Auditorium** (2 300 places) et **le Théâtre Debussy** (1 000 places pour une acoustique travaillée) sont équipés en traduction simultanée. Les 26 petits auditoriums et salles de réunion et de presse sont couronnés par le salon des Ambassadeurs (1 200 m² pour 3 000 personnes debout), espace de réception avec vue imprenable sur Cannes.

Achats

Marchés – Marché Forville : tlj sauf lundi hors saison ; beaux étals de primeurs régionaux. Allées de la liberté : tlj le matin marché aux fleurs ; sam. : brocante très fréquentée.

Rues commerçantes – Rue Meynadier : vitrines alléchantes d'alimentation et d'artisanat dans une ambiance piétonne méridionale. Rue d'Antibes : commerces de luxe style faubourg St-Honoré.

Cannolive – *16-20 r. Venizelos - ☎ 04 93 93 08 19 - mar.-sam. 8h-12h, 14h15-19h, lun. 14h30-19h - fermé de déb. à mi-janv. et j. fériés.* Un des plus grand choix de spécialités provençales, et pour ceux qui souffrent du mal de mer, la liqueur de Lérina (sans prendre le bateau !).

Boutique du festival – *Au rez-de-chaussée du palais du Festival.* Le paradis des fans de cinéma.

Loisirs-Détente

Ponton Majestic Ski Nautique – *Bd de la Croisette - ☎ 04 92 98 77 47 / 06 11 50 77 53 - avr.-oct. : tlj 8h jusqu'à la nuit.* Pour échapper à la foule et au sable brûlant, laissez-vous tenter par une sortie en ski nautique ou un envol en parachute ascensionnel...

Trans Côte d'Azur – *Quai Laubeuf - ☎ 04 92 98 71 30 - Fév.-oct. : tlj 8h30-12h, 13h30-18h (juil.-août : 8h-19h). Fermé en nov., déc. et janv. 8,38€ (enf. : 5,34€).* Promenades en mer.

Plages – Les plages de la croisette ne sont pas toutes payantes (prestations affichées à l'entrée des escaliers), ou privées (hôtels situés en regard). Il y en a trois publiques dont une située derrière le palais du Festival. Les autres plages publiques se trouvent à l'Ouest du vieux port, sur les bds Jean-Hibert et du Midi, au port Canto et, après la pointe, bd Gazagnaire.

Calendrier

Festival international du film – Mai. Le Festival de Cannes, réservé aux professionnels du cinéma, présente une sélection Officielle comprenant les films (longs et courts métrages) en compétition et hors compétition et, depuis 1978, la sélection officielle non compétitive « Un Certain regard » ainsi que la Cinéfondation, sélection créée en 1998. Par ailleurs, il existe deux sections parallèles, la « Semaine de la critique », créée en 1962 et la « Quinzaine des réalisateurs », créée en 1969. Les cinéphiles accrédités ont accès à toutes les sélections - dans la limite des places disponibles - à l'exception de ceux de la Compétition Officielle.

MIDEM – Janv. : marché international du disque et de l'édition musicale.

MIPTV – Avr.-mai. : marché internationnal des programmes de télévision.

Nuits musicales du Suquet – Fin juillet. Concerts classiques sur le parvis de l'église du Suquet les jours pairs. *☎ 04 92 59 41 20.*

CANNES

Albert-Édouart (Jetée) . . . . .BZ
Alexandre-III (Bd) . . . . .X 2
Alsace (Bd) . . . . .BDY
Anc. Combattants d'Afrique du Nord (Av.) . . . . .AYZ 4
André (R. du Cdt) . . . . .CZ
Antibes (R. d') . . . . .BCY
Bachaga Saïd Boualam (Av.) .AY 5
Beauséjour (Av.) . . . . .DYZ
Beau-Soleil (Bd) . . . . .X 10
Belges (R. des) . . . . .BZ 12
Blanc (R. Louis) . . . . .AYZ
Broussailles (Av. des) . . . . . .V 16
Buttura (R.) . . . . .BZ 17
Canada (R du) . . . . .DZ
Carnot (Bd.) X
Carnot (Square) . . . . .V 20
Castre (Pl. de la) . . . . .AZ 21
Chabaud (R.) . . . . .CY 22
Clemenceau (R. G.) . . . . . . .AZ
Coteaux (Av. des) V
Croisette (Bd de la) . . . . . .BDZ
Croix-des-Gardes (Bd) . . . . .VX 29
Delaup (Bd) . . . . .AY 30
Dollfus (R. Jean) . . . . .AZ 33
Dr-Pierre Gazagnaire (R.) . . .AZ 32
Dr-R. Picaud (Av.) X
du Nord (Av.) . . . . .AYZ 4
du Nord (Av.) . . . . .AYZ 4
États-Unis (R. des) . . . . . . .CZ 35
Faure (R. Félix) . . . . .ABZ
Favorite (Av. de la) . . . . .X 38
Félix-Faure (R.) . . . . .ABZ
Ferrage (Bd de la) . . . . . . .ABY 40
Fiesole (Av.) . . . . .X 43
Foch (R. du Mar.) . . . . .BY 44
Gallieni (R. du Mar.) . . . . . . .BY 48
Gaulle (Pl. Gén.-de) . . . . . . .BZ 51
Gazagnaire (Bd Eugène) X
Grasse (Av. de) . . . . .VX 53
Guynemer (Bd) . . . . .AY
Hespérides (Av. des) . . . . . . .X 55
Hibert (Bd Jean) . . . . .AZ
Hibert (R.) . . . . .AZ
Isola-Bella (Av. d') X
Jaurès (R. Jean) . . . . .BCY
Joffre (R. du Mar.) . . . . .BY 60
Juin (Av. Mar.) . . . . .DZ
Koenig (Av. Gén.) . . . . .DY
Lacour (Bd Alexandre) . . . . . .X 62
Latour-Maubourg (R.) . . . . .DZ
Lattre-de-T. (Av. de) . . . . . . .AY
Leader (Bd) . . . . .VX 64
Lérins (Av. de) . . . . .X 65
Lorraine (Bd de) . . . . .CDY
Macé (R.) . . . . .CZ 66
Madrid (Av. de) . . . . .DZ
Meynadier (R.) . . . . .ABY
Midi (Bd du) X
Mimont (R. de) . . . . .BY
Mont-Chevalier (R. du) . . . .AZ 72
Montfleury (Bd) . . . . .CDY 74
Monti (R. Marius) . . . . .AY 75
Noailles (Av. J.-de) X
Observatoire (Bd de l') . . . . .X 84
Oxford (Bd d') . . . . .V 87
Pantiero (la) . . . . .ABZ
Paradis-Terrestre (Corniches du) . . . . .V 88
Pasteur (R.) . . . . .DZ
Pastour (R. Louis) . . . . .AY 90
Perier (Bd du) . . . . .V 91
Perrissol (R. Louis) . . . . . . .AZ 92
Petit-Juas (Av. du) VX
Pins (Bd des) . . . . .X 95
Pompidou (Espl. G.) . . . . . . .BZ
Prince-de-Galles (Av. du) . . . .X 97
République (Bd de la) X
Riou (Bd du) VX
Riouffe (R. Jean de) . . . . . .BY 98
Roi-Albert Ier (Av.) . . . . .X 99
Rouguière (R.) . . . . .BY 100
St-Antoine (R.) . . . . .AZ 102
St-Nicolas (Av.) . . . . .BY 105
St-Pierre (Quai) . . . . .AZ
Sardou (R. Léandre) . . . . . . .X 108
Serbes (R. des) . . . . .BZ 110
Source (Bd de la) . . . . .X 112
Stanislas (Pl.) . . . . .AY
Strasbourg (Bd de) . . . . . .CDY
Teisseire (R.) . . . . .CY 114
Tuby (Bd Victor) . . . . .AYZ 115
Vallauris (Av. de) . . . . .VX 116
Vallombrosa (Bd) . . . . .AY 118
Vautrin (Bd Gén.) . . . . .DZ
Vidal (R. du Cdt) . . . . .CY 120
Wemyss (Av. Amiral Wester) . . . . .CY 122

LE CANNET

Aubarède (Ch. de l') . . . . . . .V 8
Bellevue (Pl.) . . . . .V 13
Bréguière (Ch. des) . . . . .V 14
Cannes (R. de) . . . . .V 19
Carnot (R. de) V
Cheval (Av. Maurice) . . . . . . .V 23
Collines (Ch. des) V
Doumer (Bd Paul) V
Écoles (R. des) . . . . .V 34
Four-à-Chaux (Bd du) . . . . . .V 45
Gambetta (Bd) . . . . .V 50
Gaulle (Av. Gén.-de) V
Jeanpierre (Av. Maurice) . . . .V 58
Mermoz (Av. Jean) . . . . .V 67
Monod (Bd Jacques) . . . . . . .V 68
Mont-Joli (Av. du) . . . . .V 73
N.-D.- des-Anges (Av.) . . . . . .V 79
Olivet (Ch. de l') . . . . .V 85
Olivetum (Av. d') . . . . .V 86
Paris (R. de) . . . . .V 89
Pinède (Av. de la) . . . . .V 94
Pompidou (A. Georges) . . . . .V 96
République (Bd de la) V
Roosevelt (Av. Franklin) . . . . .V 99
St-Sauveur (R.) . . . . .V 106
Victor-Hugo (R.) . . . . .V 119
Victoria (Av.) V

VALLAURIS

Cannes (Av. de) . . . . .V 18
Clemenceau (Av. G.) . . . . . . .V 25
Golfe (Av. du) . . . . .V 52
Isnard (Pl. Paul) . . . . .V 56
Picasso (Av. P.) . . . . .V 93
Rouvier (Bd Maurice) . . . . . . .V 102
Tapis-Vert (Av. du) . . . . .V 113

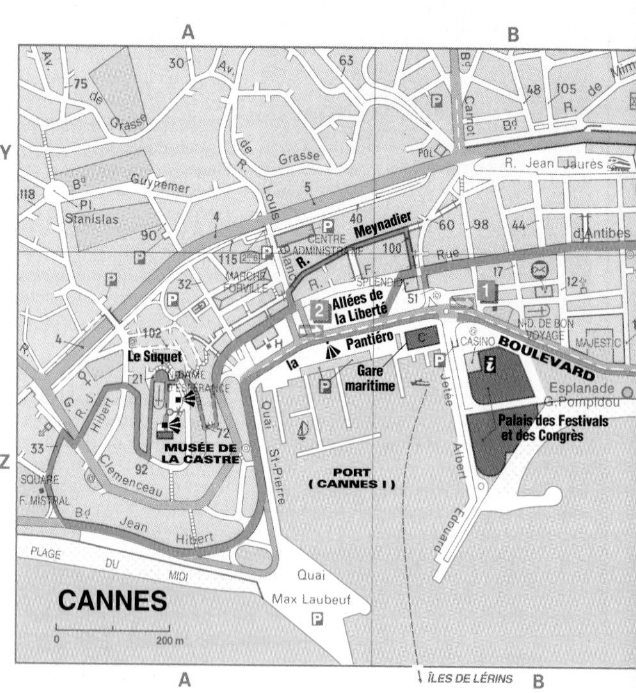

Chapelle Bellini . . . . .X B
Chapelle St-Sauveur (Musée Tobiasse) .V B1
Château (Musée National «La Guerre et la Paix», Musée Magnelli) et Musée de la Céramique .V D
Croix des Gardes X
Église orthodoxe St-Michel-Archange . . . . .X E
Gare maritime . . . . .BZ

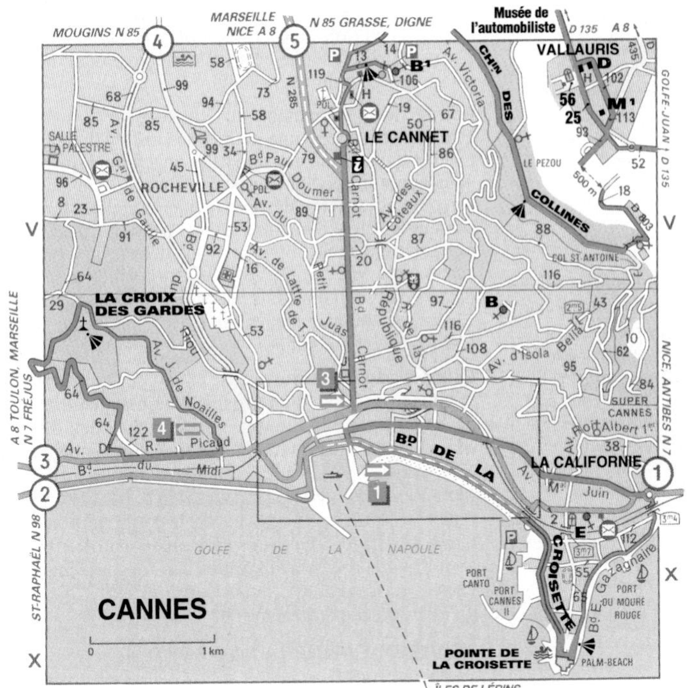
CANNES
LE CANNET
ROCHEVILLE
LA CROIX DES GARDES
VALLAURIS
LA CALIFORNIE
SUPER CANNES
POINTE DE LA CROISETTE
GOLFE DE LA NAPOULE
ÎLES DE LÉRINS
Musée de l'automobiliste
MOUGINS N 85
MARSEILLE NICE A 8
N 85 GRASSE, DIGNE
GOLFE-JUAN D 135
NICE, ANTIBES N 7
A 8 TOULON, MARSEILLE N 7 FRÉJUS
ST-RAPHAËL N 98
PORT CANTO
PORT CANNES II
PORT DU MOURE ROUGE
PALM-BEACH
BD DE LA CROISETTE
CHIN DES COLLINES
0 1 km

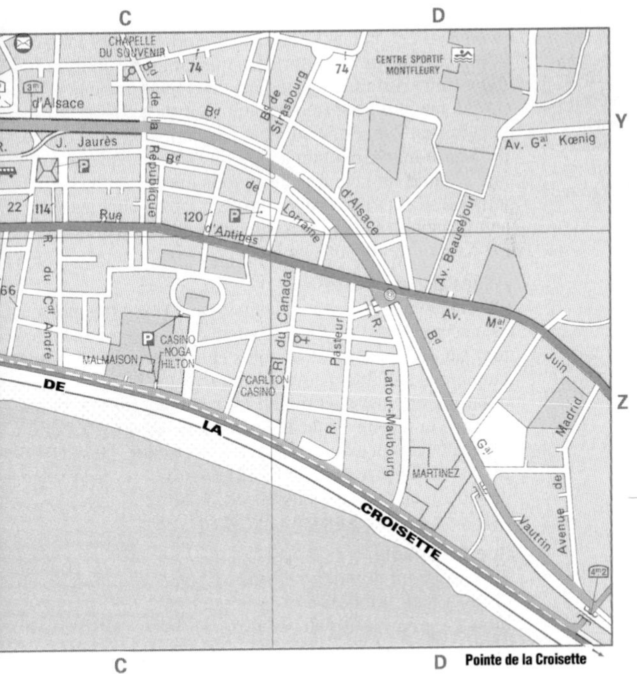
C
D
Y
Z
CHAPELLE DU SOUVENIR
CENTRE SPORTIF MONTFLEURY
Bd d'Alsace
Bd de la République
Bd de Strasbourg
Bd de Lorraine
J. Jaurès
Rue d'Antibes
Av. Gal Kœnig
Av. Beauséjour
Av. Mal Juin
R. du Cdt André
R. du Canada
R. Pasteur
R. Latour-Maubourg
Bd Gal Vautrin
Avenue de Madrid
CASINO NOGA HILTON
MALMAISON
CARLTON CASINO
MARTINEZ
DE LA CROISETTE
Pointe de la Croisette

INSPIRATRICE
Les deux célèbres coupoles du Carlton représenteraient les seins de la belle Otéro, demi-mondaine qui fascinait l'architecte de l'hôtel, Marcellin Mayère.

station aux 19e et 20e s. : le Majestic, la Malmaison, ouverte lors d'expositions d'art moderne et contemporain, le Noga-Hilton, ex-palais des Festivals de 1949 à 1983, le Carlton, Belle Époque, et le Martinez, Art déco. Vous parviendrez au très moderne port Canto en passant par une belle roseraie et un parc de jeux et de manèges qui fera la joie de vos enfants.

Pointe de la Croisette★

Elle doit son nom à une petite croix qui s'y dressait autrefois. Jusqu'au célèbre casino Palm Beach construit en 1929, vous aurez un panorama idéal sur Cannes, le golfe de la Napoule et l'Esterel, derrière lequel se couche somptueusement le soleil. De l'autre côté de la Pointe, d'où l'île Ste-Marguerite semble si proche, vous découvrirez une **vue★** sur le golfe Juan, le cap d'Antibes et les Préalpes.
Si vous êtes venu à pied, le bus n° 8 vous ramènera au port. En voiture, revenez par l'avenue du Mar.-Juin qui se prolonge par la rue d'Antibes.

DEMEURES DE RÊVE
Avenue Roi-Albert-Ier : villa Kazbeck du grand-duc de Russie et villa Champfleuri, célèbre pour ses jardins exotiques (que l'on voit dans Macao, l'enfer du jeu, de J. Delannoy).
Avenue du Mar.-Juin : le château Scott, néo-gothique flamboyant (Le Mystère de la chambre jaune, de M. L'Herbier, y fut tourné en 1930).

Quartier de la Californie

Si vous avez l'âme d'un Prosper Mérimée, courez à l'Est de la ville : de luxueuses villas enchâssées dans des magnifiques jardins témoignent du Cannes noble et exotique du 19e s. Cocteau résume leur architecture par ses mots : « À Cannes, l'excentrique, c'est banal ». Les aristocrates étrangers ou les voyageurs affichent sur leurs façades leur goût pour le style « néo » ou oriental. Sans vouloir vous décourager, toutes sont des résidences privées et de l'extérieur, vous risquez fort de n'apercevoir qu'une luxuriante végétation.

LE VIEUX CANNES ET LE PORT 2

Visite : 1h1/2

À LIRE ET À VOIR
Sur l'eau, de **Guy de Maupassant,** impressions enthousiastes de l'auteur sur la Côte, à bord de son bateau (1884-1888). Sa maison, **le chalet de l'Isère**, se trouve avenue de Grasse.

Le port

Entre le Palais et le Suquet, il est l'épicentre de l'activité cannoise. Les bateaux de pêche vendent leurs loups et leurs rougets aux restaurants du quai St-Pierre ou de la rue Félix-Faure. En rangs serrés, les deux-mâts anciens ou les yachts les plus sophistiqués attendent le touriste fortuné qui les fera voguer. Si tel n'est pas votre cas, les vedettes de la **gare maritime**, située près du Palais et décorée d'une large bande de lave émaillée, vous emmèneront pour la journée aux îles de Lérins, où vous pourrez jouer les Robinson Crusoé dans le plus beau jardin de Cannes.
De l'autre côté du port, en face.

Allées de la Liberté

Ombragée par de beaux platanes, cette place très provençale accueille des boulistes soutenus dans leur concentration par des spectateurs attentifs et un kiosque à musique. Le marché aux fleurs qui s'y tient le matin est un bonheur, notamment en février quand les mimosas sont en fleurs. À côté, la statue de lord Brougham, particulièrement appréciée des pigeons, trône dans son square. Le soir, l'hôtel de ville éclaire sa belle façade, rivalisant avec le Splendid voisin ou les autres hôtels de la Croisette.
Rejoindre la rue Meynadier par la rue Rouguière.

Rue Meynadier

Extrêmement populaire et sympathique, ce trait d'union entre la ville moderne et le Suquet était déjà au 18e s. l'artère principale de la cité, comme le prouvent quelques demeures aux vieilles portes.
Monter au Suquet par la rue du Mont-Chevalier.

Le Suquet

Ancien *castrum* ou « citadelle », la vieille ville groupée sur les pentes de son rocher attire les amoureux de pierres chargées d'histoire, en quête d'authenticité après les fastes quelque peu artificiels de la Croisette.

En haut de la rue Perrissol, la place de la Castre, bordée d'un vieux mur d'enceinte, est dominée par l'église N.-D.-d'Espérance : bâtie aux 16e et 17e s., elle appartient au style gothique provençal. Après le vieux clocher, une terrasse ombragée permet d'admirer la **vue** plongeante sur la baie. Au bout se trouve l'**ancien château de Canne** des 11e et 12e s. qui accueille aujourd'hui le musée de la Castre *(voir description dans « visiter »).*

Par les rues J.-Hibert et J.-Dolfus, vous pourrez rejoindre le square F.-Mistral. Les amoureux de la langue d'oc salueront la statue du créateur du félibrige, inaugurée en 1930 pour le centenaire de sa naissance.

Reprendre le boulevard J.-Hibert qui vous ramène au port.

VUE IMPRENABLE

Depuis le sommet de la tour carrée du Suquet, ancienne tour de guet du château, panorama★ sur la Croisette, le golfe de la Napoule et les îles de Lérins, l'Esterel et les collines au Nord de Cannes.

visiter

Musée de la Castre★

Juin-août : tlj sf lun. 10h-13h, 15h-19h ; avr.-mai et sept. : tlj sf lun. 10h-13h, 15h-18h ; oct.-mars : tlj sf lun. 10h-13h, 14h-17h. Fermé janv. et j. fériés. 3€, gratuit 1er dim. du mois. ☎ 04 93 38 55 26.

L'ancien château de Cannes au Suquet abrite d'importantes collections d'archéologie et d'ethnographie. Dès l'entrée dans la chapelle cistercienne Ste-Anne, vous serez saisi par la fabuleuse collection d'instruments de musique du monde. Avec ses autres salles d'art du Proche-Orient, d'Océanie et de l'Amérique précolombienne, ce musée de l'homme ouvert en 1877 précède d'un an celui du Trocadéro. Fruit des expéditions d'érudits du 19e s., il s'enticha par la suite d'art africain et asiatique. Ce voyage inattendu dans les cinq continents sera distrait par d'amusantes peintures orientalistes. Enfin, un bel ensemble de marines et de paysages méditerranéens vous remettra dans l'ambiance de votre séjour.

Église orthodoxe St-Michel-Archange

30 bd Alexandre-III. Ensemble choral réputé. La crypte n'est pas accessible au public. Visite guidée sur demande préalable à M. Wsevolojsky. ☎ 04 93 43 35 35.

Construite par l'architecte cannois Nouveau, l'église date de 1894 et son clocher lui est postérieur. Elle était destinée à l'impératrice Maria Alexandrovna, épouse du tsar Alexandre III, qui passait régulièrement l'hiver à Cannes avec sa cour. L'intérieur est décoré de bannières et d'**icônes remarquables**, notamment celle représentant saint Michel archistratège de Dieu.

En face de l'église se trouve la **chapelle Tripet-Skryptine** qui fut le premier édifice orthodoxe à Cannes.

Le bulbe bleu de l'église St-Michel-Archange rappelle la présence russe à Cannes dès 1848, lorsqu'Eugène Tripet, consul de France à Moscou, épousa une princesse russe.

Chapelle Bellini

Depuis l'avenue Poralto, tourner à gauche dans le chemin du Parc-Fiorentina. ♿ Tlj sf w.-end 14h-17h. Fermé j. fériés. Gratuit. ☎ 04 93 38 61 80.

Cette chapelle néobaroque, plus haute que large, faisait partie de la « villa Fiorentina » construite en 1880 pour le comte Vitali. Il reste les somptueux arbres du parc, les armoiries du comte sur la face Ouest et, à l'intérieur, l'atelier du peintre cannois Bellini (1904-1989), le tout dans une atmosphère paisible.

circuits

LE CANNET 3

Voir plan d'agglomération p. 143. Quitter Cannes par le boulevard Carnot qui y mène. Les deux villes sont contiguës.

À 110 m d'altitude, l'amphithéâtre de collines boisées qui protège Le Cannet du vent est un panorama à lui tout seul.

Le vieux Cannet

On y pénètre par la rue St-Sauveur (en grande partie piétonne) où l'on admire d'intéressantes façades de maisons du 18e s. ainsi que d'agréables placettes ombragées de platanes et reliées par des calades. Au n° 19, à l'intersection d'une rue en montée sur la gauche, une façade aveugle a été recouverte d'une peinture murale de Peynet représentant *Les Amoureux*.

PEINTRES

Le peintre Bonnard a rendu le site célèbre par ses peintures réalisées depuis la villa Le Bosquet, avenue Victoria, où il passa les dernières années de sa vie (certaines sont au musée de l'Annonciade à St-Tropez). Renoir y vécut également.

Chapelle Saint-Sauveur du Cannet : la mosaïque d'un lieu consacré au peintre Tobiasse.

Plus loin à gauche, abritée derrière un gros tilleul, la petite **chapelle St-Sauveur** du 15e s. est ornée sur le fronton d'une mosaïque polychrome. À l'intérieur, vous serez accueilli par les couleurs vives des vitraux dessinés par Tobiasse, ainsi que par des mosaïques, des panneaux de bois historiés (à lire de droite à gauche) et différents objets. *Juil.-août : lun. 15h-18h, jeu.15h-20h, mer. et ven. 10h30-12h30, 15h-18h ; sept.-juin : lun., mer. ven. 14h-18h. Sur demande au Service du tourisme. Gratuit. ☎ 04 93 45 34 27.*

De la place Bellevue, vous dominerez la tour carrée de l'église Ste-Philomène, et un peu plus loin, vous pourrez admirer la baie de Cannes et les îles de Lérins. Tout près, subsistent la vieille tour des Calvys (12e s.), et, non loin, celle des Danys (14e s.), plus haute. Toutes deux présentent de belles façades coiffées de mâchicoulis. Depuis l'hôtel de ville, par la rue piétonne Cavasse, vous accéderez aux jardins de Tivoli. Remarquez les somptueuses villas 1900.

DÉTAIL

Sur un mur, notez une amusante fresque dédiée aux familles fondatrices du Cannet.

Chemin des collines★

Il est particulièrement agréable d'emprunter cette route tracée au flanc des hauteurs dominant Cannes. Les multiples vues admirables qu'elle procure sur l'agglomération, le golfe de La Napoule et les îles de Lérins vous feront oublier les très nombreux virages.

En poursuivant vers l'Est, on atteint le col de St-Antoine. Possibilité de rejoindre Cannes par l'avenue Victoria. Pour poursuivre vers Vallauris, au col de St-Antoine, prendre à gauche la D 803.

NID D'AMOUR

À gauche dans l'avenue Victoria, au sommet d'une allée de peupliers, trône la **villa Yakimour** *(propriété privée, on ne visite pas)*. Cette demeure orientale fut offerte par l'Aga Khan à son épouse Yvette Labrousse.

Vallauris *(voir ce nom)*

Golfe-Juan⛱⛱ *(voir ce nom)*

De retour vers Cannes, la N 7 contourne les collines de Super-Cannes tandis qu'à l'horizon se détachent les îles de Lérins et la barrière rouge du massif de l'Esterel : la **vue★** prend évidemment toute sa valeur au coucher du soleil.

Revenir à Cannes par le bord de mer.

LA CROIX DES GARDES★ 4

8 km (forte montée), plus 1/4h à pied AR. Quitter Cannes par l'avenue du Dr-Picaud. À un feu de signalisation, près du Solhôtel, tourner à droite boulevard Leader. 100 m après l'entrée du pavillon de la Croix-des-Gardes, tourner à droite dans l'avenue J.-de-Noailles. Laisser la voiture 100 m plus loin au parking aménagé.

Prendre à droite un sentier qui mène au sommet (alt. 164 m) de la colline surmontée d'une grande croix de 12 m de haut. Ce lieu stratégique était depuis le 16e s. un poste permanent d'observation qui donna à la colline le nom de Croix des Gardes. Au pied de la croix, superbe **panorama★** sur le site de Cannes, les îles de Lérins, l'Esterel, et par temps clair la presqu'île de St-Tropez.

L'avenue J.-de-Noailles ramène à Cannes. Au n° 2, l'ex-villa Rotschild abrite la médiathèque municipale.

ÎLES DE LÉRINS★★

Promenade d'une 1/2 journée. Voir ce nom.

Cap Ferrat★★

Entre Villefranche et Beaulieu, une splendide végétation recouvre la presqu'île la plus prestigieuse de la Côte, parsemée de luxueuses résidences parmi lesquelles, la ravissante villa Ephrussi. Masquées par les frondaisons de ces maisons, les vues sur la côte se contemplent depuis le sentier du littoral, le phare au Sud, les rues de St-Jean et la pointe St-Hospice à l'Est. ▶

Plages de galets
À l'Ouest, face à Villefranche, **plage de Passable**.
À l'Est, face à Beaulieu, **plage Paloma**.
Près du port, **plage du Cro des Pins**.
Plage de la pointe St-Hospice.
Au gré de la promenade de bord de mer, des petites criques pour les bons nageurs.

La situation

Carte Michelin Local 341 E5 – Schéma p. 302 – Alpes-Maritimes (06). Le cap Ferrat est presque une île, tant la route qui sépare le cap de la côte est étroite. Et à l'intérieur, c'est un autre monde, très privilégié. ℹ *59 av. Denis-Semeria, 06230 St-Jean-Cap-Ferrat,* ☎ *04 93 76 08 90.*

Le nom

Une tête (sens du mot provençal *cap*) au corps ferrugineux (sens de *ferrum* ou *ferraria* en latin).

Les gens

1 895 St-Jeannois, aussi huppés qu'invisibles, à l'abri dans leurs quartiers dorés. Parmi les anciens propriétaires du cap : le roi belge Léopold II, Scott Fitzgerald, Gregory Peck et Somerset Maugham, qui habita à partir de 1927 la villa « la Mauresque » où de splendides peintures rivalisaient avec quelque 10 000 livres. Et parmi les visiteurs assidus actuels : Raymond Barre.

découvrir

Villa Ephrussi-de-Rothschild★★

Dans un **site**★★★ incomparable, ce palais à l'italienne fut conçu par la baronne Béatrice Ephrussi de Rothschild en 1905 pour abriter ses collections : plus de 5 000 œuvres d'art. Elle légua la villa en 1935 à l'Institut de France pour l'Académie des beaux-arts. Encadrée de magnifiques jardins, la villa domine la mer et, de part et d'autre, les rades de Villefranche et de Beaulieu.

carnet pratique

Restauration

• ***Valeur sûre***

Plage de Passable – *chemin de Passable - 06230 St-Jean-Cap-Ferrat - ☎ 04 93 76 06 17 - fermé mi- oct. à mars - 20/50€.* Nichée dans la rade de Villefranche-sur-Mer, à l'entrée de la presqu'île de Saint-Jean-Cap-Ferrat, ce restaurant de plage propose poissons, salades, pâtes et pizzas dans un environnement enchanteur sous les pins et les palmiers.

Capitaine Cook – *av. J.-Mermoz - 06230 St-Jean-Cap-Ferrat - ☎ 04 93 76 02 66 - fermé 15 nov. au 26 déc., jeu. midi et mer. - 21/26€.* Discrètement situé entre le port de plaisance et la plage de la Paloma, restaurant familial où l'on mange au coude à coude une cuisine traditionnelle privilégiant les produits de la mer.

Hébergement

• ***À bon compte***

Hôtel Frégate – *Av. Denis-Séméria - 06230 St-Jean-Cap-Ferrat - ☎ 04 93 76 04 51 - fermé 15 déc. au 5 janv. - 10 ch. : 42/73€ - ☕ 6,50€ - restaurant 19/23€.* Une petite adresse simple dans une rue commerçante proche du port. Les chambres, petites mais rénovées, sont bien tenues ; certaines possèdent un balcon. Cuisine traditionnelle et spécialités provençales. Accueil familial.

• ***Valeur sûre***

Hôtel La Bastide – *3 av. Albert-Ier - 06230 St-Jean-Cap-Ferrat - ☎ 04 93 76 06 78 - 🅿 - 14 ch. : 45,73/60,98€ - ☕ 4,57€ - restaurant 22,90/26€.* Certes, ce petit hôtel n'est pas de la dernière génération, mais sa situation reste très intéressante car toutes les chambres jouissent d'une belle vue sur la baie et, au loin, sur le cap d'Ail. Cuisine familiale au restaurant. Aux beaux jours, les repas sont servis en terrasse.

• ***Une petite folie !***

Hôtel Brise Marine – *Av. Jean-Mermoz - 06230 St-Jean-Cap-Ferrat - ☎ 04 93 76 04 36 - info@hotel-brisemarine.com - fermé nov. à janv. - 16 ch. : 119/134€ - ☕ 9,50€.* Cette jolie demeure (1878) ouvre ses fenêtres sur le cap et le golfe. Sise dans une rue peu passante, on y accède par un beau jardin fleuri et arboré. Préférez les chambres de la villa, celles de l'annexe sont plus simples.

Les caprices de Béatrice
Nombre des panneaux peints au 18e s. qui ornent les murs de la villa proviennent d'hôtels particuliers parisiens détruits lors des travaux d'Haussmann… et les architectes ont dû sans cesse adapter leur construction aux dimensions des panneaux… et aux exigences de la baronne. Celles-ci étaient telles que pas moins de 15 architectes se succédèrent en sept ans sur le chantier !

Musée Île-de-France★★ – *Juil.-août : 10h-19h ; fév.-juin et sept.-oct. : 10h-18h ; nov.-fév. 14h-18h. 8€. ☎ 04 93 01 33 09.*

Dès l'entrée, un patio couvert (autrefois coiffé d'un ciel peint qui sera prochainement restitué), entouré de colonnes de marbre rose provenant d'un palais de Vérone, présente, sur un parterre de mosaïques et un immense tapis de la Savonnerie du 18e s., des tapisseries flamandes des 16e et 17e s., des meubles et des peintures du Moyen Âge et de la Renaissance, dont un retable du 15e s. (sainte Brigitte d'Irlande) et enfin un tableau de Carpaccio (condottiere vénitien).

De là se découvre un grand nombre de pièces et de galeries avec des trésors d'art de diverses périodes. La chambre de Mme Ephrussi, son cabinet de toilette, son boudoir et la salle à manger de Sèvres permettent de découvrir les appartements privés de la baronne.

Au premier étage *(visite guidée payante uniquement)*, les exceptionnelles collections de porcelaine de Vincennes, de Sèvres et de Saxe ajoutent à l'éclat de l'ensemble. Le curieux « salon des Singes » évoque le thème animalier cher à la baronne Ephrussi avec un étonnant orchestre de singes en porcelaine de Meissen. Dans un curieux décor gothique, le salon d'art d'Extrême-Orient s'ouvre par deux vantaux de laque chinois : grands paravents en laque de Coromandel, vases et tapis chinois et, dans un cabinet annexe, costumes de mandarin.

En pont de navire
Tel est le jardin principal, étiré sur la partie la plus étroite du cap, terminé par la proue qu'est le temple de l'Amour. Installée sur sa loggia, la baronne pouvait ainsi s'imaginer à bord du paquebot *Île-de-France* sur lequel elle fit une croisière mémorable au point d'en baptiser sa villa… pour parfaire l'illusion, elle exigeait des jardiniers qu'ils soient vêtus en matelots !

Jardins★★ – 7 ha de jardins thématiques paradisiaques entourent la villa. Au centre, le jardin à la française, exubérant avec sa végétation méditerranéenne, aboutit dans une belle perspective à un escalier d'eau, une rocaille et un petit temple de l'Amour, réplique de celui du Trianon. En bas des grandes marches, le jardin espagnol, d'allure très andalouse, est fraîchement ombré d'arums, de papyrus, de grenadiers et de daturas. Plus loin, le jardin florentin est habité d'un gracieux éphèbe de marbre parmi les cyprès.

Fontaines, chapiteaux, gargouilles et bas-reliefs (Moyen Âge et Renaissance) ornent un jardin lapidaire des plus romantiques. Auprès d'un délicieux jardin japonais, un jardin exotique offre sa végétation étonnante. Enfin, la roseraie rassemble une grande variété d'espèces de la fleur de prédilection de la baronne Ephrussi.

Randonnée
Pour ceux qui préfèrent la marche à la voiture, un sentier de 11 km permet de faire le tour du cap entre criques, falaises et végétation aux essences enivrantes. Exceptionnel !

circuit

LE TOUR DU CAP★★

10 km – environ 3h. Ce circuit permet de découvrir le cap de l'intérieur.

Plage de Passable

Plage de galets en pente douce face à la rade de Villefranche.

Palais italien offrant tous les raffinements de la Renaissance, la villa Ephrussi expose une des plus riches collections d'objets d'art de France.

ST-JEAN CAP-FERRAT

Albert-Ier (Av.) 2
Centrale (Av.) 3
États-Unis (Av. des) 5
Gaulle (Bd Gén.-de) 6
Grasseuil (Av.) 7
Libération (Bd de la) 9
Mermoz (Av. Jean) 12
Passable (Chemin de) 13
Phare (Av. du) 14
St-Jean (Pont) 16
Sauvan (Bd Honoré) 17
Semeria (Av. Denis) 18
Verdun (Av. de) 20
Vignon (Av. Claude) 21

Villa Ephrussi-de-Rothschild . . . . . M

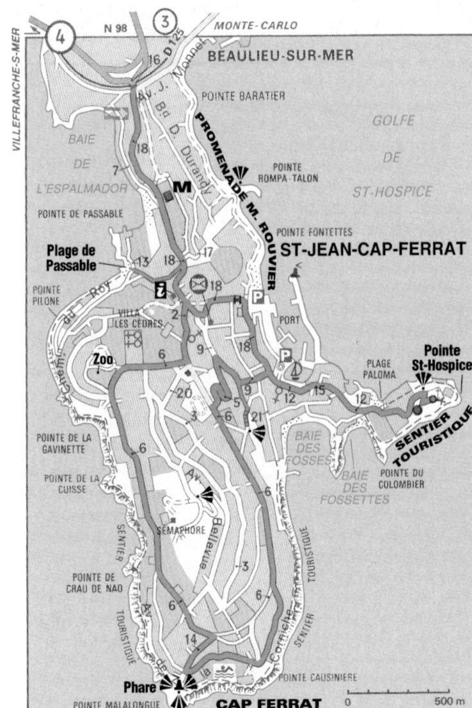

Zoo

♿ *Été : 9h30-19h ; hiver : 9h30-17h30. 9,50€ (-3 ans : gratuit ; 3-10 ans : 6,50€). ☎ 04 93 76 07 60.*

Dans l'ancienne propriété du roi Léopold II de Belgique, un lac asséché a été transformé en 1950 en **parc d'acclimatation**. De beaux spécimens d'animaux et d'oiseaux exotiques s'épanouissent à l'ombre d'une végétation tropicale (3 ha). Plusieurs fois par jour, une « École de chimpanzés » présente un divertissement original.

Phare

Sa portée atteint 46 km. Du sommet (164 marches), immense **panorama★★** de la pointe de Bordighera (Italie) jusqu'à l'Esterel ainsi que sur les Préalpes et les Alpes.
Toute proche, la piscine du Sun-Beach est aménagée dans les rochers.

St-Jean-Cap-Ferrat★

Cet ancien village de pêcheurs est devenu une station balnéaire et hivernale privilégiée, recherchée pour son calme. Quelques vieilles maisons entourent le port, largement aménagé pour la plaisance.
Depuis la rue en escalier au Sud du boulevard de la Libération, belle **vue★** sur la montagne de la Tête de Chien, Èze, le mont Agel et les Alpes franco-italiennes au loin.

VUE SUR TÊTE DE CHIEN
La belle **promenade Maurice-Rouvier★** vous conduit à la baie de Beaulieu en 1h AR (depuis le port de St-Jean) avec vue sur Èze et la Tête de Chien.

Pointe St-Hospice

La montée à la pointe St-Hospice, entre les propriétés, offre de jolies vues sur Beaulieu et la côte vers le cap d'Ail. Elle longe une tour, construite au 18e s. pour servir de prison, aboutit à la chapelle du 19e s. remplaçant un ancien oratoire qui était dédié à l'ermite niçois saint Hospice. Des abords de cette chapelle, on a une bonne **vue★** sur la côte et l'arrière-pays, de Beaulieu au cap Martin.

AU RAS DE LA MER
Un sentiera fait le tour de la pointe St-Hospice en 1h AR. Il commence à la plage Paloma et finit à la baie des Fossettes. Belle vue assurée.

Coaraze★

En montant vers le col St-Roch (990 m), la ravissante « route du soleil » passe, entre montagnes et rivière, par une colline d'oliviers. Un vieux village restauré avec goût, la couronne.

Idées rando

Une brochure explique en détail les balades paradisiaques à faire dans les environs (Office de tourisme).

La situation

Carte Michelin Local 341 E4 – Schéma p. 286 – Alpes-Maritimes (06). Depuis la D 2204 de Nice, la D 15 y mène entre la chaîne de Férion et la vallée du Paillon de Contes.

Pl. Ste-Catherine, 06390 Coaraze, ☎ 04 93 79 37 47.

Le nom

Une légende explique ce nom étrange : les habitants auraient réussi à capturer le diable et l'auraient attaché par la queue. Mais le malin l'aurait coupée, d'où le nom de *coa* (« queue ») *rasa* (« coupée »). Pour d'autres, le site évoquerait un lézard à la queue coupée. Quant aux scientifiques, insensibles à toute poésie, ils y voient une racine pré-indo-européenne évoquant un caillou ou un rocher.

Les gens

654 Coaraziens. Repeuplé d'artistes (Jean Cocteau) et d'artisans dans les années 1950, ce chaleureux village aime faire la fête !

se promener

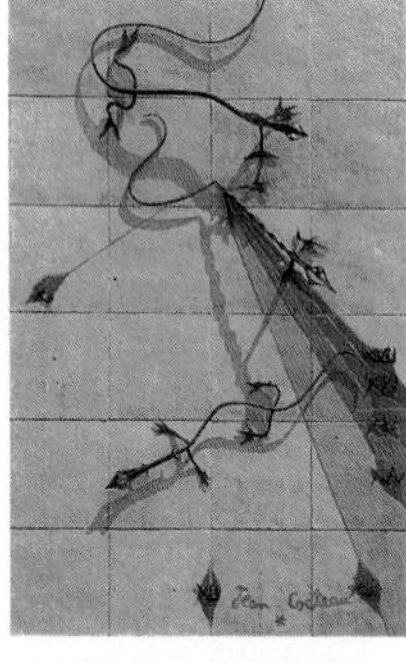

Arabesques de lézards sur un mur de soleil : un cadran solaire dessiné par Jean Cocteau.

Le bourg médiéval

Le charmant bourg médiéval, avec ses **vieilles rues★**, ses longs passages voûtés et ses placettes, invite à la flânerie, au doux bruit des fontaines. Parmi ses cyprès, le jardin en terrasses surplombe une belle vue sur le fond de la vallée et la cime de Rocca Seira.

Sur la mairie et la place de l'Église, on découvrira un bel ensemble de cadrans solaires en céramique, dessinés par Cocteau, Goetz, Ponce de Léon et d'autres artistes. On accède à l'**église** par le vieux cimetière. À l'intérieur, décor baroque avec notamment, au fond, un saint Sébastien percé de flèches.

Notre-Dame-de-la-Pitié

Rejoindre la D 15 vers le Nord et, aussitôt, prendre une petite route à gauche.

N.-D.-de-la-Pitié s'appelle aussi N.-D. « des-Sept-Douleurs », ou encore « chapelle bleue » car la vie du Christ y est peinte en camaïeu bleu (Ponce de Léon, 1962). De la terrasse, jolie vue sur le village.

carnet pratique

Hébergement

• *Valeur sûre*

L'Auberge du Soleil – *Au centre du village - ☎ 04 93 79 08 11 - auberge.du.soleil@wanadoo.fr - fermé nov. au 15 fév. - 8 ch. : 55/83€ - ☕ 8€ - restaurant 19/22,50€.* Une atmosphère d'une douce sérénité règne en cette belle maison de maître de 1863, que l'on rejoint uniquement à pied. Savant mélange d'ancien et de moderne dans les chambres, et accueillante salle à manger prolongée d'une terrasse grande ouverte sur la vallée.

Calendrier

Fêtes – Fête de la St-Jean, fin juin ; de l'Olivier, le 15 août ; de la Ste-Catherine, fin août ; de la Châtaigne, fin oct. *☎ 04 93 79 37 47.*

Chapelle St-Sébastien

Prendre la D 15 vers le Sud, à 2 km tourner à droite vers la Gardiola.

Nichée dans la campagne, elle est dédiée au saint protecteur des épidémies de peste. Des fresques (de 1530 avec repeints au 19e s.) d'une grande élégance la décorent : saint Sébastien, criblé de flèches, et ses archers sont gracieusement déhanchés dans un maniérisme qui rappelle Le Pérugin. La douceur des couleurs et des contours a le raffinement de la Renaissance.

Cogolin

Ce village des Maures, situé au cœur du golfe de Saint-Tropez, a su garder le charme authentique des bourgs de Provence grâce à ses activités artisanales. L'avenue principale vous accueille par des enseignes de fabriques de pipes et vous conduit au vieux village que domine un moulin en ruine.

La situation

Carte Michelin Local 340 O6 - Var (83). Entre Cogolin et ses marines situées à 5 km, il y a le carrefour de la Foux. Vous aurez, à la belle saison, tout votre temps pour le contempler !

Pl. de la République, 83330 Cogolin, ☎ 04 94 55 01 10.

Le nom

Du latin *Cucullus*, « capuchon ». Mais à la métaphore géographique, vous pouvez préférer la légende : le coq qui accompagnait le corps du chevalier Torpès (mieux connu aujourd'hui sous le nom de saint Tropez) aurait volé sur un champ de lin d'où serait né Cogolin.

Les gens

9 079 Cogolinois. Né des ressources locales (chêne-liège, roseau, bois de bruyère), l'artisanat traditionnel cogolinois s'est spécialisé dans la fabrication de pipes, taillées dans des souches de bruyère des Maures, et la confection d'anches d'instruments à vent.

Vendéens

Les deux citoyens d'honneur de la ville sont natifs du même village de Mouilleron-en-Pareds en Vendée. Le premier est Clemenceau ; le deuxième, le général de Lattre de Tassigny, installe à Cogolin son premier poste de commandement, du 17 au 20 août 1944 durant la bataille de Provence.

visiter

LE VIEUX VILLAGE

Le beau caractère médiéval de la partie haute du village est conservé par de nombreuses placettes et ruelles communiquant par des passages voûtés. **Rue Nationale**, on admirera les remarquables encadrements de porte en serpentine, dont certains datent du 12e s., et, au n° 46, la très belle demeure bourgeoise dite château Sellier. Originale fontaine place Abbé-Toti.

Des marines et un port

Accès par la N 98 puis la D 98A.

À 5 km au Nord-Est du bourg, belle plage de sable et port de plaisance, composé de quatre bassins pouvant accueillir 1 600 bateaux et entourés d'un ensemble de résidences. Plus intime, Port-Cogolin ne dispose que de 150 anneaux.

Les pipes de Cogolin, une cité où le bois fait le bonheur des fumeurs... comme des artisans.

carnet pratique

Hébergement

• ***Valeur sûre***

Le Coq'Hôtel – *Pl. de la Mairie - ☎ 04 94 54 63 14 - fermé 1er au 15 janv. - P - 25 ch. : 43/75€ - ☕ 6,50€ - restaurant 18/32€.* Enseigne à la gloire du roi de la basse-cour que l'on retrouve sur la jolie façade aux volets bleus et sous forme de figurine dans le salon. Décor tout en gaieté dans les chambres, diversement meublées et équipées de salles de bains souvent très « seventies ».

Achats

Fabrique de M. Rigotti – *5 r. François-Arago - ☎ 04 94 54 62 05 - 8h-12h, 13h30-17h30.* Fabrique d'anches et de pièces détachées pour instruments à vent. L'atelier se visite.

Les pipes de Cogolin – *42/58 av. Georges-Clemenceau - ☎ 04 94 54 63 82 - atelier : 9h-12h, 14h-17h, dim. et fériés : sur demande. Boutique : 9h-19h.* La proximité de la forêt des Maures fournit les racines de bruyère pour la confection des pipes. La vitalité de cet artisanat pluriséculaire s'exprime dans les nombreux ateliers de l'avenue Clemenceau exposant de belles collections de leur production ainsi que dans les techniques de fabrication. La maison Courrieu y est installée depuis plus de deux siècles et se visite.

Manufacture de tapis de Cogolin – *6 bd Louis-Blanc - ☎ 04 94 55 70 65 - visite salon d'exposition : lun.-ven - fermé 2 sem. en août et Noël-Nouvel an.* Au début des années 1920 s'installèrent à Cogolin des tisserands arméniens réfugiés en France, et en 1928 fut créée la Manufacture, qui effectua le transfert des métiers de « haute lisse » d'Aubusson. Actuellement, la fabrication a recours à deux méthodes : les ouvrages tissés main à la demande (la basse lisse), et la technique du tufté main qui a recours à une technologie permettant toutes les fantaisies dans la décoration.

Marché – Mer., sam.

Au sommet de la butte se dresse la **tour de l'Horloge** (14e s.), unique vestige du château fort *(accès au bout de la rue Nationale, par la montée de l'Horloge)*. En redescendant par la gauche, sur la place Bellevue, la **chapelle St-Roch** est décorée d'œuvres contemporaines.

Église St-Sauveur-St-Étienne

Elle conserve des parties du 11e s. et un joli portail Renaissance en serpentine. À l'intérieur, une chapelle latérale abrite un superbe retable de Hurlupin (1540) représentant saint Antoine accompagné de saint Éloi et de saint Pons, ainsi qu'un beau buste baroque du 17e s.

Espace Raimu

Av. Georges-Clemenceau. ♿ De déb. juil. à mi-sept. : 10h-12h, 16h-19h, dim. 16h-19h ; de mi-sept. à fin juin : 10h-12h, 15h-18h, dim. 15h-18h. Fermé de mi-nov. à fin nov., 1er janv., 11 nov. et 25 déc. 3,50€. ☎ 04 94 54 18 00.

Le musée se trouve, comme il se doit, dans le cinéma municipal *(rez-de-chaussée)*, et on le doit à la petite-fille de Raimu, sa première admiratrice. La carrière légendaire de cet enfant de Toulon nous est remémorée à travers des affiches, photos, objets et lettres. Brillant comique, Jules Auguste César Muraire de son vrai nom (1883-1946) s'illustra au théâtre *(Le Blanc et le Noir)* et au cinéma *(La Femme du boulanger, La Fille du puisatier, César, Fanny...)*.

Cotignac

Insolite

Haute de 80 m, la falaise a été façonnée par le cours de la Cassole et creusée de multiples grottes qui ont servi d'abris. Certains gouffres plongent à plus de 50 m de profondeur. Deux tours du 14e s. coiffent le sommet, vestiges du château des Castellane.

Ce paisible village provençal contient tous les ingrédients du bonheur. Dans un site★ impressionnant, Cotignac semble « s'écouler » d'une longue falaise de tuf aux couleurs changeantes. Le doux murmure des fontaines vous attend sur le cours ainsi que les boulangeries qui invitent au péché de gourmandise.

La situation

Carte Michelin Local 340 L4 – Var (83). Superbe point de vue sur le site depuis la D 22, en venant de Sillans. Parking sur le cours.

ℹ *R. Bonnaventure, 83570 Cotignac, ☎ 04 94 04 61 87.*

Le nom
Une étymologie gourmande ? Le cotignac est la confiture ou la pâte de coing. *Codonh* (« coing » en provençal) a donné *codonat*, puis *coudoignac*. Historique ? Le nom viendrait d'un certain Cottinius... mais qui dit que ce Cottinius n'est pas l'inventeur de la gelée en question ?

Les gens
2 026 Cotignacéens, accueillants et pas rompus aux excès du tourisme.

Les toits de Cotignac, grâce à leur forme carapaçonnée, préservent la fraîcheur des ruelles qui dessinent un labyrinthe à travers le village.

se promener

Village
Sous les platanes et les belles façades 16e-18e s., le cours central invite à vivre à l'heure provençale, en sirotant un pastis et en écoutant la jolie fontaine des quatre saisons. Au détour d'une flânerie paresseuse dans les vieilles rues, on déniche d'autres beaux morceaux d'architecture, comme des portes du 16e et du 17e s.

La place de la Mairie est charmante avec sa fontaine, son hôtel de ville 18e s. et son beffroi qui mène au théâtre de verdure. L'église, bâtie au 13e s., a été très remaniée depuis, jusqu'à la façade, du 18e s.

De l'église, un chemin se dirige vers le rocher qui domine le pays et permet d'atteindre une grotte à deux étages, d'où la **vue** s'étend sur le village et les alentours.

Animation
Le théâtre de verdure accueille chaque été un festival de musique et de théâtre.

carnet pratique

Restauration
• *Valeur sûre*

Restaurant Le Clos des Vignes – *rte de Montfort - 5 km au S de Cotignac dir. Brignoles - ☎ 04 94 04 72 19 - fermé dim. soir et mar.d'oct. à juin et lun. - réserv. conseillée - 29,80/34,30€.* Une ancienne bergerie restaurée entourée de vignes, une salle en véranda, une jolie terrasse et un patron à la forte personnalité, tout incite à passer un agréable moment. La cuisine réalisée à partir de produits frais explique la bonne côte locale de ce restaurant.

Hébergement
• *Valeur sûre*

Chambre d'hôte Domaine de Nestuby – *5 km au S de Cotignac dir. Brignoles - ☎ 04 94 04 60 02 - fermé 15 nov. au 1er mars - ⊠ - 4 ch. : 54/61€ - repas 18€.* Au cœur d'un domaine viticole, cette avenante bastide provençale dispose de belles chambres rénovées aux meubles chinés dans les brocantes. Vous dégusterez le vin du propriétaire à la table d'hôte installée dans l'ancienne écurie.

Achats
Spécialités – Le village est réputé pour son vin, son huile et son miel. Dans les boulangeries, on déguste de délicieux croissants aux pignons.

Marché – Mardi, cours Gambetta.

Les Ruchers du Bessillon – *5 r. de la Victoire - ☎ 04 94 04 60 39 - www.sejour-en-provence.com - été : 10h-12h30, 15h30-19h ; hiver : tlj sf lun. 10h-12h.* Miels d'acacia, de châtaignier, de sapin, de tilleul, de romarin, de lavande, de bruyère, de Provence... Gelée royale, pollen, cire. Produits bio.

MIRACLE
Désespérant d'avoir un héritier, Louis XIII et Anne d'Autriche auraient envoyé frère Fiacre jusqu'ici dire des prières. Exaucée, la reine y revint avec son fils, le jeune Louis XIV, pour rendre grâce en 1660, comme le rappelle l'**ex-voto** en marbre noir sur un pilier.

N.-D.-de-Grâces

1 km au Sud par la D 13 puis une petite route à droite (à pied, 3/4h AR). Pour être aussi beau, ce lieu ne pouvait être que sacré et miraculeux ! La Vierge y serait apparue au 16e s. Une chapelle a été élevée ensuite, sur ce mont Verdaille qui domine au Sud la vallée de l'Argens, Carcès et la région de Brignoles.
Détruite par la Révolution et reconstruite en 1810, N.-D.-de-Grâces est aujourd'hui occupée par les moines de la communauté de St-Jean. Une belle allée boisée conduit à un autre monastère, celui de **St-Joseph**, situé à 3/4h de marche.

Draguignan

En dépit d'un nom aux inquiétantes résonances reptiliennes, Draguignan est une ville paisible, qu'animent fêtes et marchés. Tout a commencé autour d'une forteresse ligure, puis romaine, remplacée aujourd'hui par la tour de l'Horloge. Centre d'une région viticole, l'ancien chef-lieu du Var est un bon point de départ pour découvrir les paysages et petits villages du haut Var.

VISITE
Visite guidée de la ville (1h1/2 à 2h) – Visite sur demande à l'Office de tourisme. Dép. 10h. 3€.
☎ 04 98 10 51 05.

La situation

Cartes Michelin Local 340 N4 – Var (83). Le parking le plus commode, proche de la vieille ville et de l'Office de tourisme, est celui des allées d'Azémar, avec des platanes centenaires et un buste de Clemenceau (sénateur du Var, dont Draguignan fut la préfecture) par Rodin.
Av. Carnot, 83300 Draguignan, ☎ 04 98 10 51 05.

carnet pratique

TRANSPORTS

Bus – Le réseau Draguibus (4 lignes) dessert Draguignan. Ticket à l'unité vendu par le conducteur ; cartes magnétiques en vente au bureau des bus, pl. Claude-Gay (lun.-ven., 8h-12h, 14h-18h, sam. 8h-12h).

Cars – *Gare routière - ☎ 04 94 68 15 34.* Des cars assurent la liaison avec St-Raphaël et avec la gare SNCF des Arcs-Draguignan (trajet d'environ 25 mn).

RESTAURATION

La paillarde dracénoise est faite à base de poulet et d'écrevisses. Une spécialité à goûter dans les restaurants de la ville !

• À bon compte

L'Accomedia – *13 r. des Endronnes - ☎ 04 94 50 72 72 - fermé 23 déc. au 2 janv., 15 août. au 9 sept., lun. soir et dim. - 13€ déj. - 21/26€.* Enseigne doublement explicite : ce restaurant italien est situé juste en face du théâtre ! Le four à pizza assure le spectacle dans un décor moderne et clair agrémenté d'une fresque évoquant le carnaval. Préparations culinaires joliment présentées et ambiance sympathique.

• Valeur sûre

Restaurant du Parc – *21 bd de la Liberté - ☎ 04 94 50 66 44 - 16€ déj. - 19/33,50€.* À la belle saison, un platane centenaire offre son délicieux ombrage aux convives installés en terrasse. Côté salle, vous profiterez d'un cadre rénové. Saveurs provençales dans les assiettes.

HÉBERGEMENT

• À bon compte

Hôtel Les Oliviers - *4 km à l'O de Draguignan par D 557 (rte de Flaysoc) - ☎ 04 94 68 25 74 - hotel-les-oliviers@club-internet.fr - fermé janv. - P - 12 ch. : 45,73/59,46€ - ☕ 6,86€.* Aucune difficulté pour trouver cet hôtel situé sur la route de Flaysoc. La circulation est fort heureusement ralentie la nuit. Les chambres, toutes en rez-de-chaussée, sont claires, fraîches. Une bonne petite adresse utile.

• Valeur sûre

Chambre d'hôte St-Amour – *986 rte de la Motte - 83720 Trans-en-Provence - 5 km au S de Draguignan, rte du Muy - ☎ 04 94 70 88 92 - ⊠ - 3 ch. : 64/72€.* Bâtisse du 18e s. entourée d'un parc de deux hectares agrémenté d'une étonnante piscine et d'un étang. L'appartement et les chambres sont superbement personnalisées : Provence, Afrique... Autre possibilité dans une maison plus récente : un ravissant petit studio décoré à la façon d'une cabine de bateau.

ACHATS

Marchés – Mercredi, samedi, pl. du marché.

CALENDRIER

Le 8 sept., pèlerinage à l'église N.-D.-du-Peuple, construite au 16e s. et consacrée à la Vierge pour avoir préservé la ville de la peste.

Le nom

Draguignan, selon Mistral, dériverait du latin *draco* (« dragon »). Au 5e s., un dragon hantait les marécages (aujourd'hui, zone baignée par le Nartuby), mais saint Hermentaire vint à bout de l'horrible bête. Légende ? Pas si sûr !

Les gens

32 829 Dracénois. La cantatrice Lily Pons (1898-1976), Américaine d'origine française, est née à Draguignan.

comprendre

Prospère et provençale – Mis à part les attaques (duc de Savoie au 18e s.) auxquelles sa prospérité l'a exposé, Draguignan a connu un développement constant, de ville comtale en ville royale, qui en a fait au 15e s. la quatrième ville de Provence. De l'enceinte élevée au 13e s. subsistent encore deux portes sur trois. Louis XIV fit raser le donjon à l'issue de la lutte qui opposa en 1649 les Sabreurs aux Canivets.

Être et ne plus être préfecture – Draguignan obtint le titre de « préfecture » de Bonaparte en 1797 et le conserva jusqu'en 1974, avant qu'il ne revienne à Toulon. Au 19e s., les préfets Azémar et, brièvement, Haussmann, conjuguèrent constructions de prestige (comme le théâtre, hélas « modernisé » en 1974) et urbanisme moderne : promenades ombragées et boulevards rectilignes. En 1860, toutefois, la ville, lasse de tant de modernité, refusa le passage d'une grande ligne de chemin de fer ; aujourd'hui, le train venant de Marseille s'arrête aux Arcs.

se promener

VIEILLE VILLE

Parcours au départ de la place du Marché.

Au bout de la rue des Marchands, la porte Romaine (14e s.) ouvre sur le vieux Draguignan, ensemble de petites maisons serrées, dressées de guingois sous leur toit de tuiles canal. Les maisons de la rue de l'Observance, l'une des plus anciennes, abritèrent aux 15e et 16e s. nobles et bourgeois, mais ont souffert de la modernisation.

Prendre la rue de l'Observance et la montée de l'Horloge.

Tour à échauguettes surmontée d'un campanile en fer forgé, la tour de l'Horloge remplace le donjon détruit en 1660.

Tour de l'Horloge

Sur demande préalable à l'Office de tourisme. ☎ 04 98 10 51 05.

Du sommet, **vue** sur toute la ville et la vallée du Nartuby, avec les Maures à l'horizon.

Le tour du **théâtre de verdure** est l'occasion d'une vue plus rapprochée sur les toits de la vieille ville.

On traverse un quartier rénové pour atteindre la **porte de Portaiguières**, percée dans une tour carrée du 15e s. Dans la rue de la Juiverie, façade murée d'une synagogue du 13e s.

Cimetière américain et mémorial du Rhône

Bd John-F.-Kennedy. 9h-17h. Fermé 25 déc. et 1er janv. Gratuit. ☎ 04 94 68 03 62.

De durs combats se déroulèrent en 1944 dans la région, notamment autour du Muy. Sur près de 5 ha de pelouse partagés par un jet d'eau sont regroupées les sépultures de 861 soldats américains de la 7e armée du général Patch. Sur le mur de soutènement du mémorial sont inscrits les noms des disparus. L'Américain Austin Purve est l'auteur des mosaïques de la chapelle.

Au pied du mémorial, une carte de bronze retrace les mouvements des troupes durant la campagne lancée le 15 août 1944 pour appuyer les opérations de Normandie.

Prendre la direction de Lorgues par l'avenue du 4-Septembre.

DRAGUIGNAN

Cisson (R.) . . . . YZ 3
Clemenceau . . . . Z
Clément (R. P.) . . . . Z 4
Droits de l'Homme (Parvis des) . . . . Z 5
Gay (Pl. C.) . . . . Y 6
Grasse (Av. de) . . . . Y 8
Joffre (Bd Mar.) . . . . Z 9
Juiverie (R. de la) . . . . Y 12
Kennedy (Bd John) . . . . Z 13
Leclerc (Bd Gén.) . . . . Z 14
Marchands (R. des) . . . . Y 15
Marché (Pl. du) . . . . Y 16
Martyrs-de-la-R. (Bd des) . . . . . Z 17
Marx-Dormoy (Bd) . . . . Z 18
Mireur (R. F.) . . . . Y 19
Observance (R. de l') . . . . Y 20
République (R. de la) . . . . Z 23
Rosso (Av. P.) . . . . Z 24

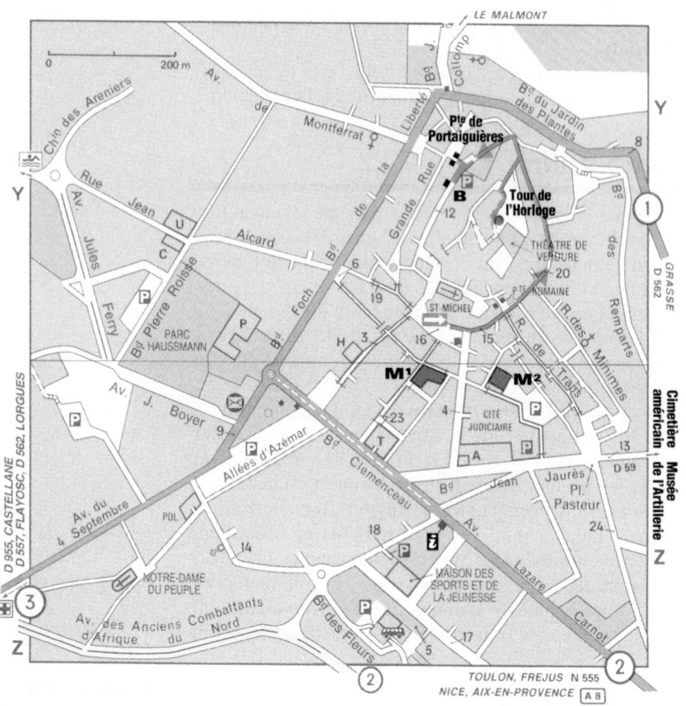

Façade d'une ancienne synagogue . . . . Y B
Musée municipal . . . . Z M1
Musée des Arts et Traditions de moyenne Provence . . . . Z M2

Église N.-D.-du-Peuple

Cette chapelle construite au 16e s. dans le style gothique flamboyant fut agrandie par la suite et reçut sa façade au 19e s. Dédiée à la Vierge, qui aurait préservé la ville de la peste (pèlerinage le 8 septembre), elle renferme de nombreux ex-voto et le panneau central d'un retable de l'école niçoise des Bréa (16e) représentant une Vierge au rosaire *(mur de gauche)*.

visiter

Musée municipal

♿ *Tlj sf dim. 9h-12h, 14h-18h. Fermé j. fériés. Gratuit.* ☎ *04 94 47 28 80.*

> **À VOIR**
> Pour le plaisir, Rêve au coin du feu, sculpture de Camille Claudel (1903). Pour le contraste, Tête de Christ de Ph. de Champaigne et Enfant au béguin de Renoir. Pour la bizarrerie, les gants et le maillet de jeu de ballon.

◄ Œuvres d'art et archéologie dans ce bâtiment qui fut un couvent d'ursulines (17e s.) puis la résidence d'été de l'évêque de Fréjus, Mgr du Bellay (18e s.). Meubles anciens, sculptures, collection de céramiques (Vallauris, Moustiers, Sèvres, Chine), peintures hollandaises et françaises (Téniers, Rembrandt, Rubens, Greuze, Panini, J.-B. Van Loo, F. Ziem, Rembrandt, Hals). Certaines œuvres proviennent de la région : buste et statue du tombeau du comte de Valbelle par Houdon (Tourves, près de St-Maximin), belle armure du 16e s. (Le Luc) et bien sûr objets archéologiques, gallo-romains et médiévaux découverts à Vidauban, St-Hermentaire et Draguignan.

Musée des Arts et Traditions populaires de moyenne Provence★

Tlj sf lun. 9h-12h, 14h-18h, dim. et j. fériés 14h-18h. Fermé 1er janv., 1er mai et 25 déc. 3,5€. ☎ 04 94 47 05 72.

Les poutres et les dalles des grandes salles mettent en valeur les outils, maquettes et objets anciens qui dépeignent les activités traditionnelles du haut pays varois, des plans de Provence, des Maures et de l'Esterel : le vin et les céréales, la fabrication de l'huile d'olive, l'exploitation du liège (atelier de bouchonnier), mais aussi la chasse, l'apiculture, l'élevage des moutons et des vers à soie. L'artisanat (atelier de cordonnier, tomettes de Salernes), la vie quotidienne (vaisselle, vêtements) et les fêtes *(chivaus frus)* sont aussi évoqués.

Les « chivaux frus » exposés au musée des Arts et Traditions populaires sont un témoignage essentiel des festivités dracénoises.

Musée de l'Artillerie

Bd John-F.-Kennedy, puis 3 km à l'Est sur la D 59. Entrée principale de l'école d'application de l'artillerie. Parking à l'extérieur de l'enceinte. Lun., mar., mer., dim. 9h-12h, 13h30-17h30. Fermé de mi-déc. à mi-janv. et j. fériés. Gratuit. ☎ 04 98 10 83 86.

Indispensable pour tous ceux que passionne l'évolution de l'artillerie ! Le rez-de-chaussée est défendu par une impressionnante série de canons variés (de marine, de place, de siège, de tranchée, antichars, antiaérien, etc.), tirés par des chevaux ou montés sur pneus. Des dioramas grandeur nature mettent en scène le canon de 75 de la bataille de la Marne (1914) et le rôle de l'artillerie dans la campagne d'Italie (bataille du Garigliano, 1944).

Sous la tente

La mezzanine est aménagée en camp militaire du Second Empire. Chaque tente abrite une période de l'histoire de l'artillerie, de la naissance du canon à la guerre du Golfe.

alentours

Table d'orientation du Malmont★

6 km – environ 3/4h. Sortir de Draguignan au Nord par le boulevard Joseph-Collomp. Au bout de 6 km, arrivée à un col. Prendre à gauche une petite route menant 300 m plus loin à une table d'orientation. La **vue★** très étendue embrasse le mont Vinaigre (Esterel), la rade d'Agay, la dépression de l'Argens, le massif des Maures, les environs de Toulon.

Trans-en-Provence

5 km. Quitter Draguignan par le Sud puis N 555. Village réputé, jusqu'à la dernière guerre mondiale, pour ses filatures de soie qui tiraient leur énergie de la vingtaine de moulins installés sur le Nartuby. Hôtel de ville avec **façade** en trompe l'œil (1779), rare exemple d'architecture civile du 18e s. L'église St-Victor (14e s.) abrite un beau retable.

Entre deux ponts

De la place de la Mairie, descendre vers les gorges du Nartuby qui cascade sur des roches arrondies et trouées. On contemple le **site★** entre le pont Vieux et le pont Bertrand.

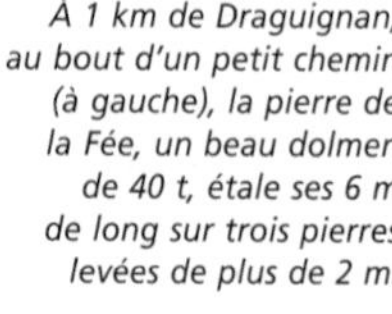

À 1 km de Draguignan, au bout d'un petit chemin (à gauche), la pierre de la Fée, un beau dolmen de 40 t, étale ses 6 m de long sur trois pierres levées de plus de 2 m.

Le **puits aérien** *(suivre les panneaux, à gauche en entrant dans le village ; le chemin passe par-dessus la N 555)* est l'œuvre d'un ingénieur belge, Knapen, en 1930. Il devait permettre de récupérer l'humidité nocturne par condensation pour irriguer les cultures. Mais, conçu pour l'Afrique, il ne fonctionna jamais à Trans.

Flayosc

7 km. Quitter Draguignan par le Sud-Ouest, D 557. Village varois typique, perché au-dessus de vignes, oliveraies et vergers. Portes fortifiées du 14e s., **église** romane à l'origine, au massif clocher carré à campanile, et place on ne peut plus provençale : platanes, fontaine moussue et petit lavoir. Réputé pour sa production oléicole, le village possède encore un ancien **moulin à huile** en activité.

Chapelle Ste-Roseline★

10 km. Quitter Draguignan par le Sud, N 555 et tourner à droite dans la D 91. Voir Les Arcs, « alentours ».

circuit

GORGES DE CHÂTEAUDOUBLE★

41 km - environ 1h. Quitter Draguignan par l'avenue de Montferrat, puis la D 955.

PRÉHISTORIQUES
Plusieurs sentiers assez raides atteignent les **grottes** du Mouret, des Chauves-Souris *(à 2 km au Sud-Ouest par le chemin des Avals)* et des Chèvres.

Gorges★

◄ Profondes, très sinueuses et verdoyantes, elles sont creusées par le Nartuby, affluent de l'Argens.

Faire demi-tour avant le village de Montferrat, puis tourner à droite dans la D 51, qui atteint Châteaudouble, sur l'autre rive du Nartuby.

Châteaudouble

Ce village au charme médiéval et aux nombreuses *calades* entrecoupées de placettes à fontaine occupe un **site★** exceptionnel au sommet d'une falaise surplombant d'une centaine de mètres les gorges du Nartuby. L'église N.-D.-de-l'Assomption (16e s.) présente un clocher-tour roman et un portail clouté. De la tour sarrasine, point de **vue★** sur l'ensemble du village et le relief tourmenté des gorges.

Quitter Châteaudouble par le Nord, direction Ampus. La D 51 traverse un plateau occupé par le bois des Prannes.

Formidables murailles de calcaire creusées par le Nartuby, les gorges de Châteaudouble demeurent un havre de quiétude.

Ampus

Petite église romane bien restaurée. Derrière part un sentier qui s'élève sur un piton rocheux ; le chemin de croix en céramique date de 1968.

Rentrer à Draguignan par la D 49. Belles **vues** sur la ville et son site.

Îles des Embiez

Séparé du Brusc par une lagune, l'archipel des Embiez, planté sur des hauts-fonds très poissonneux, ravit les amateurs de pêche et de plongée. Avec ses statues et ses maisons kitsch, son musée océanographique, ses criques et ses plages, cette propriété de la fondation Paul-Ricard remplit agréablement une journée de vacances.

Combien d'îles ?
La plus grande : île de la Tour Fondue ou des Embiez. La 2e par sa taille : le Grand Gaou, aménagée en parc et reliée à la terre par une passerelle. L'île du Grand Rouveau possède un phare automatique. Celle du Petit Rouveau est réservée à un domaine de reproduction d'oiseaux. Enfin, le Petit Gaou est devenu une presqu'île du Brusc.

La situation

Carte Michelin Local 340 J7 – Schéma p. 337 – Var (86). La circulation des voitures est interdite. *20 à 24 traversées par j. (8mn) de l'embarcadère du Brusc à Six-Fours. 7,5€ AR (enf. : 5,5€ AR).*
Accès à l'île payant, même par le chemin à gué.
Il est interdit d'accéder aux îles à la nage sous peine d'amende.

Le nom

Il dérive d'*embo*, qui signifie en latin « deux » : origine qui décrit parfaitement l'archipel, composé principalement de deux îles.

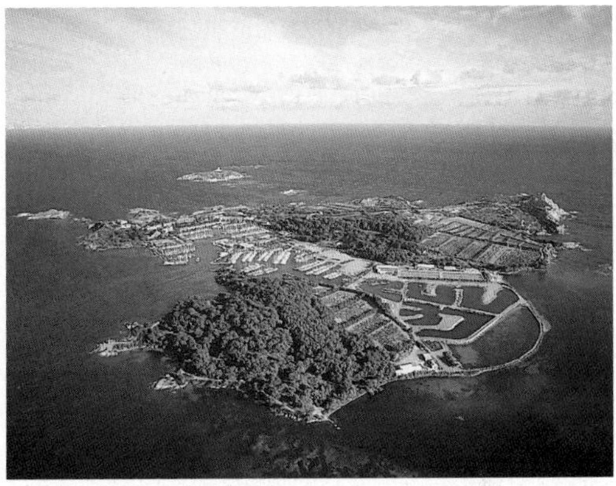

Vision paradisiaque des îles, les Embiez comme rarement le visiteur aura l'occasion de les apercevoir.

Les gens

Paul Ricard a acheté les Embiez en 1958 à la société des Salins d'Hyères. Le fondateur de Pernod-Ricard bâtit son empire en commercialisant le célèbre pastis qui porte son nom. Mais le petit jaune n'était pas la seule corde à l'arc de ce personnage haut en couleurs, peintre à ses heures, dont les œuvres sont exposées dans un petit musée.

visiter

L'île des Embiez s'étend sur 95 ha et présente une diversité étonnante : plages de fin gravier, côtes sauvages ponctuées de criques, marais salants, forêts de pins maritimes, et un vignoble qui donne un rosé réputé.
Elle est dotée d'un vaste **port de plaisance** très fréquenté, dominé par les ruines médiévales du château de Sabran. L'ensemble immobilier de style provençal et les statues façon Grèce antique des jardins nous font partager la passion de Paul Ricard pour les civilisations méditerranéennes.

Plages
Elles se trouvent à l'Est de l'île, autour du port ou le long des bassins expérimentaux. Criques à l'Ouest.

Institut océanographique Paul-Ricard★

Avr.-oct. : 10h-12h30, 13h30-17h30, sam. 14h-17h30 ; nov.-mars : 10h-12h30, 13h30-17h30, mer. 13h30-17h30, w.-end. 14h-17h30. Fermé 1er janv., 24-26 et 30-31 déc. 4€ (enf. : 2€). ☎ 04 94 34 02 49.
Le **musée** présentent les principaux biotopes méditerranéens et les espèces qui y vivent, dont une grande variété de mollusques (certains géants). À l'étage, une

L'Observatoire
Il est installé dans l'ancienne batterie de marine de la pointe St-Pierre et est équipé de laboratoires où des chercheurs étudient la biologie marine, l'aquaculture (élevage des poissons et des coquillages), ainsi que les problèmes de la pollution des mers, en relation avec Ifremer et Elf-Aquitaine.

carnet pratique

LOISIRS-DÉTENTE

Aquascope – *juil.-août : 9h-18h30 ; avr.-juin et sept. : 14h-17h ; janv. et mars : w.-end et j. fériés. Durée : 1/2h. 11,43€ (enf. : 7,62€). - ☎ 04 94 34 17 85.* Approche originale du monde sous-marin par une promenade en bateau semi-submersible.

Centre de plongée des Embiez – *☎ 04 94 34 12 78 ou 06 07 58 65 96.* *Les amateurs* de plongée sous-marine pourront découvrir des fonds à la faune exceptionnellement riche à travers stages et baptêmes.

CALENDRIER

Les Voix du Gaou – Salsa ou raggamuffin mais aussi soul, reggae, rock, polyphonies corses, raï et variétés... C'est le festival Les voix du Gaou, qui se tient dans l'île du même nom, accessible à pied, de mi-juil. à fin juil.

trentaine de grands **aquariums** permettent d'observer dans leur environnement naturel une centaine d'espèces méditerranéennes aux couleurs souvent somptueuses. On remarque principalement des gorgones, des bernard-l'ermite, des mérous, des langoustes, des araignées de mer, des poulpes, des rascasses qui se dissimulent en faisant du mimétisme, de petites murènes et la girelle-paon qui rivalise de couleurs avec les poissons tropicaux.

Entrecasteaux

De l'ordonnance classique d'un jardin à la française dessiné par Le Nôtre à la Nouvelle Guinée : l'improbable destin d'un amiral varois.

Surplombant la vallée verdoyante de la Bresque, le château protège de sa haute façade ce village qui s'enorgueillit d'un jardin public attribué à Le Nôtre. On parcourt avec plaisir ses vieilles rues blotties autour d'une petite église fortifiée dont un contrefort enjambe une rue. Sa grande avenue, ombragée par des platanes centenaires, concentre l'animation du village.

La situation

Carte Michelin Local 340 M4 – Var (83). On peut s'offrir le luxe de jouer les seigneurs du village, le château ayant été aménagé en chambres d'hôte.

Cours Gabriel-Péri, 83570 Entrecasteaux, ☎ 04 94 04 40 50.

Le nom

Entrecasteaux ou « entre châteaux ». Et ils sont nombreux dans la région !

Les gens

863 Entrecastellains. Parmi les illustres seigneurs de ces lieux, on compte François Monteil, comte de Grignan, qui épousa Françoise de Sévigné (1646-1705), fille de la célèbre marquise.

carnet pratique

RESTAURATION

• ***À bon compte***

Lou Picatéou – *pl. du Souvenir - ☎ 04 94 04 47 97 - fermé 15 déc. au 15 fév., mer. soir d'oct. à déc. et jeu. sf juil.-août - 12,90€ déj. - 17/23,70€.* Au pied du château, ce petit restaurant aux murs colorés et au nappage provençal vous accueille sous ses poutres et propose deux menus de cuisine simple dont le choix est volontairement restreint. Terrasse d'été sous les arbres de la petite place.

ACHATS

Marché – Vendredi matin.

CALENDRIER

Fêtes patronales - Fête de la Ste-Anne le 26 juil. et fête de la St-Sauveur le 1er w.-end d'août.

Grande soupe au pistou - Mi-août.

Foire à la brocante – Le 3e dim. de juillet (jusqu'à minuit).

Grande soupe au pistou – Mi-août.

Floralies – Foire aux plants et fleurs, 1er w.-end de mai.

Festival de musique de chambre – Fin juin-déb. juil. *☎ 04 94 04 41 70.*

visiter

Château

Horaires affichés à l'entrée du château. 5,50€ (enf. : 3€). ☎ *04 94 04 43 95.*

Cette austère bâtisse du 17e s. a pour unique décor un toit en génoise à double rangée de tuiles et des balustrades en fer forgé. Le château fut le fief des Castellane puis des Grignan, avant d'être reçu par la famille des Bruni.

Après plusieurs décennies d'abandon, le château fut restauré par le peintre britannique Ian Mc Garvie-Munn qui, jusqu'à son décès en 1981, le transforma en partie en musée. Dans la présentation actuelle, on visite successivement, au sous-sol, l'ancienne cuisine monumentale et ses dépendances, les salles de garde, puis au rez-de-chaussée, les salons.

Héros des mers

La famille Bruni comptait parmi ses membres l'**amiral Bruni d'Entrecasteaux** (1737-1793) : brillant navigateur, il périt au cours de l'expédition lancée à la recherche de l'explorateur La Pérouse disparu cinq ans plus tôt.

Massif de l'**Esterel**★★★

Entre St-Raphaël et La Napoule, le décor rouge de l'Esterel frappe d'admiration. Cette région, l'une des plus belles de Provence, est ouverte au grand tourisme depuis 1903 grâce à la création par le Touring Club de la route de corniche ou « corniche d'Or ». Saisissant, le contraste entre la côte grouillante d'adeptes de la vie balnéaire et les solitudes de l'intérieur ne fait que rendre celles-ci plus extraordinaires.

La situation

Carte Michelin Local 340 P/Q5 - Var (83). En 1993, la forêt domaniale se compose du maquis (plus de 60 %), de chênes-lièges (18 %) et de pins maritimes (13 %). Autres espèces visibles : pin d'Alep, pin parasol et chêne vert. Des arbrisseaux fixent les sols et ralentissent l'érosion : bruyères, arbousiers, lentisques, cistes, genêts épineux et lavandes ; floraison multicolore et parfumée au printemps et au début de l'automne.

Le nom

La fée Esterelle porte le nom du massif qu'elle habite depuis (au moins) le 12e s. ; bonne fille, elle porte assistance aux femmes stériles, comme la terre du lieu, si difficile à cultiver que les Romains la qualifiaient de *sterilis* !

Les gens

Sous le regard bienveillant de cinq forestiers, vivant à longueur d'année dans les maisons forestières du Dramont, du Gratadis, du Trayas, des Trois-Termes et de la Louve, une faune discrète fréquente l'Esterel : sangliers, cerfs, perdreaux, faisans, lièvres, et chevreuils réintroduits avec succès.

Alerte au feu !

L'Esterel était autrefois couvert de pins et de chênes-lièges. Les ravages des incendies (quatre d'entre eux, en 1818, 1918, 1943 et 1964 ont parcouru la totalité du massif) exigent un énorme effort de reconstitution de la forêt pour faire reculer le maquis, trop inflammable. Dans ce but, l'ONF replante, introduit de nouvelles essences, taille les rejets des chênes-lièges et réalise des travaux de protection (tranchées pare-feux, retenues d'eau, pistes de défense, citernes...)

Les pins de la Côte d'Azur

Pin maritime – Peuplement d'origine et autrefois dense du littoral méditerranéen (aujourd'hui, 60 % des essences forestières). Très combustible, il se régénère vite, mais depuis 1958 un insecte parasite bloque sa maturité, d'où son aspect « mité ».

Pin parasol – Apprécié pour son allure et son ombrage, il permet de repeupler les maquis.

Pin d'Alep – Amateur de sols secs, fréquent dans l'arrière-pays jusqu'à 500 m d'altitude, dans les restanques en friche et les versants isolés à l'adret. Écorce brun-rouge et tronc sinueux.

Pin sylvestre – En altitude, sur les plateaux du haut Var et les reliefs du Nord des Alpes-Maritimes, sapins et pins sylvestres forment de superbes forêts.

comprendre

Le voisin
La vallée de l'Argens sépare l'Esterel du massif des Maures *(voir ce nom)*. Les deux massifs, nés des plissements hercyniens, ont le même âge, mais sont constitués de roches différentes : schistes cristallins pour les Maures, roches éruptives (porphyres durs) pour l'Esterel.

Un Massif en technicolor – L'Esterel est un massif bas (618 m au mont Vinaigre), raboté par l'érosion mais profondément raviné, si bien qu'on a parfois l'impression d'être en haute montagne. Sa physionomie caractéristique – relief heurté, déchiqueté, de couleur rouge feu – apparaît dans toute sa beauté au massif du cap Roux, en contraste saisissant avec le bleu indigo de la mer. Dans la région d'Agay pointent les porphyres bleus dont les Romains ont tiré les colonnes de leurs monuments de Provence. Par endroits, la couleur devient verte, jaune, violette ou grise.

La terre et l'eau – Le massif et la mer s'interpénètrent : promontoires et pointes escarpées alternent avec des baies minuscules, d'étroites grèves, de petites plages ombragées, des calanques aux murailles verticales. En avant de la côte émergent des milliers de rochers et d'îlots colorés en vert par les lichens, tandis que les récifs transparaissent sous l'eau.

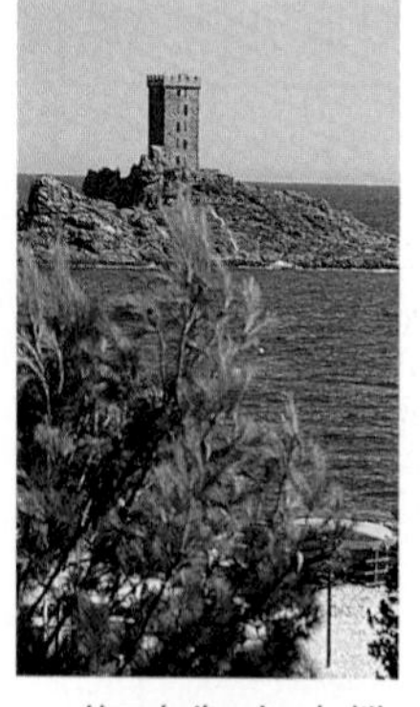

Hergé s'inspira de l'île d'Or pour illustrer ***Tintin et l'île Noire.***

Le pas de l'Esterel – Ce décor impressionnant l'était plus encore jadis, car des brigands, tels Gaspard de Besse, hantaient la route de l'Esterel vers l'Italie. « Passer le pas de l'Esterel » était une expression proverbiale. L'endroit le plus dangereux se trouvait près du mont Vinaigre, sur le chemin qui, partant de la N 7 au carrefour du Logis-de-Paris, passe devant la maison forestière du Malpey qui signifie en provençal « mauvaise montagne ». En 1787, il fallait encore du courage au naturaliste de Saussure pour parcourir la région à pied. Jusqu'à la fin du 19e s., l'Esterel fut un excellent refuge pour les forçats évadés du bagne de Toulon.

Le royaume d'Auguste Ier
Au large de la plage du Dramont située à l'Est de Boulouris se trouve un minuscule îlot de porphyre rouge, **l'île d'Or**, dont l'histoire appartient à la mythologie de la Côte d'Azur. En 1897, un médecin parisien, Auguste Lutaud, l'acheta aux enchères. L'excentrique docteur y fit construire une tour pseudo-médiévale de quatre étages en pierre rouge de l'Esterel, avant de s'autoproclamer roi de l'île sous le nom d'Auguste Ier. Ses réceptions fastueuses attirèrent la société mondaine de la Côte, dont des célébrités de la Belle Époque (le général Gallieni, l'académicien Jean Aicard). Décédé en 1925, le monarque repose dans son royaume qui, toujours privé, a, depuis, changé plusieurs fois de propriétaire.

séjourner

Sur plus de 30 km, entre St-Raphaël et la Napoule, la corniche de l'Esterel présente un paysage magnifique, plongeant abruptement dans la mer et parsemé d'agréables petites stations balnéaires.

Plongeant directement dans la « grande bleue », les reliefs tourmentés de l'Esterel laissent peu d'espace aux communications. Ici le viaduc d'Anthéor.

carnet pratique

Mode d'emploi

Circulation - Sur la carte p. 164-165, les routes portant la mention « RF » (routes forestières) sont ouvertes à la circulation motorisée avec, toutefois, les restrictions suivantes :
- circulation interdite de 21h à 6h ;
- vitesse limitée à 40 km/h ;
- circulation interdite aux véhicules de plus de 3,5 t.

Les autres routes (pointillés rouges) sont strictement interdites à la circulation motorisée, sous peine d'amende.

Feu – Interdit de faire du feu toute l'année, de fumer en forêt et sur les voies la traversant, du 15 mars au 15 oct. En cas de risques sévères d'incendie, le massif peut être fermé à toute circulation. En toute période, se renseigner sur la fermeture éventuelle du massif : ☎ *04 98 10 55 41.*

Animaux – Tenir son chien en laisse. Ne pas déranger les animaux sauvages.

Camping sauvage – Interdit à l'intérieur du massif et à moins de 200 m de toute forêt.

Cueillette – Ne pas ramasser d'espèces protégées.

Détritus – Utiliser les poubelles prévues à cet effet ou remporter ses déchets avec soi.

VTT – Respecter les itinéraires et balisages prévus.

Visite

Visites guidées du massif – En partenariat avec les Offices de tourisme de St-Raphaël-Agay, Fréjus, Mandelieu et Le Muy, l'Office national des forêt organise toute l'année des visites guidées pédestres en forêt. Renseignements aux Offices de tourisme concernés.

Restauration

• *Valeur sûre*

Le Marco Polo – *av. de Lérins - 06590 Théoule-sur-Mer - ☎ 04 93 49 96 59 - fermé mi-nov. à mi-déc. et le midi de mi-déc. à mi-avr. - 25,50€.* Restaurant idéalement situé au bord de la plage. La salle à manger est meublée en rotin. De la terrasse, la vue s'étend jusqu'à la baie de Cannes. Salades à midi et menu plus consistant en soirée. Service décontracté.

Loisirs

JDC Loisirs et Découverte de l'Esterel – *281 r. du 11-Novembre-1943 - 83530 Agay - ☎ 06 09 09 73 90 - www.decouvertedelesterel.com - fev.-oct. : tlj sur demande préalable - 30€ (enf. : 22€).* Joseph, partenaire de l'ONF, propose une découverte originale de la forêt de l'Esterel à bord d'un véhicule décapotable. La visite s'achève par une dégustation de produits locaux. Pensez à réserver par téléphone.

Les Trois Fers – *6001 Près des lacs - le Dramont - 83700 St-Raphaël - ☎ 06 85 42 51 50 - www.les3fers.com - tte l'année sur réservation.* Dépaysement assuré avec ce club qui vous propose des randonnées équestres à travers les plus beaux sites de l'Esterel, dont une très belle vue sur la mer et l'île d'Or lorsqu'on se trouve sur le cap Dramont.

L'Esterel à cheval (initiation à l'équitation, randonnée), ☎ *06 15 16 49 48 ;*

Ranch de l'Esterel (randonnée en demi-journée), ☎ *04 94 82 89 47 ;*

Évolution 2 (tir à l'arc, escalade, parcours d'orientation), ☎ *04 94 82 79 02 ;*

Sport Loisirs Découverte (école d'escalade, randonnée), ☎ *06 86 38 00 69 ;*

Esterel VTT (initiation à la pêche sportive, parcours de pêche), ☎ *06 07 14 51 14.*

Boulouris≘ *(voir St-Raphaël)*

Agay≘ *(voir Saint-Raphaël)*

Anthéor≘ *(voir St-Raphaël)*

Le Trayas★ *(voir St-Raphaël)*

Miramar

Station élégante avec port privé dans l'anse de la Figueirette.

La Galère

Station boisée sur les pentes de l'Esterel qui ferment de ce côté le golfe de La Napoule. En contrebas de la route, l'étonnante cité marine de **Port-la-Galère** *(port privé)*, conçue par l'architecte Jacques Couelle, se fond dans l'environnement rocheux. Maisons aux façades curieusement creusées comme des alvéoles.

Théoule-sur-Mer≘

Cette station, abritée par le promontoire du rocher de Théoule, possède trois petites plages. Au bord de la mer, un bâtiment crénelé et flanqué de tourelles est une ancienne savonnerie (18e s.) transformée en château.

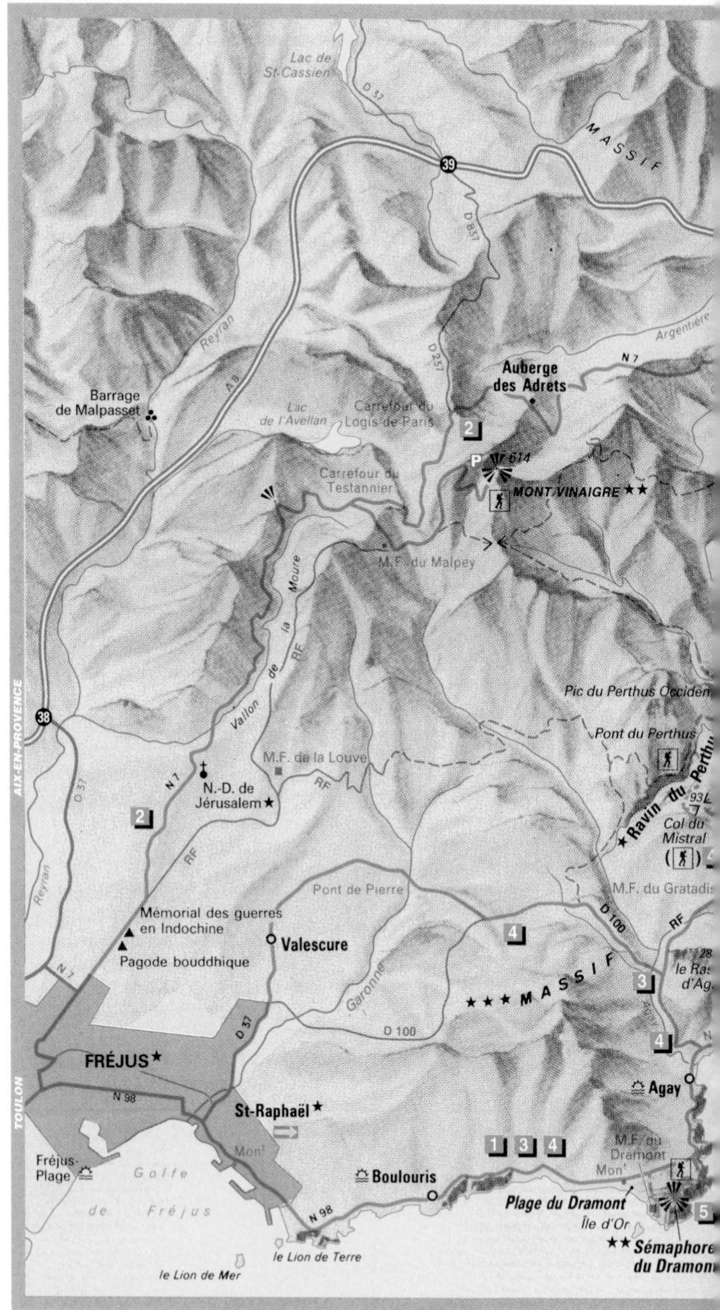

circuits

CORNICHE DE L'ESTEREL★★★ 1

40 km au départ de St-Raphaël (voir ce nom) – environ 5h. Quitter le centre de St-Raphaël par le Sud, N 98.

La route longe le port de plaisance de St-Raphaël. Sur une esplanade en front de mer, une haute stèle commémore les combats de l'armée française en Afrique.

Après avoir dépassé Boulouris, poursuivre sur la N 98.

Plage du Dramont *(voir St-Raphaël)*

Longeant la belle plage de Camp-Long, la route atteint les stations d'Agay et d'Anthéor, de part et d'autre de la rade

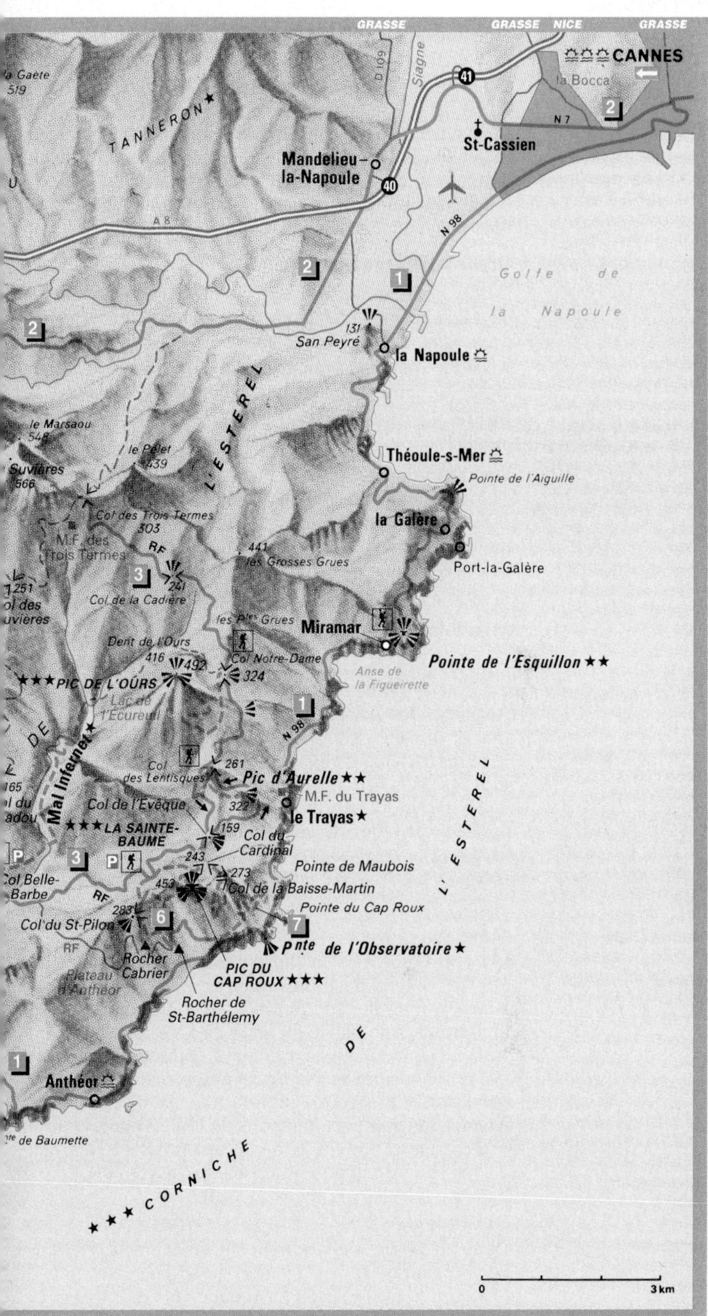

d'Agay. Peu avant la pointe de l'Observatoire, **vue** à gauche sur les roches rouges de St-Barthélemy et du cap Roux.

Pointe de l'Observatoire★

Des vestiges d'un blockhaus formant belvédère, belle **vue★** sur les rochers rouges et la mer bleue. On distingue Anthéor, la pointe du Cap-Roux, la pointe de l'Esquillon et le golfe de La Napoule. Le massif de l'Esterel se jette brutalement dans la mer par des escarpements grandioses de roches rouges.

Dépasser Le Trayas. Dans un virage à hauteur de l'hôtel Tour de l'Esquillon à Miramar, quitter la route et laisser la voiture au parking.

Pointe de l'Esquillon★★

1/4h à pied AR par un sentier balisé. Très belle **vue★★** sur l'Esterel, sur la côte, du cap Roux au cap d'Antibes, et sur les îles de Lérins *(table d'orientation).*

Dépassant La Galère, la route contourne la pointe de l'Aiguille : belle **vue★** sur le golfe de La Napoule, le site de Cannes, les îles de Lérins, le cap d'Antibes.
À **La Napoule** *(voir ce nom)*, la N 98 franchit la Siagne puis longe le golfe jusqu'à **Cannes** *(voir ce nom).*

De Rome à Arles

L'ancienne voie Aurélienne (*camin aurélian* en provençal), l'une des plus importantes de l'Empire romain, contournait l'Esterel au Nord. Une borne marquait chaque mille (1 478 m) et servait de marche-pied aux cavaliers. Des relais permettaient aux courriers impériaux de dormir, changer de cheval ou effectuer une réparation.

VOIE AURÉLIENNE★ 2

De Cannes à St-Raphaël (voir ces noms). 46 km – environ 6h. Cet itinéraire s'effectue en grande partie à travers la forêt de l'Esterel. Quitter Cannes par le Sud-Ouest, N 7.

Après le quartier industriel de la Bocca, la route traverse la plaine alluvionnaire de la Siagne.

Prendre à gauche la route d'accès à l'aérodrome de Cannes-Mandelieu, puis tourner à droite.

Ermitage de St-Cassien

Cette chapelle (14e s.), lieu de pèlerinage, s'élève sur une petite butte, à l'abri d'une magnifique chênaie mêlée de quelques cyprès ; la tradition veut qu'un temple romain l'ait précédée.

Revenir à la N 7.

Mandelieu *(voir ce nom)*

La N 7 s'engage ensuite dans la dépression qui sépare l'Esterel du Tanneron.

Auberge des Adrets

Datant de 1653, cet ancien relais de poste fut l'un des repaires d'un bandit du 18e s., Gaspard de Besse, dont les exploits défrayèrent la chronique locale. Il fréquentait aussi une grotte du mont Vinaigre, que serre la route après le carrefour du Logis-de-Paris.

Au carrefour du Testannier, prendre à gauche la route signalée « forêt domaniale de l'Esterel ». À la maison forestière du Malpey, prendre la direction « mont Vinaigre ».

Gaspard de Besse

À la fin du 18e s., ce brigand coquet, vêtu de rouge et boutonné d'argent, détroussait avec sa bande diligences et cavaliers. Il termina sa carrière roué vif en 1781, à 25 ans. Sa tête fut clouée à un arbre de la grand-route, théâtre de ses exploits.

Mont Vinaigre★★

1/2h à pied AR. Un sentier conduit au sommet (alt. 618 m). Splendide **panorama★★** : de gauche à droite, face à la mer, le cap d'Antibes, la pointe de la Croisette, Cannes, une partie du golfe de La Napoule ; devant vous, le pic de l'Ours, coiffé de sa tour et de son antenne de télévision, le pic du Cap-Roux, le golfe de Fréjus ; vers l'intérieur, les Maures, la plaine du bas Argens, les hauteurs calcaires de la Provence intérieure, l'extrémité Sud du lac de St-Cassien. Par temps clair, on voit les Alpes italiennes et, de l'autre côté, la Ste-Baume.

Revenir à la N 7.

Dans un virage, **vue** à droite sur les Plans de Provence de la région de Fayence, tandis qu'on longe le vallon de la Moure. Dans ce secteur, l'antique voie Aurélienne suivait, sur l'autre rive, le tracé approximatif de la route forestière.

Fréjus★ *(voir ce nom)*

Gagner St-Raphaël par le boulevard S.-Decuers.

ROUTE DU PIC DE L'OURS★★ 3

57 km de routes étroites, pas toujours revêtues – compter une journée. Quitter St-Raphaël par le Sud-Est, N 98. À la sortie d'Agay, prendre la route de Valescure, puis à droite, direction pic de l'Ours. Passer le gué après la maison forestière du Gratadis. Laisser à droite le plateau d'Anthéor et prendre la route du pic de l'Ours (carrefour de Mourrefrey).

La route monte à travers un paysage varié : chênes verts, terrains dénudés, rochers colorés, vues lointaines sur le ravin du Mal Infernet. Elle serpente en contournant par le Nord les sommets du St-Pilon et du Cap-Roux pour atteindre le col de l'Évêque puis le col des Lentisques *(sens unique entre ces deux cols : aller par la route à l'Est du pic et retour par la route intérieure).* Belles **échappées** vers la mer.

Pic d'Aurelle★★

1h à pied AR. Le chemin balisé part du col des Lentisques. C'est un des sommets importants (alt. 323 m) de la chaîne littorale de l'Esterel. Large **vue★★** du cap d'Antibes à la pointe de l'Observatoire.

Rejoindre en voiture le col Notre-Dame (alt. 324 m) : **vue** remarquable sur Cannes, les îles de Lérins et le golfe de la Napoule. ►

Le parcours en corniche du col des Lentisques au col Notre-Dame est l'un des plus beaux de l'Esterel : saisissantes **vues★** plongeantes sur la corniche de l'Esterel et splendides perspectives sur le rivage vers le cap d'Antibes.

Pic de l'Ours★★★

1h1/2 à pied AR. Parking au col Notre-Dame. La route en lacet *(interdite à tout véhicule privé)* propose de belles vues renouvelées sur le massif boisé de l'Esterel et les indentations du littoral ; elle domine de plusieurs centaines de mètres la mer où affleurent d'immenses rochers. Aux abords du sommet (alt. 492 m), où se dresse un émetteur de télévision, **panorama★★★** exceptionnel sur la côte des Maures aux Alpes, sur le massif de l'Esterel dominé par le mont Vinaigre et sur une partie du pays varois.

À partir du col Notre-Dame, la route qui rejoint le col des Trois-Termes est interdite à la circulation automobile.

On peut pousser à pied jusqu'au col de la Cadière : **vue★** vers le Nord, La Napoule et le Tanneron.

Faire demi-tour pour regagner St-Raphaël.

ROUTE DU PERTHUS★ 4

20 km – environ 3h. Quitter St-Raphaël par la N 98, au Sud, jusqu'à la maison forestière de Gratadis, puis tourner à gauche vers le col de Belle-Barbe. Parking au col. Au-delà, piste interdite aux véhicules privés.

Conseil

Ce circuit comporte deux longs parcours à pied. Emporter de bonnes chaussures et de l'eau. Arrivés au lac, les marcheurs courageux continueront vers le col Notre-Dame (environ 3 km de plus) en contournant par le Nord le pic et la dent de l'Ours.

Ravin du Mal Infernet★

2h à pied AR. Le chemin s'engage dans le ravin boisé, site grandiose dominé par des rochers hérissés, et aboutit au petit lac de l'Écureuil.

Revenir au col de Belle-Barbe, poursuivre au Nord-Ouest. Laisser la voiture au parking du col du Mistral et prendre à pied à gauche.

Ravin du Perthus★

1h1/2 à pied. La route contourne par le Sud les pics du Perthus. Au Pont du Perthus, un sentier non balisé s'engage au Nord dans le joli ravin du Perthus, cadre de promenades faciles. À droite se profile le **pic du Perthus occidental** (266 m), dressant ses porphyres écarlates à l'extrémité Sud de la forêt domaniale de l'Esterel.

Revenir au parking du col du Mistral par le même chemin et se diriger en voiture vers Valescure et Saint-Raphaël par le col de Belle-Barbe puis la D 100 et la D 37.

Ourlés de brume, les villages de l'Esterel s'illuminent au soleil couchant.

randonnées

En promenade avec l'ONF
L'ONF édite de précieux petits guides pratiques, agrémentés de cartes, qui vous permettront de mieux découvrir le massif : à pied, avec *Promenons-nous dans la forêt de l'Esterel*, qui décrit 6 randonnées pédestres, ou en VTT (*Circuit Lac de l'Écureuil*). En outre, les naturalistes amateurs seront heureux de consulter le livret *À la découverte des arbres de l'Esterel*. Site internet : *www.onf.fr*

Cette rubrique regroupe quelques promenades, idéales pour se dégourdir les jambes après une balade en voiture. Faites-en au moins une : vous ne le regretterez pas, car les vues sont magnifiques.

Sémaphore du Dramont★★ 5

Le sémaphore du Dramont se situe entre Boulouris et Agay. Depuis la N 98, en venant de Dramont, tourner à droite aussitôt après le camping international du Dramont. Laisser la voiture 100 m plus loin, près du chemin qui, à gauche, monte au sémaphore. *1h à pied AR par un sentier balisé et revêtu.*

En contrebas du belvédère aménagé, **panorama**★★ sur les Maures, le Lion de Mer et le Lion de Terre (deux rochers de porphyre à l'entrée du golfe de Fréjus), l'île d'Or ; en face, le mont Vinaigre ; légèrement à droite, derrière le Rastel d'Agay, les rochers du massif du Cap-Roux et le pic de l'Ours ; à droite, la rade d'Agay.

Redescendre par le sentier balisé *(à droite)* qui aboutit au petit port : jolies vues sur les criques dont les eaux transparentes raviront les baigneurs.

Pic du Cap-Roux★★★ 6

2h à pied AR au départ du parking de la Sainte-Baume. Pour atteindre ce parking au départ de St-Raphaël, suivre le circuit 3 *par la N 98 et la route forestière.* Le sentier pédestre balisé mène au col du Cap-Roux. Du sommet (alt. 453 m), merveilleux **panorama**★★★ *(table d'orientation) ; Poursuivre tout droit : vue sur col de l'Evêque et, au large, sur les îles de Lérins. Le chemin descend jusqu'à la source de la Sainte-Baume, dont la fraîcheur semble alors paradisiaque !*

La Sainte-Baume★★★ 7

5h1/2 à pied AR au départ du parking de la Sainte-Baume. Un peu plus longue et, parfois plus escarpée, cette variante de la promenade précédente vous permettra d'atteindre le col du Saint-Pilon (vue sur le cap du Dramont), puis, parmi les romarins, de parcourir un sentier en corniche d'où vous apercevrez, à droite, le rocher Cabrier (bien nommé car nul sinon une chèvre ne pourrait l'escalader !), en contrebas, le rocher de Saint-Barthélemy. Vous suivrez la mer, empruntant parfois une route goudronnée, puis un sentier en corniche dont le faux plat est une torture pour des mollets non entraînés ! Après le tunnel sous lequel s'engouffre la voie ferrée, vous arriverez au col de la Baisse-Martin, puis au col du Cardinal. Vient alors la récompense : la descente et, tout en bas, la source bienfaisante !

Petite halte
À la pointe Maubois, le sentier traverse la voie ferrée et la route (RN 98) : une halte rêvée pour un pique-nique en bord de mer, dans la calanque du même nom !

Èze★★

Étrangement isolé sur un piton rocheux dominant la mer (427 m) et faisant corps avec lui, ce village forme un site★★ extraordinaire. En dépit d'une solide forteresse médiévale, Èze n'a pas résisté, pour le bonheur de tous, au tourisme qui remplace dorénavant la culture de l'œillet et de la mandarine !

La situation

Carte Michelin Local 341 F5 – Schéma p. 302 – Alpes-Maritimes (06). Deux parkings où on laisse la voiture avant de grimper. Celui de la place A.-Fighiera est gratuit, mais souvent complet... En saison, venir tôt le matin.

Pl. du Gén.-de-Gaulle, 06360 Èze, ☎ *04 93 41 26 00.*

Le nom

Il dériverait de Isis, la déesse égyptienne des Phéniciens, qui passèrent ici avant les Ligures, les Romains et les Sarrasins... à moins qu'il ne s'agisse de la racine *av-* désignant une hauteur : en effet, le village s'appellait Avisione avant de devenir Isia.

Les gens

2 509 Ézasques, sans doute tous pourvus de mollets d'acier tellement l'accès est escarpé ! Francis Blanche, connu pour son duo de choc avec Pierre Dac, notamment dans *Signé Furax*, en faisait partie.

Au pays des villages perchés : Èze, spectaculaire balcon donnant sur la mer : vue garantie imprenable depuis le jardin exotique !

se promener

VIEUX VILLAGE★

Une double porte fortifiée du 14e s. avec mâchicoulis et chemin de ronde vous introduit d'emblée dans une ambiance de conte de fées où maisons et roches se confondent dans une même couleur de pierre ancienne. Les venelles étroites, couvertes de voûtes ou coupées d'escaliers, abritent des maisons bien restaurées, animées de feuillage et de fleurs quand ce ne sont pas de boutiques d'artisanat ou de souvenirs. De belles échappées lumineuses éclairent la montagne ou la mer.

Église

Été : 9h-19h ; hiver : 9h30-18h30. S'adresser à l'Office de tourisme. ☎ 04 93 41 26 00.

Reconstruite au 18e s., elle présente une façade classique et un clocher carré à deux étages. L'intérieur, baroque, renferme une remarquable statue de l'Assomption (18e s.), attribuée à Muerto, et des fonts baptismaux armoriés du 15e s.

Chapelle des Pénitents-Blancs

Fermé à la visite.

D'un extérieur modeste avec ses panneaux émaillés, cet édifice du 14e s. est richement décoré. À l'intérieur, une *Crucifixion* attribuée à l'atelier de Ludovic Bréa *(à gauche)* et un curieux crucifix catalan de 1258 à la tête droite et souriante *(maître-autel)*. Ce crucifix est entouré d'un ciborium du 16e s. en acajou et d'une *Madone des forêts* du 14e s., ainsi appelée car Jésus tient une pomme de pin dans sa main. Sur un pilastre de la tribune, crucifix en bois du 16e s.

Jardin exotique

Juil.-août : 9h-20h ; juin : 9h-19h30 ; sept. : 9h-19h ; avr.-mai : 9h-18h30 ; fév.-mars et oct. : 9h-18h ; janv. : 9h-17h30 ; nov.-déc. : 9h-17h. Fermé 1er janv. et 25 déc. 2,50€. ☎ 04 93 41 26 00.

Il propose d'abord le plus beau **panorama★★★** qui soit, sur la mer, la Riviera et même la Corse, depuis sa terrasse couronnée des vestiges du château. C'est aussi un éden luxuriant de cactus. Piquez-y donc votre curiosité !

Un lacis de calades et de passages sous voûte compose le vieil Èze.

ÈZE

Brec (R. du) 2
Centenaire (Pl. du) 3
Château (R. du) 4
Colette (Pl. de la) 5
Église (Pl. de l') 6
Paix (R. de la) 7
Pise (R. de la) 8
Planet (Pl. du) 9

Chapelle des Pénitents Blancs . . . . B

Envoûté

Nietzsche, inspiré par le lieu, y écrivit une partie du lyrique *Ainsi parlait Zarathoustra* et laissa son nom au **sentier★** qui conduit en 1h, entre pins et oliviers, à la station d'**Èze-Bord-de-Mer** où se trouvent la gare et la plage.

carnet pratique

Visites

Visite guidée du village – Visite (1h1/4) sur demande à l'Office de tourisme. 5€.

Parfumerie Fragonard – ♿ *Fév.-oct. : visite guidée (1/2h) 8h30-18h30 ; nov.-janv. : 8h30-12h, 14h-18h. Gratuit.* ☎ *04 93 36 44 65.* La visite de cette annexe de la parfumerie de Grasse donne un aperçu des procédés employés pour la fabrication des huiles essentielles et des cosmétiques.

Parfumerie Galimard – *Pl. du Gén.-de-Gaulle - ☎ 04 93 41 10 70 - www.galimard.com - Gratuit.*

Restauration

• ***Valeur sûre***

L'Oliveto – *pl. du Gén.-de-Gaulle - ☎ 04 92 41 50 40 - commercial@chevredor.com - fermé 20 au 26 janv., 10 au 16 fév. et 16 au 27 déc. - 30€.* Ce restaurant situé à l'étage d'une maison de la place centrale vous propose deux ambiances au choix :
la salle principale, bourgeoise, ou bien l'autre, lumineuse et fraîche, évoquant un jardin d'hiver.
La carte rend hommage à l'Italie voisine.

Hébergement

• ***Valeur sûre***

Hermitage du Col d'Èze – *☎ 04 93 41 00 68 - fermé déc. - P - 14 ch. : 53€ - restaurant 16/30€.* Ce paisible établissement jouit d'un point de vue assez exceptionnel, d'un côté sur la mer, de l'autre sur la montagne. Demandez de préférence une chambre récente, pas très grande mais plus gaie. Superbes terrasses et piscine à débordement.

Fayence

Avec la montagne toute proche, la mer à quelques tours de vol à voile, le lac de St-Cassien à 10 km, ▶ d'autres charmants villages aux alentours, Fayence séduit (l'été notamment) les amoureux de la Provence. Les artisans le savent, colorant les vieilles ruelles pentues de leurs poteries, sculptures et tissus.

Vol à Voile
À bord de votre planeur, évitez le seul sommet des environs, le Signal de Lachens (alt. 1 715 m) dominant les plans de Provence. Moins dangereuse, la plaine de la vallée de Camandre s'étend sous le village.

La situation

Carte Michelin Local 340 P4 - Var (83). Entre Draguignan et Grasse. Limitrophe, le joli village de Tourrettes *(voir ce nom dans la rubrique « circuits »).*

Pl. Léon-Roux, 83440 Fayence, ☎ 04 94 76 20 08.

Le nom

Tout comme la ville italienne *Faenza,* le nom est issu du latin *faventia,* qui signifie « bienveillance, bonne disposition ». Les Romains attribuaient souvent une qualité humaine à une localité associée à une route.

Les gens

4 253 Fayençois. Sous la protection de saint Christophe, patron des artisans, ceux-ci vivaient jusqu'au 19e s. de la confection de chapeaux. Aujourd'hui, ils vivent essentiellement du tourisme.

carnet pratique

Hébergement

• *Une petite folie !*

Moulin de la Camandoule – *2 km à l'O de Fayence par D 19 rte de Seillans et rte secondaire - ☎ 04 94 76 00 84 - moulin.camandoule@wanadoo.fr - P - 11 ch. : 85/152€ - 12€ - restaurant 27/51€.* Cet ancien moulin à huile est une jolie étape provençale. Au pied du village, il vous accueillera dans ses chambres aux couleurs du Sud et vous ouvrira son parc traversé d'un aqueduc gallo-romain, sa piscine et sa terrasse. En été, demi-pension uniquement.

Achats

Marchés – Mardi, jeudi (foire), samedi, pl. de l'église.

se promener

Vieux quartier

En contrebas de la place de l'Église. Au détour de rues escarpées, on admirera un portail 17e s., de belles portes de maisons, et celles de l'enceinte dont la porte sarrasine a conservé ses mâchicoulis.

Église

Elle fut construite au milieu du 18e s. pour accueillir une population toujours plus importante que ne pouvait plus ▶ contenir l'ancienne église. Intérieur très classique avec ses hauts pilastres montant jusqu'à une tribune qui fait le tour de la nef. Maître-autel d'inspiration baroque du marbrier provençal Dominique Fossatti (1757).

De la terrasse à droite de l'église, belle **vue★** sur le terrain de vol à voile et, plus loin, les Maures et l'Esterel.

Lourde mission
Un beau retable en bois doré (16e s.) représente le géant saint Christophe portant l'Enfant Jésus et le poids de sa mission. Au-dessus, le Christ est entouré des principales scènes du mystère pascal (nef latérale droite).

Panorama de l'ancien château

Du sommet de la colline où était érigé l'ancien château, on contemplera, vers le Nord, les plans de Provence, les Préalpes de Castellane et de Grasse.

circuits

LE COL DU BEL-HOMME

64 km - environ 4h. Quitter Fayence par la D 563.

On trouve aussitôt à droite, puis à gauche *(itinéraire fléché)* la route de N.-D.-des-Cyprès, perdue dans les vignes.

L'humble chapelle romane de N.-D.-des-Cyprès, ceinte d'une couronne végétale, compose un tableau empreint de sérénité.

N.-D.-des-Cyprès

S'adresser à M. Rebuffel, à la cave à vin située au chevet de l'église 8h-12h et à partir de 18h.

De superbes cyprès situent l'emplacement de cette jolie chapelle romane du 12e s. De là, vue agréable sur Fayence et Tourrettes. On pourra admirer l'assemblage parfait des pierres et, dans l'abside en cul-de-four, un retable en bois polychrome du 16e s., où des scènes de la vie de la Vierge peintes de façon naïve encadrent une belle statue.

Fête mariale

Le 8 septembre à N.-D.-des-Cyprès : grande procession, bravade et tambourinaires.

Revenir à la D 563 qui longe l'aérodrome de Fayence et prendre à droite la D 562 dont les lacets, coupant de nombreux ruisseaux, se déroulent au milieu des bois.

À droite, accrochés aux plans de Provence, se détachent les villages de Fayence, Tourrettes, Montauroux.

Aux 4-Chemins, prendre vers Callas.

Callas

Au flanc d'une colline couverte d'oliviers, de chênes et de pins, serré autour des ruines de son château, ce village typique du haut Var a gardé beaucoup de caractère : beffroi à campanile du 17e s., porches, pigeonnier... Son **église** romane, remaniée au 19e s., possède un grand retable du 17e s., sous lequel on voit neuf pénitents en cagoule agenouillés. *Possibilité de visite guidée dans le cadre des journées du patrimoine. Renseignements auprès de Mme Nau. ☎ 04 94 39 06 77.*

Par le col de Boussague, poursuivre la D 25 en corniche au-dessus d'une agréable petite vallée.

Laissant derrière lui les Maures et l'Esterel, Bargemon se profile joliment à l'avant.

Bargemon

Nichée parmi les oliviers, les mimosas et les orangers, Bargemon respire un doux climat ; l'été, on appréciera ses vastes places ombragées, rafraîchies par des fontaines à l'eau pure. Cette ancienne place forte recèle des vieilles rues, des vestiges de remparts, les ruines d'un château seigneurial et des portes fortifiées du 12e s. (porte dite « romaine », place de la Mairie).

Église – *Visite guidée sur demande préalable à M. le curé. ☎ 04 94 39 13 30.*

Du 15e s., elle est insérée dans le système défensif de la ville. Son clocher-tour carré date du 17e s. On entre par un beau portail flamboyant. Têtes d'anges attribuées à Pierre Puget. Superbe triptyque du 16e s. : saint Antoine entre saint Raphaël et saint Honorat.

Pèlerinage

Lors des fêtes de Notre-Dame, une statuette de 10 cm est exposée aux fidèles. Elle est taillée dans un arbre provenant de la forêt de Montaigu en Belgique, où serait apparue la Vierge. Un moine de Bargemon la rapporta au 17e s.

Chapelle N.-D.-de-Montaigu – Son clocher à flèche domine le village. Cette chapelle du 17e s. contient trois beaux retables à colonnes torses et une miraculeuse statuette de la Vierge.

Quitter Bargemon à l'Ouest par la D 25.

La route s'élève rapidement, donnant de beaux aperçus sur Bargemon et ses environs. C'est l'ancien chemin de transhumance.

Col du Bel-Homme★

Alt. 951 m. Un chemin, à gauche, s'élève vers le sommet de la montagne garnie de chênes verts. Un magnifique **panorama★** *(table d'orientation)* s'étend au Sud vers la côte, au Nord-Est sur les Préalpes de Grasse, au Nord sur le plateau de Canjuers et les montagnes de ▶ Castellane.

> **CANJUERS**
> Le plus vaste camp militaire d'Europe (35 000 ha) est, selon Giono, un superbe « désert de pierres grises ». N'y sont autorisées que les activités pastorales qui entretiennent la nature sévère. Seules deux routes le traversent, la D 955 et la D 25.

Revenir à Bargemon où prendre la D 19 en direction de Fayence.

Après avoir surplombé quelque temps Bargemon dans un paysage aride, la route serpente dans un couvert de pins, de chênes verts et de genêts. À l'horizon, les Maures et l'Esterel.

Seillans★ *(voir ce nom)*

N.-D.-de-l'Ormeau *(voir Seillans)*

Continuer par la D 19 qui ramène à Fayence par de beaux points de vue.

LAC DE ST-CASSIEN

Circuit de 29 km – environ 2h. Sortir de Fayence au Sud-Est par la route de Tourrettes.

Tourrettes

Les jolies maisons fleuries bordent les ruelles pentues de ce village dont le calme sera apprécié de tous. Son ▶ château domine la plaine.

> **CHÂTEAU EN VUE**
> On repère de loin ce curieux château, copie de l'école des Cadets de St-Pétersbourg, qu'un natif de Tourrettes, Alexandre Fabre, avait réalisé vers 1830 en tant que général d'Empire de Napoléon. Aujourd'hui, c'est une résidence privée.

Rejoindre la D 19 et, par les D 562 et D 56, prendre la direction de Callian.

Callian

Ravissant village coiffant une colline et dont les rues, bordées de vieilles demeures, s'enroulent en spirale autour du noble château. Sur la place ombragée, on contemplera, au doux murmure d'une fontaine, la vue qui s'étend sur la campagne (cultures florales), le Tanneron, l'Esterel et les Maures. Voir au cimetière de Callian les tombes de Christian Dior, du peintre Édouard Goerg et de la femme de lettres Juliette Adams.

Callian laissera une forte impression au visiteur.

Au Nord du village, rejoindre la D 37 pour Montauroux.

La route offre des vues agréables sur Callian et Montauroux.

Montauroux

Artisans d'art et maisons des 17e et 18e s. *(rue de la Rouguière)* animent ce village, patrie de Christian Dior qui y habitait une belle maison bourgeoise. De la place, on a une jolie **vue** sur le Tanneron, une partie de l'Esterel et des Maures. Église (tableaux du 17e s.) et **chapelle** ▶ **St-Barthélemy**.

> **ÉTONNANTE**
> Restaurée grâce à Christian Dior, la chapelle St-Barthélemy a été construite au 17e s. par les pénitents blancs qui la tapissèrent de panneaux peints : apôtres, instruments de musique, mystères du Rosaire.

Reprendre la D 37, traverser la D 562 et se diriger vers le lac de St-Cassien.

Loisirs
Aviron St-Cassien-Club Intercommunal du pays de Fayence – *Lieu-dit Bianςon - 83440 Montauroux - ☎ 04 94 39 88 64.* Pour s'initier et s'entraîner à l'aviron sur le lac de St-Cassien.

Lac de St-Cassien

Creusé au pied du Tanneron *(voir massif du Tanneron)*, il est entouré de beaux rivages boisés et découpés. Ses eaux poissonneuses et ses abords giboyeux attirent pêcheurs et chasseurs. Le pont de Pré-Claou procure une vue d'ensemble sur ce lac de retenue (60 millions de m³) destiné principalement à l'irrigation. Avec 430 ha de superficie, le plus vaste plan d'eau de l'Esterel joue un rôle très diversifié : énergétique, sécuritaire et réserve naturelle de Fondurane à l'Ouest (une roselière accueille 150 espèces d'oiseaux d'eau de passage).

Revenir à Fayence par la D 37, la D 562 à gauche et la D 19 à droite.

Fréjus★

Aujourd'hui site touristique et plage réputée, Fréjus en a vu de toutes les couleurs : port antique, ville médiévale prospère puis ruinée, base militaire exotique. Chaque époque a laissé sa marque ; des ruines romaines côtoient une pagode bouddhique et une mosquée africaine : tableau cosmopolite accroché entre les Maures et l'Esterel.

La situation

Carte Michelin Local 340 P5 - Schémas p. 164 et 229 - Var (83). La voie ferrée partage la ville en deux. De larges avenues relient le Nord (centre-ville) au Sud (plages et port) ; entre les deux, des pavillons HLM et une zone maraîchère qui dessine l'emplacement du port antique envasé.

ℹ *325 r. Jean-Jaurès, 83600 Fréjus, ☎ 04 94 51 83 83 ou bd de la Libération, 83600 Fréjus, ☎ 04 94 51 48 42.*

Le nom

Dérivé du latin *Forum Julii*, « forum de Jules », César bien entendu !

Les gens

83 840 Fréjusiens. Le Jules en toge de bronze des cartes postales n'est pas César mais Agricola, conquérant de la Grande-Bretagne et natif de Fréjus.

carnet pratique

Transports

Parking – Le centre-ville est entouré de parkings payants (pl. Agricola, pl. Paul-Vernet). Gratuits (Clos de la Tour, Porte d'Orée accès av. Aristide-Briant.

Bus – *Information et billeterie - pl. Paul-Vernet - ☎ 04 94 53 78 46.* Douze lignes Esterel Cars desservent la Communauté d'Agglomération Fréjus/St Raphaël et sa région (Draguignan, Roquebrune, St-Aygulf, etc.).

Visite

Visites guidées – Fréjus, qui porte le label Ville d'art et d'histoire, propose des visites-découvertes (quatre circuits de 2h dans le centre ancien et découverte des ruines romaines) animées par des guides-conférenciers agréés par le ministère de la Culture et de la Communication (5€). L'Office de tourisme organise également la visite (1h) d'un site insolite ou remarquable, différent chaque mois (« Un mois, un monument »), jeu. 14h en janv.-mai et oct.-déc. (3€). Renseignements à l'Office de tourisme ou sur www.vpah.culture.fr

Restauration

• À bon compte

Les Micocouliers – *34 pl. Paul-Albert-Février - ☎ 04 94 52 16 52 - fermé nov., 23 déc. au 3 janv. et le soir de déc. à mars - 11€ déj. - 15/25€.* Sur la place, face au groupe épiscopal (cloître, cathédrale, ancien palais épiscopal, baptistère), ce restaurant dispose d'une sympathique terrasse d'été. À l'intérieur, nappes colorées et décor rustique s'accordent bien avec la cuisine provençale du patron.

• Valeur sûre

Le Poivrier – *52 pl. Paul-Albert-Février - ☎ 04 94 52 28 50 - fermé lun. de sept. à mai et dim. - 10,52€ déj. - 20/25,15€.* La cuisinière mitonne des petits plats d'inspiration méditerranéenne et autres recettes plus exotiques, à savourer dans l'intimité d'une cave voûtée de l'époque romaine. En été, profitez de la terrasse sur la place ou du patio ombragé par les cannisses.

carnet pratique

HÉBERGEMENT

• *Valeur sûre*

Hôtel L'Aréna – *145 bd du Gén.-de-Gaulle - ☎ 04 94 17 09 40 - info@arena-hotel.com - fermé 15 nov. au 15 janv. - P - 36 ch. : 90/140€ - ☐ 8,50€ - restaurant 22,20/41,20€.* Cet ancien relais de poste à la façade colorée est un lieu de séjour très plaisant. Au bord de la piscine ou attablé sur la terrasse, vous pourrez déguster paisiblement votre cocktail. Décor provençal soigné dans la salle à manger et les chambres.

PETITE PAUSE

Las Veglaces - Chez Angelo – *493 bd de la Libération - ☎ 04 94 51 29 74 - juil.-août : tlj 10h-4h ; sept.-juin : mer.-lun. 10h-23h.* Les glaces maison d'Angelo ont des parfums variés et inhabituels : réglisse, treets, yaourts... Après la glace, marchez jusqu'au numéro 473 du même boulevard : vous découvrirez un autre talent du glacier puisqu'Angelo joue aussi de la guitare !

LE TEMPS D'UN VERRE

La Maison de la Bière – *Bd de la Libération - ☎ 04 94 51 21 86 - juil-août : tlj 8h-4h ; oct. et mars-juin : tlj 8h-1h ; nov-fév. : mar.-jeu. et dim. 8h-20h, ven.-sam. jusqu'à 1h.* Fidèle à son nom, cette brasserie propose 150 sortes de bières. Les amateurs de whisky ne sont pas en reste, pouvant choisir leur boisson favorite parmi une trentaine de marques. Grand choix de glaces et de cocktails. Possibilité de siroter son verre face à la mer, sur la terrasse.

Witches Pub – *93 bd Séverin-Decuers - ☎ 04 94 53 89 58 - witches-pub@yahoo.fr - eté : lun.-sam. 18h-4h ; hors.saison : lun.-sam. 18h-1h.* On retrouve ici l'atmosphère propre aux pubs : éclairage feutré, buveurs de bière attablés autour de tonneaux, parties de fléchettes et de billard. Dommage que cet établissement soit situé loin de la plage, et donc des quartiers animés.

SORTIES

La Playa – *Bd de la Libération - ☎ 04 94 52 22 98 - juil-août : tlj à partir de 23h ; sept-juin : jeu.-sam. à partir de 23h.* C'est la discothèque branchée des alentours, et elle ne désemplit pas de l'année. Le jeudi, la soirée « Dînette », particulièrement appréciée de la clientèle locale, permet d'alterner grignotage au buffet et danses.

ACHATS

Cave coopérative La Fréjusienne – *168 R. Henri-Vadon - ☎ 04 94 51 01 81 - fermé dim. Et à l'heure du déjeuner.* Dégustation et vente au détail de vins de côtes-de-Provence et vins de pays du Var.

Forum Julii – *Pl. de la Mairie - ☎ 04 94 17 03 00 - juil.-août : mar.-sam. 9h-12h et 15h-19h, lun. 15h-19h ; sept.-juin : mar.-sam - fermé dim. et j. fériés ap.-midi.* Parmi les Rois Mages, la sainte Famille, les bergers et leurs moutons, le rémouleur, le tambourinaire et la marchande de poisson, choisissez votre santon provençal préféré dans cette boutique pittoresque spécialisée dans la vente de ces célèbres petites poupées d'argile.

Cave des Cariatides – *53 r. Sieyès - ☎ 04 94 53 99 67 - juil.-août : mar.-sam. 8h-19h30, dim. 8h-12h30, lun. 14h-19h ; sept.-juin : mar.-dim. 8h-12h30, 14h-19h - fermé oct. et j. fériés ap.-midi.* Cette cave à vin doit son nom aux deux cariatides de pierre qui entourent une porte du 17e s. et soutiennent le portique de ce qui fut la demeure de l'abbé Sieyes, l'instigateur du coup d'État du 18 brumaire 1799. Elle est classée monument historique.

Marchés – Mercredi, samedi (foire), dans le centre ancien ; dimanche bd d'Alger. Mardi et vendredi, pl. de la Poste à St-Aygulf.

LOISIRS-DÉTENTE

CIP Port Fréjus – *Aire de Carénage - port Fréjus Est - ☎ 04 94 52 34 99 - cip-frejus.com - juin-sept. : 9h-12h, 14h-19h ; oct.-mai : 9h-12h, 14h-17h.* Centre de plongée accessible à tous : baptême, inititation, formation et exploration. Vous pourrez découvrir, entre autres, le saisissant spectacle des célèbres épaves du littoral varois. Boutique.

Base nature – *Bd de la mer - ☎ 04 94 51 91 10 - lun.-ven. 8h30-12h30, 13h30-17h15 ; sam.-dim. 15h-19h (13h-17h hors sais.).* Elle accueille les promeneurs à pied, à vélo (80 ha), ainsi que les baigneurs sur 2 km de plage protégée. Autres activités proposées : char à voile, cerf-volant, roller, pétanque etc.

Parc Aquatica – *N 98 - Le Capou - ☎ 04 94 51 82 51 - www.parc-aquatica.com - de déb. juin à mi-sept. : 10h-18h ; juil.-août : 10h-19h - 22€ (enf. : 18€).* « Le plus grand parc aquatique de la Côte d'Azur » annonce fièrement la brochure... Une fois sur place, impossible de s'ennuyer : plus de trente activités (toboggans, piscines, jeux, lac, minigolf, etc.) bars et restaurant.

Navigation de plaisance – *Capitainerie - ☎ 04 94 82 63 00.* La jetée brise-lames longue de 220 m peut accueillir plus de 750 bateaux.

Luna Park – *N 98 - ☎ 04 94 51 00 31.* 40 attractions (manèges, toboggans, etc.), entrée et parking gratuits.

comprendre

Il y a 2 000 ans – Le Fréjus romain était avant tout un port (22 ha, plus de la moitié de la superficie de la ville), au bassin creusé dans une lagune approfondie pour l'occasion. Bordé de 2 km de quais, il communiquait avec la mer par un canal large de 30 m et long de 500 m, protégé du mistral par un mur. Deux tours symétriques marquaient l'entrée. La nuit, une chaîne tendue barrait l'accès au port. Une autre tour, des chantiers navals, des ateliers de foulons complétaient l'ensemble, avec la palestre et l'hôpital *(vestiges à la ferme de Villeneuve, au Sud-Ouest de la ville).*

Impérissable témoignage des bâtisseurs romains, cette arche de l'aqueduc de Fréjus dont la longueur totale atteignait 40 km.

Quand les Fréjusiens allaient au charbon – Dès la Révolution, on exploite un gisement carbonifère pour l'éclairage et le chauffage. Au 19e s., on découvre comment extraire le pétrole du bitume contenu dans le schiste. La raffinerie installée sur place produit, à la fin du siècle, une essence joliment nommée Estereline. Mais Fréjus a des concurrents : Autun (qui produit une meilleure qualité à moindre coût) et bientôt les importations de pétrole « naturel » américain et russe. L'exploitation prend fin en 1914. La vague de Malpasset emporte le peu qui reste. Quant aux mineurs, des Piémontais, ils se sont intégrés à la population.

Le drame de Malpasset – 2 décembre 1949 : il pleut depuis un mois, comme il sait pleuvoir dans la région. La cote d'alerte du barrage de 49 millions de m^3 construit sur le Reyran, torrent dont les Fréjusiens se méfient depuis toujours, est atteinte. Soudain, un craquement, terrible : les points d'ancrage de la voûte cèdent ; en 20mn, une vague haute de 55 m déferle sur Fréjus, emportant cultures, maisons, routes et voies ferrées. Bilan : 400 morts.

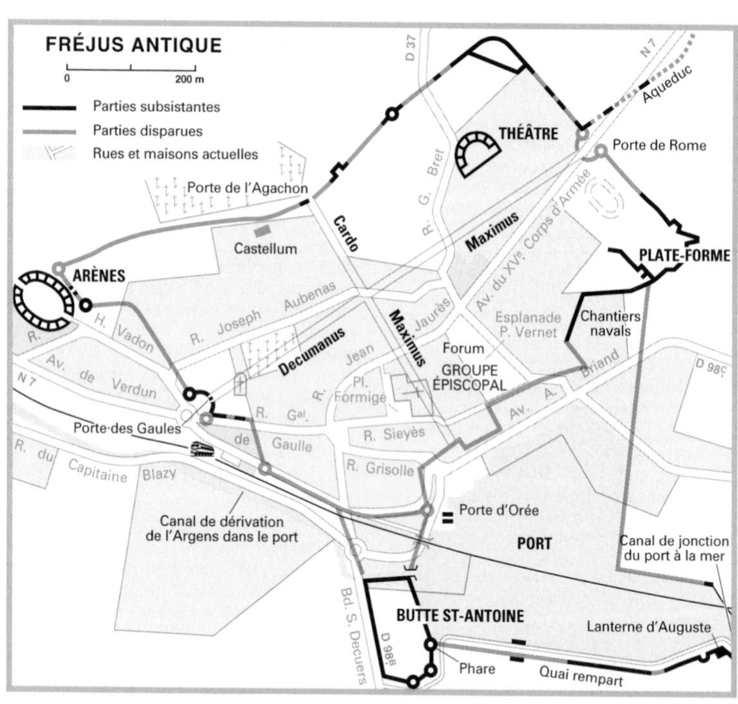

se promener

DANS LA VILLE ROMAINE★

La visite à pied prend facilement 1h1/2 à 2h, les ruines étant très dispersées. Laisser la voiture sur le parking de la place Agricola.

De la place, on aperçoit la tour (il y en avait deux) de la **porte des Gaules**, vestige en forme de demi-lune des remparts romains.

Arènes★

R. Henri-Vadon. ♿ Avr.-oct. : tlj sf mar. 10h-13h, 14h30-18h30 ; nov.-mars : tlj sf mar. 10h-12h, 13h-17h30, sam. 9h30-12h30, 13h30-17h30. Fermé 1er janv., 1er mai, 1er et 11 nov., 25 déc. Gratuit. ☎ 04 94 51 34 31.

Sur l'esplanade des arènes, la sculpture *Le Gisant* commémore le drame de Malpasset qui tua plus de 400 personnes.

◄ Un peu plus petites que les arènes de Nîmes ou d'Arles, elles accueillaient au 2e s. environ 10 000 spectateurs sur les gradins aujourd'hui écroulés. Au début du 20e s., les mariés venaient s'y faire photographier. Actuellement, les arènes sont utilisées en été pour des spectacles et des corridas où Picasso vint en spectateur... utilisation qui fait de Fréjus le point oriental extrême de la « planète des taureaux ».

Prendre la rue Joseph-Aubenas puis l'avenue du Théâtre Romain (un détour par la rue Gustave-Bret mène vers les remparts du Moyen Âge).

Théâtre

À l'échelle des arènes, il est relativement modeste. On distingue encore des murs rayonnants, jadis voûtés et portant les gradins, et, devant, l'emplacement de l'orchestre et de la fosse dans laquelle glissait le rideau.

Depuis le théâtre, remonter la rue pour arriver à l'aqueduc.

Aqueduc

Av. du Quinzième-Corps-d'Armée. L'eau de Fréjus était captée à Mons, distant de 40 km. Parvenu au niveau des remparts, l'aqueduc contournait la ville jusqu'au château d'eau *(castellum)*, d'où partait le réseau de distribution. Quelques piliers et arcades sont toujours debout.
Non loin de l'aqueduc se trouve la **plate-forme.** Ce *Prætorium*, ou QG romain, était équipé de greniers, bureaux, habitations et thermes.

Redescendre l'avenue du Quinzième-Corps-d'Armée jusqu'à la place Paul-Vernet, qui domine le site de l'ancien port, puis gagner la porte d'Orée en traversant le centre-ville.

Port

La **porte d'Orée**, belle arcade solitaire revêtue de verdure romantique, est sans doute un vestige des thermes portuaires. À proximité, un chemin de terre conduit à la **butte St-Antoine** : au sommet, traces de constructions (c'était autrefois la blanchisserie militaire) ; en bas, côté boulevard Decuers, restent des pans de murs, des grilles et des vestiges de tours. Contournant la butte par le Sud, un chemin fléché mène à la **lanterne d'Auguste**. Elle fut construite au Moyen Âge sur les ruines de la tour romaine pour servir d'amer aux navigateurs cherchant l'entrée du bassin. On distingue encore, vers le Sud-Est, le mur du canal.

Une vie de ruine

Les ruines romaines de Fréjus reviennent de loin. Pendant des siècles, on y a puisé « antiquailles » et matériaux de construction, notamment pour la ville médiévale de l'évêque Riculphe. Par la suite, ruinée et ne pouvant dépenser un sou, la ville les utilisa pour construire routes et bâtiments publics. Les objets antiques découverts ici et là disparaissaient, vendus ou offerts : vers 1860, un confiseur refuse les pièces romaines que ses jeunes clients venaient de ramasser sur le chantier du chemin de fer. Les fouilles sérieuses n'ont commencé qu'à la fin du 19e et au 20e s.

DANS LA VIEILLE VILLE

1/2h à pied, à partir de la place Formigé.

Côté rue du Beausset, l'ancien palais épiscopal (devenu hôtel de ville) présente toujours une façade du 14e s. en grès rose de l'Esterel.

Revenir place Formigé, prendre au Nord la rue de Fleury.

Au no 92, belle porte en serpentine verte des Maures ; la maison du Prévôt (aussi appelée Capitou, « chapitre ») possède une façade en bossage et une porte percée dans une tour fortifiée.

Tourner à gauche dans la rue Jean-Jaurès qui suit le parcours extérieur des remparts médiévaux.

Le no 112 est l'ancien hôtel de ville du 18e s. : jolie façade au balcon surmonté d'une loggia à colonnes.

Après un détour, rue Sieyès, s'engager dans la rue Grisolle.

Celle-ci dessine l'emplacement de l'enceinte médiévale ; ► au no 71, belle tour ronde, et au no 84, ancienne façade du Moyen Âge. Au bout de la rue, le passage du Portalet traverse une succession de placettes.

De la place Paul-Vernet, revenir à la place Formigé.

À plaindre

Au no 53, rue Sieyès, deux atlantes en pierre, affligés d'une solide migraine, encadrent un portail : c'est tout ce qu'il reste de l'hôtel (17e s.) de l'abbé Sieyès.

visiter

GROUPE ÉPISCOPAL★★ (11e-14e s.)

3/4h. Entrée de la cathédrale, pl. Formigé. En bas des marches : à gauche le baptistère, à droite la cathédrale, en face le cloître (accès fermé). ♿ *De mi-avr. à fin août : 9h-18h30 ; de déb. avr. à mi-avr. et sept. : 9h-12h, 14h-18h30 ; oct.-mars : tlj sf lun. 9h-12h, 14h-17h. Fermé 1er janv., 1er mai, 1er et 11 nov., 25 déc. 4€.* ☎ *04 94 51 26 30.*

Portail

Sous un arc en accolade s'ouvrent les deux **vantaux★**, sculptés au 16e s.

Les vantaux du portail (visibles uniquement lors de visites guidées) représentent des scènes de la vie de la Vierge, des images de saint Pierre et saint Paul et des armoiries.

Baptistère★★

Visite guidée uniquement. L'un des plus anciens de France, il date du 5e s. Sa coupole a été reconstruite au 19e s. On y pénètre par une grille en fer forgé, encadrée de deux portes. À l'origine, le catéchumène entrait humblement par la petite porte ; puis, nouveau baptisé, il sortait triomphalement par la grande et n'avait plus qu'un couloir à traverser pour suivre la messe et communier. D'extérieur carré, le baptistère est octogonal à l'intérieur ; colonnes et chapiteaux seraient des réemplois des arènes romaines. Les fouilles ont restitué le sol en marbre. Dans le bassin en terre cuite *(dolium)*, l'évêque lavait, croit-on, les pieds du candidat au baptême avant l'immersion dans la cuve centrale (pudiquement dissimulée par un rideau).

Cathédrale★

Intérieur inhabituel avec deux nefs accolées, reliées au 13e s. par trois arcades : au Sud, la nef Notre-Dame, et au Nord, la nef Saint-Étienne dont certaines parties remonteraient à la basilique primitive. Le clocher roman (achevé au 16e s.) surmonte le narthex. L'abside est coiffée de la tour crénelée qui servait de défense fortifiée au palais épiscopal. L'ensemble, largement reconstruit et remanié, conserve un côté austère. Avant de ressortir, jetez un œil sur le retable de sainte Marguerite, par le Niçois Durandi *(au-dessus de la porte de la sacristie)*.

Cloître★

Ressortir place Formigé et remonter la rue de Fleury. Entrée à droite. Construit aux 12e et 13e s., il est surmonté d'un étage dont ne restent que les arcs en plein cintre de la galerie Nord. Le plafond en bois est décoré de curieux petits **panneaux peints★** du 15e s. (animaux, saints, chimères, etc.).

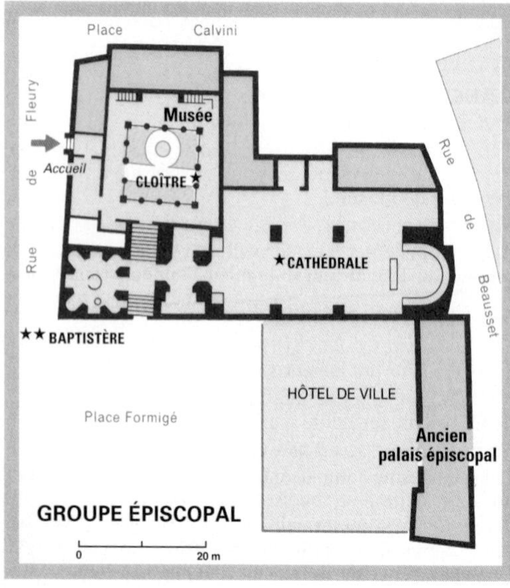

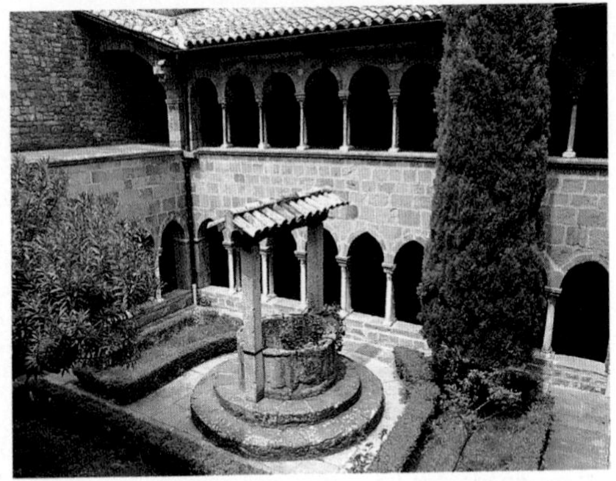

Quand profondeur et sérénité vont de pair : pour la première, le puits ; pour la seconde, le jardin du cloître.

Musée archéologique

Au 1er étage, dans le cloître. Il rassemble le produit des fouilles menées à Fréjus depuis le début du 20e s. : buste bicéphale en marbre représentant un faune et Hermès ou Bacchus, belle mosaïque de sol (l'une des rares conservées en totalité), céramiques, statuettes en bronze, etc.

En vedette
L'**Hermès de Fréjus** est devenu l'emblème de la ville, qui le reproduit jusque sur le courrier.

séjourner

Port-Fréjus

Depuis 1989, Fréjus a retrouvé la Méditerranée, en inaugurant un port de plaisance aux allures de palais romain... plus vrai que nature ! Une passerelle enjambe les eaux bleues entre les quais Cléopâtre et Agrippa et on se promène d'une placette à l'autre, chacune baptisée à la provençale. Tout ceci laisse une impression d'artifice, de pastiche... mais il n'est pas interdit d'apprécier !

Plages

Fréjus-Plage, c'est plus d'un kilomètre d'une belle et large plage de sable fin, entre le pont du Pédégal et Port-Fréjus, le long de la promenade du bord de mer. Plus à l'Ouest, la **plage de l'Aviation** est une longue plage de sable fin. Entre deux baignades, vous pourrez vous intéresser à la flore : précieux et rares lis de mer en juillet, saladelles (lavande de mer) en septembre.

Parc zoologique★

Au Capitou, 5 km à l'Ouest de Fréjus par la N 7 puis la D 4. Juin-août : 10h-18h ; mars-mai et sept.-oct. : 10h-17h ; nov.-fév. : 10h30-16h30. 10€ (enf. : 6€). ☎ 04 98 11 37 37. www.zoo-frejus.com

Sur 20 ha d'une colline plantée de pins parasols, oliviers et chênes-lièges, le zoo de Fréjus se visite à pied et en voiture. Grande variété d'oiseaux (flamants roses, vautours, perroquets), très nombreux fauves, éléphants, zèbres, lémuriens, etc. Spectacles de dressage.

Et après ?
Après la visite du zoo, on peut poursuivre vers le Nord sur la D 4 qui s'élève doucement vers le pays de Fayence et traverse de superbes villages.

découvrir

LE PASSÉ MILITAIRE DE FRÉJUS

Au 19e s., Fréjus souhaite devenir ville de garnison, mais le ministère de la Guerre fait la sourde oreille. Tout change au 20e s. Pendant la guerre de 1914-1918, pour accueillir les troupes coloniales, on organise à Fréjus des camps de transition, entre les chaleurs de l'Afrique et de l'Indochine et les pluies hivernales du Nord de la France. Hier, plaque tournante des troupes de marine, Fréjus en est aujourd'hui la mémoire. À l'exception du mémorial de l'Armée noire, boulevard de la Libération, les témoins de ce passé guerrier sont situés à la périphérie de Fréjus.

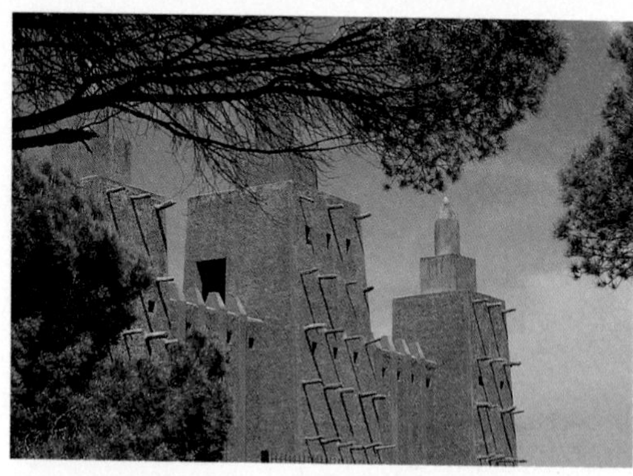

La mosquée de Missiri, nostalgie des tirailleurs sénégalais, est devenue une vision d'un exotisme... insolite !

Mosquée Missiri

Quitter Fréjus par l'avenue de Verdun puis direction Fayence par la D 4. À 3 km sur la gauche. En restauration. Réplique en béton rose foncé de la mosquée malienne de Djenné, elle fut construite dans les années 1920 pour les tirailleurs sénégalais. Au premier étage, une galerie fait le tour du patio central. À proximité, deux fausses termitières, pour la couleur locale...

Musée des Troupes de marine

Même direction, 1 km après le pont sur l'autoroute A 8. De mi-juin à mi-sept. : tlj sf mar. et sam. 10h-12h, 15h-19h ; de mi-sept. à mi-nov. et de mi-fév. à mi-juin. : tlj sf mar. et sam. 14h-18h ; de mi-nov. à mi-fév. : tlj sf mar. et sam. 14h-17h. Fermé 25 déc.-1er janv. Gratuit. ☎ 04 94 40 81 75.

À DÉNICHER
Des objets insolites : liste d'esclaves rachetés à Alger en 1719, brevet de danse délivré par l'infanterie de marine, voiture de Galliéni.

◄ Tout sur le rôle des troupes de marine depuis 1622, et notamment pendant les expéditions coloniales du Second Empire à 1914 : uniformes, armes, décorations, affiches, dessins, photos, maquettes, dioramas. Au rez-de-chaussée, tout au fond, crypte où reposent des soldats français tombés dans les Ardennes en 1870.

Mémorial des Guerres en Indochine

Direction Nice par l'avenue du Quinzième-Corps-d'Armée puis l'avenue du Gén.-Callies. À droite après le rond-point (panneau du club de tennis). Parking. Tlj sf mar. 10h-17h30. Fermé 1er janv., 1er mai et 25 déc. Gratuit. ☎ 04 94 44 42 90.

À MÉDITER
Les citations des livres saints chrétiens, musulmans et bouddhiques, affichées sous un petit kiosque.

◄ Depuis 1987, les dépouilles des militaires et civils morts en service commandé dans l'ancienne Indochine sont rapatriées dans cette grande nécropole semi-circulaire, symboliquement tournée vers la mer. Le soleil seul en allège l'atmosphère pesante.

Pagode bouddhique Hông Hiên

Tout près du mémorial. Parking. Fév.-sept. : 9h-19h ; oct.-janv. : 9h-16h30. 1,5€. ☎ 04 94 53 25 29.

COULEURS VIVES
Celles des naïves statues d'animaux sacrés qui tranchent sur la pelouse. Le gardien est incollable sur leur signification.

◄ Édifiée en 1917 par les soldats indochinois de l'armée française, elle se dresse au cœur d'un petit parc aménagé en jardin asiatique. Les constructions sont inspirées de l'architecture traditionnelle vietnamienne et la disposition des statues dans le jardin respecte les préceptes du bouddhisme. À l'ombre des pins, Bouddha naît, reçoit l'éveil, prêche et enfin rejoint le nirvana. Une promenade exotique et inattendue, sereine et apaisante pour qui sort du mémorial.

alentours

St-Aygulf

5 km au Sud de Fréjus, sur la N 98. Station ombragée de bois de pins, d'eucalyptus, de chênes verts et chênes-lièges. De la plage de sable fin, entourée de rochers, belle vue sur les Issambres et le golfe de Fréjus.

Quatre anses de sable sont accessibles. La dune, détruite en 1959 lors du drame de Malpasset, est en cours de reconstitution *(ne pas piétiner la flore).*

Chapelle Notre-Dame-de-Jérusalem★

Juste à la sortie de Fréjus par l'avenue du Gén.-Callies, sur la droite. Parking puis 5mn à pied. Avr.-oct. : tlj sf mar. et dim. 14h30-18h30, sam. 10h-13h, 14h30-18h30 ; nov.-mars : tlj sf mar. et dim. 13h30-17h30, sam. 9h30-12h30, 13h30-17h30.

À la fin des années 1950, un banquier niçois pensait édifier à la Tour de Mare une petite cité d'artistes. Le projet traîna, mais Cocteau dessina la chapelle, dédiée aux chevaliers du St-Sépulcre et achevée, après sa mort en 1963, par son fils adoptif Édouard Dermit. Fresques à la craie grasse *(fragile, ne pas s'appuyer aux murs)* restaurées en 1990 ; mosaïques extérieures exécutées en 1992.

L'autel est une pierre de meule, le sol est du céramiste Roger Pellissier. Superbes vitraux.

Parmi les personnages représentés sur les fresques de la chapelle : Cocteau et Jean Marais.

Vestiges du barrage de Malpasset

Depuis Fréjus, direction Nice par l'A 8. Au dernier rond-point avant l'accès à l'autoroute, suivre la D 7 fléchée « barrage de Malpasset » sur 5 km. 🚶 *1h à pied AR.*

Le décor : des collines plantées de touffes de thym, où brillent les éclats de mica ; le Reyran paresse entre d'étranges blocs de béton hérissés de ferraille. Dans cette nature redevenue paisible apparaît soudain, au détour du chemin ou en haut du belvédère *(chemin en montée à gauche du sentier principal)*, ce qui reste du barrage : une brèche monstrueuse, témoin de la colère du torrent, ce jour de décembre 1959.

Étangs de Villepey

5 km de Fréjus par la N 98, direction St-Tropez. Parking obligatoire payant (contribution à l'entretien du site). Ces 255 ha d'étangs, de bois et de prairies constituent, avec les salins d'Hyères, une des rares lagunes entre Marseille et Nice. Les étangs se sont développés sur des bras morts de l'Argens et du Reyran. Faune et flore (dont 200 espèces d'oiseaux, surtout migrateurs, et 21 variétés d'orchidées) y sont caractéristiques des zones d'échange entre eaux douces et eaux salées.

À SURVEILLER

Au printemps, envols de flamants roses, aigrettes et hérons cendrés. En été, efflorescences salines des sansouires. En toutes saisons, pinèdes et roselières.

Bagnols-en-Forêt

29 km au Nord. Quitter Fréjus par la D4 en direction de Fayence. Au-delà du pic de la Gardette, ce charmant village perché apparaît soudain au détour de la route. Une place ombragée de platanes et des ruelles fortement pentues, parfois couvertes, composent cette localité d'allure très provençale qui, après avoir été abandonnée par ses habitants au 14e s., fut repeuplée en 1447 par des familles italiennes originaires de Ligurie. Autrefois spécialisée dans la taille de meules à huile ou à grains, c'est un point de départ de randonnées pédestres, en particulier dans la **forêt domaniale de Saint-Paul★** où abondent les chênes-lièges. Si l'église Saint-Antonin (18e s.), située presque au sommet du village sur une place ombragée de marronniers, ne présente, comme intérêt principal, qu'une sympathique *Pietà* en bois polychrome (1659), sculptée dirait-on par un précurseur de Botero, ne manquez pas la **chapelle romane Saint-Denis** *(au bas du village par la route de Draguignan puis, après la cave coopérative, à droite dans le chemin des Combes et, enfin encore à droite dans le chemin de Saint-Denis)*, en cours de restauration, qui conserve dans le chœur des traces de fresques du 11e s.

PASSÉ RETROUVÉ

Vous pourrez voir quelques exemples de meules à huile et à grains dans le petit **musée archéologique** installé dans les locaux de l'office de tourisme, place de la Mairie.

La Garde-Freinet

À savoir
L'exploitation du chêne-liège, qui fit la prospérité du village du 17e s. à la fin du 19e s., connaît aujourd'hui un petit renouveau. Les châtaigniers, eux, produisent les « marrons de Luc ».

Maisons colorées, fontaines vénérables et calme souverain, l'ancienne position stratégique entre la plaine d'Argens et le golfe de St-Tropez est devenue un centre de randonnées à pied, à cheval et en VTT, qui permettent de découvrir les forêts avoisinantes de chênes-lièges et de châtaigniers.

La situation

Carte Michelin Local 340 N6 – Schéma p. 228 – Var (83). Rien à signaler. Encore un village perché aux rues pentues et bien nommées : l'une d'elle est appelée *rompi cuou* que l'on traduira sagement par « casse-cou ». *1 pl. Neuve, 83680 La Garde-Freinet, ☎ 04 94 43 67 41.*

Le nom

Le latin *Fraxinetum* a donné Freinet et se rapporterait aux frênes locaux.

Les gens

1 619 Fraxinois. On a toujours raconté que les Sarrasins avaient été les premiers occupants du fort Freinet. Aucune fouille ne l'a confirmé. En contrepartie, si les Sarrasins ont pillé les Provençaux, ils leurs ont enseigné la médecine, leur ont appris à utiliser l'écorce du chêne-liège et à extraire la résine du pin.

randonnée

Ruines du fort Freinet

Avertissement
Le sentier, encombré de roches et de branches, ne présente pas de difficulté insurmontable, mais il est déconseillé aux tout-petits et aux personnes âgées.

1 km puis 3/4h à pied AR. Laisser la voiture sur le terre-plein face à la route de la décharge et suivre la flèche peinte sur un rocher, indiquant la direction de la croix et du fort. De la croix des Maures, belle vue sur les toits de La Garde-Freinet. Une montée assez raide conduit aux ruines entourées de douves taillées dans la roche : un village fortifié du 15e s. avec chapelle, citerne, four et logis seigneurial.

Emprunter le chemin au-delà des douves qui redescend vers le village, ou, de retour au terre-plein, poursuivre à pied la route forestière sur 5 km jusqu'au panneau des Roches Blanches.

Panorama des Roches Blanches★

Lieu dit les Roches Blanches (contourner la barrière). Une nature encore presque reine vous attend : à gauche, forêt de La Garde-Freinet et dépression de l'Argens ; à droite, maquis des pentes Nord des Maures ; à l'avant, golfe de St-Tropez.

Gourdon★

Point de vue
Depuis la petite place de Gourdon, au chevet de l'église, **vue★★** magnifique sur les 50 km de côte, de l'embouchure du Var au cap Roux, et sur l'intérieur, du pic de Courmettes à l'Esterel (mont Vinaigre à l'extrême droite), avec en bas à gauche, le Loup qui serpente à la sortie des gorges !

Dans un site★★ exceptionnel, Gourdon « la Sarrasine » est perchée sur son rocher contre l'abrupt plan de Caussols qui surplombe de plus de 500 m le cours du Loup. Ce village farouche est fort plaisant par ses vieilles maisons restaurées et l'animation qu'y font régner divers ateliers d'artisans et boutiques.

La situation

Carte Michelin Local 341 C5 – Alpes-Maritimes (06). Toutes les routes mènent aux parkings situés en bas de Gourdon. Pour les voitures, parkings Compagnon et de la Rougière, puis monter à pied. *Mairie, pl. de l'Église, 06620 Gourdon, ☎ 04 93 09 68 25.*

Le nom
Une même racine sans doute ligure, *gord*, signifiant « montagne », « hauteur », a au fil des siècles transformé le nom du village en *Gordone*, *Gordo*, Gourdoun, etc.

Les gens
379 Gourdonnais, sans compter les vénérables tilleuls qui ombragent la **terrasse d'honneur du château** dessinée par André Le Nôtre, le jardinier de Versailles. Ses buis taillés en ogives, boules ou escargots lui valent le surnom, digne d'un conte de fée, de « château aux buis dormants ».

Surplombant l'à-pic vertigineux, ifs et buis dans le jardin suspendu du château de Gourdon.

visiter

LE CHÂTEAU

Juin-sept. : 9h-13h, 14h-19h ; oct.-mai : tlj sf mar. 14h-18h. ☎ 04 93 09 68 02.

Le château a été bâti au 12e s. sur les soubassements d'une étonnante forteresse sarrasine. Restauré au 17e s., cet édifice massif est ceint de tours d'angle, plus basses que le corps du logis ; il présente des éléments d'architecture sarrasine (salles voûtées), du 14e s. toscan et de la Renaissance *(porte d'entrée au fond de la cour d'honneur).*

Musée historique
Au rez-de-chaussée. Intéressant par ses œuvres d'art médiévales et sa collection d'armures et d'armes anciennes *(vestibule)* dont certaines, orientales, des 16e et 17e s. *(salle des gardes)*. Mobilier 16e et 17e s. dans la salle à manger à la cheminée monumentale du 14e s. et le salon. Parmi les peintures, on admirera surtout un

carnet pratique

RESTAURATION

• *À bon compte*

Au Vieux Four – *r. Basse (au village) - ☎ 04 93 09 68 60 - fermé 3 au 18 juin, 4 nov. au 6 janv. et sam. - ⊄ - réserv. conseillée - 16,77€.* Voilà une halte parfaite pour clore la visite du village : dans une vieille maison, cette auberge tenue par un jeune couple prépare dans son four à bois une cuisine provençale gourmande et des grillades. Son décor simple est sympathique et ses prix sages.

• *Valeur sûre*

Taverne Provençale – *pl. de l'Église - ☎ 04 93 09 68 22 - fermé 3 au 28 janv, 12 nov. au 17 déc. et mer. sf de juil. à sept. - 16,77/25,15€.* Attablez-vous en terrasse, votre regard ne se lassera pas des sommets de l'arrière-pays niçois, ni de la Méditerranée. Dans ce bistrot provençal redécouvrez les spécialités de la maison : truite, coq au vin, pintade aux cèpes.

VISITE TECHNIQUE

La Source parfumée – *☎ 04 93 09 20 00, www. galimard.com.* ♿ Visite de la vieille distillerie et des champs de fleurs sur demande.

ACHATS

Sainte-Catherine – *r. de l'école - ☎ 04 93 09 68 89.* Les gourmands (mais pas seulement eux) trouveront leur compte dans cette odorante boutique qui a une sympathique allure d'épicerie de village : confitures (souvent pleines d'invention !), fruits confits, herbes de Provence, objets en bois… Difficile de ne pas y trouver son bonheur !

beau panneau de 1500 : **sainte Ursule** (école de Cologne) ; dans la chapelle, un triptyque du 16e s., une *Descente de croix* de l'atelier de Rubens, un Golgotha de l'école flamande, un saint Sébastien du **Greco** en bois polychrome. Archives royales dans la tour Henri IV. Le sol de la tour, partiellement ouvert, laisse voir l'ancienne prison.

Musée des Arts décoratifs et de la Modernité

La collection Art déco rassemble les créations mobilières des plus grands noms des années 1920-1930, et présente notamment une importante sélection de chefs-d'œuvre de l'Union des artistes modernes (UAM) qui se mêlent harmonieusement aux peintures et aux sculptures d'artistes contemporains.

Grasse★

Capitale du parfum, adossée au plateau qui lui ménage une vue imprenable sur la côte cannoise, Grasse réchauffe le visiteur hivernal. En été, elle ravit les touristes qui grimpent au sommet de la ville pour profiter des jardins et chercher les champs de fleurs du regard, avant de parcourir, à l'ombre si possible, et en butinant, d'une parfumerie à l'autre, les ruelles de la vieille ville.

La situation

Carte Michelin Local 341 C6 - Alpes-Maritimes (06). La D 2562 conduit au cœur de Grasse (cours Honoré-Cresp et boulevard du Jeu-de-Ballon), en traversant au passage les faubourgs, les zones résidentielles et industrielles de la route de Cannes. Vers Nice, la route est souvent en corniche.

Palais des Congrès, 22 cours Honoré-Cresp, 06130 Grasse, ☎ 04 93 36 66 66. www.ville-grasse.fr

Avec ses places, ses escaliers et ses ruelles ombragées, la vieille ville mérite toujours une visite.

Le nom

Il viendrait du nom latin que portait la colline de tuf sur laquelle s'est érigé le centre urbain : *podium grossum* ou *grassum*, ainsi nommé en mémoire d'un certain Grassus ou Crassus.

Les gens

43 874 Grassois et quelques ombres célèbres, artistiques comme le peintre Honoré Fragonard (1732-1806), ou maritimes comme le comte de Grasse (1722-1788) qui s'illustra lors de la guerre d'indépendance des États-Unis... même s'il est né au Bar-sur-Loup.

comprendre

Les nez de Grasse

Environ 40 personnes au monde sont capables de composer un parfum inédit. La plupart sont ou ont été à Grasse. Leur don naturel a été exercé dans l'une des deux écoles spécialisées (Grasse ou Versailles). Les « jus » que leur commandent parfumeurs ou marques de luxe correspondent à un public, une mode, une tranche d'âge, une humeur ; le bon mélange demande souvent des dizaines, voire des centaines d'essais.

Alambics et florentines – Au 18e s., Grasse inventa l'**enfleurage à froid**, technique plus coûteuse que le procédé plus classique de la distillation, mais plus adaptée aux arômes délicats détruits par le traitement à chaud, comme le jasmin. Les fleurs sont disposées sur une couche de graisse qui capte les matières odorantes. Un lavage à l'alcool de la graisse les isolent : c'est « l'absolue de pommade ». On préfère aujourd'hui l'**extraction**, qui augmente la concentration et la puissance du parfum, mais use de substances instables, à manier avec prudence *(voir l'Invitation au voyage, chapitre « Un bouquet de parfums »).*

Choisir son parfum – Le parfum est vivant, c'est son charme et c'est un piège, car la senteur est évolutive. La demi-heure de la note de tête (25 à 30 %) donne une première impression ; lui succède pendant quelques heures la note de cœur ; mais la véritable personnalité du parfum se cache dans la note de fond (40 à 50 %), qui accompagne le porteur durant quelques jours.

carnet pratique

Transports

Parking – ☎ *04 92 60 91 17*. Quatre parcs de stationnement payants (1h / 1,30€) dans le centre. Abonnements possibles (3 jours, une semaine, un mois).

Bus – *Gare routière au parking Notre-Dame-des-Fleurs* - ☎ *04 93 36 37 37*. Douze lignes urbaines et 8 lignes interurbaines STGA desservent l'agglomération.

Visite

Visites guidées – Grasse, qui porte le label Ville d'art et d'histoire, propose des visites-découvertes (2h30 - thèmes divers : histoire, parfumerie, jardins) animées par des guides-conférenciers agréés par le ministère de la Culture et de la Communication. Juil.-sept. : 9h-19h, dim. et j. fériés 9h-13h, 14h-18h ; oct.-juin : tlj sauf dim. et j. fériés 9h-13h, 14h-18h. 3,05€. Renseignements à l'Office du tourisme ou sur www.vpah.culture.fr

Petit train – Avr.-sept. : circuit commenté (3/4h) 10h-18h (de déb. avr. à mi-juin et sept. : tlj sf dim.). Dép. cours Honoré-Cresp, halte sur les hauteurs, arrivée parc de la Princesse-Pauline. 5€.

Restauration

• *Valeur sûre*

Le Gazan – *3 r. Gazan* - ☎ *04 93 36 22 88 - fermé 15 déc. au 5 janv., lun. soir, mar. soir, mer. soir, jeu. soir hors sais. et dim. - 14,48€ déj. - 18,29/44,21€*. Cette petite adresse du vieux Grasse vous accueille dans deux ravissantes salles de style rustique reliées par un escalier en colimaçon. Accueil convivial, service efficace et cuisine embaumant l'huile d'olive et les herbes, avec notamment un original menu « parfums ».

Café Arnaud – *10 pl. Foux* - ☎ *04 93 36 44 88 - fermé vac. de Toussaint, sam. midi et dim. - 21,50/37€*. Salle à manger voûtée, ambiance «bistrot» et cuisine méditerranéenne parfumée font de ce sympathique restaurant une adresse très prisée. La miniterrasse dressée sur le trottoir est un peu bruyante.

Hébergement

• *À bon compte*

Pension Ste-Thérèse – *39 av. Y.-E.-Baudoin* - ☎ *04 93 36 10 29* - P - *rest. réservé à la clientèle - 31 ch. : 26/44,50€* - ☕ *4,60€ - restaurant 9,95€*. Modeste maison dominant la ville de Grasse. Le confort spartiate des chambres et leur décor légèrement désuet s'accordent au calme du lieu ; certaines offrent une vue superbe jusqu'à la mer. Salle à manger égayée de nappage provençal.

• *Valeur sûre*

Hôtel Victoria – *7 av. Riou-Blanquet* - ☎ *04 93 40 30 30 - fermé 3 janv. au 6 fév.* - P - *49 ch. : 48/79€* - ☕ *7€ - restaurant 18/30€*. Cette belle demeure 1900 jouit d'une vue imprenable sur la ville et la mer. Les salons spacieux, les grandes chambres, la salle à manger aux couleurs vives, la jolie terrasse panoramique et la piscine composent l'ensemble. Animations et soirées sont parfois organisées.

Chambre d'hôte Mas de Clairefontaine – *3196 rte de Draguignan - 06530 Le Tignet - 9 km au SE de Grasse rte de Draguignan* - ☎ *04 93 66 39 69 - lapostatan@aol.com* - 🚭 - *3 ch. : 80/91€*. Endroit charmant que ce mas en pierre et son jardin en terrasses planté de pins parasols et de roseaux. Les chambres, décorées avec goût, bénéficient de délicates attentions. La fraîcheur de la terrasse, dressée sous un chêne centenaire, est bienvenue en été.

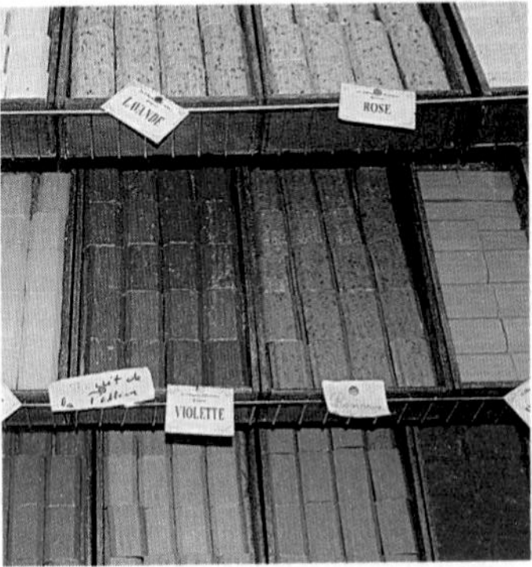

Des savons aux fragrances variées.

Visite de parfumeries

Fragonard - La Fabrique des Fleurs – *Rte de Cannes - Carrefour des Quatre-Chemins* - ☎ *04 93 77 94 30 - www.fragonard.com - mêmes conditions de visite que l'usine du centre-ville*. Cette usine récente vous convie à une visite des distilleries, laboratoires et ateliers. Ne manquez pas le jardin de plantes à parfum et la boutique.

Fragonard - Usine Historique – *20 bd Fragonard* - ☎ *04 93 36 44 65 - www.fragonard.com - fév.-oct. : visite guidée (1/2h) 9h-18h30 ; nov.-janv. : 9h-12h, 14h-18h - gratuit*. Après une visite guidée et gratuite de cette parfumerie fondée en 1926, laissez-vous tenter par les parfums, objets provençaux, linge et bijoux en vente à la boutique.

Galimard - Studio des Fragrances – *5 rte de Pégomas* - ☎ *04 93 09 20 00 - www.galimard.com - tlj sur demande. séances 10h, 14h, 16h - fermé dim., j. fériés et 25 déc.-1er janv - 34€*. Des stages de création de parfums sont organisés par le célèbre parfumeur grassois : durant deux heures vous aurez le plaisir de composer vous-même votre parfum et de repartir avec l'odorant flacon. Séduisant !

Parfumerie Molinard – *60 bd Victor-Hugo* - ☎ *04 92 42 33 11 - www.molinard.com - mai-sept. : visite guidée 9h-18h ; oct.-avr. : tlj sf dim. 9h-12h30, 14h-18h - gratuit*. Cette parfumerie provençale fondée en 1849 propose, en plus de la traditionnelle visite, divers ateliers de découverte (payants et sur réservation) : « tarinologie », « de la fleur au parfum », « ambiance parfumée », « parfums et œnologie »...

Usine Galimard – *73 rte de Cannes* - ☎ *04 93 09 20 00 - www.galimard.com - avr.-oct. : visite guidée (1h) 9h-18h30 ; nov.-mars : 9h-12h, 14h-18h - gratuit*. Musée, laboratoire, atelier de conditionnement et boutique sont au programme de la visite de cette parfumerie créée en 1747.

Loisirs-Détente

Casino de Grasse – *Bd du Jeu-de-Ballon* - ☎ *04 93 36 91 00*. Roulette anglaise, black-jack, boule. Café ouvert de 20h30 à 2h du matin, ambiance musicale pendant le week-end. Possibilité de soirée forfaitaire (avec dîner et transport).

En contact avec la peau, le parfum réagit encore, toujours imprévisible. Un parfum ne se choisit pas en cinq minutes, sur un coup de tête. L'essayer, le laisser vivre et l'apprivoiser avant de se décider pour ou contre n'est jamais du temps perdu. Il arrive qu'un parfum se bonifie avec le temps, mais en général, sa durée de vie n'excède pas trois ans. Il gardera tout son pouvoir conservé à l'abri de la lumière et à température constante, donc pas dans une salle de bains...

Très bien payés, les nez travaillent peu d'heures par jour et observent une rigoureuse hygiène de vie afin de ne pas fausser la finesse de leur odorat.

découvrir

L'ART DU PARFUM

Musée international de la Parfumerie★

Juin-sept. : 10h-19h ; oct.-mai : tlj sf mar. 10h-12h30, 14h-17h30. Fermé nov. et j. fériés. 4€, gratuit 1er dim. du mois. ☎ *04 93 36 80 20. www.museede grasse.com*

Très varié, il intéressera les poètes comme les cartésiens. Au rez-de-chaussée, décor d'usine (machines, panneaux lumineux, vidéo). On préfère les étages, pour la superbe collection de flacons et la serre de plantes utilisées en parfumerie. Un écran interactif propose un choix, par thème ou par année, de publicités de parfums. On peut s'asseoir et prendre une boisson fraîche sur une micro-terrasse.

Pour rire...

L'impertinence et l'humour des flacons Schiaparelli, et, pour rêver, les couleurs tendres et les ravissants dessins des étiquettes de savon, poudre de riz et eau de rose d'il y a cinquante ou cent ans.

Champs de fleurs

Renseignements : accueil des usines et Office de tourisme.

En saison, Fragonard et Molinard font visiter les champs de fleurs. Le domaine de Manon ouvre aux touristes sa roseraie (mai-juin) et son champ de jasmin (juillet-novembre).

Parfumeries

Parkings visiteurs. Voir les conditions de visite dans le carnet pratique. Fragonard, Galimard et Molinard sont ouverts à la visite, gratuite et guidée, dans une atmosphère saturée d'odeurs chaudes et fleuries. Mieux vaut s'y rendre en semaine pour voir de près la fabrication et le conditionnement des eaux de toilette, parfums et savons, en plus des collections de flacons et ustensiles anciens.

Étagées sur les contreforts des Préalpes, les habitations de Grasse font face à la mer.

se promener

DANS LA VIEILLE VILLE★

Les maisons du vieux Grasse ont la couleur du soleil couchant. Ocre rouge, orange, jaune... et parfois gris, car les habitants aisés l'ont déserté au profit de la banlieue et des hauteurs grassoises de la vieille ville.

Environ 2h. Laisser la voiture cours Honoré-Cresp (parking) et pénétrer dans la rue Jean-Ossola, prolongée par la rue Marcel-Journet. Tourner à droite dans la rue Gazan, jusqu'à la place du Puy.

Cathédrale Notre-Dame-du-Puy

Tlj sf dim. ap.-midi.

Curieux mélange de Moyen Âge mâtiné d'Italie du Nord ► (arcatures lombardes) et de rococo 18e s. (escalier extérieur et angelots joufflus de la voûte du bas-côté droit). Orgue de 1855 dû au facteur Junk de Toulouse. Dans le collatéral droit : beau triptyque attribué à Louis Bréa, représentant saint Honorat entre saint Clément et saint Lambert.

GÉNÉREUX

Un Grassois offrit à sa cathédrale 3 **toiles★** de Rubens : *Le Couronnement d'épines, La Crucifixion, L'Invention de la croix par sainte Hélène*. Voir aussi *Le Lavement des pieds*, rare peinture religieuse de Fragonard.

Descendre l'escalier devant l'hôtel de ville.

Regarder la **tour de guet** de l'hôtel de ville (12e s.) et admirer la **vue**, place du 24-Août.

Tourner à gauche dans la rue de l'Évêché.

On parvient à la petite place de la Poissonnerie ; dans la ► rue du même nom, le bruit de cascade sur la droite provient de la **fontaine** de la place de l'Évêché, aménagée devant les voûtes d'anciennes caves. La place aux Herbes est le lieu d'un grand marché grassois.

LE VRAI VISAGE DU PASSÉ

La toponymie du vieux Grasse ouvre grand les portes du passé. La « rue de la Rève-Vieille » évoque une taxe municipale, la rève, prélevée sur le blé et les légumes secs ; la « rue du Miel » serait un doux euphémisme pour la boue collante qui salissait les rues du Moyen Âge ; la « place des Hugenots » recouvre un ancien cimetière protestant. Plus aimable, la « rue du Four-de-l'Oratoire » se rapporte sans doute à un four à pain. Enfin, que la « rue Droite » soit une des plus sinueuses n'est un paradoxe qu'apparent : c'est la « rue *direita* », celle qui conduit directement à la sortie de la ville.

Enchaîner par la rue Courte puis tourner à gauche dans la rue Droite, que l'on remonte. Tourner à droite dans la rue Am.-de-Grasse.

Elle débouche sur la **place aux Aires**, autrefois réservée aux tanneurs ; sur le côté Nord de la place se trouve l'**hôtel Isnard** qui date de 1781. En quittant la place par la gauche, on sort de la vieille ville sur le boulevard du Jeu-de-Ballon. On redescend vers la **place du Cours★**, agréable promenade en terrasse qui procure une charmante **vue★** sur la campagne ; la fontaine date de la Révolution.

Jardin de la Princesse-Pauline

Accès par l'avenue Thiers, le boulevard Alice-de-Rothschild et celui de la Reine-Jeanne. Serrer à gauche et guetter le panneau indicateur. Fâchée avec son frère Napoléon Ier, Pauline passa l'hiver 1807-1808 à Grasse. Le bosquet de chênes verts qu'elle affectionnait est devenu un grand jardin d'agrément d'où la **vue★** s'étend sur le Tanneron, l'Esterel et le littoral.

Parc communal de la Corniche

Depuis le premier jardin, boulevard Bellevue, puis boulevard du Prés.-Kennedy. 🚶 *1/2h à pied AR.* Le **panorama★★** y est superbe, depuis le *baou* de St-Jeannet jusqu'aux crêtes de l'Esterel. À l'horizon, La Napoule, Golfe-Juan et les îles de Lérins.

visiter

Musée d'Art et d'Histoire de Provence★

Juin-sept. : 10h-19h ; oct.-mai : tlj sf mar. 10h-12h30, 14h-17h30. Fermé nov. et j. fériés. 3€ (billet combiné avec expositions : 4€). ☎ *04 93 36 01 61.*

Paisible et plaisant musée établi dans l'ancien hôtel (18e s.) de Clapier-Cabris, famille du beau-frère de Mirabeau. On y trouve un peu de tout, y compris les portraits ► de famille des châteaux de la région. Plusieurs salles reconstituent l'ambiance des pièces d'habitation (chambre, salle de jeux, salle de bains, cuisine avec fourneau et four à pain). Archéologie locale, meubles anciens, peintures de paysages, costumes et fabrication de l'huile d'olive sont aussi de la partie.

EN COULEURS

La très belle collection de céramique régionale, depuis les faïences jaspées d'Apt jusqu'aux assiettes révolutionnaires et aux créations Art nouveau des potiers de Vallauris.

GRASSE

Aires (Pl. aux) . . . . Y
Barri (Pl. du) . . . . Z 4
Baudoin (Av. Yves-E.) . . . . . . YZ
Carnot (Bd) . . . . Z
Carrières (R. des) . . . . Y
Charabot (Bd) . . . . Y 6
Chiris (Av.) . . . . YZ
Conte (R.D.) . . . . Y 7
Cours (Pl. du) . . . . Z
Cresp (Cours H.) . . . . Z 8
Crouët (Bd Jacques) . . . . Z
Droite (R.) . . . . Y 12
Évêché (R. de l') . . . . Z 15
Fontette (R.de) . . . . Y 16
Foux (Pl. de la) . . . . Y 17
Fragonard (Bd) . . . . Z 18
Gambetta (Bd) . . . . Y
Gazan (R.) . . . . Z 22
Goby (R. P.) . . . . Y
Grasse (R. Amiral de) . . . . . . Z
Herbes (Pl. aux) . . . . Y 23
Jeu-de-Ballon (Bd du) . . . . . . YZ
Journet (R. M.) . . . . YZ 26
Juin (Av. Maréchal) . . . . Y 27
Martelly (Pl.) . . . . Y
Mirabeau (R.) . . . . Z
Morel (Pl.) . . . . Y
Mougins-Roquefort (R.) . . . . . Z 33
Oratoire (R. de l') . . . . Y 35
Ossola (Pl. C.) . . . . Z
Ossola (R. Jean) . . . . Z 38
Petit-Puy (Pl. du) . . . . Z 42
Poissonnerie (Pl. de la) . . . . . Z 43
Roque (Pl. de la) . . . . Y
St-Martin (Traverse) . . . . Z 50
Thiers (Av.) . . . . Y
Touts-Petits (Traverse des) . . Z 55
Tracastel (R.) . . . . Z 57
Victor-Hugo (Bd) . . . . XZ 59
11 Novembre (R. du) . . . . Y 63
24 Août (Pl. du) . . . . Z

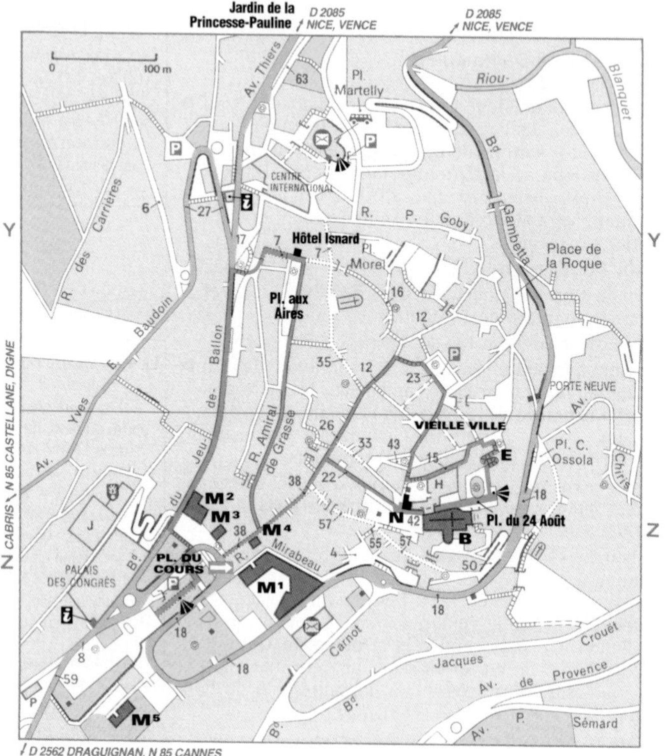

Cathédrale Notre-Dame-du-Puy . . . . Z B
Fontaine . . . . Z E
Hôtel Isnard . . . . Y
Jardin de la Princesse-Pauline . . . . Y
Musée d'Art et d'Histoire de Provence . . . . . . Z M1
Musée de la Marine . . . . Z M2
Musée international de la Parfumerie . . . . Z M3
Musée provençal du Costume et du Bijou . . . . . Z M4
Tour de Guet . . . . Z N
Villa-musée Fragonard . . . . Z M5

Villa-musée Fragonard

Mêmes conditions de visite que le musée d'Art et d'Histoire de Provence.

La bastide Maubert, nom de l'ancien propriétaire gantier-parfumeur, accueille un petit panorama de la peinture française entre 1750 et 1850 environ, à travers les œuvres de trois générations de Fragonard : le père, Jean-Honoré, sa belle-sœur, Marguerite Gérard, son fils, Alexandre-Évariste et son petit-fils, Théophile. Les panneaux décrivant *Les Progrès de l'amour dans le cœur d'une jeune fille* sont de belles copies des originaux de Jean-Honoré Fragonard, vendus à un Américain (Frick Collection, New York).

EN CAMAÏEU
La cage d'escalier, où des allégories républicaines et maçonniques témoignent du talent précoce (à 14 ans) de Fragonard fils.

Musée de la Marine

Juin-sept. : 10h-19h ; oct.-mai : tlj sf dim. 10h-17h. Fermé nov. et j. fériés. 3€. ☎ *04 93 40 11 11.*

La marine à Grasse ? Oui, car les parfumeurs, tributaires de matières premières importées, devinrent aussi armateurs à Marseille et à Nice. Le musée évoque les grands marins de la région (la famille de Jonquières, l'amiral de Grasse) et présente un ensemble de maquettes et documents ayant trait aux navires et à la vie à bord.

Détail des Progrès de l'amour, *œuvre de Fragonard, commandée puis refusée par la duchesse du Barry.*

Musée provençal du Costume et du Bijou

Fév.-oct. : 10h-18h ; nov.-janv. : 10h-12h, 14h-18h. Gratuit. ☎ 04 93 36 44 65.

De vitrine coffre-fort en mannequin sous cloche, cette collection privée (dépendance de la parfumerie Fragonard) visite l'univers délicat du costume féminin au 18e s. Croix provençales « badines », « dévotes » ou « Maintenon », vêtements de paysannes, artisanes ou bastidanes (épouses de propriétaires). C'est élégant, coloré et en excellent état ; seuls les tabliers ne sont pas d'époque. Attention, boutique irrésistible à la sortie. ▶

TRADITIONNELS

Les « Étoiles de Digne », fossiles marins transformés en bijoux, et le « clavier », cadeau traditionnel de la belle-mère à sa bru, qui y suspendait ses ciseaux et autres menus objets indispensables.

circuits

PRÉALPES DE GRASSE★★

104 km. Prévoir une grande demi-journée. Quitter Grasse par le boulevard Clemenceau, direction Cabris.

PRÉCISIONS

Routes de qualité variable : en corniche avec vues sur la campagne entre Grasse et St-Cézaire, assez plates dans les environs des grottes, étroites et vertigineuses dans les gorges ; à partir de Mons, une petite route un peu forestière rejoint une majestueuse nationale à flanc de montagne, qui redescend vers Grasse.

Cabris★ *(voir ce nom)*

Vers **St-Cézaire**, une petite route en boucle *(à droite)* passe près des **9 puits de la Vierge** (sans doute romains).

Grottes de St-Cézaire★

Juil.-août : visite guidée (3/4h) 10h30-18h30 ; juin et sept. : 10h30-12h, 14h-18h ; de mi-mars à fin mai et oct. : 14h30-17h. 5€. ☎ 04 93 60 22 35.

Ces grottes ont été découvertes par hasard en 1890. Rougies par l'oxyde de fer, elles descendent à 40 m sous terre (le gouffre qui suit, très étroit, ne se visite pas). Les eaux d'écoulement ont sculpté des formes étranges et spectaculaires.

St-Cézaire-sur-Siagne

Posé sur le rebord d'un plateau, St-Cézaire domine les gorges de la Siagne, que l'on contemple depuis le **point de vue** *(chemin balisé à partir de l'église ; vue sans branches d'arbres [!] en prenant à droite de la pizzeria).*

En quittant St-Cézaire, prendre à gauche la D 105, direction Mons. Attention, route très étroite.

Gorges de la Siagne

La route descend au fond des gorges, franchit la Siagne (du pont, **vue** en enfilade sur le canyon) et remonte sur l'autre versant, plus boisé, par la raide D 656. Arrivé sur le plateau, le parcours devient nettement plus facile dans un décor de murets de pierres sèches, figuiers, oliviers et chênes verts.

Au croisement, gagner directement Mons ou tourner à gauche dans la D 56. Après le pont sur la rivière, un sentier gagne les **sources de la Siagnole** *(🚶 1/2h à pied AR).* Un peu plus loin à gauche, un panneau signale l'aqueduc de **Roche Taillée**. **Vue★** vers Grasse.

Rejoindre Mons par la D 37 puis la D 563. Magnifique **vue★★** jusqu'à l'Esterel.

Mons★ *(voir ce nom)*

En quittant Mons, prendre la D 563, direction Castellane. On monte, on descend, on remonte de plus belle, dans un cadre boisé puis dans un paysage de causses blancs et arides.

Au col de Valferrière (alt. 1 169 m), prendre à droite la route Napoléon (dite aussi N 85) et rebrousser chemin jusqu'à Grasse.

LE PLATEAU DE GRASSE

38 km - compter 2h. Quitter Grasse par le Nord-Est, en prenant la D 2085.

Magagnosc

Juste après le restaurant La Petite Auberge, prendre à droite la route signalisée « église St-Laurent ». C'est l'un des deux sanctuaires de l'endroit, décorés par le peintre contemporain R. Savary : à l'église St-Laurent, vitraux et copie de fresque byzantine ; à la chapelle St-Michel (dite des Pénitents-Blancs), peintures sur les murs et la voûte romane.

Du cimetière derrière l'église, **vue★** sur la mer autour de Cannes et sur l'Esterel.

Revenir sur la D 2085. À Pré-du-Lac, première route à droite (D 203), direction Châteauneuf-Grasse.

Châteauneuf-Grasse

Village perché, typique de la région. Vieilles maisons regroupées le long d'étroites ruelles, église à campanile (à l'intérieur, retable du 18e s.). À la sortie Est en direction d'Opio, belle vue sur la plaine.

Au carrefour de la D 3, prendre à gauche jusqu'à Pré-du-Lac et continuer sur la D 2210. Le **site★** du **Bar-sur-Loup** *(voir ce nom)* apparaît devant vous.

Retour par Opio, puis par la D 7, sur Grasse.

Grimaud★

Grimaud est le village perché tel qu'on le rêve : pimpant, fleuri, ensoleillé. On y trouve de belles vieilles maisons provençales, des placettes, des rues et des ruelles entrelacées, ponctuées par une volée de marches, une fontaine ou un micocoulier.

Le moulin de Grimaud est le symbole de la cité.

La situation

Carte Michelin Local 340 O6 - Var (83). En saison, laisser la voiture près du cimetière (parking du Château, 120 places) au Nord, vers le pont des Fées et l'ancien aqueduc.

ℹ *Bd des Aliziers, 83310 Grimaud, ☏ 04 94 43 26 98. www.grimaud-provence.com*

Le nom

Est-il issu de Grimaldi, seigneur du fief au 10e s. après l'expulsion des Sarrasins ? Le symbole de la ville est le moulin de Grimaud, frère jumeau du moulin de Fontvieille, célébré par Daudet.

Les gens

3 780 Grimaudois en chair et en os, et quelques-uns en peinture : les trompe-l'œil sur les murs figurent une femme à sa fenêtre, une boutique d'apothicaire, etc.

Conseil
Si vous aimez voir clair, la minuterie de l'église est à gauche en entrant !

se promener

Vieux village

Sur la place Neuve, une fontaine commémore l'installation de l'eau courante à Grimaud en 1886. En remontant la rue des Templiers, admirer, sur la maison du même nom, les arcades en basalte et les portails en serpentine. L'**église St-Michel** est un petit édifice roman (11e s.) en croix latine et aux fresques intérieures assez bien conservées.

carnet pratique

Visite

Coches d'eau de Port-Grimaud – *12 pl. du Marché - ☏ 04 94 56 21 13 -* De mi-juin à mi-sept. : 9h-22h ; de mi-sept. à mi-nov. et de mi-déc. à mi-juin : 10h-12h, 14h-18h (téléphoner avant). Promenade sur les canaux de Port-Grimaud (20mn).

Petit train touristique – Avr-oct. : il circule dans les deux sens entre Grimaud (dép. pl. Neuve) et Port-Grimaud (dép. à l'entrée côté terre).

Restauration

• *À bon compte*

« Lou Faitou » – *Camping la Pinède D 14 - ☏ 04 94 56 50 27 - fermé vac. de Toussaint, 15 au 31 déc. et le soir hors sais. - 12,20/19,82€.* Ce restaurant posté à l'entrée du camping de la Pinède joue la carte provençale : salle à manger aux couleurs chatoyantes et terrasse ombragée où vous siroterez le pastis avant d'apprécier les petits plats de la région. Prix sages.

• *Valeur sûre*

Auberge La Cousteline – *Sud-Est : 2,5 km sur D 14 - ☏ 04 94 43 29 47 - fermé 1er au 15 déc., janv., sam. midi et mardi - 22€ déj. - 30/40€.* Cette ancienne ferme isolée est délicieusement enfouie dans la verdure. À l'intérieur, vous apprécierez le style « campagne en Provence » et, à la belle saison, la jolie terrasse saura vous séduire. Les préparations sont concoctées en fonction du marché.

Port Diffa – *83310 Cogolin - 2 km au S de Grimaud par N 98 - ☏ 04 94 56 29 07 - fermé 4 nov. au 24 déc., lun. du 7 janv. au 30 juin et du 1er au 27 oct. - 27€.* La douceur du Sud évoque celle de l'orient et peut donner envie à certains de savourer couscous et briouates. Ceux-là iront s'installer dans ce restaurant marocain typique avec ses poufs, ses plateaux de cuivre et ses grands tapis, entre route et rivière.

Achats

Marchés – Jeudi, pl. Vieille à Grimaud ; jeudi, dimanche, à Port-Grimaud.

Château

À l'origine (début du 11e s.), il comprenait trois enceintes encadrées de quatre tours d'angle à trois étages. Depuis le démantèlement ordonné par Mazarin en 1655, il reste des ruines imposantes, où l'on distingue encore quelques pans de murs et d'escaliers, une cheminée, etc. Vue sur le moulin restauré de Grimaud.

Sur les remparts, **vues**★ sur les Maures, le golfe de St-Tropez et les eaux bleues de Port-Grimaud.

alentours

Chapelle N.-D.-de-la-Queste

Après 3 km sur la D 14, direction Port-Grimaud, prendre le petit chemin à gauche. Construite par les moines de l'abbaye St-Victor de Marseille. **Retable** de la Vie de la Vierge en bois doré (1677).

Port-Grimaud★

5 km. Parking visiteurs obligatoire, Nord (400 places, payant l'été) ou Sud. Les maisons imitent les villages de pêcheurs méditerranéens, et les portes de la cité ont des allures fortifiées. Plage et port de plaisance. Du haut de la tour de l'**église St-François d'Assise** (moderne et sobre, vitraux de Vasarely), belle **vue**★ sur la cité, le golfe de St-Tropez et les Maures.

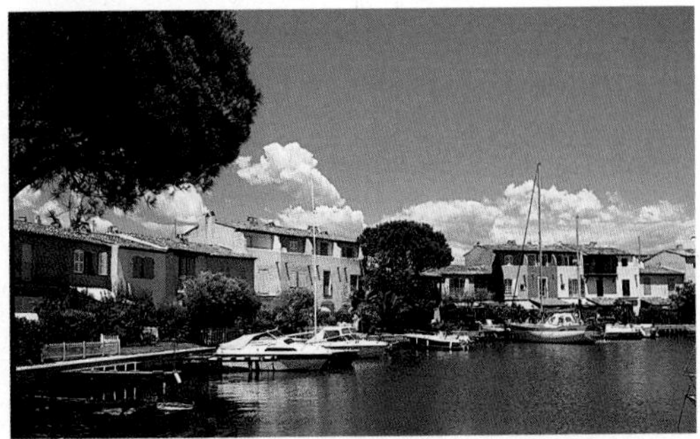

L'architecte François Spoerry (1912-1999) créa en 1966, sur une zone marécageuse, cette petite Venise, pastiche de cité lacustre. Son humour est à l'époque aussi discuté que le modernisme de Marina-Baie-des-Anges (voir Villeneuve-Loubet). Aujourd'hui, la patine des années aidant, Port-Grimaud semble là depuis la nuit des temps.

Hyères★

Les palmiers le prouvent : le climat d'Hyères est aussi agréable aujourd'hui qu'il y a un siècle, quand la ville servait de refuge hivernal aux frileux de la haute société. Aujourd'hui, le tourisme d'été a pris le relais. Amateurs de plus ou moins vieilles pierres, de jardins ou de bains de soleil, chacun y trouvera de quoi agrémenter son séjour.

La situation

Carte Michelin Local 340 L7 – Var (83). La commune couvre environ 30 km, des Borelles à Giens. La voie rapide Olbia traverse la ville, laissant au Nord les Borelles et Sauvebonne, la vieille ville, le centre-ville du 19e s., les quartiers de Costebelle et Chateaubriand. L'aéroport est au Sud. Sur le rivage, on trouve à l'Ouest l'Almanarre, à l'Est le port d'Hyères et Ayguade-le-Ceinturon. Entre les deux, Hyères-Plage, les salins et l'étang des Pesquiers, la presqu'île de Giens s'élancent dans la mer à la rencontre des îles d'Hyères. *i 3 av. Ambroise-Thomas BP 721, 83400 Hyères, ☎ 04 94 01 84 50.*

Le nom

Il pourrait dériver du latin *areae*, « tables saunantes », qui donna *Ièri* en provençal, devenu Hyères par la grâce d'une orthographe faussement savante. Quant aux commerçants locaux, si l'on en croit leurs enseignes (Sala-d'Hyères, Patis'Hyères, Charcut'Hyères...), ce sont de redoutables disciples de l'almanach Vermot.

Les gens

417 Hyérois. Leur cadre de vie doit beaucoup à Alexis Godillot, qui fit fortune dans le... godillot en fournissant les armées du Second Empire. Il construisit à Hyères des demeures luxueuses et excentriques.

WHO'S WHO

La « serre chaude de la France », comme disait l'impératrice Eugénie, vit Talleyrand à six reprises, Mme de Staël, Lamartine, La Rochefoucauld, Maupassant, Victor Hugo, les historiens Augustin Thierry et Jules Michelet (qui s'installa à Hyères et y mourut en 1874), le romancier Paul Bourget et l'écrivain russe Tolstoï !

comprendre

Vacances anglaises – Au milieu du 19e s., les anglophones (Anglais, Irlandais et Américains) formaient le quart des hivernants de Hyères. La communauté anglo-saxonne y recréa peu à peu un confort *very british* : vice-consulat britannique, bien sûr, mais aussi banques, boutiques, églises et... dentiste à l'anglaise. Mrs Stewart, une Écossaise, fit même élever, au grand étonnement des autochtones, une fontaine destinée aux animaux. Installés en majorité dans le quartier des Îles-d'Or, les Anglais émigrèrent sur la colline de Costebelle à la fin du siècle pour suivre la reine Victoria, descendue à l'hôtel d'Albion, *of course*.

séjourner

Plages

TOUT EN GLISSANT...

Les jours de grand vent, les planches à voile fleurissent à l'Almanarre, le site étant un « spot » de rêve pour les adeptes de la glisse. En 1996, l'Almanarre a vu se dérouler la coupe du monde de funboard.

Hyères propose 20 km de plages, toutes surveillées en saison, sauf celles, plus sauvages, de la presqu'île de Giens *(voir la rubrique « découvrir »)*.

L'Almanarre – Le long des salins de l'étang des Pesquiers, non loin du site de la ville antique d'Olbia, c'est une longue plage de sable, familiale, du moins lorsque le vent n'est pas de la partie. Écoles de planche à voile.

Hyères-Plage – La station, en bordure d'une petite forêt de pins parasols, regroupe les plages de l'Hippodrome, de la Capte et de la Bergerie jusqu'à la presqu'île de Giens. Eau peu profonde (on a pied jusqu'à 60 m du rivage). Embarquement pour les îles d'Hyères depuis le port de plaisance.

carnet pratique

TRANSPORTS

Parkings – Gratuits sur le port et place Louis-Versin. Payants, certains souterrains, devant le casino, au centre commercial Olbia, dans les jardins Denis, place du Mar.-Joffre.

Bus – *Gare routière - pl. Joffre - ☎ 04 94 12 55 00.* La ligne 39 dessert Toulon par Carqueiranne et Le Pradet ; un autre itinéraire conduit au bout de la presqu'île de Giens, en correspondance avec les bateaux ralliant les îles d'Or.

RESTAURATION

• *À bon compte*

Les Santonniers – *18 r. Jean-Jaurès (centre-ville) - 83320 Carqueiranne - ☎ 04 94 58 62 33 - fermé 20 déc. au 10 janv., lun. en sais., mer. et jeu. hors sais. - 15/27€.* Installé dans une maison de pays du centre-ville, ce modeste restaurant aux couleurs provençales possède deux atouts : une jolie terrasse ombragée d'un platane et un menu-carte à prix sage. Deux bonnes raisons de s'y attabler !

• *Valeur sûre*

Colombe – *83400 Hyères - 2,5 km à l'O de Hyères par rte de Toulon - ☎ 04 94 35 35 16 - fermé mar. midi et lun. en juil.-août - 23/31€.* Derrière sa façade pimpante, ce restaurant cache une terrasse assez spacieuse où il fait bon s'installer à la belle saison. C'est là ou dans la salle aux couleurs provençales que vous pourrez savourer une cuisine régionale plaisante et bien menée.

HÉBERGEMENT

• *Valeur sûre*

Hôtel Port Hélène – *D 559 - l'Almanarre - 83400 Hyères - ☎ 04 94 57 72 01 - 12 ch. : 42/80€ - ☕ 6€.* Petit hôtel à la façade rosée au milieu des pins parasols et des palmiers. Les chambres, très bien tenues et dotées d'un balcon, profitent toutes de la vue sur la mer ; certaines sont équipées d'une cuisinette. Atmosphère conviviale et bon rapport qualité-prix pour la région.

Chambre d'hôte L'Aumônerie – *620 av. de Fontbrun - 83320 Carqueiranne - ☎ 04 94 58 53 56 - fermé 1er au 15 août - ⊠ - réserv. conseillée - 4 ch. : 45/100€.* Les pieds dans l'eau... Cette maison rose sous les pins maritimes du jardin dispose d'un accès direct à la plage. Ancienne propriété d'un aumônier de marine, les chambres y sont sobres. Ni fléchage, ni signalisation pour préserver la quiétude du lieu. Un délice...

Hôtel La Rose des Mers – *3 allée E.-Gérard - 83400 Hyères - 5 km au SE de Hyères - ☎ 04 94 58 02 73 - rosemer@club-internet.fr - fermé 16 nov. au 14 mars - P - 20 ch. : 62,50/74,70€ - ☕ 6,86€.* Sur la plage, ce petit hôtel à la façade avenante ne se contente pas d'ouvrir ses jolies fenêtres aux volets blancs sur la mer et les îles d'Hyères : il vous fournit en plus votre matelas de plage... sans supplément ! Chambres simples avec balcon.

ACHATS

Marchés – Marché paysan mardi et jeudi (mai-sept.), pl. de la République ; marché traditionnel samedi, dans le centre-ville.

Quartier commerçant – Rue Massillon, en montant vers la vieille ville ; zone piétonne Briand, avenue du Gén.-de-Gaulle et des Îles-d'Or.

Vins – Huit caves viticoles à Hyères et dans ses environs. Renseignements à l'Office de tourisme.

LOISIRS-DÉTENTE

Casino des Palmiers – *Av. Ambroise-Thomas - 83400 Hyères - ☎ 04 94 12 80 80 - 10h-4h.* Machines à sous, roulette, black-jack, boule. Hôtel, restaurant et discothèque.

Hippodrome de la plage d'Hyères – *Rte de Giens - 83400 Hyères - ☎ 04 94 65 87 57 - lun.-mer. 8h-12h, 13h-17h, jeu.-ven. 9h-12h, 13h-17h.* 20 réunions de courses par an. Meeting de printemps : courses tous les lundi (du dernier lundi du mois de février à mai) , meeting d'Automne du dernier lundi de septembre au 19 novembre. Sept courses à chaque réunion : trois de trot et deux de galop. Restaurant panoramique et snack.

Var Voltige – *Aérodrome de Cuers-Pierrefeu - 83390 Cuers - ☎ 06 61 30 78 97 - tlj sur RV.* Sensations assurées dans ce club qui organise des baptêmes de voltige pour 46€ par personne. Tout près, d'autres clubs proposent des baptêmes d'avion et d'hélicopère.

Ayguade-le-Ceinturon – L'ancien port d'Hyères, aujourd'hui station balnéaire, sépare deux plages de sable, l'une sur le boulevard du Front-de-Mer, devant les campings, l'autre avenue des Girelles.

Les salins – La plage a remplacé les salines depuis longtemps déjà. L'endroit est parfois désigné comme Port-Pothuaud, du nom du port de pêche.

Jardins Olbius-Riquier

Été : 7h30-20h ; hiver : 7h30-17h. Gratuit.

☺ Le jardin d'acclimatation d'Hyères a été créé en 1872. Ses 6,5 ha rassemblent aujourd'hui, en extérieur ou dans des **serres** pour les espèces fragiles, un échantillonnage luxuriant de la flore méditerranéenne dont les inévitables palmiers, cactées en tous genres, bananiers, ficus, etc. Enclos aménagés pour les animaux (daims, émeus, singes) et lac permettant de voir évoluer les oiseaux aquatiques.

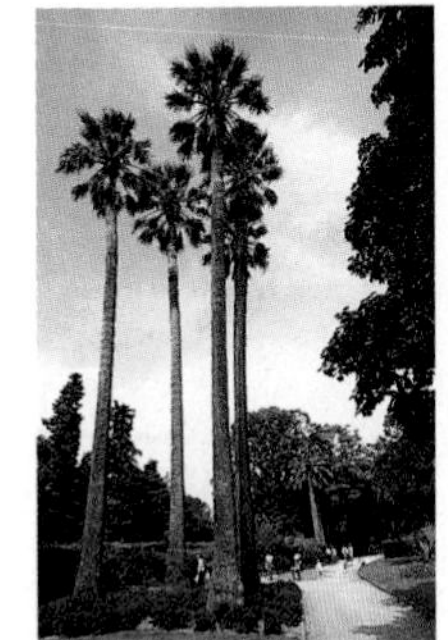

Dans les jardins Olbius-Riquier, une variété de majestueux palmiers, dont on peut voir d'autres spécimens avenue Godillot, dans les jardins du Casino, le jardin du Roy et le jardin Denis.

Parc St-Bernard (jardin de Noailles)

Prendre le cours de Strasbourg vers le Nord, puis l'avenue Paul-Long et suivre l'itinéraire fléché « montée de Noailles » à gauche. Le parc s'étend au pied des ruines, à côté de la villa de Noailles. Y pousse une grande variété de fleurs méditerranéennes. À travers les ouvertures de l'enceinte du 13e s., on profite d'une **vue★** agréable sur les Maures *(à gauche)* et surtout sur le pic des Oiseaux et la colline de Costebelle, la vieille ville et la collégiale St-Paul, la presqu'île de Giens et les îles d'Hyères.

EN SAVOIR PLUS
La grande villa du parc de Ste-Claire abrite les services du **Parc national de Port-Cros**. C'est l'occasion de vous renseigner, avant de vous lancer dans la traversée.

Parc du château Ste-Claire

Été : 8h-19h ; hiver : 8h-17h. Gratuit.

Charmant et touffu labyrinthe végétal semé de petits escaliers, de bancs et de terrasses, aménagé sur le domaine d'un ancien couvent de clarisses. Au sommet, des ruines entourent le tombeau du colonel Voutier, ancien propriétaire du parc (au 19e s.) et accessoirement découvreur de la *Vénus de Milo*.

À l'écart des villas des « riches hivernants », l'enchevêtrement des toits du vieil Hyères : une invitation à la flânerie.

se promener

DANS LA VIEILLE VILLE 1

Au départ de la place G.-Clemenceau.

Passée la **porte Massillon**, à l'arche ornée d'une horloge, on remonte la rue Massillon, ponctuée de portes Renaissance et surtout très animée par les nombreux étalages qui débordent dans l'ancienne grand'rue.

Place Massillon

On y respire plus à l'aise, sauf à l'heure du marché. La **tour St-Blaise** (12e s.), ancienne abside fortifiée d'une commanderie templière, accueille des expositions temporaires.

Suivre la rue Ste-Catherine.

Place St-Paul

Cette jolie petite place en terrasses occupe l'emplacement de l'ancien cloître de la collégiale St-Paul *(voir description dans « visiter »)*. Beau **point de vue★** sur la ville et la presqu'île *(table d'orientation)*.

Vieilles rues

La porte St-Paul, percée dans une jolie **maison Renaissance** avec tour d'angle en échauguette, ouvre sur le dédale des rues et traverses de la ville haute, un régal si on aime monter (surtout) et descendre entre de petites maisons claires aux murs parfois un peu bombés. Ne pas manquer, rue Ste-Claire, l'ogive de la « porte des Princes » et rue de Paradis, au n° 6, une belle **maison romane** restaurée. L'ambiance est calme et le sol imprévisible (bitume, cailloux, escaliers).

Ruines du château des Aires

Monter au sommet de la vieille ville jusqu'à la villa Noailles. Un large sentier à gauche mène aux ruines.

CONSEIL
Fatigué par la montée ? Les ruines sont aussi accessibles en voiture par la montée de Noailles (parking).

Absent dans les rues de la ville, le vent se rattrape dans les hauteurs, atmosphère rêvée pour des ruines isolées, où l'on distingue pans de muraille et tours rondes ou carrées à créneaux. Le côté Nord est le plus spectaculaire. Au sommet, vaste **panorama★** sur la côte et l'intérieur *(table d'orientation)*.

HYÈRES GIENS

Aéroport (Av. de l') VX
Aicard (Av. J.) . . . . Z
Almanarre (Route de l') . . . . . . X 2
Arène (Av. F.) . . . . Z
Barbacane (R.) . . . . Y 3
Barruc (R.) . . . . Y 4
Basch (R.Victor) . . . . Y
Beauregard (Av. de D.) . . . . . . Z
Belgique (Av. de) . . . . Y 5
Bourgneuf (R.) . . . . Y 6
Chateaubriand (Bd) . . . . Y 7
Clemenceau (Pl.) . . . . Y 9
Clotis (Av. J.) . . . . Z 10
Costebelle (Montée) . . . . V 12
Decugis (Av. A.) V
Degioanni (Rue R.) . . . . X 13
Denis (Av. A.) . . . . Y
Dr. Perron (Av.) . . . . Z 14
Foch (Av. Mar.) . . . . Z 15
Galliéni (R.) . . . . Z
Gambetta (Av.) . . . . Z
Gaulle (Av. de) . . . . Y 16
Geoffroy St-Hilaire (Av.) . . . . . . V 17
Giens (Rte de) X
Godillot (Av. A.) . . . . V 18
Herriot (Bd E.) . . . . X 20
Iles d'Or (Av. des) . . . . Z
Jean-Jaurès (Av.) . . . . Z
Lattre-de-Tassigny (Av. de) . . . V 22
Lefebvre (Pl. Th.) . . . . Z 23
Long (Av. Paul) . . . . Y
Macri (Ch. Soldat) . . . . V 25
Madrague (Route de la) . . . . . X 26
Mangin (Av. Gén.) . . . . Y 28
Marais (Rte des) X
Marine (Bd de la) V
Massillon (Pl. et R.) . . . . Y 29
Matignon (Bd) . . . . Y
Millet (Av. E.) . . . . Z 32
Moulin-Premier (Chemin du) . . . . V 33
Noailles (Montée de) . . . . Y 35
Nocard (Bd) . . . . Y
Olbia (Voie) V
Orient (Bd d') . . . . Y
Paix (Av. de la) . . . . Z
Palyvestre (Ch. du) . . . . V 36
Paradis (R. de) . . . . Y 37
Pasteur (Bd) . . . . Z
Plaine-de-Bouisson (Ch.) . . . . . X 38
Porte St-Jean (Ch. de la) . . . . . Y
Provence (R. de) . . . . Z 40
Rabaton (R.) . . . . Y 41
République (Pl.et R.de la) . . . . Y 42
Riondet (Av.) . . . . YZ 43
Riquier (Av. O.) . . . . V 44
Roubaud (Ch.) . . . . V 45
Sel (Rte du) X
St-Bernard (R.) . . . . Y 46
St-Esprit (R.) . . . . Y 47
St-Paul (Pl. et R.) . . . . Y 49
Ste-Catherine (R.) . . . . Y 50
Ste-Claire (R.) . . . . Y 51
Soldat-Ferrari (R.) . . . . Z
Strasbourg (Cours) . . . . Y 52
Thomas (Av. A.) . . . . Z
Toulon (Rte de) V
Versin (Pl. L) . . . . Z 53
Victoria (Av.) . . . . Z 54
Wharton (R. Édith) . . . . YZ
11-Novembre (Pl.) . . . . V 56
15e-corps-d'Armée (Av. du) . . . V 57

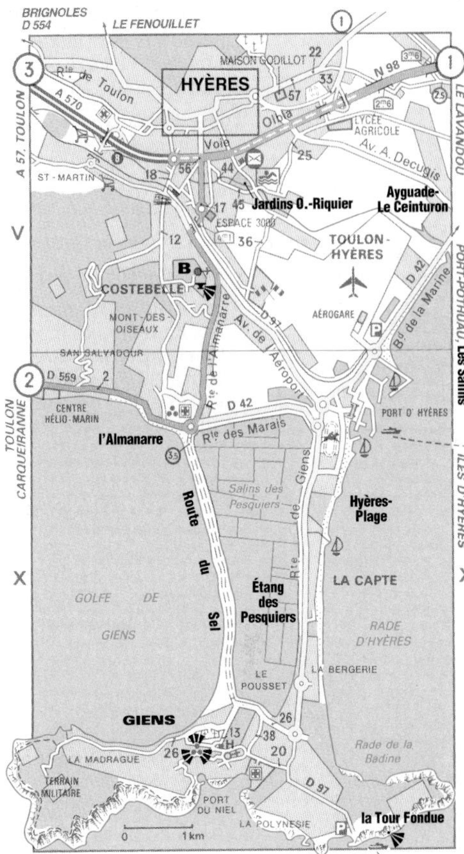

Almanarre X
Aygade-Le Ceinturon V
Chapelle N.-D.-de-Consolation . . . . V B
Château des Aires . . . . Y
Collégiale St-Paul . . . . Y
Église St-Louis . . . . Y
Étang des Pesquiers X
Hôtel des Ambassadeurs . . YZ D
Hyères-Plage X
Les Salins X
Maison Renaissance . . . . . . Y E
Maison romane . . . . Y F
Maison St-Hubert . . . . Z G
Musée municipal . . . . Z
Jardins Olbius-Riquier V
Parc du château Ste-Claire . . Y
Parc St-Bernard . . . . Y
Porte Massillon . . . . Y K
Porte des Princes . . . . Y
Tour Fondue X
Villa mauresque . . . . Z
Villa de Noailles . . . . Y L
Villa Tholozan . . . . Y S
Villa tunisienne . . . . Z

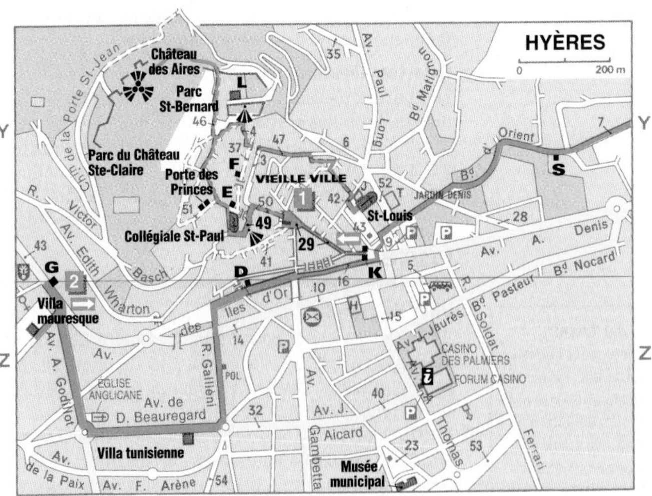

Regagner la vieille ville.

La descente par les rues Barbacane, St-Esprit, la place Bourgneuf et la rue St-Louis ramène devant l'église St-Louis.

Église St-Louis

Il s'agit de l'ancienne église du couvent des Cordeliers. La façade à trois portes surmontées d'une rose et d'une corniche évoque l'art romain italien. L'ensemble illustre le passage du roman au gothique provençal.

Regagner la place G.-Clemenceau.

VISITE
L'Office de tourisme diffuse à partir de mars-avril le programme annuel des **visites guidées des anciens hôtels et des villas**. Pour ne pas rester tout triste à la grille...

DANS LA VILLE DU 19e SIÈCLE 2

Entre 1850 et 1880 furent construits hôtels et villas pour accueillir les riches hivernants. Aujourd'hui, le tourisme a changé de visage. Les luxueux hôtels ont fermé dans les années 1930, mais on peut encore en voir quelques-uns, ainsi que plusieurs villas très « balnéaires », en centre-ville.

HYÈRES-LES-PALMIERS

La ville prit ce nom en 1881, cinquante ans après l'arrivée des premiers plants de palmiers. En 1835, un visiteur ébahi notait, en arrivant à Hyères : « Là, les bosquets d'orangers qui, couverts de plusieurs millions de fruits dorés, remplissent la vallée et du sein desquels des palmiers de trente à quarante pieds de haut élancent noblement leurs têtes ». Dès 1867, les jardiniers hyérois acclimatèrent avec succès le palmier des Canaries et d'autres variétés rapportées des colonies. Au début du 20e s., la ville comptait une vingtaine de pépiniéristes producteurs de palmiers. Ils ne sont plus que trois aujourd'hui, et la neige de 1985 a tué beaucoup d'arbres (même si l'on vous affirmera qu'il en reste 15 000 sur le territoire de la commune). Mais leur réputation est intacte : les émirats du golfe Persique, l'Irak et l'Arabie Saoudite sont plantés de palmiers hyérois.

Quartier « Godillot »

Appellation officieuse de la partie Ouest du centre-ville, remodelée par Alexis Godillot, commanditaire de la **maison St-Hubert** *(70 av. des Îles-d'Or)*.

Descendre l'avenue Godillot et tourner à gauche dans l'avenue de Beauregard.

À l'église anglicane St Paul's Church répond à l'autre bout de la rue la **villa tunisienne**, de style mauresque, ancienne propriété de l'architecte de Godillot, Chapoulart.

Autour des rues Gambetta et Joseph-Clotis, quartier administratif, on trouve des villas plus modestes, des immeubles et aussi d'anciens hôtels. Rue Galliéni se dresse l'ex-hôtel des Palmiers (1884) ; dans l'avenue des Îles-d'Or, l'**hôtel des Ambassadeurs** élève une entrée majestueuse avec cariatides en gaine.

Quartier Chateaubriand

Le quartier d'Orient a été aménagé à partir de 1850. Les plus belles villas y affichent un style classique, avec une touche de fantaisie. En remontant les boulevards d'Orient et Chateaubriand, on découvrira les villas Léon-Antoinette, **Tholozan**, La Favorite, Ker-André...

visiter

Villa de Noailles

Accès par la rue St-Bernard ou la montée de Noailles. De mi-juin à mi-sept. : visite guidée (1h1/2) ven. 16h30. 4,57€ (enf. : gratuit). S'adresser à l'Office de tourisme. ☎ 04 94 01 84 30. www.provence-azur.com

AU CARRÉ
Curieux petit jardin cubiste dessiné par Gabriel Guévrékian. Les amateurs de jardins à l'anglaise et même à la française seront étonnés.

En 1923, un jeune couple de mécènes, Charles et Marie-Laure de Noailles, commande à l'architecte belge Mallet-Stevens une villa d'hiver résolument moderne, en

opposition avec le pastiche triomphant sur la Côte. Achevée en 1933, la villa compte une soixantaine de pièces dont une piscine et une salle de gymnastique *(en restauration)* et devient rapidement le rendez-vous de l'avant-garde artistique : Giacometti, Cocteau, Picasso, Dali, Buñuel (les Noailles produisirent son *Âge d'Or*, qui fit scandale en 1930) et Man Ray qui y tourne *Les Mystères du château du Dé*.
Cédée à la ville d'Hyères en 1973, la villa a été restaurée et accueille au premier niveau des expositions temporaires.

Musée municipal

♿ *Tlj sf mar. et dim. 10h-12h, 14h30-17h30. Fermé j. fériés. Gratuit.* ☎ *04 94 00 78 42.*
Vestiges d'archéologie préhistorique, grecque et romaine provenant en grande partie du site d'Olbia ; histoire naturelle (minéraux, fossiles, coquillages, poissons, oiseaux), galerie de peintres locaux, mobilier Louis XV et Louis XVI.

Ancienne collégiale St-Paul

Possibilité de visite guidée. S'adresser à la Maison du tourisme. ☎ *04 94 00 55 50.*
Les parties les plus anciennes (clocher) remontent au 12e s. L'escalier monumental et la porte Renaissance introduisent dans le narthex (ancienne nef plafonnée de l'édifice roman). À gauche, la nef gothique, avec retable à colonnes torses et chapelles flamboyantes, est perpendiculaire à l'église primitive.

Tableautins
Si la porte est ouverte, entrez voir la **crèche** de santons provençaux (en période de Noël) et une belle collection d'ex-voto naïfs et colorés, du 17e s. à nos jours.

découvrir

LA PRESQU'ÎLE DE GIENS★★

À l'origine, l'île de Giens était semblable à ses voisines, les îles d'Hyères. Jusqu'au jour où, il y a plusieurs milliers d'années, s'opéra lentement un phénomène naturel appelé **« tombolo »** : un cordon de sable ou de galets relia une île au littoral (Quiberon en est un autre). À Giens, la proximité des deux embouchures du Gapeau et de la Roubaud et la présence de courants marins favorables ont permis la formation de, non pas un, mais deux dépôts de sédiments entre le littoral et l'île : le rarissime double tombolo.
Le tombolo Ouest diminue régulièrement depuis trente ans, conséquence de l'érosion éolienne et des tempêtes d'équinoxe qui emportent les digues et dispersent le sable. Un projet en cours de réalisation (entre autres, repiquage d'herbiers de posidonies) pourrait aboutir à terme à la préservation du site par le Conservatoire du littoral.

À savoir
La **route du sel**, qui longe le tombolo Ouest, les marais et l'étang des Pesquiers, est fermée de la Toussaint à Pâques. Stationnement permis aux extrémités du tombolo.
À pied, n'emprunter que les passages aménagés.
Ne rien faire sécher sur la végétation.

Étang des Pesquiers

La lagune entre les deux tombolos est le rendez-vous d'une riche faune ailée, dont flamants roses et avocettes. On peut observer les plus beaux rassemblements de flamants (jusqu'à 1 500 individus) à la mi-septembre. La végétation présente des espèces originales, voire uniques : salicorne, réséda blanc, calikier maritime, jonc piquant, panicaut maritime, plantain corne-de-cerf et 20 variétés d'orchidées.

Giens

Modeste station balnéaire à la jolie petite église, au centre de la presqu'île. Le poète Saint-John Perse y séjourna et y séjourne encore, au cimetière. Au milieu du square, un tertre intitulé « ruines du château des Pontevès » donne à voir un magnifique **panorama★★** *(table d'orientation)*. Au Sud, le petit port de Niel est entouré d'une pinède.
Quitter le village par l'Est pour gagner La Tour Fondue.

L'or blanc

De 1848 à 1996, la lagune formée entre les deux tombolos a été en partie exploitée comme marais salant, produisant jusqu'à 30 000 tonnes de sel par an. Comment ? Le sel de l'eau de mer se dépose sur les tables saunantes ; le vent y accélère l'évaporation tandis que la concentration est activée par des mouvements mécaniques giratoires. Dans la dernière semaine d'août, le détoureur arrache la croûte de sel qui s'est formée sur les tables ; c'est le sel gris avec lequel on sale les routes enneigées. Dessous est le sel blanc, propre à la consommation, bientôt entassé en camelles, ces montagnes blanches qui signalent de loin un marais salant. Mais depuis l'arrêt de l'exploitation, la Compagnie des Salins du Midi est toujours propriétaire d'un espace sur lequel lorgnent les promoteurs immobiliers. Le Conservatoire du Littoral n'est hélas pas en mesure de s'aligner sur leur offre. La Compagnie saura-t-elle résister au chant de ces modernes sirènes au risque de laisser détruire un écosystème fragile et précieux ?

Tour fondue ou fendue ? À la pointe de la presqu'île de Giens, embarquement pour les îles d'Or.

La Tour Fondue

Construite vers 1634 puis remaniée, elle couronne un rocher en saillie sur le littoral et contrôlait, avec les forts des îlots du Grand et du Petit Ribaud *(propriétés privées)*, le goulet de la Petite Passe. Point d'embarquement courant pour Porquerolles : gare maritime et vaste parking... Belle vue sur les îles d'Hyères et la presqu'île.

Tour de la presqu'île

18 km. 5h. Le trajet, en partie balisé, relie le port de la Madrague à la plage de la Badine. Giens ressemble beaucoup aux îles d'Hyères. Le paysage est assez montagneux, boisé (chênes verts, pins d'Alep, myrtes, lentisques) et la côte très découpée devient même sauvage à la pointe des Chevaliers. Cette longue promenade est l'occasion de découvrir des calanques et de petites plages : l'Aygade, le Pontillon, les Darboussières, la Baume.

alentours

Chapelle N.-D.-de-Consolation

Au sommet de la colline de Costebelle. La chapelle du Moyen Âge a été détruite en 1944. L'édifice actuel date de 1955. Les sculptures sont de Lambert-Rucki : adossée à la croix formant l'axe du clocher, grande statue polychrome de Vierge consolatrice sur la façade en ciment et pierre, scènes de la vie de la Vierge.

De l'esplanade, **vue★** de la rade d'Hyères à celle de Toulon *(table d'orientation).*

Bleu et or

Les immenses **verrières★** et vitraux en dalles de verre de Gabriel Loire, inspirés du culte marial et de l'histoire de la chapelle, illuminent l'intérieur.

Sommet du Fenouillet

4 km puis 1/2h à pied AR. Quitter Hyères par l'avenue de Toulon, puis suivre à droite la route signalisée Fenouillet. Au départ d'une chapelle néogothique, un sentier jalonné conduit aux 291 m d'altitude du Fenouillet, modeste point culminant du massif des Maurettes. De là, **panorama★** sur les Maures, la rade d'Hyères et celle de Toulon entourée de montagnes.

Jardin d'oiseaux tropicaux

La Londe-les-Maures, sur la N 98 en direction de St-Raphaël, à gauche. Visite exclusivement pour non-fumeurs. Juin-sept. : 9h-19h30 ; fév.-mai : 14h-18h ; oct.-nov. : 14h-17h. Fermé déc.-janv. 7€ (enf. : 5€). 04 94 35 02 15.

Dans un grand parc naturel de 6 ha, entre les eucalyptus, les pins et les chênes-lièges, des volières abritent toute une population criante et caquetante : perroquets, toucans, calaos, casoars, émeus ; des plumes et des becs de toutes les couleurs et de tous les continents.

Îles d'Hyères★★★

La petite traversée et les promenades dans ces îles préservées laissent des souvenirs qui illuminent un voyage sur la Côte d'Azur. Les îles d'Hyères sont trois coins de paradis, chacune dans son genre : le Levant est la plus minérale, Port-Cros, la plus montagneuse, et Porquerolles, la plus grande. La plus belle ? C'est affaire du goût de chacun, mais avouons ici un gros faible pour Port-Cros.

La situation

Carte Michelin Local 340 M/N 7/8 – Var (83). Prévoir le ravitaillement en boissons avant d'embarquer pour Porquerolles et surtout Port-Cros, où les points d'eau potable sont rares et privés. Vous ne pourrez pas embarquer de vélos à destination de Port-Cros où ils sont interdits. La plupart des calanques ne sont accessibles qu'en bateau.

Bureau d'information sur le port, Porquerolles. ☎ 04 94 58 33 76.

Parc national de Port-Cros, Castel Ste-Claire, 83418 Hyères Cedex, ☎ 04 94 12 82 30. www.parcsnationaux-fr.com

Les noms

Le village de **Porquerolles** a donné son nom à l'île entière que les Grecs avaient appelée *Protè* (« première »). **Port-Cros**, la *Mesè* (« Île du milieu ») des Grecs, doit son nom actuel à la forme en creux de son petit port.

Les gens

Peu d'habitants, beaucoup de touristes en saison à Port-Cros et Porquerolles ; au Levant cohabitent marins et naturistes, reconnaissables à leurs uniformes respectifs.

Les îles d'Or

C'est l'autre nom, donné depuis la Renaissance, à ce trio détaché des Maures qui ferme au Sud la rade d'Hyères. Pourquoi d'or ? Sans doute parce que les micaschistes (composés de mica et de quartz) contenus dans leurs roches se teintent parfois de reflets dorés.

Port-Cros : balade botanique, à l'aplomb de la mer : des paysages paradisiaques dans un lieu miraculeusement préservé.

comprendre

Des îles mal famées... – Les pirates ont apprécié ces îles idéalement proches des côtes. Autant pour les protéger que pour les faire cultiver, François Ier érige Port-Cros et le Levant en marquisat. Comme la main-d'œuvre, même exemptée d'impôts, manque, on a recours au « droit d'asile » : assurés de l'impunité, délinquants et criminels affluent, se font pirates et attaquent un navire du roi à Toulon... C'est sous Louis XIV que les îles seront purgées de leurs mauvais garçons.

... militaires... – L'armée aussi reconnut la valeur stratégique des îles d'Hyères où s'élèvent encore de nombreux forts. À Porquerolles, le fort Ste-Agathe, construit en 1532, détruit par les Anglais en 1793, fut reconstruit en 1810. En août 1944, les Américains devront neutraliser les batteries allemandes de Port-Cros et du Levant pour protéger le débarquement allié.

Oublié

En 1793, le commandant du fort Ste-Agathe, oublié sur son île, et peu au fait des événements, se rendit sans méfiance à bord d'un navire anglais mouillé à Porquerolles... Le pauvre homme fut aussitôt fait prisonnier tandis que les marins anglais prenaient le fort pour le faire sauter.

carnet pratique

Transports

Les îles d'Hyères sont accessibles depuis plusieurs ports. La plupart des compagnies de transport proposent des formules à la journée ou à la demi-journée : circuits, promenades côtières, excursions. Attention au retour : n'attendez pas le dernier moment pour embarquer.

Au départ de Cavalaire – Vedettes Îles d'Or - *Quai d'embarquement - 83240 Cavalaire - ☎ 04 94 71 01 02.* Juil.-août : dép. 11h (retour 18h50). Durée : environ 3/4h. On rejoint directement Port-Cros. Possibilité de départ à la Croix-Valmer.

Au départ d'Hyères – TLV - *Port Saint-Pierre - 83400 Hyères - ☎ 04 94 57 44 07 - www.tlv-tvm.com* - Juil.-août : dép. à 8h15, 9h30, 11h, 14h30 ; hors sais. : dép. à 9h30. Durée de la traversée vers Port-Cros : 1h ; vers le Levant : 1h1/2. Circuit des deux îles (Port-Cros et Levant) en juil.-août.

Au départ de la presqu'île de Giens – TLV - *Port de la Tour-Fondue - 83400 Giens - ☎ 04 94 58 21 81 - 13,26€.* Services réguliers toute l'année vers Porquerolles. Circuit des deux îles (Porquerolles et Port-Cros) en juil.-août : 23,63€.

Mode d'emploi

Règlement – À Porquerolles et à Port-Cros, il est interdit de faire du feu, de fumer (en dehors des villages), de camper, de cueillir des espèces végétales, de quitter les sentiers tracés, d'abandonner ses détritus, de promener les animaux non tenus en laisse et de pêcher.

Incendie – En cas de risque majeur, le plan **ALARME**, signalé à l'embarquement, interdit l'accès aux massifs forestiers, mais pas aux villages et aux plages.

Restauration

• Valeur sûre

Ste-Anne – *pl. d'Armes - 83400 Porquerolles (île de) - ☎ 04 98 04 63 00 - steanne.porquerolles@wanadoo.fr - fermé 4 janv. au 10 fév. et 4 nov. au 26 déc. - 22/50€.* Il fait bon s'attarder sur cette terrasse ombragée, proche de l'église, pour déguster la cuisine locale et observer l'animation de la place du village. Chambres à l'atmosphère de maison familiale provençale (en demi-pension seulement).

Conseils

Porquerolles – Points d'eau relativement rares (surtout en haute saison) ; s'approvisionner, au plus tard, à la fontaine de la place d'Armes.

Port-Cros – Apporter son propre ravitaillement en boissons. L'eau potable est très rare à Port-Cros et il n'y a pas de point d'eau ouvert au public. Plusieurs débits de boissons dans le village.

Le Levant – En dehors des guinguettes du débarcadère, les seuls points de restauration sont à Héliopolis, au-dessus du port.

Hébergement

• Une petite folie !

Hôtel Manoir – *83400 Port-Cros (île de) - ☎ 04 94 05 90 52 - fermé 7 oct. au 12 avr. - 19 ch. : 190/350€ - restaurant 41/48€.* Une adresse de charme dans un cadre exceptionnel : à quelques centaines de mètres du port, cette jolie villa de 1830 au milieu d'un grand parc jouit d'un calme remarquable. Chambres crépies sobres, piscine et jardin très agréables. Demi-pension seulement.

Mas du Langoustier – *3,5 km à l'O du port - 83400 Porquerolles (île de) - ☎ 04 94 58 30 09 - fermé déb. oct. à fin avr. - 44 ch. : 214/562€ - ☕ 18,50€ - restaurant 52/78€.* Si la paradis existe, vous en aurez un avant-goût ici : dans un magnifique parc de 40 ha, au bout de l'île de Porquerolles, ce mas vous accueille en pleine nature, entre mer et terre. Deux plages privées, deux restaurants et des chambres spacieuses prolongeront votre plaisir...

L'Auberge des Glycines – *22 pl. d'Armes - 83400 Porquerolles (île de) - ☎ 04 94 58 30 36 - 11 ch., demi-pension : 138/318€ - ☕ 8€ - restaurant 25/30€.* Cette délicieuse auberge aux volets bleu lavande justifie à elle seule une escapade à Porquerolles. Chambres très agréables à vivre, ouvrant sur le patio ombragé d'un figuier ou sur la place du village. Au restaurant, décor et cuisine célèbrent la Provence.

Loisirs-Détente

Bateau à vision sous-marine Aquascope – *83400 Port-Cros - ☎ 04 94 05 92 22.* Durée 30 mn. Dép. toutes les 40 mn. 11,43€ (2-10 ans : 7,62€). 10 places assises.

Bateau à vision sous-marine TMV – *Port de la Tour-Fondue – 83400 Giens - ☎ 04 94 58 95 14* – Juil.-août : dép . 10h. 15,55€. Visite des fonds marins jusqu'à Porquerolles (40 mn) en bateau à fond transparent.

Plongée – Superbes tombants et nombreuses épaves à découvrir. Plusieurs clubs à Hyères et à La Londe ; à Porquerolles, *Porquerolles Plongée* ; à Port-Cros, *Sun-Plongée*. Au levant, des activités de plongée, ouv. à tous, sont organisées en sais. par des clubs locaux.

Voile – La course à la voile autour de Porquerolles, au dép. du port, a lieu le dim. de Pentecôte.

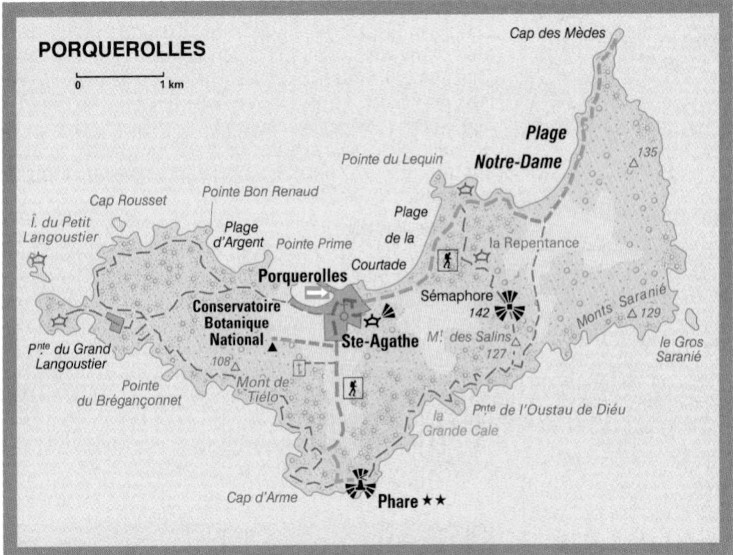

... mais si belles ! – Les moines de Lérins, arrivés au 5e s., firent du Levant le jardin d'abondance et le grenier de leur abbaye. Porquerolles fut la plus cultivée (vergers et vignobles). Les propriétaires privés de Port-Cros y cultivèrent plutôt les belles lettres, en invitant des écrivains, avant de léguer l'île à l'État en 1963. Aujourd'hui, les îles d'Hyères symbolisent la préservation de la nature, face à des côtes hélas bien bétonnées.

se promener

PORQUEROLLES★★★

C'est la plus occidentale et la plus importante des îles d'Hyères : 1 250 ha répartis sur 7 km de long et 3 de large. La côte Nord est festonnée de plages de sable bordées de pins, bruyères, arbousiers et myrtes odoriférants. La côte Sud est abrupte, avec cependant quelques criques d'accès facile. À l'intérieur, peu d'habitations, mais une forêt de pins et de chênes verts, des vignobles, et une abondante végétation méditerranéenne.

CONSEILS
Meilleur moyen de découvrir l'île : le vélo. Boutiques au village. Avant de partir en promenade, remplir les gourdes à la fontaine de la place d'Armes.

Couvertes d'une magnifique végétation, les îles d'Or offrent autant d'occasions de détente, les pieds dans l'eau.

Village

Bâti au milieu du 19e s. par l'administration militaire au fond d'une rade minuscule *(port de plaisance)*, il évoque plus un petit centre colonial d'Afrique du Nord qu'un village provençal. Le noyau, entouré d'hôtels, de villas et d'une petite résidence, comprend la place d'Armes, une humble église avec chemin de croix exécuté au couteau par un soldat en convalescence, et quelques maisons de pêcheurs.

Fort Ste-Agathe

Mai-sept. : 10h-12h, 14h-17h30. 4€. ☎ 04 94 12 30 40.

De la terrasse du fort, superbe **vue★** : à l'Est, sur les plages de la Courtade et Notre-Dame, le sémaphore (point culminant à 142 m) ; à l'Ouest, sur les massifs boisés.

◀ C'est le premier bâtiment que l'on aperçoit du large. Sur une butte dominant le port, position stratégique, son enceinte en trapèze est surmontée d'une grosse tour d'angle (20 m de diamètre, 15 m de haut, murs épais de 4 m), vestige de la première construction. À l'intérieur, le Parc national de Port-Cros présente l'histoire et l'archéologie sous-marine des îles et de la rade d'Hyères. Grande salle circulaire haute de 6 m sous une belle charpente.

Fortin érigé contre les barbaresques, le fort du Petit Langoustier ne sert aujourd'hui qu'à nous faire rêver.

Conservatoire botanique national méditerranéen

Au Hameau agricole. À la sortie du village de Porquerolles, prendre la direction de la route du Phare puis tourner à droite au carrefour des Oliviers. Mai-sept. : 9h30-12h30, 13h30-17h. ☎ 04 94 12 30 32.

Depuis 1985, la plus grande partie de l'île est gérée par le parc national de Port-Cros qui en est propriétaire. Créé en 1979, le conservatoire botanique national méditerranéen a pour but l'étude botanique et la conservation de la flore du bassin méditerranéen : inventaire des espèces, évaluation des risques de disparition, constitution d'une banque de gènes (stock de graines), restauration de cultures traditionnelles (vergers-conservatoires). Le « Hameau agricole » en est la vitrine.

Promenade du phare★★

1h1/2 à pied AR. À faire absolument. De l'esplanade du phare, à l'extrême pointe Sud, beau **panorama★★** sur la presque totalité de l'île : les collines du Langoustier, le fort Ste-Agathe, le sémaphore et les falaises du Sud,

Mexico-sur-Mer

Porquerolles fut durant soixante ans une propriété privée. En 1911, l'ingénieur belge F.-Joseph Fournier rentre du Mexique, fortune faite. Il offre à sa femme l'île de Porquerolles et s'y installe en famille. Aidé d'une armée de jardiniers, il va recréer la végétation d'une hacienda sud-américaine, en important des espèces exotiques, tel le bellombra aux énormes racines, toujours présent aujourd'hui, et sera le premier à cultiver pamplemousses et kumquats, alors inconnus en France. Le vignoble de Porquerolles date de la même époque. Ce fut le premier vignoble AOC côtes-de-Provence. Trois domaines viticoles (de l'Île, Perzinsky et Courtade) proposent des dégustations-ventes.

Bretagne ou Méditerranée ? Ces falaises sauvages, battues par les vagues de la côte Sud de Porquerolles, sont à l'écart de toute civilisation.

sans compter la rade d'Hyères et les Maures. Le **phare** a une portée de 54 km. *Visite guidée 10h-12h, 14h-16h. Gratuit. Le phare peut être fermé pour travaux d'entretien.*

Promenade des plages★★

2h à pied AR. On marche presque tout le temps à l'ombre sur des chemins sablonneux tracés dans la forêt de pins. Le chemin longe la plage de sable fin de la Courtade puis, après la pointe du Lequin, pique vers la mer et la très belle **plage Notre-Dame** (sable fin), vaste, très isolée, et bordée d'une pinède.
Le **sémaphore**, la plage d'Argent, la **pointe du Grand Langoustier** et le **cap des Mèdes** sont d'autres excellents buts de promenade.

PORT-CROS★★★

L'île, véritable éden, est plus accidentée, plus escarpée, plus haute sur l'eau que ses voisines, mais sa parure de verdure est sans rivale. Longue de 4 km et large de 2,5 km, Port-Cros culmine au mont Vinaigre (alt. 194 m). Quelques commerces et maisons de pêcheurs, une petite église garnissent le pourtour de la baie que domine le fort du Moulin (dit « le château »). Et la mer, oscillant entre l'émeraude et la turquoise, y est étrangement belle !

LE PARC NATIONAL

Créé en 1963 après celui de la Vanoise, il regroupe Port-Cros, l'île de Bagaud, les îlots du Rascas et de la Gabinière et une zone de 650 m autour des rivages, soit une surface terrestre de 700 ha et marine de 1 800 ha. La mission de ce premier parc marin en Europe est de préserver la faune et la flore des îles d'Hyères, lutter contre la dégradation du milieu sous-marin en Méditerranée, sensibiliser le public, étudier et protéger les espèces menacées (mérou). Le parc gère le cap Lardier *(voir St-Tropez)*, propriété du Conservatoire du littoral.

Logo du Parc national de Port-Cros.

Plage de la Palud★

1h1/4 à pied AR (sentiers balisés). Monter d'abord au château : belle vue sur l'île de Bagaud. Un **sentier botanique** planté d'espèces méditerranéennes surplombe l'anse de la Palud avant d'arriver à la plage. Il contourne le **fort de l'Estissac**, construit sous Richelieu, qui abrite une exposition présentée par le parc national. *Mai-sept. Gratuit. ☎ 04 94 01 40 72.*

Sentier sous-marin★

Des bouées signalent les principaux points d'observation ; plus leur numéro est élevé, plus vous devrez être attentifs. De mi-juin à fin sept. : visite guidée par un animateur du parc (sf en cas de mauvais temps). Gratuit.
Promenade originale et mouillée, entre l'îlot du Rascas et la plage de la Palud, dans une zone balisée de bouées jaunes, à 10 m de profondeur au plus. Inutile de pratiquer la plongée, il suffit de savoir nager avec palmes, masque et tuba pour découvrir une grande variété de biotopes typiques de la Méditerranée à ces profondeurs,

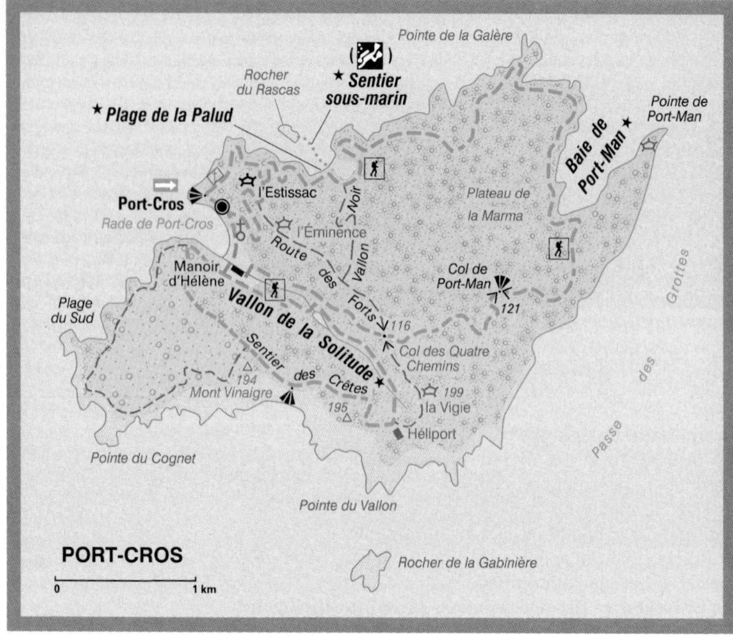

notamment l'évolution d'un herbier de posidonies *(voir l'Invitation au voyage, chapitre « En direct de la mer »)* et la faune qu'il abrite.

Revenir vers le village en passant entre les forts de l'Éminence et de l'Estissac.

Visite en solo
C'est chose possible, si vous possédez palmes, masque et tuba. La Maison du Parc vend des aquaguides plastifiés (4,57€), que l'on attache au poignet. Très utile pour reconnaître plantes et animaux.

Vallon de la Solitude★

2h à pied (sentiers balisés). C'est la promenade classique, à faire si l'on dispose d'un peu de temps. À l'entrée du vallon, contourner le « manoir d'Hélène », devenu hôtel. Une ombre épaisse règne sur presque tout le parcours. Le silence et la fraîcheur vous enveloppent alors tandis qu'un sentiment de plénitude vous envahit...En vue du fort de la Vigie, revenir par le sentier des crêtes (**vues** plongeantes sur la mer) en passant par le mont Vinaigre.

Port-Man★

10 km. 4h à pied (route et sentiers balisés, ombragés et peu accidentés). Agréable excursion avec, au col de Port-Man, une jolie **vue** sur l'île du Levant et la côte des Maures. Elle aboutit à la **baie de Port-Man**, magnifique amphithéâtre de verdure. Retour par la pointe de la Galère, la bordure du plateau de la Marma et la plage de la Palud.

Autres promenades possibles

En pointillé orange sur le schéma : la plage du Sud (sable) et ses impressionnantes falaises ; la route des Forts ; le Vallon Noir ; le col des Quatre Chemins.

Important à savoir
La Marine nationale occupe 90 % de l'île (zone interdite).
Les plages des Grottes et du port de l'Ayguade sont accessibles aux non-naturistes.
Au Nord, chenal réservé aux sports nautiques et zone pour planches à voile.

LE LEVANT

Voir schéma au massif des Maures. C'est une étroite arête rocheuse (8 km de long sur 1,2 km de large), entourée de falaises inaccessibles avec de prodigieux à-pics, sauf en deux points : les calanques de l'Avis et de l'Estable. On aborde habituellement à l'Ouest, au débarcadère de l'Ayguade, en bas du chemin d'Héliopolis.

Héliopolis

Le village d'Héliopolis et le secteur des Grottes attirent chaque saison estivale une importante clientèle de naturistes *(domaine privé)*. C'est l'un des premiers sites où ont été mis en pratique, en 1931, les principes naturistes des docteurs Durville.

Juan-les-Pins ☼☼☼

Son nom est désormais indissociable de celui du jazz. De la pinède où a lieu le festival, il n'y a qu'un pas à ► faire pour se prélasser sur la plage de sable fin, paradisiaque. Dans cette ambiance fiévreuse de jour comme de nuit, les Anglo-Saxons sont toujours de la partie, eux qui ont créé Juan : le fils de la reine Victoria, puis des Américains, riches Blancs ou Noirs musiciens, firent le renom de cette élégante station balnéaire, entre Golfe-Juan et le cap d'Antibes.

Magique
Les majestueux **pins** parasols participent à la féerie des nuits étoilées du festival et offrent la plus belle scène qui soit. Une foule internationale de connaisseurs se retrouve chaque année pour savourer les rythmes des meilleurs jazzmen du moment.

La situation

Carte Michelin Local 341 D6 – Alpes Maritimes (06). Sur une même commune, Juan a rejoint Antibes par son urbanisme, ainsi que Golfe-Juan, rattaché à la commune de Vallauris. Parkings à Juan autour de la gare et de l'embarcadère des îles de Lérins.

51 bd Charles-Guillaumont, 06160 Juan-les-Pins, ☎ 04 92 90 53 05. www.parcsnationaux-fr.com

Le nom

Au Moyen Âge, le site marécageux entre ses deux rivières fut appelé *Gou Juan Pourri*. Au 19e s., il n'y avait à Juan que du sable fin et des pins.

Les gens

Les grands du jazz sont tous passés par Juan-les-Pins, qui propulsa certains sur le devant de la scène. Quelques noms de virtuoses parmi tant d'autres : Al Jarreau, Chick Corea, Lionel Hampton, Stan Getz, Ray Charles, Ella Fitzgerald... Aujourd'hui, le festival s'ouvre au rock (Chuck Berry), à la musique brésilienne (Gilberto Gil) et aux musiques afrocubaines, en faisant appel aux fondateurs du fameux *Buena Vista Social Club*.

En juillet 1964, Lionel Hampton fait swinguer le festival de jazz d'Antibes-Juan-les-Pins.

comprendre

La fureur du swing – La grande aventure nocturne et musicale de Juan-les-Pins débute dans les années 1920, lors de l'arrivée des premiers touristes américains. Par leur exubérance, ils révolutionnent les valeurs du séjour balnéaire : on bronze sur les plages, on fait du ski nautique et on écoute une étrange musique composée par les Noirs américains, le jazz. Un magnat, Frank Jay Gould, fonde le premier casino d'été et la jeunesse dorée passe des nuits blanches à danser sur les airs endiablés de Cole Porter, en compagnie de Douglas Fairbanks, Mary Pickford et Mistinguett.

Dès la Libération, les fêtes musicales reprennent grâce à la clientèle de l'US Navy basée sur la Côte. **Sydney Bechet** choisit la station pour y célébrer son mariage, en

Hot
Directement importés de New York ou de la Nouvelle-Orléans, be-bop, hot, boogie-woogie, free-jazz, ragtime, blues firent leurs premiers adeptes européens à Juan-les-Pins. Tout aussi *hot*, le ski nautique que Léo Ramon popularisera en 1925, et la mode des bikinis et des monokinis que lança la station.

carnet pratique

Restauration

• À bon compte

Le Capitole – *26 av. Amiral-Courbet - ☎ 04 93 61 22 44 - alainfont@free.com - fermé 15 nov. au 15 déc., lun. soir de nov. à mars et mar. - 11,50€ déj. - 18€.* Cette ancienne épicerie a été transformée en une salle de restaurant pimpante et spacieuse ; seules la large vitrine et les étagères d'origine rappellent son passé « commercial ». Carte traditionnelle.

L'Amiral – *7 av. Amiral-Courbet - ☎ 04 93 67 34 61 - restaurant.amiral@wanadoo.fr - fermé nov. et lun. - 15,24€ déj. - 22/32€.* Voici une petite affaire familiale tout ce qu'il y a de plus sympathique. Décor moderne couleur soleil, tables joliment dressées, service décontracté et surtout honorable cuisine traditionnelle. Le jeudi, jour du couscous, pensez à réserver car l'endroit est bondé.

• Valeur sûre

Bijou Plage – *bd Guillaumont - ☎ 04 93 61 39 07 - 18,30€ déj. - 26,70/44,20€.* Sur la route de Golfe-Juan, ce restaurant de plage tourne à plein régime pendant l'été. Ses prix sont raisonnables et sa cuisine, qui met à l'honneur bouillabaisse et produits de la mer, est variée. Plage privée et activités nautiques.

Nounou – *À la plage - 06220 Golfe-Juan - ☎ 04 93 63 71 73 - fermé 10 nov. au 25 déc., dim. soir et lun. sf juil.-août - 31/55€.* Pour manger poissons et cuisine régionale en profitant de la vue sur la belle plage de sable fin et la mer, attablez-vous dans l'une des salles ou sur la terrasse de ce restaurant familial. Préférez ses menus, plus intéressants que la carte.

Hébergement

• À bon compte

Hôtel Les Charmettes – *25 Vieux Chemin de la Colle - ☎ 04 93 61 47 41 - fermé vac. de Toussaint - P - 17 ch., demi-pension : 38/60€ - ☕ 5,15€.* Ce petit hôtel tranquille s'adresse à tous ceux qui redoutent l'ambiance fiévreuse de la station balnéaire. Chambres un rien étroites, sobres et à l'entretien rigoureux. Plaisante terrasse abritée par des canisses et fleurie de mimosas.

Hôtel Cécil – *R. Jonnard - ☎ 04 93 61 05 12 - fermé 3 nov. au 30 janv. - 21 ch., demi-pension : 49/73€ - ☕ 5,70€.* Cette belle bâtisse régionale, convertie en hôtel depuis 1920, vaut par sa situation au cœur de la ville et à proximité du littoral. Chambres réparties sur trois étages, pas très grandes mais bien tenues. L'été, les dîners sont servis en terrasse.

• Valeur sûre

Hôtel La Marjolaine – *15 av. du Dr-Fabre - ☎ 04 93 61 06 60 - hotel_marjolaine@hotmail.com - fermé 15 j. en mars et nov. - ⊭ P - 17 ch. : 39,60/70€ - ☕ 3,05€.* Une belle promesse de séjour que cette demeure du début du 20e s. aux abords agréablement fleuris. Les chambres, souvent agrémentées de poutres, ont adopté de chauds coloris ; celle baptisée « Manoir », avec son mobilier provençal d'époque, est la plus réussie.

• Une petite folie !

Hôtel Ste-Valérie – *R. de l'Oratoire - ☎ 04 93 61 07 15 - saintevalerie@juanlespins.net - fermé 16 oct. au 28 mars - P - 30 ch. : 99/183€ - ☕ 12€ - restaurant 27,50€.* Au détour d'une rue calme, cet hôtel dans un coquet jardin jouit d'une agréable quiétude. Toutes ses chambres, rénovées, ont des terrasses ou des balcons qui donnent sur la verdure. En été, vous prendrez votre petit-déjeuner dans le jardin. Piscine partagée avec l'annexe Christie.

Le temps d'un verre

Le Crystal – *Av. Gallice - ☎ 04 93 61 02 51 - fev.-avr., oct. : mar.-dim. 8h-4h ; mai.-sept. : tlj 8h-4h - fermé nov.-janv.* Créée en 1936, cette brasserie familiale fut jadis une cabane au milieu des palmiers devant laquelle passaient chaque jour des troupeaux de moutons. Le patron est un témoin de cette époque. Aujourd'hui entouré de discothèques, du casino, et d'autres bars, le Crystal demeure un lieu incontournable de Juan-Les-Pins.

Pam Pam – *137 bd du Prés.-Wilson - ☎ 04 93 61 11 05 - www.pampam.fr - de avr. à mi-nov. : 14h-5h - fermé de mi-nov. à Noël et de déb. janv. à fin mars.* On se déplace de loin pour déguster les désormais fameux accras (beignets de morue servis de 18h à 21h) ou boire un punch au Pam Pam, puis regarder les Brésiliennes danser au rythme de l'orchestre, dans un décor polynésien. Un classique de Juan-Les-Pins.

Loisirs-Détente

Le Visiobulle – *Bd Charles-Guillaumont - Ponton-Courbet - ☎ 04 93 74 85 42 ou 04 93 67 02 11 - www.visiobulle.com - avr.-juin, sept. : 10h30-16h30 ; juil.-août : 8h45-12h30, 13h40-18h15 - fermé oct.-mars - 11€ (enf. : 5€).* Ce bateau permet d'observer la faune et la flore (notamment les herbiers de posidonies) des fonds marins du cap d'Antibes, mais aussi phares et villas cossues.

Parc Exflora – *N 7 entre Juan-Les-Pins et Golfe-Juan. Entrée libre. Parking.* La promenade évoque la variété des jardins méditerranéens, antiques, provençaux, islamiques.

1951, dans une ambiance digne du carnaval de La Nouvelle-Orléans. Ensuite, chaque été, il transformera, accompagné de Claude Luter, Juan-les-Pins en capitale européenne du jazz.

Après sa disparition en 1959, le premier festival de jazz voit le jour, organisé par Jacques Hebey et Jacques Souplet ; la venue d'Amstrong, Count Basie, Duke Ellington, Dizzy Gillespie et Miles Davis lui assure la consécration. Désormais, jazz et Juan ne font plus qu'un.

séjourner

La Promenade au Soleil entre l'embarcadère et le casino a des allures de Croisette. À l'Est, le **port Gallice** accueille de prestigieux bateaux de plaisance.
Le haut-lieu de la vie nocturne de Juan se situe entre la pinède et le casino (baccara et roulette) : du soir au petit matin, l'intensité ne faiblit pas dans ses restaurants, cafés en plein air et boîtes de nuit.

SPORTS
Parachute ascensionnel, hydravion, ULM, ski nautique, plongée, pêche en mer et planche à voile : se renseigner à l'Office de tourisme pour les adresses ou les plages privées qui les proposent.

Plages

Celle de Juan n'est qu'une seule et même plage qui s'étend sur 3 km de sable fin, en pente douce et abritée des vents. Plages privées ou publiques s'éparpillent entre le port de Golfe-Juan et celui de Juan, la Gallice.

La plus grande étendue de sable fin des Alpes-Maritimes se pare de taches multicolores dès les beaux jours.

Golfe-Juan☼☼

Station très fréquentée dont la plage de sable fin s'étend sur 1 km au fond du golfe autour du complexe portuaire Camille-Royon (promenade, théâtre de la mer). Sa rade, bien abritée par les collines fleuries de Vallauris, le cap d'Antibes et les îles de Lérins, forme un excellent mouillage (port de pêche et de plaisance).

AU DÉPART DE LA ROUTE NAPOLÉON
C'est sur la plage de Golfe-Juan que Napoléon et son armée de 1 100 hommes débarquèrent de l'île d'Elbe avec le brick l'*Inconstant* et quelques voiliers, le 1er mars 1815. Il n'y avait alors qu'une auberge sur le bord de la route ; Napoléon s'y reposa avant de partir sur Cannes. Sur le quai du port, une mosaïque commémore l'événement et tous les ans, le 1er week-end de mars, une reconstitution du débarquement a lieu.

circuits

Cap d'Antibes☼

10 km - environ 2h. Voir Antibes.

Massif de l'Esterel★★★

96 km - 1/2 journée. Voir ce nom.

Massif du Tanneron★

56 km - environ 1h1/2. Voir ce nom.

Le Lavandou☼☼

À l'abri du cap Bénat, c'est une station balnéaire familiale, dite « aux douze sables », une brochette de plages de toutes tailles, situées au Lavandou ou sur les communes voisines (Pramousquier, Cavalière). Le port, premier du Var pour la pêche jusque dans les années 1930, accueille aujourd'hui les plaisanciers.

La situation

Carte Michelin Local 340 N7 - Schéma p. 228 - Var (83). Le centre-ville donne sur le port, mais les résidences de vacances, presque toutes rassemblées au Sud-Ouest de l'agglomération, ouvrent sur les équipements sportifs et de loisirs et sur les plages. Le Nord se partage entre lotissements et zone industrielle.

carnet pratique

Restauration

• À bon compte

Chez Zète – *41 av. du Gén.-de-Gaulle - ☎ 04 94 71 09 11 - fermé déc., dim. soir et lun. - 14/22€.* Dans la rue commerçante de la station, ce restaurant familial connaît un vrai succès toute l'année avec des habitués qui apprécient la simplicité du lieu, la cuisine provençale et la terrasse ombragée sur l'arrière de la maison.

• Valeur sûre

Hélios Plage – *av. du Gén.-Bouvet, puis accès piéton par passerelle - ☎ 04 94 71 49 79 - fermé mi-nov. au 1er avr. et le soir - ▭ - 15/38,11€.* Pour profiter de la plage, de la vue sur la grande bleue et l'île du Levant, installez-vous sur le sable ou dans ce joli cabanon aux boiseries blanches et bleues. Vous aurez le choix entre les salades, les pâtes ou le plat du jour avant de vous consacrer à la sieste...

L'Auberge Provençale – *11 r. Patron-Ravello - ☎ 04 94 71 00 44 - fermé 10 janv. au 1er fév., 25 nov. au 15 déc. - 21/29€.* Dans une ruelle piétonne de la station balnéaire, auberge entièrement vouée à la Provence : cuisine régionale, à l'instar du cadre agrémenté d'une vis de pressoir à huile d'olive et de nappes aux couleurs du Midi.

Krill – *r. Patron-Ravello - ☎ 04 94 71 06 43 - fermé 1er nov. au 20 déc. et lun. hors sais. - 25,15/28,20€.* Dans une des rues piétonnes du centre-ville, ce restaurant à la façade colorée est précédé d'une agréable terrasse. Dans sa salle à manger climatisée ou dehors, vous pourrez vous attabler autour de produits frais cuisinés sans prétention. Menu-enfant.

Hébergement

• Valeur sûre

Hôtel Les Alcyons – *à Aiguebelle - 4,5 km du Lavandou - ☎ 04 94 05 84 18 - alcyons@net-up.com - fermé 16 oct. au 23 mars - P - 24 ch. : 79,27/94,51€ - ☕ 6,09€.* Au pied des collines des Maures et à 20 m de la plage, cet hôtel sympathique vous permettra de combiner plaisirs de la mer et randonnées dans la campagne, si le cœur vous en dit. Chambres agréables meublées de rotin, avec terrasses et climatisation.

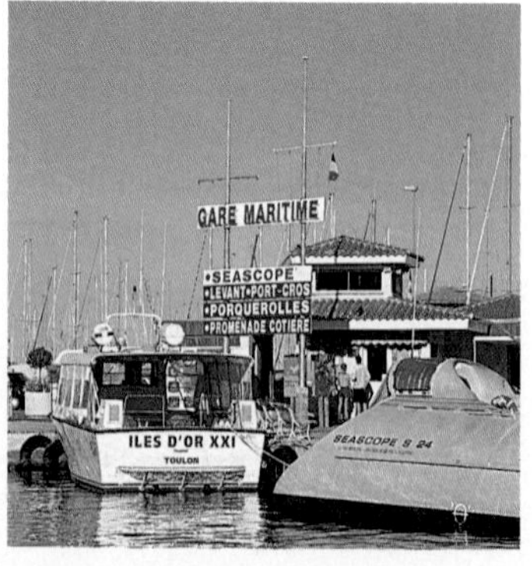

Roc Hôtel – *À St-Clair - 2 km du Lavandou - ☎ 04 94 01 33 66 - fermé 21 oct. au 29 mars - P - 25 ch. : 80/125€ - ☕ 8€.* Sur la plage de sable fin de Saint-Clair cet hôtel ocre a vraiment les pieds dans l'eau. Ses chambres claires sont modernes, la plupart ouvrent sur la mer, toutes ont un balcon. Petit-déjeuner servi sur la terrasse en été.

Le temps d'un verre

Le Bora Bora – *Bd de-Lattre-de-Tassigny - ☎ 04 94 71 05 54 - oct.-mars : 7h30-21h ; avr.-sept. : 7h30-3h.* Dans ce bar, vous pouvez choisir votre boisson parmi une centaine de cocktails servis dans des coques de noix de coco ou de gros coquillages thaïlandais. L'été, un orchestre joue des airs antillais et latinos. Les plus sentimentaux peuvent acheter des verres-coquillages pour les garder en souvenir...

Spectacles

Théâtre de Verdure-Cinéma plein air – *Av. du Grand-Jardin - ☎ 04 94 00 41 71 - juil.-août : selon calendrier des spectacles - fermé sept.-juin.* Situé en extérieur, ce théâtre de plein air présente des spectacles de variétés, des concerts de musique classique, des pièces de théâtre.

Achats

Domaine de l'Anglade – *Av. Vincent-Auriol - ☎ 04 94 71 10 89 - juil.-août : 9h-12h30, 16h30-19h ; sept.-juin : mar.-sam. 9h-12h, 17h-19h.* Ce beau domaine viticole est situé dans la ville même du Lavandou. Il produit des vins rouge, blanc et rosé, des vins d'apéritif (orange et citron) et du vinaigre. Vente et dégustation sur place.

Marchés – Jeudi, pl. du Marché et av. du Prés.-Vincent-Auriol ; lundi (juin-sept.) à Cavalière.

Loisirs-Détente

École de voile de Cavalière – *Av. du Cap-Nègre - ☎ 04 94 05 86 78 - avr.-oct. : 9h-18h.* Cette école organise des stages de voile et loue des bateaux (optimist, catamaran, dériveur, quillard) et des planches à voile. Sur la même plage, vous pouvez aussi vous essayer au ski nautique, au surf, au parachute ascensionnel ou encore aux bouées tamponneuses.

Hoëdic – *Port du lavandou - ☎ 06 09 37 30 62 - bateauhœdic@clubinternet.fr - juin-sept.* Excursion à bord du *Hoëdic*, charmant voilier quinquagénaire. Canoë, simple baignade ou évasion sous-marine en apnée sont au programme... sans oublier le buffet froid pour rassasier les marins d'un jour.

Seascope – *Gare maritime - ☎ 04 94 71 01 02 - vedettesilesdor.com - tte l'année.* Grâce à la coque transparente du Seascope, vous pourrez explorer les fonds marins, la faune rocheuse, les dorades, les loups, les mulets et autres poissons de Méditerranée.

C. I. P. du Lavandou – *Quai Gabriel-Péri - ☎ 04 94 15 13 09.* Plongée sur *Le Grec* ou sur *Le Donator*, deux épaves à découvrir entre Le Lavandou et Port-Cros grâce à ce club de plongée où règne une ambiance conviviale.

Lavandou Plongée – *Aire de carénage - Nouveau port* - ☎ *04 94 71 83 65 - www.lavandou-plongee.com* - déc.-mars uniquement sur réserv., 8h15-12h30, 14h15-18h30. Outre des stages de tous niveaux (du baptême au brevet), ce club de plongée convie les participants à la découverte des superbes sites du Parc national de Port-Cros ou à l'exploration d'épaves.

Vedettes Iles d'Or – *Gare maritime -* ☎ *04 94 71 01 02 - vedettesilesdor.com* Cap sur les îles ? Ces vedettes desservent Port-Cros et le Levant toute l'année, et Porquerolles d'avril à septembre. Des minicroisières sont également proposées sur réservation.

Capitaine du port international du Lavandou - ☎ *04 94 71 08 73.* Port de plaisance et de pêche au gros, il compte 1 100 places ; les 3/4 d'entre elles sont louées en permanence.

Quai Gabriel Péri, 83980 Le Lavandou, ☎ *04 94 00 40 50. Annexe av. de Provence, près de la gare des cars.*

Le nom

Rien à voir avec la lavande. Il viendrait du provençal *lavadou*, un « lavoir » utilisé au 18e s. sur la rivière du Batailler.

Les gens

5 449 Lavandourains. Un compositeur oublié, Ernest Reyer, a lancé la station où il s'est éteint en 1909. Son buste trône sur la place Reyer et snobe les joueurs de boules.

Les lavandières ont disparu, mais le port a gardé tout son caractère provençal.

séjourner

Plages

Toutes de sable, parfois de belle qualité, surveillées et équipées de bornes d'appel d'urgence. Activités sportives et confort (sanitaires et douches) varient selon les sites : Lavandou-centre ; Saint-Clair (planche à voile), la Fossette (canoë-kayak) et Aiguebelle, entre des côtes rocheuses ; Jean-Blanc, l'Éléphant et Cap-Nègre, petites criques sauvages d'accès moins aisé.

À SAVOIR
Bronzage intégral à la plage du Rossignol ; naturisme au Layet.

Îles d'Hyères★★★

À la découverte des îles de Porquerolles, de Port-Cros et du Levant. *Voir ce nom.*

Îles de Lérins★★

Quoi de plus agréable que de s'échapper de la Côte agitée pour se ressourcer délicieusement dans des îlots de verdure ? Les 15 minutes de voyage qui vous en séparent offrent une place de choix pour admirer la vue, du cap Roux au cap d'Antibes. L'île boisée de Ste-Marguerite procure un vrai dépaysement. Son fort ainsi que le monastère de l'île St-Honorat témoignent d'une histoire déterminante pour la destinée de Cannes.

La situation

Carte Michelin Local 341 D6 – Alpes-Maritimes (06). Vous pouvez vous y rendre en vedette depuis Cannes, ou en voilier, et jeter l'ancre dans une crique, ou encore faire à la brasse les 1 100 m qui séparent l'île Ste-Marguerite de la pointe de la Croisette. Attention toutefois aux courants et à la circulation des bateaux.

Palais des Festivals, 1 la Croisette, 06400 Cannes, ☎ 04 93 39 24 53. www.cannes-on-line.com

AMOUR FRATERNEL

Quand Honorat fonda son monastère, l'île fut interdite aux femmes. Sa sœur Marguerite, voulant rester proche de lui, aurait fondé son propre couvent dans l'île voisine... mais n'y interdit pas les hommes ! Elle put ainsi voir son frère régulièrement.

Le nom

Selon le géographe Strabon, Lero serait un dieu ligure vénéré sur l'île Ste-Marguerite. Et Lérina, sa petite sœur ? St Honorat étant passé par là, elle est devenue la liqueur des moines.

Les gens

Les heureux résidents de l'île Ste-Marguerite sont le garde-forestier, le propriétaire du domaine privé du « Grand Jardin » et l'équipe du Centre d'animation du Fort-Royal. Quant à l'île St-Honorat, elle compte 40 moines.

comprendre

Ste-Marguerite, l'île antique – L'île est mentionnée dès l'Antiquité par les historiens. Pline parlait d'une cité romaine comprenant un port. De fait, les fouilles entreprises autour du fort Royal ont révélé d'importants vestiges : maisons, peintures murales, mosaïques, céramiques datées du 3e s. avant J.-C. au 1er s. de notre ère.

carnet pratique

TRANSPORTS

Pour l'île Ste-Marguerite – *Cie Esterel Chanteclair - Gare maritime des îles - ☎ 04 93 39 11 82.* Service régulier de navettes au dép. de Cannes. 9€ (demi-tarif enfants de 5 à 10 ans).

Cie Trans Côte d'Azur - Quai Laubeuf - ☎ 04 92 98 71 30 - Fév.-oct. : tlj 8h30-12h, 13h30-18h (juil.-août : 8h-19h). Fermé nov., déc. et janv. 8,38€ (enf. : 5,34€). Promenade en mer.

Pour l'île St-Honorat – *Sté Planaria - Île St-Honorat - ☎ 04 92 98 71 38.* Navette au dép. de Cannes (jetée Albert Edouard) ttes les heures : 8h-12h, 14h-16h30 (mai-sept. : 17h30 ; hiver : pas de bateau à 11h). 7,62€ AR (enf. 4,57€).

VISITE

Île Ste-Marguerite – Pas d'hôtels mais seulement des restaurants et cafés. Dans l'île, le visiteur trouvera de nombreux points d'eau mais en haute sais., il est conseillé d'apporter ses provisions et ses boissons pour la journée.

Île St-Honorat – Entièrement occupée par un monastère cistercien, elle ne dispose pas de restaurants (sandwichs à l'embarcadère d'avr. à oct.). Les points d'eau sont rares et la distribution peut être réglementée en été. Une tenue correcte est demandée. Les vélos sont interdits.

RESTAURATION

• Valeur sûre

L'Escale – *06400 Ste-Marguerite (île) - ☎ 04 93 43 49 25 - fermé déc. et le soir de sept. à juin - 25,92€.* La baie de Cannes, le cap d'Antibes et les sommets alpins en toile de fond, une longue terrasse qui s'étale agréablement au bord de l'eau. Voilà un site enchanteur pour se restaurer lors de la visite de l'île. Formule buffet et retour de pêche à la carte.

ACHATS

Boutique de l'Abbaye de Lérins – *Île Saint-Honorat - 06400 St-Honorat (île) - ☎ 04 92 99 54 00 - 10h10-12h15, 14h-17h.* Dans cette boutique de l'abbaye cistercienne, vous pourrez acheter du vin, du lavandin, du miel, ainsi que la célèbre liqueur Lérina concoctée à partir de 45 plantes aromatiques.

En outre, les fondations d'un port et les épaves découvertes à l'Ouest de l'île semblent prouver que les navires romains faisaient escale à Lero.

St-Honorat, l'île religieuse – À la fin du 4e s., saint Honorat se fixe dans la plus petite des deux îles, Lérina, mais sa retraite est vite connue et les disciples accourent. Se résignant à ne pas vivre seul, le saint fonde un monastère qui comptera parmi les plus illustres de la chrétienté. Les pèlerins s'y rendent en foule ; ils font, pieds nus, le tour de l'île. De nombreux fidèles de France et d'Italie se font enterrer dans le monastère qui anime 60 prieurés. En 660, saint Aygulph y introduit la règle bénédictine.
Les incursions des Sarrasins, des corsaires génois, les attaques espagnoles, les garnisons placées dans l'île ne sont guère favorables à la vie monastique. En 1788, il ne reste plus que 4 religieux et le couvent est fermé. Confisqué pendant la Révolution, il est vendu.

RÉSURRECTION
Le monastère, racheté par l'évêché de Grasse, est rendu au culte en 1859. Depuis 1869, il appartient aux moines de la congrégation cistercienne de l'Immaculée Conception.

L'énigme du « Masque de Fer » : serait-ce le frère adultérin de Louis XIV, ou un secrétaire du duc de Mantoue qui aurait trompé le Roi-Soleil, ou encore un dévoyé de la haute noblesse impliqué dans l'affaire des Poisons ? Ou enfin, le gendre du médecin d'Anne d'Autriche qui aurait ébruité un secret d'État : la stérilité de Louis XIII !

Visiteurs malgré eux – En 1687, le château fort de Ste-Marguerite est prison d'État quand un mystérieux personnage y est enfermé. Son identité n'a toujours pas été établie. Ce dont on est sûr, c'est qu'il meurt en 1703 à la Bastille. Mais le feuilleton continue : d'une compagne du **Masque de Fer** serait né un fils, aussitôt éloigné en Corse. Remis de bonne part (*di buona parte*, en italien) à des gens de confiance, cet enfant sans nom aurait logiquement été appelé Buonaparte. Ce serait l'ancêtre de Napoléon !
Le maréchal Bazaine (1811-1888), accusé de trahison pendant la guerre franco-allemande de 1870, est le second illustre prisonnier. Il est célèbre pour s'être s'évadé un an après sa détention au moyen d'une corde le long des rochers.

DOUTE
Le doute plane sur l'évasion sportive de Bazaine, alors âgé de 63 ans et obèse. Selon une version officieuse, il serait sorti par la grande porte en achetant ses gardiens et en se faisant passer pour une forte commère. Toujours est-il qu'il a fini tranquillement ses jours en Espagne.

découvrir

ÎLE SAINTE-MARGUERITE**

Visite : 2h. La plus proche et la plus étendue des deux îles avec ses 3 km de long et 900 m de large. L'île est en majeure partie boisée d'admirables bois d'eucalyptus et de pins qui parfument de grandes allées.

Forêt

Partout, la forêt est un enchantement. Depuis l'embarcadère, le chemin botanique dans les sous-bois vous conduit jusqu'au fort, d'espèce en espèce méditerranéennes. Ensuite, l'allée des Eucalyptus – ils sont géants – traverse l'île du Nord au Sud. Là vous pourrez contempler l'île St-Honorat aux allures plus civilisées avec son clocher et son abbaye. L'allée Ste-Marguerite vous ramène à l'embarcadère.

Il est possible de faire le tour complet de l'île *(2h de marche environ)* par le chemin de ceinture. La côte est souvent assez abrupte, mais plusieurs criques autorisent la baignade.

JEU DE PISTE
Cherchez le prochain panneau explicatif de la flore méridionale : bruyères arborescentes, arbousiers, lentisques, cistes, thym, romarin...

Fort Royal

Avr.-sept. : tlj sf lun. 10h30-13h15, 14h15-17h45 ; oct.-mars : 10h30-13h15, 14h15-16h45. Fermé nov., 1er janv., 1er mai, 1er et 11 nov., 25 déc. 3€, gratuit 1er dim. du mois. ☎ 04 93 38 55 26.

Bâti par Richelieu, il a été renforcé par Vauban en 1712. On entre par une porte monumentale, à l'Ouest. À gauche, un pavillon abrite un petit **aquarium** où s'ébattent des espèces méditerranéennes. En contournant celui-ci par la gauche, on arrive au bâtiment, plutôt confortable, occupé par Bazaine pendant sa détention ; depuis la terrasse, la **vue★** s'étend largement sur la côte toute proche. En passant derrière le logement de Bazaine, on aboutit aux bâtiments mitoyens des prisons et de l'ancien château qui abrite à présent le musée de la Mer.

Prisons – Jusqu'au 19e s., le couloir desservant les cellules ouvrait directement sur la cour ; à présent, une porte située dans la salle d'entrée de l'ancien château permet d'y accéder. À droite se trouve la cellule du Masque de Fer. Divers documents sur la Réforme protestante, les guerres de Religion, l'édit de Nantes et sa révocation sont enfermés dans la salle du mémorial.

HISTOIRE
Le mémorial huguenot rappelle que six pasteurs protestants, condamnés au secret absolu, furent incarcérés ici *(cellules de gauche)* après la révocation de l'édit de Nantes (1685).

Musée de la Mer – Construit sur des salles voûtées romaines restées intactes, le rez-de-chaussée expose les découvertes archéologiques faites dans le fort et autour de l'île : épave romaine du 1er s. avant J.-C., épave sarrasine du 10e s. Les riches cargaisons que transportaient les navires échoués attirent l'œil : belle collection d'amphores, verres et céramiques romaines, céramiques arabes au décor raffiné... Les salles suivantes sont consacrées à la navigation de plaisance et à la régate.

ÎLE SAINT-HONORAT★★

Moitié plus petite que Ste-Marguerite, sa popularité est également moins grande. L'île est un domaine privé appartenant au monastère. Une partie est cultivée par les moines. Le reste est couvert par une belle forêt de pins, d'eucalyptus et de cyprès. On peut toutefois se promener et se baigner librement, notamment entre les deux îles, dans l'étroit chenal dit « plateau du Milieu ».

UN IMBROGLIO JURIDIQUE

Les moines de Saint-Honorat, propriétaires du monastère, se sont vu accorder en 1989 une concession du domaine public, à charge pour eux d'entretenir les pontons permettant aux navires d'accéder à l'île. Or, jugeant que l'accès de nombreux visiteurs en été troublait la spiritualité des lieux, et arguant d'un édit signé en 1178 par le comte de Provence Raymond Béranger, ils n'ont laissé en état de marche qu'un seul des pontons, celui desservi par leur propre compagnie maritime, au grand dam de la concurrence. Depuis lors, juristes et avocats se plongent dans les vieux grimoires à la recherche du texte qui confirmerait ou infirmerait la position des moines, selon qui, du fait du legs de la Provence à Louis XI, l'État français est tenu, en tant qu'héritier, de respecter les dispositions testamentaires de Charles d'Anjou.

Tour de l'île★★

Partant de l'embarcadère, un joli chemin ombragé permet de faire le tour de l'île. Tantôt se rapprochant de la mer, tantôt s'en éloignant, il donne des aperçus très variés sur l'île elle-même, ses cultures, ses nombreuses essences, ses belles allées boisées, ainsi que sur l'île Ste-Marguerite et le continent.

Ancien monastère fortifié★

De déb. juil. à mi-sept. : 10h30-12h30, 14h30-17h, dim. 14h30-17h ; de mi-sept. à fin juin : 9h-17h. 2,50€. ☎ 04 92 99 54 00.

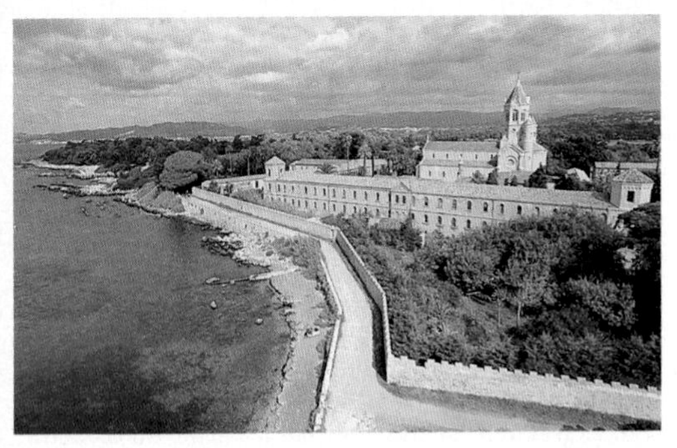

Le monastère de l'Île St-Honorat occupe la partie Sud de l'île, le reste est cultivé par les moines.

Ce remarquable édifice, dont les murs baignent dans la mer sur trois côtés et dont la silhouette altière s'aperçoit de loin, est situé sur une pointe avancée de la côte Sud. On l'appelle aussi « donjon » ou « château ». Il fut élevé en 1073 par Aldebert, abbé de Lérins, sur des soubassements gallo-romains, pour mettre les moines à l'abri des pirates.

Un escalier de pierre remplace l'échelle qui donnait accès à la porte, à 4 m du sol. En face de l'entrée, un escalier mène au cellier. À gauche, quelques marches conduisent au 1er étage où se trouve le **cloître** dont les arcades ogivales et les voûtes datent des 14e et 17e s. (l'une des colonnes est une borne milliaire romaine).

Il entoure une cour carrée recouvrant une citerne d'origine romaine, dallée de marbre, destinée à recevoir les eaux de pluie. La galerie supérieure, à colonnettes de marbre blanc, conduit à la chapelle de la Ste-Croix, haute salle voûtée d'ogives appelée encore « le saint des saints » en raison des nombreuses reliques qu'elle renfermait.

Admirer

La vue★★ depuis le sommet du vieux donjon garni de créneaux et de mâchicoulis du 15e s. : elle s'étend sur les îles de Lérins et la côte avec, à l'arrière-plan, les cimes souvent enneigées de la chaîne alpine.

Monastère moderne

On accède uniquement à l'église. 8h45-11h15, 14h-17h30, dim. 8h45-9h30, 11h30-12h25, 14h-17h30. Gratuit. ☎ 04 92 99 54 00.

Les constructions du 19e s. encadrent les anciens bâtiments occupés par les moines (certaines parties remontent aux 11e et 12e s.).

Église – L'église abbatiale fut construite au 19e s. en style néoroman. Dans le croisillon gauche subsiste une chapelle des morts datant du 11e s. Les **offices religieux**, ouverts au public, offrent une très belle liturgie, chantée en français sur des modes byzantins. *11h25, dim. à 9h50.*

L'ancien monastère fortifié de St-Honorat : idéal pour protéger les moines des convoitises des pirates.

Chapelles

Sept chapelles réparties dans l'île complétaient le monastère ; elles étaient destinées aux anachorètes. Deux d'entre elles ont gardé leur physionomie ancienne.

La Trinité – À la pointe Est de l'île, la chapelle de la Trinité, restaurée par J. Formigé, est antérieure au 11e s. D'inspiration byzantine (ce qui la fait dater par certains du 5e s.), elle est bâtie sur un plan tréflé avec une coupole ovale sur pendentifs.

St-Sauveur – Située au Nord-Ouest de l'île, la chapelle St-Sauveur est aussi ancienne que la précédente mais de plan octogonal. Elle a été restaurée au 17e s. et de nos jours.

Définition

L'anachorète est un religieux contemplatif qui se retire dans la solitude pour mieux prier. C'est le contraire du cénobite qui, lui, vit en communauté.

Levens

Perchées à environ 600 m d'altitude, les ruelles du village médiéval de Levens entraînent à une promenade scandée de vieilles maisons (dont celle de la famille Masséna, de 1722) et de fontaines murmurantes. Pour une halte agréable au milieu des terrasses ou un séjour baladeur dans le canton.

Les enseignes de Levens sont l'œuvre du sculpteur Jean-Pierre Augier.

La situation

Carte Michelin Local 341 E4 – Schéma p. 286 – Alpes-Maritimes (06). Pour se garer en venant de Nice, suivre la direction Levens-centre, toujours à gauche en montant ; parking municipal étagé sur trois niveaux. Un escalier conduit au centre-ville. Pour les jours de canicule : piscine à ciel ouvert au sommet du village...

 *12 r. Dr.-Faraut, 06670 Levens, ☎ 04 93 79 71 00.*

Le nom

Il serait issu d'un terme celtique : *vens*, « cours d'eau », ou *ven*, « montagne ».

Les gens

3 700 Levençois. En 1621, leurs ancêtres, fatigués de payer l'impôt au seigneur Grimaldi, détruisirent le château. Depuis, à la St-Antonin, tout le village saute par-dessus le **« boutau »**, une pierre symbole du pouvoir féodal défait. On trouve cette pierre enchâssée sur la terrasse de la Vieille Auberge, 7 place de la Liberté.

se promener

Village

Sur la place de la République s'ouvre la **chapelle des Pénitents-Blancs** : façade baroque incurvée et intérieur ovale, coloré par les marbres en trompe l'œil de l'autel. La **chapelle des Pénitents-Noirs**, rue du Dr-Faraud, mérite qu'on s'y attarde pour ses belles œuvres d'art, notamment dans la crypte. À la **mairie**, d'amusantes fresques traitées en images d'Épinal par le peintre Dussour (1958) retracent la vie du maréchal d'Empire Masséna. ♿ *Visite guidée (1/4h) sam. 9h-12h, 15h-17h sur demande à l'Office de tourisme (2 à 3 j. av.). Gratuit. ☎ 04 93 79 71 00.*

Remonter la rue Masséna.

Passé le vestige de rempart et la **maison du Portal** *(expositions temporaires)*, on atteint la place de la Liberté. Un passage voûté mène à l'église, très restaurée à l'extérieur et à l'intérieur. À gauche, un chemin contourne le village jusqu'au sommet. De là, **vue★** sereine et grandiose sur le cadre de montagnes, du Cheiron au Mercantour, et, en bas, sur le confluent du Var et de la Vésubie.

RESTAURATION
Les Santons – *Au village - ☎ 04 93 79 72 47 - fermé 6 janv. au 12 fév., 24 juin au 3 juil., 30 sept. au 9 oct., mer. et le soir sf sam. - réserv. obligatoire - 17,54/30,18€.* La délicieuse terrasse de cette maison sera l'endroit rêvé pour faire une pause gourmande dans ce joli village perché. Prenez votre temps, vous pourrez y savourer de vraies spécialités du pays préparés avec soin par le patron... À prix tout doux.

alentours

Duranus

En quittant Levens, prendre la D 1, direction Duranus. La route en corniche regarde de haut les gorges de la Vésubie *(voir vallée de la Vésubie)* mais est elle-même dominée, au loin, par la Madone d'Utelle *(à gauche)*. Le village de Duranus, à 8,5 km de Levens, dispersé parmi les vignes et les vergers, a été fondé au 17e s. par les habitants du village de Rocca-Sparviéro dont il ne subsiste que des ruines au col St-Michel.

Saut des Français★★

Peu après la sortie de Duranus. À-pic d'une profondeur vertigineuse, d'autant plus impressionnant que, dit-on, des « barbets » (sorte de chouans de la vallée de la Vésubie) y précipitèrent des soldats républicains en 1793. C'est de cette triste histoire que vient le nom du belvédère !

Lorgues

Lorgues est une jolie cité médiévale, au cœur d'une région de vignes et d'oliviers. La ville a toujours bénéficié d'une atmosphère paisible : température clémente, relative autonomie au Moyen Âge, modération politique au 19e s. Rien d'étonnant alors si « à Lorgues, on vit vieux et content », comme l'affirme le dicton.

La situation

Carte Michelin Local 340 N5 - Var (83). Au centre, la cité médiévale, que longe la principale rue commerçante. Le quartier Sud, autour de la collégiale, apparut entre Renaissance et Révolution. Les nombreuses écoles (tradition héritée des ordres enseignants) occupent l'Ouest, bâti au début du 20e s.

Pl. d'Antrechaux, 83510 Lorgues, ☎ 04 94 73 92 37.

Le nom

Dérivé du domaine gallo-romain d'un certain *Lonicus*, cité sur des documents de 986.

Les gens

7 319 Lorguais. La ville eut deux co-seigneurs, le comte de Provence et l'abbé du Thoronet. Leur rivalité faisait le bonheur des Lorguais.

Chers platanes

Ceux de Lorgues ont été plantés en 1835. Dans tout le Midi, ces témoins immobiles des parties de pétanque, parfois bruissants lors d'une saute de vent, sont hélas abattus et remplacés par micocouliers, acacias, arbres de Judée et marronniers. La faute au chancre coloré, épidémie venue des États-Unis en 1944 avec les caisses de munitions fabriquées en platane.

La place Clemenceau et sa fontaine de la Noix, centre animé de Lorgues, conserve son caractère provençal.

se promener

Vieille ville

Demander à l'Office de tourisme le circuit balisé du vieux Lorgues. Plaques sur les monuments intéressants.

Plaisante promenade dans un dédale de ruelles, ponctué de fontaines, beffroi, tours et portes fortifiées (12e s.), le tout en terrain (presque) plat.

Par la rue de l'église, on arrive devant la **collégiale St-Martin**, imposante église en pierre blanche, construite au 18e s. par Fleury, évêque de Fréjus et futur ministre de Louis XV. Remarquable orgue.

Glouglou

La rue de la Bourgade conduit à la **Font-Couverte**, du 13e s. qui recueille les eaux de la nappe phréatique.

alentours

Ermitage de St-Ferréol

1 km. Accès par une petite route signalée au Nord-Est de la ville, à l'angle de la chapelle St-François. Chapelle au sommet d'une petite éminence dans une agréable forêt. Vestiges d'oppidum antique.

Chapelle Notre-Dame-de-Benva

3 km au Nord-Ouest, route de St-Antonin. De mi-juin à mi-sept. : jeu. 10h-12h, 15h-18h. ☎ 04 94 73 92 37.

Le porche de la chapelle, dont le nom dérive du provençal *ben vaï* (« bon voyage »), est construit à cheval

carnet pratique

RESTAURATION

• *À bon compte*

Sucrés-Salés – *7 av. Allongue - ☎ 04 94 67 63 80 - fermé dim. soir et lun. - ⊠ - 9,15/15,24€.* Trois tables de bistrot à l'intérieur, trois autres en terrasse : le cadre de cette boutique-traiteur-chocolatier à la façade originalement décorée de dessins d'enfants est assez sommaire, mais peu importe car les vedettes, ici, ce sont les goûteux produits maison.

• *Valeur sûre*

Le Chrissandier – *18 cours de la République - ☎ 04 94 67 67 15 - fermé mar. soir et mer. - 11€ déj. - 17/40€.* Situé au centre de la jolie cité médiévale, restaurant fréquenté par la clientèle du quartier à midi, davantage par les touristes le soir. Cadre d'esprit rustique flambant neuf. Le menu, élaboré en fonction du marché, change quotidiennement.

ACHATS

Marché – Mardi.

Vin – Une bonne douzaine de domaines viticoles gravitent autour de Lorgues : vente directe et dégustation de côtes-de-Provence et vins de pays du Var et d'Argens. Certains domaines se visitent ou proposent des chambres d'hôte. Se renseigner à l'Office de tourisme.

LOISIRS-DÉTENTE

Appaloosa Ranch – *28 hameau de Châteaurenard - ☎ 04 94 73 74 92.* Randonnées équestres.

sur l'ancienne route d'Entrecasteaux, une façon comme une autre de s'imposer aux passants. Sur le porche et à l'intérieur, fresques naïves du 15ᵉ s.

Monastère orthodoxe St-Michel

8 km au Nord par la D 10. Visite guidée tlj sf dim. matin 9h-11h15, 14h-17h30. ☎ 04 94 73 75 75.

Communauté dépendant de l'église orthodoxe française. Bâtiments récents en pierre de taille, d'inspiration byzantine. L'église, la crypte et le réfectoire sont ornés de fresques dans les styles roman et byzantin. La chapelle en bois est la réplique miniature de la cathédrale de Souzdal (Russie).

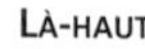

LÀ-HAUT

À Taradeau, remonter la D 73 jusqu'au chemin caillouteux à droite signalant « table d'orientation 800 m » et continuer à pied. En haut, **vue★** circulaire sur Lorgues, la trouée des Arcs, les plans de Provence et les Préalpes de Grasse, l'Esterel et les Maures.

Taradeau

◄ *9 km au Sud-Est par la D 10.* Au sommet de la butte qui domine le village, tour « sarrasine » de Taradel et chapelle romane en ruines.

Abbaye du Thoronet★★

Voir ce nom. 13 km au Sud-Ouest. Quitter Lorgues par la route de Carcès (D 562) puis, à gauche, la D 17. Celle-ci débouche sur la D 79 qu'on prend à droite.

Vallée du Loup★★

Le Loup naît vers 1 300 m d'altitude dans les Préalpes calcaires de Grasse (montagne de l'Audibergue). Dans son court trajet jusqu'à la Méditerranée, le torrent a taillé dans la montagne l'une des plus belles gorges de la haute Provence, parsemée de jolis bourgs perchés.

Chaos de rochers et gorges vertigineuses : une vision peu courante des gorges du Loup.

La situation

Carte Michelin Local 341 C/D 5/6 – Alpes-Maritimes (06).

En remontant le cours, on traverse le pays de l'olivier puis celui de la neige, en passant par celui de l'oranger. Nous décrivons ici les circuits au départ de Vence vers les vallées supérieures et inférieures du Loup.

Le nom

Loup dérive de *luva* en latin qui signifie « rivière », à moins qu'il ne dérive de *lupa*, « loup » ?

Les gens

Pas de souci, il n'y a plus de loups ici depuis belle lurette ! Ils préfèrent le Mercantour où ils habitent à nouveau depuis peu de temps et en petit nombre.

circuits

LES GORGES DU LOUP★★

56 km au départ de Vence (voir ce nom) – compter la journée. Quitter Vence par la D 2210 au Nord-Ouest du plan. À 2 km, tourner à droite, direction galerie Beaubourg-château N.-D.-des-Fleurs.

Dans un site verdoyant, la route longe de jolies maisons adossées aux *baous* sur des terrasses d'oliviers tandis que surgit, saisissant, Tourrettes-sur-Loup.

Tourrettes-sur-Loup★ *(voir ce nom)*

La route permet d'apprécier d'étonnantes vues sur Tourrettes, en surplomb sur son vallon. Puis elle court en corniche sur la vallée du Loup, agrippée à des calcaires fissurés. On aperçoit le village perché du Bar-sur-Loup, puis le nid d'aigle de Gourdon.

Saut du loup
Pour le voir, laisser la voiture à la sortie du 3e tunnel. *Mai-sept. : 9h30-19h. 0,5€.*
☎ 04 93 09 68 88.

Pont-du-Loup

La ligne de chemin de fer Draguignan-Nice traversait ici l'entrée des gorges du Loup, sur un viaduc détruit en 1944, dont subsistent quelques ruines.

À l'entrée du village, prendre à droite la D 6.

La route s'engage dans les très belles **gorges du Loup★★**, taillées verticalement dans les montagnes de Grasse et creusées d'énormes « marmites ».

Dans un renforcement hémisphérique, avant le 2e tunnel, la **cascade de Courmes★**, légère, tombe entre deux blocs rocheux de 40 m sur un lit de mousse.

Plus loin, au milieu d'une abondante végétation, une énorme pierre mégalithique signale l'entrée du site privé du **« saut du Loup »**. On peut y admirer la « grande marmite », magnifique excavation résultant d'érosions marines et glaciaires du tertiaire et du quaternaire, où tournoient furieusement les eaux du Loup au printemps ; également, les **cascades des Demoiselles**, dont les embruns fortement imprégnés de carbonate de chaux calcifient les mousses et les végétaux avoisinants.

Peu avant le pont de **Bramafan**, prendre à gauche à angle aigu la D 3 qui, jusqu'à Gourdon, offre des **vues★** remarquables sur le fond des gorges. À mesure que l'on s'élève, on s'approche du plan de Caussols et la végétation se raréfie.

Du surplomb aménagé dans un lacet à droite *(signalé par un panneau)*, la **vue★★** sur les gorges encaissées est de toute beauté ; un peu plus loin, elle s'élargit jusqu'à la mer.

Gourdon★ *(voir ce nom)*

Descente surprenante sur le flanc du plan de Caussols par la D 3 vers le **Pré-du-Lac** où l'on tourne à gauche dans la D 2085.

carnet pratique

Hébergement et Restauration

• À bon compte

Auberge de Courmes – *3 r. des Platanes - 06620 Courmes - ☎ 04 93 77 64 70 - fermé 5 au 29 janv., dim. soir et lun. - 6 ch. : 41€ - ☕ 6€ - restaurant 18/21€.* L'auberge communale, située à l'entrée d'un charmant village niché au-dessus des gorges du Loup, dispose de cinq petites chambres rénovées et d'une accueillante salle à manger. Le grand calme, la vue et les possibles randonnées pédestres augurent de bons souvenirs.

Chambre d'hôte La Cascade – *635 chemin de la Cascade - 06620 Courmes - ☎ 04 93 09 65 85 - lacascade@wanadoo.fr - 6 ch. : 41,16/44,21€ - repas 12,19€.* L'enseigne évoque la cascade de Courmes, voisine de cette maison ancienne agrandie et restaurée. Chambres simples et propres, toutes conçues sur le même modèle. Les amoureux de calme et de nature apprécieront l'endroit.

Achats

Confiserie des Gorges du Loup (Florian) – *- Pont-du-Loup.* Fruits confits, confitures d'agrumes, fleurs cristallisées, confits de fleurs à la rose, au jasmin et à la violette, chocolats et bonbons, fabriqués sur place. Visite guidée de la confiserie 9h-12h, 14h-18h30.

St-Pons

Le village s'étage au milieu des oliviers, des vignes et des jasmins.

Après le Collet, prendre à gauche la D 7 qui rejoint la vallée du Loup en longeant une vallée affluente, joliment boisée, qui s'encaisse peu à peu. En atteignant les gorges inférieures du Loup, beau **point de vue** sur la rivière qui décrit un méandre encaissé et sur l'abrupt des Préalpes de Grasse se profilant au dernier plan.
Après un passage en corniche, la route descend au fond de la vallée et traverse la rivière.

Colle !
Le nom du village est tout simplement issu du latin *collis*, « colline ». Celle-ci fut peuplée par les « banlieusards » de St-Paul lors du resserrement de la ville dans ses remparts par François Ier. Depuis, ils sont devenus antiquaires (rue principale Y.-Klein).

La Colle-sur-Loup

◄ Agréable villégiature dans une plaine consacrée à la culture des fleurs et aux vergers, au pied des collines de St-Paul. L'église présente un portail Renaissance et une tour carrée à campanile.

St-Paul★★ *(voir ce nom)*

Entre St-Paul et Vence, on retrouve les parois abruptes des *baous*, laissant à l'Ouest les Préalpes de Grasse.

Par la D 2, puis la D 236, rentrer à Vence.

LA HAUTE VALLÉE DU LOUP★

47 km au départ de Vence (voir ce nom) – environ 1h1/2. Quitter par la D 2, au Nord-Ouest. Ce circuit peut se faire dans le prolongement des gorges décrites ci-dessus.

Depuis le pont de Bramafan, la D 3 remonte la **haute vallée du Loup★** dans un parcours splendide, avec de superbes perspectives sur Gréolières *(D 2 à gauche)*.

Beau retable
La plus belle pièce de l'église est *(en haut à droite)* le retable de **St-Étienne★** (15e s.) : le rouge colore la joue du saint, sa dalmatique et le damier. Belle prédelle également. Auteur inconnu.

Gréolières

Village perché au pied des barres du Cheiron ; au Nord se voient les ruines importantes de Haut-Gréolières, tandis qu'au Sud des pans de murs sont les restes d'un important château fort.

L'**église**, à la façade romane et au clocher trapu, renferme une croix processionnelle plaquée or et argent du ◄ 15e s., un fragment de retable du 16e s. (saint Jean Baptiste), et une Vierge à l'Enfant, en bois, du 14e s.

La route regarde un moment le village puis, en corniche sinueuse, remonte la vallée taillée en gorge et traverse, sous de courts tunnels, de fantastiques rochers : elle surplombe alors le Loup de plus de 400 m.

Impressionnante
La **clue de Gréolières** a été ouverte par un torrent affluent du Loup : sur ses versants arides et troués de marmites de géants, se dressent de curieux rochers dolomitiques.

◄ Depuis la **clue de Gréolières★**, la route débouche sur le Plan-du-Peyron, large plateau alluvionnaire.

À Plan-du-Peyron, prendre à droite la D 802, bonne route qui escalade les flancs de la montagne du Cheiron. Superbes **vues** vers l'Ouest et le Nord.

Gréolières-les-Neiges

ℹ *Mairie, 06620 Gréolières.* ☎ *04 93 59 95 16.*

Alt. 1 450 m. Facilement accessible, c'est la plus méridionale des stations alpines de sports d'hiver ; très bien équipée (avec 14 remontées et 8 pistes équipées de canons à neige), ses pentes au Nord du Cheiron attirent de nombreux skieurs de la région.

Redescendre par le col de Vence (voir ce nom) ou par les gorges du Loup.

Au Sud de Gréolières, les vestiges imposants du château fort attestent de l'intérêt stratégique du site à l'entrée des gorges du Loup.

Le Luc

Le vieux Luc a des airs de bande dessinée réaliste : ambiance mi-délabrée, mi-romantique, petites ruelles au dessin imprévu, arches s'ouvrant sous l'étage d'une maison, filets d'eau au parcours mystérieux, fontaines moussues et chats baladeurs. Au soleil, le campanile reluit et la place du marché fleurit.

La situation

Carte Michelin Local 340 M5 – Schéma p. 228 – Var (83). Un peu coincé entre l'A 8 (le viaduc domine de très haut le village) et la N 7, Le Luc tient son rôle de carrefour routier. Au Sud, zone industrielle en expansion. ℹ *Château des Vintimille, pl. de la Liberté, 83340 Le Luc, ☎ 04 94 60 74 51.*

Le nom

Le Luc vient du latin *lucus*, « bois sacré » pour les Romains, qui appréciaient déjà l'eau minérale de Pioule, que l'on met toujours en bouteille au Luc.

Les gens

7 282 Lucois. Né au Luc en 1797, l'ingénieur Lebas dirigea en 1836 le transport et la mise en place de l'obélisque de la Concorde à Paris.

Mystère

Qu'est devenue la malle du maréchal Brune ? En 1815, le héros d'Arcole fuit Toulon royaliste et confie son bagage à un ami du Luc, avant de mourir assassiné à Avignon. L'ami ne souffle mot de la malle, mais ses descendants deviennent riches sans qu'on sache comment...

carnet pratique

Restauration

• *Valeur sûre*

Grillade au Feu de Bois – *4 km par N 7 - ☎ 04 94 69 71 20 - 30,49€.* L'enseigne vous dit l'essentiel ! Les grillades tiennent le haut de l'affiche sur la carte de cette ancienne ferme viticole. Elles sont à déguster dans un cadre provençal ou, dès les premiers beaux jours, sur la terrasse ombragée. Chambres spacieuses et bien équipées. Boutique d'antiquaire.

Hébergement

• *À bon compte*

La Haute Verrerie – *Rte de St-Tropez - 83340 Le Cannet-des-Maures - 6 km à l' E du Luc par D 558, dir. St-Tropez - ☎ 04 94 47 95 51 - 🚭 - 4 ch. : 38/49€.* Un ruisseau coule au pied de cette charmante demeure provençale de 1839, où jadis on travaillait le verre. Chambres personnalisées, logées dans diverses dépendances ; la plus réussie, aménagée dans l'ancien grenier mansardé, possède un solarium privé.

se promener

Village

Le village est dominé par une tour hexagonale (début 16e s.), haute de 27 m. Édifiée à la mode des campaniles italiens, elle servit de clocher. L'autre monument, autrefois important, de la ville, le château des Mascs, a été détruit lors de la construction de l'autoroute en 1971 !

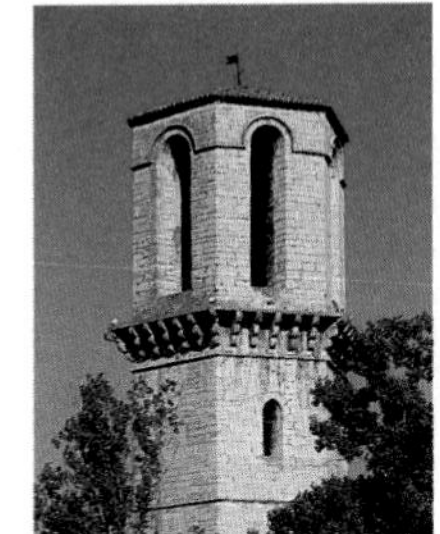

Du haut de ses 27 m, la tour hexagonale, du 16e s., fut longtemps l'unique clocher du village.

Point de vue de l'oppidum de Fouirette★

🚶 *3/4h à pied aller ; direction quartier du Vergeiras puis itinéraire balisé.* Au sommet de la butte (alt. 300 m), vaste **panorama★** sur le massif des Maures, de Gonfaron au rocher de Roquebrune. Quant à l'oppidum, c'est l'un des plus beaux du Var.

visiter

Musée historique du Centre-Var

♿ *De mi-juin à mi-oct. : tlj sf dim. 14h30-18h ; de mi-oct. à mi-juin : sur demande (1 sem. av.) à Mme Benazet. Fermé j. fériés. Gratuit. ☎ 04 94 60 70 12.*

Collections d'histoire locale, de l'œuf de dinosaure aux Lucois célèbres, installées dans la chapelle Ste-Anne à la charmante façade vert et blanc.

Musée régional du Timbre

Juin-août : tlj sf lun. et mar. 14h30-18h, ven. et w.-end 10h-12h, 14h30-18h ; oct.-mai : tlj sf lun. et mar. 14h30-17h30, ven. et w.-end 10h-12h, 14h30-17h30. Fermé sept., 1er janv., 1er mai et 25 déc. 1,5€. ☎ 04 94 47 96 16.

GRAVEUR DE TIMBRES
Le cabinet d'Albert Decaris, graveur créateur de nombreux timbres, est reconstitué.

◄ Fabrication du timbre-poste, naissance et essor de la philatélie, art du graveur : on saura tout sur la vignette postale au 2e étage du château des Vintimille dont la façade est oblitérée par un tampon postal géant...

Lucéram★

Ce très joli village aux trois clochers de tuiles colorées est niché au creux d'un ravin. En descendant depuis Peïra-Cava, le hasard des tournants propose de splendides vues. C'est le petit bijou du comté de Nice tant pour la beauté du site★★ que pour le charme de ses ruelles et la richesse de son patrimoine d'art religieux.

HÉBERGEMENT
Chambre d'hôte La Villa St-Benoit – *61 chemin de la Roche-Argent - 06390 Berre-les-Alpes - 14 km au S de Lucéram par D 2566 puis D 215 - ☎ 04 93 91 81 07 - villastbenoit@wanadoo.fr - 4 ch. : 39/56€ - repas 19€.* Ce lieu pour le moins atypique abritait jadis un des plus importants studios d'enregistrement de musique. Il vous propose aujourd'hui trois agréables chambres meublées d'ancien et une salle à manger brillant de mille et un objets chinés ici et là.

La situation

Carte Michelin Local 341 F4 – Schéma p. 286 – Alpes-Maritimes (06). Parking aux deux extrémités du village. Venant de Nice : 2 parkings, à gauche après la caserne des pompiers, ou plus loin sur la droite, juste avant la poste. Venant de Peïra-Cava, à droite au niveau des premières rues, un 3e parking accueille aussi les bus.

Mairie, 06440 Lucéram, ☎ 04 93 91 60 50.

Le nom

Peut-être issu du latin *lucus eram*, « j'étais le bois sacré »... De fait si *luc* signifie bien « bois » (sacré ou non), on se perd en conjectures sur l'*eram*...

Les gens

1 035 Lucéramois, auxquels viennent se joindre les pâtres des environs venus offrir agneaux et fruits au son des fifres et des tambourins lors du **Noël des bergers★**, ainsi que d'innombrables visiteurs participant en décembre et en janvier au circuit des crèches *(pour tout renseignement, s'adresser à la maison de Pays de Lucéram)*.

Prenant appui sur leurs voisines, les maisons de Lucéram s'étagent, tel un amphithéâtre médiéval.

se promener

VIEUX VILLAGE★

Départ place Adrien-Barralis. Suivre les panneaux indiquant le chemin de l'église.

Arches et passages voûtés, fenêtres en ogives, petits escaliers inattendus, portes basses coincées dans un creux de la chaussée : un véritable petit labyrinthe médiéval ! Des fontaines, souvent agrémentées d'un petit lavoir, coule une fraîche eau de source.

Église Ste-Marguerite

Été : tlj sf lun. 10h-12h, 14h-18h ; hiver : tlj sf lun. 10h-12h, 14h-17h. Visite guidée sur demande au Centre d'Interprétation du Patrimoine. ☎ 04 93 91 60 56.

Remanié au 18e s., l'édifice n'a plus grand-chose de médiéval : façade classicisante, gracieux clocher et, à l'intérieur, stucs rococo. Vous y découvrirez le plus important ensemble de **retables★★** niçois, à fond d'or ou de paysage : au-dessus du maître-autel, le **retable de Ste-Marguerite**, chef-d'œuvre de Louis Bréa, (remarquez la beauté des visages !) ; dans le bras droit du transept, le **retable de St-Antoine** par Jean Canavesio, encadré d'une boiserie gothique flamboyant.

Dans le **trésor★** de l'église, belle statuette en or et argent de sainte Marguerite au dragon (1500). La patronne des femmes en couches émerge du corps d'un dragon.

En sortant, descendre l'escalier à droite et gagner la montée du Terron. Elle conduit aux remparts, dont il reste un angle et une tour qui fait face à la gorge.

alentours

Chapelle St-Grat

1 km au Sud par la D 2566, sur la gauche en sortant du village, avant le tunnel. Intérieur de la chapelle visible à travers les grilles. Visite sur demande. Se renseigner à la maison de pays. ☎ 04 93 79 46 50.

Fresques attribuées à Jean Baleison. La Vierge et l'Enfant sont assis sous un triple baldaquin gothique. Saint Grat porte la tête de saint Jean Baptiste qu'il aurait découverte en Palestine près d'un puits. Saint Sébastien, patron des archers, tient une flèche à la main.

Chapelle N.-D.-de-Bon-Cœur

Remonter la D 2566 vers Peïra-Cava sur 2 km. Se garer (à gauche) quand apparaît un terre-plein des deux côtés de la route. Un petit sentier conduit à la chapelle. Mêmes conditions de visite que la Chapelle St-Grat. ☎ 04 93 79 46 50.

Fresques également attribuées à Baleison, avec quelques repeints. Sous le porche, *La Bonne et la Mauvaise Prière* (inscription latine : « si ce n'est pas le cœur qui prie, la langue travaille en vain »), et à nouveau saint Sébastien, en martyr. Au fond, scènes du Nouveau Testament (Vie de la Vierge, Nativité).

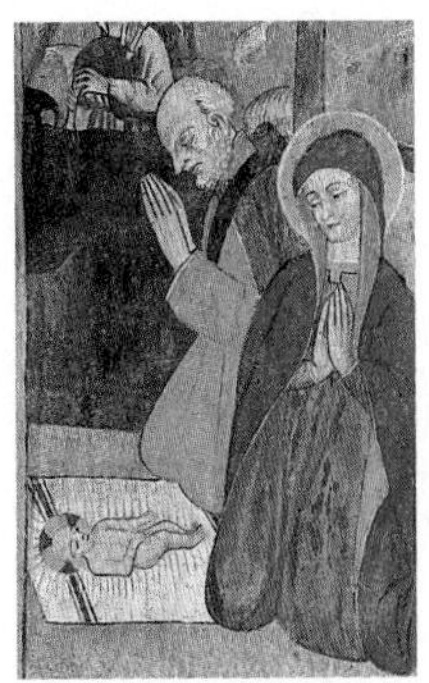

Fresque attribuée à Baleison, dans la chapelle N.-D.-de-Bon-Cœur.

Mandelieu-la-Napoule

Au pied des massifs de l'Esterel et du Tanneron, la commune de Mandelieu-la-Napoule plonge dans la mer, depuis ses cultures de mimosa qui en font une capitale dans ce domaine. Entre les deux, un superbe golf et la Siagne, bordée d'espaces verts et de plages à son estuaire, rendent cette station très agréable été comme hiver.

La situation

Carte Michelin Local 341 C6 – Schéma p. 165 – Alpes-Maritimes (06). Nombreux parkings gratuits : près du casino, le long du bord de mer. *i 340 r. Jean-Monnet, 06210 Mandelieu-la-Napoule, ☎ 04 93 93 64 64.*

Le nom

De *Mandans locus* au 10e s., le mot préceltique *manda* signifiant « limite ». La Napoule était un petit port de pêche du nom d'Epulia, sans doute dérivé du mot *oppidum*.

Les gens

Cosmopolites depuis plus d'un siècle : le grand duc de Russie fonda le golf, l'Américain Clews investit le château qui devint résidence d'accueil d'artistes américains, et les Anglais, sportifs, pratiquent le golf ou l'aviron sur la Siagne.

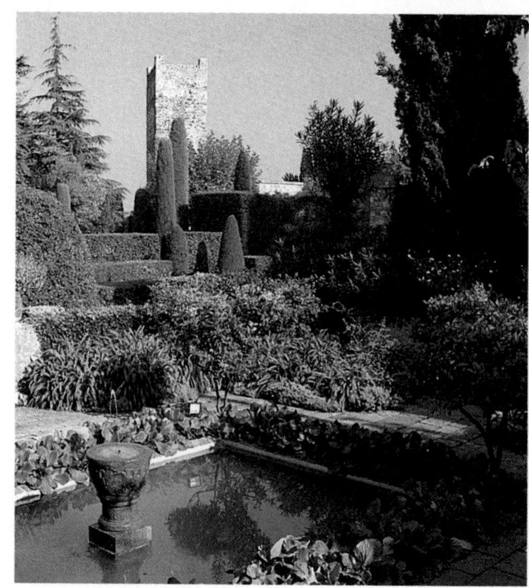

Labyrinthe de verdure, entre nénuphars et bassins recouverts : la somptuosité des jardins du château Clews.

carnet pratique

Restauration

• À bon compte

Restaurant de Plage la Voile d'Azur – *av. du Gén.-de-Gaulle - 2 km par N 98 en bord de mer, dir. Cannes - ☎ 04 93 49 20 44 - fermé nov. - 22,87€.* On peut difficilement trouver plus large panorama sur la mer qu'en ce restaurant posé à même la plage. Agréable terrasse, bien sûr prise d'assaut dès les premiers rayons de soleil. Au menu : bon choix de salades et spécialités de poissons grillés.

• Valeur sûre

Bistrot du Port – *Au port - ☎ 04 93 49 80 60 - fermé mi-nov. à mi-déc. et mer. de sept. à juin - 19,82/25,61€.* Au calme des quais piétonniers du port de plaisance, la terrasse et la véranda invitent à la détente. La salle à manger plonge dans l'atmosphère d'un bateau aux boiseries chaudes. Lieu idéal pour déguster pâtes fraîches, pizzas « maison » et, l'après-midi, une glace ou un cocktail.

Hébergement

• À bon compte

Corniche d'Or – *Pl. de la Fontaine - 06210 La Napoule - ☎ 04 93 49 92 51 - fermé 26 oct. au 24 avr. - - 12 ch. : 30/48€ - 5,30€.* Sur une placette voisine de la gare, hôtel proposant des chambres au confort simple, pour la plupart équipées de balcons ; deux d'entre elles possèdent une grande terrasse.

• Valeur sûre

Hôtel Villa Parisiana – *R. Argentière - ☎ 04 93 49 93 02 - villa.parisiana@wanadoo.fr - fermé 15 nov. au 15 déc. - 13 ch. : 45/63€ - 6€.* Cette villa début 20e s. est située dans un quartier résidentiel. Demandez une chambre rénovée dans cet petit hôtel à l'atmosphère familiale. L'isolation phonique n'est pas optimale, la voie ferrée un peu proche, mais les balcons et la treille de la terrasse sont agréables.

Sorties

Sofitel Royal Casino – *605 av. du Gén.-de-Gaulle - ☎ 04 92 97 70 00 - www.sofitel.com - bar Blue-wave : 9h-2h ; pianiste : 19h30-22h30 ; bar dancing : 22h30-3h ; hors saison : jeu., ven. et sam.* Ce palace, dont la terrasse et la piscine donnent sur la baie de Cannes, possède également un casino, deux restaurants, un piano-bar où ont lieu chaque soir des animations musicales ainsi qu'un nouveau night-club.

Loisirs-Détente

Golf de Cannes-Mandelieu Riviera – *Av. des Amazones - ☎ 04 92 97 49 49 - 8h-18h30.* Fondé en 1891 par le grand duc Michel de Russie, c'est l'un des plus anciens golfs français. Situé en plein centre-ville, sa conception évoque celle du célèbre golf St-Andrews, en Écosse.

Guy-Durante Organisation – *Av. du Gén.-de-Gaulle-Plage de Robinson - ☎ 04 93 49 44 19 ou 06 80 64 03 50 - de mi-mai à mi-oct.* - C'est de ce ponton que décollent les mordus de ski nautique, de *wake-board* et de parachute ascensionnel.

Sant'Estello Country Club – *3300 av. Paul-Ricard - ☎ 04 93 49 44 00 - patfouqs@aol.com - 8h-12h, 14h-20h, juil.-août : nocturnes sf j.fériés 8h-12h, 17h-20h.* Club de tennis situé sur le merveilleux domaine de Sant'Estello, propriété du groupe Paul Ricard. Il dispose de dix courts, dont quatre en terre battue, utilisables toute l'année, et de deux courts de padel, savant mélange de squash et de tennis.

Domaine de Barbossi – *3300 av. Paul-Ricard - ☎ 04 93 49 64 74 - vac. scol. : 10h-12h, 14h-20h30 ; reste de l'année : mer, sam, dim. 10h-12h et 13h30-19h.* Outre le club de tennis, des jardins d'enfants, un poney club, des VTT, un trampoline et un mini-golf sont à votre disposition dans ce domaine, propriété de Paul Ricard. Idéal lorsqu'on est en famille. Possibilité d'achat de vins rouge et rosé de la propriété.

séjourner

À **La Napoule**⛱, trois plages de sable s'étendent au fond d'un golfe d'où la vue est fort belle. Victoria et le Sweet sont des plages privées. L'important port de plaisance de La Napoule dispose de 1 300 places à quai.

Descendre la Siagne
À pied : un sentier longe ses rives du centre de Mandelieu *(derrière la salle Olympie)* à la mer.

Balade panoramique

Accès au départ de la poste par la rue des Hautes-Roches, puis 3/4h à pied AR par chemin fléché.
Cette promenade à l'ascension de la colline de San Peyré permet d'apprécier un superbe **point de vue**★ sur le Tanneron, le golfe de La Napoule, Cannes et le cap d'Antibes.

visiter

Château-musée

À La Napoule. Juil.-août : visite guidée (3/4h) tlj sf mar. 14h30-18h30 ; mars-juin et sept.-oct. : tlj sf mar. 14h30-17h30. Fermé 1er mai. 4,60€. ☎ 04 93 49 95 05.
Seules deux tours subsistent du château fort du 14e s., transformé par le sculpteur américain Henry Clews (1876-1937) et sa femme, architecte. Un curieux mélange de roman, gothique et motifs orientalisants dans un **site**★ admirable, sur la mer et au départ de la corniche de l'Esterel. On visite les beaux jardins, les salons, le cloître et l'atelier du sculpteur.
D'un romantisme fantastique à la Viollet-le-Duc, les personnages ou animaux fabuleux du sculpteur animent l'architecture. Grâce, spiritualité, satire ou réalisme les caractérisent.

L'été
Le château accueille des concerts ou des expositions temporaires d'artistes américains résidant dans la fondation créée par l'épouse de H. Clews en 1951.

Massif des Maures★★★

Cette parure végétale couleur émeraude s'étend entre la mer et les vallées du Gapeau et de l'Argens, d'Hyères à St-Raphaël. De nombreuses stations sont nées sur le littoral, dans des creux ou indentations qui multiplient points de vue et paysages de charme. La « corniche des Maures », magnifique route touristique, permet de les découvrir. L'intérieur, longtemps isolé et peu fréquenté, est encore sauvage.

VOGUE BALNÉAIRE
La région doit la fin de son isolement à la vogue balnéaire du 20e s., limitée d'abord à une clientèle aristocratique. Après l'épisode militaire du débarquement en 1944, les plages des Maures ont retrouvé leur vocation touristique, dont St-Tropez est un symbole encore très médiatique.

La situation
Carte Michelin Local 340 M/P 5/7 - Var (83). Pins sur la côte, chênes, arbousiers, châtaigniers et cistes à l'intérieur composent cette végétation sauvage souvent dévastée, hélas, par le feu. L'exploitation des chênes-lièges alimente encore une petite industrie (bouchons et articles en liège). *État de fermeture des massifs forestiers, Massif des Maures, ☎ 04 94 47 35 45.*

Le nom
Le provençal *maouro*, s'applique à des bois sombres et a donné le francisé « Maures ».

Les gens
Si la tradition veut cependant voir dans le nom du massif une allusion aux pirates maures venus d'Espagne au 8e s., c'est le populaire *Maurin des Maures* de **Jean Aicard** qui a apporté sa renommée au massif.

comprendre

Les plus vieilles terres de Provence – Les Maures, constitués surtout de schistes cristallins, et l'Esterel, deux contemporains de l'Auvergne volcanique, ont tout deux émergé du plissement hercynien en un seul vaste massif, la Tyrrhénide, qui englobait la Corse et la Sardaigne.
Des poussées successives, pyrénéenne et alpine, ont morcelé le tout, partageant les Maures en quatre chaînes parallèles : les îles d'Hyères, crête en partie immergée ; une seconde chaîne culminant aux Pradels (alt. 528 m) ; la chaîne de la Verne ; et la chaîne de la Sauvette, qui porte les plus hauts sommets des Maures (la Sauvette, alt. 779 m, et N.-D.-des-Anges, alt. 780 m).

AU BORD DE L'EAU
Entre les saillants trapus du cap Bénat et de la presqu'île de St-Tropez, les pointes effilées du cap Nègre et du cap des Sardinaux ou les rentrants de la rade de Bormes, de la baie de Cavalaire et du golfe de St-Tropez, le rivage est tout sauf monotone.

séjourner

Les stations balnéaires s'égrènent de part et d'autre de la presqu'île de St-Tropez, idéales pour séjourner au bord de la mer ou pour une balade en forêt le long de la grande bleue.

Entre mer et forêt, certaines portions du littoral des Maures ne sont accessibles qu'en bateau.

carnet pratique

Mode d'emploi du massif

Circulation - Les voies de DFCI (Défense forestière contre l'incendie) sont assimilées à des voies privées et interdites en permanence à la circulation publique motorisée :
- ne pas y pénétrer avec un véhicule, même si la barrière est ouverte ;
- ne pas stationner devant ces barrières ;
- sur les chaussées étroites, bien se ranger sur les bas-côtés afin de ne pas gêner les véhicules d'intervention.

L'accès pédestre est toujours permis.

Animaux – Tenir son chien en laisse. Ne pas déranger les animaux sauvages.

Camping sauvage – Interdit à l'intérieur du massif et à moins de 200 m de toute forêt.

Châtaignes – Dans l'ensemble des Maures, le ramassage non autorisé de châtaignes est assimilable au vol et passible d'une amende proportionnelle au poids de fruits. En général, ne pas cueillir d'espèces protégées, rester sur les sentiers.

Détritus – Utiliser les poubelles prévues à cet effet ou remporter ses déchets avec soi.

Feu – Interdit de faire du feu et de fumer de mi-mars à mi-oct. En cas de risques sévères, le plan **ALARME** est appliqué : les voies publiques classées risques majeurs d'incendie peuvent être fermées à la circulation des véhicules ; lourdes amendes pour les contrevenants ; pénétration à pied évidemment très déconseillée.

VTT – Respecter les itinéraires et balisages prévus.

Restauration

• *À bon compte*

Maures – *19 bd Lazare-Carnot - 83610 Collobrières - ☎ 04 94 48 07 10 - 8,38€ déj. - 9/17€*. Cette auberge de village connaît un vrai succès tout au long de l'année. Il faut dire que le très bon rapport qualité-prix du menu et la chaleur de l'accueil entretiennent les fidélités. Service sur la terrasse ombragée de platanes en été.

• *Valeur sûre*

Alizés – *prom. de la Mer - 83240 Cavalaire-sur-Mer - ☎ 04 94 64 09 32 - 16,77/28,97€*. L'ambiance animée et la gouaille des patronnes sont dignes de Pagnol et de Raimu... Dans un cadre actuel, offrant une échappée sur la mer, on propose une cuisine familiale avec mention spéciale pour les poissons et les desserts maison. Chambres rénovées ; certaines bénéficient d'un balcon.

Chante-Mer – *Au village - 83380 Les Issambres - ☎ 04 94 96 93 23 - fermé 15 déc. au 31 janv., dim. soir de sept. à Pâques, mar. midi de Pâques à sept. et lun. - 19,51/32,78€*. Ici, on travaille en famille : le patron aux cuisines, la patronne et ses deux filles à l'accueil. Et comme l'adresse est sympa et la cuisine gourmande, vous vous attablerez avec plaisir à la terrasse ou dans la petite salle coquette de ce restaurant pour un repas à prix doux.

Hébergement

• *À bon compte*

Chambre d'hôte Le Mas des Oliviers – *Chemin les Ferrières - 83390 Puget-Ville - 2,5 km par N 97 rte de Cuers - ☎ 04 94 48 30 89 - sapori@club-internet.fr - ⊠ - 3 ch. : 51/59€ - repas 20€*. Agréable étape que ce joli mas provençal planté au milieu de trois hectares de vignes et d'oliviers. Chambres spacieuses et bien tenues, décorées aux couleurs du Midi. Possibilités de promenades à cheval ou à vélo.

• *Valeur sûre*

Chambre d'hôte L'Amandari – *Vallat d'Emponse - 83120 Plan-de-la-Tour - ☎ 04 94 43 79 20 - 6 ch. : 70/115€ - ☕ 8€ - repas 25€*. De cette ancienne bergerie, cachée au bord d'un ruisseau, se dégage une atmosphère de calme et de convivialité. Les petites chambres coquettes et personnalisées se répartissent autour d'un patio. La piscine, le jardin et les terrasses incitent à la paresse.

Golfe Bleu – *Rte de la Croix-Valmer - 83240 Cavalaire-sur-Mer - 1 km de Cavalaire sur D 559 rte de La Croix-Valmer - ☎ 04 94 00 42 81 - fermé 2 nov. au 31 janv. - P - 15 ch. : 70,13€ - ☕ 6,10€ - restaurant 16€*. En bordure de route, cet hôtel familial un peu à l'écart de la ville est simple et propre. Ses chambres, insonorisées en façade, sont climatisées. Le restaurant est à l'image du reste : sobrement décoré, il ouvre sur une petite terrasse.

Loisirs

Smash Club – *Av. du Golf - 83980 Cavalière - ☎ 04 95 05 84 31 - www.smashclub.fr.st - juil.-août : 8h-2h ; avr.-juin, sept.-oct. : 9h-21h ; nov.-mars : 14h30-19h*. Il y en a pour tous les goûts dans ce complexe sportif : six courts de tennis, un practice de golf, une salle de musculation, un pas de tir à l'arc, un sauna, des VTT à louer. L'été, des tournois de tennis, badminton, beach-volley, football et pétanque sont organisés. Une nouveauté : un parcours « Indiana River ».

La gamme infinie de verts des majestueux pins parasols.

CORNICHE DES MAURES★★

Entre Le Lavandou et St-Tropez (voir ces noms) sur la D 559.

St-Clair

Station dotée d'une belle et vaste plage, un peu à l'écart de la route.

Aiguebelle

Station aimable et tranquille, au fond d'une petite anse.

Cavalière

Très belle plage de sable fin, bien abritée du mistral. Vue sur le cap Nègre et la rade de Bormes jusqu'aux îles du Levant et de Port-Cros.

Pramousquier

Petite station balnéaire avec plage de sable fin abritée et jolies villas.

Le Rayol-Canadel-sur-Mer

La plage de Canadel est l'une des mieux abritées de la côte des Maures, au pied des dernières pentes de la chaîne des Pradels. Elle est bordée de superbes pinèdes.

Cavalaire-sur-Mer

Station familiale. Superbe plage de 4 km de sable fin et port de plaisance de plus de 1 000 places.

La Croix-Valmer

Station climatique et centre de repos, où l'on peut boire un appréciable côtes-de-Provence. Le village de La Croix tire son nom de la vision de Constantin : en route pour l'Italie, le futur empereur romain vit apparaître dans le ciel une croix avec la phrase : *In hoc signo vinces*, « par ce signe, tu vaincras », annonce de son prochain triomphe et de celui du christianisme ; d'où la croix en pierre, érigée au col de la Croix. Noter que la tradition la plus connue place l'épisode de la vision à la veille de sa victoire sur Maxence, au pont Milvius, aux portes de Rome...

Col de Collebasse
À 8 km de La Croix-Valmer par la D 93, route très sinueuse. Alt. 129 m. **Vue★** sur l'anse de Pampelonne, la baie de Cavalaire et les îles d'Hyères.

Retour sur Saint-Tropez par la D 93.

L'industrie du chêne-liège

Exigeant chaleur et humidité, on retrouve le chêne-liège au bord de la mer jusqu'à 500 m d'altitude environ. Il résiste particulièrement bien au feu. On le reconnaît aisément à son écorce crevassée et à son feuillage persistant. Le prélèvement de l'écorce, le **démasclage**, s'effectue la première fois lorsque l'arbre atteint l'âge de 25 ans. Le temps de reconstituer une nouvelle assise de liège (tous les 9 à 10 ans), et on le découpe à nouveau, toujours en juillet et août, quand l'arbre est en sève. C'est alors l'écorce femelle, la plus prisée par l'industrie (fabrication d'agglomérés au Muy) et l'artisanat (plats, objets d'ornement et articles pour céramistes), qui est prélevée. La récolte est surtout exportée, notamment vers la Sardaigne. La production de liège des Maures est passé de 5 000 tonnes par an en 1965 à 500 tonnes en 1994. La profession de bouchonnier (une centaine à l'époque) a aujourd'hui pratiquement disparu. L'écomusée du Liège à Gonfaron permet cependant de perpétuer les traditions de la bouchonnerie varoise.

Écorces de chêne-liège.

ENTRE ST-TROPEZ ET FRÉJUS★★

De l'autre côté de la presqu'île, les pentes des Maures arrivent très adoucies sur la mer. Sur la côte peu ombragée, le long de la N 98, les stations offrent de nombreuses plages, avec quelques rochers à fleur d'eau.

Beauvallon

Station fort bien située, ombragée par des bois de pins et de chênes-lièges.

Sainte-Maxime⛱⛱ *(voir ce nom)*

La Nartelle

La belle plage de cette petite station fut l'un des points de débarquement des troupes alliées en août 1944.

Très découpée entre la Nartelle et St-Aygulf, la côte dessine plusieurs calanques avec petites plages et rochers en mer.

Les Issambres⛱

Cette jolie station forme avec Val d'Esquières, San Peïre et Les Calanques un ensemble touristique largement développé. Villas et maisons provençales, disséminées dans les collines, respectent le site.

AUTRES STATIONS

Marines de Cogolin *(voir Cogolin)* ; Port-Grimaud★ *(voir ce nom)* ; Ste-Maxime⛱⛱ *(voir ce nom)* ; St-Aygulf⛱ *(voir Fréjus)* ; Fréjus★ *(voir ce nom)*.

EXPLICATIONS

Le nom des Issambres vient sans doute de sa situation à l'entrée du golfe de St-Tropez, autrefois *sinus Sambracitanus* ou « golfe des Cimbres », nom de la tribu qui occupait la région.

circuits

SUR LES TERRES DE MAURIN 1

70 km au départ d'Hyères (voir ce nom) – une journée. Quitter Hyères au Nord-Est, par la N 98.

La route franchit le Gapeau et traverse la plaine d'Hyères, le long des marais salants. **Vues** sur le cap Bénat et Port-Cros.

Après la verrerie, prendre à droite la D 559 qui, à partir du Lavandou, suit la côte jusqu'à Canadel-sur-Mer, puis tourner à gauche dans la D 27.

Col du Canadel★

Alt. 269 m. Superbe **vue★★** sur Canadel-sur-Mer, la plage de Pramousquier, le cap Nègre, la rade de Bormes, le cap Bénat, et, à l'horizon, l'île de Porquerolles.

Continuer sur la D 27, puis prendre à gauche la N 98, direction la Môle. Poursuivre tout droit jusqu'à la forêt du Dom.

Forêt domaniale du Dom★

La vallée s'encaisse dans un beau massif forestier (pins, chênes-lièges et châtaigniers), où Jean Aicard a placé les exploits de son héros *Maurin des Maures*.

Arboretum de Gratteloup

Laisser la voiture sur le parking situé le long de la N 98, à hauteur de la maison forestière de Gratteloup. Gratuit. ☎ 04 97 71 06 07.

Créé en 1935, il s'étend sur près de 3 ha. La première partie, la plus ancienne, est plantée pour l'essentiel d'essences méditerranéennes (cyprès, pins, genévriers, charmes et ostryas). Les autres secteurs sont plus variés : cèdres métaséquoias, eucalyptus, érables, aulnes et bouleaux. Un secteur est réservé au châtaignier.

Au col de Gratteloup, suivre la D 41, direction Bormes-les-Mimosas.

Col de Caguo-Ven

Alt. 239 m. **Vue** sur les rades d'Hyères et de Bormes, et sur Porquerolles.

🚶 Au col, prendre la route forestière vers l'Est en direction du col de Barral et du col du Canadel.

Rejoindre Hyères par Le Pin, puis par la D 559.

BALADE

🚶 Laisser votre voiture sur le parking du col du Canadel. Prenez la route forestière à l'Ouest du col de Caguo-Ven. Une marche d'une heure donne droit à une restauration (en saison) au lieu dit du Vieux-Sauvaire avant de redescendre vers le col de Barral (372 m). Si vous n'êtes pas fatigués, vous pouvez gagner le col de Caguo-Ven en marchant encore deux heures.

CYCLOPÉEN

🚶 Après 3/4h de marche, vous serez surpris par l'entassement de roches dit Pierre-d'Avenon (alt. 443 m). De là, **vue★** étendue sur tout le littoral des Maures, du cap Lardier à Hyères.

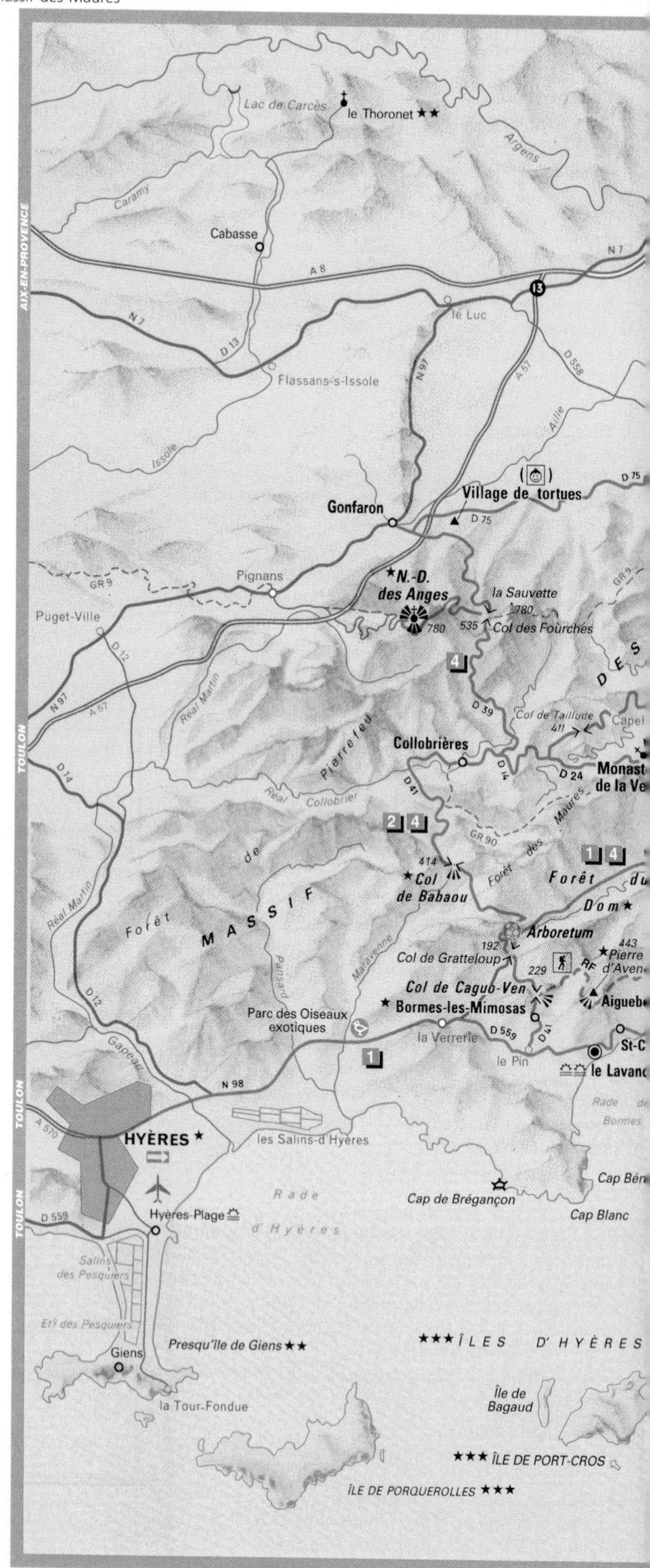

Lac de Carcès
le Thoronet ★★
Argens
Caramy
Cabasse
AIX-EN-PROVENCE
A 8
N 7
13
N 7
le Luc
D 13
Flassans-s-Issole
N 97
A 57
D 558
Aille
Issole
Village de tortues
D 75
Gonfaron
D 75
★N.-D. des Anges
GR 9
Pignans
la Sauvette
780
780
535
Col des Fourches
Puget-Ville
D 12
4
DES
N 97
A 57
Réal Martin
D 39
Col de Taillude
411
Pierrefeu
Collobrières
TOULON
D 14
D 14
D 24
Monast
de la Ve
D 41
Réal Collobrier
2 4
GR 90
Maures
Forêt des
1 4
de
414
★Col de Babaou
Forêt
du
Dom★
Réal Martin
Forêt
MASSIF
Arboretum
192
Col de Gratteloup
443
★Pierre d'Aven
229
RF
Maravenne
Pansard
Col de Caguo-Ven
Aigueb
D 12
★ Bormes-les-Mimosas
Parc des Oiseaux exotiques
la Verrerie
D 559
D 41
1
St-C
le Pin
le Lavanc
Gapeau
N 98
TOULON
A 570
HYÈRES ★
les Salins-d'Hyères
Rade de Bormes
Cap Bén
Rade
Cap de Brégançon
TOULON
D 559
Hyères-Plage
d'Hyères
Cap Blanc
Salins des Pesquiers
Etg des Pesquiers
Presqu'île de Giens ★★
★★★ ÎLES D'HYÈRES
Giens
Île de Bagaud
la Tour-Fondue
★★★ ÎLE DE PORT-CROS
ÎLE DE PORQUEROLLES ★★★

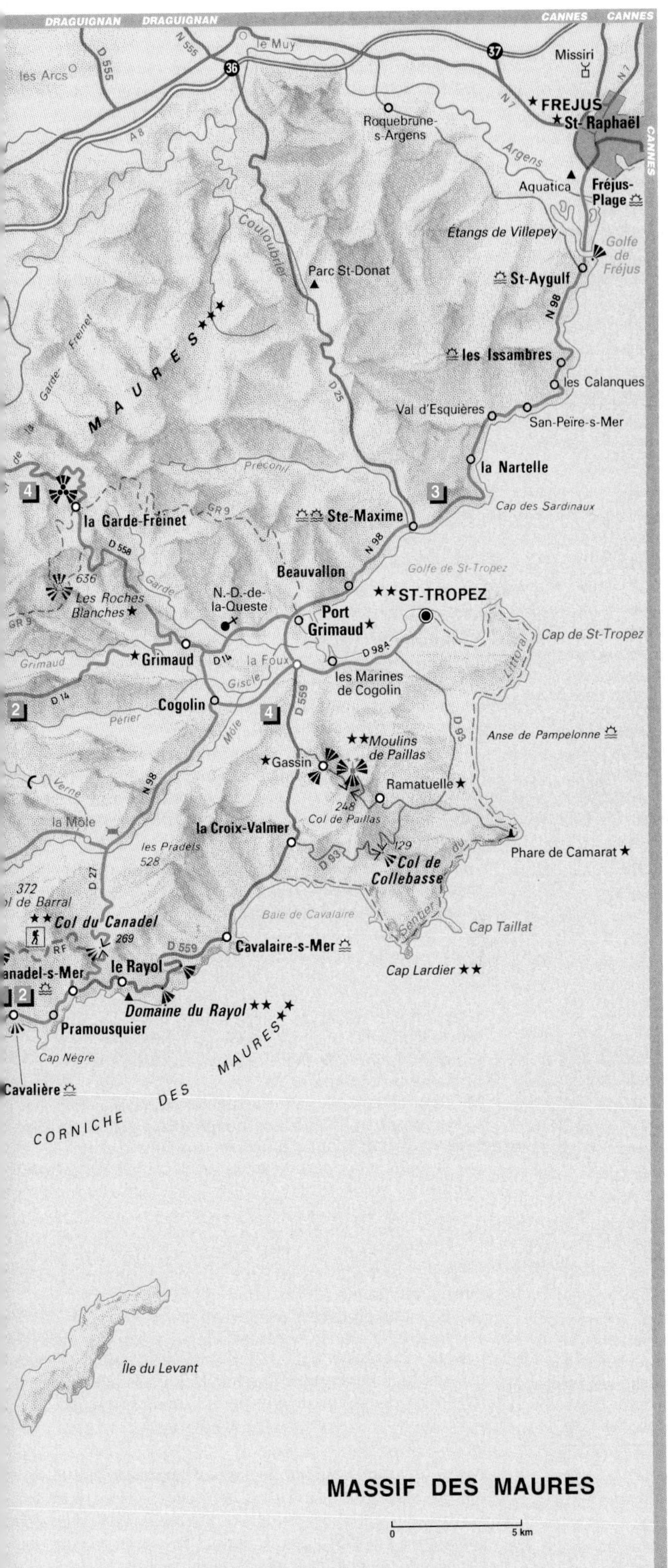

DRAGUIGNAN
DRAGUIGNAN
CANNES
CANNES
le Muy
les Arcs
Missiri
FREJUS
St-Raphaël
Roquebrune-s-Argens
Argens
Aquatica
Fréjus-Plage
Étangs de Villepey
Golfe de Fréjus
Parc St-Donat
St-Aygulf
MAURES
les Issambres
les Calanques
Val d'Esquières
San-Peïre-s-Mer
la Nartelle
la Garde-Freinet
Ste-Maxime
Cap des Sardinaux
Beauvallon
Golfe de St-Tropez
ST-TROPEZ
Les Roches Blanches
N.-D.-de-la-Queste
Port Grimaud
Cap de St-Tropez
Grimaud
la Foux
les Marines de Cogolin
Cogolin
Anse de Pampelonne
Moulins de Paillas
Gassin
Ramatuelle
Col de Paillas
la Môle
la Croix-Valmer
les Pradels
Col de Collebasse
Phare de Camarat
Col du Canadel
Baie de Cavalaire
Cap Taillat
Cavalaire-s-Mer
le Rayol
Cap Lardier
Domaine du Rayol
Pramousquier
Cap Nègre
Cavalière
CORNICHE DES MAURES
Île du Levant
MASSIF DES MAURES

ROUTE DES COLS★★ 2

109 km au départ du Lavandou (voir ce nom) – une journée.

Ce beau circuit, qui emprunte des routes souvent désertes, est très accidenté et ne compte pas moins de sept cols. Il pénètre profondément à l'intérieur des Maures.

Quitter Le Lavandou à l'Ouest par la D 559, puis à la hauteur de Le Pin, prendre la D 41 à droite.

La route s'élève en lacet parmi cyprès, eucalyptus, mimosas, lauriers blancs, roses et rouges. Belle **vue** en avant sur Bormes, dominé par son château.

Bormes-les-Mimosas★ *(voir ce nom)*

La D 41 franchit le col de Caguo-Ven. Après une descente très sinueuse, elle atteint le col de Gratteloup (alt. 192 m).

Au-delà, on s'élève dans un paysage de chênes-lièges et de châtaigniers, tandis que, à droite et à gauche, alternent des vallons profonds et des échappées sur la mer et les montagnes qui dominent Toulon.

Poursuivre sur la D 41.

Col de Babaou★

Alt. 414 m. Une belle **vue★** se découvre sur les marais salants d'Hyères, la presqu'île de Giens et les îles d'Hyères. Au-delà du col, on aperçoit les plus hauts sommets des Maures magnifiquement boisés.

La route descend vers la vallée du Réal Collobrier qui s'élargit pour former le bassin de Collobrières, bien cultivé, et rejoint la D 14 que l'on prend à droite.

ACHATS

Confiserie Azuréenne *– Bd Koenig - 83610 Collobrières - ☏ 04 94 48 07 20.* Fabrication de marrons glacés, marrons au naturel, crème de marron, confiture de châtaignes... Visite du musée des 50 ans du marron glacé.

Collobrières

Ce bourg très ombragé a gardé de pittoresques maisons qui dominent, près d'un vieux pont en dos d'âne, la rivière au courant rapide. On y exploite le liège des forêts voisines et la vigne (vin rosé).

À 6 km, au lieu dit La Croix d'Anselme, à droite, la sinueuse D 214 (en partie revêtue) conduit, à travers bois, au monastère de la Verne, bâtie dans un très beau **site★** sauvage, entre châtaigniers et chênes verts.

Monastère de la Verne

Avr.-oct. : tlj sf mar. 11h-18h (dernière entrée 3/4h av. fermeture) ; nov.-mars : tlj sf mar. 11h-17h. Fermé janv., Pâques, Ascension, Pentecôte, 15 août, 1er nov. et 25 déc. 5€ (enf. : 3€). ☏ 04 94 43 45 41.

Avant d'entrer dans la chartreuse, dont les bâtiments (des 17e et 18e s. pour la plupart) présentent un beau contraste de pierre entre les murs en schiste brun et le remarquable décor en serpentine), vous prendrez le temps d'admirer le superbe **portail** monumental en serpentine, flanqué de deux colonnes annelées soutenant un fronton triangulaire.

L'entrée se fait par la porterie qui donne accès à de vastes salles constituant l'ancienne **hospitalité** : grange où l'on stockait le grain, boulangerie avec son four à pain.

Un escalier vous permet alors de découvrir la **cellule « témoin »** reconstituée, humble « ermitage » où le moine vivait, priait et travaillait.

Après le **grand cloître** voûté d'arêtes surbaissées, sur lequel s'ouvraient les cellules, et l'émouvant cimetière, vous découvrirez les arcades en serpentine du **petit cloître** qui donne sur les ruines de l'église romane, prochaine étape de la restauration en cours.

Enfin, par l'huilerie (avec sa « marre » où les olives étaient écrasées) et le cellier orné d'un grand Christ espagnol en bois, vous rejoindrez la belle salle de la porterie de cet émouvant lieu de spiritualité, qui, petit à petit, retrouve son apparence d'antan.

Revenir à la D 14.

MARCHER

Des fourmis dans les jambes ? Sachez que vous pouvez vous en débarrasser en marchant autour du monastère sur le sentier « feuilles de chêne » aménagé par l'ONF.

Après le col de Taillude, la route domine un vallon et, au-dessus, le monastère de la Verne ; puis, après le hameau de Capelude, situé en contrebas, elle longe le ruisseau du Périer au-delà duquel la **vue** porte sur la plaine de Grimaud et le golfe de St-Tropez.

Autour des tombes des anciens moines du monastère de la Verne : un lieu de quiétude, propice au recueillement.

Brusquement, la route traverse la vallée de la Giscle, le ruisseau de Grimaud, d'où l'on distingue Grimaud et les belles ruines de son château.

Grimaud★ *(voir ce nom)*

Piquant au Sud par la D 558, on traverse la plaine de Grimaud.

Cogolin *(voir ce nom)*

La N 98 remonte la vallée de la Môle. À 8 km de Cogolin, juste avant La Môle, la D 27, sinueuse, quitte la vallée pour traverser la chaîne littorale. *Rejoindre le Lavandou par la route côtière.*

DE ST-TROPEZ À ST-RAPHAEL 3

39 km – 1/2 journée, visite de St-Tropez et de St-Raphaël non comprise. Quitter St-Tropez par le Sud-Ouest, D 98A.

La route longe le Sud du golfe de St-Tropez ; belles vues sur la rive opposée.

Port-Grimaud★ *(voir Grimaud)*

Revenir à la N 98 qui longe la rive Nord du golfe, découvrant le beau site de St-Tropez. Suivre la N 98 jusqu'à St-Aygulf.

Saint-Aygulf *(voir Fréjus)*

La route longe sur la gauche le parc d'attractions nautiques **Aquatica** avant de pénétrer dans Fréjus *(voir le « carnet pratique » de Fréjus).* ►

Au-delà de **St-Aygulf**, la **vue** embrasse la plaine du bas Argens. Du massif des Maures se détachent les superbes rochers de la montagne de Roquebrune ; dans l'Esterel, on distingue, derrière le sémaphore du Dramont, le pic du Cap-Roux.

Fréjus★ *(voir ce nom)*

Quitter Fréjus au Sud par le boulevard S.-Decuers.

Fréjus-Plage *(voir Fréjus)*

On longe la mer pour rentrer à St-Raphaël.

ROUTE DES SOMMETS★ 4

120 km au départ de St-Tropez (voir ce nom) – une journée.

Ce circuit traverse des régions boisées et offre de belles vues. Par des routes peu fréquentées, il conduit au pied des sommets jumeaux du massif : N.-D.-des-Anges et la Sauvette.

Succession de pics, de surprenants rochers semblables à des bêtes, la route des sommets offre un paysage singulier aux heures extrêmes du jour.

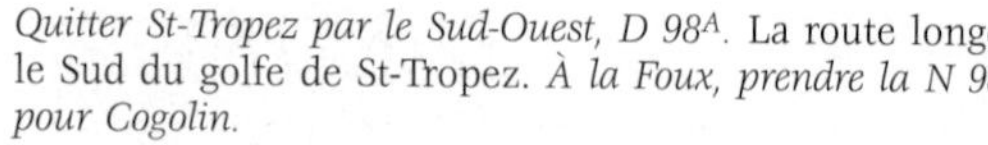

Quitter St-Tropez par le Sud-Ouest, D 98A. La route longe le Sud du golfe de St-Tropez. *À la Foux, prendre la N 98 pour Cogolin.*

> **Aérien**
> La Môle, le village du *Petit Prince*, est équipé d'un aérodrome où votre avion privé pourra atterrir. L'avion comme le désert inspiraient la méditation chez cet humaniste de l'action que fut Saint-Exupéry (1900-1944).

◄ Cogolin *(voir ce nom)*

La route remonte la vallée de la Môle. Peu avant le village du même nom, on aperçoit, à droite, le château, cantonné de deux tours rondes à poivrières, où **Antoine de Saint-Exupéry** passa une partie de sa jeunesse. Puis on traverse de grandes exploitations de vignobles avant de s'enfoncer dans la **forêt du Dom★**.

Poursuivre sur la N 98. Au col de Gratteloup, prendre à droite la D 41, puis après La Rivière, la D 14 sur la droite. 3 km après Collobrières, prendre à gauche la D 39.

Cette route sinueuse surplombe un ruisseau encaissé et permet d'apercevoir le sommet de la Sauvette à droite. Au col des Fourches s'embranche à gauche une petite route pour N.-D.-des-Anges dont on aperçoit bientôt le relais de la TDF.

N.-D.-des-Anges★

Plus que pour le **prieuré,** refait au 19e s., ce **site★** est admirable pour les **vues★** qu'il procure, au-delà du rideau d'arbres entourant la chapelle : les Alpes dans le prolongement de l'Argens ; la mer, les îles d'Hyères, la presqu'île de Giens et Toulon, par-delà les Maures ; la Ste-Baume à l'Ouest ; la Corse par temps très clair.

Revenez au col des Fourches et tourner à gauche vers Gonfaron.

La route passe à proximité du point culminant des Maures, la Sauvette (alt. 780 m), et descend vers la plaine du Luc.

Gonfaron

Ce village, adossé au massif des Maures, est un centre actif de l'industrie bouchonnière. À la sortie Nord, une chapelle consacrée à saint Quinis coiffe une butte isolée.

Écomusée du Liège – *Visite sur demande préalable à la mairie (8 j. av.). Fermé j. fériés. 4€. ☎ 04 94 78 30 05.* Les traditions du liège avec reconstitutions et outils y sont retracées.

Home sweet home : à Gonfaron, les tortues d'Hermann font comme chez elles.

Village de tortues de Gonfaron – *En arrivant dans le village de Gonfaron, prendre à droite la D 75 que l'on suit sur environ 2 km. Pour une visite plus intime, préférer les créneaux horaires de 11h ou 16h. ♿ Mars-nov. : 9h-19h. 8€ (enf. : 5€). ☎ 04 94 78 26 41.*

☺ Bien à l'abri dans le maquis des Maures, des tortues représentatives de trois espèces importantes se reproduisent ici paisiblement : tortues d'Hermann (friandes de feuilles de chêne, fruits et mollusques), cistudes (espèce aquatique française carnivore) et tortues grecques (animal de compagnie). En voie de disparition, en particulier à cause des incendies, la tortue d'Hermann est la seule espèce terrestre autochtone (on en trouve également en Corse). Vieille d'un million d'années, elle peut vivre jusqu'à cent ans. Elle hiberne dans une souche d'arbre jusqu'en juin, moment où la femelle pond ses œufs dans un nid aussitôt abandonné. On visite également l'écloserie, la nurserie (pour les moins de 5 ans), le *terrarium* pour l'hibernation des juvéniles, les enclos et la clinique de soins.

Prendre la D 75 vers l'Est puis la D 558.

La route monte vers la Garde-Freinet, dominée par les ruines de son château.

La Garde-Freinet *(voir ce nom)*

Quitter La Garde-Freinet au Sud, par la D 558. La route descend à travers chênes-lièges et châtaigniers, avec de beaux aperçus sur le golfe et la presqu'île de St-Tropez.

Grimaud★ *(voir ce nom)*

Rentrer à St-Tropez par les D 14, N 98 et D 98A à la Foux.

Menton★★

Son climat passe pour être le plus chaud de la Côte d'Azur. Une végétation tropicale prospère, palmiers et citronniers en tête, fait qu'on ose à peine parler d'hiver dans cette ville au merveilleux cadre★★ montagneux, adossée à des pentes boisées ou cultivées d'agrumes et d'oliviers. Festivités et promenades occuperont estivants et hivernants.

La situation

Carte Michelin Local 341 F5 - Schémas p. 287, 303 - Alpes-Maritimes (06). Les mosaïques de galets posés sur la tranche sont une tradition mentonnaise très décorative. Prévoir des semelles épaisses si on a l'intention de les arpenter longuement... *Palais de l'Europe, 8 av. Boyer, 06500 Menton, ☎ 04 92 41 76 76.*

Le nom

Au 11e s., le site autour de l'Annonciade se nomme « Puypin », c'est-à-dire « pépin » (de citron ?). « Menton » apparaît en 1261 et pourrait venir de *Mons Othonis*, le mont d'Othon, du nom du comte de Vintimille.

Les gens

28 812 Mentonnais. Menton a été et est encore cosmopolite ; beaucoup d'Italiens y viennent en voisins. Parmi les architectes qui s'illustrèrent à Menton à la Belle Époque, outre Charles Garnier qui y résida (et dessina les plans de deux villas) et le Danois Georg Tersling, citons le Mentonnais Adrien Rey qui a laissé, entre autres, l'agréable marché couvert du quai de Monléon (1898), décoré de céramiques colorées dues à la fabrique locale des Saïssi.

Écrire à Menton

Émile Zola y a écrit *La Faute de l'abbé Mouret*, dans la villa Le Paradou, et la Néo-Zélandaise Katherine Mansfield (1888-1923), *L'Étranger, La Femme de chambre, La Jeune Fille.*

comprendre

Entre France et Italie – Les fouilles des Rochers Rouges de Grimaldi, à la frontière italienne, attestent une présence humaine dès le paléolithique supérieur, mais on ne sait pas grand chose de la suite. Fondée au 13e s., Menton devient propriété des Grimaldi de Monaco en 1346, bien que son église dépende de l'évêché italien de Vintimille.

À la tombée du jour, il fait bon flâner sur les quais du vieux port où se prolonge l'animation des ruelles.

carnet pratique

Transports

Bus – *Gare routière - Av. de Sospel - ☏ 04 93 35 93 60.* Neuf lignes desservent Menton et ses environs. Ticket à l'unité et forfait d'une journée en vente auprès des conducteurs. La carte « 3 villages » permet de visiter Gorbio, Ste-Agnès et Castellar à tarif réduit, dans un délai d'un mois (*Autocars Breuleux, r. Masséna. ☏ 04 93 35 73 51*).

Visite

Visites guidées – Menton, qui porte le label Ville d'art et d'histoire, propose des visites-découvertes animées par des guides-conférenciers agréés par le ministère de la Culture et de la Communication. Mar. 14h30. 5€. Renseignements à la *Maison du Patrimoine, 5 r. Ciapetta, ☏ 04 92 10 33 66,* ou sur *www.vpah.culture.fr*

Petit train – Départ promenade du Soleil (près du bastion). Visite commentée (1/2h), 10h-12h, 14h-19h (17h de Noël à Pâques). En juil.-août, nocturnes 20h30-23h pour voir Menton illuminé.

Restauration

• À bon compte

Oh ! Matelot – *r. Loredan-Larchey - ☏ 04 93 28 45 40 - fermé le soir en hiver et dim. - 8/15,24€.* Les enfants adorent ce restaurant : maquettes, phares et bibelots marins créent le décor de bateau. Les parents apprécient la formule buffet et la petite restauration aux prix abordables. Clowns, marionnettes ou magicien sur réservation. Terrasse à l'ombre d'un oranger.

Au Pistou – *9 quai Gordon-Bennett - ☏ 04 93 57 45 89 - fermé 15 nov. au 15 déc.,dim. soir en hiver et lun. - 13,42€.* L'affaire, située sous les arcades du port, est gérée en famille : jusqu'au doyen de la maison qui ramène les produits de sa pêche ! Terrasse sur caillebotis.

Le Darkoum – *23 r. St-Michel - ☏ 04 93 35 44 88 - fermé mi-mai à mi-juin, mar. hors sais. et lun. - 15/30€.* Une escale marocaine près du port : ici, vous serez traité comme un ami de la famille et vous retrouverez les mille et une saveurs de l'Orient en goûtant tajines, briouates et couscous dans un décor typique de faïences marocaines... Petite terrasse sur la rue.

Ancien hôtel Riviera

• Valeur sûre

A Braijade Méridiounale – *66 r. Longue - ☏ 04 93 35 65 65 - fermé 6 au 12 janv., 11 au 24 nov., mer. de sept à juin et le midi en juil.-août - 22€ déj. - 26/41€.* Discrètement niché dans une des petites rues pittoresques de la vieille ville, ce restaurant tout simple avec sa cheminée et son décor de poutres et de pierres apparentes sert une cuisine d'ici et des grillades à des prix tout doux.

Hébergement

• Valeur sûre

Le Globe – *21 av. de Verdun - ☏ 04 92 10 59 70 - fermé 15 nov. au 15 déc. - P - 23 ch. : 45,73/60,98€ - restaurant 15,24/45,73€.* Établissement familial dont le principal attrait est sa position stratégique, sur une large allée verdoyante, face au charmant palais de l'Europe et à deux pas du casino. Chambres simples et nettes. La terrasse du bar vient d'être réaménagée.

Hôtel de Londres – *15 av. Carnot - ☏ 04 93 35 74 62 - fermé 20 oct. au 27 déc. - 27 ch. : 50/90€ - ☕ 7,20€ - restaurant 23€.* Rénovation réussie pour cet accueillant hôtel situé à deux pas du front de mer. Chambres de taille variable, bien insonorisées et meublées dans un style rustique ou moderne. La terrasse, en net retrait de la rue, est très agréable.

Orly – *27 Porte de France - ☏ 04 93 35 60 81 - fermé 15 nov. au 27 déc. - P - 29 ch. : 56/99€ - ☕ 6€ - restaurant 18/28€.* Hôtel du front de mer que seule la route sépare des plages de Garavan. Chambres fonctionnelles, plus tranquilles à l'arrière. Recettes traditionnelles servies en terrasse ou dans une sobre salle à manger éclairée par de vastes baies.

Dauphin – *28 av. du Gén.-de-Gaulle - ☏ 04 93 35 76 37 - fermé 12 nov. au 21 déc. - 28 ch. : 58/79€ - ☕ 6€ - restaurant 13€.* Un programme de rénovation est en cours dans cet hôtel idéalement situé face à la mer. Les chambres, climatisées et bien insonorisées, possèdent un balcon. Les musiciens apprécieront les studios de répétition, bien isolés et équipés de pianos.

Le temps d'un verre

Le climat de Menton étant réputé pour être le plus doux de la Côte d'Azur, la ville attire particulièrement les personnes âgées. D'où le grand nombre de salons de thé et de restaurants qui occupent cette charmante station balnéaire. Les noctambules seront peut-être déçus : les bars de nuit sont rares.

Mini Pub (American Bar) – *51 quai Bonaparte - ☏ 04 93 35 79 86 - minipub@wanadoo.fr - mar., mer., jeu., dim., lun. 18h-3h, ven.-sam. jusqu'à 4h - fermé janv. et mar. hors sais.* Un endroit bon chic bon genre où jeunes et moins jeunes, autochtones et touristes se retrouvent autour d'un cocktail ou d'une glace.

Sorties

Casino de Menton – *Av. Félix-Faure - ☏ 04 92 10 16 16.* Jeux traditionnels et machines à sous, restaurant, discothèque.

Palais de l'Europe de Menton – *8 av. Boyer, BP 239 - ☏ 04 92 41 76 50 - www.villedementon.com - galerie d'expo. :*

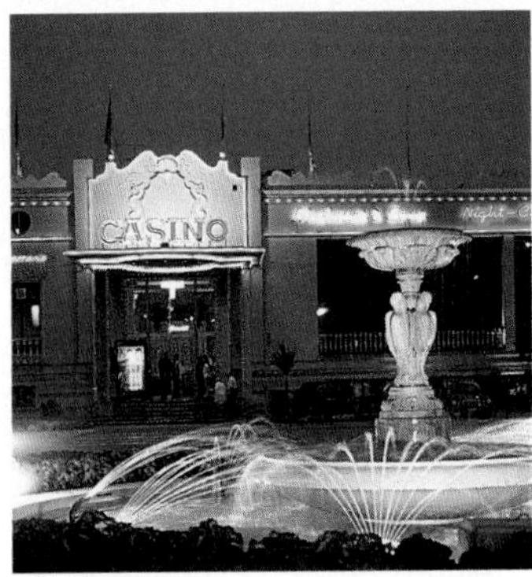

tlj sf mar. 10h-12h, 14h-18h ; billetterie office de tourisme : lun.-ven. 10h-12h,14h-17h. Beau palais de 730 places où sont organisés des ballets, des opéras et opérettes, des pièces de théâtre et des concerts de musique classique. Le bâtiment comprend également une galerie d'art contemporain où sont présentées des expositions temporaires dont l'accès est gratuit.

ACHATS

Citron – Les boutiques déclinent le fruit d'or sous forme de tartes, pains d'épice, confitures, bonbons, pâtes d'amande, vins de citron, savons, bougies, eaux de toilette, parfums...

Marchés – Tlj en matinée. Marché couvert quai de Monléon. Marché du Careï en haut des jardins Biovès, sous le pont du chemin de fer.

L'Arche des Confitures – *2 r. du Vieux-Collège - ☎ 04 93 57 20 29 - lun.-sam. 9h30-12h, 15h-19h, dim. 10h-12h, 15h-18h.* Difficile de ne pas succomber au péché de gourmandise dans cette maison familiale qui produit un nombre impressionnant de confitures, mais aussi des confits, moutardes, des vinaigres et des miels aux saveurs variées. Si le cœur vous en dit, vous pourrez visiter la fabrique artisanale.

LOISIRS-DÉTENTE

La Promenade de la Mer concentre la plupart des organismes de loisirs : clubs de voile, de plongée, d'ULM...

ULM Club – *Prom. de la Mer - ☎ 04 93 14 00 12 - mai-sept. : 8h-21h ; oct.-avr. : 9h-17h sur demande préalable.* Ce club dispose d'une base hydro ULM où l'on propose baptêmes de l'air et vols d'initiation à l'hydravion à bord d'un Weedhopper Europa 2. Sensations fortes garanties !

Koaland – *Av. de la Madone - ☎ 04 92 10 00 40. Tlj sf mar. 10h-12h, 15h-00h (14h19h en hiver).* Parc de loisirs pour les plus jeunes. Mini-golf.

Compagnie Navigation et Tourisme – *Quai Napoléon III - ☎ 04 93 35 51 72.* De mi-avr. à mi-oct. : promenades commentées pour Monaco sans escale mar., mer. et ven. 10h (10,67€) ; pour la Riviera française (1h3/4) lun. et sam. 14h30 (13,72€) ; pour la Riviera italienne (1h3/4) mar., jeu. et dim. 14h30 (13,72€).

CALENDRIER

Fête du Citron – 2 sem. en fév.-mars, autour du Mardi gras. Réserver au moins 2 mois à l'avance, l'événement attire beaucoup de monde.

Salon des Orchidées – Pendant la fête du Citron.

Festival de Musique de chambre – Août. Environ 12 concerts donnés sur le parvis de la basilique St-Michel. Solistes et chefs d'orchestre prestigieux ont bâti sa réputation internationale. *☎ 04 92 41 76 95.*

Ombrelles et couronnes – En 1860, Menton est rattaché à la France, juste avant l'invasion de la Côte d'Azur par l'aristocratie européenne. Jusqu'en 1914, cette dernière vient à Menton soigner sa tuberculose ou simplement passer un hiver douillet. Palaces et autres bâtiments somptueux sortent du sol, tandis que les Mentonnais continuent à cultiver avec succès les olives et surtout les citrons.

Aujourd'hui – Les guerres mondiales n'ont pas épargné Menton, la première en sonnant le glas du tourisme Belle Époque, la seconde par deux occupations, italienne et allemande. Depuis, le tourisme d'été a largement contribué au développement de la ville, dont la zone résidentielle s'étend à l'Ouest jusqu'à toucher Roquebrune-Cap-Martin, et à l'Est vers la frontière italienne.

se promener

LA VIEILLE VILLE**

Visite 2h

Rue St-Michel

Cette rue piétonne, bordée d'orangers et de nombreuses boutiques, conduit au cœur du vieux Menton. À mi-chemin, à gauche, l'agréable **place aux Herbes**, dotée d'une colonnade et d'une fontaine, donne accès au marché. ▶

Arrivé place du Cap, monter la rue des Logettes.

Celle-ci se transforme bientôt en **rue Longue**, ex-artère principale de la ville et ancienne via Julia Augusta.

À VOIR AUSSI

Décors Belle Époque : ancien hôtel d'Orient *(1 r. de la République)* ; Winter-Palace *(20 av. Riviera)* ; Riviera-Palace *(28 av. Riviera)* ; marché couvert *(quai de Monléon)*.

MENTON

Bosano (R. Lt) . . . . Y 5
Boyer (Av.) . . . . Z 6
Carnot (Av.) . . . . Z 10
Ciapetta (R.) . . . . Z 12
Félix-Faure (Av.) . . . . Z
Gallieni (R. Gén.) . . . . Z 18
Guyau (R.) . . . . Y 19
Herbes (Pl. aux) . . . . Z 20
Laurenti (Av.) . . . . Y 21
Logettes (R. des) . . . . Z 22
Longue (R.) . . . . Y 24
Monléon (Q. de) . . . . Z 27
Partouneaux (R.) . . . . Z 30
République (R. de la) . . . . . . Z 33
St-Michel (R.) . . . . Z
St-Roch (Pl. R.) . . . . Z 35
Trenca (R.) . . . . Z 37
Verdun (Av. de) . . . . Z 40
Vieux-Château (R. du) . . . . Y 42
Villarey (R.) . . . . Z 44

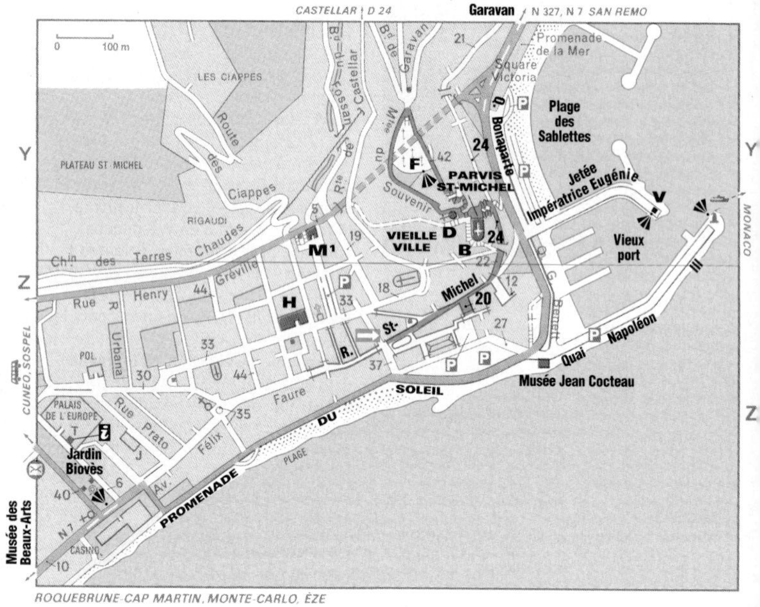

Basilique St-Michel-Archange Y B
Chapelle de la Conception . . Y D
Cimetière du Vieux-Château . Y F
Hôtel de Ville . . . . Z H
Musée de préhistoire régionale Y M1
Sculpture de Volti . . . . Y V

Parvis St-Michel★★

Accès par les rampes du Chanoine-Gouget. Décor à l'italienne et vue sur la mer et la ville. Pavé d'une belle mosaïque de galets gris et blancs dessinant les armes des Grimaldi, le parvis est encadré par les façades baroques de deux églises et par de vieilles demeures mentonnaises.

Façade de la chapelle de la Conception★

Chapelle des Pénitents-Blancs (1689), très restaurée au 19e s. ; guirlandes de fleurs en stuc, fronton en anse de panier surmonté des statues des trois Vertus théologales.

Basilique St-Michel-Archange

Tlj sf sam. matin et j. fériés 10h-12h, 15h-17h15 ; visite guidée ven. 14h30. ☎ 04 92 10 97 10.

> Honoré III de Monaco se maria en 1757 dans la basilique et offrit des tentures en damas amarante (rouge), visibles tous les cinq ans dans le chœur et la nef. À droite du chœur, la chapelle des princes de Monaco ; tableau de *Sainte Dévote devant le Rocher* (17e s.).

La plus belle et la plus vaste église baroque de la région. **Façade** jaune et vert pâle à deux étages, flanquée, à gauche, de la tour (15e s.) d'une église antérieure coiffée d'un campanile à tuiles vernissées (17e s.), et, à droite, du grand campanile (53 m) d'allure génoise ajouté au début du 18e s. Les statues au-dessus des portes figurent saint Michel entouré de saint Maurice et de saint Roch. L'intérieur en croix latine, inspiré de l'Annunziata de Gênes, est somptueux. Les chapelles latérales, au décor baroque dû en partie à des artistes mentonnais comme Puppo et Vento sont les chapelles funéraires de notables mentonnais et monégasques. Remarquer le beau **retable** de Puppo, *Urbain VIII intercédant auprès de l'Enfant Jésus pour les âmes du Purgatoire.* Dans le chœur, **buffet d'orgue** (17e s.), stalles du 18e s. surmontées de *Saint Michel* (1569) de Manchello, maître-autel au baroque exubérant. La coupole en trompe l'œil de la chapelle du baptistère date de 1806.

Une rampe en escalier accède à la rue du Vieux-Château, qui aboutit au cimetière.

Cimetière du Vieux-Château

Ses terrasses superposées, que l'on distingue nettement du port, occupent l'emplacement de l'ancien château médiéval. Chaque niveau accueille une religion ou une nationalité différente, celles notamment des riches hivernants du Menton du 19e s. Parmi eux : le révérend Webb Ellis, inventeur du rugby, les oncle et tante (Delano) du président américain Roosevelt, des princes russes (Troubetzkoy, Volkonsky, Ouroussof) et l'architecte danois Georg Tersling, concepteur de nombreux palaces et résidences sur la Côte.

Descendre la montée du Souvenir, qui ramène au parvis.

Vue du cimetière

À la pointe Sud du cimetière anglais, belle **vue★** sur la vieille ville, la mer et la côte, de la pointe Mortola en Italie jusqu'au cap Martin.

séjourner

LE BORD DE MER ET LES PLAGES

Depuis le casino municipal.

Promenade du Soleil★★

Environ 2 km de promenade. D'un côté, la mer et une longue plage de galets gris ; de l'autre, la vieille ville et les Alpes, puis toute la façade littorale de la ville moderne. Des terrasses permettent de s'asseoir face à la mer.

Plage des Sablettes

Planche à voile et scooter des mers interdits. Cette plage de graviers est surplombée par la promenade de la Mer et le **quai Bonaparte**. De là-haut, agréable coup d'œil sur la vieille ville ; un escalier monumental mène au parvis St-Michel.

Vieux port

Utilisé par les pêcheurs et les plaisanciers, il est encadré par le **quai Napoléon-III**, le long de la jetée du phare, et par la **jetée Impératrice-Eugénie**. De son extrémité, près de la sculpture de Volti, *Saint Michel à la mer*, **vue★** sur le vieux Menton soutenu par des arcades ; au fond, sur les montagnes de l'arrière-pays et la côte du cap Martin à Bordighera (le cap Mortola cache Vintimille).

Garavan

Autrefois isolé de Menton, à côté de la frontière italienne, Garavan en est devenu un luxueux quartier résidentiel, où vous découvrirez nombre de témoignages (souvent représentatifs du style éclectique alors en vogue) de l'architecture Belle Époque comme la fondation Barriquand-Alphand, d'Abel Gléna, ou la villa Foucher de Careil, attribuée à Charles Garnier. Le port de plaisance peut accueillir à quai des unités de 40 m de long. La petite **chapelle St-Jacques**, édifice baroque du 17e s., abrite des expositions municipales.

Conseil

La Maison du Patrimoine organise des visites des jardins toute l'année. Meilleurs moments : Mois des jardins (juin), Journées méditerranéennes du jardin et Journées du patrimoine (sept.).

La Riviera italienne

À deux tours de roues, en train ou en voiture : **Vintimille** (ville médiévale, grand marché le vendredi), **jardins Hanbury★★** à 6 km à l'Ouest, **Bordighera** et **San Remo** (marché le mardi et le samedi matin).

LES JARDINS DE MENTON★

Leurs espèces tropicales et leurs étranges architectures résultent de l'imagination et des « mains vertes » de riches séjournants.

Jardin du Val Rameh★

Chemin de St-Jacques. Avr.-sept. : 10h-12h30, 15h-18h ; oct.-mars : 10h-12h30, 14h-17h. 4€. ☎ 04 93 35 86 72.

Jardin tropical touffu, au meilleur de ses couleurs en juin-juillet. Créé vers 1930 autour de la villa Val Rameh par des Anglais passionnés, repris en 1966 par le muséum d'Histoire naturelle de Paris, il regroupe plus de 700 espèces végétales venant d'Australie, d'Asie et d'Amérique : agrumes, fruits exotiques (passiflore, sapote blanche, goyave, avocat), bassin de lotus de l'Inde. De ses terrasses, vue vers la ville ancienne et la mer.

Jardin des Romanciers (villa Fontana Rosa)

Visite guidée (2h) ven. 10h. 5€. ☎ 04 92 10 97 10.

La villa Fontana Rosa se signale à l'attention du passant par son porche orné de céramiques représentant de grands noms de la littérature espagnole. Elle a été créée

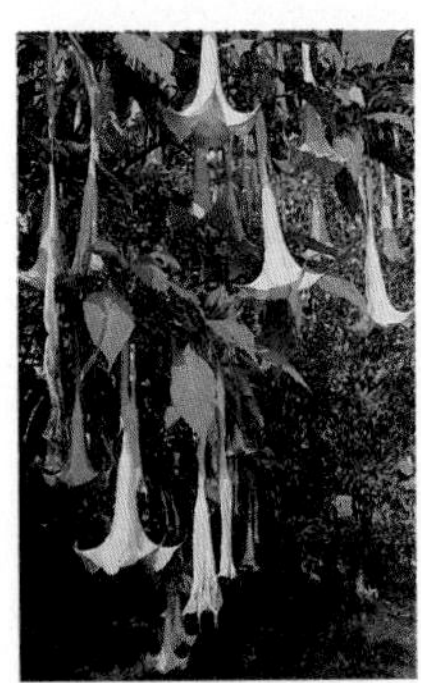

Ces campanules, géantes comme la plupart des espèces exotiques, se sont bien acclimatées à la douceur de Menton.

ENCORE UN
Jardin des Colombières – Conçu par l'écrivain-humoriste Ferdinand Bac, il n'est plus ouvert au public *(propriété privée)*, mais certaines visites restent possibles. *Juil. et 2e et 3e w.-ends de sept. : visite guidée sur demande préalable au service du patrimoine, Hôtel d'Adhémar de Lantagnac, 24 r. St-Michel. ☎ 04 92 10 97 10. 7,5€.*

en 1921 par le romancier **Vicente Blasco Ibañez**. Kiosque, bancs et bassins couverts de céramique colorée donnent de fait un petit air espagnol au jardin.

Jardin Biovès

Beau jardin de ville avec palmiers, orangers, citronniers, et fleurs, décoré de fontaines et de statues (*Déesse aux fruits d'or*, de Volti). Jolie **perspective** sur les montagnes de l'arrière-pays.

LA FÊTE DU CITRON

Les citrons, spécialités réputées de l'agriculture locale, aujourd'hui en partie importés d'Espagne, règnent sur le Carnaval de Menton depuis la première exposition d'agrumes (1929). 120 t de citrons, oranges, pamplemousses, kumquats, fixés par des élastiques sur des armatures en métal, illustrent un thème nouveau chaque année (*Tintin* en 1998, *Lucky Luke* en 1999). Ils sont revendus en gros à bas prix après la fête (défilé de chars, expositions, attractions).

Jardin de Maria Serena

Promenade Reine-Astrid. Visite guidée (2h) mar. 10h. 5€. ☎ 04 92 10 97 10.
Construite (suppose-t-on) par Charles Garnier, la villa Maria Serena est entourée du jardin le plus tempéré de France : il n'y fait jamais moins de 5°. Collection de palmiers ; vue sur Menton et la vieille ville.

SANS OUBLIER
Oliveraie du Pian – *Bd de Garavan.* Plus de 500 oliviers centenaires.
Clos du Peyronnet – *Privé.* Jardin d'eau descendant vers la mer et plantes d'Afrique du Sud.

Serre de la Madone

Réouverture prévue pour le printemps 2003. Se renseigner. ☎ 04 93 57 73 90. www.serredelamadone.com
« Serre » signifie « crête » en provençal. Ce grand jardin en pente, créé dans les années 1920-1930 par Lawrence Johnston, a été sauvé de la spéculation immobilière. Ses grands arbres (dont une espèce non identifiée !) font écran aux environs et cachent une petite villa et de grands bassins.

visiter

Musée des Beaux-Arts (palais Carnolès)★

Accès par l'av. Carnot. Tlj sf mar. 10h-12h, 14h-18h. Fermé j. fériés. Gratuit. ☎ 04 93 35 49 71.

BEL INTÉRIEUR
Dans les salles de cette ancienne résidence d'été des princes de Monaco : escalier en fer forgé, superbe décor de fresques à la mode antique, dorures et stucs (Grand Salon de musique Antoine Ier, salon Bleu).

Le bâtiment, construit au 17e s. dans l'esprit du Grand Trianon, accueillit le gotha avant d'être acheté au 19e s. par l'Américain Allis, célèbre ichtyologiste (qui étudie les poissons), qui le fit restaurer et redécorer par l'architecte danois Tersling et l'Allemand Matthiessen.
L'**art ancien** *(étage)* est illustré par des peintures essentiellement religieuses d'artistes français, italien et flamand : œuvres de Louis Bréa, du Maître de la Maddalena (13e s.), de Léonard de Vinci, de Bernadino Orsi et de Ph. de Champaigne. Quelques tableaux modernes de Suzanne Valadon, Kisling et Camoin.
Les expositions temporaires *(rez-de-chaussée)* de **peinture moderne et contemporaine** puisent dans la collection Wakefield Mori (Picabia, Forain, Dufy...), les apports des Biennales de peinture et les dons des artistes (Gleizes, Desnoyers, Delvaux, Sutherland).
À la sortie, en hiver, les arbres du **jardin d'agrumes** seront chargés de fruits ; en été resteront les sculptures modernes des allées.

Musée Jean-Cocteau

Tlj sf mar. 10h-12h, 14h-18h. Fermé j. fériés. 3€, gratuit 1er dim. du mois. ☎ 04 93 57 72 30.

IMMANQUABLES
Mosaïque au lézard (emblème méditerranéen), technique mentonnaise utilisée par Cocteau. *Judith et Holopherne*, « seule vraie tapisserie moderne », disait Matisse. Poétique portrait de Cocteau par McAvoy.

Ce bastion, bâti par Honoré II de Monaco (17e s.), a été restauré et transformé en musée (salle des gardes et magasins de munitions) sous la direction de Cocteau, qui y travailla à partir de 1957. L'artiste a réalisé les mosaïques extérieures en galets *(Orphée, Faune de la jeunesse, Mentonnaise et Pêcheur)* et dessiné les vitrines qui abritent ses vases zoomorphes. La tapisserie l'*Âge du Verseau* fut tissée par les ateliers des Gobelins. À l'étage, série de pastels *Les Innamorati* (1961).

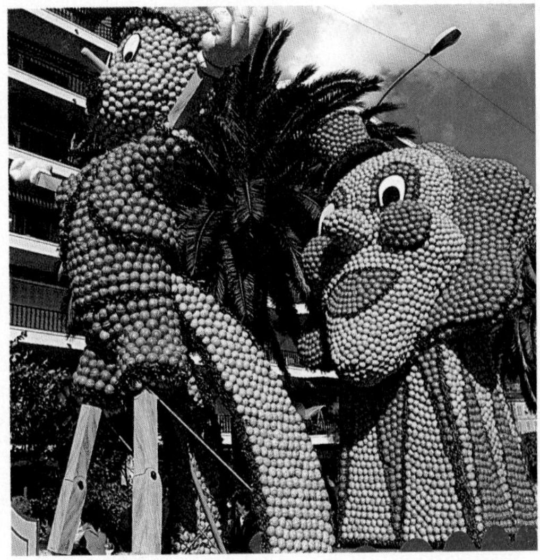

Chaque année, les jardins Biovès se peuplent d'étranges créatures orange et jaune, autant de variétés d'agrumes.

Hôtel de ville

Ce bel édifice inspiré du style italien abrite une **salle des mariages**★ décorée par Jean Cocteau : histoire d'Orphée et Eurydice et une noce imaginaire. Un pêcheur à l'œil en forme de poisson porte l'ancien bonnet des pêcheurs de Menton, une jeune fille est coiffée d'un chapeau niçois. Au plafond, la Poésie chevauche Pégase, la Science jongle avec les planètes et l'Amour n'est plus aveugle. Cocteau a choisi le mobilier lui-même : les candélabres en forme de palmier, les chaises de type espagnol, la peau de panthère face à la table de mariage. Il a également dessiné les deux Marianne gravées sur les miroirs de l'entrée. *Visite de la salle des mariages Jean Cocteau tlj sf w.-end 9h-12h, 14h-17h. Fermé j. fériés. 1,5€. ☎ 04 92 10 50 29.*

Musée de Préhistoire régionale

Tlj sf mar. 10h-12h, 14h-18h. Fermé j. fériés. Gratuit. ☎ 04 93 35 84 64.

Joli bâtiment (1909) construit spécialement par l'architecte Adrien Rey. Les fouilles de Bonfils, naturaliste mentonnais du 19e s., ont fourni le noyau des collections de préhistoire régionale *(rez-de-chaussée)*, dont on suit les grandes étapes de 1 million d'années à 1 500 ans avant J.-C. *(salle de projection, bornes interactives)*.

L'histoire, l'art, les traditions mentonnaises sont retracés à travers des reconstitutions d'intérieurs (cuisine et chambre), des objets traditionnels de la culture du citron et des olives. Galerie d'affiches de l'âge d'or du tourisme hivernal à Menton entre 1870 et 1914 *(sous-sol)*.

DANS LES GROTTES

Le feu, la métallurgie, l'agriculture, mais aussi la maladie, l'art, le quotidien : des scènes reconstituent la vie des premiers hommes de la région, à Caucade, au mont Bego, au Cavillon...

Église orthodoxe russe

R. Morillot. Accès par l'av. Carnot. Visite guidée sam. 14h30 sur demande au service du patrimoine, 5 r. Ciapetta, 06500 Menton. ☎ 04 92 10 33 66.

Œuvre de l'architecte danois Tersling (1892). Ses dimensions modestes sont plutôt celles d'une chapelle. Intérieur richement décoré de peintures murales réalisées par le prince Gagarine et de nombreuses icônes.

alentours

Roquebrune-Cap-Martin★ *(voir ce nom)*

Gorbio★

9 km. Quitter Menton par la D 23, route de Gorbio, étroite et tortueuse (croisement souvent difficile). Le val de Gorbio, très fleuri, bordé d'oliviers, de pins et de luxueuses résidences, précède Gorbio, perché dans un **site**★ rocheux

EN COLIMAÇON

La procession aux limaces (des coquilles d'escargot remplies d'huile et garnies d'une mèche allumée) a lieu à Gorbio le jour de la Fête-Dieu *(juin)*.

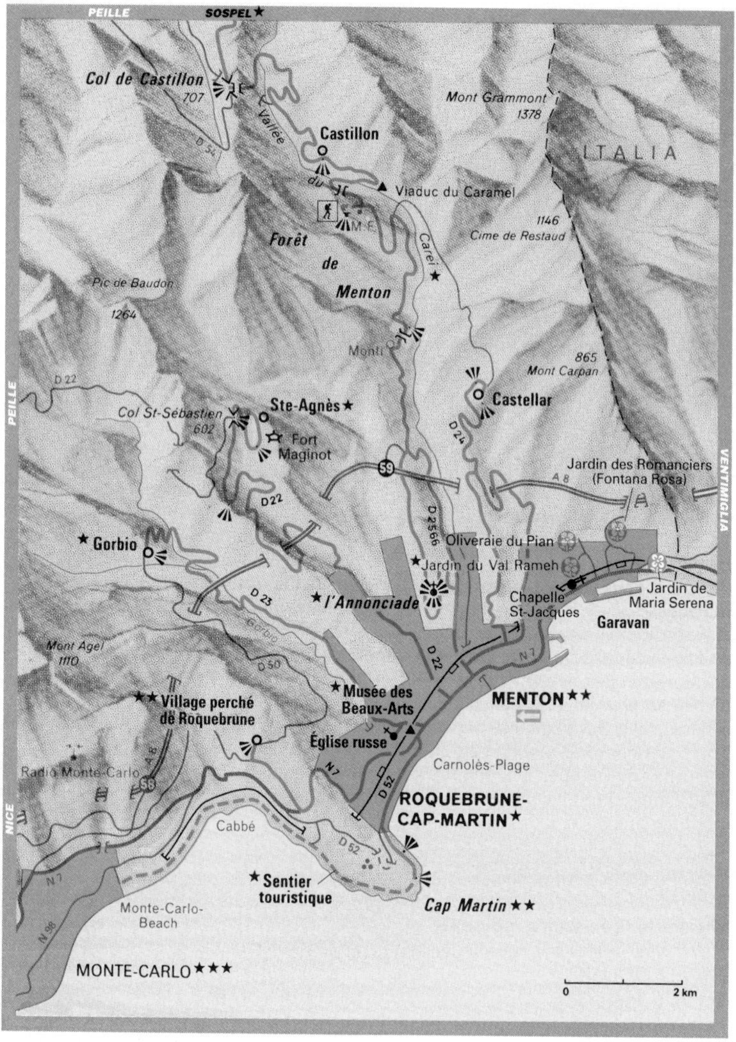

et sauvage. Ruelles pavées de galets, fontaine Malaussène dans une rue voûtée, orme planté en 1713. En contournant l'église, beau **point de vue** sur la mer vers la pointe de Bordighera.

L'Annonciade★

6 km. Quitter Menton par les avenues de Verdun et de Sospel et tourner à gauche dans une petite route (signalisée) en forte montée et très sinueuse. La **chapelle** (17e s.) est un centre de pèlerinage marial depuis le 11e s. L'endroit vaut surtout par le **panorama★** depuis la terrasse, côté mer (de la pointe de Bordighera au cap Martin) et côté terre (montagnes autour de Menton).

Perché sur son promontoire, à mi-chemin des villages de montagne et des plages, Ste-Agnès est le plus haut village du littoral.

Sainte-Agnès★

13 km. Quitter Menton au Nord par l'avenue Carnot, puis à droite le cours René-Coty, l'avenue des Alliés et la route des Castagnins (D 22). Route en montée continue au-dessus du val de Gorbio. Au **col St-Sébastien** (alt. 602 m), **vue★** sur le joli village de Ste-Agnès, le plus haut du littoral (alt. 666 m), et son **site★** : une falaise de calcaire gris que le soleil couchant enflamme de superbes teintes roses. Petites rues étroites, voûtées, pavées de galets et bordées de boutiques d'artisans (rue Longue, rue des Comtes-Léotardi). Près du cimetière, un chemin mi-caillouteux, mi-maçonné conduit aux ruines du château (jardin médiéval).

Fort Maginot de Ste-Agnès – *Le parking Sud (à droite à l'entrée du village) est à côté. Même en été, prévoir un vêtement chaud, il fait froid à l'intérieur. Juil.-sept. : visite guidée (1h) 15h-18h ; oct.-juin : w.-end 14h30-17h30 ; fév. (pdt la fête du Citron à Menton). 3,05€.* ☎ *04 93 35 84 58.*
Dissimulé par le décrochement naturel des rochers, le fort fut construit de 1931 à 1938 pour renforcer le secteur alpin de la ligne Maginot et protéger les approches de la baie de Menton, au Sud-Est. Outre canons et mortiers, la visite fait découvrir l'organisation de ce fort creusé profondément dans la falaise, ainsi que le quotidien spartiate de la garnison.

À VOIR
De la plate-forme en contrebas du fort, **vue★★** sur la côte de Bordighera au cap Martin ; à droite, le mont Agel. Dans les ruines du château, table d'orientation et vaste **panorama★★**.

Castellar

13 km – schéma ci-contre. Quitter Menton au Nord par la route de Castellar. Agréable village perché, aux vieilles rues parallèles reliées par des passages voûtés. Centre d'excursions pédestres. Place Clemenceau, vue sur la mer et les sommets environnants.
Au retour, au bout de 2,5 km, prendre le sinueux « chemin du Mont-Gros ». Belles vues sur la côte et l'arrière-pays.

circuit

ROUTE DU COL DE CASTILLON

21 km – environ 1h1/2. Quitter Menton par les avenues de Verdun et de Sospel.

La route du col, dite aussi route de la Garde, relie le pays mentonnais au bassin de Sospel grâce aux vallées du Carei et du Merlanson, torrent affluent de la Bévéra.
La D 2566 remonte la **vallée du Carei★**. La rive gauche est dominée par les crêtes de la frontière franco-italienne. Aux citronniers succèdent oliviers et pins.
Au-delà du hameau de Monti, jolie vue sur Menton, la mer et le village de Castellar, alors que la route longe la forêt de Menton. À l'amorce d'un virage, au fond d'un vallon, une route sinueuse mène à Castellar.

Forêt de Menton

Belle forêt d'essences variées, aménagée pour la balade. Près d'une maison forestière, un chemin, à gauche, mène à une table d'orientation : **vue★** sur la côte (*1h à pied AR*).

La route passe ensuite près du beau **viaduc** courbe du Caramel, emprunté jadis par le tramway Menton-Sospel.

À PIED
Des panneaux de bois indiquent les petits sentiers dont regorge la forêt. Les parcours grande randonnée sont balisés en blanc et rouge, les sentiers de pays en jaune et rouge.

Castillon

Le village a été reconstruit deux fois, après un tremblement de terre (1887) et des bombardements (1944). Le quartier des artisans d'art *(parking à proximité)* domine le nouveau village, modèle d'urbanisme rural, bâti à mi-pente en style provençal. Du sommet, **vue** sur la vallée du Carei et la mer.

Après le village, à gauche : route d'accès direct à la vallée de Sospel, par des tunnels suivant l'ancien tracé du tramway. La route de droite atteint bientôt le col.

Col de Castillon

Alt. 707 m. **Vue** sur la vallée de la Bévéra avec, au loin, les cimes de Peïra-Cava et de l'Authion. À gauche, la D 54 monte vers le col St-Jean *(voir forêt de Turini)*. Puis, longue descente dans le verdoyant vallon du Merlanson. En approchant de Sospel *(voir ce nom)*, oliviers et vignes en terrasses remplacent la forêt. Vue sur le fort du Mont-Barbonnet, puis sur la ville de Sospel et les hauteurs qui l'encadrent.

Vallée des Merveilles★★

À l'Ouest de Tende, non loin de la frontière italienne, dans un spectacle grandiose, cirques, vallées, lacs glaciaires et moraines cernent le mont Bégo (alt. 2 872 m) de leur atmosphère minérale façonnée par les glaciations du quaternaire. Ce site du Parc national du Mercantour est réputé pour ses gravures rupestres, dont la plupart remontent à l'âge du bronze ancien, entre 2 800 et 1 300 ans avant J.-C. Ces « merveilles » constituent l'un des ensembles les plus riches d'Europe.

5 EN 1
Le site de la vallée des Merveilles est composé de cinq secteurs distincts rayonnant autour du **mont Bégo** :
- la **vallée des Merveilles** elle-même ; logée entre le Grand Capelet et le mont Bégo, elle est la plus vaste et regroupe plus de la moitié des gravures ;
- la **vallée de Fontanable**, moins étendue, rassemble près de 40 % des gravures ;
enfin, les secteurs de **Valmasque**, **Valaurette**, du **lac Ste-Marie** et du **col du Sabion** ne détiennent que de rares gravures dispersées.

La situation

Carte Michelin Local 341 F3/4 - Alpes-Maritimes (06). On atteint le site de la vallée des Merveilles par la vallée affluente de la Roya. Les gravures se voient de juin à septembre et se méritent après 2h de marche guidée dans un paysage magique. La découverte pédestre du parc est facilitée par ses 600 km de sentiers aménagés, dont le GR 5, le GR 52^A qui constitue le sentier panoramique du Mercantour et traverse la vallée des Merveilles, ainsi que par des sentiers de découverte à l'Authion, le Boréon et à la Madone de Fenestre *(voir vallée de la Vésubie et forêt de Turini).*

Office du tourisme de Tende, avenue du 16-Septembre-1947, 06430 Tende, ☎ 04 93 04 73 71.

Parc national du Mercantour, 23 r. d'Italie, 06000 Nice, ☎ 04 93 16 78 88. www.parc-mercantour.fr

Le nom

La vallée fut ainsi nommée par le savant britannique Clarence Bicknell qui, le premier, étudia ces gravures au 19e s. Pour ce qui est du mont Bégo, *be* signifie en langage pré-indo-européen « montagne sacrée » et *go*, « habitée par le dieu-taureau ».

Les gens

Ici peu d'âmes du fait de l'absence de routes et de la rigueur du climat d'altitude, mais de vieux amis des bergers : dans le ciel, gypaètes barbus, et sur terre, chamois, mouflons, bouquetins.

comprendre

Parc national du Mercantour – Créé en 1979, il s'étend sur une superficie de 68 500 ha dans les Alpes-Maritimes (22 communes) et les Alpes-de-Haute-Provence (6), s'étageant entre 500 m et 3 143 m d'altitude.

Partie française de l'ancienne réserve de chasse des rois d'Italie qui occupait avant 1861 les deux versants des Alpes, le Parc du Mercantour est jumelé depuis 1987 au Parc naturel italien delle Alpi Marittime (anciennement de l'Argentera) avec lequel il possède 33 km de frontière commune. Ces deux organismes gèrent en commun le suivi des espèces animales qui parcourent l'ensemble de ce domaine protégé. Ainsi, les bouquetins gagnent leurs quartiers d'été dans le Mercantour après avoir hiverné dans l'Argentera, tandis que les mouflons effectuent le trajet inverse.

Le Mercantour est le seul massif européen à accueillir les trois ongulés montagnards, amoureux des cirques, vallées glacières et gorges profondes du Parc : chamois (6 300), mouflons (1 000) et bouquetins (350). Les milieux boisés de moyenne altitude abritent le cerf et le chevreuil, ou le lièvre, l'hermine et la marmotte. Les volatiles comprennent le tétras-lyre, la perdrix des neiges ou lagopède, et un bel échantillon de rapaces : circaète, aigle royal. La réintroduction du gypaète barbu (vautour) s'y est effectuée avec succès, et pour la

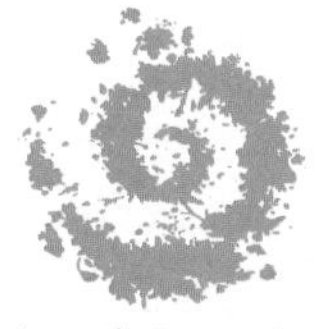

Logo du Parc national du Mercantour

RICHE EN FLORE
La plus célèbre parmi les 2 000 espèces représentées dans la vallée : le *saxifrage florulenta*, premier symbole du parc. Ensuite, depuis l'olivier jusqu'au rhododendron et à la gentiane qui au printemps offrent une superbe symphonie de couleurs, tous les étages de la végétation sont représentés.

carnet pratique

Visite

Réglementation des sites rupestres – Les vallées des Merveilles et de Fontanalbe constituent, à l'intérieur du Parc national du Mercantour, un secteur soumis à une réglementation supplémentaire. Dans ce secteur, la libre circulation n'est autorisée que sur certains sentiers de randonnée : le GR 52, entre le pas de l'Arpette et le GR52, entre la baisse de la Valmasque et le refuge de Fontanalbe, sur la ligne de crête qui délimite ces vallées. Des pictogrammes (reproduits ci-dessous) rappellent aux visiteurs les règles à respecter dans le but de protéger les gravures. Les infractions manifestes à cette réglementation, constatées par les gardes assermentés du Parc, sont passibles de lourdes amendes. Pour avoir accès aux gravures situées loin de ces sentiers, il est obligatoire d'utiliser les services des accompagnateurs agréés par le parc national, dont la liste peut être obtenue auprès des points d'information du parc et des offices du tourisme des vallées et de la Vésubie de la Roya.

Visite guidée des gravures – Pour la **vallée des Merveilles** : dép. du refuge CAF des Merveilles ; juil.-août : 8h, 11h, 13h et 15h ; sept. : lun., ven. et w.-end 8h et 13h ; juin : w.-end 8h et 13h. Pour la **vallée de Fontanalbe** : dép. du refuge de Fontanalbe ; juil.-août : 8h, 11h et 14h ; sept : ven. et w.-end 8h, 11h et 14h ; juin : w.-end 8h, 11h et 14h. 8€ (enf. : 4€). S'adresser au point d'information du Parc national à Castérino.

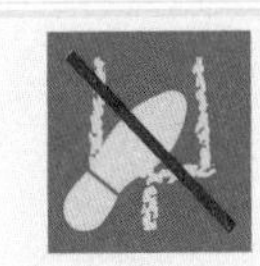

Défense de marcher sur les gravures

Défense d'utiliser des cannes ou des bâtons ferrés

Défense de toucher aux gravures

Défense de quitter les sentiers balisés sans accompagnateurs agréés

Hébergement

Hébergement et ravitaillement possibles sur place ; il est cependant prudent en sais. de réserver à l'avance sa nuit (s'adresser directement aux refuges) :

Refuge des Merveilles – ☎ *04 93 04 64 64 ou 04 93 04 69 22 (hors sais.)* – Ouv. de juin à mi-oct. ; hors sais. : w.-end et j. fériés.

Refuge de Fontanalbe – ☎ *04 93 04 89 19 ou 04 93 04 69 22 (hors sais.)* – Ouv. de juin à fin sept.

Loisirs

Randonnées pédestres – Il est important de garder à l'esprit que les visites et les randonnées décrites s'effectuent en haute montagne (entre 1600 et 2500 m). Un minimum de précautions est donc nécessaire : bonne condition physique, chaussures de montagne et surtout vêtements chauds et imperméables. Les orages étant fréquents et parfois d'une violence redoutable, il et prudent au préalable de s'informer des conditions météorologiques. Pour étudier l'itinéraire à emprunter, il est conseillé de se référer aux cartes au 1/25 000. Le schéma p. 245 indique les itinéraires accessibles dans ces périmètres protégés.

Destination Merveilles – *10 r. des Mesures - 06270 Villeneuve-Loubet - ☎ 04 93 73 09 07 - www.destination-merveilles.com.* Organise des sorties et des séjours randonnée dans la vallée des Merveilles

Association des guides, accompagnateurs et amis des Alpes méridionales – *Bureau de la haute Vésubie – 06450 St-Martin-Vésubie - ☎/fax 04 93 03 26 60.* Organisme spécialiste de la vallée des Merveilles.

première fois en France depuis 1942, des loups ont effectué un retour naturel (des plus controversés) dans le massif du Mercantour, depuis l'Italie où ils sont protégés et en expansion.

Les gravures – Les environs du **mont Bégo** constituent un musée préhistorique en pleine nature : plus de 30 000 gravures y ont été recensées. Relevées et identifiées depuis la fin du 17e s., elles ne furent systématiquement étudiées qu'à partir de 1897 par le Britannique Clarence Bicknell, puis par le sculpteur Carlo Conti de

Écrin de lumière dans ce monde minéral, le lac du Basto (2 341 m) ne se laisse découvrir qu'au prix de plusieurs heures de marche depuis le refuge des Merveilles.

1927 à 1942. Le rattachement de la région à la France en 1947 a permis une intensification des recherches, notamment par l'équipe d'Henry de Lumley (muséum d'Histoire naturelle) qui répertorie depuis près de trente ans l'ensemble des gravures sur un territoire de 14 ha. Celles-ci sont inscrites sur de grandes dalles de schiste ou de grès polis, les chiappes, pans de roches lissées il y a 15 000 ans par l'érosion glaciaire. La technique est celle du piquetage : les contours et les surfaces sont obtenus par juxtaposition de petites cupules de 1 à 5 mm de diamètre creusées à l'aide d'outils de silex ou de quartz. Il faut distinguer les gravures linéaires, de l'époque gallo-romaine à nos jours, de celles, bien antérieures, qui fascinent les archéologues : les plus nombreuses datent de l'âge du bronze ancien (entre 2800 et 1300 ans avant J.-C.).

POUR LES PASSIONNÉS
Vous trouverez certains précieux originaux des gravures au **musée de Tende** *(voir ce nom)*.

Dans la vallée de Fontanalbe : les mystérieux messages de nos lointains ancêtres de l'âge du bronze.

La montagne magique – Ces gravures témoignent des croyances des peuplades ligures des basses vallées qui auraient divinisé le mont Bégo et en auraient fait un lieu de pèlerinage. Ce dernier serait une puissance à la fois tutélaire en raison des eaux qui en descendent et redoutable par ses orages fréquents et violents.
Le thème le plus important est le culte du taureau, associé, ici comme ailleurs, à celui de la montagne : les dessins de bovidés, les symboles cornus se retrouvent dans la moitié des gravures. La présence d'araires ou de herses attelées aux animaux atteste la pratique de l'agriculture ; des dessins réticulés évoquent des enclos ou des parcelles de champs. Par ailleurs, les armes (poignards, haches et sagaies) représentées en nombre, sont proches de celles de sites archéologiques contemporains. Peu nombreuses, les figures anthropomorphes ont été baptisées, pour les plus connues, le **Sorcier**, le **Christ**, le **Chef de tribu**, la **Danseuse**... D'autres, plus énigmatiques, autorisent toutes les interprétations, tel l'**Arbre de vie** à Fontanable *(visible avec guide seulement)*.

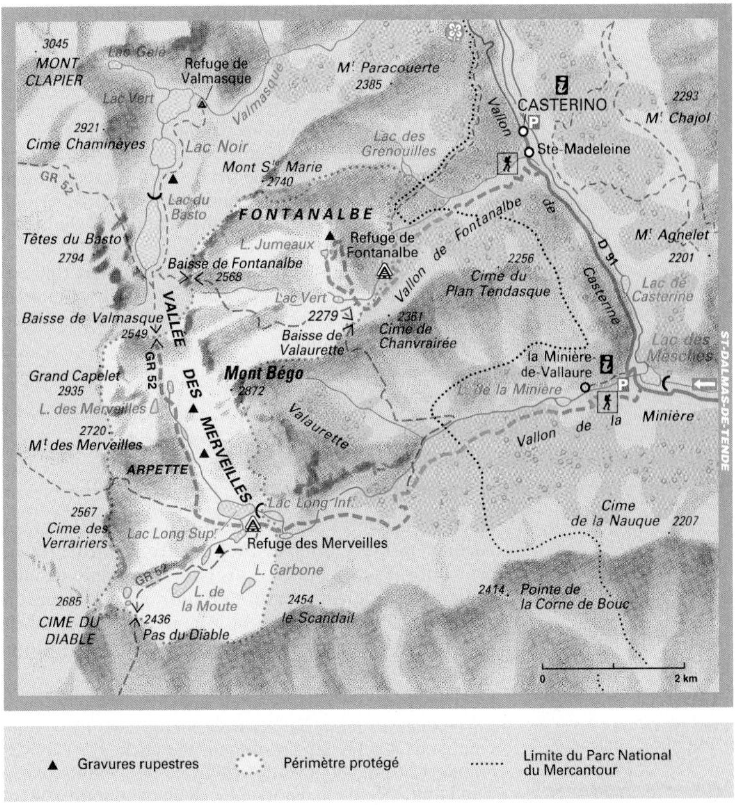

▲ Gravures rupestres
Périmètre protégé
Limite du Parc National du Mercantour

randonnées

Vallée des Merveilles

10 km au départ de St-Dalmas-de-Tende. Circuit AR. Compter deux jours et une nuit sur place au refuge du Cap. Par la D 91, on atteint le lac des Mesches où l'on laisse la voiture. Gagner à pied par la piste balisée le refuge des Merveilles puis le lac Long *(3h)*, départ des visites guidées du secteur de l'Arpette. On peut passer la nuit au refuge *(réserver)*. Le lendemain, parcourir la vallée des Merveilles jusqu'à la Baisse de Valmasque *(durée moyenne 2h1/2)* puis regagner le parking des Mesches pour la fin de l'après-midi.

Fontanalbe

12 km au départ de St-Dalmas-de-Tende par la D 91. Circuit AR. Compter la journée. *Schéma p. précédente.* Atteindre par la vallée de la Minière le hameau de Casterino et y laisser la voiture. Avant les premières constructions, emprunter à gauche la piste sous bois

Au cœur du secteur préservé des Merveilles, le mont Bégo, point culminant, est souvent sujet à de violents orages, terreur des premiers habitants.

signalée Fontanalbe avec un panneau d'information et la suivre jusqu'au refuge *(environ 1h)*. Au refuge de Fontanalbe, contourner le bâtiment par la gauche et poursuivre jusqu'au lac Vert *(3/4h environ)*. Pour les visites guidées des gravures, continuer le sentier bordant le lac jusqu'à la maison des gardes aux **lacs Jumeaux**.
En passant la nuit au refuge de Fontanalbe *(réserver)*, on peut le lendemain s'engager sur les contreforts du mont Bégo jusqu'à la Baisse de Fontanalbe (alt. 2 568 m) qui offre de superbes échappées sur les trois lacs de la vallée de la Valmasque. Possibilité de poursuivre vers le refuge de la Valmasque ou de retourner à Casterino par le précédent itinéraire. De retour à Tende, il est intéressant de compléter l'excursion en visitant le musée départemental des Merveilles.

Principauté de **Monaco*****

Décor d'opérette sur le Rocher, palaces et casinos rococo, paradis du jeu, architecture californienne ou « bonsaï » sur la côte Est, ville de parade et ville policée, une famille princière telle qu'on l'aime... : Monaco, c'est tout cela à la fois, mais c'est aussi de superbes jardins, un musée océanographique remarquable et des hôtels... abordables.

Les Grimaldi aujourd'hui
Rainier III règne depuis 1949. Marié en 1956 à l'actrice préférée d'Alfred Hitchcock, Grace Kelly (1929-1982), il a trois enfants : les princesses Caroline (née en 1957) et Stéphanie (née en 1965), et le prince héritier Albert (né en 1958), dont les faits et gestes font les délices de la presse « people ».

La situation
Carte Michelin Local 341 F5 - Schéma p. 294. L'État souverain sur ses 1,5 km^2 comprend : le Rocher de Monaco (vieille ville) et Monte-Carlo (ville neuve) réunis par la Condamine (le port), Fontvieille à l'Ouest (l'industrie) et le Larvotto à l'Est (la plage). Visitez la ville à pied ou en bus... car y circuler en voiture relève de l'exploit, du moins si vous n'êtes pas pilote de formule 1.
2a, bd des Moulins, 98030 Principauté de Monaco, ☎ *00 377 92 16 61 66.*

Le nom
Du latin, du pré-celtique ou du grec, le sens varie entre montagne, maison ou moine. On retiendra celui de « Monoeci », associé au 1er s. avant J.-C. au port d'Hercule (vénéré des Grecs), qui signifie « maison (temple) unique ». Les temps ont bien changé depuis !

Les gens
29 876 habitants, dont 5 000 citoyens monégasques seuls à être dispensés d'impôts directs. Vouée aux fastes princiers, la ville vit cependant naître en 1917 un fameux rebelle, le chanteur Léo Ferré, dont le père était employé au casino.

comprendre

Une histoire agitée
Au 16e s., Jean II est tué par son frère Lucien ; celui-ci est à son tour assassiné par son neveu. En 1604, Honoré Ier est jeté à la mer par ses sujets. Occupation espagnole (1524-1641) : les Grimaldi sont princes ; occupation française (1641-1814) ; sous la protection de la Sardaigne (1815-1861) ; sous la protection de la France depuis 1861. Menton et Roquebrune, qui appartenaient à la principauté, sont alors achetés avec Nice par Napoléon III.

Les Grimaldi – Monaco a été habité dès les temps préhistoriques. Elle fut fondation phénicienne, phocéenne puis romaine, mais c'est avec la dynastie des Grimaldi qu'elle prend sa véritable place dans l'histoire. Cette famille compte de nombreuses branches : à Cagnes et à Beuil, à Gênes et à Naples, 110 représentants mâles sont dénombrés en 1333. Dans le cadre de la lutte des Guelfes contre les Gibelins, François Grimaldi, expulsé de Gênes, s'empara de Monaco en 1297, déguisé en moine ainsi que ses hommes (d'où son surnom de « la Malice » et les deux moines armés qui figurent sur le blason des Grimaldi), mais il ne put s'y maintenir. Un autre Grimaldi acheta aux Génois la seigneurie de Monaco en 1308 et, depuis, le nom et les armes des Grimaldi furent toujours portés par les héritiers du titre, que ceux-ci aient appartenu à la maison de Goyon-Matignon (1731-1949) ou, cas actuel, à la maison de Polignac.

La naissance de Monte-Carlo – En 1856, afin de se créer des ressources, le prince de Monaco autorise l'ouverture d'une maison de jeux. Celle-ci s'installe chichement à Monaco, modeste et unique ville de la principauté. En 1862, une autre bâtisse est élevée sur l'ancien plateau des Spélugues ou Monte-Carlo : elle est isolée, nul ne voulant acheter aux alentours un terrain avec obligation de construire. Mais tout va changer quand **François Blanc**, le directeur du casino de Bad Homburg, ville d'eaux de la Hesse, en devient concessionnaire. Grâce à ses talents et à ses capitaux, il réussit là où ses prédécesseurs s'étaient ruinés : en quelques années, le succès est là et le plateau se couvre de constructions somptueuses ; la fameuse société des Bains de Mer (SBM), animée par François Blanc, en est en grande partie propriétaire. Toute l'aristocratie d'Europe en villégiature défile dans les palaces, le casino et l'opéra de Monte-Carlo.

Une économie florissante – Attirant sur son sol le tourisme par ses manifestations sportives ou culturelles, et des sociétés étrangères en quête de privilèges fiscaux, Monaco n'a cessé de se construire... jusqu'à occuper tout l'espace disponible. Qu'à cela ne tienne ! On décida de remblayer la côte : 22 % du territoire ont été ainsi gagnés sur la mer.

COUP DE THÉÂTRE
En 1933 avec l'autorisation donnée à la France et à l'Italie d'ouvrir des casinos, Monaco perd son monopole et de nombreux clients... mais, rassurez-vous, la principauté trouve très vite d'autres moyens d'en gagner.

Le tourisme reste la grande activité de Monaco, mais sans négliger la clientèle traditionnelle, il s'oriente résolument vers le tourisme d'affaires et de congrès : à preuve, le complexe résidentiel et hôtelier (Loews Hôtel) des Spélugues, construit sur pilotis en contrebas du casino, qui comporte un centre de congrès-auditorium doté des équipements les plus modernes. Aujourd'hui, la capacité d'accueil de Monte-Carlo est considérable, rivalisant avec Nice et Cannes.

Un urbanisme révolutionnaire – L'exiguïté du territoire monégasque (197 ha sur 3 km de long) se prêtait mal à l'explosion économique du milieu des années 1960, qu'accompagnèrent les premiers grands projets d'urbanisme.

Une première période, jusqu'à la fin des années 1970, privilégia la construction verticale de surface. Ainsi, une dizaine d'immeubles de grande hauteur (IGH), supérieurs à 30 étages, ont vu le jour et ont consacré le paysage « américain », traduction architecturale du développement économique monégasque.

Depuis les années 1980, une nouvelle conception se développe pour satisfaire l'extension des besoins résidentiels et de services : il semble que l'avenir immobilier de la ville se situe... dans ses sous-sols ! Les nouveaux accès routiers directs sont désormais reliés au réseau français par de profonds tunnels. Les communications entre chaque quartier sont facilitées par des batteries d'ascenseurs automatiques

ÉTONNANT
Au gré de ses promenades, on aperçoit de véritables gouffres entre deux constructions anciennes, au fond desquels évoluent de minuscules pelleteuses : chaque nouvel immeuble doit recevoir un parking à plusieurs niveaux en sous-sol.

Vue générale sur Monaco. Depuis la Grande Corniche ou le belvédère de la Turbie, la vue est féerique !

carnet pratique

Mode d'emploi

Poste - Pour les visiteurs, l'affranchissement du courrier se fait avec des timbres de Monaco et leur dépôt... dans les boîtes aux lettres orange de la principauté.

Téléphone - Les appels téléphoniques à destination de la principauté débutent par 00 377, suivi du n° du correspondant, et ceux vers la France doivent être précédés du 00 33.

Transports

Voitures - L'accès au Rocher est réservé aux véhicules immatriculés Monaco ou Alpes-Maritimes. Parkings publics et payants (plus de 500 places) : centre commercial de Fontvieille, sous-sol du stade Louis-II, chemin des Pêcheurs et les Boulingrins.

Ascenseurs - Des ascenseurs de grande capacité permettent de traverser à la verticale certains quartiers. Principaux axes desservis : pl. Ste-Dévote vers le bd de Belgique (trajet le plus long), plages du Larvotto (et Musée national) vers la pl. des Moulins, av. Hector-Otto vers le bd de Belgique, centre des congrès (bd Louis-II) vers les terrasses du casino, parking des Pêcheurs vers le Musée océanographique, av. de Grande-Bretagne vers l'av. des Citronniers, centre commercial de Fontvieille vers la pl. d'Armes, port de Monaco vers l'av. de la Costa.

Bus – N° 1 (Rocher-casino), n° 2 (jardin exotique) ou n° 4 (les plages).

Héli Air Monaco – *Héliport de Monaco-Fontvieille, ☎ 00 377 92 050 050, www.heliairmonaco.com.* Cette société assure toutes les 20mn une liaison quotidienne avec l'aéroport Nice-Côte d'Azur. Durée du trajet 6mn. Elle propose également des excursions en hélicoptère au-dessus du littoral.

Visite

Petit train Azur Express – *☎ 00 377 92 05 64 38 - 10h30-18h (hiver : 11h-17h). Fermé janv. 5,64€.* Circuits touristiques au départ de l'avenue St-Martin.

Restauration

• À bon compte

Le Jazz – *3 r. de la Turbie - ☎ 00 377 97 70 50 24 - fermé août, sam. midi et dim. - réserv. conseillée le w.-end - 11,89€ déj. - 18,29/42,69€.* L'endroit ressemble à une boîte de jazz : cadre moderne feutré où domine le rouge, sièges originaux aux immenses dossiers, tableaux évoquant la célèbre musique noir-américaine. Forte clientèle locale à midi. Le soir, ambiance plus intime sur fond de musique jazzy.

Polpetta – *2 r. Paradis - ☎ 00 377 93 50 67 84 - fermé 5 au 25 juin, sam. midi et mar. - 22,87€.* Ce petit restaurant italien vous propose trois cadres différents pour apprécier sa cuisine : la véranda côté rue ; la salle à manger rustique ; enfin, un espace plus intime et cossu à l'arrière.

• Valeur sûre

Richart – *19 bd des Moulins - 98000 Monaco - Monte-Carlo - ☎ 00 377 93 30 15 06 - fermé dim. sf en déc. - 24,41/34,63€.* Cette boutique de chocolats est aussi un salon de thé très chic avec sa jolie salle grise et blanche. Carte alléchante de salades, tartes salées, pâtisseries, thés et chocolats de la maison, d'origines diverses.

Costa à la Crémaillère – *pl. de la Crémaillère - 98000 Monaco - Monte-Carlo - ☎ 00 377 93 50 66 24 - fermé août, sam. midi et dim. - 27,44/36,59€.* Ce pavillon-véranda d'inspiration 1900 a conservé les structures métalliques de l'ancienne gare du train à crémaillère qui montait à La Turbie. Quelques photos et fresques évoquent son passé. Ambiance brasserie moderne avec son banc d'écailler.

La Maison du Caviar – *1 av. St-Charles - ☎ (00-377) 93 30 80 06 - fermé août, sam. midi et dim. - 24€ déj. - 30/45€.* Depuis près de cinquante ans, ce restaurant sert, dans un décor ancien bien connu des Monégasques avec ses casiers à bouteilles et ses boiseries, du caviar bien sûr...mais aussi du foie gras, du saumon ou du bœuf strogonoff. Un classique à visiter...

Hébergement

• Valeur sûre

Hôtel de France – *6 r. de la Turbie - près de la gare - ☎ 00 377 93 30 24 64 - 26 ch. : 61/71€ - ☕ 8€.* Cet hôtel vient de s'offrir une sympathique cure de jouvence : chambres bien insonorisées, parées de jolies couleurs provençales ; salle des petits-déjeuners moderne garnie d'un plaisant mobilier en bois et métal.

Le temps d'un verre

La Terrasse (Bar de l'hôtel Hermitage) – *Sq. Beaumarchais - 98000 Monaco - ☎ (377) 92 16 40 00 - 11h30-1h.* Superbe palace de style Belle Époque abritant, entre autres, un élégant bar dont la terrasse offre une vue splendide sur le port et le Rocher. Carte de champagnes et de cocktails. Tenue correcte exigée.

Le Jimmy'z – *Quai Princesse-Grace - 98000 Monaco - ☎ (377) 92 16 22 77 - 23h à l'aube. Réservation conseillée.* C'est un sacrilège de quitter Monaco sans avoir goûté à l'atmosphère du célèbre Jimmy'z. Le costume et la cravate sont exigés dans ce sanctuaire de la jet-set où vous croiserez des top models en paillettes, des stars et autres célébrités. C'est tout petit mais grandiose, unique, magique !

Stars'N'Bars – *6 quai Antoine-Ier - ☎ (377) 97 97 95 95 - www.starsnbars.com - 11h-0h ; 4h pour le dancing - fermé lun. en hiver.* C'est le grand bar américain à la mode, et l'ambiance y est plus jeune et moins mondaine que dans d'autres établissements monégasques. Vous pourrez y boire une bière, manger un hamburger, jouer au billard, surfer sur internet et danser jusqu'à l'aube. Sont exposés, en guise de décoration, une perche de Bubka, une robe de Sharon Stone, un sac à main de Catherine Deneuve, et la plus belle collection de *spoils* internationaux du monde. Les enfants sont pris en charge par une animatrice. Concerts de rock fréquents. Terrasse sur le port.

Sass Café – *11 av. Princesse-Grace - 98000 Monaco - ☎ (377) 93 25 52 00 - www.sasscafe.com - restaurant : été : 20h-2h ; hiver : 20h-0h ; piano-bar : tte l'année 23h-aube.* Ce bar-restaurant de standing au décor feutré est le passage obligé de la jet-set avant de se rendre au « Jimmy'z ». Piano-bar chaque soir à partir de 23h. Spécialités : vodkas, cocktails, champagne.

Sorties

Casino de Monte-Carlo – *Pl. du Casino - ☎ (377) 92 16 20 00 - www.casino-montecarlo.com - 12h jusqu'au départ du dernier client.* Premier casino d'Europe, avec plus d'un milliard de chiffre d'affaires (obtenu à 70 % avec des jeux européens et non avec des machines à sous comme dans les autres casinos). Il faut voir les salons de jeux majestueux et le luxueux restaurant au décor de train (Le Train Bleu). La terrasse donnant sur la mer vous offrira une quiétude incomparable que vous ressortiez les poches vides ou pleines.

The Living Room Club – *7 av. des Spélugues - 98000 Monaco - ☎ (377) 93 50 80 31/93 50 88 10 - www.monte-carlo.mc/livingroom - lun.-sam. 23h-aube, exceptionnellement dim. du Grand Prix de Formule 1 - fermé Noël.* Club de standing au décor feutré, où se retrouvent les noctambules après leur virée au Jimmy'z. Spécialités : champagnes et le « Living Room Cocktail ». Clientèle éclectique. Piano-bar le soir, en alternance avec un DJ.

Le Cabaret – *Pl. du Casino - ☎ (377) 92 16 36 36 - www.montecarloresort.com - mar.-dim. : spectacle 23h-0h.* Le cabaret du casino de Monte-Carlo présente sa revue cubaine. Concerts exceptionnels de variétés internationales et de jazz.

Hôtel de l'Ermitage, verrière Eiffel.

Loisirs-Détente

Bateaux de la French Riviera – *Compagnie de Navigation et de Tourisme de Monaco - - 98000 Monaco - ☎ 00 377 92 16 15 15 - www.cntmonaco.com - juil-août : dép. 11h, 14h30, 16h et 17h30 ; juin et sept. : tlj sf lun. 11h, 14h30, 16h ; avr., mai, oct. : tlj sf lun. 14h30 - 10,67€ (enf.7,62€).* Promenade en mer avec vision sous-marine.

Achats

Toutes les grandes marques de luxe sont représentées à Monte-Carlo et dans les galeries de certains palaces (Métropole, Park Palace). Les boutiques d'articles traditionnels sont regroupés dans les ruelles du Rocher, face au palais. A noter la Boutique du Rocher, av. de la Madone, boutique officielle de l'artisanat monégasque.

Calendrier

Outre le Rallye automobile de Monte-Carlo qui a lieu vers la fin janvier depuis 1911, il faut signaler la fête de Ste-Dévote (le 27 janv.), le Festival international de télévision (février), le Printemps des arts et les Championnats internationaux de tennis (avril), le Concours international de bouquets et le Grand Prix automobile de Monaco qui se déroule dans les rues de la principauté sur un circuit sinueux de 3,145 km (mai), le Monte-Carlo Golf Open (juin) sur les pentes du mont Agel, la fête de la St-Jean avec le groupe folklorique « La Palladienne de Monaco », les concerts dans la cour d'honneur du palais et le Festival de feux d'artifice (juillet-août), la Fête nationale monégasque (19 novembre), le Festival international du cirque (décembre)...

Albert-1er (Bd) . . . . BXY
Antoine-1er (Quai) . . . . BCY
Armes (Pl. d') . . . . BY 2
Basse (R.) . . . . BY 3
Belgique (Bd de) . . . . AXY
Bel-Respiro (R.) . . . . BX
Campanin (Pl. du) . . . . BZ 5
Castelans (Av.des) . . . . AZ
Castro (R. Col.-de) . . . . BY 7
Comte-Félix-Gastaldi (R.) . . . . BY 10
Costa (Av. de la) . . . . BCX
Crovetto-Frères (Av.) . . . . AY
Doumer (Av. Paul) . . . . AX
États-Unis (Quai des) . . . . BCX
Fontvieille (Av. de) . . . . AYZ 15
Gabian (R. du) . . . . AZ
Grimaldi (R.) . . . . BXY
Guelfes (Av. des) . . . . AZ
Jardin exotique (Bd du) . . . . ABXY
Kennedy (Av. J.-F.) . . . . BCX 23
Ligures (Av. des) . . . . BZ
Louis-II (Bd) CX
Madone (Av. de la) CX
Major (Rampe) . . . . BY 27
Moneghetti (Bd des) . . . . AX
Moulins (Bd des) . . . . CX 32
Notari (R. L.) . . . . BY
Ostende (Av. d') . . . . CX 34
Palais (Pl. du) . . . . BY 35
Papalins (Av. des) . . . . BZ
Pasteur (R.) . . . . AX
Pêcheurs (Ch. des) . . . . CY 37
Port (Av. du) . . . . BY
Porte-Neuve (Av. de la) . . . . BCY
Prince-Héréditaire-Albert (Av.) . . . . AZ
Princesse-Caroline (R.) . . . . BY 48
Princesse-Charlotte (Bd) . . . . BCX 49
Princesse-Alice (Av.) CX
Princesse-Marie-de-Lorraine (R.) . . . . . BCY 54
Quarantaine (Av. de la) . . . . BCY
Rainier-III (Bd) . . . . AY
Roqueville (Av. de) . . . . BX
Sanbarbani (Quai des) . . . . BZ
St-Martin (Av.) . . . . CY
Ste-Barbe (Promenade) . . . . BY 60
Ste-Dévote . . . . BX
Suffren-Reymond (R.) . . . . BY 64
Suisse (Bd de) . . . . BX
Villaine (Av. de) . . . . BX

Casino CX
Cathédrale . . . . BY
Chapelle de la Miséricorde . . . . BY B
Collection des voitures anciennes . . . . AY M1
Église Ste-Dévote . . . . BX
Église St-Martin . . . . AY
Grotte de l'Observatoire . . . . . . AY D
Historial des Princes de Monaco . . . . BY M2
Jardin animalier . . . . BY E
Jardin exotique . . . . AY
Jardin japonais CX
Jardins St-Martin . . . . BZ
Musée d'Anthropologie préhistorique . . . . AY M3
Musée de la chapelle de la Visitation . . . . CY
Musée des Timbres et des Monnaies . . . . BY M4
Musée national . . . . CX M5
Musée naval . . . . AY M6
Musée océanographique . . . . CY
Palais Princier . . . . BY
Parc paysager . . . . BZ
Port de la Condamine . . . . . . BCXY

ou d'escalators. Les façades de certains fastueux hôtels de Monte-Carlo dissimulent des rampes d'accès à de vastes parkings publics s'enfonçant dans le roc.

À Fontvieille, une gare routière a été installée à 10 m sous le niveau de la mer et une véritable presqu'île de 22 ha a été gagnée sur l'élément marin en dix ans pour y aménager des zones résidentielles et récréatives (parc paysager, musées, centres commerciaux).

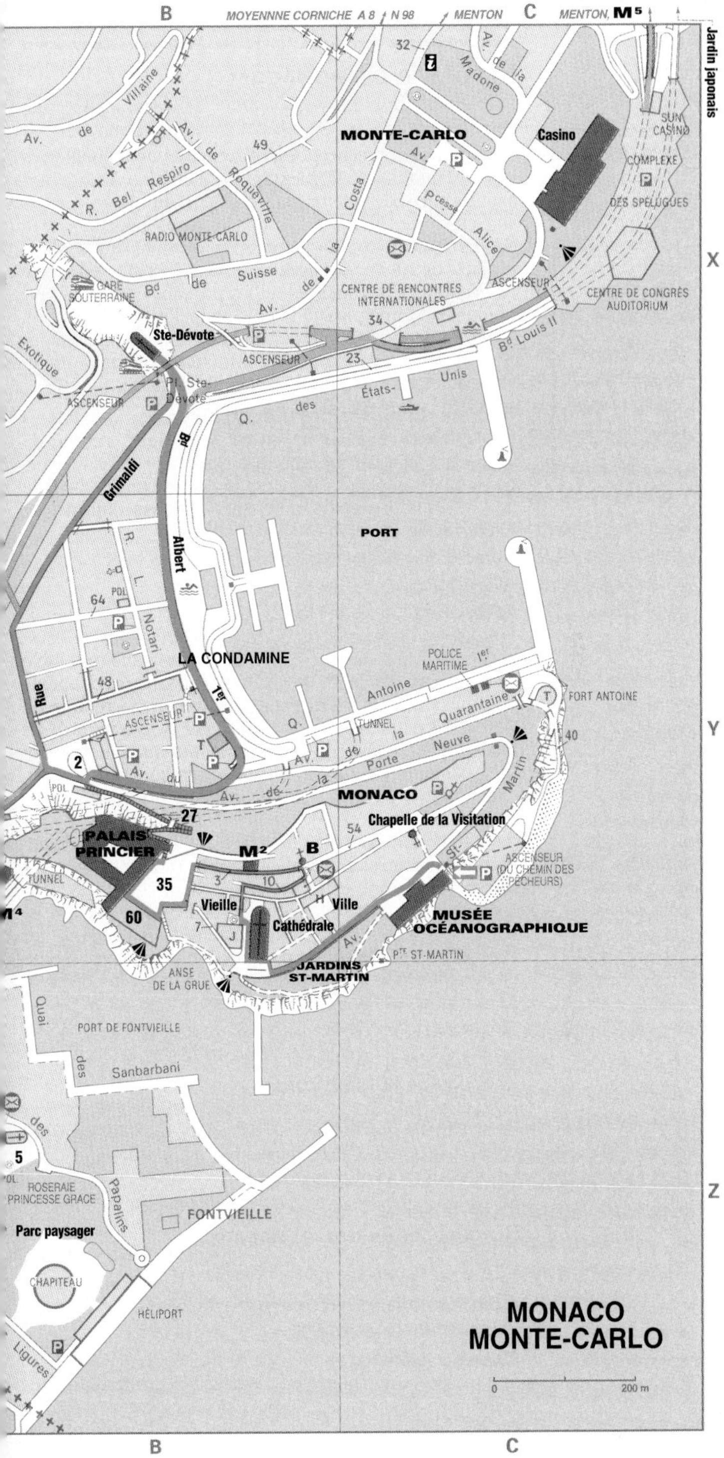

MONACO MONTE-CARLO

À l'aube du 21ᵉs. a été construit un immense palais de congrès et d'expositions (le **Grimaldi Forum**), encastré le long du rivage du Larvotto.
D'autres projets à plus long terme mettront en œuvre des techniques encore plus audacieuses et novatrices, ► telle la création de lagons artificiels en vue de bâtir des quartiers au-dessus des hauts-fonds marins de la principauté.

> **AUDACIEUSES**
> Les lignes du **stade Louis-II**, dans le nouveau complexe sportif de Fontvieille, conçu par H. Pottier selon des normes parasismiques.

se promener

LE ROCHER DE MONACO★★

Visite : 3h. Laisser la voiture dans l'immense parking des Pêcheurs creusé dans le rocher et prendre l'ascenseur.

Le promontoire, couronné des remparts de la vieille ville et surplombant la mer, invite d'emblée à faire son ascension. Là, un véritable décor de théâtre vous accueille, avec de jolies maisons pimpantes du 18e s., fraîchement colorées d'un même rose-saumon, serrées dans un lacis de ruelles engageantes. Vous êtes au cœur de la principauté, là où se trouvent les principales attractions : le musée océanographique et la chapelle de la Visitation *(voir description dans « visiter »)*, la cathédrale et le palais. Et afin de jouer le jeu de la principauté jusqu'au bout, vous ne manquerez pas la relève de la garde !

SPECTACLE
Monte Carlo Story – *Sur les terrasses du parking, à proximité du musée océanographique.* Historique (1/2h) sur écran géant de la dynastie des Grimaldi et évolution de la principauté. ♿ *Juil.-août : 14h-18h ; sept.-juin : 14h-17h. Fermé déc. 6,50€ (enf. : 3€).* ☎ *00 377 93 25 32 33.*

Terrasse du musée océanographique

Arrêtez-vous au deuxième niveau. La **vue★★** s'étend de l'Esterel à la Riviera italienne. Dominant les constructions modernes de la principauté, on reconnaît la Tête de Chien et derrière, le mont Agel, avec ses antennes de télédiffusion.

Suivre l'avenue St-Martin sur la gauche, en direction de la cathédrale.

Cathédrale

Édifiée en 1875 dans un style roman-byzantin alors en vogue, elle vaut surtout pour son remarquable ensemble de **primitifs niçois★★**. Rinceaux Renaissance et dauphins affrontés encadrent somptueusement le grand **retable de St-Nicolas** de Louis Bréa *(déambulatoire de gauche, près des tombeaux des princes)* : 17 compartiments aux couleurs rutilantes entourent saint Nicolas sur son trône épiscopal vert. Trois autres panneaux de l'école niçoise retiennent l'attention dans le déambulatoire : saint Roch, saint Antoine et le Rosaire. Derrière le maître-autel, en marbre blanc incrusté de mosaïques et de cuivre (comme le buffet d'orgue et le trône épiscopal).

Dans le croisillon droit, au-dessus de la porte de la sacristie, se trouve un magnifique retable de Louis Bréa, dit **Pietà du curé Teste** (du nom du donateur), sur fond de paysage de Monaco. Dans la chapelle, bel autel de style Renaissance espagnole.

DES NOMS !
Sur le retable de St-Nicolas, les personnages sont pour la plupart nommés : en bas à gauche, sainte Dévote, patronne de Monaco ; à droite, l'admirable sainte Madeleine ; en haut à droite, sainte Anne portant curieusement la Vierge enfant et Jésus.

Par la rue Comte-Félix-Gastaldi (remarquer les portails Renaissance), gagner la rue Princesse-Marie-de-Lorraine.

Chapelle de la Miséricorde

Édifiée en 1646 par la confrérie des Pénitents Noirs. Son beau **Christ gisant★** *(niche de droite)*, du Monégasque Bosio, est porté solennellement le Vendredi saint dans les rues de la vieille ville.

En sortant, prendre à droite la rue Basse.

Historial des Princes de Monaco

R. Basse. ♿ *Fév.-nov. : 10h-18h ; déc.-janv. : 11h-17h. 3,80€ (enf. : 2€).* ☎ *00 377 93 30 39 05.*

☺ 40 personnages de cire retracent l'histoire de la famille Grimaldi en 24 scènes.

Place du Palais★

Sur le côté Sud-Ouest de la place, la **promenade Ste-Barbe** donne sur Cap-d'Ail. La place est protégée par les canons et boulets de Louis XIV et, au Nord-Est, par un parapet crénelé d'où la **vue** s'étend sur le port et la Condamine, qui paraît bien basse, le plateau de Monte-Carlo et la pointe de Bordighera en Italie.

AMUSANT
☺ Amusant et à ne pas manquer, le spectacle si anachronique de la **relève de la garde,** vêtue de noir en hiver et de blanc en été, et réglée comme du papier à musique *(tlj à 11h55 précises).*

Rampe Major

Passer sous la voûte, à droite du palais. Sous de vieilles portes datant des 16e, 17e et 18e s., elle descend vers la place d'Armes de la Condamine, où se tient un marché tous les matins. Belle vue sur le port et la Tête de Chien.

En bas de la rampe, prendre à droite l'avenue du Port qui conduit au quartier de la Condamine.

LA CONDAMINE

Visite 1/2h.

Port

Après les vaisseaux phéniciens, massaliotes, romains et génois, les yachts les plus luxueux s'amarrent dans l'ancienne baie d'Hercule, aménagée en port par le prince Albert Ier. Des **promenades en mer** en catamaran avec vision sous-marine sont organisées en saison, au départ du quai des États-Unis *(voir le carnet pratique)*. On doit au prince Rainier III la piscine olympique, face à la mer.

Le vallon qui sépare la Condamine de Monte-Carlo abrite, sous un viaduc, l'église Ste-Dévote. *Pour y accéder, longer le quai.*

Église Ste-Dévote

Elle remplace depuis 1870 une très ancienne chapelle dédiée à sainte Dévote, dont le corps se trouvait dans une grotte du vallon. À l'intérieur, bel autel de marbre du 18e s. sur lequel est posé la châsse des saintes reliques.

En sortant de l'église, tourner à droite. Remonter la rue Grimaldi jusqu'à la place d'Armes.

Rue Grimaldi

Elle s'embranche sur la place Ste-Dévote. Très commerçante et très vivante, elle est bordée d'orangers qui lui donnent une touche d'exotisme.

VOUS AVEZ DIT CONDAMINE ?

Ce terme désignait, au Moyen Âge, les terres cultivables au pied d'un village ou d'un château. C'est maintenant le quartier commerçant entre le Rocher de Monaco et Monte-Carlo.

STE-DÉVOTE

La patronne de Monaco est célébrée le 27 janvier. Le 26 au soir a lieu l'embrasement d'une barque en souvenir de celle qui recueillit le corps mutilé d'une jeune fille appelée « Devota » en l'an 312. Guidée par une colombe, la barque aurait conduit la future sainte depuis la Corse jusqu'à Monaco.

MONTE-CARLO★★★

Visite 1h1/2.

Ce nom, célèbre dans le monde entier, évoque le jeu, les caprices de la fortune, le rallye automobile, et aussi un cadre majestueux avec ses palaces, ses casinos, ses riches villas, ses magasins luxueux, ses terrasses fleuries, ses arbres et ses plantes rares.

À l'Est de la principauté, les installations luxueuses du Larvotto, gagnées sur la mer, présentent leurs plages artificielles de gravier, leurs piscines, leurs palaces et leurs complexes balnéaires ultra-modernes (Monte-Carlo Sporting Club) et, depuis juillet 2000, le translucide **Grimaldi Forum**, élevé par Fabrice Notari et Frédéric Genin. Plus anciennes, celles de Monte-Carlo Beach, au-delà de la frontière, reliées aux Spélugues par l'avenue Princesse-Grace et ses jardins.

La **terrasse**★★ du casino mérite votre visite : magnifique oasis de palmiers, elle domine la mer. La vue est divine, de Monaco à Bordighera. Les jardins, ornés d'une œuvre de Vasarely en lave émaillée, *Hexa Grace,* sont installés sur les toitures du complexe immobilier des Spélugues.

visiter

Casino

À partir de 12h. Accès interdit -21 ans. 10€. Pièce d'identité obligatoire. ☎ 00 377 92 16 24 29.

Le casino comprend plusieurs corps de bâtiments. **Charles Garnier** a construit en 1878 la façade côté mer et le théâtre-opéra, situé à l'intérieur, en face du vaste hall central, scène des fameux Ballets russes. Avant de faire ou

Indissociable de la vie mondaine de la principauté, la façade du casino de Monte-Carlo figure dans de nombreuses scènes de films.

Les Ballets russes

Compagnie fondée en 1909 à St-Pétersbourg par Diaghilev qui, après 1917, l'installa à Monte-Carlo. Elle prit son essor grâce à Nijinski. Elle devint alors le carrefour de l'avant-garde, attirant les plus grands chorégraphes, danseurs, peintres et musiciens. Les Ballets russes de Monte-Carlo continuèrent sous l'égide d'autres directeurs et artistes illustres, comme le marquis de Cuevas, jusqu'en 1962.

défaire votre fortune, vous pourrez admirer, dans le hall, la belle fresque *La Cueillette des olives* (Jundt) et, dans les salles de jeux sur la gauche, la somptueuse décoration fin 19e-début 20e s. réalisée par les artistes alors en vogue. Tout d'abord, les salles publiques : salon de style Renaissance, grand salon de l'Europe, salle des Amériques, salon des Grâces. Puis les salles du Cercle privé : les deux salles Touzet et la vaste et riche salle François-Médecin. Un escalier monumental descend à la salle Ganne, aménagée en night-club.

Palais princier★

Juin-sept. : 9h30-18h30 ; oct. : 10h-17h. 6€. ☏ 00 377 93 25 18 31. www.palais-princier.mc

Construit sur l'ancienne forteresse génoise du 13e s. soudée au rocher à pic, ce somptueux palais, précédé d'un portail aux armes des Grimaldi, date du 17e s. De la galerie d'Hercule, entièrement décorée de fresques des Ferrari, on admire la très belle **cour d'honneur** ornée de 3 millions de galets ; le marbre blanc habille l'escalier à double révolution. La galerie des Glaces mène aux Grands Appartements, meublés précieusement, au salon Bleu et à la salle du Trône au plafond peint par Ferrari, où ont lieu depuis le 16e s. les réceptions officielles. Au passage, d'intéressants portraits signés Rigaud, Champaigne, J.-B. Van Loo.

Musée des Souvenirs napoléoniens et Collection des Archives historiques du Palais★

Juin-sept. : 9h30-18h30 ; de déb. oct. à mi-nov. : 10h-17h ; de mi-déc. à fin mai : tlj sf lun. 10h30-12h30, 14h-17h. Fermé de mi-nov. à mi-déc., 1er janv. et 25 déc. 3,05€. ☏ 00 377 93 25 18 31.

Installé dans une aile du palais, ce musée passionnera les admirateurs de l'empereur, dont la famille florentine est apparentée à celle des princes de Monaco. On y découvre notamment ses objets personnels : lorgnettes, montre, tabatière, écharpe tricolore, chapeau du « petit caporal », vêtements du roi de Rome, etc. Parmi les sculptures : des bustes de Napoléon par Canova et par Houdon ; buste de Joséphine par Bosio. Portrait de Napoléon par Gérard. L'histoire de Monaco est retracée par des documents.

Musée national : Automates et Poupées d'autrefois★

Avr.-sept. : 10h-18h30 (dernière entrée 1h av. fermeture) ; oct.-mars : 10h-12h15, 14h30-18h30. Fermé 1er janv., 1er mai, 19 nov., 25 déc. et les 4 j. du Grand Prix automobile de Monaco. 5€. ☏ 00 377 93 30 91 26.

Face à la mer, au milieu des roses et des sculptures (*Jeune faune* de Carpeaux), cette charmante maison de poupées (400 au total, du 18e s. à nos jours) et d'automates (une centaine) est l'œuvre de Charles Garnier. Les scènes de la vie quotidienne des élégantes poupées sont retracées : la cuisine, l'heure du thé, le rendez-vous, la plage, le grand magasin, la coiffeuse... Les automates du 19e s., en fonction plusieurs fois par jour, sont présentés de façon amusante et instructive : les « entrailles » de l'un d'entre eux montrent un mécanisme d'une étonnante complexité. Enfin, 250 personnages peuplent une immense crèche napolitaine du 18e s.

Le Pierrot aux chiens par Vichy (1865) figure parmi les pièces remarquables du musée national.

Musée de la chapelle de la Visitation

Tlj sf lun. 10h-16h. Fermé 1er janv., 1er mai, 1er-4 juin, 19 nov. et 25 déc. 3€. ☏ 00 377 93 500 700.

Cette chapelle baroque abrite la riche collection d'art sacré du 17e s. de Barbara Piasecka-Johnson. Dès l'entrée, un ensemble d'apôtres vous accueille, magnifiquement peint en grisaille par un anonyme de l'école espagnole ; plus hommes que saints, ils sont habillés de drapés tourmentés, comme leur visage qui implore le ciel sombrement nuageux. Plus juvénile, voire primesautier, le saint Sébastien de Zurbarán, est néanmoins accablé par des flèches qui le font tourner de l'œil. Les superbes gaillards que sont saint Pierre et saint Paul vous narguent du haut de leur ciel, enveloppés des belles couleurs de Rubens. Cantarini nous dépeint une Madone tout à son enfant, accoudée dans une attitude très humaine. Ribera accentue la souffrance de saint Barthélemy en le traitant dans ce puissant clair-obscur qui a fait la gloire de ce disciple du Caravage.

LE BERCEAU DU SPORT AUTOMOBILE

Dès 1898, les premières voitures sans chevaux défilent dans des concours d'élégance. Créé en 1911, le prestigieux Rallye de Monte-Carlo est devenu le championnat du monde de grand tourisme. Depuis 1929, le Grand Prix de Monaco est l'une des épreuves les plus célèbres du championnat du monde de Formule 1 avec sa spectaculaire « course dans la cité ».

TOUCHANTS CADEAUX

La Rolls-Royce Silver Cloud offerte par les commerçants monégasques au prince Rainier pour son mariage en 1956, et le taxi londonien Austin 1952, aménagé pour la princesse Grace.

Collection de voitures anciennes★

♿ *10h-18h. Fermé 25 déc. 6€ (enf. : 3€).* ☎ *00 377 92 05 28 56. www.mtcc.mc*

Dans un somptueux hall d'exposition, une centaine de véhicules hippomobiles et de voitures de la collection princière sont présentés sur 5 niveaux. Le premier est réservé aux calèches du prince Charles III.

Vénérable dame qui eut son heure de gloire en 1928, l'Hispano Suiza H6B conserve son moteur en état de marche.

Ensuite, on remarque la De Dion Bouton (1903), première voiture acquise par le prince Albert Ier, et de prestigieux modèles : Lincoln Torpedo décapotable (1928), Packard cabriolet (1935) et Buick Skylar (1966).

L'histoire de l'automobile est retracée par les véhicules à chenillettes Citroën de la Croisière jaune, de belles tractions-avant, une Trabant et une Lamborghini 1986 aux lignes futuristes. Dans le salon d'honneur dédié à la Formule 1 trône la Bugatti 1929 (victorieuse au 1er Grand Prix) et une Ferrari F1 1989 développant 600 CV.

Musée naval

♿ *10h-18h. 4€.* ☎ *00 377 92 05 28 48.*

Il est constitué d'une centaine de pièces, les plus remarquables de la collection princière de maquettes navales depuis l'Antiquité jusqu'à l'époque moderne. Les plus anciennes ont été construites par le prince Albert Ier en 1874. On admirera la ***Gondole impériale*** réalisée en quinze jours pour l'inspection de Napoléon Ier à Anvers, le cuirassé *Missouri, les navires d'exploration des commandants Charcot et Cousteau, et, bien sûr, le Titanic !*

Musée des Timbres et des Monnaies

♿ *Juil.-sept. : 10h-18h ; oct.-juin : 10h-17h. 3€.* ☎ *00 377 93 15 41 50.*

Dans un cadre très moderne, il présente une intéressante rétrospective des collections princières. Le premier timbre à l'effigie d'un souverain monégasque a été émis en 1885 sous le règne de Charles III. Auparavant, l'affranchissement du courrier s'effectuait avec des timbres sardes. À partir du Second Empire (1860), ils sont surchargés de la mention « Monaco ». Pendant un demi-siècle, ils furent imprimés avec une rotative en taille-douce. La salle des timbres rares enchantera les philatélistes.

À SAVOIR

On peut se procurer à l'accueil l'ensemble des timbres monégasques du programme philatélique en cours ainsi que des coffrets de monnaies de collection ou en circulation.

Une première mondiale : le récif corallien vivant de la mer Rouge a été aménagé en 1989 au musée océanographique.

découvrir

FAUNE ET FLORE DANS LA PRINCIPAUTÉ

Musée océanographique★★

♿ *Juil.-août : 9h-20h ; avr.-juin et sept. : 9h-19h ; oct.-mars : 10h-18h. Fermé dim. du Grand Prix automobile de Monaco. 11€.* ☎ *00 377 92 16 77 93. www.oceano.mc*

☺ Dans un site exceptionnel, ce majestueux édifice forme sur le rocher une falaise en pierre de taille dominant la mer de 80 m. Également institut de recherches scientifiques, le musée a été fondé en 1910 par le prince Albert Ier pour y abriter les collections scientifiques de ses campagnes menées depuis 1885.

L'**aquarium★★** au sous-sol est l'un des plus remarquables avec ses 4 500 locataires (400 espèces de poissons représentées) présentés en deux zones, « tropicale » et « méditerranéenne ». Les plus bariolés et les plus insolites vous transporteront vers les mers chaudes des tropiques, dont on a ici reproduit fidèlement le biotope (90 bassins). Ici, les acteurs nous invitent à un ballet en technicolor : clown orange, murène étoilée, mérou à pois, arlequin jaune et bleu, requin léopard nous dévisagent. Très poétique, le poisson-vache ; si fragile et si gracieux, l'hippocampe majestueux ; le napoléon, as du camouflage ; le mortel poisson-pierre, sans oublier l'inquiétant poisson-chirurgien, ni l'étonnant apogon des îles Banggai. 25 000 l sont nécessaires au requin-nourrice pour qu'il ait de bonnes relations de voisinage avec les grandes tortues vertes et les tortues à écailles. Enfin, dernière nouveauté inaugurée en décembre 2000, l'impressionnant **lagon aux requins**, immense aquarium de 400 m^3 d'eau présentant une barrière de corail et, derrière une vitre de 9 m sur 6 m, de grands prédateurs des fonds marins : requins, raies et poissons Napoléon.

Un commandant hors norme

Jacques-Yves Cousteau (1910-1997) fut directeur du musée de 1957 à 1988. À bord de la *Calypso*, équipé de soucoupes plongeantes (trônant devant l'entrée monumentale), ou vêtu de son scaphandre autonome, il pouvait mener ses recherches tout en réalisant les films qui ont consacré sa notoriété : *Le Monde du silence* et *Le Monde sans soleil* (projetés parfois dans la salle de cinéma du musée). Il milita activement pour la protection des mers et de l'environnement, et fut membre de l'Académie française.

◄ Dans le musée proprement dit, après avoir été accueilli par un impressionnant crabe du Japon de 2 m d'envergure, heureusement naturalisé, vous découvrirez, dans l'atrium, face à l'entrée, une remarquable collection de coquillages et nacres ouvragés.

La salle à droite de l'atrium accueille des animations, dont la « Méditerranée en direct », qui vous permettra de compléter vos connaissances sur la mer et, qui sait, d'éprouver des émotions jusque-là inconnues.

Les salles de l'étage ont été restituées selon leur architecture originelle, avec leurs passerelles de métal évoquant un décor de Jules Verne. Dans la **salle océanographie physique★**, vous découvrirez d'impressionnants squelettes de mammifères marins : orque, cachalot, lamantin, narval et une baleine de 20 m, échouée sur le rivage italien.

La salle centrale d'océanographie appliquée évoque les campagnes scientifiques du prince Albert Ier avec, notamment, le laboratoire reconstitué de son dernier bateau, l'*Hirondelle II*, et la baleinière qui lui permit de chasser des cétacés et de récupérer dans leur estomac des animaux de grandes profondeurs. À bord de la *Princesse Alice II*, il rapporta des poissons d'une profondeur record de -6 000 m et atteignit, lors d'expéditions au Spitzberg, les 80° de latitude Nord.

La **terrasse** abrite un restaurant offrant une vue étendue jusqu'à la Riviera italienne.

Jardin exotique★★

Bd du Jardin-Exotique. De mi-mai à mi-sept. : 9h-19h ; de mi-sept. à mi-mai : 9h-18h ou tombée de la nuit selon les mois. Fermé 19 nov. et 25 déc. 6,40€ (billet combiné avec la grotte de l'Observatoire et le musée d'Anthropologie préhistorique). ☎ 00 377 93 15 29 80.

Dépaysement garanti dans cette insolite collection de cactées qui apprécient – certains depuis plus de cent ans – le microclimat exceptionnel de ce jardin suspendu le long d'une falaise rocheuse. Depuis les allées, **panorama★** grandiose sur la principauté, le cap Martin et la Riviera italienne.

Vous serez surpris par les merveilles végétales du jardin exotique qu'on croirait sorties d'un tableau surréaliste.

Les couleurs du Mexique et de l'Afrique australe éclatent à travers les 6 000 variétés de la flore semi-désertique : cactus et autres plantes « succulentes » telles que les espèces arborescentes : euphorbes en forme de candélabres, aloès géants, « coussins de belle-mère » ou figuiers de Barbarie.

Différentes, les sculptures naturelles de la **grotte de l'Observatoire★**, creusée dans le calcaire de la Tête de Chien. En bas des 279 marches, une magnifique forêt de stalactites, stalagmites et concrétions délicates pare des salles superposées sur 40 m. *Mêmes conditions de visite que le Jardin exotique.*

Dans la salle d'entrée, des fouilles ont révélé la présence de l'homme (outillage), il y a environ 200 000 ans, et livré des ossements d'animaux préhistoriques : ces objets sont exposés à côté, dans le **musée d'Anthropologie préhistorique.**

Musée d'Anthropologie préhistorique★

Accès par le Jardin exotique. De mi-mai à mi-sept. : 9h-19h ; de déb. avr. à mi-mai et de mi-sept. à fin sept. : 9h-18h30 ; fév.-mars et oct. : 9h-18h ; janv. et nov. : 9h-17h30 ; déc. : 9h-17h. Fermé 19 nov. et 25 déc. 6,4€ (visite du jardin exotique incluse). ☎ 00 377 93 15 80 06.

Par sa richesse, sa diversité et une présentation particulièrement soignée, ce musée intéressera même les profanes.

Les collections régionales permettent de constater que la Côte d'Azur a été fréquentée, selon les variations climatiques, par le renne, le mammouth, l'ours des cavernes, aussi bien que par l'hippopotame ou l'éléphant. Batterie impressionnante de squelettes d'*Homo sapiens* : négroïdes de Grimaldi, type Cro-Magnon, et leur sépulture collective. La salle Albert-Ier présente une rétrospective des principaux jalons de l'évolution de l'humanité.

Jardin japonais★

Accès par le bd Louis-II. ♿ De 9h au coucher du soleil. Gratuit. ☎ 00 377 93 15 22 77.

Réalisation par l'architecte paysagiste nippon Yasuo Beppu d'un vœu de la princesse Grace, ce jardin est une oasis de verdure et de calme, apportant une touche spirituelle dans le luxueux quartier du Larvotto, à deux pas du casino. Tout est symbole dans cet espace de 7 000 m² régi par des principes shintoïstes. Véritable bonsaï du monde, chaque élément s'y retrouve, mais à une échelle miniaturisée. Moins exotique, la provenance, française, des minéraux (granit, porphyre, galets).

Zen

À proximité de la maison de thé, le **jardin zen** invite à la méditation avec son paysage délimité par sept pierres du cap Corse, dans une mer de gravier ratissé en ellipse, symbole du mouvement perpétuel de l'univers.

Le **pont cintré** rouge (couleur du bonheur) illustre le passage vers les dieux, représentés par les îles centrales : celle ornée de deux pins présente la forme d'une tortue, symbole de longévité ; la petite, tout en hauteur, plantée d'un seul pin, représente une grue qui nidifie, autre symbole de longévité.

Jardins St-Martin★

La végétation méditerranéenne sème ses effluves à travers des allées ombragées, offrant de belles échappées sur la mer. On y rencontre Albert Ier en bronze (par François Cogné, 1951) et les vestiges de l'église St-Nicolas qui précéda l'actuelle cathédrale.

Parc paysager

Laisser la voiture dans le parking situé sous le stade Louis-II. Un magnifique parc de 4 ha dans le quartier de Fontvieille réunit des végétaux du monde entier. Dans la roseraie « Princesse Grace » attenante prospèrent 4 000 plans de 150 variétés différentes, dont une partie est l'œuvre de célèbres jardiniers.

GRACE
Au cœur du parc paysager, la statue de la princesse Grace a été réalisée à la suite de sa disparition par Kees Verkade en 1983.

Jardin animalier

♿ *Juin-sept. : 9h-12h, 14h-19h ; mars-mai : 10h-12h, 14h-18h ; oct.-fév : 10h-12h, 14h-17h. 4€. ☎ 00 377 93 25 18 31.*

Perroquets et perruches à l'insurpassable vert font l'animation de ce superbe enclos fleuri, par ailleurs habité de macaques, pythons et autres jaguars... qui savourent, depuis leur terrasse accrochée au Rocher, leur belle vue sur le cap d'Ail.

randonnées

Sentier touristique du cap Martin★★

Au départ de Monte-Carlo, 3h à pied AR (à effectuer de préférence l'après-midi). Schémas p. 240 et 302.

Les touristes désirant abréger la promenade peuvent aller en voiture jusqu'à la gare de Roquebrune-Cap-Martin : ils retrouveront le sentier en contrebas de celle-ci.

Sinon, à Monte-Carlo Beach, prendre à gauche un petit escalier situé entre deux villas (voir Roquebrune-Cap-Martin, « séjourner », sentier touristique, en sens inverse).

Sentier touristique du cap d'Ail★

Au départ de Fontvieille. 3,5 km. 1h à pied AR. Schéma p. 302. Gagner, à l'Ouest de Fontvieille, la petite plage Marquet ; laisser la voiture à proximité.

De la plage, un sentier s'engage le long de la mer. Bientôt, le rocher de Monaco disparaît tandis que l'on contourne le cap d'Ail en longeant des rochers battus par les eaux écumantes. À l'horizon se profilent alors Beaulieu et le cap Ferrat. À gauche du restaurant « La Pinède », un escalier débouche sur la route qui mène à la gare de Cap-d'Ail. On peut continuer le sentier jusqu'à la plage Mala. Puis, par un escalier, reprendre la route dans l'agglomération.

Beausoleil-Mont des Mules★

Au départ de Monte-Carlo, 3 km puis 1/4h à pied AR. Voir corniche de la Riviera, itinéraire « moyenne corniche ».

Mons

PARADIS CHINOIS
Occupé très tôt (vestiges d'un *oppidum* celto-ligure), le village est dévasté par plusieurs épidémies de peste au Moyen Âge. Il aurait été repeuplé par des familles génoises qui l'auraient rebâti de main de maître et auraient remis son terroir en culture sur terrasses : oliviers, blé, herbages, abattant un travail de Chinois.

Mons est un petit coin de paradis entre ciel et terre. Le site★, sauvage et ensoleillé, présente tous les aspects de la végétation provençale du haut Var. Maisons en pierres sèches, charmantes ruelles, placettes ornées de vieilles fontaines... un vrai bonheur.

La situation

Carte Michelin Local 340 P3 – Var (83). Perché à 800 m d'altitude, Mons se situe entre la route Napoléon et Fayence, St-Cézaire et Bargème.

Pl. St-Sébastien, 83440 Mons, ☎ 04 94 76 39 54.

Le nom

Mons signifie en latin « montagne, butte en pays plat ».

carnet pratique

Restauration

• *À bon compte*

Auberge Provençale – *7 r. du Rempart-du-Midi - ☎ 04 94 76 38 33 - fermé mi-nov. à mi-déc., mar. sf juil.-août - 13/25€.* En contrebas de la place St-Sébastien, ce restaurant offre une vue panoramique grandiose par ses baies vitrées le long de la terrasse. La cuisine régionale mérite aussi un passage à l'auberge. Salon de thé l'après-midi.

Calendrier

Marché potier le 1er w.-end d'août.
Fête des femmes à la Ste-Agathe le 1er week-end de fév.
Fête de la St-Pierre à la fin juin.
Fête patronale de Notre-Dame le 15 août.

Les gens

Les 671 Monsois, surnommés les Chinois, qui sursautent encore aux coups des canons du camp militaire de Canjuers tout proche et réapprennent le provençal.

se promener

Place St-Sébastien

Agrémentée d'une jolie fontaine du 18e s., la terrasse propose une **vue★★** exceptionnelle des vallées de la Siagne et de la Siagnole aux îles de Lérins et à la Corse (par temps très clair !), et de Coudon (près de Toulon) aux Alpes de la frontière italienne (table d'orientation).

Balade

En prenant le chemin de la chapelle St-Pierre dans le village, on peut découvrir trois **dolmens** : Riens (400 m), la Colle (3,5 km) et la Brainée (7,5 km).

Église

Visite guidée 14h-18h sur demande à l'Office de tourisme. ☎ 04 94 76 39 54.

De style roman haut-provençal à l'origine, elle fut transformée aux 15e et 17e s. Elle renferme un mobilier religieux d'une rare homogénéité : cinq beaux retables baroques dont un triptyque monumental de 1680 au maître-autel dédié à l'Assomption de la Vierge, à saint Pierre et saint Paul. À droite du maître-autel, belle croix processionnelle en argent (15e s.). Le clocher carré abrite une cloche de 1438.

Mougins

Dans un site★ extraordinaire de verdure, Mougins s'aperçoit de loin, juché sur sa colline. Son visage provençal et médiéval n'a pas changé depuis le temps où le village était plus important que Cannes. Ses rues étroites aux maisons bien restaurées s'enroulent en colimaçon. La place de la mairie a un petit air de fête avec son animation, ses restaurants, son vieil ormeau et sa fontaine.

À vous de voir

La terrasse du **clocher de l'église** offre un superbe **panorama★** sur les environs et la côte.

Une fontaine, un cyprès, des volets peints, le bruits des boules entrechoquées : Mougins a su rester une cité provençale.

carnet pratique

Restauration

• ***Valeur sûre***

La Broche de Fer – *À St-Basile (rte Valbonne) - ☏ 04 92 92 08 08 - fermé mer. - 15,50€ déj. - 19/30€.* Un peu à l'écart du village, restaurant de grande capacité dont la salle à manger, agencée sur quatre niveaux, est joliment décorée dans le style provençal. Enseigne pas cachottière : grillades et cuisson à la broche sont effectivement la spécialité de la maison.

Brasserie de la Méditerranée – *Au village - ☏ 04 93 90 03 47 - brasseriem@provence-riviera.com - fermé 10 janv. au 10 fév. et mar. de nov. à fin mars - réserv. conseillée - 26,56/39,33€.* Sur la place du village, ce bistrot ouvre sa belle terrasse sur la rue principale. À l'intérieur, son décor de brasserie feutrée accueille une clientèle nombreuse venue se restaurer d'une cuisine au goût du jour qui n'a pas oublié ses origines provençales...

L'Amandier de Mougins – *Au village - ☏ 04 93 90 00 91 - 28/34€.* Ce pressoir du 14e s. est une ravissante halte où il fait bon s'attabler. Choisissez sa jolie salle à manger voûtée, agrémentée de mosaïques et de tableaux contemporains, ou, dès les premiers beaux jours, sa petite terrasse prisée.

La situation

Carte Michelin Local 341 C6 – Alpes-Maritimes (06). Des vestiges de remparts marquent la limite piétonne du village (parking). Ils datent, avec la porte sarrasine du 12e s., de l'ancien fief des abbés de Lérins.

i 15 av. Ch-Malet, 06250 Mougins, ☏ 04 93 75 87 67.

Le nom

Du préceltique *mug* qui signifie « pierre », « butte », à moins qu'on ne préfère y voir l'influence du *pinus mugho*, variété de pins qui, justement, pousse sur des sols caillouteux.

Les gens

16 051 Mouginois. Dès 1935, Picasso découvre Mougins, avec Dora Marr et Man Ray. Depuis, les stars continuent de s'y réfugier, loin des strass (et du stress, parfois) de Cannes.

visiter

La ville de Lamy

Dans le musée municipal et sur la place Ste-Anne, on fait honneur au **commandant Lamy**, né à Mougins en 1858, explorateur de l'Afrique et fondateur de N'Djamena, la capitale du Tchad (l'ancien Fort-Lamy).

Musée municipal

Tlj sf w.-end 9h-17h. Fermé de déb. nov. à mi-déc. Gratuit. ☏ 04 92 92 50 42.

Dans l'ancienne chapelle St-Bernardin des pénitents blancs devenue mairie, l'histoire de Mougins nous est racontée. Stèles funéraires romaines (Mougins était un relais de poste romain sur la via Aurelia), reliquaire du 16e s., et de nombreux autres objets décrivent le passé artisanal et agricole de la ville.

Musée de la Photographie

Juil.-sept. : 10h-20h ; oct.-juin : tlj sf lun. et mar. 10h-12h, 14h-18h, dim. et j. fériés 14h-18h. Fermé nov. et 1er mai. 2€. ☏ 04 93 75 85 67.

Derrière le clocher de l'église et accolé à la porte sarrasine, ce musée a été créé grâce à André Villers, ami et photographe attitré de Picasso. Ses photos du peintre sont de savoureux témoignages de complicité et de vie. D'autres portraits du peintre par Clergue, Doisneau, Duncan, Lartigue, Roth, Otero, Denise Colomb et le reporter Ralph Gatti. Belle collection d'anciens appareils photographiques, comme l'ancêtre du dessin animé, le cidoscope. Des expositions temporaires de photographie contemporaine sont également organisées.

« L'antre du Minotaure »

En 1961, Picasso s'installe à Mougins avec sa femme Jacqueline dans l'ermitage de Notre-Dame-de-Vie. Ce mas devint un lieu de création et de rencontres artistiques ; il y vécut jusqu'à sa mort en 1973.

Ermitage N.-D.-de-Vie

6 km – environ 3/4h. Quitter Mougins au Nord-Ouest par la D 235, puis prendre à droite la D 35 ; 2 km plus loin se trouve, à droite, une route signalée vers N.-D.-de-Vie. Dim. matin.

La beauté du **site★** est frappante : l'ermitage, du haut de sa prairie, laisse échapper entre ses gigantesques cyprès une **vue★** divine sur Mougins et un paysage à l'allure toscane. Belle croix de pierre du 15e s. sous les arbres, à droite de l'ermitage. On comprend que Picasso ait choisi ce lieu pour y vivre ses dernières années. Cachée dans la verdure, sa propriété jouxte l'ermitage.

Pour les matinaux
La collection d'ex-voto naïfs et le beau retable de l'Assomption, sculpté bleu et or : autant de raisons de venir à la messe du dimanche à 9h.

La **chapelle** date du 17e s. ; sa tour est surmontée d'un clocheton de tuiles vernissées. Notre-Dame-de-Vie était « sanctuaire de répit ». On y amenait, parfois de fort loin, des enfants mort-nés : pendant la messe, ceux-ci étaient censés ressusciter provisoirement, le temps d'être baptisés.

Un chemin carrossable rejoint la D 3 d'où l'on peut regagner Mougins.

Étang de Fontmerle

3 km par la D 35 en direction du golf puis, au rond-point l'avenue de Grasse et, à droite la promenade de l'Étang.

Naguère en piteux état, cet étang de 5 ha a été réaménagé, protégé et peuplé de lotus *(Nelumbo nucifera)* qui, occupant la moitié de sa superficie, constituent la plus importante colonie européenne de cette plante sacrée. Floraison entre juillet et mi-septembre. Mystérieusement avertis du miracle, les oiseaux migrateurs (aigrettes, hérons cendrés, canards) viennent y faire escale. Un point d'observation a été aménagé pour les amateurs.

Musée de l'Automobiliste★

5 km – 772 chemin de Font-de-Currault. Quitter Mougins au Nord-Ouest par la D 235, prendre la route de Cannes, la D 3, que l'on quitte peu avant le passage sur l'autoroute pour prendre à gauche le chemin du Belvédère, prolongé par le chemin des Collines. À la 2e intersection, prendre à gauche le chemin de Ferrandou, puis à gauche encore pour passer au-dessus de l'autoroute. Le chemin de Font-de-Currault, à droite, mène au parking du musée. Avr.-sept. : 10h-19h ; oct.-mars : 10h-18h. Fermé de mi-nov. à mi-déc. 7€. ☎ 04 93 69 27 80.

Par l'autoroute
Depuis l'A 8, dans le sens Nice-Cannes, le musée est situé sur l'aire Nord des Bréguières. Possibilité d'accès à pied par une passerelle au départ de l'aire Sud.

Le bâtiment futuriste, qui s'élève en bordure de l'autoroute, présente une façade de béton et de verre évoquant une calandre. Deux passionnés de l'automobile, Adrien Maeght et Antoine Raffaelli ont rassemblé dans ce lieu, avec

Ce cabriolet encore pimpant vient terminer dans ce musée une belle carrière de parade.

Rendez-vous
La visite sera encore plus attrayante si l'on vient aux bourses d'échange, ventes aux enchères publiques et concours d'élégance qui sont organisés au cours de l'année. Tous les amateurs de voitures anciennes s'y retrouvent.

l'aide de la société d'autoroute ESCOTA, des automobiles de collection exposées par roulement (environ 90 à la fois).
Parmi les modèles rutilants, remarquablement présentés et tous en état de marche, on relève les noms prestigieux de Benz (1er véhicule construit en série, 1894), Bugatti (57, 1938), Ferrari, Hispano-Suiza, Delage, Rolls-Royce, etc. À l'étage consacré aux voitures de compétition, dont quelques-unes ont remporté des grands prix, on remarque une série de Matra des années 1967 à 1974. Chaque année, deux expositions thématiques soulignent un aspect particulier de l'automobile. Le cinéma du musée propose des films qui évoquent l'histoire de l'automobile et la part prise par chaque marque.

Route **Napoléon**★★

Victorieux
Dans la prodigieuse carrière de Napoléon, il n'est rien peut-être de plus extraordinaire que cette marche triomphale de vingt jours. Le 20 mars 1815, au milieu d'une foule enthousiaste, il entre aux Tuileries et reprend le pouvoir.

L'Empereur, exilé à l'île d'Elbe depuis 1814, veut reconquérir la France. La route Napoléon est la reconstitution du trajet qu'il a suivi de son débarquement à Golfe-Juan jusqu'à Grenoble. Sur les plaques commémoratives et les monuments du parcours figurent des aigles aux ailes déployées dont le symbole est inspiré des paroles de Napoléon : « L'Aigle, avec les couleurs nationales, volera de clocher en clocher jusqu'aux tours de Notre-Dame. »

La situation

Carte Michelin Local 341 B/D 5/6 – Alpes-Maritimes (06).
Nous décrivons ici l'itinéraire suivi par l'Empereur jusqu'au col de Valferrière. La suite de la route est décrite dans Le Guide Vert *Alpes du Sud* et *Alpes du Nord*.

Le nom

La « route Napoléon » a été inaugurée en 1932. Né à Ajaccio en 1769, Napoléon devient empereur en 1804 et meurt à Ste-Hélène en 1821, après avoir imposé le Code civil et exporté l'idée de la révolution dans toute l'Europe.

Les gens

« Nous partîmes cinq cents et par un prompt renfort... ». Le vieux Corneille n'était pas loin de la vérité : au départ, 700 hommes et quelques chevaux montent sur Paris. À l'arrivée, ils sont 20 000 ! Napoléon, en bon Méditerranéen, dira 40 000, doublant les chiffres comme à son habitude.

circuit

DE GOLFE-JUAN AU COL DE VALFERRIÈRE

57 km – compter 1/2 journée. Quitter Golfe-Juan par la N 7.

Débarquement
Le 1er mars 1815, 1 100 hommes débarquent avec l'Empereur et le général Cambronne. Celui-ci distribue, malgré les oppositions locales, des cocardes tricolores qui ornent bientôt toutes les coiffures. Sur le port de Golfe-Juan, une mosaïque commémore l'événement et tous les ans, le 1er week-end de mars, une reconstitution du débarquement a lieu.

◄ À son arrivée à Golfe-Juan, l'empereur gagne la seule auberge qui se trouvait alors sur la route face à la mer. Il s'y repose tandis que l'on essaie de gagner à sa cause la garnison royaliste d'Antibes. L'entreprise ayant échoué, il ordonne de marcher sur Cannes.
Aujourd'hui, la route contourne la colline de Super-Cannes tandis que se profilent à l'horizon les îles de Lérins et l'Esterel, superbes au coucher du soleil.

Cannes⌂⌂⌂ *(voir ce nom)*

Quitter Cannes par le Nord, en direction de Mougins.

La N 85 s'élève au-dessus de la ville et de la mer tandis qu'à droite se détache le village perché de **Mougins** *(voir ce nom)*.

Le vol de l'Aigle

Depuis Golfe-Juan, Napoléon et sa petite troupe, précédés d'une avant-garde, gagnent Cannes où ils arrivent tard et d'où ils repartent tôt le lendemain. Voulant éviter la voie du Rhône qu'il sait hostile, Napoléon fait prendre la route de Grasse pour gagner, par les Alpes, la vallée de la Durance. Au-delà de Grasse, la colonne s'engage dans de mauvais chemins muletiers : St-Vallier, Escragnolles, Séranon d'où, après une nuit de repos, elle gagne Castellane (3 mars), puis Barrême.

Mouans-Sartoux

Ce charmant village réunit les communes de Sartoux, village médiéval ruiné par les Sarrasins, et de Mouans, ancienne forteresse protégeant la route de Grasse. En 1588, Suzanne de Villeneuve, veuve d'un huguenot, défendit son village contre les troupes du duc de Savoie. Après avoir rasé le château malgré l'accord passé, celui-ci fut pourchassé par Suzanne jusqu'à Cagnes où il dut indemniser lourdement les habitants. À la sortie, Grasse apparaît, largement étalée à flanc de montagne.

Actuel

Dans un beau parc, le château de Mouans, fin 19e s. (assises du 16e s.), abrite l'**espace de l'Art concret** : intéressante collection d'art contemporain et expositions thématiques. *Juin-sept. : 11h-19h ; oct.-mai : 11h-18h. 2,29€.* ☎ *04 93 75 71 50.*

Grasse★ *(voir ce nom)*

Quitter Grasse par le Nord-Ouest.

On longe le « plateau Napoléon » où l'Empereur, évitant Grasse, fit halte le 2 mars. On traverse les Plans de Provence puis les Préalpes de Grasse, montagnes calcaires. La route franchit successivement trois cols : col du Pilon (782 m), pas de la Faye (981 m), col de Valferrière (1 169 m), offrant des vues admirables à l'arrière.

Col du Pilon

Des pentes Sud de ce col, **vue★★** splendide vers le golfe de la Napoule et les îles de Lérins, Grasse, le lac de St-Cassien, les massifs de l'Esterel et des Maures.

St-Vallier-de-Thiey *(voir ce nom)*

La montée au pas de la Faye offre encore de très belles **vues★**.

Pas de la Faye★★

La **vue★★** est aussi belle qu'au col du Pilon. En sens inverse, on a un premier aperçu de la Méditerranée et la magnifique révélation de la Côte d'Azur.

La route traverse un paysage aride, dominé par les montagnes de l'Audibergue et de Bleine à droite, par la montagne de Lachens à gauche, avec de nombreuses vues en direction du Sud. 1 km avant Escragnolles, au niveau d'une station d'essence, s'embranche à gauche une route pour le belvédère de Baou Mourine.

Belvédère de Baou Mourine★

1 km puis 1/2h à pied AR. Chemin fléché (marques rouges). On arrive à une terrasse d'où se découvre un beau **point de vue★** sur la vallée de la Siagne, le golfe de la Napoule, l'Esterel et les Maures.

Après Escragnolles, où Napoléon fit une courte halte, la route offre encore des vues vers le Sud.

Au col de Valferrière, possibilité de retour à Grasse en empruntant, en sens inverse, le circuit « Préalpes de Grasse ».

Napoléon à Grasse

« Là l'Empereur comptait trouver une route qu'il avait ordonnée sous l'Empire ; elle n'avait jamais été exécutée. Il fallut se résoudre à suivre des défilés difficiles et pleins de neige, ce qui lui fit laisser à Grasse, à la garde de la municipalité, sa voiture et deux pièces de canon... » *Mémorial de Ste-Hélène*, propos de l'Empereur recueillis par Las Cases.

Charles Steuben : Portrait de Napoléon Ier, 1812.

Nice★★★

Vous avez peu de temps ?
Une journée est nécessaire à la découverte de Nice. Consacrez la matinée au front de mer et à la vieille ville ; l'après-midi sera réservé à Cimiez. Les visiteurs disposant de plus de temps verront le musée des Beaux-Arts, le musée d'Art moderne et d'Art contemporain et/ou le musée des Arts asiatiques.

Le charme de Nice « l'Italienne » se conjugue au pluriel : entre mer et montagne, son site★★ procure aux amoureux de la nature et du sport de très nombreuses activités. La capitale de la Riviera offre un visage effervescent, de jour comme de nuit. Les couleurs de sa vieille ville baroque, de sa cuisine et de ses grands musées combleront le visiteur qui pourra à tout moment contempler le site depuis la colline du château ou respirer la douceur de l'air marin (hélas trop souvent mêlée aux vapeurs d'échappements) sur la célébrissime promenade des Anglais.

La situation

Carte Michelin Local 341 E5 – Schémas p. 280 et 294 – Alpes-Maritimes (06). De l'A 8, au Nord de la ville, cinq sorties vous mènent dans des quartiers différents. Le torrent du Paillon divise Nice en deux : à l'Ouest, la partie moderne ; à l'Est, la vieille ville, la **« colline du Château »**, et derrière, le port. Au Nord, la colline de Cimiez, l'ancienne cité romaine. **i** *Av. Thiers, 06000 Nice, ☎ 04 93 87 07 07 et 5 promenade des Anglais, 06000 Nice, ☎ 04 92 14 48 00. www.nicetourisme.com*

Le nom

Issu de Nikaia (du grec *niké*, « victoire »), nom du comptoir commercial grec ouvert vers le 4e s. avant J.-C. sur une citadelle ligure, commémorant ainsi une victoire des Massaliotes sans doute remportée sur les Salyens.

Les Niçois
« C'est un trait de caractère du Niçois qui n'a ni la gesticulation italienne, ni la faconde provençale mais une gravité si souvent simulée qu'elle est devenue une seconde nature. »
Louis Nucera (1928-2000).

Les gens

342 738 Niçois (agglomération de 475 507 habitants). Hier Matisse, Yves Klein, Louis Nucera et... Dick Rivers, aujourd'hui Max Gallo, Elton John, Le Clézio et Benjamin Vauthier plus connu sous le nom de Ben, qui tenait une boutique dans le vieux Nice au début de sa carrière artistique.

comprendre

Des Grecs aux Savoyards – Le sol de Nice a révélé une occupation humaine vieille de 400 millénaires. Citadelle ligure à l'aube de l'histoire, elle devient, vers le 4e s. avant J.-C., un comptoir des Grecs de Marseille. Cette petite bourgade, bâtie autour du rocher qui domine le port alors à l'Est de l'actuel quai des États-Unis, est éclipsée trois siècles plus tard par les riches Romains, qui portent leur effort colonisateur sur la colline de Cemenelum, ou « Cimiez », d'où ils assurent une meilleure défense.

Le Carnaval, place Masséna, temps de folie toléré par les autorités, demeure la référence des fêtes de la Côte.

En 1388, Nice, alors sous domination du comte de Provence, choisit son camp au terme d'une guerre civile : à Louis d'Anjou, comte de Provence, elle préfère **Amédée VII**, comte de Savoie, pour qui le port de Nice est un enjeu capital dans sa maîtrise de la route d'Italie. Cette puissante maison, déjà riche de la province du Piémont, va transformer durablement l'identité niçoise : quittant l'habit provençal, Nice s'italianise avec la Savoie qui établit sa capitale à Turin au 16e s. et annexe la Sicile puis la Sardaigne au 18e s.

En 1793, Nice et son arrière-pays deviennent sous la Convention le département des Alpes-Maritimes. À la chute de l'Empire, en 1814, le roi de Piémont-Sardaigne les récupère par le traité de Paris.

Deux héros niçois – André Masséna (1758-1817), général dès 1793, s'illustre pendant la campagne d'Italie à Rivoli. Bonaparte l'appelle « l'enfant chéri de la victoire ». Il remporte la bataille de Zurich sur les Autrichiens et les Russes, et permet à Bonaparte de gagner celle de Marengo sur les Italiens. Il conquiert le royaume de Naples (1806). Son génie militaire s'accompagne d'une âpreté au gain et d'un opportunisme qui le fait successivement crier au cours de sa carrière : « Vive la nation ! Vive l'empereur ! Vive le roi ! »

Des convictions plus solides ont animé Giuseppe **Garibaldi** (1807-1882), fils de marin génois, qui s'est battu aux côtés de Mazzini pour l'unité de l'Italie lors de la Révolution de 1848 puis celle de 1859. Exilé en Amérique du Sud, il défend les républicains uruguayens et brésiliens. Ce « Che Guevara » niçois a bien mérité son surnom de « héros des Deux-Mondes ».

Le plébiscite – Napoléon III accepte de s'allier au Piémont-Sardaigne et de chasser les Autrichiens des provinces du Nord de l'Italie pour reprendre Nice et la Savoie. Le traité de Turin (1860), entre Napoléon III et le roi de Sardaigne Victor-Emmanuel II,

Revirement de l'histoire

Les invasions barbares et sarrasines réduisent Cimiez à peu de chose et c'est l'ancienne Nikaia qui, à partir du 10e s., redevient importante grâce aux comtes de Provence.

Condottiere et patriote au service de l'indépendance italienne, Giuseppe Garibaldi, fier de son origine niçoise, n'admit jamais la cession du comté de Nice à la France.

carnet pratique

TRANSPORTS

Aéroport Nice-Côte d'Azur – Aménagé sur la rive gauche de l'estuaire du Var, c'est le 2e de France pour l'importance du trafic. Pour répondre aux besoins sans cesse croissants, la plate-forme a été doublée par un gain de 200 ha sur la mer pour créer un second aérogare.

Transports urbains (Sunbus) – Ils assurent une large desserte des environs de la ville. Une carte touristique « SunPass » permet de voyager pendant 1 à 5 ou 7 j. En vente *10 av. Félix-Faure, ☎ 04 93 13 53 13,* ou *29 av. Malausséna, ☎ 04 92 17 52 54. www.sunbus.com*

VISITE

Visite guidée de la ville – Visite du Vieux Nice baroque (1h1/2) mar. et dim. 15h. 3€. S'adresser au *palais Lascaris, 15 r. Droite, ☎ 04 93 62 72 40.*

Petits trains touristiques – Ils partent du front de mer, face à l'hôtel Méridien. Juin-sept. : visite guidée (3/4h) 10h-19h ; avr.-mai : 10h-18h ; oct.-mars : 10h-17h. Fermé de mi-nov. à mi-déc. et déb. janv. à fin janv. 6€ (enf. : 3€). *☎ 06 16 39 53 51.*

RESTAURATION

• *À bon compte*

Le Pain Quotidien – *3 r. St-François-de-Paul (cours Saleya) - ☎ 04 93 62 94 32 - 12,20/18,29€.* Ce concept de restauration basé sur la convivialité d'un repas partagé autour d'une grande table d'hôte n'en finit pas de séduire. Décor où domine le bois, odeurs de pain chaud et toujours une longue carte de tartines, salades et brunchs le week-end.

Nissa Socca – *7 r. Ste-Réparate - ☎ 04 93 80 18 35 - fermé janv., 10 j. en juin, lun. midi et dim. - ⊭ - 13€ déj. - 13,70/16,70€.* Pâtes, pizzas et spécialités locales sont à découvrir dans les deux petites pièces chaleureuses. Confort simple et atmosphère typiquement locale avec un four à bois à l'entrée. Les prix sont plutôt doux.

La Tapenade – *6 r. Ste-Réparate - ☎ 04 93 80 65 63 - fermé nov. et lun. - ⊭ - 15/20€.* Décor original reconstituant une rue typique, avec ses volets, ses pots de fleurs et ses chapelets d'ail. Ne manquez pas l'étonnante fresque au plafond. Ambiance chaleureuse et familiale, où déguster, bien sûr, la tapenade, la cuisine régionale ou une pizza.

• *Valeur sûre*

La Table Alziari – *4 r. François-Zanin - ☎ 04 93 80 34 03 - fermé fév., dim. et lun. - 15/30€.* Le charme d'une petite adresse familiale dans une ruelle de la vieille ville : spécialités niçoises et provençales sont suggérées sur l'ardoise du jour et servies dans un cadre sans chichi.

Grand Café de Turin – *5 pl. Garibaldi - ☎ 04 93 62 29 52 - 19,82/30,49€.* Institution niçoise depuis plus de deux siècles, ce café propose une carte de dégustation de fruits de mer à prix raisonnables, servis toute la journée dans un cadre simple et convivial.

L'Escalinada – *22 r. Pairolière - ☎ 04 93 62 11 71 - ⊭ - 20/30,50€.* Maison traditionnelle dans les ruelles du vieux Nice, avec sa petite salle rustique pimpante, où la tradition des plats niçois est cultivée autour d'un attrayant menu. Atmosphère sympathique et conviviale.

Gaité-Nallino – *72 av. Cap-de-Croix, à Cimiez - ☎ 04 93 81 91 86 - fermé août et dim. - 23/38€.* Depuis 1872, la même famille se transmet les secrets de la cuisine niçoise dans ce restaurant fréquenté par une foule d'habitués. Cadre simple, ambiance chaleureuse et proximité du site gallo-romain de Cimiez.

HÉBERGEMENT

• *À bon compte*

Star Hôtel – *14 r. Biscarra - ☎ 04 93 85 19 03 - star-hotel@wanadoo.fr - fermé nov. - 19 ch. : 43/60€ - ☕ 5€.* Au-dessus d'un bistrot du quartier Ste-Réparate, tout près de la place Rossetti, populaire et animée, établissement proposant des chambres sobrement meublées et bien tenues. Atouts majeurs : une situation centrale et des prix doux.

• *Valeur sûre*

Villa St-Hubert – *26 r. Michel-Ange - ☎ 04 93 84 66 51 - hotel-villa-st-hubert@wanadoo.fr - 13 ch. : 52/68€ - ☕ 5€.* À proximité des universités, villa 1900 donnant sur une rue calme. Chambres pas très grandes, mais bien équipées. Courette fleurie où l'on sert les petits-déjeuners.

• *Une petite folie !*

Château des Ollières – *39 av. des Baumettes - ☎ 04 92 15 77 99 - P - 9 ch. : 145/335€ - ☕ 14€ - restaurant 43€.* Témoin de la présence russe au 19e s., cette demeure princière située dans un petit parc derrière le musée des Beaux-Arts évoque un charme particulier : salons luxueusement meublés, œuvres d'art, chambres feutrées et spacieux appartements. Proximité de la voie rapide.

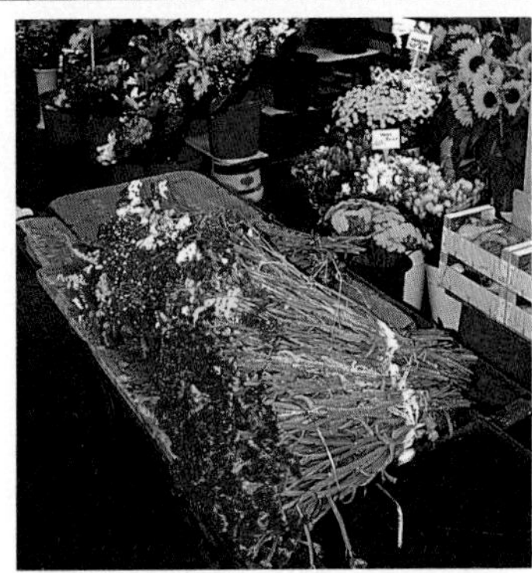

Le temps d'un verre

La Trappa – *R. de la Préfecture - ☎ 04 93 80 33 69 - eté : 16h-2h ; hiver : tlj sf dim.soir.* L'endroit où est situé ce bar à tapas s'appelait déjà La Trappa en 1886. Des canapés confortables vous y attendent dans une grande salle aux murs rouges. Ambiance conviviale et musique latino-américaine. Spécialités de cocktails cubains et tapas espagnols, sans oublier vins et spécialités niçoises.

Le Mélisande (Hôtel Palais Maeterlinck) – *30 bd Maurice-Maeterlinck - ☎ 04 92 00 72 00 - www.palais-maeterlinck.com - 11h-0h.* Ce bar est installé dans un très bel hôtel qui fut jadis propriété du poète Maurice Maeterlinck, prix Nobel de littérature en 1911. Depuis la terrasse, vue magnifique sur la mer et sur les caps Ferrat et d'Antibes.

Le Relais de l'Hôtel Negresco – *37 prom. des Anglais - ☎ 04 93 16 64 00 - direction@hotel-negresco.com - 11h30-1h, jusqu'à minuit en hiver.* La décoration de ce bar somptueux n'a pas changé depuis l'ouverture de l'hôtel Négresco en 1913. Vous boirez du champagne entouré d'œuvres d'art : tapisserie de Bruxelles (1683), peintures du 18e s., réplique des appliques de la salle de Bal du château de Fontainebleau, et un tapis identique à celui choisi par Napoléon Ier pour la chambre du roi de Rome. Piano-bar tous les soirs.

Les Trois Diables – *2 cours Saleya - ☎ 04 93 62 47 00 - tlj 16h-2h30.* Le cours Saleya est le centre de la vie niçoise. De jour comme de nuit, cette longue place est envahie par les terrasses des brasseries, des restaurants et des pubs, dont Les 3 Diables. C'est le bar le plus fréquenté et le plus actif de la ville. Il propose des concerts de rock et des karaokés, sponsorise des clubs sportifs et participe à des compétitions comme les Vingt-Quatre Heures du Mans en karting. Ambiance assurée. Clientèle d'étudiants.

Wayne's Pub – *15 r. de la Préfecture - ☎ 04 93 13 46 99 - www.waynes.fr - 12h-1h.* Pub typiquement anglais : patron britannique, carte écrite dans la langue de Shakespeare, « tea time » en fin d'après-midi et, chaque soir, concerts assurés par des groupes de rock venus d'outre-Manche.

Sorties

Casino Ruhl – *1 prom. des Anglais - ☎ 04 97 03 12 22 - casinoruhl@aol.com - 10h à l'aube.* Trois cents machines à sous, roulettes française et anglaise, black jack, punto banco, stud poker. Bar américain. Dîner-spectacle le vendredi et le samedi, soirée à thème le jeudi.

L'Ambassade – *18 r. du Congrès - ☎ 04 93 88 88 87 - www.l'ambassade.net - mer.-sam. 23h.* Petite boîte branchée située non loin de la promenade des Anglais. Programmation musicale variée comprenant notamment de la techno.

Achats

Alziari – *14 r. St-François-de-Paule - ☎ 04 93 85 76 92 - mar.-sam. 8h30-12h30, 14h15-19h.* Spécialiste de l'huile d'olive. Produits du terroir.

Confiserie Florian – *14 quai Papacino - tlj 9h-12h, 14h-18h30.* Fruits confits, confitures d'agrumes, fleurs cristallisées, confits de fleurs à la rose, au jasmin et à la violette, chocolats et bonbons, fabriqués sur place. Visite guidée de la confiserie

Maison Poilpot - Aux Parfums de Grasse – *10 R. St Gaëtan - ☎ 04 93 85 60 77 - tlj sf dim. ap.-midi 9h30-12h, 14h30-18h.* Ce fabricant artisanal de parfums propose un choix de 80 senteurs différentes (mimosa, rose, violette, citron...)

Confiserie Auer – *7 r. St-François-de-Paule - ☎ 04 93 85 77 98 - www.maison-auer.fr - mar.-sam. 8h-12h30, 14h30-18h.* Fruits confits niçois de fabrication artisanale.

Rues commerçantes – Les rues rayonnant autour de la cathédrale Ste-Réparate satisferont les acheteurs de tissus provençaux (r. Paradis, r. du marché), d'artisanat (r. du Pont-Vieux, r. de la Boucherie) et de santons (r. St-François-de-Paule).

Marchés – Ils ont lieu tlj sf lundi, jour des antiquaires, sur le cours Saleya. Le plus pittoresque : marché aux poissons, pl. St-François de 6h à13h. Le plus typique : marché aux fleurs, cours Saleya de 6h à 17h30. Suivant la sais., de bonnes affaires peuvent se réaliser en milieu d'après-midi. Le plus haut en couleur : marché aux fruits et légumes, le matin, cours Saleya ; Le plus vaste : marché de la « Libération », sur l'av. Malausséna et la pl. Charles-de-Gaulle ; Le marché aux puces, mardi-samedi, pl. Robilante.

Loisirs-Détente

Ski – La proximité des stations de ski d'Auron et Valberg – accessibles en une ou deux heures par la route – est, pour une nombreuse clientèle, un des attraits de Nice.

Randonnées – *14 av. Mirabeau - ☎ 04 93 62 59 99.* Le Club Alpin Français organise depuis Nice des randonnées pédestres à la découverte du Parc du Mercantour avec hébergement possible dans ses différents refuges.

Plages – Immenses plages de galets sur 5 km surveillées et publiques en dehors des 15 plages privées, animées de diverses activités sportives.
Société de Navigation niçoise – *24 quai Lunel* - ☎ *04 92 04 28 30.* En sais., les bateaux Gallus assurent un service d'excursions et de croisières le long de la Riviera (Monaco, St-Tropez, les îles). Île Ste-Marguerite : 13,72 ; Monaco : 22,87€ ; St-Tropez : 27,44€ ; corniche d'or : 18,29€ (avec arrêt à l'île Ste-Marguerite).
Trans Côte d'Azur – *Quai Lunel* - ☎ *04 92 00 42 30.* Fév.-oct. : promenade côtière commentée (1h) mar., mer., ven. et dim. 15h (+ jeu. pdt vac. Scol.). 9,15€ (enf.4,57€). Juin-sept. : croisières commentées aux îles de Lérins, St-Tropez, San Remo, Monaco ou la Corniche d'Or. 16,77€ à 32,01€ (enf. 12,20€ à 18,29€).

Calendrier
Carnaval de Nice – Il attire chaque année plus d'un million de spectateurs enchantés par les coloris des fleurs. Les réjouissances ont lieu au moment du Mardi gras, pendant 2 semaines, le week-end : corsos carnavalesques, feux d'artifice, bals masqués, batailles de fleurs et de confettis.
Festin des cougourdons – Les cougourdons sont des courges séchées et peintes : leur fête a lieu en avr.
Nice Jazz Festival – Fin juil. dans les jardins des Arènes avec les plus grandes vedettes. ☎ *04 92 14 48 00.*
L'été, de nombreux festivals de toutes les musiques ont aussi lieu.

stipule le retour de Nice à la France « sans nulle contrainte de la volonté des habitants ». Le plébiscite est triomphal : 25 743 oui contre 260 non, parmi lesquels Garibaldi, bien sûr. Le 12 septembre, l'empereur et l'impératrice Eugénie reçoivent du maire de Nice les clés de la ville sur l'actuelle place Garibaldi. La région de Tende et de la Brigue devait demeurer territoire italien pendant encore 87 ans, jusqu'au traité du 10 février 1947.

Aujourd'hui – En 1860, Nice ne comptait que 40 000 habitants. Son rattachement à la France marqua le début d'un développement exceptionnel fondé sur le commerce, le transport et surtout le tourisme, grâce au chemin de fer. Nice rivalise avec Cannes en têtes couronnées anglaises et russes qui embellissent leur villégiature.
Actuellement 5e ville de France, elle est devenue un pôle technologique de dimension internationale grâce à la technopole de Sophia-Antipolis et au palais des congrès Acropolis. Centre administratif, Nice a aussi vocation culturelle, d'autant qu'elle a accueilli nombre de créateurs rassemblés au sein de l'**école de Nice** : musées prestigieux, conservatoire de musique, centre national des arts plastiques (villa Arson) et université. Son climat, doux en hiver et tempéré par la brise en été, fait le bonheur des retraités, en nombre croissant. Un équipement hôtelier hors pair finit de faire de Nice l'un des hauts lieux du tourisme en France.

Le roi Carnaval

Célèbre et fort ancienne, la tradition du **carnaval de Nice**★★ est déjà mentionnée en 1294 lors du passage du comte de Provence, Charles II. Cette grande fête fut toujours un dérivatif aux tensions de la société et aux difficultés nées des conflits que la situation géographique de Nice ne cessait d'engendrer. Après une longue interruption pendant la Révolution et l'Empire, un premier défilé de chars eut lieu en 1830 pour honorer le retour à la souveraineté sarde. Sa forme moderne date de 1873, ses décors ayant été enrichis par le peintre niçois Alexis Mossa. De nos jours, l'entrée de Sa Majesté Carnaval a lieu environ trois semaines avant le Mardi gras ; il est brûlé en effigie ce soir-là. Pendant les festivités, des corsos de 20 chars et 800 grosses têtes loufoques défilent les week-ends, en journée ainsi que certains soirs. La fabrication de chaque char nécessite en moyenne 1 tonne de carton-pâte.

Sous les bâches du cours Saleya, le marché aux fleurs, lieu haut en couleurs du vieux Nice.

se promener

LE FRONT DE MER**

Visite : 2h. Partir de l'intersection de la promenade des Anglais et du bd Gambetta (facilités de parking).

Promenade des Anglais**

Exposée en plein midi, cette magnifique avenue épouse l'immense courbe de la baie des Anges. Du cap de Nice au fort Carré d'Antibes, rien n'arrête le regard qui se perd dans l'horizon infini de la mer. La grande bleue vous convie à un tête-à-tête cosmique, où n'interfèrent ni l'intense circulation automobile, ni les promeneurs et autres sportifs qui s'ébattent dans ce cadre grandiose. En contrebas, les plages de galets invitent à une baignade dans ce site privilégié, à deux pas du cours Saleya, et... sans sable dans les chaussures !

Jusqu'en 1820, la côte à cet endroit était d'un accès difficile. La colonie anglaise, nombreuse depuis le 18e s., prit à sa charge l'établissement du chemin riverain qui a donné son nom à la voie actuelle. En 1931, c'est encore un Anglais, le fils de la reine Victoria, qui donne à la promenade des Anglais sa dimension actuelle. Témoin somptueux de cette splendeur passée, le **Négresco**, avec ses rondeurs Belle Époque et la monumentale façade néoclassique, seul vestige du majestueux **palais de la Méditerranée** conçu en 1928 par Frank Jay Gould et décoré par le sculpteur niçois Sartorio, qui habilla le béton armé de pierres sculptées. Voir également la façade latérale de l'Élysée Palace *(r. Honoré-Sauvan)* avec la **Vénus de bronze** du sculpteur Sacha Sosno (1989), de 26 m de haut.

> **VOUS N'ÊTES PAS DESCENDU AU NÉGRESCO ?**
> Rentrez tout de même admirer la superbe verrière de Gustave Eiffel, ornée d'un lustre de cristal de Baccarat, don du tsar Nicolas II.

Place et espace Masséna

Sur la promenade du Paillon qui recouvre le torrent, ce bel ensemble architectural de style turinois colore de ses arcades ocre-rouge le cœur de la ville. À l'Est, une belle perspective s'étend, au-delà de la gare routière et du

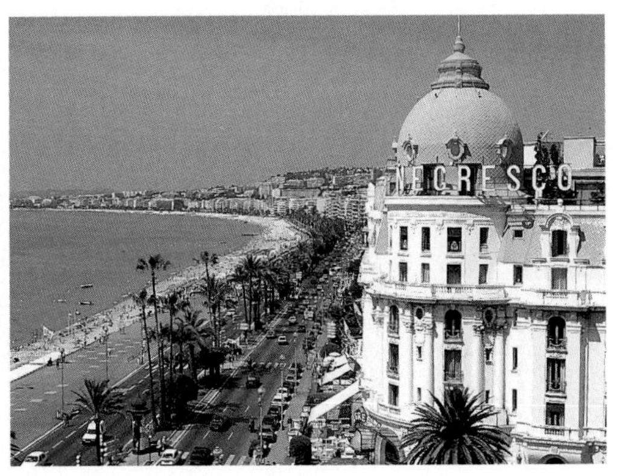

La coupole du Négresco, symbole évocateur des palaces, attire le regard de tout nouvel estivant.

MISE EN GARDE
Le « vol à la portière » est devenu ces derniers temps un véritable fléau à Nice et dans les autres villes de la Côte… Le mode opératoire est simple : vous êtes arrêté à un feu rouge lorsqu'un quidam ouvre soudain la portière côté passager pour s'emparer des vestes et sacs qui pourraient s'y trouver avant de s'enfuir aussitôt en scooter. Prenez donc la précaution élémentaire de bloquer de l'intérieur l'ouverture des portières lorsque vous circulez en ville…

musée d'Art moderne, vers des collines au charme toscan. L'avenue Jean-Médecin s'ouvre au Nord, animée de ses grands magasins. À l'Ouest se situe ce que les Anglais du 18e s. nommaient Newborough (quartier neuf). La rue Masséna et la rue de France, qui la prolonge, sont deux artères piétonnes agréablement parsemées de cafés, restaurants, cinémas et commerces de toutes sortes. Par l'avenue de Verdun, on longe le **jardin Albert-Ier** qui comporte un théâtre de verdure, une belle fontaine signée Volti et une sculpture de Bernard Venet qui dessine un immense arc dans l'espace. Le casino Ruhl forme le coin avec la promenade des Anglais.

Le port

Deux millénaires durant, les bateaux abordant à Nice venaient simplement accoster au pied du rocher du château. Charles-Emmanuel III, duc de Savoie, ordonna le creusement du port en 1750 dans les marécages de Lympia. Des travaux d'extension furent entrepris au 19e s. La **place Île-de-Beauté** face au port, avec ses immeubles à portiques parés de jolies façades, a été aménagée à la même époque.

Navires de frêt (exportation de ciment niçois), paquebots de croisière, bateaux de pêche et de plaisance, car-ferries pour la Corse entretiennent dans le port une constante activité.

NICE

Collet (R. du) .... **LQ** 16
Droite (R.) .... **LQ** 20
Félix-Faure .... **KQ**
Gautier (Pl. Pierre) .... **KR** 25
Gioffredo (R.) .... **KQ**
Hôtel-des-Postes (R. de l') .... **KQ**
Jésus (R. du) .... **KR** 33
Lesage (Montée) .... **LR** 34
Loge (R. de la) .... **KLQ** 36
Mari (R. Alexandre) .... **KR** 40
Masséna (Espace, Pl.) .... **KR**
Médecin (Av. J.) .... **KQ** 44
Neuve (R.) .... **LQ** 49
Opéra (R. de l') .... **KR** 53
Pairolière (R.) .... **LQ** 54
Pastorelli (R.) .... **KQ**
Phocéens (Av. des) .... **KR** 59
Poissonnerie (R. de la) .... **KLR** 60
Providence (R. de la) .... **LQ** 63
République (Av. de la) .... **LQ** 64
Robbins (R.) .... **KR** 66
St-Augustin (R.) .... **LQ** 68
St-François (Pl.) .... **LQ** 69
St-François (R.) .... **LQ** 70
St-François-de-P. (R.) .... **KR** 72
Ste-Réparate (R.) .... **KR** 81
Saleya (Cours) .... **KR** 82
Vieille (R. de la Pl.) .... **KR** 90

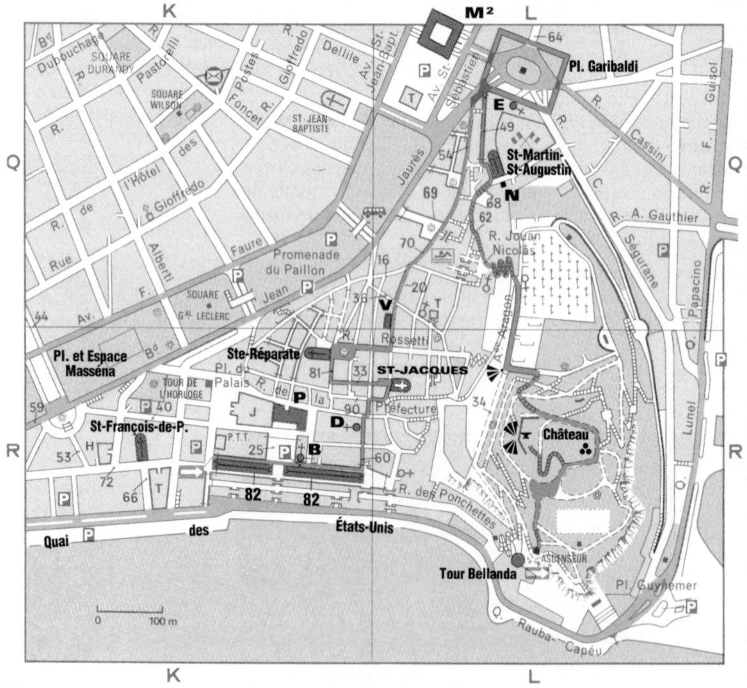

Ancien Palais du Gouverneur et des Princes de Savoie (Préfecture) .... **KR P**
Chapelle de l'Annonciation **KR D**
Chapelle de la Miséricorde **KR B**
Chapelle du St-Sépulcre .. **LQ E**
Musée d'Art moderne et d'Art contemporain . **LQ M2**
Monument de Catherine Ségurane .... **LQ N**
Palais Lascaris .... **LQ V**

Répertoire des rues et sites des plans de Nice, voir pages suivantes

LE VIEUX NICE★

Visite : 3h. Pour visiter la vieille ville, parking quai des États-Unis, près de l'Opéra (1885), à l'Ouest du cours Saleya.

Ébloui par le grand large, ses embruns et sa lumière, un autre contraste vous attend dans le Nice baroque, construit entre la rue des Ponchettes et la colline du Château.

Cours Saleya

La vieille ville se découvre comme par inadvertance après une flânerie sur le **cours Saleya**, rassasié des odeurs et des couleurs du marché aux fleurs et aux primeurs : œillets, fruits, légumes, mesclun et olives sont ▶ un enchantement.

Au 18e s., le cours était une artère élégante et mondaine, comme en témoignent la superbe façade de la **chapelle de la Miséricorde** ou, à l'extrémité Est, celle jaune du palais Caïs de Pierla, où Matisse vécut de 1921 à 1938 au 3e puis au 4e étage, avec vue sur la mer. À gauche de la chapelle, la place P.-Gautier donne sur l'**ancien palais du Gouverneur et des princes de Savoie** (actuelle préfecture) du 17e s., et fait apparaître à l'Ouest la tour de l'Horloge (18e s.). À l'Est du cours, on aperçoit la sombre mais belle façade de l'**église St-François-de-Paule** (18e s.) au campanile coloré.

Aujourd'hui, le **cours Saleya** s'est agréablement popularisé, de même que la **vieille ville** que l'on sent authentiquement habitée de Niçois pur jus. Son dédale de venelles abrite du vent en hiver et procure une délicieuse fraîcheur en été. Ancien mais vivant, le cœur de Nice envoûte le touriste par son charme méridional, animé de commerces aux couleurs de la Provence, de bistrots ou petits restaurants qui fleurent bon la cuisine du pays. Les immeubles pastel sont habillés du linge qui sèche aux fenêtres jusqu'à ce que les persiennes se ferment à l'heure de la sieste. Le vieux Nice se fige alors dans un calme étrange. Le curieux en profite pour s'égarer dans le lacis tortueux des ruelles où seul le bruit de ses pas vient percer le silence et, se repérant aux clochers, approcher l'âme nissarde.

Prendre à gauche la rue de la Poissonnerie.

La fleur de la région

Ici, ce n'est pas le mimosa mais l'œillet, principale production des Alpes-Maritimes, qui est cultivé sur les collines niçoises.

Le romancier et son héros

Alexandre Dumas s'éprend de la ville – qu'il décrit ainsi : « Nice italienne, adossée à ses collines avec ses maisons sculptées ou peintes, ses madones au coin des rues » – tout autant que de son héros, Garibaldi, qu'il accompagne dans son expédition de 1859 et dont il rédige les *Mémoires* en 1860.

Chapelle de l'Annonciation

Anciennement consacrée à saint Giaume, la chapelle est plus connue des Niçois sous le nom de Ste-Rita, car cette patronne italienne des causes désespérées y reçoit un culte fervent, comme en témoignent les fleurs et les cierges qui entourent son autel *(à gauche en entrant)*. Bâti au 13e s., entièrement restructuré au 17e s., l'édifice oppose la simplicité de sa façade, caractéristique de l'architecture niçoise, à la profusion baroque de ses **décors★** : balustrades et autels ornés ▶ de marqueterie de marbre, retables somptueux, voûtes ornées de peintures et de caissons, belles boiseries, le tout réalisé entre le 17e et le 19e s.

Continuer tout droit puis prendre la deuxième à droite, la rue de la Place-Vieille, qui offre une belle percée sur le Château.

Baroque

Le décor baroque s'épanouit dans un ordre hiérarchique qui lui est propre : dépouillé au niveau des hommes, il s'enrichit en montant vers la voûte, niveau du divin, entourée d'anges, de ciel et de nuages.

Église St-Jacques ou Gesù★

Les jésuites, pour qui cette chapelle a été édifiée au 17e s. (façade de 1825), se sont inspirés du modèle romain, mais surtout des canons de la contre-réforme. D'où une nef unique, large et peu élevée. Ici, les lignes droites, bien plus importantes qu'ailleurs, sont assouplies par le foisonnement majestueux et théâtral des ornements et des dorures : du haut de leur frise, de merveilleux angelots (164 peints et 48 sculptés) vous regardent, comme surpris en plein vol. Remarquer la chaire d'où se faisait ▶ le prêche, dotée d'un bras tenant une croix.

La rue du Jésus vous mène à la rue Ste-Réparate et à la cathédrale du même nom.

Et encore

La **sacristie,** ancienne salle de réunion des religieux, se visite pour son plafond et ses 14 stalles de noyer massif (17e s.) qui abritent le trésor de l'église.

Cathédrale Ste-Réparate

Point de repère précieux, son superbe dôme de style génois du 18e s. illumine le cœur de la vieille ville de ses 14 000 tuiles vernissées, tandis que sa belle façade 19e s.,

Depuis la colline du château, plongez dans les méandres de la vieille ville.

« Baie des Anges »
Deux sens possibles de ce nom : la légende de sainte Réparate ou le poisson-ange qui abondait dans la mer...

Socca
« Farine de pois chiche, huile d'olive, sel fin, eau participent à sa composition. Il convient d'y ajouter (...) dextérité et rapidité afin de la couper en petites parts au moment de la servir : la socca n'admet pas d'attendre ; elle se doit d'être brûlante. Et poivrée au goût de chacun (...). C'est la même socca que les dockers, après le café arrosé de 5 heures, mangeaient au bar niçois à 6h30. »
Louis Nucera, *Chemin de la lanterne* (1981), Éd. Grasset.

équilibrée et colorée dans le goût baroque, participe à l'animation de la très agréable place Rossetti, qui prolonge la place aux Herbes où se tenait autrefois le marché aux légumes. Construite en 1650 par l'architecte niçois J.-A. Guiberto, la cathédrale est dédiée à la patronne de la ville, jeune martyre dont la mer aurait porté le corps de la Palestine jusqu'aux rivages niçois, dans une barque halée par les **anges**.
C'est à l'**intérieur★** que le baroque déploie toute sa fantaisie dans le stuc et le marbre. Remarquer au-dessus du maître-autel, à droite du tableau *La Gloire de sainte Réparate*, une vue de Nice et de son château au 17e s. La frise, armoriée des initiales des ducs de Savoie, et la corniche sont particulièrement pittoresques. Belles boiseries du 17e s. dans la sacristie.

Prendre en face la rue Rossetti et tourner à la 3e à gauche, rue Droite.

Place St-François

C'est le domaine des poissonnières qui l'animent le matin autour de la jolie fontaine. À droite, la belle façade 18e s. de l'ancienne maison communale, aujourd'hui bourse du travail. Derrière pointe le clocher St-François de l'ancien couvent franciscain transféré à Cimiez. Continuer par la très vivante rue Pairolière (« chaudronnerie ») où, en cas de « petit creux », vous ne manquerez pas de déguster la *socca*.

Place Garibaldi

C'est une des plus belles places de Nice, avec ses élégantes maisons ocre-jaune à arcades à la mode piémontaise. Contemporaine du nouveau port à l'Est et de la route royale de Turin (d'où le café du même nom, spécialisé en excellents fruits de mer), elle devient un carrefour essentiel de la ville au 18e s. Au centre, la statue de Garibaldi campe fièrement. Sur le côté Sud, la **chapelle du Saint-Sépulcre** (18e s.), propriété de l'archiconfrérie des Pénitents Bleus, présente un décor baroque aux tonalités bleues.

De la place, prendre la rue Neuve jusqu'à l'église St-Martin-St-Augustin.

Église St-Martin-St-Augustin

Tlj sf lun. et dim. ap.-midi 9h-12h, 14h30-16h (mai fermeture15h30). ☎ 04 93 92 60 45.

C'est la plus ancienne paroisse de Nice (1510). Luther, alors catholique, y aurait célébré une messe et Garibaldi y fut baptisé. L'**intérieur★** forme un bel ensemble baroque. Dans le chœur, à gauche, on peut admirer une **Pietà** au centre du retable de Louis Bréa.
En sortant de l'église, remarquer de l'autre côté de la rue le **monument de Catherine Ségurane**, *eroïna nissarda*, bas-relief sculpté en 1923. Nice, assiégé en 1543 par les Français et leurs alliés turcs, aurait été défendu par cette femme du peuple qui symbolise

depuis lors l'esprit de *Par la rue Saint-Augustin et la rue de la Providence, emprunter les escaliers qui mènent au Château (attention, ça grimpe !).*

Château

On désigne ainsi la colline, haute de 92 m, aménagée en promenade ombragée, sur laquelle s'élevait le château fort de Nice détruit en 1706 par les armées de Louis XIV. En longeant le cimetière, **vues plongeantes** sur les toits de la vieille ville et la baie des Anges. Vers le Sud-Est de la colline gisent les **vestiges de l'ancienne cathédrale**, dont on a dégagé la base des absides et des absidioles (11ᵉ s.), ce qui a permis de mettre en évidence, sous les ruines, un niveau romain et grec. De la vaste plate-forme établie au sommet, **vue★★** à peu près circulaire *(table d'orientation)*. Sous la terrasse jaillissent les cascades artificielles alimentées par les eaux de la Vésubie.

Continuer vers la tour Bellanda où se situe le musée national de la Marine, légèrement en contrebas.

Tour Bellanda

Cet énorme bastion circulaire où Hector Berlioz aurait composé l'ouverture du *Roi Lear* a été bâti au 19ᵉ s. sur une ancienne tour de la citadelle médiévale. La tour abrite aujourd'hui le **musée national de la Marine** *(voir description dans « visiter »)*.

Le canon de midi

Chaque jour, un coup de canon rappelle aux Niçois l'heure du déjeuner. L'origine de cette coutume est due à Sir Thomas Coventry, un de ces Anglais à la vie réglée comme du papier à musique : las de prendre ses repas à des heures fluctuantes, il proposa l'achat et l'entretien sur ses deniers d'un canon afin que soit donnée du haut de la colline du Château, à midi précis, l'heure du déjeuner à tous les Niçois. Si la tradition s'est maintenue, le canon a été remplacé par un gros pétard.

Répertoire des rues et sites des plans de Nice

Alberti (R.) **KQ, GHY** 2
Alsace-Lorraine (Jardin d') **EZ** 3
Anglais (Promenade des) **EFZ**
Arène (Av. P.) **DX**
Arènes de Cimiez (Av. des) **HVX**
Armée-du-Rhin (Pl. de l') **JX** 5
Arson (Pl. et R.) **JY**
Aubert (Av.) **FY**
Auriol (Pont Vincent) **JV** 7
Barbéris (R.) **JXY**
Barel (Pl. Max) **JY**
Barla (R.) **JY**
Baumettes (Av. des) **DZ**
Bellanda (Av.) **HV** 10
Berlioz (R.) **FY** 12
Besset (Av. Cyrille) **EFV**
Bieckert (Av. Émile) **HX**
Binet (R. A.) **FX**
Bonaparte (R.) **JY** 13
Borriglione (Av.) **FV**
Bounin (R. P.) **FV**
Boyer (Square R.) **EV**
Brancolar (Av. de) **FV**
Carabacel (Bd) **HY**
Caravadossi (Av.) **FV**
Carnot (Bd) **JZ** 15
Châteauneuf (R. de) **EY**
Cimiez (Bd de) **GHVX**
Clemenceau (Av. Georges) **FY**
Collet (R. du) **LQ** 16
Comboul (Av. R.) **FX**
Congrès (R. du) **FZ**
Cyrnos (Av. de) **EV**
Dante (R.) **EZ**
Delfino (Bd Gén. L.) **JX**
Dellile (R.) **KQ**
Desambrois (Av.) **GHX** 18
Diables-Bleus (Av. des) **JX** 19
Droite (R.) **LQ** 20
Dubouchage (Bd) **GHY**
Durante (Av.) **FY**
Estienne (Av. Gén.) **HV**
Estienne-d'Orves (Av. d') **DEY**
États-Unis (Quai des) **GHZ, KLR**
Europe (Parvis de l') **JX** 21
Félix-Faure (Av.) **QK, GZ** 22
Fleurs (Av. des) **EZ**
Flirey (Av. de) **HV**
Flora (Av.) **GV**
Foch (Av. Mar.) **GY**
Foncet (R.) **KQ**
France (R. de) **DEFZ**
Gal (R. Auguste) **JXY**
Gallieni (Av.) **HJX** 23
Gambetta (Bd) **EXYZ**
Garibaldi (Pl.) **JY, LQ**
Garnier (Bd Joseph) **EFX**
Gaulle (Pl. Ch.-de) **FX**
Gauthier (R. A.) **LQ**
Gautier (Pl. P.) **HZ, KR** 25
George-V (Av.) **GVX**
Gioffredo (R.) **HY, QK**
Gorbella (Bd de) **EFV**
Gounod (R.) **FY**
Grosso (Bd François) **DYZ**
Guisol (R. F.) **LQ**
Guynemer (Pl.) **JZ, LR**
Hôtel-des-postes (R. de l') **QK, HY** 30
Ile-de-Beauté (Pl. de l') **JZ** 32
Jean-Jaurès (Bd) **KLQ, HYZ** 33
Jésus (R. du) **KR** 33
Joffre (R. du Mar.) **FZ**
Jouan (R. Nicolas) **LQ**
Karr (R. A.) **FYZ**
Léopold-II (Av.) **HV**
Lesage (Montée) **LR** 34
Liberté (R. de la) **GZ** 35
Loge (R. de la) **KLQ** 36
Lunel (Quai) **LR, JZ** 37
Lyautey (Quai Mar.) **JVX**
Malausséna (Av.) **FX**
Malraux (Tunnel) **HX**
Marceau (R.) **FX**
Mari (R. Alexandre) **KR** 40
Masséna (Pl. et Espace) **GZ, KR**
Masséna (R.) **FGZ** 43
Médecin (Av. J.) **KQ** 44
Meyerbeer (R.) **FZ** 45
Michelet (R.) **FV**
Monastère (Av. et Pl. du) **HV** 46
Moulin (Pl. Jean) **HY** 47
Neuve (R.) **LQ** 49
Opéra (R. de l') **KR** 53
Paillon (Promenade du) **HZ, KQ**
Pairolière (R.) **LQ** 54
Palais (Pl. du) **KR**
Papacino (Quai) **JZ, LQR**
Paradis (R.) **GZ** 55
Parc-Impérial (Bd du) **DEX**
Passy (R. F.) **EY** 57
Pasteur (Bd) **HJV**
Pastorelli (R.) **QK, GY** 58
Pessicart (Av. de) **DEX**
Phocéens (Av. des) **KR** 59
Pilatte (Bd F.) **JZ**
Poissonnerie (R. de la) **KRL** 60
Ponchettes (R. des) **LR**
Préfecture (R. de la) **KLR**
Primerose (Av.) **DY**
Prince-de-Galles (Bd) **GHV**
Providence (R. de la) **LQ** 62
Raiberti (R.) **FVX**
Rauba-Capéu (Quai) **HJZ, LR**
Ray (Av. du) **FV** 63
Raynaud (Bd A.) **FV**
République (Av. de la) **LQ** 64
Riquier (Bd de) **JY**
Risso (Bd) **JX**
Rivoli (R. de) **FZ** 65
Robbins (R.) **KR** 66
Roquebilièrre (R. de) **JVX**
Rossetti (R.) **KLR**
Rossini (R.) **FY**
St-Augustin (R.) **LQ** 68
St-Barthélemy (Av.) **EV**
St-François (R.) **LQ** 70
St-François-de-Paule (R.) **GHZ** 72
St-Jean-Baptiste (Av.) **KLQ, HY** 73
St-Lambert (Av.) **FV**
St-Pierre-de-Féric (Rte) **DX**
St-Sébastien (Av.) **LQ**
Saleya (Cours) **HZ, KR** 82
Sauvan (R. H.) **EZ** 84
Ségurane (R. C.) **JYZ, LQ**
Semeria (Av. D.) **JV**
Sola (Bd Pierre) **JX**
Stalingrad (Bd de) **JZ**
Ste-Réparate (R.) **KR** 81
Ste-Rosalie (Corniche) **HV**
Thiers (Av.) **EFY**
Trachel (R.) **FX**
Turin (Rte de) **JV**
Tzarewitch (Bd du) **DEY**
Valrose (Av.) **FV**
Verany (Bd J.-B.) **JV**
Verdun (Av. de) **FGZ** 89
Vernier (R.) **FX**
Victor-Hugo (Bd) **FYZ**
Vieille (R. de la Pl.) **KR** 90
Villebois-Mareuil (Bd) **HVX**
Walesa (Bd Lech) **JYZ** 91
Wilson (Pl.) **HY** 92

Acropolis - Palais des Congrès **HJX**
Ancien Palais du Gouverneur et des Princes de Savoie (Préfecture) **KR P**
Cathédrale orthodoxe russe St-Nicolas **DXY**
Cathédrale Ste-Réparate **KR**
Chapelle de l'Annonciation **KR D**
Chapelle de la Miséricorde **KR B**
Chapelle du St-Sépulcre **LQ E**
Château **LR**
Église St-Barthélemy **EV**
Église St-François-de-Paule **KR**
Église St-Jacques **LR**
Église St-Martin-St-Augustin **LQ**
Église Ste-Jeanne-d'Arc **FV**
Élysée Palace **EZ F**
Façade de l'ancien Palais de la Méditerranée **FZ G**
Faculté de droit **DZ U**
Jardin Albert 1er **GZ**
Monastère franciscain **HV K**
Monument de Catherine Ségurane **LQ L**
Musée archéologique **HV M1**
Musée d'Art moderne et d'Art contemporain **LQ M2**
Musée d'Art naïf A. Jakovsky **DZ**
Musée des Arts asiatiques **DZ**
Musée des Beaux-Arts **DZ**
Musée Marc Chagall **GX**
Musée Masséna **FZ M3**
Musée Matisse (Villa des Arènes) **HV M4**
Musée de Terra Amata **JZ M5**
Muséum d'Histoire naturelle **HJY M6**
Négresco **FZ N**
Palais Lascaris **LQ V**
Parc Phoenix **DZ**
Port **JZ**
Prieuré du Vieux-Logis **EV M7**
Site Gallo-romain **HV**
Tour Bellanda (Musée naval) **LR**

NICE

Alberti (R.) .... GHY 2
Alsace-Lorraine (Jardin d') ...... EZ 3
Armée-du-Rhin (Pl. de la) ...... JX 5
Auriol (Pont V.) .... JV 7
Bellanda (Av.) .... HV 10
Berlioz (R.) .... FY 12
Bonaparte (R.) .... JY 13
Carnot (Bd) .... JZ 15
Desambrois (Av.) .... GHX 18
Diables-Bleus (Av. des) .... JX 19
Europe (Parvis de l') .... JX 21
Félix-Faure (Av.) .... GZ 22
France (R. de) .... DFZ
Gallieni (Av.) .... HJX 23
Gambetta (Bd) .... EXZ
Gautier (Pl. P.) .... HZ 25
Gioffredo (R.) .... HY
Hôtel-des-Postes (R. de l') ...... HY 30
Ile-de-Beauté (Pl. de l') .... JZ 32
Jaurès (Bd J.) .... HYZ 33
Liberté (R. de la) .... GZ 35
Lunel (Quai) .... JZ 37
Masséna (Espace Pl.) .... GZ
Masséna (R.) .... FGZ 43
Médecin (Av. J.) .... FGY 44

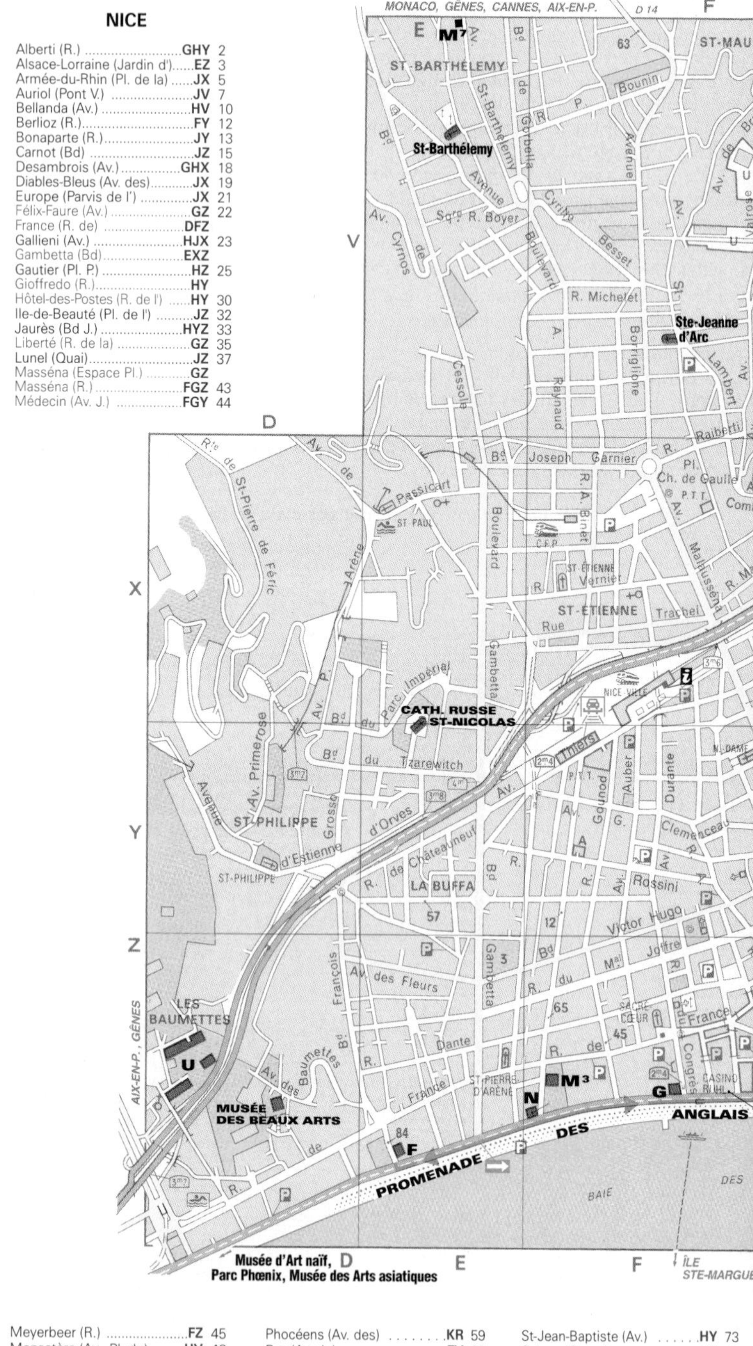

Meyerbeer (R.) .... FZ 45
Monastère (Av., Pl. du) .... HV 46
Moulin (Pl. J.) .... HY 47
Paradis (R.) .... GZ 55
Passy (R. F.) .... EY 57
Pastorelli (R.) .... GY 58
Phocéens (Av. des) .... KR 59
Ray (Av. du) .... FV 63
République (Av. de la) .... JXY 64
Rivoli (R. de) .... FZ 65
St-François-de-P. (R.) .... GHZ 72
St-Jean-Baptiste (Av.) .... HY 73
Saleya (Cours) .... HZ 82
Sauvan (R. H.) .... EZ 84
Verdun (Av. de) .... FGZ 89
Walesa (Bd Lech) .... JYZ 91
Wilson (Pl.) .... HY 92

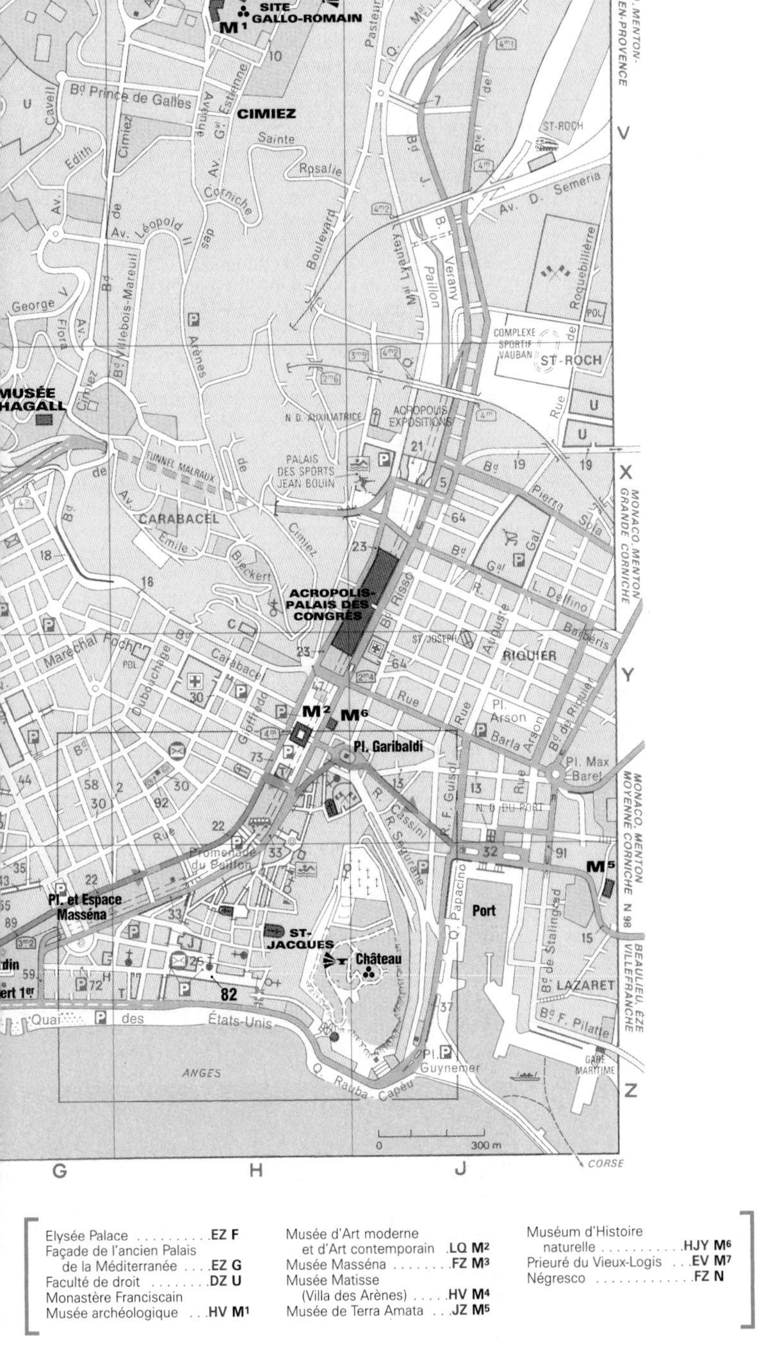

Elysée Palace . . . . .EZ F
Façade de l'ancien Palais de la Méditerranée . . . .EZ G
Faculté de droit . . . . .DZ U
Monastère Franciscain
Musée archéologique . . .HV M¹

Musée d'Art moderne et d'Art contemporain .LQ M²
Musée Masséna . . . . .FZ M³
Musée Matisse (Villa des Arènes) . . . . .HV M⁴
Musée de Terra Amata . . .JZ M⁵

Muséum d'Histoire naturelle . . . . .HJY M⁶
Prieuré du Vieux-Logis . . .EV M⁷
Négresco . . . . .FZ N

découvrir

L'ART MODERNE ET CONTEMPORAIN

Musée des Beaux-Arts Jules-Chéret★★

Tlj sf lun. 10h-12h, 14h-18h. Fermé 1er janv., Pâques, 1er mai et 25 déc. 3,80€, gratuit 1er et 3e dim. du mois. ☎ 04 92 15 28 21.

Cette ravissante demeure, construite en 1878 pour la princesse ukrainienne Kotschoubey dans le style Renaissance des palais génois du 17e s., abrite une riche collection fondée sur un noyau d'œuvres envoyées à Nice par Napoléon III en 1860 pour l'édification du premier musée des Beaux-Arts.

Les Van Loo
Une salle est consacrée à cette importante dynastie de peintres dont le plus illustre représentant, Carle, premier peintre du roi, est né à Nice en 1705 : devant l'immense toile *Thésée, vainqueur du taureau de Marathon* ou le merveilleux *Polichinelle*, on perçoit une touche virtuose qui annonce celle d'un Fragonard.

Des chefs-d'œuvre des 17e, 18e et 19e s. européens sont répartis dans les trois salles attenantes du rez-de-chaussée. Remarquer notamment une œuvre rarissime de A. Tassi : Paysage avec Jésus guérissant l'aveugle, la Tête de vieillard de Fragonard, peinte de façon si moderne, et l'ambiance à la fois lumineuse et tragique d'Hubert Robert dans Les Gorges d'Ollioules.

De superbes portraits féminins parent les murs de la grande galerie, ainsi que le beau *Thamar* de Cabanel. Le patio abrite l'*Âge d'airain* de Rodin et le *Triomphe de Flore* de Carpeaux. Au fond de la galerie à droite, petits tableaux des 17e et 18e s.

L'escalier d'honneur, où se donnaient des concerts, conduit à la période fin 19e-début 20e s., introduite par la gaieté fraîche des œuvres de l'inventeur de l'affiche moderne, **J. Chéret**, mort à Nice en 1932.

Les courants académique, romantique et orientaliste du 19e s. s'illustrent dans la galerie, avec notamment les sculptures de J.-B. Carpeaux. Une salle permet de découvrir Dufy avec *Bois de Boulogne, Nature morte.* Une autre expose la peinture du paysage en France à travers d'intéressantes œuvres de Boudin, Camoin, Lebasque, Monet, Sisley, Bonnard, Marie Laurencin... suivies de petits maîtres du 19e s. regroupés par genre : nus, scènes de genre, paysages.

Conseil d'ami
Si vous vous obstinez à atteindre les hauteurs de Cimiez en voiture, n'hésitez pas à prendre, sur la droite, depuis le bd de Cimiez, le bd Prince-de-Galles puis, à gauche, une des petites rues bordées de villas où vous y trouverez plus facilement une place pour vous garer. En traversant à pied l'agréable jardin abritant le musée archéologique et le site gallo-romain, vous atteindrez en toute sérénité le musée Matisse.

À droite de la galerie, on retrouve le style de Renoir chez Louise Breslau, l'intimisme de Carrière, des portraits de Desboutin et l'univers étrange du symboliste Mossa. Enfin, un véritable bouquet final vous est proposé avec Van Dongen et ses couleurs fauves qui teintent ses figures de passion et d'insolence : *Chimère pie* (1895), *Tango de l'Archange* ; avec Picasso et son superbe vase aux femmes nues.

Musée Matisse (villa des Arènes)★★

♿ *Avr.-sept. : tlj sf mar. 10h-18h ; oct.-mars : tlj sf mar. 10h-17h. Fermé 1er janv., 1er mai et 25 déc. 3,8€. ☎ 04 93 53 40 53.*

Dominant la mer du haut de l'antique site de Cimiez, cette splendide villa du 17e s., de style génois et couleur terre de Sienne, se prête merveilleusement à exposer le peintre de *Luxe, calme et volupté*. Associées à son beau mobilier, une trentaine de **toiles** résument parfaitement l'itinéraire de Matisse (1869-1954).

Lectrice à la table jaune *(1944), Matisse.*

Chemin faisant, on passe d'une palette assez sombre à des toiles éclairées de la lumière méditerranéenne. Sa facture se libère sous l'influence de Cézanne, puis de Signac à Saint-Tropez. À Collioure, en 1905, ses couleurs posées en aplat et son émotion s'expriment de manière plus violente, alors qu'il est à la tête du mouvement **fauve**. Après un séjour au Maroc, puis à Nice (1916), la couleur pure se déploie à l'intérieur d'un simple cerne noir de plus en plus virtuose et évocateur *(Portrait de Laurette)*. Une grande sensualité se dégage de ses gouaches, huiles ou dessins, nourrie de ses voyages et de sa vue sur la mer depuis ses ateliers niçois (1921-1938) : *Odalisque au coffret rouge* (1926), *Fenêtre à Tahiti* (1935), *Nu dans un fauteuil* (1937), *Lectrice à la table jaune* (1944), *Nature morte aux grenades* (1947). Désormais, le tracé épuré de ses papiers découpés dans la gouache « bleu absolu » traduit avec bonheur la femme, la lumière, la mer : *Nu bleu IV, Baigneuse dans les roseaux* (1952). Et encore : *Océanie la mer et Océanie le ciel,* célèbres sérigraphies de 1947, *Polynésie,* immense tapisserie de Beauvais.

L'ÉTÉ À NICE
Chaud et langoureux à sentir dans *Nu renversé au grand feuillage* (1936) et *Figure endormie* (1941) par celui qui recherchait dès 1908 « un art d'équilibre, de pureté, de tranquillité ».

Matisse sculpteur s'illustre dans ses 54 **bronzes** (sur 62) dont *Le Serf* (vers 1900) et la *Serpentine* (1909), d'une extrême élégance. Une forme de plus en plus abstraite transparaît dans la série des *Jeannette* (1910-1913), des *Nus*, des *Henriette* (1925-1929), ou monumentale dans les *Nus de dos* (1913, 1916).
Enfin, deux ensembles sont présentés par roulement : les esquisses et maquettes pour la chapelle du Rosaire à Vence *(voir ce nom)* retracent la construction de ce chef-d'œuvre d'un art de l'essentiel (1948-1951) et constituent un complément indispensable à sa visite ; et, d'autre part, 41 études préparatoires (dessins, gouaches découpées, gravures et huiles sur toile) à la *Danse de Merion* (1930-1933).

« Depuis ma première jeunesse, j'ai été captivé par la Bible et il me semble encore que c'est la plus grande source de poésie de tous les temps. » Chagall, volet IV du Cantique des cantiques*.*

Musée Marc-Chagall★★

♿ *Juil.-sept. : 10h-18h (dernière entrée 1/2h. av. fermeture) ; oct.-juin : tlj sf mar. 10h-17h. Fermé 1er janv., 1er mai et 25 déc. 5,5€, gratuit 1er dim. du mois. ☎ 04 93 53 87 20.*
Ce musée national contient la plus imposante collection permanente d'œuvres de Chagall (1887-1985) jamais réunie, issue d'une donation du peintre. L'architecte A. Hermant a su habilement ménager la lumière du Sud, mettant admirablement en valeur les 17 grandes toiles du **Message biblique** (1954-1967). Son enfance russe et israélite, puis son rêve de paix pour l'humanité, sont à l'origine de cette œuvre qu'une grande poésie inonde d'un même souffle.
Une sublime tapisserie *(La Création)* nous introduit dans un univers où merveilleux et sacré ne font qu'un. Dans la grande salle, la gravité des sujets traités, de l'Ancien Testament, n'exclut pas la naïve féerie chère à l'artiste et une débauche de couleurs d'un lyrisme puissant.

POUR TOUT VOIR DE CHAGALL À NICE
Courez à la faculté de droit *(à l'Ouest de la ville)*. Au premier étage, dans le hall, une admirable **mosaïque★** couvre toute la surface d'un mur : Ulysse, triomphant de toutes ses épreuves, retrouve la paix auprès de Pénélope à Ithaque. *Tlj sf w.-end 9h-11h30, 14h-17h pdt année universitaire. ☎ 04 92 15 70 01.*

Le *Cantique des cantiques* (salle attenante) est magnifiquement illustré par des créatures de rêve qui voguent au-dessus de villes endormies dans un rougeoiement somptueux.
Le prophète Élie, représenté sur la **mosaïque** extérieure (1970), se reflète dans un bassin. Inspirés de la création du monde, trois grands vitraux inondent de leur lueur bleutée la salle de musique et de conférences. Gouaches de 1931, planches gravées à l'eau-forte pour la Bible éditée par Tériade en 1956 et esquisses finissent de montrer les cheminements de l'artiste.

Musée d'Art moderne et d'Art contemporain**

Tlj sf mar. 10h-18h (dernière entrée 1/2h av. fermeture). Fermé 1er janv., Pâques, 1er mai et 25 déc. 3,80€, gratuit 1er et 3e dim. du mois. ☎ 04 93 62 61 62.
Ce château fort moderne de marbre gris, construit par Yves Bayard et Henri Vidal, expose les œuvres de l'**école de Nice** et les courants qui en découlent des années 1960 jusqu'à nos jours, et ceux, américains, dont elle émane. Les collections sont présentées par roulement sur les deux étages supérieurs (expositions temporaires au 1er).

Découvrir
La *Samarkand* de Rauschenberg à travers une sérigraphie sur patchwork de tissus.

Au début des années 1960, Nice devient l'un des foyers artistiques les plus exubérants d'Europe avec notamment les **nouveaux réalistes**. Nourris des maîtres qui ont marqué la Côte d'Azur du début du siècle, ils s'en distinguent par des œuvres conçues non plus isolément, mais où vie et art sont mêlés. À l'instar du **pop art**, ils tentent d'exprimer la réalité quotidienne de la vie moderne et de la société de consommation. Si le courant américain, Andy Warhol en tête, se réapproprie la culture médiatique, le courant niçois développe une réflexion critique sur les objets industriels en les accumulant ou les cassant (Arman), les compressant (César), les piégeant sous verre (Spoerri), les empaquetant (Christo et Marie-Jeanne)... Une place de choix est réservée à **Yves Klein** (1928-1962), instigateur du mouvement, avec d'une part, ses happenings qui traduisent l'idée d'un art total, et, d'autre part, ses monochromes, or et surtout bleus, qui expriment le concept d'un art abstrait épuré.

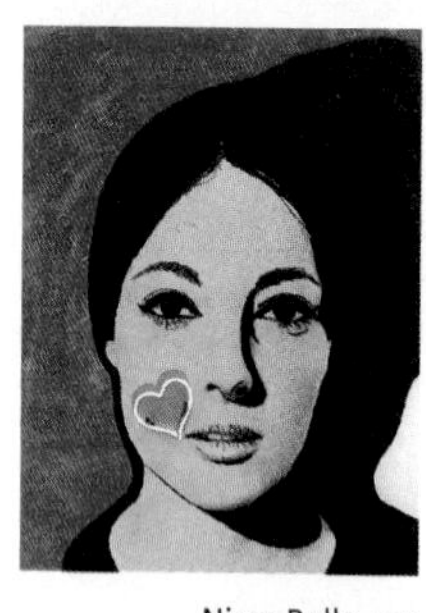

Nissa Bella *par Martial Raysse.*

Cette idée d'un art total est reprise par le mouvement néo-dada **Fluxus**, que Filliou définit ainsi : « L'art est ce qui rend la vie plus intéressante que l'art. » **Ben** en est le principal représentant niçois, connu par ses réflexions qui se lisent sur de nombreux supports.
Les développements de l'abstraction en France sont illustrés par **Supports/Surfaces** qui poursuit les voies ouvertes par l'abstraction américaine (Morris Louis, Frank Stella). Viallat, Pagès, Dezeuze, Dolla... et les Niçois du Groupe 70 réduisent la peinture à sa réalité matérielle en jouant sur le support ou le mode d'application de la couleur. Sur les traces des pliages de Simon Hantaï, la toile hors châssis est découpée, suspendue, pliée.
Issu de l'**art minimal** américain (Sol Le Witt, Richard Serra), le **BMPT** (Buren, Mosset, Parmentier, Toroni) réduit l'œuvre à sa plus simple expression : le support, la couleur et la composition de la matière.

Savourer
La beauté classique de l'Italie à travers les interventions au dessin d'Ernest **Pignon-Ernest** sur le crépi vétuste des murs de Naples.
Ressentir
L'Afrique du Nord avec *Le Tigre de papier* de J.-C. Blais réalisé à partir d'affiches collées, creusées, déchirées.

Les années 1980 voient le retour à la figuration (fabuleuse donation de **Niki de Saint-Phalle**), en référence à la tradition (Gérard Garouste, Jean-Charles Blais) ou à la culture rock et à la bande dessinée chez les artistes de la figuration libre (Robert Combas, Hervé Di Rosa, Blanchard...).

2 600 ANS D'HISTOIRE À CIMIEZ

Bien avant la reine Victoria ou le consul de Nice Gubernatis, les riches Romains s'établissent au 1er s. avant J.-C. à « Cemelenum », qui devient le chef-lieu des Alpes-Maritimes : on en compte 20 000 au 2e s. après J.-C. À partir du 16e s., les franciscains s'installent à l'Est de la colline et nous livrent leurs trésors.

Vestiges éloquents des thermes de la cité romaine de Cimiez.

Visite : 3h1/2. Partir de la place Jean-Moulin, derrière Acropolis, emprunter le boulevard Carabacel et suivre l'itinéraire tracé sur le plan. Le bus nº 15 y mène aussi.

Arènes

De proportions modestes, elles forment une ellipse de 67 m sur 56 m et pouvaient recevoir 4 000 spectateurs. On aperçoit quelques vestiges des couloirs d'accès et des consoles de la façade extérieure, destinées à porter les mâts soutenant la toile *(velum)* qui protégeait du soleil.

ARÈNES COMBLES
Autrefois, des jeux de lance, des luttes de gladiateurs y étaient proposés. Aujourd'hui, grands noms du jazz et fêtes traditionnelles y attirent d'autres nombreux Gaulois *(voir « carnet pratique »)*.

Musée archéologique

♿ *Tlj sf mar. 10h-17h40. Fermé 1er janv., dim. de Pâques, 1er mai et 24 déc. 3,8€(accès au site archéologique inclus), gratuit 1er et 3e dim. du mois.* ☎ *04 93 81 59 57.*

Issus de fouilles et de donations, de riches bronzes et céramiques illustrent les grandes civilisations méditerranéennes. Un magnifique **masque de Silène★** retient l'attention au rez-de-chaussée à droite. Sur la gauche, le monde ligure puis romain de la province des Alpes-Maritimes (14 avant J.-C.) est évoqué : statuette archaïque du guerrier du mont Bégo, matériel des *oppida* (habitats perchés), bornes milliaires de la via Julia Augusta (1er s.), monnaies, maquettes de Cimiez et culte romain. Les usages funéraires sont expliqués au sous-sol : incinération aux 1er et 2e s. (stèles) et inhumation à partir du 3e s. (sarcophages). Un ensemble paléochrétien (4e-5e s.) termine la visite.

Site archéologique gallo-romain★

Mêmes conditions de visite que le musée archéologique.

L'immense quartier des thermes, de part et d'autre du *decumanus* I (axe Est-Ouest), reflète le haut degré de technologie atteint par cette brillante civilisation au 3e s. après J.-C. Au Nord se trouvent les thermes réservés au procurateur de la province et aux notables, qui avaient leur piscine d'été en marbre entourée d'un péristyle à chapiteaux corinthiens. À droite, on reconnaît les latrines. Plus au Nord s'élève le **frigidarium**, salle des bains froids, vaste et voûtée. Traversant cette salle vers la gauche, on accède à la salle tiède puis aux salles chaudes, bâties sur un **hypocauste**, partiellement mis au jour.

Au Sud du *decumanus* I, la passerelle franchit des restes d'habitations, puis domine les thermes de l'Est : il s'agit de bains populaires, plus modestes dans leur décor, mais semblables aux autres dans leur équipement et la proportion de leurs salles. On arrive ensuite dans le quartier des habitations limité par le *decumanus* II, dallé (boutiques en bordure).

En empruntant cette rue à droite, on aboutit à une voie Nord-Sud *(cardo)* qui se dirige vers la villa des Arènes. À gauche de cette voie se trouvent les **thermes de l'Ouest**, réservés aux femmes, dont le dispositif en est assez bien conservé. Réutilisées successivement dès le 5e s. en baptistère paléochrétien, certaines parties de ces thermes

Quel calvaire !
Auparavant situé sur la place St-François de la vieille ville, le **calvaire de Cimiez**, situé sur la place du Monastère, est une colonne torse en marbre blanc portant une croix tréflée datant de 1477 avec, d'un côté, le séraphin crucifié qui apparut à saint François et imprima sur son corps les stigmates de la Passion, de l'autre sainte Claire et saint François entourant la Vierge.

conservent les traces des transformations en cathédrale : le chœur, dans le *frigidarium*, présente un banc de pierre semi-circulaire dans l'abside et les traces d'un autel. Au Nord de la cathédrale, dans une rotonde, apparaît le **baptistère**.

Monastère franciscain★

Bordée de magnifiques jardins, l'église, bâtie sur un couvent bénédictin du 9e s., a été remaniée par les franciscains qui en assument toujours la charge.

◄ **Église Sainte-Marie-des-Anges** – Les **trois œuvres maîtresses★★** du célèbre primitif niçois **Louis Bréa** *(voir « invitation au voyage »)* rendent la visite de l'église incontournable : à droite en entrant, une **Pietà** datée de 1475, très siennoise, est une œuvre de jeunesse et pourtant l'une des plus parfaites. À l'intérieur d'une composition horizontale sévèrement marquée par les bras de la croix et le corps raidi du Christ, Marie apparaît, étrangement seule, en dépit des angelots pleureurs qui voltigent autour de la croix. Un paysage s'esquisse sur un fond d'or guilloché de rinceaux. Le volet de gauche du panneau retient l'attention : il représente saint Martin, jeune cavalier plein de grâce, partageant son manteau écarlate, dans un mouvement incurvé qui donne une rare élégance à la composition.

Détail de saint Martin partageant son manteau ; triptyque de la Pietà, une des œuvres majeures de Louis Bréa (1475).

Très différente mais aussi belle est la **Crucifixion**, qui figure à gauche du chœur. Plus tardive (1512), elle n'a plus rien de gothique ; le fond doré a fait place à un paysage très fouillé, où la perspective s'affirme. La prédelle offre une savante mise en scène : remarquer, soulignée par les lances, la composition rayonnante de l'Arrestation de Jésus et la composition oblique du Portement de croix.

Dans la 3e chapelle *(à droite au fond)*, la **Déposition**, complète la Crucifixion et marque également l'assimilation des données picturales de la Renaissance ; ici, la disposition des personnages est oblique, s'alignant sur celle du corps de Jésus, les verticales du paysage rétablissant l'équilibre. Enfin, un monumental retable de bois sculpté mi-Renaissance mi-baroque, doré à la feuille, sépare le chœur des fidèles de celui des moines où se trouvent 40 stalles et un lutrin à 3 pans, beau travail de noyer du 17e s.

Musée franciscain – *Tlj sf dim. 10h-12h, 15h-18h. Fermé j. fériés. Gratuit.* ☎ *04 93 81 00 04.*

Intéressante évocation du franciscanisme à Nice, du 13e s. à nos jours, et de son message spirituel et social. Entre autres œuvres d'art et documents, remarquer un magnifique antiphonaire (recueil de chants liturgiques) enluminé (17e s.), ainsi que la chapelle des novices et la cellule, qui ont été reconstituées.

Jardins du monastère

Voir
Au **cimetière de Cimiez**, situé à coté de la place du Monastère, les tombes de Raoul Dufy, Roger Martin du Gard et Henri Matisse, inhumé dans une oliveraie au Nord de l'enceinte.

◄ Au Sud du monastère, d'agréables jardins de citronniers et de fleurs surplombant la vallée du Paillon constituent un **balcon** de rêve sur Nice, le Château et la mer, le mont Boron, l'Observatoire. Un bosquet de cyprès et de chênes-verts marque l'emplacement des anciennes fortifications ligures.

L'HÉRITAGE RUSSE À NICE

Dès le milieu du 19e s., à la suite de l'installation en 1856 de l'impératrice Alexandra Fedorovna, veuve du tsar Nicolas Ier, de riches aristocrates russes choisissent Nice comme lieu de villégiature. Ces « excentriques » (c'est ainsi que les Niçois surnommaient les Russes) rivalisèrent de prodigalité pour recréer un coin de leur patrie sur la Côte avec des architectures qui mêlèrent l'inspiration slave à celle méditerranéenne. Le baron von Dewies, créateur des chemins de fer russes, fit élever le ◄ gothique **château de Valrose** (faculté des sciences de Nice) et installa une isba de Kiev dans son immense parc. À l'entrée Ouest de Nice, près de la voie ferrée, le **château des Ollières** (actuellement hôtel-résidence) dresse son étonnant donjon encadré de quatre petites tourelles. À proximité, le musée Chéret est installé dans

La Russie sur la Côte
À Cannes, l'église St-Michel-Archange (1894).
À Menton, la chapelle de l'ancien sanatorium russe (1908).

les murs du **palais Kotschoubey**. La cour résidait dans le majestueux **Palais impérial** (détruit et remplacé par un lycée). La résidence Palladium (boulevard Tsarévitch) a été construite pour un banquier russe.

Construite par un architecte russe en 1912, la cathédrale St-Nicolas est l'édifice religieux orthodoxe le plus grand à avoir été édifié hors de Russie.

Cathédrale orthodoxe russe St-Nicolas★

Mai-sept. : 9h-12h, 14h30-18h ; oct. et de mi-fév. à fin avr. : 9h15-12h, 14h30-17h30 ; de déb. nov. à mi-fév. : 9h30-12h, 14h30-17h. Fermé dim. matin, les matins des j. de fêtes orthodoxes et 1er janv. 2,50€. ☎ 04 93 96 88 02.

Avec ses six coupoles à bulbes et sa façade de briques ocre, elle jette une touche d'exotisme inattendu dans le ciel de Nice et symbolise l'importance de la colonie russe sur la Côte d'Azur.

La magnificence du tsar Nicolas II s'exprima dans le choix des matériaux : les tuiles vernissées des coupoles et les croix dorées qui les surmontent proviennent d'Italie, les briques, d'Allemagne ; la coupole du clocher est recouverte de feuilles d'or fin et les mosaïques des façades furent réalisées à la main par des artistes russes.

L'intérieur a la forme d'une croix grecque et son décor de fresques, de boiseries et d'icônes relevées d'orfèvrerie est d'une richesse extraordinaire. Le chœur est fermé par une somptueuse **iconostase**★, synthèse des plus belles réussites de l'art religieux russe, empruntée aux églises de Moscou. À droite du chœur, l'icône de **N.-D.-de-Kazan**, peinte sur bois, est rehaussée d'argent ciselé et de pierreries.

Dans le parc

Une **chapelle byzantine** perpétue la mémoire du tsarévitch Nicolas, fils du tsar Alexandre II, qui mourut dans la villa Bermond cédée en 1900 par l'impératrice Alexandra pour l'édification de la nouvelle cathédrale.

visiter

Musée des Arts asiatiques★★

De la promenade des Anglais, suivre la direction de l'aéroport Nice-Côte d'Azur, puis prendre à droite la contre-allée signalée « parc Phœnix » dans le nouvel ensemble de l'Arenas. Parking payant en sous-sol. ♿ De déb. mai à mi-oct. : tlj sf mar. 10h-18h ; de mi-oct. à fin avr. : tlj sf mar. 10h-17h. Fermé 1er janv., 1er mai et 25 déc. 5,35€. ☎ 04 92 29 37 00.

Délicatement posé sur le lac du parc Phœnix *(voir ci-après)*, cet écrin de marbre blanc recèle des objets d'art sacré et traditionnels provenant d'Asie. L'architecture conçue par le Japonais Kenzo Tange (1998) symbolise la cosmogonie extrême-orientale, associant le cercle (le ciel) au carré (la terre) avec ses quatre points cardinaux. Un audioguidage facilite la découverte de ces passionnantes civilisations.

Restez « zen » !

Le très épuré salon de thé japonais, situé après la librairie, accueille des **cérémonies du thé**. *Dim. (sf août) 15h et 16h sur réservation (8 j. av.). 7,6€. ☎ 04 92 29 37 02.*

Édifié par l'architecte japonais Kenzo Tange, le bâtiment du musée des Arts asiatiques est à l'image d'un chapeau traditionnel de jeune mariée.

MÉDITER
Devant des bouddhas en pierre de l'art gandhara (4e s.) ou khmer (12e s.) qui invitent à un voyage spirituel hors du temps et de l'espace.

Au 1er étage, un parcours de la route du bouddhisme est proposé, superbement esthétique mais également pédagogique.
Au rez-de-chaussée, chaque salle est consacrée à une civilisation d'Asie : Chine, Japon, Cambodge et Inde. D'une grande qualité et significatives du monde religieux et matériel du pays, sculptures, céramiques ou peintures sont mises en scène dans un dépouillement minimaliste qui suscite la contemplation et l'émotion.
Le sous-sol, plus contemporain, est consacré aux expositions temporaires. Des bornes multimédias « branchées » sur l'Asie présentent les collections des musées d'Art asiatique du monde entier.

Parc Phœnix★

♿ *De mi-avr. à mi-oct. : 9h-19h ; de mi-oct. à mi-avr. : 9h-17h. 6€ (enf. : 4€).* ☎ *04 93 18 03 33.*

POUR APPROFONDIR
L'**infothèque** fournit tout sur les végétaux exotiques par banques de données télématiques.

Cet immense parc botanique (7 ha) animé vous fait sentir la nature comme si vous étiez en plein cœur de la jungle, les moustiques en moins ! 1 500 espèces végétales, toutes latitudes confondues, se découvrent par thème, associées aux espèces animales correspondantes ou à leurs chants par un savant bruitage.
Au milieu d'un grand lac, « l'île des temps révolus » remonte à l'origine de la vie à travers des fossiles végétaux vivants : cycas, gingkos bilobas, fougères arborescentes. À côté, étonnants cratères fleuris. Plus loin, une volière abrite un ensemble fantastique de perroquets et autres oiseaux exotiques. Une chute d'eau rassemble une centaine de tortues. L'oued-oasis reconstitue l'écosystème saharien.

POUR VOIR LE MONDE D'EN-DESSOUS
« La grande pyramide aztèque » présente l'envers de la végétation et la vie animale souterraine avec une superbe collection de lépidoptères.

La **serre géante★**, « le diamant vert » (7 000 m² sous 25 m de haut – la plus grande serre du monde), fait cohabiter sept climats à la température et à l'hygrométrie différentes. On admire successivement des orchidées et des broméliacées, la serre australe, un vivarium-insectarium souterrain, des plantes carnivores, des fougères du monde entier et, au centre, le grand jardin tropical qui réunit palmiers, bananiers, arbres du voyageur (Madagascar) et cultures vivrières tropicales (arbres à pain, caféiers, papayers...). La serre des papillons termine la visite qu'animent ou illustrent bornes interactives, « zones phénomènes » (traitant de l'énergie solaire, de l'acoustique ou de l'environnement) ainsi qu'un cinéma Imax.

Musée d'Art naïf A.-Jakovsky★

Av. du Val-Marie. Quitter le centre-ville par la promenade des Anglais. Tlj sf mar. 10h-12h, 14h-18h. Fermé 1er janv., Pâques, 1er mai et 25 déc. 3,80€, gratuit 1er dim. du mois. ☎ *04 93 71 78 33.*

LES NAÏFS
Les Croates, maîtres du genre, sont à l'honneur : Generalic', Rabuzin, Kovacic', Petrovic'. La France est abondamment représentée, notamment par Bauchant, Vivin, Vieillard, les Niçois Restivo et Crociani et des peintures plus oniriques de Vercruyce ou Lefranc. Les Suisses comme Luthé et les Belges apportent une large contribution, sans compter les États-Unis (O'Brady) et l'Amérique latine – le Brésil surtout.

L'élégant château Ste-Hélène abrite la riche donation d'Anatole Jakovsky. Un fonds de 600 toiles témoigne de la fraîcheur et de l'étonnant pouvoir d'invention des « peintres de l'éternel dimanche ». Une histoire de l'art naïf est retracée depuis le 17e s. et à travers le monde. Une salle est réservée à une série de savoureux portraits d'A. Jakovsky !

Musée Masséna*

Fermé pour restauration. Réouverture prévue fin 2004.
Entouré de ses jardins, ce très bel édifice construit en 1898 par le petit-fils du maréchal a le charme d'une résidence italienne du Premier Empire. L'intérieur est fastueusement décoré de **salons** Premier Empire, et directement inspiré du château de Lucien Bonaparte à Govone (Piémont).

Acropolis-palais des Congrès*

Visite guidée sur demande préalable. ☎ 04 93 92 82 35.
Sur le Paillon, ce vaisseau de verre et de béton ancré sur ses cinq voûtes est équipé pour recevoir de grandes manifestations de plusieurs milliers de personnes.
Des œuvres d'artistes contemporains sont disposées à l'intérieur et à l'extérieur du palais, en parfaite harmonie avec l'architecture : Volti, Arman, César, Paul Belmondo, Moretti, Cyril de la Patellière, etc.

Palais Lascaris

Tlj sf lun. 10h-12h, 14h-18h. Fermé nov., 1er janv., Pâques, 1er mai et 25 déc. Gratuit (visite commentée : 3€). ☎ 04 93 62 72 40.
Ce palais de style génois, construit en 1665 par J-B. Lascaris, est habillé d'une somptueuse façade parée de balcons à balustres sur consoles de marbre sculpté et pilastres avec chapiteaux à guirlandes de fleurs ; un fronton brisé à volutes surmonte la porte.
Dès l'entrée, on est ébloui par la majesté de l'escalier d'apparat. Avant de monter, admirer à droite la belle pharmacie dans ses boiseries, vases et chevrettes (récipients à bec) de 1738, de Besançon.
Ensuite, le prestigieux **escalier*** à balustres mène à l'« Étage noble », le deuxième, par un ensemble époustouflant de voûtes, peintures du 17e s. et statues de Mars et de Vénus du 18e s. dans leurs niches rocaille. La décoration est représentative du mode de vie d'une grande famille du comté de Nice avant la Révolution : sur le plafond du grand salon, fresque en trompe l'œil du 18e s., la *Chute de Phaéton* : proche de celle du château de Cagnes, elle est attribuée au peintre génois Carlone. Tapisseries flamandes d'après des cartons de Rubens. Une porte piémontaise conduit à la salle voisine, ornée de Vénus et Anchise au plafond. De superbes atlantes et cariatides supportent la cloison de stuc qui introduit à la chambre d'apparat. De l'autre côté de l'escalier, l'appartement privé avec ses plafonds du 18e s. et ses médaillons peints cernés de gypseries. Les boiseries Louis XV sont incrustées à la feuille d'argent et surmontées de trumeaux à paysages.

Qui était J.-B. Lascaris ?
Ce neveu du grand-maître de l'ordre de Malte était issu des comtes de Vintimille qui se prévalaient d'une alliance antique avec les empereurs byzantins Lascaris qui régnèrent au 13e s. à Nicée, en Asie Mineure, alors que Constantinople était occupé par les croisés.

Chapelle de la Miséricorde*

Fermé pour travaux.
Petit chef-d'œuvre du baroque niçois, cette chapelle ▶ appartient à la confrérie des Pénitents Noirs. Elle fut édifiée en 1740 par Vittone d'après les plans du célèbre prêtre-architecte italien du 17e s., Guarini. L'élégante symétrie de son architecture extérieure est parsemée de volutes et contre-courbes, depuis sa façade ventrue à ses oculi ovoïdes, surmontés de lucarnes enguirlandées.
L'intérieur, à couper le souffle, n'est que coupoles et absidioles recouvertes d'anges virevoltants entre les dorures et les faux-marbres. Si le décor démesurément riche est du 19e s. (voûte peinte par Bistolfi), le volume ample et mouvementé, le plan elliptique sont caractéristiques du baroque piémontais.

Art primitif niçois
La sacristie recèle des trésors d'art primitif niçois dont deux **retables*** qui représentent une Vierge de Miséricorde. Si l'œuvre de Jean Miralhet, de 1429, est encore teintée du hiératisme byzantin de l'école siennoise, le panneau central de la seconde Vierge, peinte par Louis Bréa en 1515, possède la grâce de la Renaissance italienne et fait apparaître peut-être la plus ancienne vue de Nice.

Musée national de la Marine

Situé dans la tour Bellanda. Juin-sept. : tlj sf. lun. et mar. 10h-18h ; oct.-mai : tlj sf lun. et mar. 10h-12h, 14h-17h. 2,3€ (enf. : 1,4€). ☎ 04 93 80 47 61.
*Monter par l'escalier de 400 marches (montée Lesage) ou par l'**ascenseur** (à gauche de l'escalier). ♿ Juin-août : 9h-20h (dernière montée 1/2h av. fermeture) ; avr.-mai et sept. : 9h-19h ; oct.-mars : 10h-18h. 0,90€ AR, 0,60€ A. ☎ 04 93 85 62 33.*

Pour les amoureux de la mer : maquettes de navires et du port, instruments de navigation, et pour les autres : antiques représentations de Nice.

Muséum d'Histoire naturelle

Tlj sf lun. 10h-18h. Visite guidée mer. et 1er dim. du mois 15h. Fermé 1er janv., dim. de Pâques, 1er mai et 25 déc. Gratuit. ☎ 04 97 13 46 80.

Pour les passionnés de champignons (7 000 moulages), de minéralogie et de stratigraphie (histoire de la Terre à l'aide des fossiles et des phénomènes géologiques).

Musée de Terra Amata

Tlj sf lun. 9h-12h, 14h-18h. Fermé de déb. sept. à fin sept., 1er janv., Pâques, 1er mai et 25 déc. 3,80€ (enf. : gratuit), gratuit 1er et 3e dim. du mois. ☎ 04 93 55 59 93.

Ce musée est installé sur le lieu même de la découverte d'un site préhistorique ayant livré l'un des plus anciens habitats connus en Europe, aménagé voici 400 000 ans. Les outils de pierre taillée, les restes osseux de la faune chassée, les moulages des sols d'habitat et les analyses de laboratoire concernant l'environnement et le climat sont présentés le long d'un parcours didactique qui conduit le visiteur depuis les fouilles jusqu'aux reconstitutions. Commentaires audio-visuels en français, anglais, italien et allemand. Diaporama des fouilles.

Si vous passez par là

L'église St-Barthélemy (au Nord de la ville) abrite, au fond du bas-côté droit, le beau triptyque de François Bréa : Vierge en majesté entre saint Jean Baptiste et saint Sébastien. *Tlj sf dim. ap.-midi.*

Prieuré du Vieux-Logis

Visite guidée (3/4h) mer., jeu., sam., 1er dim. du mois. 15h-17h. Gratuit. ☎ 04 93 88 11 34.

◄ Un intérieur de la fin du Moyen Âge a été reconstitué dans une ferme du 16e s. : belles œuvres d'art (Pièta franc-comtoise du 15e s.), mobilier du 14e au 17e s., ustensiles de la vie quotidienne, remarquable cuisine.

Église Ste-Jeanne-d'Arc

9h30-11h30, 15h30-18h. ☎ 04 93 84 54 60..

Son clocher formé de flammes torsadées (65 m), ses trois coupoles et son porche ellipsoïdal la rendent futuriste. À l'intérieur, on est frappé par le bel élan des voûtes. Chemin de croix peint à fresque par Klementief.

D'une modernité révolutionnaire pour l'époque (1934), l'église Ste-Jeanne-d'Arc en béton est l'œuvre de l'architecte Jacques Droz.

circuits

LES DEUX MONTS★★ 1

11 km – environ 3/4h – schéma p. 286. Quitter Nice à l'Est par la place Max-Barel et la Moyenne Corniche (N 7). Au bout de 2,5 km, au milieu de la montée, tourner à droite à angle aigu dans une route forestière, puis à gauche dans la route menant au fort du mont Alban (itinéraire balisé).

Mont Alban★★

Alt. 222 m. **Vue★★** splendide sur la côte : à l'Est, le cap Ferrat, le cap d'Ail, la pointe de Bordighera et les hauteurs calcaires de la Tête de Chien ; à l'Ouest, la baie des Anges et la Garoupe. On peut faire à pied le tour du fort du 16e s., de ses bastions et échauguettes *(l'accès du fort est interdit).*

La meilleure vue sur la baie des Anges et la baie de Villefranche s'admire depuis le fort du mont Alban.

Revenir à la précédente bifurcation et aller tout droit vers le mont Boron.

Mont Boron★

Alt. 178 m. **Vues★** étendues sur la rade de Villefranche et la côte jusqu'au cap d'Antibes. À l'horizon, les montagnes de Grasse et l'Esterel.

Rentrer à Nice par la Corniche Inférieure.

Qui étaient les premiers Niçois ?
Sur les pentes occidentales du mont Boron, des ossements, des outils de pierre, des traces de feu ont permis d'identifier l'un des plus anciens habitats connus en Europe : celui de chasseurs acheuléens (paléolithique inférieur), vieux de 400 millénaires. Tout cela est expliqué au musée Terra Amata.

PLATEAU ST-MICHEL★★ 2

19 km – environ 1h – schéma ci-après. Quitter Nice à l'Est par l'avenue des Diables-Bleus et la Grande Corniche (D 2564).

La route offre, à l'arrière, des vues sur Nice et la baie des Anges, puis sur le cap d'Antibes, l'Esterel, le bassin du Paillon ; en avant, vue sur le fort de la Drète au premier plan, et sur celui du mont Agel au fond.

Observatoire du Mont-Gros

À droite de la Grande Corniche se détache la route privée de l'observatoire de Nice Visite guidée (1h1/2) sam. 15h. 4,5€. ☎ 04 93 85 85 58.

Classé monument historique, il réunit les talents de Charles Garnier qui l'édifia en 1881 et de Gustave Eiffel, concepteur de la structure métallique de sa grande coupole (26 m de diamètre). Ce centre international de recherche astronomique réputé est entouré d'un parc de ▶ 35 ha qui domine Nice et son littoral. Après le col des Quatre-Chemins, on voit se dégager la presqu'île du cap Ferrat, puis la rade de Villefranche-sur-Mer.

Astronomique !
La lunette dite « grand équatorial », de 18 m de long et de 76 cm de diamètre optique, fut un temps le plus grand instrument de cette catégorie au monde.

Prendre à droite la D 34 ; 500 m plus loin, laisser la voiture à une plate-forme de stationnement.

Point de vue du plateau St-Michel★★

Une table d'orientation permet de situer tous les points où porte la vue, du cap d'Ail à l'Esterel.

La D 34 rejoint la Moyenne Corniche (N 7) qu'on prend à gauche. Peu après un long tunnel, **vue★** merveilleuse sur Beaulieu, le cap Ferrat, Villefranche-sur-Mer, Nice et le cap d'Antibes. La route contourne la rade de Villefranche. Passé le col de Villefranche, le regard se porte sur Nice avec la colline du Château, le port et la baie des Anges ; à l'horizon se profilent l'Esterel et les montagnes calcaires de Grasse. *Rentrer à Nice par la place Max-Barel.*

LE TOUR DU MONT CHAUVE★ 3

53 km au départ de Nice – 1/2 journée – schéma ci-après. Quitter Nice au Nord par l'avenue du Ray puis, à droite à angle aigu, l'avenue de Gairaut (D 14), direction Aspremont. Environ 2 km après être passé sous l'autoroute, continuer à droite sur la D 14 et prendre à gauche la route signalisée.

Cascade de Gairaut

Ses deux ressauts font dévaler ses eaux dans une belle piscine naturelle, eaux venant du canal de la Vésubie alimentant Nice. Continuer jusqu'à l'esplanade de la chapelle d'où l'on a une belle **vue★** sur la ville.

Revenir à la D 14. Peu après, beau paysage sur la gauche vers Nice avec le mont Boron, le cap d'Antibes. Puis la route s'élève vers Aspremont, et l'horizon s'étend sur les *baous*, la vallée du Var, les montagnes du haut pays.

Aspremont

Village joliment perché, bâti suivant un plan concentrique. ▶ L'**église** a une nef gothique, peinte à fresque, retombant sur de solides chapiteaux cubiques ; à gauche, jolie Vierge à l'Enfant en bois polychrome. *Pdt les offices.*

Encore une belle vue
Contourner l'église et monter jusqu'à la terrasse de l'ancien château (rasé) qui domine le village : le **panorama★** s'étend sur le cours inférieur du Var avec le pays de Vence, le cap d'Antibes, les collines niçoises, le mont Chauve et le mont Cima.

À la sortie du village, prendre la D 719 qui franchit le petit col d'Aspremont entre le mont Chauve et le mont Cima et mène au riche bassin de Tourrette-Levens.

Tourrette-Levens

Encerclé de montagnes, ce village de la route du sel s'accroche à son rocher, en forme de lame de couteau. La petite **église** du 18e s. abrite, derrière le maître-autel, un beau retable de bois sculpté de même époque (la Vierge entre saint Sylvestre et saint Antoine). *Visite sur demande au secrétariat de la paroisse. ☎ 04 93 91 00 41.*

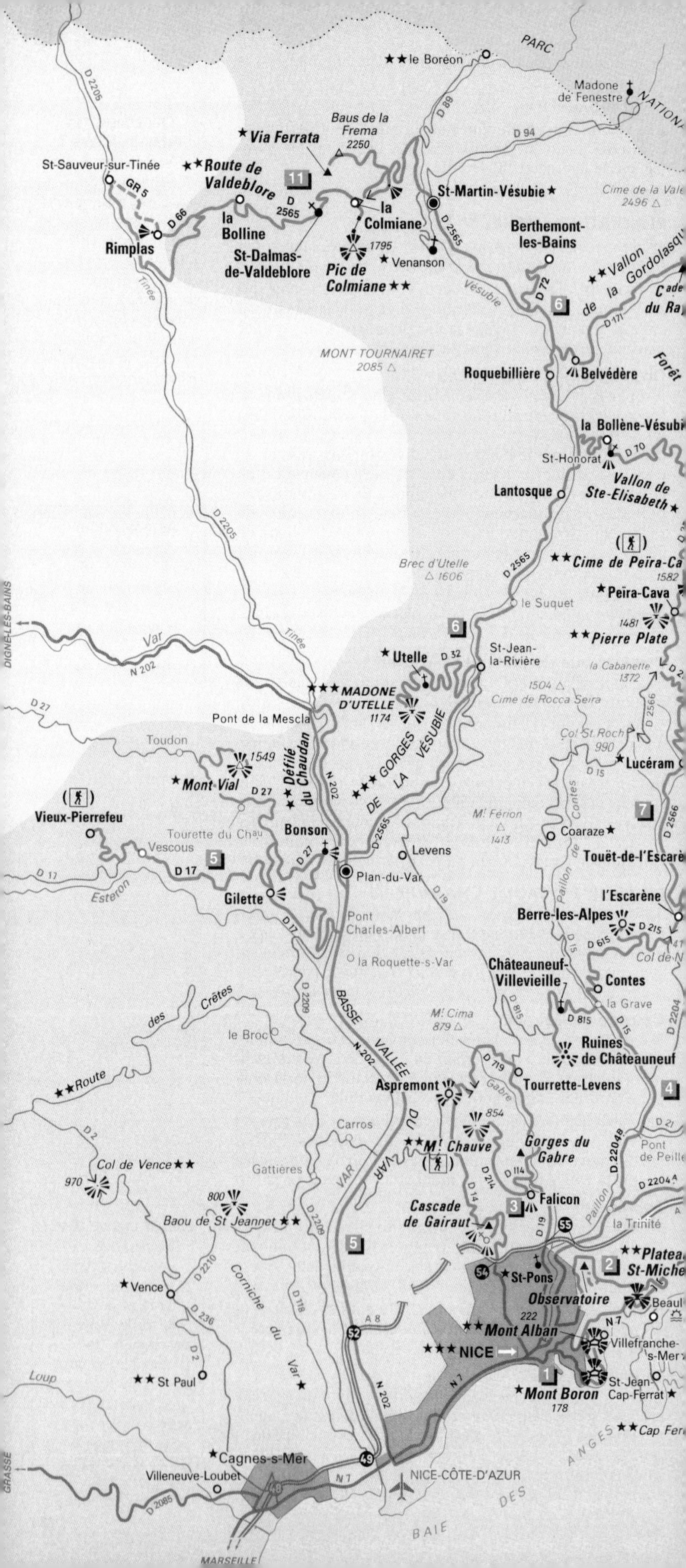

PARC
NATIONAL
★★le Boréon
Madone de Fenestre
D 2205
D 89
Baus de la Frema
2250
★ Via Ferrata
D 94
St-Sauveur-sur-Tinée
★★Route de Valdeblore
11
GR 5
D 66
la Bolline
D 2565
St-Dalmas-de-Valdeblore
la Colmiane
St-Martin-Vésubie ★
Cime de la Valette
2496
Rimplas
1795
Pic de Colmiane ★★
★ Venanson
Berthemont-les-Bains
Tinée
Vésubie
D 72
★★Vallon de la Gordolasque
6
D 171
MONT TOURNAIRET
2085
Roquebillière
Belvédère
Forêt
la Bollène-Vésubie
St-Honorat
D 70
Vallon de Ste-Elisabeth ★
Lantosque
D 2205
Brec d'Utelle
1606
★★ Cime de Peïra-Cava
1582
★ Peïra-Cava
le Suquet
DIGNE-LES-BAINS
1481
★★ Pierre Plate
Var
N 202
Tinée
★ Utelle
D 32
St-Jean-la-Rivière
la Cabanette
1372
★★★ MADONE D'UTELLE
1174
1504
Cime de Rocca Seira
D 27
Pont de la Mescla
Toudon
1549
Col St Roch
990
★ Lucéram
★ Mont Vial
★ Défilé du Chaudan
★★★ GORGES DE LA VÉSUBIE
D 15
D 2566
Vieux-Pierrefeu
Tourette du Chau
Mt Férion
1413
Contes
7
Bonson
Coaraze ★
Vescous
D 2565
Levens
Touët-de-l'Escarène
5
D 17
Plan-du-Var
Paillon de Contes
Estéron
Gilette
D 19
l'Escarène
Pont Charles-Albert
Berre-les-Alpes
D 215
D 615
Col de Nice
la Roquette-s-Var
Châteauneuf-Villevieille
Contes
des Crêtes
D 2209
BASSE VALLÉE DU VAR
la Grave
Mt Cima
879
D 815
D 2204
le Broc
Ruines de Châteauneuf
★★Route
D 719
Tourrette-Levens
Aspremont
Gabre
4
854
Carros
D 21
★★ Mt Chauve
Gorges du Gabre
Pont de Peille
D 2
Col de Vence ★★
D 114
D 2204 B
970
Gattières
D 214
D 2204 A
800
D 14
Falicon
Baou de St Jeannet ★★
Cascade de Gairaut
3
Paillon
55
la Trinité
5
★★ Plateau St-Michel
St-Pons
54
2
D 2210
Observatoire
★ Vence
Corniche du Var
Beaulieu
D 236
D 118
222
A 8
★★ Mont Alban
N 7
52
Villefranche-s-Mer
★★★ NICE
1
St-Jean-Cap-Ferrat ★
★★ St Paul
Loup
★
★ Mont Boron
178
N 202
★★ Cap Ferrat
ANGES
★ Cagnes-s-Mer
49
GRASSE
Villeneuve-Loubet
N 7
48
NICE-CÔTE-D'AZUR
DES
D 2085
BAIE
MARSEILLE

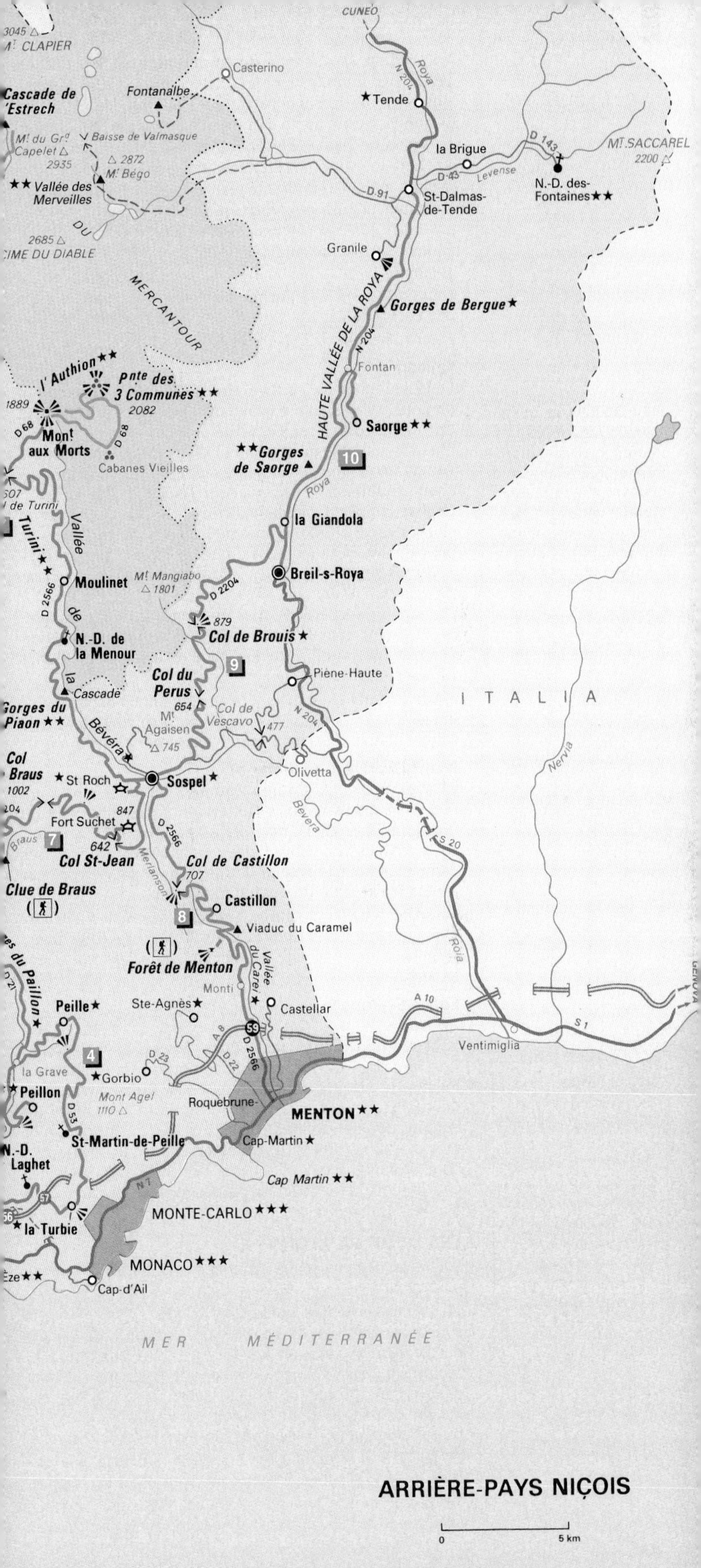

CUNEO
3045
Mt CLAPIER
Casterino
Cascade de l'Estrech
Fontanalbe
Tende
Roya
N 204
Mt du Grd Capelet 2935
Baisse de Valmasque
2872
Mt Bégo
la Brigue
D 143
Mt SACCAREL 2200
D 43
Levense
D 91
St-Dalmas-de-Tende
N.-D. des-Fontaines★★
★★ Vallée des Merveilles
DU
2685
CIME DU DIABLE
MERCANTOUR
Granile
HAUTE VALLÉE DE LA ROYA
Gorges de Bergue★
N 204
Fontan
l'Authion★★
Pnte des 3 Communes★★
2082
1889
D 68
Mont aux Morts
Cabanes Vieilles
Saorge★★
★★Gorges de Saorge
10
Roya
507
Col de Turini
Turini★★
Vallée de la Bévéra
la Giandola
Moulinet
Mt Mangiabo 1801
Breil-s-Roya
D 2204
D 2566
879
Col de Brouis★
N.-D. de la Menour
9
Col du Perus
Piène-Haute
Cascade
654
Col de Vescavo
477
N 204
Gorges du Piaon★★
Mt Agaisen 745
Col Braus 1002
St Roch
Sospel★
Olivetta
ITALIA
Nervia
Bevera
847
Fort Suchet
Braus
7
642
Col St-Jean
D 2566
Merlanson
Col de Castillon 707
S 20
Clue de Braus
8
Castillon
Viaduc du Caramel
Forêt de Menton
Vallée du Careï
Roia
Gorges du Paillon★
Monti
Peille★
Ste-Agnès★
Castellar
A 10
GENOVA
S 1
59
A 8
D 2566
D 22
Ventimiglia
la Grave
Gorbio
D 23
Peillon
Mont Agel 1110
Roquebrune-
MENTON★★
D 53
St-Martin-de-Peille
Cap-Martin★
N.-D. Laghet
Cap Martin★★
57
N 7
MONTE-CARLO★★★
la Turbie
MONACO★★★
Èze★★
Cap-d'Ail
MER MÉDITERRANÉE
ARRIÈRE-PAYS NIÇOIS
0
5 km

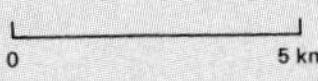

Votre effort sportif en montant au **château** sera récompensé par une intéressante collection de papillons exotiques et un diorama des animaux du monde entier, ainsi que par une vue panoramique sur les sommets voisins (mont Chauve, Férion) et les vallées du Gabre et du Rio Sec. En outre, en été, vous pourrez assister dans les jardins aux « Nuits du château » : concerts de musique baroque, chants polyphoniques ou conférences. *Avr.-oct. : 14h-18h ; nov.-mars. : 14h-17h30. Fermé 1er janv. et 25 déc. Gratuit. ☏ 04 93 91 03 20.*

Rejoindre la D 19 que l'on prend à gauche, descendant la vallée du Gabre. Les **gorges du Gabre** sont taillées dans des parois calcaires.

Prendre à droite la D 114 vers Falicon.

Falicon

La Douceur de la vie
Ce livre de Jules Romains a rendu le village et son auberge célèbres en y situant un épisode des amours de Jallez et de la petite marchande de journaux niçoise. Outre sa « Bellevue », l'auberge expose des souvenirs de l'auteur.

Les lecteurs de **Jules Romains** (1885-1972) connaissent ce petit village niçois typique, serré sur son rocher et entouré d'oliviers. Le village reçut d'autres hôtes illustres séduits par l'agrément du site. La reine Victoria venait en voisine de Cimiez y savourer le thé, comme le clame fièrement l'enseigne : *Au Thé de la Reine.*

L'**église**, fondée par les bénédictins de St-Pons, présente un clocher carré et une façade agencée en trompe l'œil. Elle possède une nef unique. À droite de l'abside, belle Nativité du 17e s. auréolée d'or. *Visite sur demande à la mairie. ☏ 04 92 07 92 70.*

Prendre à gauche de l'église un large escalier, puis tourner à droite dans le sentier qui s'élève jusqu'à une terrasse d'où la **vue**★ porte sur Nice et la mer, les collines niçoises et le mont Agel.

Rejoindre la D 114 à gauche. À la chapelle St-Sébastien se détache, à droite, la D 214, étroite et dangereuse, vers le mont Chauve. *Laisser la voiture au terminus de la route.*

Mont Chauve d'Aspremont

1/2h à pied AR. Comme son nom l'indique, son sommet (854 m) est pelé, à l'exception de la silhouette du fort désaffecté. De là, magnifique **panorama**★★, au Nord sur les Alpes aux cimes neigeuses, au Midi sur Nice, ses collines et tout le littoral de Menton au cap Ferrat. Par temps (très) clair, on aperçoit la Corse.

Revenir à la D 114 et tourner à gauche ; après 2 km, prendre à droite à angle aigu dans la D 19. Passer sous l'autoroute ; 1 km plus loin se détache à droite une rampe qui monte vers St-Pons.

Église St-Pons★

Ap.-midi.

L'abbaye bénédictine de St-Pons, fondée à l'époque de Charlemagne, a joué un rôle important dans l'histoire locale durant un millénaire. L'église, reconstruite au début du 18e s. sur un piton dominant la vallée du Paillon, déploie de tous côtés sa gracieuse silhouette et l'un des plus jolis campaniles génois de la région. Ce charmant édifice baroque dresse une haute façade à courbes et contrecourbes précédée d'un péristyle qui épouse la forme ondulante de l'ensemble.

Stuc
L'intérieur de l'église est formé d'un grand vaisseau elliptique, précédé d'un vestibule et prolongé par un chœur en hémicycle. Il est étayé de chapelles rayonnantes entre de hauts et puissants piliers et est richement décoré de stuc.

LES DEUX PAILLONS★ 4

90 km au départ de Nice – compter une journée – schéma *p. 286.*

Le Paillon principal ou Paillon de l'Escarène prend sa source au Nord-Est du col St-Roch, le Paillon de Contes descend de la cime de Rocca Seira, au Nord-Ouest du même col ; ils se rejoignent à Pont-de-Peille pour déboucher à Nice. L'itinéraire proposé emprunte d'abord la vallée du Laghet, avec un crochet par la Turbie et Peille, puis il fait découvrir les cours moyens des deux Paillons.

Quitter Nice au Nord par le boulevard J.-B.-Vérany et la route de Turin (D 2204). À la Trinité, prendre à droite vers Laghet.

La route remonte la vallée du Laghet, très verdoyante. La voie romaine de la Turbie à Cimiez empruntait l'autre rive.

Ex-voto ; imagerie de la douleur et d'une dévotion pleine de gratitude.

N.-D.-de-Laghet

Son cadre sylvestre au charme italien est connu de nombreux pèlerins qui y viennent, de Nice ou d'Italie, célébrer la Madone en mémoire de ses miracles de 1652. Le cloître et l'église qui ont été fondés alors regorgent d'innombrables ex-voto, qui témoignent de cette ferveur populaire. D'une naïveté touchante et amusante, les plus beaux sont exposés dans le petit **musée** de la place du Sanctuaire. Ils remontent au 19e s., la Révolution ayant détruit ceux qui la précédèrent. *7h-21h. Gratuit.* ☎ *04 93 41 50 50.*

SUBLIME

Dans l'église on ne peut plus baroque, la statue de la Madone de Laghet apparaît au maître-autel, dans sa robe de bois sculpté.

Montée sinueuse dans les oliviers vers la Grande Corniche où l'on tourne à gauche.

La Turbie★ *(voir ce nom)*

Quitter la Turbie au Nord par la D 53 qui ménage des vues sur la mer et le bassin du Paillon. À gauche de la route, on aperçoit la chapelle St-Martin.

St-Martin-de-Peille

L'**église**, isolée, s'élève dans un beau cadre de montagnes plantées d'oliviers. Moderne, elle est d'une grande simplicité : vitraux en plastique, base d'autel faite d'un tronc d'olivier massif. De grandes baies s'ouvrent de chaque côté de l'autel sur la montagne. *Fermé pour raisons de sécurité.* ☎ *04 93 91 71 71.*

La route serpente au pied du mont Agel puis descend sur Peille. Près du dernier tunnel, on a un beau **coup d'œil** sur le village et son site.

Peille★ *(voir ce nom)*

À la Grave, la route rejoint la vallée du Paillon. 2,5 km plus loin, prendre à gauche la D 121 d'où se détache le pittoresque nid d'aigle de Peillon.

Peillon★★ *(voir ce nom)*

Par la D 21 que l'on reprend à droite, on remonte la vallée du Paillon. Bientôt, sur la droite, apparaît le village de Peille, bâti au flanc du mont du Castellet.

Gorges du Paillon★

Beaux défilés, frais et verdoyants, entre des murailles boisées.

L'Escarène

Bâti à la croisée de l'accès à la station de Peïra-Cava et à l'amorce des lacets du col de Braus, ce gros bourg s'étend au fond d'une vallée parcourue par le Paillon. Il fut un important relais muletier sur l'ancienne route de Nice à Turin, appelée la **route du sel** *(voir Sospel)*. L'ancien pont à arche unique et la place de la Gabelle en conservent le témoignage. Du pont de l'Armée-des-Alpes, qui enjambe le Paillon, le vieux village se profile élégamment.

POUR SE SOUVENIR

Sur la route du col de Turini, après l'Escarène, un imposant **mausolée dédié à la 1er DFL**, inauguré en 1964 par le général de Gaulle, rappelle les sacrifices et les combats de la Libération sur la route du col de Turini (D 2566).

Du 17e s., flanquée de deux chapelles de pénitents blancs et noirs, l'**église St-Pierre★** est l'œuvre de l'architecte niçois Guibert, concepteur de la cathédrale de Nice. Elle est parée d'une intéressante façade baroque très ouvragée. L'intérieur, remarquablement grand, présente un décor de la même époque.

Détails de choix
À droite du vestibule de l'église St-Pierre, le bénitier est creusé dans un antique autel gallo-romain surmonté d'une statuette dorée du 17e s. L'orgue, daté de 1791, est signé des **frères Grinda**, célèbres facteurs d'orgues niçois.

Monter au col de Nice par la D 2204 puis tourner à droite dans la D 125 qui mène à Berre-les-Alpes par de belles vues renouvelées sur le village.

Berre-les-Alpes

Ce village perché (675 m) est un charmant belvédère naturel dans un très joli **site**. Aux abords du cimetière, **panorama★** sur les Préalpes de Nice et la mer.

Redescendre par la même route et prendre à droite la D 615.
La route, très tourmentée, qui mène à Contes est un enchantement. Les bouquets de châtaigniers alternent avec les pins, les cyprès, les mimosas, les oliviers et les cultures en terrasses pour composer un paysage typique de l'arrière-pays niçois.

Contes

Les Romains l'ont bâti comme ses voisins sur un rocher formant ici une proue surplombant la vallée du Paillon de Contes. Outre une élégante fontaine à deux étages de 1587, le village possède dans son église *(chapelle de droite)* un retable de sainte Madeleine de l'école niçoise (1525), remarquable pour sa **prédelle★** qui raconte la vie de la sainte en 5 petits tableaux ; également, belles boiseries du 17e s.

Un village de caractère
On raconte qu'au 16e s., la commune libre de Contes condamne solennellement à l'exil... les chenilles qui l'avaient envahie. Au terme d'une grande procession de reliques, elles exécutèrent l'arrêt du tribunal et disparurent !

Prendre la D 715 jusqu'à la Grave, qui traverse le Paillon, puis la D 815 parmi les pins et les oliviers.

Châteauneuf-Villevieille

Ce fief domine la vallée du Paillon depuis l'aube des temps (les Ligures), comme en témoigne le magnifique paysage de ruines de la ville médiévale, située 2 km plus loin *(du chemin, 1/2h à pied)*, d'où se dégage un vaste **panorama★**, du mont Chauve et du Férion (Ouest) aux Alpes (Nord-Est).

Dans le village actuel, réinvesti au 18e s., la présence romaine se lit dans l'inscription encastrée de la façade de l'**église**, la « Madone de Villevieille ». Cette dernière est du 11e s., comme l'attestent ses festons et ses bandes lombardes. Elle a été rhabillée au 17e s. par une voûte à fresque et un beau retable en stuc qui entoure une Vierge à l'enfant du 15e s. *9h-18h. ☎ 04 93 79 00 58 ou 04 93 79 23 76.*

Revenir à la D 15, qui, de Contes, ramène à Nice par la vallée du Paillon.

VALLÉES DU VAR ET DE L'ESTERON 5

66 km – 1/2 journée – schéma p. 286. Quitter Nice par la promenade des Anglais prolongée par la promenade Corniglion-Molinier, agréable parcours le long de la baie des Anges. Rejoindre la N 98, puis prendre à droite vers Plan-du-Var.

La N 202 qui longe le Var permet un accès rapide dans l'arrière-pays niçois. Dans un décor de cultures florales et potagères, de vignobles et d'oliveraies apparaissent tour à tour les villages perchés de l'arrière-pays niçois et vençois. À gauche, au pied des *baous*, Gattières, puis Carros et le Broc, à droite, Aspremont et Castagniers au pied du mont Chauve, St-Martin-du-Var, la Roquette-sur-Var... À l'horizon, la **vue★** se porte sur les cimes enneigées des Alpes. À St-Martin-du-Var, l'Esteron se jette dans le Var.

Gagner la rive droite du Var par le pont Charles-Albert et prendre la D 17 en direction de Gilette.

On aperçoit le site de Bonson, village qui couronne un à-pic vertigineux au-dessus de la rivière, et bientôt, le curieux site de Gilette, bâti dans une brèche.

Restauration
Capeline – *06830 Gilette - 9 km de Gilette par D 17 rte de Roquesteron - ☎ 04 93 08 58 06 - ouv. mars à oct., w.-ends de nov. à fév. et fermé lun. - réserv. obligatoire - 17/24€.* Poussez la porte de cette petite maison au bord d'une route de la vallée de l'Esteron, vous ne le regretterez pas ! Le patron mitonne chaque jour un menu aux saveurs régionales qui vous sera annoncé verbalement. Petit plus : l'huile d'olive « maison ». Décor rustique et terrasse ombragée de canisses.

Imprenable aux temps troublés, Gilette, accroché au-dessus d'un ravin, garde sa réputation d'accès difficile, comme la plupart de ses voisins perchés.

Gilette

De la place de la Mairie, suivre le parcours fléché qui monte aux ruines du château, d'où le **panorama★** porte sur d'impressionnantes routes en corniche, la vallée du Var, son confluent avec l'Esteron et les Préalpes. Une agréable allée, bordée de platanes et d'acacias, passe sous le château, livrant de belles vues sur les villages perchés de Bonson et de Tourette-du-Château ainsi que sur les Grandes Alpes, au Nord.

Reprendre la D 17 au Nord de Gilette, qui remonte la vallée de l'Esteron, puis, 2 km après Vescous, s'engager à droite dans la petite route qui monte à Vieux-Pierrefeu.

Vieux-Pierrefeu

Accès interdit en voiture. Austère et fier, ce beau village perché (618 m), vêtu de ses vieilles pierres bien restaurées, donne envie de s'y attarder. L'Esteron tout proche, avec son lit escarpé et son eau turquoise, réjouit les amateurs de canyoning.

L'église (16e s.) abrite le **musée « Hors du temps »**, collection unique de peintures contemporaines sur le thème de la Genèse, où l'on relève, parmi la quarantaine de signatures, les noms de Brayer, Carzou, Folon, Erni, Vicari, Villemont, Moretti et Dupuis. *Juil.-sept. : tlj sf mer. 15h-18h30 ; oct.-juin : dim. et j. fériés 15h-18h30. Fermé 1er janv. 2€.* ☎ *04 93 08 58 18.*

En redescendant par la superbe D 17, vous apercevrez la vallée du Var et les villages rocheux de Bonson et de La Roquette.

Petra Igniaria

Vieux-Pierrefeu, ancien poste romain du nom de Petra Ignaria, était le maillon de la longue chaîne qui s'étirait entre le Mur d'Hadrien (frontière entre l'Écosse et l'Angleterre) et Rome, servant à transmettre des messages optiques.

Bonson

Bâti dans un **site★** remarquable, au bord d'un éperon sur le Var, Bonson offre de la terrasse de l'église une **vue★★** exceptionnelle sur le confluent du Var et de la Vésubie, le défilé du Chaudan, les gorges de la Vésubie ; en bas coule le Var, au pied de nombreux villages perchés. **L'église** renferme trois œuvres de primitifs niçois, pleines d'une touchante dévotion populaire à une époque de peurs, d'épidémies et de guerres. Au revers de la façade, le **retable de saint Antoine**, où l'on reconnaît sainte Gertrude – invoquée contre la peste – aux rats qui l'escaladent. Sur le bas-côté droit, le **retable de saint Jean Baptiste**, attribué à Antoine Bréa (repeints fâcheux au centre). Au maître-autel, enchâssé dans un cadre Renaissance, le **retable de saint Benoît★**, émouvant par son style naïf et direct, avec sainte Agathe retenant ses seins coupés, sainte Catherine armée d'un glaive, saint Sébastien au corps transpercé de flèches, traité dans la manière byzantine.

Quitter le village à l'Ouest par la D 27 en direction de Puget-Théniers.

Heur et malheur

Le cadre sylvestre réputé de Bonson a malheureusement subi les ravages d'un terrible incendie en août 1994.

La pittoresque route serpente à flanc du relief et offre de belles échappées sur Gilette. Après Tourette-du-Château, prendre à droite la route en forte déclivité qui sinue jusqu'à la crête du **mont Vial★** avant d'atteindre le sommet (1 549 m) *(possibilité de demi-tour).*

COURAGE !
Un **panorama★★** impressionnant récompense les courageux de leur ascension. Par beau temps, la vue s'étend sur le cours du Var depuis Puget-Théniers jusqu'à l'embouchure.

Retourner à Bonson par le même itinéraire.

Par de belles **vues★**, de grands lacets descendent sur le Var qu'on atteint au pont Charles-Albert. À gauche, la N 202 conduit à Plan-du-Var, où l'on franchit la Vésubie à son confluent avec le Var. On laisse à droite les gorges de la Vésubie *(voir Vallée de la Vésubie).*

Défilé du Chaudan★★

Jusqu'à proximité du pont de la Mescla, le Var développe ses méandres au fond d'une gorge étroite aux superbes parois verticales. La route, serrée de près par le fleuve, contourne ces méandres dans un spectacle éblouissant. Le défilé tire son nom du petit village du Chaudan.

Au **pont de la Mescla**, la Tinée se jette dans le Var.

Revenir à Nice par la N 202.

UNE VOIE DE PASSAGE
Le **Var** a toujours été, aux confins de la Provence et du comté de Nice, l'une des deux grandes voies de pénétration vers les Alpes de Haute-Provence – l'autre étant la route Napoléon *(voir ce nom)*. Large dans son cours inférieur et en voie d'industrialisation et d'urbanisation poussées, sa vallée se prête à une intense circulation. Son charme augmente à mesure que l'on remonte son cours qui se resserre en amont du confluent de la Vésubie.

VALLÉE DE LA VÉSUBIE 6 *(voir ce nom)*

De Plan-du-Var à la Madone d'Utelle.
De St-Jean-la-Rivière à St-Martin-Vésubie.

FORÊT DE TURINI 7 *(voir ce nom)*

L'Authion★★
Vallon de Ste-Elizabeth★
Route du col de Braus★★

ROUTE DU COL DE CASTILLON 8

De Menton à Sospel. Voir les « circuits » de Menton.

ROUTE DU COL DE BROUIS 9

De Sospel à la Giandola. Voir les « circuits » de Sospel.

GORGES DE SAORGE ET DE BERGUE 10 *Voir « alentours », Saorge.*

ROUTE DE VALDEBLORE 11

Le Boréon et la Madone de Fenestre. Voir les « alentours » de St-Martin-Vésubie.

Peille★

Ce bourg médiéval de caractère est perché dans un site exceptionnel, à la fois désolé avec ses montagnes rocheuses, vert avec ses oliveraies, et sauvage, dominant le profond ravin du Faquin. Les ruines du château des comtes de Provence (13e s.) surplombent le village.

La situation

Carte Michelin Local 341 F5 - Schéma p. 280 - Alpes-Maritimes (06). En venant de Peillon, Peille se mérite au bout de nombreux lacets, en surplomb sur le ravin (vous pourrez les éviter en empruntant un sentier : comptez 2h, à vous de voir !). Pour visiter le bourg, se garer en bordure de la route d'accès au village. *Mairie, 06440 Peille, ☎ 04 93 91 71 71.*

Le nom

Peille, l'ancienne *Pilia*, est un nom d'origine ligure qui signifie « hauteur nue et herbeuse ». Le nom du village est en parfait accord avec sa situation !

Les gens

2 045 Peillasques. Tout respire le calme dans ce village dont les vénérables habitants parlent encore un dialecte à eux, le pelhasc, proche du nissart, mais prononcé différemment.

EN SAVOIR PLUS
Un **musée du Terroir** évoque les us et coutumes locales.
Dim. 14h-17h. Gratuit.
☎ 04 93 91 71 71.

Entassées, bousculées, empilées, les maisons de Peille semblent tenir par miracle au-dessus du vide.

se promener

Bourg★

Depuis la place de la Tour en bordure de la D 53, les marches descendent sur la rue de la Sauterie, rocailleuse et coupée d'escaliers et de passages voûtés ; la rue dégringole ensuite vers la place A.-Laugier. À droite, la rue Centrale mène à l'ancienne chapelle St-Sébastien (13e s.), couronnée d'un dôme, actuelle mairie. En tournant deux fois à gauche, on tombe sur la rue St-Sébastien ; à gauche se dresse l'ancien hôtel de la Gabelle. À nouveau sur la place A.-Laugier, on admirera l'ancien hôtel des Consuls ou « palais du juge Mage » avec ses portails et ses fenêtres géminées. Derrière une fontaine gothique, sous une maison, deux demi-arches s'appuient sur un pilier roman ; celle de droite conduit à la rue Lascaris ; à gauche, la rue Mary-Garden monte au monument aux morts, d'où le point de vue est superbe.

Église

Flanquée d'un élégant clocher lombard pyramidal, l'église (12e-13e s.) est formée de deux chapelles accolées. À gauche en entrant, un retable à quinze compartiments (1579) d'Honoré Bertone décore un autel. À droite, Peille est représenté tel qu'il était au Moyen Âge. Sainte Anne, la Vierge et l'Enfant apparaissent sur une peinture murale du 14e s.

Via ferrata

Se garer sur le parking public à l'entrée du village et suivre la signalétique spécifique. Longueur totale du parcours : 600 m ; durée totale des parcours : 2h30 environ. Tarif

carnet pratique

Restauration

• À bon compte

Le Relais St-Martin « Chez Cotton » – *06440 St-Martin-de-Peille - 6 km au S de Peille dir. La Turbie - ☎ 04 93 41 16 03 - fermé nov., le soir en hiver, lun. et mar. - 19/33€.* Lorsqu'il fait bien chaud au bord de l'eau, les gens montent ici avec délectation pour profiter de la fraîcheur. Sans oublier recettes du terroir et grillades servies dans la grande salle vitrée ou sur la terrasse ombragée. Vue sur la vallée et la montagne.

Hébergement

• À bon compte

Chambre d'hôte Les Lavandes – *247 rte de Peille - 2,5 km au S de Peille, dir. La Turbie - ☎ 04 92 10 86 23 - ⊄ - 5 ch. : 48€.* Cette maison de style provençal abrite des chambres d'hôte dont certaines sont équipées d'un balcon offrant une vue étendue sur la montagne. Cadre d'inspiration rustique. Le petit-déjeuner est servi en terrasse ou dans une salle décorée d'objets anciens.

d'accès : 3€. Location d'équipement sur place, s'adresser au bar l'Absinthe, ☎ 04 93 79 95 75, ou au Havana K'fé, ☎ 04 93 91 91 39. Pour un encadrement, s'adresser aux guides de haute-montagne à Sospel ou Tende. ☎ 04 93 91 71 71
Cet itinéraire de randonnée sportive riche en émotions, au-dessus du village de Peille, offre une succession de passerelle, pont de singe et câbles métalliques en toute sécurité.

Peillon★★

Hébergement et restauration
Annexe Lou Pourtail - *- 6 ch. : 38/66€ - 11€.* Au pied du village-crèche, l'annexe de l'Auberge de la Madonne se révèle être une maison ancienne pleine de charme : murs chaulés, voûtes ou hauts plafonds et mobilier campagnard.

Ce village, juché en nid d'aigle sur un rocher étroit et abrupt, est l'un des plus spectaculaires de la Côte d'Azur. Une rigoureuse unité architecturale, imposée par le site et les nécessités de la défense, en compose harmonieusement les formes jusqu'au sommet occupé par l'église.

La situation

Carte Michelin Local 341 F5 - Schéma p. 280 - Alpes-Maritimes (06). Un peu en retrait de la vallée du Paillon, Peillon se rejoint facilement depuis Nice par la D 2204, puis la D 21 et la D 121. Se garer en bordure de la route d'accès au village.
Mairie, 06440 Peillon, ☎ 04 93 79 91 04.

Le nom

En provençal, le suffixe *-on* (prononcé *-oun* ou *-ou*) est un diminutif affectueux. Peillon est donc le petit Peille. Rien de plus normal puisque le village en fut détaché au 13e s. Sur l'ancienne voie romaine, un sentier relie Peillon à Peille en 2h depuis l'église.

Les scènes de la Passion peintes dans la chapelle des Pénitents-Blancs n'ont pas pris une ride en plus de quatre siècles d'existence.

visiter

Village★

Il a gardé intégralement son aspect médiéval. Peu de rues : partout des escaliers en calades qui serpentent parmi les maisons fleuries, et de nombreux passages voûtés.

L'église a été bâtie au 18e s. ; surmontée d'une lanterne octogonale, elle abrite des toiles des 17e et 18e s. ainsi qu'un Christ en bois du 18e s.

Chapelle des Pénitents-Blancs

Une minuterie extérieure permet de voir à travers la grille les fresques. Visite guidée sur demande préalable au Syndicat d'initiative. ☎ 04 93 91 98 34.

L'intérêt de cette chapelle réside dans les **fresques★** de Jean Canavesio, datées de la fin du 15e s. Au fond, la Crucifixion, avec les portraits de saint Antoine et de sainte Pétronille. Sur les murs et les voûtes sont peintes des scènes de la Passion, remarquables par la vigueur de leur mouvement (voir notamment la Flagellation et le Baiser de Judas) et le goût de l'anecdote. La parenté avec les fresques de N.-D.-des-Fontaines *(voir La Brigue)* est évidente. Sur l'autel, remarquer une belle Pietà de bois polychrome.

Le Pradet

Jolies plages entre les rochers, promenades bucoliques et musée minéralogique surprenant font de cette station balnéaire une bouffée d'oxygène pour Toulon et un agréable lieu de séjour.

La situation

Carte Michelin Local 340 L7 - Var (83). À la lisière Est de Toulon, au pied Ouest de la colline de Paradis et du mont des Oiseaux, à deux pas de la plage ou, plus prosaïquement, sur la D 559 qui mène à l'aéroport de Hyères.

Pl. du Gén-de-Gaulle, 83220 Le Pradet, ☎ 04 94 21 71 69.

Marche éducative
En plein cœur de la ville, le **bois de Courbebaisse** permet une belle balade botanique (5 ha).

Le nom

Dérivé du latin pratus qui, dans l'espace occitan, a donné prada, la « prairie » : témoignage d'une époque où le littoral n'intéressait guère que les pêcheurs.

Les gens

10 975 habitants. Des gens illustres sont passés par là : Churchill, Claudel, Valéry, Bernanos, Fernandel, Raimu...

séjourner

Plages

De remarquables **criques** ponctuent la baie de la Garonne jusqu'au cap de Carqueiranne. Certaines sont accessibles par la route, mais l'idéal est de les découvrir par le sentier du littoral.

Sentier du littoral★

À l'Ouest, au pied d'une pente escarpée, la plage du **Pin de Galle** embrasse la rade de Toulon. On traverse une pinède bâtie de nombreux cabanons, puis un parc. Descente raide vers la plage de **Monaco** (en partie naturiste). Au-delà d'un muret, le sentier escalade la falaise. Un peu plus loin, un cap procure une belle vue sur les échancrures successives de la côte. Une descente bien tracée mène aux **Bonnettes**, au pied d'une ravissante calanque (guinguette). Le tracé relie ensuite la plage de

Conseil
Long de 7 km, le sentier du littoral va de la belle plage du Pin de Galle (parking) au *baou* Rouge. Prévoir au moins 3h (sentier sinueux et parfois abrupt). Un escalier raide taillé dans le rocher donne souvent accès aux plages.

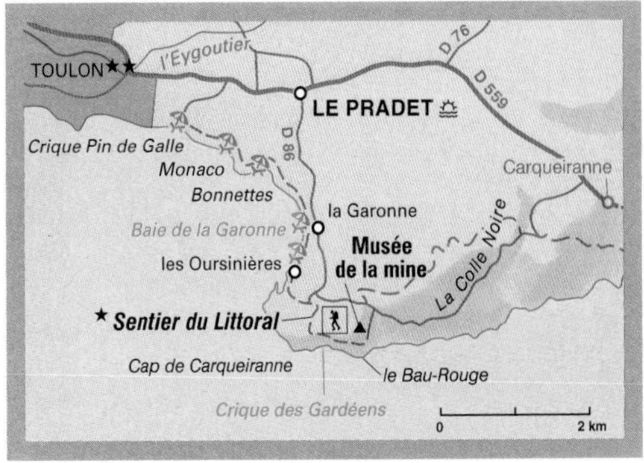

Par la puissance du microscope, admirons les reflets de la syanotrichite (cristal de sulfate de cuivre et d'aluminium).

la **Garonne** à celle des **Oursinières**. Au-delà du port, un sentier à droite, détaché de la route du Pradet, conduit au-dessus des falaises jusqu'au *baou* Rouge. Belles vues sur la crique des Gardéens et vers Carqueiranne, que l'on peut rejoindre à travers le massif de la Colle-Noire. Ces trois plages sont surveillées en été.

visiter

Musée de la Mine de Cap-Garonne

Au Pradet, prendre la D 86 au Sud et suivre les panneaux. Après la plage de la Garonne, ne pas manquer le tournant à gauche, dans une route en montée. Vac. scol. : visite guidée (1h1/4) 14h-17h (juil.-août : dernier dép. 17h30) ; hors vac. scol. : mer., w.-end et j.fériés 14h-17h. Fermé 1er janv., 24-25 et 31 déc. 6,20€. ☎ *04 94 08 32 46.*

Coiffé d'un casque de chantier, sous un plafond bas tendu d'un filet de sécurité, le visiteur explore le passé de ce modeste gisement de cuivre, exploité industriellement de 1862 à 1917. Jeux de lumière et animations sonores (on entend sauter la paroi dynamitée et chanter les trieuses) prennent du relief dans le silence et l'obscurité de cette vaste caverne, creusée par les mineurs venus du Piémont italien. Une pause vidéo dans une sorte de caisson de bois permettra d'en savoir plus sur la transformation du minerai et les multiples usages du cuivre.

POUR S'ÉMERVEILLER
Très belle collection de **minéraux★** du monde entier. Tables équipées de loupes binoculaires grâce auxquelles une petite tache bleue, verte ou rouge à la surface d'un banal caillou révèle la féerie de minuscules cristaux.

À la sortie, un **sentier de découverte** *(1,2 km, panneaux explicatifs et table d'orientation)* fait le tour du site. Belles vues sur la mer, la presqu'île de Giens et le massif de la Colle-Noire.

Ramatuelle★

CALENDRIER
Le **Festival de théâtre de Ramatuelle** se déroule la 1re quinzaine d'août (pièces récentes et de qualité, variétés).

Blotties en colimaçon, les maisons de Ramatuelle forment une architecture défensive typique des vieux bourgs provençaux. Isolé sur sa colline de maquis et de vignes, le village devient en été une station très fréquentée, avec la plage de Pampelonne à deux pas et ses festivals.

La situation

Carte Michelin Local 340 O6 - Schéma p. 224 - Var (83).
Ramatuelle est situé sur la D 61, à 11 km de La Croix-Valmer. Pour vous garer, parkings près de l'église, du cimetière et de la mairie.
Pl. de l'Ormeau, 83350 Ramatuelle, ☎ *04 94 12 64 00.*

Le nom

Ancien ? Les Ligures auraient donné leur nom, *Camatullici*, à la ville. Exotique ? Les Sarrasins qui l'ont occupée au 10e s. l'auraient appelée *Ramatu'allah*, « bienfait de Dieu ». Classique ? Le latin *ramus* signifie « bois », « branche ».

Ramatuelle, vu d'avion, ressemble à un énorme escargot sur la colline.

Les gens

2 131 Ramatuellois, et des célébrités comme **Gérard Philipe** (1922-1959) qui repose dans une émouvante tombe du cimetière local, rejoint en 1990 par son épouse, l'écrivain Anne Philipe. De nos jours, S. Audran, J. Gréco et J.-C. Brialy y organisent le festival de théâtre.

se promener

Village

Les ruelles sinueuses, étroites, enjambées de voûtes et d'arceaux, invitent à une balade agréable et paisible. Le linteau des maisons restaurées et serrées contre l'église rappelle que le village fut reconstruit en 1620, après sa destruction pendant les guerres de Religion. Remarquez rue du Clocher les prisons construites par Napoléon III dans un style si arabisant qu'on les attribue aux Sarrasins.

L'**église** romane à chevet plat a été, elle aussi, reconstruite en 1620 comme l'atteste son portail en serpentine. Elle contient deux retables baroques du 17e s. aux splendides boiseries dorées.

RÉSISTANCE

Face au cimetière du village, un monument aux morts des Services spéciaux de la Défense nationale rappelle que sur la côte, à la Roche-Escudelier, venaient accoster les sous-marins qui assuraient la liaison avec la Résistance de la France occupée.

carnet pratique

RESTAURATION

• *Valeur sûre*

Key West Beach – *plage de Pampelonne - 4 km à l' E de Ramatuelle, dir. St-Tropez - ☎ 04 94 79 86 58 - key-west-beach@com - 27,74/45,73€.* Maquettes et photos de voiliers, reproductions de poissons colorés, scaphandres et antiquités marines décorent ce restaurant sur la célèbre plage de Pampelonne. Une agréable baignade vous attend avant de prendre un verre, louer un matelas ou vous y sustenter.

La Forge – *r. Victor-Léon - ☎ 04 94 79 25 56 - fermé 16 nov. au 14 mars, le midi en juil.-août et mer. - 28,20€.* L'imposant soufflet témoigne du passé de ce restaurant, autrefois les villageois venaient y ferrer leurs montures. Aujourd'hui le feu crépite encore, mais pour rôtir à la broche viandes et poissons. Sympathique cadre rustique et cuisine provençale.

• *Une petite folie !*

Chez Camille – *À la Bonne Terrasse - 5 km à l'E de Ramatuelle par D 93 et rte de Camarat - ☎ 04 94 79 80 38 - fermé 11 oct. au 31 mars, lun. midi en juil.-août, lun. soir hors sais. et mar. - réserv. obligatoire en été et le w.-end - 36/54€.* On se presse pour déguster la bouillabaisse et les poissons grillés de ce restaurant familial sympathique comme tout. Il faut dire qu'en plus de ses menus bien tournés, cette ancienne buvette jouit d'une situation formidable au bord de la plage.

HÉBERGEMENT

• *Valeur sûre*

Chambre d'hôte Leï Souco – *Plaine de Camarat - 3,5 km de Ramatuelle sur D 93, rte de St-Tropez - ☎ 04 94 79 80 22 - fermé 15 oct. au 31 mars - ⊠ - 6 ch. : 61/97€.* Au cœur des vignes, entouré d'oliviers et de mûriers, ce mas est un havre de paix. Les chambres sont charmantes avec leurs tomettes, boiseries et faïences de Salernes. Copieux petit-déjeuner sous les glycines de votre terrasse. Tennis.

• *Une petite folie !*

Ferme d'Hermès – *2,5 km au SE de Ramatuelle par rte l'Escalet et chemin privé - ☎ 04 94 79 27 80 - fermé 11 janv. au 31 mars et 2 nov. au 26 déc. - P - 8 ch. : 120/138€ - ☕ 12€.* Au milieu des vignes, cette maison provençale accueille ses hôtes dans de jolies chambres claires, décorées de meubles en bois blond cirés à l'ancienne. Toutes ouvrent sur le délicieux jardin planté d'oliviers et de lauriers roses. Calme absolu. Piscine.

ACHATS

Marché – Jeudi, dimanche.

LOISIRS-DÉTENTE

Team Water Sports – *Rte de l'Épi / baie de Pampelonne - ☎ 04 94 79 82 41 - mai-sept. : 10h-17h.* Ski nautique, parachute ascensionnel, bouée tamponneuse, jet-ski et scooter des mers...

Domaine du Rayol★★

Le site★ exceptionnel du Rayol, qui s'étage en amphithéâtre sur les pentes boisées de chênes-lièges, mimosas et pins, est l'un des plus beaux du littoral varois. Témoin d'une époque fastueuse, le domaine du Rayol a vu le jour au début du 20e s. lorsqu'industriels et banquiers firent construire des villégiatures dans des sites encore vierges de toute construction, en belvédère sur la mer au milieu d'une végétation luxuriante.

Baignade
À 2 km à l'Ouest par la D 559, la plage bordée de pinèdes du **Rayol-Canadel-sur-Mer** est une des mieux abritées de la côte des Maures, au pied de la chaîne des Pradels.

La situation

Carte Michelin Local 340 N7 - Schéma p. 229 - Var (83). L'embranchement pour le domaine est à gauche à l'entrée du village du Rayol. Deux circuits de visite, rapide (30mn) ou plus approfondie (1h30 à 2h) sont proposés. *Pl. du Rayol, 83240 Rayol-Canadel-sur-Mer, ☎ 04 94 05 65 69.*

Le nom

Du ruisseau du même nom qui serpente dans le domaine ; l'étymologie latine *radicum* qui signifie « terrain défriché » est en tout cas appropriée.

La nature

Grâce à une institution, le Conservatoire du littoral, et un homme, le paysagiste Gilles Clément, vous pouvez y découvrir une flore insolite et la faune méditerranéenne, inouïe.

visiter

Le domaine

Juil.-août : 9h30-12h30, 15h-19h (dernière entrée 3/4h av. fermeture) ; janv.-juin et sept.-nov. : 9h30-12h30, 14h30-18h30 ; reste de l'année : sur demande. 6,50€ (enf. : 3,50€). ☎ 04 98 04 44 00.

Intermède
Pendant la période estivale, des **concerts** classiques sont organisés en nocturne dans le domaine, permettant au cours de l'entracte une originale promenade dans les jardins illuminés.

Un banquier parisien, Courmes, ayant visité de nombreux pays, y fit construire en 1910 une résidence entourée d'un jardin exotique. Le krach de 1929 interrompit brutalement le développement du domaine.
Le constructeur aéronautique Potez, contraint en 1940 de se réfugier sur le littoral, met à nouveau en valeur le domaine et son jardin. Une majestueuse volée d'escaliers raccorde le belvédère du Patek garni d'une pergola circulaire au littoral, et le jardin atteint sa plus grande splendeur. Après plusieurs décennies d'abandon, le Conservatoire du littoral rachète en 1989 l'ensemble du domaine (20 ha) afin de préserver un des derniers rivages sauvages de la corniche des Maures.

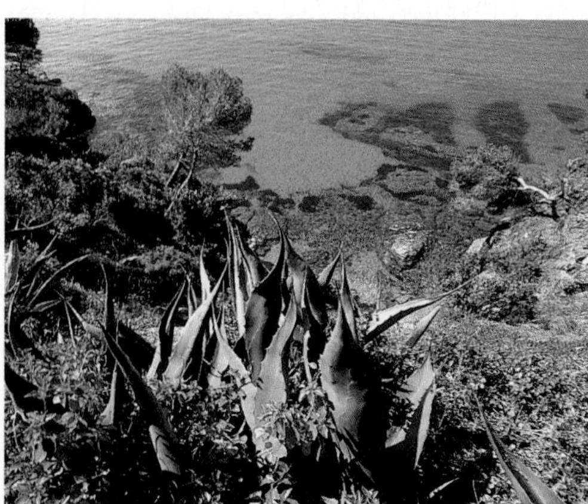

Mariage harmonieux de la mer et des végétaux, le jardin du Rayol conjugue le plaisir de l'odorat à celui de la vue.

Le paysagiste Gilles Clément réalisa sur ces lieux une mosaïque de jardins présentant les végétations associées aux climats méditerranéens dans le monde. Entre chaque continent, au détour des allées ou de la pinède, on a de belles échappées sur la mer turquoise.

De par le monde
Dragonniers des Canaries, agaves d'Amérique centrale, rarissimes palmiers à miel chiliens ou araucarias des Andes, eucalyptus, bottle-brush et gommiers bleus d'Australie, strelitzias sud-africains, bambouseraies chinoises.

Sentier marin★

Juil.-août : visite guidée sous-marine (1h1/2) de la faune et la flore méditerranéenne tlj sf sam. Inscription et paiement préalables obligatoires. 13€ (8-16 ans : 10€). Tout l'équipement est fourni (combinaison, masque, palmes et tuba).
La petite plage du Domaine est le point de départ d'une originale et passionnante découverte de la vie sous-marine en Méditerranée.
Cette visite, accompagnée par des moniteurs du Conservatoire, est précédée d'une présentation des principales espèces marines susceptibles d'être rencontrées, de leurs spécificités et de la meilleure façon de les reconnaître dans leur milieu lié à l'herbier de posidonies. On découvre ainsi la vie étonnante du concombre de mer (holothurie), la curiosité inlassable des gobies, véritables concierges des mers, ou l'étrange sexualité des girelles. On pourra déceler la présence de la limace de mer (espèce endémique), se laisser distraire par le ballet d'un banc de saupes, admirer les couleurs chatoyantes de labres solitaires et espérer déjouer la vigilance du congre à l'affût dans une anfractuosité des rochers qui parsèment la baie.

Posidonie
Ce n'est pas un pays mais le nom de plantes marines. Séchées, elles se retrouvent sous forme de boules fibreuses accrochées aux végétations des dunes ou roulant sur le sable des plages. Elles constituent de véritables prairies sous la mer et sont des producteurs primordiaux d'oxygène.

Corniches de la Riviera★★★

Entre Nice et Menton, la montagne plonge brusquement dans la mer. Trois routes célèbres, la Grande, la Moyenne et la Basse Corniche, sillonnent les hauteurs dominant les plages. La plus haute multiplie les panoramas saisissants, la deuxième, les perspectives sublimes, celle du bas arpente les stations chic de la côte.

La situation

Carte Michelin Local 341 F/G5 - Alpes-Maritimes (06).
Périlleux exercices de construction hier, les corniches requièrent aujourd'hui de la prudence au volant. Savourez le paysage en passager plutôt qu'en conducteur...

Le nom

La Riviera est le nom donné au littoral italien du golfe de Gênes, depuis la frontière française jusqu'au golfe de la Spezia. Mais c'est aussi le nom porté par la Côte d'Azur entre le massif des Maures, Hyères et la frontière italienne. Même climat, mêmes paysages, même beauté, même nom donc...

Les gens

Les réalisateurs de cinéma et de télévision adorent les corniches. On y tourne de superbes poursuites...

Au volant à l'écran
Sur les corniches, Grace Kelly joue à faire peur à Cary Grant dans *La Main au collet* d'A. Hitchcock ; Roger Moore et Tony Curtis font la course dans la série *Amicalement vôtre* ; Pierce Brosnan-James Bond rivalise de virtuosité avec une belle espionne dans *Golden Eyes*.

circuits

Les temps estimés pour parcourir les itinéraires suivants ne tiennent pas compte de la visite de Nice et Menton.

GRANDE CORNICHE★★★ 1

31 km de Menton (voir ce nom) à Nice (voir ce nom) - environ 3h.
La Grande Corniche, la plus élevée, passe à la Turbie, à 450 m au-dessus de Monaco. Outre des vues saisissantes, elle permet de visiter le village perché de Roquebrune.
Quitter Menton par les avenues Carnot et de la Madone (N 7).

La côte de Roquebrune, vue de la Moyenne Corniche.

Laissant à gauche la Moyenne Corniche, la route (D 2564) s'élève au-dessus de la ville et du cap Martin. 400 m après la plaque de Roquebrune-Cap-Martin, à droite, à angle aigu, une petite route mène au village perché.

Roquebrune-Cap-Martin★ *(voir ce nom)*

Revenir à la D 2564.

Le Vistaëro★★

À hauteur de l'hôtel du même nom, à 300 m au-dessus de la mer. Merveilleuse **vue★★** sur la pointe de Bordighera, le cap Mortola, Menton, le cap Martin, Roquebrune et, en contrebas, Monte-Carlo Beach ; à droite, Monaco et Beausoleil dominés par la Tête de Chien ; plus à droite, la Turbie et son Trophée.

La Turbie★ *(voir ce nom)*

La Grande Corniche révèle de jolies **vues** sur le cap Ferrat, puis sur le village d'Èze. On atteint le point le plus élevé de la route (près de 550 m). Au lieu dit Pical, la croix de pierre, à gauche, rappelle le passage du pape Pie VII de retour d'exil en 1814.

Historique

La Grande Corniche suit en partie le tracé de l'ancienne voie romaine, via Julia Augusta, et fut construite sur ordre de Napoléon Ier, faute de mieux ; il la jugeait en effet dangereuse et aurait préféré une route le long de la côte.

Col d'Èze

Alt. 512 m. **Vue** au Nord sur les montagnes des hautes vallées de la Vésubie et du Var. À gauche, le mont Bastide fut un oppidum celto-ligure, puis un *castrum* romain.

À la sortie du col d'Èze, direction Nice, prendre à droite la route sinueuse en montée signalisée « Parc départemental de la Grande Corniche-Astrorama ».

Astrorama

Juil.-août : tlj sf dim. 18h-22h30 (dernière entrée 1h av. fermeture) ; sept.-juin : ven. et sam. 18h-22h30. Fermé 1er janv. et 25 déc. 6€ (9€ avec conférence). ☎ 04 93 85 85 58.

◀ L'ancienne batterie des Feuillerins, élément du système défensif de Séré de Rivières, entre les forts de la Drete et de la Revère, abrite un centre d'initiation grand public à l'observation astronomique. On passe de la théorie à la pratique de la découverte et de l'observation célestes. Assez épargné par la pollution lumineuse, l'endroit permet l'utilisation encadrée de matériels sophistiqués.

Plus haut

Après Astrorama, continuer jusqu'au parking du fort *(accès du fort interdit)* de la Revère. De là, superbe **panorama★★** sur toute la côte, du Var à l'Italie. En hiver, un matin clair vous montrera même, au Sud-Est, le profil de la Corse.

Belvédère d'Èze

1 200 m après le col, virage à droite, à hauteur d'une buvette : **vue★★** panoramique sur la Tête de Chien, Èze et la « mer d'Èze », le cap Ferrat, le mont Boron, le cap d'Antibes, les îles de Lérins, l'Esterel, le cap Roux et les Alpes françaises et italiennes.

Col des Quatre-Chemins

Alt. 327 m. Peu après le col, par l'échancrure de la vallée du Paillon, on découvre les Alpes.

Depuis la route en forte descente, **vues★** sur les Préalpes, Nice et la colline du Château, le port, la baie des Anges, le cap d'Antibes, l'Esterel. La nuit, féerique paysage illuminé.

On pénètre à Nice par l'Est, avenue des Diables-Bleus.

MOYENNE CORNICHE** 2

31 km de Nice (voir ce nom) à Menton (voir ce nom) – environ 2h.

La Moyenne Corniche franchit en tunnel les arêtes rocheuses les plus importantes. Elle offre de belles perspectives sur la côte et les stations et permet de visiter l'étonnant village d'Èze.

Quitter Nice à l'Est par la place Max-Barel et la N 7. Un parapet masque beaucoup de vues côté mer. Heureusement, des parkings sont prévus pour les admirer... et les photographier !

Au départ, le regard porte sur la ville, la colline de l'ancien château, le port et la baie des Anges ; à l'horizon, l'Esterel et les montagnes calcaires de Grasse.

Historique
La Moyenne Corniche a été construite à mi-pente de 1910 à 1928. C'est une belle et large route, moins sinueuse et plus courte que la Grande Corniche.

Col de Villefranche

Alt. 149 m. Dans un coude de la route, peu après le col, vue sur la rade de Villefranche-sur-Mer et le cap Ferrat.

À la sortie d'un tunnel long de 180 m apparaît le vieux village d'Èze, perché sur son rocher. Légèrement à droite, le promontoire massif de la Tête de Chien.

Avant et après... le tunnel
Avant, **vue**** sur Beaulieu, le cap Ferrat, Villefranche-sur-Mer, Nice et le cap d'Antibes. Après, prendre à droite l'étroite D 34. Se garer à 2 km (plate-forme). De la table d'orientation (alt. 731 m), **vue**** du cap d'Ail jusqu'à l'Esterel.

Èze** *(voir ce nom)*

Au-delà d'Èze, la route contourne la Tête de Chien et offre de nouveaux horizons vers le cap Martin et Bordighera. En contrebas, la principauté de Monaco. À l'entrée de Monaco, la route de gauche (N 7) contourne la principauté : **vues*** sur Monaco, le cap Martin, la côte italienne, les montagnes du littoral.

Beausoleil*

Bien que située en territoire français, la station ne forme avec Monte-Carlo qu'une seule agglomération. Véritable balcon sur la mer, elle étage maisons et rues en escaliers sur les pentes du mont des Mules.

Mont des Mules*

1 km par la D 53, puis 1/2h à pied AR (sentier signalisé). Du sommet, beau **panorama*** *(table d'orientation).* Passant sous le belvédère du Vistaëro, la route rejoint à Cabbé la Corniche Inférieure.

Cap Martin** *(voir Roquebune-Cap-Martin)*

CORNICHE INFÉRIEURE** 3

33 km de Nice (voir ce nom) à Menton (voir ce nom) – environ 6h.

Suivant tous les contours du littoral, au pied des pentes, la Corniche Inférieure dessert toutes les stations de la Riviera.

Quitter Nice au Sud-Est par le boulevard Carnot (N 98).

Historique
Esquissés au 18e s. par un prince de Monaco, les travaux de la Basse Corniche, ou Corniche Inférieure, furent inaugurés en 1857 par l'impératrice de Russie et achevés en 1881. Route de bord de mer, elle était déjà très construite au milieu des années 1960.

Un enchevêtrement de bâtiments qui s'étagent le long de la Grande Corniche : voilà la vision qu'offre Monaco.

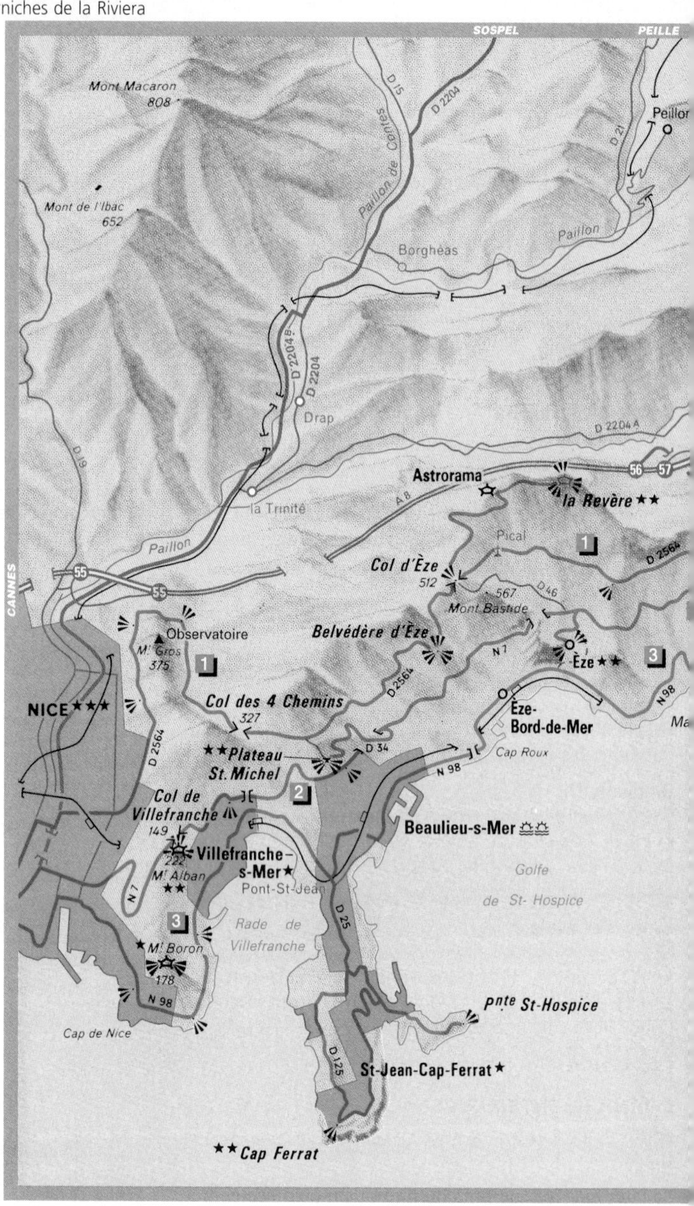

Contournant la base du mont Boron, la route révèle de jolies **vues★**, sur la baie des Anges, l'extrémité du cap Ferrat, la rade de Villefranche-sur-Mer, Èze et la Tête de Chien.

Villefranche-sur-Mer★ *(voir ce nom)*

Cap Ferrat★★ *(voir ce nom)*

Beaulieu *(voir ce nom)*

La route contourne le cap Roux : vues sur la « mer d'Èze » et le cap d'Ail.

Èze-Bord-de-Mer

Station abritée par de hautes falaises et le nid d'aigle d'Èze. La route serre la côte rocheuse ; vues sur le cap d'Ail.

Cap-d'Ail

Dominée par l'escarpement de la Tête de Chien, dont elle occupe les dernières pentes, la station étage jusqu'à la mer ses propriétés fleuries, noyées de palmiers,

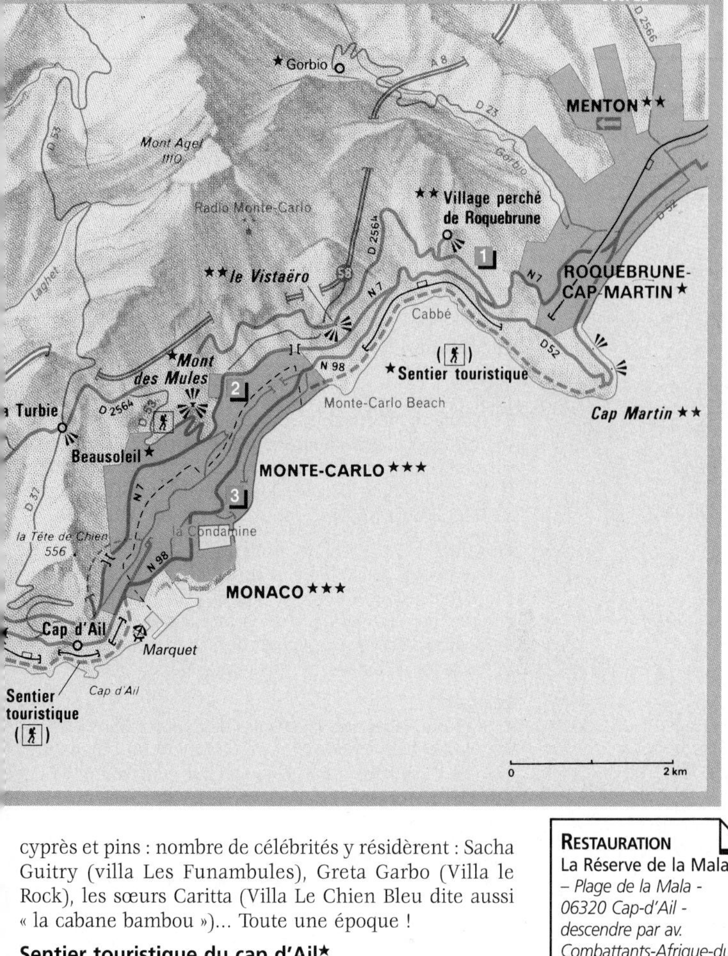

cyprès et pins : nombre de célébrités y résidèrent : Sacha Guitry (villa Les Funambules), Greta Garbo (Villa le Rock), les sœurs Caritta (Villa Le Chien Bleu dite aussi « la cabane bambou »)... Toute une époque !

Sentier touristique du cap d'Ail★

1h à pied AR. À droite de la gare, descendre l'escalier qui passe sous une voûte et débouche sur une route, puis à gauche jusqu'au restaurant La Pinède. À droite, autre escalier vers la mer. Long de 4 km, le sentier aménagé, doté d'une remarquable flore méditerranéenne, contourne le cap d'Ail vers l'Est et le rocher de Monaco. À l'horizon, Beaulieu, le cap Ferrat. Le sentier aboutit à la plage la Mala, d'où l'on peut revenir sur ses pas ou rejoindre Monaco par la route.

Principauté de Monaco★★★ *(voir ce nom)*

Près de la plage de Cabbé, la route rejoint la Moyenne Corniche.

Cap Martin★★ *(voir Roquebrune-Cap-Martin)*

Restauration

La Réserve de la Mala *– Plage de la Mala - 06320 Cap-d'Ail - descendre par av. Combattants-Afrique-du-Nord (au magasin Spar) - ☎ 04 93 78 21 56 - fermé 4 nov. au 24 mars - 30/120€.* Petit coin de paradis situé à même la plage et accessible à pied par le sentier touristique du cap d'Ail ou par le centre-ville (en empruntant une volée de marches). Multiples terrasses et ponton où il fait bon paresser en contemplant le coucher du soleil. Assiette vouée aux poissons de Méditerranée.

Roquebrune-Cap-Martin★

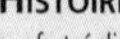

Histoire
Le château fut édifié à la fin du 10e s. par Conrad Ier, comte de Vintimille, pour résister aux Sarrasins. Comme celui de Menton, il appartint plusieurs siècles aux Grimaldi *(voir Monaco)* qui renforcèrent sa défense.

De Monte-Carlo à Menton en passant par le cap Martin, cette vaste commune littorale est couronnée par le village perché de Roquebrune et le donjon de son château. Ce dernier représente le seul vestige en France de château carolingien, embryon de ceux qui, deux siècles plus tard, marquèrent l'apogée de la féodalité. Sublime, la vue du haut du donjon plonge sur la mer, les toits rouges et les cyprès. Tôt le matin, vous l'aurez pour vous tout seul !

La situation

Carte Michelin Local 341 F5 - Schémas p. 240 et 302 - Alpes-Maritimes (06). Roquebrune surplombe la Grande Corniche et au-dessous, le tissu urbain continu que forment Menton et Roquebrune-Cap-Martin. Laisser la voiture place de la République.

i 214 av. Aristide-Briand, 06190 Roquebrune-Cap-Martin, ☏ 04 93 35 62 87.

Le nom

On ne peut plus explicite, le nom désigne à la fois la butte rocheuse, ou le château bâti dessus, et la teinte foncée des pierres éboulées de la montagne sur lesquelles la localité s'est érigée. Quant au cap Martin, il rappelle la basilique Saint-Martin qui y fut bâtie au 11e s.

Les gens

11 692 habitants y compris les Roquebrunois ! De son « cabanon » du Cap-Martin au cimetière du village perché, Le Corbusier, a fait preuve d'une remarquable fidélité à Roquebrune.

se promener

Précisions
À l'origine, le donjon et le village étaient réunis dans l'enceinte du château, percée de six portes fortifiées. Au 15e s., le donjon prenait la dénomination de château et le reste de la forteresse devint le village qui, jusqu'à aujourd'hui, a conservé intact son caractère médiéval.

LE VILLAGE PERCHÉ★★

Le site remarquable et le donjon médiéval de Roquebrune ne sont pas les seuls attraits de ce village. Son charme si italien se saisit en flânant dans le dense lacis des ruelles, couvertes, en pente raide, ou en escalier. Ces dernières ont conservé leur physionomie ancienne malgré les boutiques touristiques qui investissent les vieilles maisons à tuiles rouges ou en pierre.

De la place de la République, ancienne barbacane (défense avancée du donjon), on gagne la place des Deux-Frères (deux rochers) pour prendre la rue Grimaldi.

Rue Moncollet★

À gauche, la rue Moncollet, taillée dans la roche, est surprenante avec ses longs passages voûtés, étroits et coupés d'escaliers, ses demeures médiévales aux fenêtres à barreaux, où résidaient jadis les invités de la cour seigneuriale. On arrive à la rue du Château.

La Vierge de Roquebrune est portée en procession lors des fêtes de la Passion.

Cortèges traditionnels
Depuis plus de cinq siècles a lieu, dans l'après-midi du 5 août, une procession représentant les principales scènes de la **Passion**. Elle est exécutée telle qu'elle fut conçue à son origine par les auteurs du vœu prononcé en 1467 durant une épidémie de peste.
Dans la nuit du Vendredi saint, à 21h, a lieu la **procession du Christ Mort★**, représentant la Mise au tombeau, instituée par la confrérie des Pénitents Blancs, aujourd'hui disparue. Un cortège composé d'une soixantaine de personnages – centurions et légionnaires romains, disciples transportant la statue du Christ, saintes femmes – parcourt les rues du village ornées de motifs lumineux rappelant les symboles de la Passion et éclairées par une multitude de lumignons formés de coquillages et de coquilles d'escargot.

carnet pratique

Restauration

• *Valeur sûre*

La Roquebrunoise – *av. Raymond-Poincaré (au vieux village) - ☎ 04 93 35 02 19 - fermé nov. au 30 déc., lun. sf le soir en juil.-août, mar. midi, jeu. midi et ven. midi - 20€.* Cette maison rose à l'entrée du village est une petite halte sympathique au cours de votre promenade. La salle à manger campagnarde est décorée de tableaux. Cuisine simple et goûteuse, à savourer aussi en terrasse avec vue sur la mer et le château.

Au Grand Inquisiteur – *18 r. du Château (au vieux village - accès piétonnier) - ☎ 04 93 35 05 37 - fermé 24 juin au 1er juil., 4 nov. au 10 déc., mar. sf juil.-août et lun. - réserv. obligatoire - 23,50/38,11€.* Drôle de nom pour un restaurant ! Mais ne vous fiez pas aux apparences, l'étape est aimable... Au cœur du village, vous parviendrez à pied dans cette maison du 14e s. qui vous accueillera dans sa toute petite salle voûtée, meublée simplement.

Hébergement

• *Valeur sûre*

Hôtel Westminster – *14 av. L.-Laurens, par N 98. rte de Monaco par Basse Corniche - ☎ 04 92 41 41 40 - westminster@ifrance.com - fermé 19 nov. au 7 fév. - P - 32 ch. : 50/80€ - ☕ 5€.* L'atout majeur de cet hôtel simple, situé dans une rue calme, est son joli jardin en terrasses qui semble suspendu au-dessus de la mer. Certaines chambres disposent d'un balcon où vous pourrez prendre votre petit-déjeuner en profitant de la vue. La voie ferrée, toute proche, ne troublera pas votre séjour.

Hôtel Diodato – *Pointe de Cabbé (par av. Vilaren et av. Le Corbusier) - ☎ 04 92 10 52 52 - P - 32 ch. : 80/190€ - ☕ 9,15€.* Cette ancienne villégiature d'une famille aristocratique russe domine la mer sur son promontoire rocheux. Oubliez la proximité de la gare, les chambres et leur mobilier aux formes arrondies ouvrent sur les pins et les palmiers du jardin. Belle piscine et accès direct à la mer.

Olivier millénaire

Juste avant la poste, prendre à gauche la rue de la Fontaine, puis le chemin de Menton, qui, 200 m après la sortie du village, côtoie un olivier qui passe pour l'un des plus vieux au monde.
En revenant de l'olivier millénaire, à droite, le cimetière où repose Le Corbusier, dans une tombe conçue par lui.

visiter

Donjon★

Juil.-août : 10h-12h30, 15h-19h30 ; avr.-juin et sept. : 10h-12h30, 14h-18h30 ; fév.-mars et oct. : 10h-12h30, 14h-18h ; nov.-janv. : 10h-12h30, 14h-17h. 3,5€. ☎ 04 93 35 07 22.
Puissant et austère du haut de ses 26 m, il se découvre ► après avoir traversé l'« enceinte fleurie ».
Vingt marches montent à la salle des Cérémonies féodales, au 1er étage, où l'on voit une citerne de forme cubique ; la fenêtre à meneaux, du 15e s., remplace les regards de 20 cm de côté qui donnaient jour. En contrebas, le magasin aux vivres, creusé dans le roc. Au 2e étage, on traverse la petite salle des Gardes ; à droite, une confortable prison ; plus loin, le dortoir des Archers. Au 3e étage se trouve la demeure seigneuriale, meublée : salle à manger, cuisine avec four à pain, chambre à coucher abritant

Invincible

Les murailles du donjon, de 2 à 4 m d'épaisseur, sont dotées de tous les éléments nécessaires à une parfaite défense : mâchicoulis, créneaux, meurtrières, archières...

Vieilles tuiles, pierres patinées par le soleil et cyprès autour du château médiéval, le vieux Roquebrune ressemble à un village de crèche provençale.

quelques armes anciennes. Au 4e étage, la plate-forme supérieure d'artillerie procure un fabuleux **panorama**★★ sur les toitures du village, la mer, le cap Martin, Monaco, le mont Agel (base militaire aérienne). En descendant par le chemin de ronde et la tour dite de l'Anglais, maladroitement restaurée, on peut encore visiter la plate-forme légère d'artillerie et le poste des guetteurs.

Église Ste-Marguerite

15h-18h.

Baroque, elle recouvre, avec sa jolie façade sobre et pastel, une construction du 12e s. L'intérieur, décoré de stucs polychromes, abrite une Crucifixion *(2e autel)* et une Pietà *(au-dessus de la porte)*, peintes au 17e s. par le Roquebrunois **Marc-Antoine Otto.**

séjourner

PAUSE PLAGE
Dominée par le vieux village, la station balnéaire comporte plusieurs plages sableuses, notamment celle de Carnolès, dans le prolongement de celle de Menton.

LE CAP MARTIN★★

Annexe aristocratique de Menton, la presqu'île du cap Martin a conservé intact son visage Belle Époque, avec ses somptueuses résidences cachées dans la luxuriante végétation. Des routes odorantes la traversent, ombrées de pinèdes et d'olivettes, de bouquets de cyprès et de massifs de mimosa. Au milieu se dresse la tour à l'allure féodale du sémaphore, devenu relais de TDF. À ses pieds, les ruines du prieuré et de la basilique St-Martin (11e s.), détruits par les pirates vers 1400.

De la rive Est du cap Martin, vous découvrirez une **vue**★★ merveilleuse sur Menton, son cadre de montagnes et la rive italienne jusqu'à Bordighera... mais, si vous êtes en voiture, il ne vous sera pas très facile de vous arrêter pour la contempler !

Le « Cabanon » de Le Corbusier

Visite guidée mar. et ven. 10h sur réservation à l'Office de tourisme. 8€. ☎ 04 93 35 62 87.

Bâti en 1952, il est magnifiquement situé en contrebas de la promenade Le Corbusier, qui longe le bord de mer entre Cap-Martin et Cabbé. L'architecte vécut chaque été (jusqu'à sa mort survenue en 1965) dans cette construction à l'aspect faussement banal. Constituée d'une simple pièce de 10 m^{2} et d'un couloir orné d'une fresque, il s'agit en fait d'un exemplaire unique, appliquant au cabanon marseillais traditionnel des dimensions calculées selon son système de **modulor**. Donnant vue sur la baie, les fenêtres – certaines sont articulées – apportent clarté et ventilation latérale. Le mobilier dépouillé est multi-fonctionnel. Les couleurs sont lumineuses. Cette construction demeure un élément de référence pour les écoles d'architectes.

MODULOR
C'est l'outil de mesure à l'échelle humaine conçu par l'architecte comme référence pour réaliser ses Unités d'habitation modulaire (« Cité radieuse » ou « maison du fada » à Marseille).

Sentier touristique★

Du cap Martin à Monte-Carlo Beach : 4h à pied AR (de préférence l'après-midi). Laisser la voiture au parking, avenue Winston-Churchill, à la pointe du cap. Près d'un restaurant s'amorce le sentier signalisé : promenade Le Corbusier. La végétation méditerranéenne, dense et sauvage, parfume le sentier qui serpente entre de belles perspectives sur la mer et les villas nostalgiques du début du siècle. Depuis certains rochers culminants, tout l'amphithéâtre de Monaco se découvre peu à peu, avec la pointe du cap Ferrat, la Tête de Chien, le mont Agel, la Turbie, le vieux village de Roquebrune et son château.

◄ Le sentier côtoie ensuite la voie ferrée, surplombant la mer par un à-pic impressionnant, et gagne la gare de Cap-Martin-Roquebrune. Longeant les belles plages de Cabbé et les rochers de Bon Voyage, on continue en direction de Monte-Carlo, puis on passe derrière la pointe de la Veille et on débouche, par un escalier, près du Monte-Carlo Beach Hotel.

RACCOURCI
Un escalier, à droite, franchit la voie ferrée et permet d'abréger la promenade en gagnant, par la mairie, la plage de Carnolès.

Des trains fréquents permettent de rejoindre la gare de Carnolès à partir de Monaco ou de Cap-Martin-Roquebrune. Le retour peut également s'effectuer en bus, depuis le quartier St-Roman à Monte-Carlo.

Roquebrune-sur-Argens

Surplombant l'Argens qui forme la limite des Maures, la petite ville née après la victoire sur les Sarrasins s'installe au 11e s. au pied du rocher de Roquebrune. Le site est superbe et riche d'un patrimoine important.

La situation

CCarte Michelin Local 340 O5 – Var (83). De l'A 8, sortir à Puget-sur-Argens, prendre la N 7 vers l'Ouest puis tourner à gauche sur la D 7.

1 r. Jean-Aicard, 83520 Roquebrune-sur-Argens, ☎ 04 94 19 89 89.

Le nom

Du prélatin *rocca*, qui signifie « butte rocheuse », puis « château bâti sur roche » ; « brune » fait référence au grès rouge du rocher de Roquebrune ou au schiste brun des Maures. *Argens,* du latin *argenteus* laisse supposer l'existence (très probable) de mines d'argent dans le Var.

Les gens

11 349 Roquebrunois. Ils vivent du terroir : vigne (côtes-de-Provence), cultures maraîchères, et à l'américaine : l'ancien maire, Robert Manuel, était acteur !

Achats

Marchés – Mardi et vendredi matin.

Fête du miel – Fin oct.

L'Amie Ailée – *☎ 04 94 45 30 20.* Vente de miel, pollen, gelée royale et produits de la ruche. Nougats de Provence, pains d'épice.

visiter

Village

En contrebas de l'église, sur le boulevard de la Liberté, on peut deviner les traces d'anciens remparts sous les maisons : avec le beffroi, ils représentent le *castrum* élargi près de l'église à partir de la simple maison forte de départ. L'enceinte a été détruite en 1592 lors des guerres de Religion. Au pied de la tour de l'Horloge (beffroi) se dressent la fontaine Vieille et, en face, des maisons à portique remontant pour certaines au 16e s. Les ruelles étroites et sinueuses ainsi que deux vieux portails évoquent le passé médiéval de Roquebrune.

Église St-Pierre-St-Paul

S'adresser à l'Office municipal de tourisme et d'animation. ☎ 04 94 19 89 89.

Construite au 16e s. dans le style gothique sur des vestiges du 12e s., elle est dotée d'une curieuse façade ajoutée au 18e s. Elle conserve de l'église primitive deux chapelles *(côté gauche)* couvertes de remarquables croisées d'ogives, épaisses et à section rectangulaire. Parmi les merveilles, des retables, des panneaux peints du 16e s. ► *(tribune)* et d'importantes **peintures** ajoutées au 19e s. *(chœur et chapelles latérales).*

Beaux retables

Du 16e s. L'un illustre saint Jean Baptiste en haut-relief entouré de saint Claude et sainte Brigitte, le 2e le Jugement dernier, le 3e des scènes de la Passion sur 6 panneaux sculptés autour d'un grand Christ en croix.

Musée du Patrimoine roquebrunois

R. de l'Hospice, dans le prolongement de la rue des Portiques. ♿ Juin-sept. : tlj sf dim. et lun. 10h-12h, 14h-18h ; oct.-mai : mar. et sam. 10h-12h, 14h-18h. Fermé j. fériés. 2€. ☎ 04 94 45 34 28.

Installé dans l'ancienne chapelle St-Jacques, il abrite des vestiges préhistoriques et romains dont la plupart proviennent des grottes de la Bouverie (situées sur le territoire de Roquebrune) habitées de façon continue de 30 000 à 8 000 ans avant notre ère. D'autres beaux vestiges du néolithique et de remarquables témoignages de la présence romaine avec la reconstitution d'une tombe sous *tegulae*. Collection d'ex-voto dans la sacristie et documents d'archives. Intéressant audiovisuel (1/2h) sur la taille et l'industrie du silex.

Préhistorique

Le matériel trouvé dans les environs permet de définir une culture propre au Sud-Est de la France : le **bouvérien** (environ 15 000 à 10 000 avant J.-C.), correspondant ailleurs au magdalénien.

Chapelle St-Pierre

Sortie Sud-Est de Roquebrune sur la D 7. S'adresser à l'Office municipal de tourisme et d'animation. ☎ 04 94 19 89 89.

Elle conserve une abside carolingienne, mais fut reconstruite en roman au 11e s. après les invasions sarrasines *(voir La Garde-Freinet)*. Un enfeu d'époque Renaissance a été aménagé sur la façade. Le chevet est entouré d'un cimetière primitif, dont les tombes ont été creusées dans le roc, peut-être à l'emplacement du premier village.

circuit

AUTOUR DU ROCHER DE ROQUEBRUNE

14 km – environ 1h. Nous ne décrivons pas l'ascension au sommet de Roquebrune, la randonnée, dangereuse, étant fortement déconseillée.

Partiellement boisé de chênes-lièges et de résineux, le rocher forme, avec sa fière silhouette en avant-garde des Maures, un petit massif isolé, dont les rochers déchiquetés de grès rouge s'apparentent plutôt à l'Esterel et dominent de façon spectaculaire la vallée de l'Argens.

À TRAVERS LA GRILLE
On aperçoit au maître-autel un retable du 17e s. encadrant une **Pietà** apparentée à une œuvre d'Annibal Carrache (collections du Louvre).

Quitter Roquebrune-sur-Argens par la petite route au Sud, face au cimetière.

N.-D.-de-Pitié

◀ La chapelle couronne l'une des premières éminences des Maures parmi les eucalyptus et les pins. Des abords de la chapelle, **vue★** sur la plaine de l'Argens, Fréjus, St-Raphaël et le massif de l'Esterel.

Revenir à Roquebrune où tourner à gauche dans la D 7. Au bout de 500 m, tourner à gauche. 1 km plus loin, tourner encore à gauche dans la route forestière. Le **rocher de** ◀ **Roquebrune★** apparaît sur la droite.

GOLGOTHA
Le rocher est surmonté de trois croix de forme différente, œuvres du sculpteur Vernet. Elles ont été placées là en hommage à trois célèbres crucifixions peintes par Giotto, Grünewald et le Greco, le sommet du rocher symbolisant le Golgotha.

Tourner à droite dans la D 25 que l'on emprunte pendant 1 km (vue sur l'Argens) et la quitter pour passer, à droite, au pied du versant Nord de la montagne. La route suit de près l'autoroute la Provençale. Dépasser le hameau de la Roquette.

N.-D.-de-la-Roquette

1/2h à pied AR. Laisser la voiture sur un parking aménagé au bord de la route et prendre le sentier à droite. La chapelle en ruine, rendez-vous des promeneurs et antique lieu de pèlerinage, avoisine un **site★** étonnant par son important chaos rocheux de grès rouge, peuplé de micocouliers, de châtaigniers et de houx. De la terrasse, à 143 m d'altitude, la **vue** porte sur la vallée du bas Argens et les Plans de Provence.

Regagner la route et prendre à droite pour rejoindre la D 7 et Roquebrune.

Saint-Cyr-sur-Mer

Entre Marseille et Toulon, St-Cyr-sur-Mer donne un avant-goût des stations balnéaires de la Côte d'Azur grâce à la longue plage des Lecques. Il conserve aussi les vestiges de Taurœntum, unique villa romaine de bord de mer sur la côte méditerranéenne française.

ACHATS
Marché traditionnel dimanche matin. Marchés paysans le matin : lundi et jeudi (port de la Madrague), mardi et vendredi (pl. Gabriel-Péri), mercredi et samedi (Les Lecques).

La situation

Carte Michelin Local 340 J6 – Var (83). Trois quartiers principaux : au Nord, la voie ferrée longe le centre-ville ; par une longue avenue flanquée de lotissements, on parvient au bord de mer avec, à l'Ouest, le port des Lecques, à l'Est, celui de la Madrague. *Pl. de l'Appel-du-18-Juin, 83270 St-Cyr-sur-Mer, ☎ 04 94 26 73 73.*

Le nom

« St-Cyr-de-Provence », puis « sur-Mer », parfois « les-Lecques »... des qualificatifs variés sont venus s'ajouter au nom de ce pauvre Cyricus, martyr du 4e s., honoré sous les noms de Cirgues, Cirice, Cirq voire Cricq suivant les régions.

Les gens

8 898 Saint-Cyriens, sans compter la petite cousine de la statue de la Liberté de New York : une mini-réplique dorée installée en 1903, place Portalis.

visiter

Musée de Tauræntum

Longer la côte vers la Madrague, en direction du port des Lecques. Juin-sept. : tlj sf mar. 15h-19h ; oct.-mai : w.-end et j. fériés 14h-17h. Fermé 24 déc.-1er janv. 2,30€. ☎ 04 94 26 30 46.

Le musée est astucieusement construit sur les vestiges d'une villa romaine du 1er s. après J.-C. Mosaïques noir et blanc sur leur emplacement d'origine, fours de potier et de tuilier, objets funéraires et familiers, colonnes torsadées en marbre.

Mosaïque du 1er s. exposée sur son lieu d'origine.

Centre d'Art Sébastien

♿ *Juin-sept. : tlj sf mar. 9h-12h, 15h-19h ; oct.-mai : tlj sf mar. 9h-12h, 14h-18h. 1€. ☎ 04 94 26 19 20.*

Installé dans une ancienne usine à câpres, il présente depuis 1993 des expositions temporaires et un ensemble d'œuvres de Sébastien (1909-1990), artiste ami de Picasso, Cocteau, Matisse et Gide.

Sentier du littoral

D 87 à partir de St-Cyr. Longer le littoral jusqu'au port de la Madrague. Le sentier débute au niveau de la pointe Grenier ; balisage jaune jusqu'au Port d'Alon (4,5 km) ou jusqu'à Bandol (6 km de plus). Il longe la mer de la Madrague à Bandol. Côté mer, jolis fonds marins ; côté terre, fours à plâtre, vue sur les domaines viticoles, les espèces endémiques : violette « arborescente » (en automne) et champignon hygrophore, surnommé « pousse-que-là »... Au sommet de la pointe Grenier s'élève une batterie Napoléon III, avec chapelle, caserne et poudrière.

PRUDENCE

Parcours sans difficultés, mais prévoyez chaussures de marche et réserve d'eau. Et surtout, ne laissez pas gambader sans surveillance vos jeunes enfants au-dessus des falaises ou de la voie ferrée.

carnet pratique

RESTAURATION

• À bon compte

La Bergerie – *r. de la Chapelle - ☎ 04 94 26 24 69 - fermé dim. soir et lun. hors sais. - 14/20€.* Parterre de tomettes, plafond traversé de poutres et vieux outils agricoles accrochés aux murs crépis : le cadre de cet accueillant restaurant est résolument rustique. Cuisine sans prétention et service bon enfant.

• Valeur sûre

Restaurant La Calanque – *Calanque du Port d'Alon - 5 km au S de St-Cyr, dir. Bandol puis Port d'Alon - ☎ 04 94 26 20 08 - fermé 1er nov. au 1er fév. et lun. - 25/33€.* Dans cette calanque les amoureux de la grande bleue et de paysage sauvage seront comblés. Au programme : poissons grillés au feu de bois et recettes méridionales. Une maison toute simple dans un site remarquable et protégé, les pieds dans l'eau...

HÉBERGEMENT

• Valeur sûre

Chanteplage – *Aux Lecques - ☎ 04 94 26 16 55 - fermé 1er oct. au 27 mars - P - 20 ch. : 65/88,50€ - ☕ 6,50€.* Sur la plage, en face de la baie des Lecques, cet hôtel est simple et bien situé entre mer et ville. Toutes les chambres ont une vue dégagée et un balcon. Au troisième étage, les deux grandes chambres familiales ont une terrasse.

Grand Hôtel des Lecques – *Aux Lecques - ☎ 04 94 26 23 01 - info@lecques-hotel.com - fermé 16 nov. au 14 mars - P - 57 ch. : 107/160€ - ☕ 13€ - restaurant 33/54,50€.* Palmiers, pins et fleurs volubiles bordent les allées de son parc luxuriant. Un écrin de verdure tout à fait séduisant pour cet hôtel logé dans une bâtisse un peu massive de la fin du 19e s. Ses chambres de style provençal sont sympathiques. Piscine.

LOISIRS-DÉTENTE

Plages – 2 km de sable s'inscrivent en demi-cercle dans la baie, entre Les Lecques et La Madrague. D'abord un peu étroite et dominée par la promenade du front de mer, la plage s'élargit vers La Madrague. Plus à l'Ouest *(10 mn en voiture)*, la **calanque de Port d'Alon**, cernée par une pinède, est nettement plus intime.

Golf de Frégate – *Rte de Bandol - ☎ 04 94 29 36 20 - www.fregate.fr - 8h-18h.* Ce beau golf de 18 trous s'étend au milieu des vignes et domine la mer. Il comprend également un restaurant, un hôtel, des tennis et une salle de musculation.

Lecques Aquanaut – *Av. du Port - ☎ 04 94 26 42 18 - www.Ourworld.compuserve.com/homepages/lacdiving - 9h-12h, 14h-18h.* Club de plongée.

Aqualand de St-Cyr-sur-Mer – *ZAC des Pradeaux - 83270 St-Cyr-sur-Mer - ☎ 04 94 32 08 32 - www.aqualand.fr - de déb. à déb. sept. : 10h-19h - fermé de déb. sept. à déb. juin - 16,50€ (enf. : 14,50€).* Parc aquatique équipé de toboggans, piscine à vagues, rivière à bouée et autres activités bienvenues dans la chaleur de l'été. Restauration et bar.

Nouveau port des Lecques – *Capitainerie - ☎ 04 94 26 21 98. 431 places.*

Port de la Madrague – *Port de la Madrague - Capitainerie - ☎ 04 94 26 39 81.*
400 places dont 37 réservées aux bateau de passage.

Saint-Martin-Vésubie★

Fraîchement bâti entre les deux eaux du Boréon et de la Madone de Fenestre, ce village est situé dans un cadre magnifique de forêts et de montagnes, que l'on a même qualifié de « Suisse niçoise » ! Les sportifs n'auront que l'embarras du choix entre alpinisme, randonnées, canyoning, vol libre, équitation...

La situation

Carte Michelin Local 341 E3 – Schéma p. 280 – Alpes-Maritimes (06). Du Sud par la D 2565, on arrive à la pointe de la vieille ville. Le parking se situe au Nord-Ouest. *Pl. Félix-Faure, 06450 St-Martin-Vésubie, ☎ 04 93 03 21 28.*

Le nom

La ville s'appelait St-Martin-Lantosque avant 1889. Saint Martin, le patron, est représenté sur le retable de l'église, du 15e s.

Les gens

1 098 Saint-Martinois. « Félix Faure, Gallicae Reipublicae Praeses hic moravit », annonce, avec une fierté digne de l'Antique, une plaque apposée sur la façade du Café des Alpes pour rappeler le séjour effectué le 27 avril 1893 par le président de la République, dans la ville où J.-M.-G. Le Clézio situe l'action de son livre *Étoile errante.*

se promener

Comme la plupart des rues du village, la porte de l'ancien four communal marie originalité et tradition.

LE VILLAGE

De la belle place Félix-Faure, ombragée de platanes, on s'enfonce au Sud dans le cœur de la cité médiévale.

Rue du Dr-Cagnoli

Regardant paisiblement couler la « gargouille » qui les sépare, de jolies maisons gothiques habillées de porches et de linteaux longent cette étroite ruelle pentue.

Dans cette rue, s'arrêter à la chapelle des Pénitents-Blancs.

Chapelle des Pénitents-Blancs

Charmant clocher à bulbe, façade ornée de bas-reliefs. Sous l'autel, statue du Christ gisant entouré d'angelots qui tiennent les instruments de la Passion.

Poursuivez dans la rue du Dr-Cagnoli.

Maison des Gubernatis

En descendant la rue jusqu'en bas, on trouve, au nº 25, la maison à arcades des comtes de Gubernatis.

Capitale de la Suisse niçoise, St-Martin-Vésubie conserve, en toute saison, un charme indéniable.

carnet pratique

HÉBERGEMENT

• ***Valeur sûre***

La Châtaigneraie – ☎ *04 93 03 21 22 - hotel-lachataigneraie@raiberti.com - fermé oct. à mai -* 🅿 *- 35 ch. : 64,50/69€ -* ☕ *5€ - restaurant 18,50€.* Dans un parc tranquille, cette maison accueillera ceux qui souhaitent profiter de leurs vacances pour se balader dans le Parc du Mercantour, faire de l'escalade ou se mettre au vert... Ses chambres sont assez agréables. Menu unique pour les résidents.

ACHATS

Marchés – Mardi, samedi et dimanche, pl. du marché.

Place de la Frairie

La rue du Plan mène à cette place en terrasse, ornée d'une fontaine, avec **vue** sur l'abondante rivière de la Madone et les montagnes voisines (cime de la Palu, cime du Piagu). Gagner l'église derrière la place.

Église

Cet édifice roman orné d'une belle décoration 17e s. présente à droite du chœur une statue du 12e s., N.-D.-de-Fenestre, assise et en bois polychrome.

UN ÉTÉ EN MONTAGNE

La statue N.-D.-de-Fenestre est transportée en procession chaque année, le dernier samedi de juin, dans son sanctuaire montagnard. Elle y passe l'été jusqu'au 2e dimanche de septembre puis regagne ses quartiers d'hiver (pèlerinage également les 26 juillet, 15 août et 8 septembre).

Deux panneaux de retable attribués à Louis Bréa *(2e chapelle du bas-côté gauche)* : à gauche saint Pierre et saint Martin, à droite saint Jean et sainte Pétronille. Bel autel du Rosaire du 17e s., en bois sculpté et doré : Vierge à l'Enfant entourée de scènes de la vie du Christ *(3e chapelle)*. De la terrasse devant l'église, **vue** partielle sur la vallée du Boréon et le village de Venanson dominé par la Tête du Siruol, ronde et boisée.

alentours

Venanson*

4,5 km. Quitter St-Martin-Vésubie au Nord-Ouest par le pont sur le Boréon et la D 31. Depuis la place de ce village bâti sur un piton rocheux triangulaire, belle **vue*** sur St-Martin, la vallée de Vésubie et son cadre de montagnes.

La vie de saint Sébastien, magistralement illustrée par Baleison (chapelle St-Sébastien à Venanson), constitue une des fresques les mieux conservées du comté, avec celles de N.-D.-des-Fontaines.

Chapelle St-Sébastien – *Visite sur demande préalable à M. le Curé ou au restaurant La Bella Vista.* ☎ *04 93 03 23 24 ou 04 93 03 25 11.*

Cette chapelle du 15e s. est l'un des ensembles les plus achevés de l'art niçois, entièrement couverte des **fresques*** de Baleison, remarquablement composées. La vie de saint Sébastien, imploré contre la peste, y est narrée avec la simplicité d'un conte d'enfant. Vous serez saisis par le réalisme avec lequel sont dépeints les costumes, le naturel des personnages, les marques du supplice du saint, et son visage, aux traits si gracieux.

Église paroissiale – En entrant, à gauche, un triptyque représente une Vierge à l'Enfant, entourée de saint Jean Baptiste et de sainte Pétronille. Au maître-autel, dans un retable baroque, une grande toile de 1645 évoque le Couronnement de la Vierge où figure le donateur. À droite, retable du Rosaire.

Site de haute montagne accessible à tous, la cascade du Boréon n'en impressionne pas moins, par son caractère sauvage et impétueux.

Le Boréon★★

8 km. Quitter St-Martin-Vésubie au Nord par la D 2565, qui suit la rive droite du Boréon. À la limite du Parc national du Mercantour, cette petite station alpestre occupe à 1 500 m d'altitude un site superbe où tombe sur 40 m de haut, la **cascade★** du Boréon dans une gorge étroite. Un petit lac de retenue ajoute une note de beauté au paysage verdoyant de pâturages et de bois qui incite à se lancer à l'assaut des sommets et des lacs de montagne. On peut aller en voiture, à l'Est, jusqu'à la Vacherie du Boréon *(2,5 km)*, où se détache la silhouette si particulière de la Cougourde. À l'Ouest, longeant le Parc, une route permet de remonter sur 4 km le vallon de Salèse.

Vallon de la Madone de Fenestre

12 km à l'Est. Environ 1/2h. Quitter St-Martin par l'avenue de Saravalle (au Nord-Est). La D 94 suit le vallon de la Madone en s'élevant rapidement entre les cimes du Piagu et de la Palu, traversant plusieurs fois le torrent. On parcourt une admirable forêt de sapins et de mélèzes et de beaux sous-bois. Puis on arrive dans un site pittoresque d'alpages et de haute montagne.

Révélation

Victor de Cessole qui dirigea pendant quarante ans le Club alpin français eut son premier contact avec l'alpinisme dans cette vallée. Il y aménagea un refuge dès 1901. Le musée Masséna à Nice conserve sa remarquable bibliothèque.

La route se perd dans un **cirque★★** sauvage, très apprécié des alpinistes. Tout près, à l'Est, se dresse le Caïre de la Madone (2 532 m), massif et pointu ; vers le Nord-Est, dominant la frontière, la **cime du Gélas** (3 143 m), aux pentes couvertes de névés, ferme l'horizon.

La **chapelle de la Madone de Fenestre** est un lieu de pèlerinage. *De mi-juin à mi-sept.*

Le retour du loup

Des traces relevées en 1989, l'avaient fait supposer : au printemps 1995, la présence de 8 loups évoluant en meute et, probablement, d'un couple isolé était confirmée. Provenant par migrations successives des Abruzzes en Italie centrale (plus de 500 individus), le loup cherche constamment de nouveaux territoires et ses capacités d'adaptation se révèlent étonnantes. Le Parc du Mercantour conduit une politique active de sensibilisation auprès des bergers exposés à cette délicate cohabitation. C'est que le loup n'a pas bonne presse, c'est le moins que l'on puisse dire ! La solution ? Des mesures de précaution, telles que parcage des troupeaux la nuit et introduction d'un chien de berger (le patou des Pyrénées) très dissuasif contre les attaques de loups... Et puis, surtout, apprendre à mieux connaître cet animal à l'origine de tant de fantasmes. Mais la **maison du loup**, prévue au Boréon, est à ce jour toujours à l'état de projet...

circuit

ROUTE DE VALDEBLORE★★ 11

29 km - environ 2h1/4 - schéma p. 286. Quitter St-Martin au Nord par la D 256.

Immense territoire qui fait communiquer les vallées de la Vésubie et de la Tinée, la commune de Valdeblore est couverte de pâturages verdoyants et de hautes montagnes boisées.

Un 2e barbe-bleue

Les noms géographiques des rivières de la région se réfèrent au souvenir d'un des seigneurs du Valdeblore, sorte de Barbe-Bleue. Les gémissements des épouses du monstre, enfermées et mourant de faim, ont donné naissance à Valdeblore (« val des pleurs ») et à Bramafan (« crie la faim »).

La route s'élève en laissant derrière elle la vallée et les villages de St-Martin et de Venanson. Juste avant le tunnel, la **vue★** est particulièrement belle, à gauche, sur la Vésubie, St-Martin, le vallon de la Madone et, à l'extrême gauche, sur le cirque de montagnes du Boréon.

La Colmiane

Dispersés au milieu des mélèzes et des sapins, chalets et hôtels font du col St-Martin (alt. 1 500 m) une station de sports multiples d'hiver et d'été.

Au col de St-Martin, prendre à gauche la petite route qui mène au télésiège remontant le pic de Colmiane.

Pic de Colmiane★★

Télésiège. Juil.-août : 10h-18h ; sept.-juin : w.-end 10h-18h. 3,50€ (possibilité de forfait). ☎ 04 93 02 83 54.

Du sommet, on découvre un immense **panorama**★★ : au Sud, sur le Tournairet et, au-delà de la Vésubie, sur les hauteurs de la forêt de Turini ; à l'Est, sur la chaîne du Mercantour ; au Nord et à l'Ouest, du Baus de la Frema jusqu'au mont Mounier avec tout le Valdeblore au premier plan.

Via ferrata du Baus de la Frema★

Au col St-Martin, prendre la route à droite face au minigolf fléchée « Via ferrata ». Possibilité de stationnement dans la montée. Départ de la via ferrata au bout de la piste, après le panneau d'information. Été : 8h30-19h. Accès 3€. Location de matériel au magasin Igloo Sport au col. ☎ 04 93 23 25 90.

Ludique et intéressant, cet aménagement permet de s'initier à l'escalade et de tester sa maîtrise du vertige. Son accès est direct, sans marche d'approche. Le parcours où se succèdent passerelle, pont de singe et passages aériens s'effectue en 4h environ jusqu'à la cime du Baus de la Frema. Plusieurs sorties (ou échappatoires) permettent aux moins endurants d'interrompre l'expérience. Un sentier, parallèle au circuit, permet d'accéder au sommet. Les amateurs de sensations apprécieront particulièrement deux temps forts : la passerelle de 35 m de long qui, à 50 m de hauteur, relie les deux pics rocheux des Aiguillettes, et le pont de singe donnant accès à la partie sommitale.

Se préparer
Un topoguide succinct sur les itinéraires est diffusé par l'Office du tourisme de Valdeblore-la-Colmiane. ☎ *04 93 23 25 90.*

Après le col St-Martin, on débouche sur une cuvette verdoyante, partie haute du Valdeblore.

Colmiane Forest

Juil.-août : 10h-17h ; juin et sept. : mer., w.-end 10h-17h ; mai et oct. : w.-end et j. fériés 10h-17h. De 10 à 16€ (en fonction des parcours). ☎ 04 93 23 25 90.

Que diriez-vous d'enchaîner à une « passerelle montante » une « double tyrolienne » avant un « trapèze à Raymond » et de terminer par une « balançoire de géants » ? Ces appellations mystérieuses désignent les obstacles des parcours (dénommés « Beaucoup », « Passionnément », « À la folie ») qui vous permettront d'évoluer, d'arbre en arbre, à votre rythme dans un superbe paysage de montagne. Ajoutons pour les moins assurés un parcours « Découvre », ouvert aux enfants. Émotions garanties et un bon entraînement avant de vous lancer sur la via ferrata !

St-Dalmas-de-Valdeblore

D'époque romane, son **église** est magnifique avec son haut clocher alpin en forme de « pointe de diamant », ses puissants contreforts et les bandes lombardes de son chevet. De plan basilical, elle a été construite sur une crypte préromane ; l'intérieur a été voûté au 17e s.

Dans l'abside de droite, les fresques du 14e s. (histoire de saint Jean Baptiste) sont cachées par un retable du Rosaire (17e s.). Sur la voûte, Christ en majesté. Au-dessus du maître-autel, on remarque un polyptyque du 16e s., à fronton et à prédelle, de G. Planeta : **saint Dalmas**, saint Roch et les évangélistes. Dans le bas-côté gauche, retable de saint François, attribué à A. de Cella. *Visite sur demande préalable à M. Alcoy. ☎ 04 93 02 82 29.*

Un saint venu de loin
Le culte de saint Dalmas, soldat romain martyrisé, s'est répandu dans les Alpes avec ferveur par la communauté piémontaise.

La route domine le vallon de Bramafan et traverse le village de La Roche, au pied d'un éperon gris.

La Bolline

Centre administratif de la commune de Valdeblore, c'est une agréable station d'été au cœur d'une claire châtaigneraie qui contraste avec le bois Noir du versant opposé.

Après la Bolline, prendre à droite la D 66.

Rimplas

Le village frappe par son **site**★ très curieux sur une arête rocheuse à 1 000 m d'altitude. Au pied du fort, à l'extrémité de l'arête, les abords de la chapelle de la Madeleine offrent une **vue** étendue sur la vallée de la Tinée, le vallon de Bramafan, les villages du Valdeblore.

Une promenade agréable et facile permet de descendre sur **St-Sauveur-sur-Tinée** par le GR 5 au Nord-Ouest du village.

Par la route, on longe le Valdeblore par la D 2565, puis la Tinée par la D 2205, à droite pour St-Sauveur, à gauche pour Nice.

Saint-Paul★★

Dans un site★ plein de charme, sa silhouette effilée apparaît de loin entre paisibles collines et riches vallons du pays de Vence. Ce ravissant village, l'un des plus visités de France, a su conserver son visage féodal propre aux cités fortifiées qui gardaient la frontière du Var jusqu'en 1870. Depuis 1967, la fondation Maeght en fait un des hauts lieux de l'art moderne.

La situation

Carte Michelin Local 341 D5 - Alpes-Maritimes (06). Parkings devant la porte Nord. En entrant à droite, la tour carrée à mâchicoulis abrite le Syndicat d'initiative et une exposition permanente de peinture moderne. Circuler dans Saint-Paul relève quasiment, en été et le week-end, de l'impossible, tant la Grand-Rue est embouteillée par les piétons ! Visitez donc (si vous le pouvez) Saint-Paul hors saison, faute de quoi la magie des lieux risque de céder le pas à l'agacement... En outre, vous pourrez découvrir les collections permanentes de la fondation Maeght, remplacée aux beaux jours par des expositions temporaires. *Maison de la Tour, r. Grande, 06570 St-Paul, ☏ 04 93 32 86 95.*

Blague ?
Alors que la ville déclinait depuis un siècle au profit de Vence, sa rivale, un certain Paul Roux la relança, en gardant ses amis artistes à coucher. Il y gagna une canonisation dans laquelle Rome n'eut pas son mot à dire.

Le nom

Vous avez le choix entre Saint-Paul et Saint-Paul-de-Vence. C'est pareil, mais la seconde appellation, rappelant la proximité du village avec Vence, est plus chic !

Les gens

2 847 Saint-Paulois. Dans les années 1920, Modigliani, Signac, Bonnard, Soutine, Chagall (qui repose au cimetière), puis gens de lettres et du spectacle ont contribué à la notoriété de St-Paul.

se promener

Rue Grande

Cette belle artère qui traverse la ville de bout en bout se découvre tôt le matin, avant que la foule, compacte, n'arrive et que n'ouvrent les boutiques de plus ou moins bon aloi et les galeries où le pire côtoie le meilleur, qui ont investi les belles maisons blasonnées, à arcades et loggias, des 16e et 17e s. L'ensemble témoigne de la prospérité de cette ancienne cité royale, autonome depuis le 13e s. La célèbre **fontaine** et son lavoir voûté donnent beaucoup de cachet à la petite place.

Monter la ruelle en escalier, tourner dans la première ruelle à droite et enfin dans la première à gauche pour atteindre l'église.

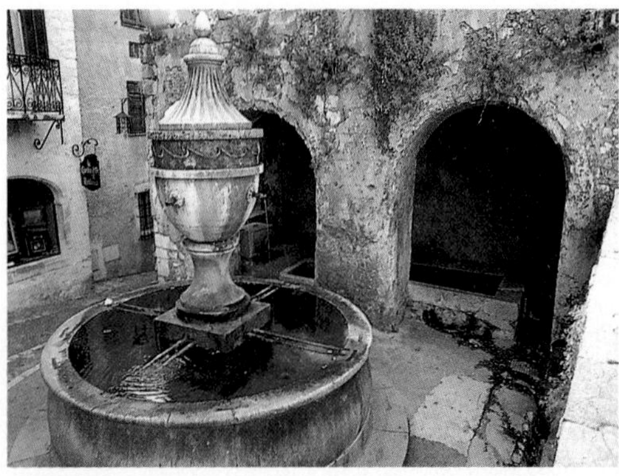

Emblème de la cité et d'un certain art de vivre, la fontaine en forme d'urne (rue Grande).

carnet pratique

RESTAURATION

• ***À bon compte***

Chez Andréas – *Remparts Ouest - ☎ 04 93 32 98 32 - 9/20€.* Idéale pour admirer le coucher de soleil, la charmante petite terrasse s'ouvre sur une salle à manger décorée avec goût : du mobilier au moindre objet, tout est « sur mesure » ! Quelques salades, un plat du jour et des vins régionaux au programme...

• ***Valeur sûre***

La Cocarde de Saint Paul – *23 r. Grande - ☎ 04 93 32 86 17 - 24/33€.* Au cœur du village, dans la rue piétonne principale, ce restaurant-salon de thé capte l'attention par son harmonie de couleurs méditerranéennes. La table et notamment les pâtisseries du propriétaire, conforteront votre choix.

La Ferme de St-Paul – *1334 rte de la Colle - ☎ 04 93 32 82 48 - 29€.* Ancienne ferme merveilleusement restaurée où le charme du décor - tonalités provençales, poutres, fer forgé et superbe vaisselle - rivalise avec les plaisirs de l'assiette, dédiée au poisson. Jolie terrasse avec vue sur le village et boutique de décoration aménagée dans les dépendances.

HÉBERGEMENT

• ***Valeur sûre***

Hostellerie Les Remparts – *72 r. Grande - ☎ 04 93 32 09 88 - h.remparts@wanadoo.fr - fermé mi déc.-mi janv. - P - 9 ch. : 39/80€ - ☕ 7€ - restaurant 26€.* Murs en pierre parfaitement restaurés, meubles anciens, parterre de tomettes et chaleureux coloris composent cet univers plein de charme où chaque chambre porte le nom d'une fleur ; les plus grandes offrent une jolie échappée sur la campagne.

Chambre d'hôte La Bastide de St-Donat – *Rte du pont de Pierre, parc St-Donat - 06480 La Colle-sur-Loup - 2 km au S de St-Paul par D 6 - ☎ 04 93 32 93 41 - ⊠ - 5 ch. : 61/92€.* La façade en pierre de cette bergerie de 1850 ne laisse rien soupçonner des richesses décoratives intérieures. Tons pastel, poutres et beaux meubles dans les chambres restaurées à l'ancienne. La terrasse, bercée par le doux murmure d'une rivière, est délicieuse.

• ***Une petite folie !***

Hostellerie des Messugues – *Quartier des Gardettes, par rte Fondation Maeght : 2 km - ☎ 04 93 32 53 32 - fermé oct. à mars - P - 15 ch. : 83,85/106,71€ - ☕ 8,38€.* Proche de la fondation Maeght, dans un jardin tranquille et verdoyant, cette grande villa provençale est entourée de vignes. Les chambres sont plus spacieuses à l'étage. Ne manquez pas la piscine et sa petite île plantée de bananiers.

LE TEMPS D'UN VERRE

Café de la Place – *Pl. du Gén.-de-Gaulle - ☎ 04 93 32 80 03 - juil.-août : 8h-1h ; reste de l'année : 8h-20h.* Incontournable, ce café l'est d'emblée par son emplacement central. C'est là que les Paulois boivent un verre entre deux parties de pétanque. Il appartient au mythique hôtel de la Colombe d'Or (situé juste en face) - ancienne propriété d'Yves Montand - qui accueillit par le passé Picasso, Prévert et bien d'autres artistes.

LOISIRS

Tennis-club des Serres – *56 chemin de Rome - ☎ 04 93 32 85 09 - horaires diurnes.* Les mordus de la terre battue pourront s'adonner à leur sport favori tout en profitant de la vue que ce beau club de tennis offre sur la vallée et la mer. Et le tarif proposé est imbattable : 5,34€ par personne !

Église

De cet édifice des 12e et 13e s., on a refait les voûtes au 17e s. et le clocher au 18e s. L'intérieur à 3 nefs renferme de belles œuvres d'art : un tableau attribué au Tintoret représente sainte Catherine d'Alexandrie couronnée, dans un somptueux manteau rouge, une épée à la main *(au fond de la nef gauche)*. Belles stalles de noyer sculptées au 17e s. dans le chœur. ►

La chapelle de droite attire l'attention par la richesse de sa décoration en stuc ; le devant d'autel est un bas-relief figurant le martyre de saint Clément. Au-dessus de l'autel, belle toile de l'école italienne du 17e s. : saint Charles Borromée offrant ses œuvres à la Vierge ; à gauche, Assomption de l'école de Murillo. La chapelle suivante est ornée d'une Madone du Rosaire de 1588, où l'on reconnaît dans la foule des fidèles le visage de Catherine de Médicis. Chemin de croix moderne, peint suivant une technique du 16e s., la détrempe à la colle.

TRÉSOR

Situé dans la nef collatérale, il est riche en pièces du 12e au 15e s. Des statuettes, un ciboire, une croix processionnelle et des reliquaires témoignent du talent des orfèvres provençaux, en particulier une belle Vierge à l'Enfant en vermeil (13e s.) et un parchemin signé du roi Henri III.

Donjon

En face de l'église, l'ancien donjon seigneurial abrite la mairie. *Revenir sur ses pas jusqu'à la rue Grande et pousser jusqu'à la porte du Sud.*

Remparts★

Sur les remparts
Depuis le bastion Sud et vers l'Est, la promenade procure un beau **panorama** sur la vallée cultivée d'orangers et de fleurs, la mer (cap d'Antibes), l'Esterel et les Alpes.

Les remparts n'ont guère subi d'altération depuis François Ier, qui les fit élever comme réplique à la citadelle de Nice de 1537 à 1547. Par endroits, on peut emprunter l'ancien chemin de ronde.

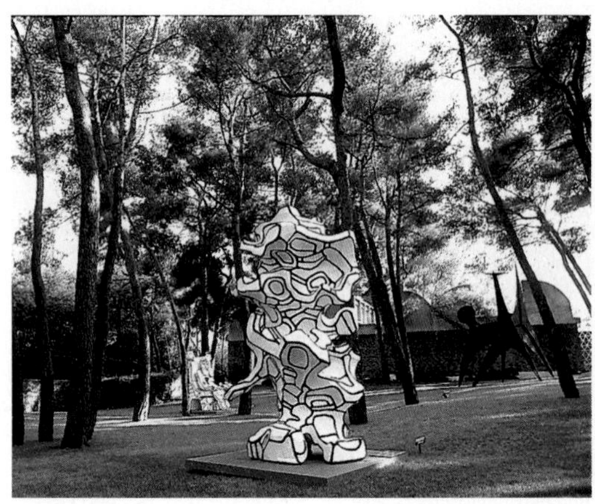

Le jardin de la fondation Maeght est peuplé d'êtres fantastiques, telle cette œuvre de Dubuffet.

visiter

Fondation Maeght★

La collection permanente n'est pas visible pendant la durée des expositions. Juil.-sept. : 10h-19h ; oct.-juin : 10h-12h30, 14h30-18h. 8€ (-10 ans : gratuit). ☎ *04 93 32 81 63.*

Lieu total
L'architecte José Luis Sert (collaborateur de Le Corbusier et successeur de Gropius) a réussi une parfaite intégration du bâtiment dans le paysage méditerranéen par ses matériaux – béton blanc et briques roses – et ses grandes baies qui ouvrent sur le jardin d'arbres et de sculptures. Les œuvres, avec les mosaïques de Braque, Tal-Coat, Chagall participent de l'architecture comme le souhaitait Aimé Maeght (1906-1981).

Ce temple de l'art moderne est admirablement situé au Nord-Ouest de St-Paul, sur la colline des Gardettes.

Les œuvres qui animent le parc sont des monuments, tout comme le sont les arbres ou l'édifice : mobiles et stabiles géants de Calder, le bronze de Zadkine, le *Pépin géant* d'Arp, la fontaine mobile de Pol Bury et de l'autre côté, les sculptures et céramiques du *Labyrinthe* de Miró ou la *Sirène* de Laurens peuplent l'espace de façon surnaturelle... et toute naturelle tant elles donnent l'impression d'être ici dans leur élément.

La cour Giacometti avec ses troublantes figures sépare le musée en deux. La fabuleuse collection de la fondation y est présentée par roulement. Pour vous mettre en appétit, vous pourrez y trouver, outre les noms déjà cités : Léger, Kandinsky, Bonnard, Soulages, Van Velde, de Staël, Bazaine, Hartung, Tapiès, Alechinsky, etc., mais aussi des artistes marquants de la jeune génération : Adami, Garache, Messagier, Viallat... et tant d'autres qui nous laissent sans voix.

Très actif, le centre organise de grandes expositions thématiques ou des rétrospectives qui font souvent événement. Librairie, cinéma, bibliothèque contribuent à faire de la fondation un lieu total.

Musée d'Histoire locale

Pl. de la Castre. 10h-12h30, 13h30-17h30. 3€. ☎ *04 93 32 41 13.*

Stars du 20e s.
Une exposition de photographies des célébrités ayant séjourné à St-Paul apporte une note contemporaine à cette évocation historique.

Cet édifice offre un intéressant raccourci de l'histoire de la commune, et donc de la Provence. Huit scènes historiées de figures grandeur nature relatent la venue à St-Paul du comte de Provence, Raymond Béranger V, en 1224, de la reine Jeanne, de François Ier lors de la « trêve de Nice », de Vauban (intégration du village dans le système défensif des frontières) et enfin, les épisodes locaux de la guerre entre les républicains français et la coalition austro-sarde.

Saint-Raphaël★

Couché sur les dernières pentes de l'Esterel, St-Raphaël épouse l'anse Sud du golfe de Fréjus, sa voisine. Sa plage bien abritée, son front de mer vivant et une ambiance animée en font une station balnéaire appréciée. Le chemin de fer a créé la cité de la IIIe République et un siècle d'histoire l'a transformée en une grande ville moderne.

La situation

Carte Michelin Local 340 P5 - Schémas p. 62 et 224 - Var (83). La commune s'étend au pied du **massif de l'Esterel** *(voir ce nom)* sur 35 km de côte et la ville, sur plusieurs quartiers : le port, la vieille ville, Valescure au Nord, sans compter les stations balnéaires qui en dépendent, de Boulouris au Trayas. *R. Waldeck-Rousseau, 83700 St-Raphaël, ☎ 04 94 19 52 52. www.saint-raphael.com*

Le nom

Au 11e s., la ville porte déjà le nom de l'archange.

Les gens

30 671 Raphaëlois. Des hôtes illustres marquèrent leur séjour à St-Raphaël par la création d'œuvres artistiques : Gounod y composa *Roméo et Juliette* en 1869, Scott Fitzgerald y écrivit *Tendre est la nuit* et Félix Ziem y peignit certaines de ses toiles.

comprendre

St-Raphaël, fille de Rome, comme Fréjus - Une villégiature gallo-romaine était installée sur l'emplacement occupé aujourd'hui par le casino. Les riches familles de Fréjus y venaient en cure. Au Moyen Âge, les villas gallo-romaines sont ravagées par les pirates sarrasins. Après leur expulsion (fin 10e s.), le comte de Provence abandonne ces territoires déserts aux abbayes de Lérins et de St-Victor de Marseille. Les moines créent un village autour de l'église. Au 12e s., on en confie la garde aux templiers. Au 18e s., les pêcheurs et les paysans qui vivent à St-Raphaël occupent les vieux quartiers actuels. Le paludisme y anémie les habitants : on leur donne le nom de « visages pâles ». Après le rattachement de la Corse à la France en 1768, le port de St-Raphaël devient la tête de ligne d'une éphémère liaison maritime avec l'Île de Beauté.

Alphonse Karr et Félix Martin : deux artisans du développement de la station balnéaire - Personnalité extravagante, Alphonse Karr (1805-1890) exerçe ses talents de journaliste (directeur du *Figaro* en 1839) et de

Sic transit...

Le 9 octobre 1799, Bonaparte débarque à St-Raphaël, de retour d'Égypte, après 48 jours de voyage (obélisque à l'angle Nord-Est du port). En 1814, le 28 avril, St-Raphaël revoit Napoléon, vaincu, partant pour l'île d'Elbe, son nouveau et minuscule « empire ».

En dépit d'un urbanisme très présent, le front de mer de St-Raphaël, offre de belles plages de sable.

carnet pratique

Transports

Les bateaux de St-Raphaël – Été : 5 traversées par j. (50 mn, dép. du vieux port) ; hiver : 2 traversées tlj sf ven. 19€ A/R. Renseignements à la gare maritime. ☎ *04 94 95 17 46*. Également, excursions dans l'Esterel ou les îles de Lérins.

Restauration

• *À bon compte*

La Sarriette – *45 r. de la République - ☎ 04 94 19 28 13 - fermé 22 au 30 déc., dim. soir et mer. - 10,52/13,42€.* Loin de la foule du bord de mer, à deux pas du marché de la République, la jolie terrasse de cette maison colorée s'abrite sous un imposant platane. La cuisine est bon marché, simple, d'influence provençale, à l'image des deux salles à manger.

• *Valeur sûre*

Pastorel – *54 r. de la Liberté - ☎ 04 94 95 02 36 - fermé 10 au 24 mars, 27 mai au 3 juin, 1er au 18 nov., dim. soir hors sais. et lun. - 28/32€.* Si vous cherchez un endroit paisible, loin de la circulation et sympathique, c'est là qu'il faut aller. Ce restaurant cache une terrasse à l'ombre d'une pergola où vous vous attablerez avec bonheur le temps d'un repas aux notes provençales...

Hébergement

• *À bon compte*

Hôtel Bellevue – *22 bd Félix-Martin - ☎ 04 94 19 90 10 - fermé mi nov. à mi déc. - P - 20 ch. : 38/61€ - ☕ 5€.* Ce petit établissement sans prétention vaut par sa situation centrale, à deux pas du casino et de la plage. Chambres sobrement décorées, climatisées et bien insonorisées. Prix abordables pour la station.

• *Une petite folie !*

Sol e Mar – *Rte de la Corniche-d'Or - 83530 Agay - 6 km de St-Raphaël par N 98 - ☎ 04 94 95 25 60 - hotelsolemar@club-internet.fr - P - 50 ch. : 79/186€ - ☕ 8,50€ - restaurant 23/34€.* Face à la mer, cet hôtel des années 1960 a été rénové. Installez-vous au bord de l'eau ou autour d'une des deux piscines : l'une d'elles, d'eau de mer, est creusée dans la roche. Presque toutes ses chambres ouvrent sur les îles d'Or et le cap du Dramont.

Sorties

Grands et petits auront de quoi se distraire à Saint-Raphaël qui, avec sa voisine Fréjus, regorge d'activités : casino, golfs, sports nautiques... Sa vie nocturne n'est pas moins animée, grâce aux nombreux pubs, bars et glaciers.

Casino de St-Raphaël – *Sq. Gand - ☎ 04 98 11 17 77 - juil.-août : 10h-5h ; reste de l'année : 10h-4h.* Ce casino fut construit en 1881 sur l'emplacement d'une villa romaine. Il est doté de plus de 100 machines à sous et de jeux traditionnels. Un piano-bar assure chaque soir une animation musicale.

Palais des Congrès – *Port de Plaisance de Santa-Lucia - ☎ 04 94 19 84 19 - palais@congres-saintraphael.com - selon spectacles.* Ce palais présente un choix varié de pièces de théâtre, de ballets et de concerts de musique classique.

The Lock Ness – *15 av. de Valescure - ☎ 04 94 95 99 49 - 7h-1h ; vac. scol. : 7h-4h.* Décoration « made in Scotland » dans ce beau pub qui est l'un des incontournables de la région. Au choix : de nombreuses bières pression.

Loisirs-Détente

Golf de Valescure – *Av. des Golfs - ☎ 04 94 82 40 46 - juil.-août : 8h-20h ; mai-juin, sept.-oct. : 8h-19h ; nov.-avr. : 8h-17h.* Ce beau golf de 18 trous est également doté d'un restaurant situé dans une charmante maison, d'un hôtel et d'un bar.

École de Cirque – *Cap Esterel Village - ☎ 04 94 82 58 11 - 04 94 82 58 14 - www.capesterel.com - 9h-12h, 16h-18h - fermé de déb. nov. à mi-déc. et de déb. janv. à déb. fév.* Des professionnels du cirque vous initieront au trapèze (fixe, volant ou ballant), à la corde espagnole, au trampoline et au jonglage. Cours à l'heure et stages.

Achats

Marché – Tous les jours pl. de la République et Victor-Hugo ; marché des pêcheurs au vieux port.

pamphlétaire à l'encontre de Napoléon III, depuis Nice où il s'est exilé. Ses compétences d'horticulteur l'amènent à se fixer en 1864 à St-Raphaël où il vit à la villa dite « **maison Close** ». Il en fait une description enthousiaste à ses amis parisiens qui le rejoignent. À sa suite, Félix Martin, maire de la localité et ingénieur des Ponts et Chaussées, transforme le village en une pimpante station balnéaire, favorisée par l'arrêt de la ligne de chemin de fer dès 1864. Avec l'architecte Pierre Aublé, le centre originel de la station est bâti selon un urbanisme propre à la IIIe République.

séjourner

35 km de côtes au pied de l'Esterel, avec des anses, des criques, des rochers rouges, et la mer couleur turquoise, invitation permanente à piquer une tête : un vrai paradis !

ST-RAPHAËL

Aicard (R. J.) . . . . Z 2
Albert-Ier (Quai) . . . . Z 3
Allongue (R. Marius) . . . . Y 5
Barbier (R. J.) . . . . Z 6
Basso (R. Léon) . . . . Y 7
Baux (R. Amiral) . . . . Y 9
Carnot (Pl.) . . . . Y 10
Coty (Promenade René) . . . . . Z 13
Doumer (Av. Paul) . . . . Z 14
Gambetta (R.) . . . . Y 15
Gounoud (R. Ch.) . . . . Z 17
Guilbaud (Cours Cdt) . . . . Y 18
Karr (R. A.) . . . . Y 21
Libération (Bd de la) . . . . Z 22
Liberté (R. de la) . . . . Y 23
Martin (Bd Félix) . . . . YZ 24
Péri (Pl. Gabriel) . . . . Y 26
Remparts (R. des) . . . . Y 28
Rousseau (R. W.) . . . . Y 30
Vadon (R. H.) . . . . Z 31

Musée archéologique . . . . Y M

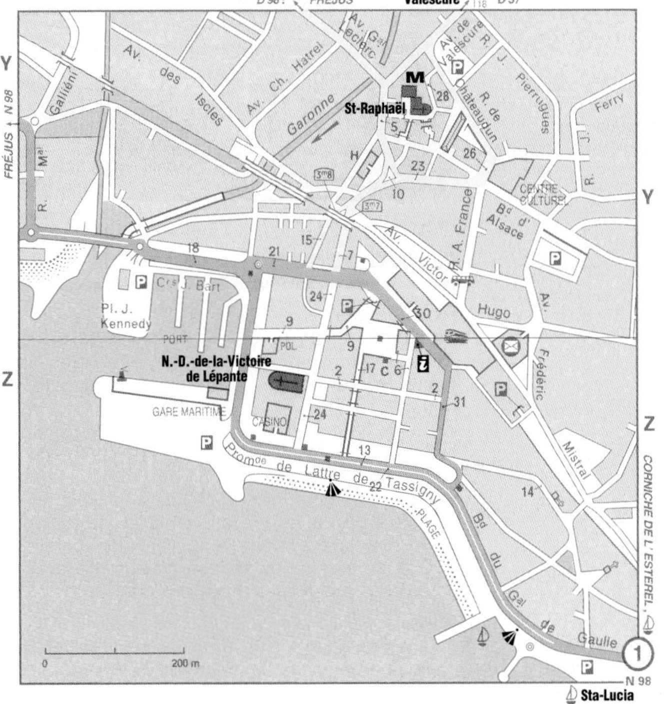

Boulouris

Petite station aux villas dispersées dans les pins. Plusieurs petites plages de sable et de galets et un port de plaisance.

Plage du Dramont

La plage est bordée par la forêt domaniale du Dramont ▶ qui couvre le cap *(voir aussi Esterel : « randonnées », sémaphore du Dramont).*

> **À** droite de la route, une **stèle** rappelle le débarquement de la 36e division américaine, le 15 août 1944.

Longeant la belle plage de Camp-Long, la route atteint les stations d'Agay et d'Anthéor, de part et d'autre de la rade d'Agay. Peu avant la pointe de l'Observatoire, **vue** à gauche sur les roches rouges de St-Barthélemy et du cap Roux.

Agay

Station dominée par les splendides versants de porphyre rouge du **Rastel d'Agay**, au bord de la meilleure rade de l'Esterel. Ligures, Grecs et Romains l'ont fréquentée ; on a retrouvé sous l'eau des amphores romaines provenant sans doute d'un naufrage, il y a 2 000 ans. La grande plage, ensoleillée, se prolonge à gauche jusqu'à une petite jetée ; au-delà, plage ombragée plus fréquentée.

> **SAINT-EX' À AGAY**
> L'auteur du *Petit Prince* a fréquenté et aimé Agay, où il s'est marié en 1932 et où vivait son beau-frère, Pierre d'Agay. Saint-Exupéry disparut le 31 juillet 1944 au cours d'une mission de reconnaissance sur la côte. En 1998, sa gourmette a été retrouvée par un pêcheur.

Anthéor

Station dominée par les sommets du cap Roux. Anthéor-Plage est un peu plus loin.

Le Trayas★

Deux agglomérations composent la station : l'une étagée ▶ sur les pentes, l'autre en bordure de mer. Criques et calanques festonnent la côte et abritent plusieurs plages, la plus longue se trouvant au fond de l'anse de la Figueirette.

> **LE THON, C'EST BON**
> L'anse de la Figueirette fut au 17e s. un grand centre de pêche au thon. Des filets posés au large restaient en place pendant quatre mois. Pour les surveiller, une tour avait été élevée sur le rivage.

Deux conceptions du monde : au pied de l'église commémorant la victoire de Lépante, un temple de la roulette...

se promener

Front de mer

Bordant le vieux port, le cours Jean-Bart et le quai Albert-Ier connaissent une grande animation sur leurs larges trottoirs où se pressent commerces et restaurants.

À l'angle du casino s'élève une statue offerte par la ville de Gand, copie du « Communier » (homme de la milice), qui orne le beffroi de cette ville. La promenade René-Coty et le boulevard Gén.-de-Gaulle, plantés de platanes et de palmiers, offrent une belle **vue** sur la mer et les rochers jumeaux rouges appelés : le Lion de terre et le Lion de mer. Ils mènent au port de plaisance, bordé de terrasses, de restaurants, de boutiques.

Villas

Le réaménagement du quartier résidentiel compris entre la promenade René-Coty et la rue Alphonse-Karr a malheureusement entraîné la disparition de nombreuses façades de villas aux décorations exotiques ou aux allures de chalet normand.

Église N.-D.-de-la-Victoire-de-Lépante

Pierre Aublé, l'architecte de nombreuses villas raphaëloises, a construit en 1883 cet édifice original dans un style néobyzantin. L'appellation de l'église a été voulue par son créateur, originaire de Grèce.

Quartier de Valescure

Situé sur la rive droite de la Garonne, ce fut autrefois un quartier très prisé de la clientèle étrangère. Le directeur de l'Opéra de Paris en 1880, Carvalho, aménagea sur les conseils de Charles Garnier un parc garni de « fabriques » provenant des vestiges du palais des Tuileries à Paris. Au carrefour des rues Allongue et Mar.-Leclerc, on peut voir une fontaine rescapée des « folies » de cette période et provenant également des Tuileries.

Église St-Pierre-des-Templiers (dite St-Raphaël)

Cette église à nef unique, construite au 12e s. dans le style roman provençal sur les fondations d'un édifice préroman de plan basilical remis au jour par les fouilles récentes, servait de forteresse et de refuge pour la population en cas d'attaque des pirates. La tour de guet qui remplace l'absidiole Sud rappelle les constructions militaires des templiers.

Patron des pêcheurs
Remarquer également un buste de saint Pierre en bois doré ; il est porté en procession au mois d'août jusqu'au Lion de mer par des pêcheurs.

◄ Une chapelle latérale contient un monolithe de grès rouge, ancien autel païen qui sert de support à la table de l'autel.

visiter

Musée archéologique

Juin-sept. : tlj sf lun. et dim. 10h-12h, 15h-18h30 ; oct.-mai : tlj sf lun. et dim. 10h-12h, 14h-17h30. Fermé j. fériés. 1,5€. ☎ *04 94 19 25 75.*

Au carrefour d'importantes voies de communication terrestres (voie Aurélienne) et maritimes (entre Massalia et les comptoirs de la Méditerranée occidentale), le site de St-Raphaël offre un riche gisement de vestiges antiques déposés dans ce musée : intéressante reconstitution du chargement d'un navire romain *(rez-de-chaussée)* ; borne milliaire de l'an 3 avant J.-C. du cap Roux (jardin). Séquence technologique avec des prototypes d'appareils de plongée autonome et de photographie sous-marine, ou avec la technique de conservation des bois immergés. Retour à la préhistoire de l'Esterel depuis le paléolithique jusqu'à l'âge du bronze à travers les produits des fouilles *(2e étage)*, ou les dolmens et menhirs de l'Est varois *(1er étage)*. On peut voir dans le jardin du musée, ainsi que dans la rue Allongue, des vestiges des remparts qui entouraient jadis la vieille ville.

POINT FORT
Une remarquable collection d'**amphores**★ du 5e s. avant J.-C. au 5e s. après J.-C. rend ce musée incontournable sur le plan de l'archéologie marine.

Saint-Tropez★★

Indémodable « St-Trop' », toujours aussi séduisant, quoi qu'on en dise, et aussi couru des stars, des étrangers et des Parisiens. À quoi tient son succès ? Admirablement ancrées au bout du golfe de St-Tropez, ses jolies maisons pastel observent la côte, épaulées de collines aux rivages de roche et de sable idylliques. Coquet, St-Tropez se fait beau pour ressembler à l'image dépeinte au début du siècle par les plus grands artistes, conservée au musée de l'Annonciade. Il plaît ainsi au monde entier, associant un charme à l'allure provençale à une ambiance internationale, avec ses adresses chic et snobs propices à la fête de jour comme de nuit.

COLETTE
« Aucune route ne traverse St-Tropez. Une seule vous y mène et ne va pas plus loin. Si vous voulez repartir, il vous faut rebrousser chemin. Mais voudrez-vous repartir ? Craignez de faire comme moi, qui me suis amarrée à ce port, que de loin j'avais vu suspendu, étiré sur la mer. »

La situation

Carte Michelin Local 340 O6 – Schémas p. 224 et 323 – Var (83). Colette a tellement vanté St-Tropez que l'arrivée depuis La Foux est un cauchemar l'été. Mieux vaut préférer les autres saisons, circuler tôt le matin ou pas du tout et rester entre l'Est et le Sud de la presqu'île.

Quai Jean-Jaurès, 83990 St-Tropez, ☎ 04 94 97 45 21. www.saint-tropez.fr

Le nom

Comme beaucoup de saints patrons de la Côte, Torpetius, centurion chrétien décapité par ordre de l'empereur Néron, fut mis dans une barque avec un coq et un chien. Le tout aurait abordé à l'emplacement de ville. St-Torpès devient St-Tropez à la Révolution... puis St-Trop' au 20e s. !

REVOIR
Et Dieu créa la femme et *Les Gendarmes de St-Tropez* pour retrouver le St-Trop des années 1960 et 1970, mythique avec B.B., cocasse avec de Funès.

Les gens

5 444 Tropéziens parmi lesquels Roger Vadim qui, tandis que Dieu créait la femme, inventait et épousait B.B., Hamilton et ses flous artistiques, Barclay et ses mariages

Le port de St-Tropez présente une animation permanente entre les badauds et les propriétaires des somptueux yachts.

carnet pratique

TRANSPORTS

Transports maritimes MMG – ☎ *04 94 96 51 00.* Services réguliers au dép. de St-Tropez : pour Ste-Maxime : avr.-oct. 10,20€ AR ; pour les Issambres : de juin-sept. 11€ AR ; pour Port-Grimaud : de Pâques à oct. 9€ AR ; pour la baie des Cannebiers : à 15h30 depuis St-Tropez (8€ AR) et à 15h depuis Ste-Maxime (11,80€ AR).

RESTAURATION

• Valeur sûre

Régis Restaurant – *19 r. de la Citadelle - ☎ 04 94 97 15 53 - fermé 10 oct. au 1er avr. - [pas de carte bancaire] - 19/30€.* Préparées de multiples façons, les pâtes attirent les amateurs dans ce restaurant accroché à une ruelle pentue du vieux St-Tropez. Service en terrasse ou dans l'une des petites salles blanches.

La Cantina el Mexicano – *16 r. des Remparts - ☎ 04 94 97 40 96 - fermé nov. à mars et le midi - 24/34€.* Entre deux tequilas, découvrez sa copieuse cuisine mexicaine, dans une atmosphère très latino créée par les statuettes religieuses, les collections de vases et les bois colorés. Même les toilettes méritent une visite ! Ambiance jeune et décontractée.

Leï Salins – *Plage des Salins - ☎ 04 94 97 04 40 - fermé 15 oct. au 31 mars - 30/50€.* Dans ce restaurant de plage ouvert aux quatre vents, vous pourrez déguster les salades et la pêche du jour grillée devant vous. La beauté du site ajoute au plaisir de cette escale face à la mer.

La Table du Marché – *38 r. Georges-Clemenceau - ☎ 04 94 97 85 20 - 38,11/53,36€.* À toute heure, poussez la porte de cette « épicerie-bistrot » proche de la place des Lices : du petit-déjeuner au dîner en passant par le goûter avec ses pâtisseries, dont le fameux « gendarme de St-Tropez ». Salle rétro et boutique aux produits régionaux choisis.

• Une petite folie !

Leï Mouscardins – *Au port (tour du Portalet) - ☎ 04 94 97 29 00 - fermé nov. à janv. le midi en juil.-août, jeu. midi, mar. et mer. hors sais. - 60€.* Passerelle reliant le restaurant à la tour du Portalet, deux salles dont une panoramique offrant une superbe vue sur le golfe de St-Tropez, un cadre contemporain égayé d'objets marins et une cuisine créative faisant la part belle aux saveurs du Sud : cette adresse séduit un public de connaisseurs...

HÉBERGEMENT

• Valeur sûre

Hôtel Lou Cagnard – *Av. P.-Roussel - ☎ 04 94 97 04 24 - fermé 6 nov. au 27 déc. - [P] - 19 ch. : 50/90€ - [petit-déjeuner] 7€.* Façade jaune et volets bleus égayent cette vieille maison tropézienne située derrière la célèbre place des Lices. Les chambres sont majoritairement rénovées, mais toutes bénéficient d'une tenue impeccable. Aux beaux jours, le petit-déjeuner est servi dans un jardinet à l'ombre des mûriers. Prix raisonnables pour St-Tropez.

• Une petite folie !

Hôtel Ponche – *Pl. Révelin - ☎ 04 94 97 02 53 - hotel@laponche.com - fermé 4 nov. au 14 fév. - 18 ch. : 225/340€ - [petit-déjeuner] 17€ - restaurant 32/41€.* Romy Schneider aima sa chambre bleue, avec sa terrasse blottie dans les toits, entre citadelle et clocher. Installé dans quatre anciennes maisons de pêcheurs, cet hôtel intime a tout le charme des maisons provençales. Détails raffinés et couleurs du soleil vous enchanteront.

Bastide des Salins – *4 km au SE de St-Tropez - ☎ 04 94 97 24 57 - bastisal@club-internet.fr - fermé 11 oct. au 31 mars - [P] - 14 ch. : 237/382€ - [petit-déjeuner] 12€.* Vous serez reçu comme des amis dans cette ancienne bastide au milieu d'un grand jardin. Son isolement est un atout précieux à 5 mn à peine de la place des Lices. Ses vastes chambres provençales, meublées avec sobriété, et sa belle piscine devraient vous combler...

Hôtel Sube – *15 quai Suffren - ☎ 04 94 97 30 04 - fermé janv. - 28 ch. : 250€ - [petit-déjeuner] 10€.* Pour les amateurs d'animations nocturnes, c'est l'unique hôtel face aux navires de l'ancien bassin. Chambres sobres d'inspiration provençale. À l'étage, grand bar anglais décoré de nombreuses photos de voiliers, fauteuils en cuir et cheminée.

Hôtel Byblos – *Av. Paul-Signac - ☎ 04 94 56 68 00 - saint-tropez@byblos.com - fermé 15 oct. au 23 avr. - [P] - 74 ch. : 340/810€ - [petit-déjeuner] 29€.* L'hôtel des milliardaires, des stars et des noctambules est conçu comme un village avec ses maisons de toutes les couleurs, ses patios et petites places. De jour comme de nuit, entre sa piscine, ses restaurants et sa célèbre boite de nuit « Les Caves du Roy », c'est ici qu'il faut être !

PETITE PAUSE

Saint-Tropez est une ville à deux temps : ville du spectacle, des yachts, des palaces et... des embouteillages l'été, elle se transforme l'hiver en ville fantôme. En effet, l'armistice du 11 novembre sonne aussi la fin des ébats estivaux avec la fermeture jusqu'en avril de la plupart des palaces, bars et restaurants. Reste alors la mince consolation de croquer voluptueusement dans une tarte tropézienne, seul sur la célébrissime terrasse du « Sénéquier »...

La fameuse tarte tropézienne.

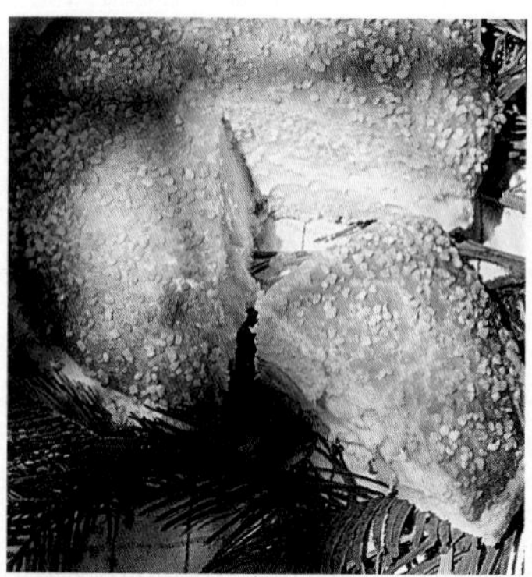

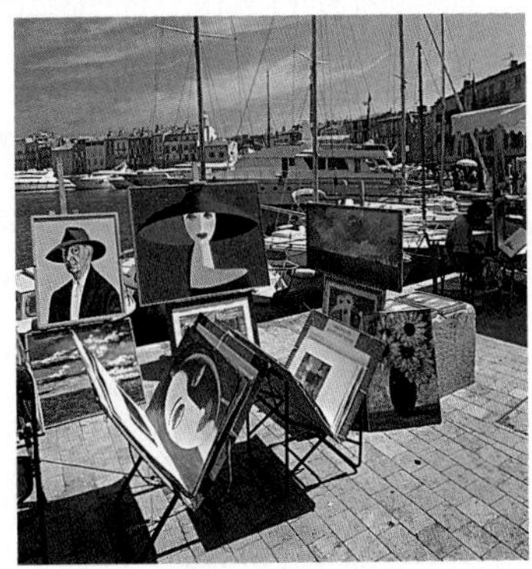

La Tarte Tropézienne – *Pl. des Lices - ☎ 04 94 97 04 69 - www.tarte-tropezienne.com - 7h30-22h.* C'est dans cette pâtisserie que fut créée en 1955 la célèbre tarte tropézienne, œuvre du Polonais Alexandre Micka. C'est une brioche fourrée d'une crème moelleuse et riche à souhait ; sa recette ? Chut ! c'est le secret de la maison.

Sénéquier – *Quai Jean-Jaurès - ☎ 04 94 97 00 90 - 8h-19h ; juil.-août : 8h-3h - fermé de mi-nov. à mi-déc.* La terrasse et les chaises rouges de ce salon de thé-pâtisserie sont mondialement connues. Colette, Jean Cocteau, Jean Marais, Errol Flynn et bien d'autres y passèrent pour boire un café glacé ou déguster un nougat maison devant le port.

Le temps d'un verre

Bar du Château de la Messardière – *Rte de Tahiti - ☎ 04 94 56 76 00 - avr.-oct. : tlj à partir de 18h.* Ce bar de standing est celui de l'un des plus prestigieux hôtels méditerranéens. Atmosphère feutrée dans le piano-bar de cette ancienne demeure familiale du 19e s. De la terrasse, vue sur le golfe de St-Tropez.

Chez Nano – *2 r. Sibille - ☎ 04 94 97 72 59 - 19h-3h.* L'un des incontournables de St-Tropez. Idéal pour prendre un verre dans un décor intimiste. C'est le repaire favori des propriétaires de yachts et des étrangers fortunés. Des expositions de peinture y sont fréquemment présentées.

Bar Sube – *15 quai de Suffren - ☎ 04 94 97 30 04 - 18h-23h, jusqu'à 3h juil.-août.* C'est l'un des plus beaux bars de la ville. Des maquettes de bateau sont exposées à l'intérieur. La cheminée et les fauteuils en cuir en font un lieu chaleureux et confortable. De petites tables sont installées sur le balcon, offrant une belle vue sur le vieux port.

Café de Paris – *15 quai de Suffren - ☎ 04 94 97 00 56 - mai-sept. : 7h-2h ; oct.-avr. : 7h-23h.* C'est le bar branché de St-Trop'. La jeunesse dorée et BCBG se retrouve ici, dans ce nouveau décor de lustres et de fauteuils de velours rouge. L'été, une annexe, le « Living Room », propose aussi sushis et cocktails.

Chez Fuchs – *7 r. des Commerçants - ☎ 04 94 97 01 25 - sept.-juin 7h-22h ; juil.-août 7h-0h.* Ambiance locale dans ce petit bar-restaurant qui ne paie pas de mine. Habitués et bons copains s'y retrouvent en fin de journée pour boire un pastis, fumer le cigare (car il y a également une cave à cigares), ou savourer les petits plats provençaux de Mme Fuchs.

Kelly's Traditional Irish Pub – *Quai Frédéric-Mistral - ☎ 04 94 54 89 11 - tlj de 10h30 jusqu'à l'aube.* Ce petit pub, rendez-vous des skippers et situé dans une charmante cave, a le rare avantage de proposer des consommations à meilleur marché que dans les autres bars. Grand choix de bières.

Sorties

Les Caves du Roy – *Av. du Mar.-Foch - ☎ 04 94 56 68 00 - avr.-mai, juin déb. sept. à mi-oct. : ven.-sam. 23h30-5h ; de juil. à déb. sept. : 23h30-5h.* Stars hollywoodiennes, gotha européen, top models et autres V.I.P. se retrouvent, la nuit tombée, dans cette discothèque huppée. Tenue correcte exigée pour danser sur des rythmes endiablés.

Achats

Marchés – Mardi, samedi, pl. des Lices.

Rues commerçantes – Les commerces des rues Clemenceau, Gambetta et Allard proposent une grande variété d'articles de qualité : poteries, verreries.

Les Sandales Tropéziennes – *16 r. Georges-Clemenceau - ☎ 04 94 97 19 55 - www.nova.fr - oct.-mars : mar.-sam. 9h30-12h et 14h30-18h30 ; avr.-sept. : tlj jusqu'à 20h - fermé de mi-oct. à fin nov.* L'atelier Rondini fabrique la sandale tropézienne depuis 1927. Différents types de sandales sont proposés : sachez que la plus vendue est la sandale en cuir naturel, mais le modèle en peau de serpent n'est pas non plus dénué de séduction.

Domaine du Bourrian et domaine de Pin-Pinon – *2496 chemin du Bourrian - 83580 Gassin - ☎ 04 94 56 16 28 - www.domainedubourrian.com / domainedepinpinon.com - janv.-fév. : 8h-12h, 14h-18h ; mars-oct. : 8h-12h, 14h30-19h ; nov.-déc. : 8h-12h, 13h-17h - fermé dim. et j. fériés.* Le domaine Bourrian est l'un des plus vieux domaines viticoles de la presqu'île de Saint-Tropez. Tenu depuis trois générations par la famille Chapelle, sur l'emplacement d'un ancien village gallo-romain, il produit, avec le domaine de Pin-Pinon, des vins de pays des Maures et des AOC Côtes-de-Provence.

Loisirs-Détente

Maison du tourisme du golfe de St-Tropez – *83580 Gassin - ☎ 04 94 55 22 00.* Diffuse une plaquette répertoriant toutes les coordonnées des prestataires du golfe de St-Tropez pour la plongée sous-marine.

Artemis – *Rte des Plages - ☎ 04 94 97 86 69 - artemis-stk@wanadoo.fr - juil.-août : lun.-sam. 9h-21h ; sept.-juin : lun.-ven. 9h-20h, sam. 9h-14h.* Un principe unique en France : dans cette salle de gym, des entraînements personnalisés sont gérés par informatique. L'ordinateur établit les séances en fonction de vos objectifs (compétition, perte de poids, détente...). Les soins du corps viennent compléter ce lieu de bien-être.

qui ne l'étaient pas moins, et tant d'autres, dont les gendarmes, acteurs autant que représentants de l'ordre depuis de Funès. Beaucoup plus d'habitants l'été avec les « *people* » et les simples quidams prêts à tout pour les apercevoir à la terrasse de Sénéquier.

comprendre

La république de St-Tropez (15e-17e s.) – En 1470, le grand sénéchal de Provence accepte l'offre d'un gentilhomme génois de s'installer avec 60 familles génoises à St-Tropez pour relever et défendre la ville, à condition d'être affranchi de toute taxe ou charge. La renaissance est rapide, sous forme de petite république autonome consulaire.

Le bailli de Suffren (18e s.) – Parmi les navigateurs tropéziens qui contribuèrent à l'essor de la ville et à la défense du royaume à partir du 17e s., le plus illustre est le chevalier puis bailli de l'ordre de Malte, Pierre-André de Suffren (1729-1788 – vous verrez sa statue quai Suffren). Capitaine de vaisseau de la marine royale, il est envoyé en renfort aux Indes où il se distingue par plusieurs victoires sur les Britanniques dans une prodigieuse campagne. Il est ensuite promu vice-amiral quand la paix de Versailles est signée.

La notoriété – À bord de son yacht le *Bel Ami*, Maupassant découvre St-Tropez, alors charmant petit village isolé, à peine desservi par un chemin de fer à voie étroite. Dans le port se balancent pointus des pêcheurs et tartanes chargées d'huile, de liège, de sable et de vin. Paul Signac et ses amis peintres, conquis par la beauté lumineuse de la ville, l'immortalisent de leur célèbre touche. Colette, qui y passe l'hiver dans sa villa, la « *Treille Muscate* », depuis 1925, contribue par ses écrits à sa notoriété et par ses actes à sa préservation : après la guerre, qui détruit le port, elle se bat pour que ce dernier soit reconstruit à l'ancienne. Saint-Tropez accueille encore Anaïs Nin, Errol Flynn, Paul Poiret, le fastueux couturier, et, plus tard, Jean Cocteau. À partir des années 1950, Saint-Tropez connaît l'engouement des milieux littéraires de St-Germain-des-Prés, puis du monde du cinéma drainant son public de curieux, ce qui lui vaut désormais une célébrité internationale.

Luxe, calme et volupté

Sont à apprécier entre 8h et 10h quand les oiseaux de nuit, nombreux en cette contrée, sont encore endormis. Matisse tropézien (1904) y a préparé la toile *Luxe, calme et volupté*, et a peint *Mme Matisse en kimono*, une *Vue de St-Tropez, place des Lices*.

Les Bravades

Deux *bravades* ont lieu chaque année. La première est à l'origine (13e s.) une simple procession religieuse ayant pour but d'honorer saint Tropez. Elle est devenue une fête municipale, en souvenir des temps heureux où, génois, Saint-Tropez était une ville franche : un capitaine de ville y est élu, escortant le buste du saint avec le conseil municipal et le corps de *bravade*, les 16, 17 et 18 mai. Une foule euphorique assiste à ce spectacle explosif en rouge et blanc, aux couleurs des corsaires.

La seconde manifestation commémore la victoire du 15 juin 1637 sur vingt-deux galères espagnoles qui tentaient de surprendre la ville et d'enlever quatre vaisseaux du roi mouillés dans le port, grâce à la défense énergique de la milice tropézienne.

séjourner

Port★★

Bercé par le cliquetis des haubans, vous vous mêlerez à la population cosmopolite dans le cœur grouillant de la vie tropézienne. Les yachts les plus clinquants s'y amarrent pour l'été, l'arrière tourné non vers le large mais vers les quais : c'est qu'il s'agit avant tout de faire voir qui on est ! Un théâtre où chacun se pavane, sur les quais et dans les rues voisines, devant les vitrines des cafés, glaciers, restaurants, boutiques de nippes ou de luxe, au pied des façades jaunes et roses des maisons traditionnelles, que couronne l'altier clocher vivement coloré de l'église.

Plages☼☼

Elles sont divines, nappées de sable fin, entrecoupées de rochers formant parfois de délicieuses criques sous des pins parasols gorgés de pignons l'été. Vous n'aurez que l'embarras du choix sur 10 km. Les plus courageux les dénicheront à pied par le sentier du littoral qui fait le tour de la presqu'île jusqu'à la baie de Cavalaire *(voir la rubrique « randonnée »)* ou à travers la campagne par le chemin de la Belle Isnarde qui mène à la plage Tahiti (Pampelonne).

Pas d'embouteillage pour atteindre les plages proches et assez tranquilles de la Bouillabaisse (idéal pour la planche à voile par temps de mistral), à l'Ouest, la plage ombrée des **Graniers** *(accès par la rue Cavaillon)*, à l'Est, avant la baie des Cannebiers, plage privilégiée entre la citadelle et les rochers. Plus à l'Est encore se trouve la plage des Salins *(accès par l'avenue Foch)*.

Bien protégées du mistral, les plus belles et les plus branchées, les **plages de Pampelonne**☼☼, souvent privées, affichent toutes les tendances : Club 55 pour danser toute la nuit, ou Nioulargo, BCBG.

Plages de stars

Sur la commune de Ramatuelle, Tahiti, Bora-Bora, Mooréa, Club 55, Lagon Bleu... sont accessibles par la D 93, puis parkings payants devant, supplément pour l'ombre et le forfait à la journée.

Apercevoir

Le long de la baie des Cannebiers, les villas *La Hune* de Paul Signac, La Treille Muscate de Colette et *La Madrague* de B.B.

La Nioulargue, festival des voiliers

Ce grand événement de l'arrière-saison tropézienne réunit les authentiques amoureux de la mer et l'aristocratie des voiliers de tradition (swans, ketchs et goélettes) construits dans les années 1920 pour des vedettes ou des célébrités. Depuis sa création en 1981, plus de 250 concurrents (dont la plupart ont participé auparavant à l'*America's Cup*) se pressent début octobre pour participer à cette course dont le trajet débute à la tour du Portalet pour contourner le haut-fond signalé par la bouée de la Nioulargue (« le nid au large », en provençal) et revenir au port.

Le spectacle inoubliable de cette forêt de mâts sur l'horizon remplira d'admiration celui qui a réussi à dénicher un poste d'observation satisfaisant. Ketchs et goélettes exécutent des ballets sur l'eau dont la majesté fait oublier les prouesses techniques dans l'anticipation du choix des manœuvres et les contraintes imposées par les immenses voilures (la traction au pied du mât central peut atteindre 500 t !).

Pour bien suivre la course

La meilleure solution est de s'embarquer sur les vedettes de la société MMG qui assurent les navettes dans le golfe (embarcadère face au restaurant l'*Escale*, au vieux port). Une vue d'ensemble plus paisible est fournie par les contreforts de la citadelle, à condition de s'être muni d'une bonne paire de jumelles.

se promener

Môle Jean-Réveille

Cette jetée qui ferme le port ménage l'une des meilleures **vues**★ sur St-Tropez (côté ville et côté citadelle), le fond du golfe, Grimaud et les ruines de son château, Beauvallon, Ste-Maxime, le cap des Sardinaux, la pointe des Issambres, le Dramont, l'Esterel avec le sommet du Cap-Roux, les Alpes par temps clair.

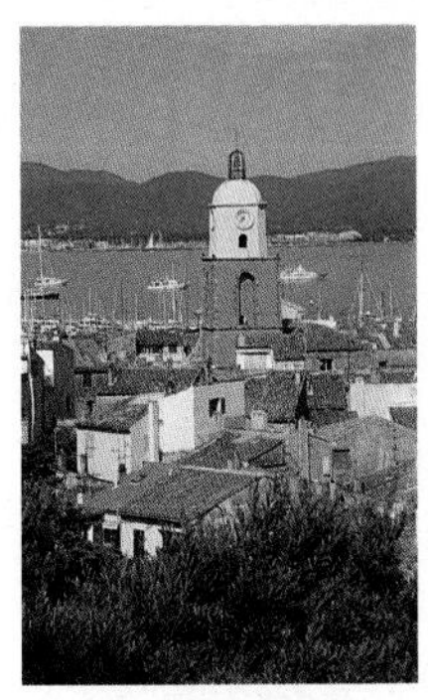

Le clocher de l'église a souvent été immortalisé par les peintres.

Quartier de la Ponche

Serré entre le port et la citadelle, c'est le plus ancien, le plus charmant des quartiers, où vivaient pêcheurs et artisans. Du quai J.-Jaurès, on atteint la place de l'Hôtel-de-Ville où se trouve, en face, la belle porte sculptée de Zanzibar et, à gauche, la tour de l'ancien **château de Suffren des seigneurs de St-Tropez au 16e s.** Après l'hôtel de ville, prendre à gauche l'anse de la Glaye, crique entre deux tours de l'ancienne fortification. Puis la rue de la Ponche, passant sous une porte ancienne, mène à une grève, ancien port de pêche. De là on prend la rue puis la place des Remparts, si mignonne, le boulevard d'Aumale d'où l'on peut rejoindre la citadelle pour y apprécier la remarquable vue, puis en revenant sur ses pas, par la rue d'Aumale et la place de l'Ormeau, on parvient à **l'église**.

Église

Du début du 19e s., imbriquée dans le tissu serré de la vieille ville, elle se repère à son clocher surmonté d'un petit campanile et à son style baroque italien. À l'intérieur, belles boiseries sculptées datant de la Restauration. En période calendale, magnifique crèche provençale du 19e s.

Le buste de saint Tropez, pièce maîtresse de la bravade des 15-17 juin, repose dans la chapelle de gauche, entouré de vieux tromblons dont les pétarades accompagnent les processions.

Une toile cubiste ? Une ville de De Chirico ? Le quartier de la Ponche, comme vous ne le verrez qu'hors saison.

Descendre la rue du Clocher, puis prendre à gauche la rue des Commerçants, et à droite la rue du Marché.

L'adorable **place aux Herbes**, comme Marquet l'a dépeinte inondée de lumière, est le cadre rêvé de l'ancien petit marché, qui a toujours lieu le matin. On passe devant les étals des pêcheurs sous la porte de la Poissonnerie pour retomber sur le quai J.-Jaurès et l'Office de tourisme.

Place des Lices

Depuis le port, emprunter l'une des rues commerçantes aux belles adresses internationales : Laugier puis Gambetta ou F.-Sibilli, G.-Clemenceau pour rejoindre l'incontournable place des Lices, animée toute l'année d'une vie locale, avec ses cafés, platanes, marché et parties de pétanque dans lesquelles les vedettes consentent à se mêler aux Tropéziens lorsque les photographes de presse sont là.

Citadelle★

Elle domine la ville à l'Est de son beau donjon et de ses trois tours rondes du 16e s. Au siècle suivant, on y ajouta une enceinte bastionnée. Du pied des remparts, **vue**★ sur St-Tropez, son golfe, Ste-Maxime et les Maures.

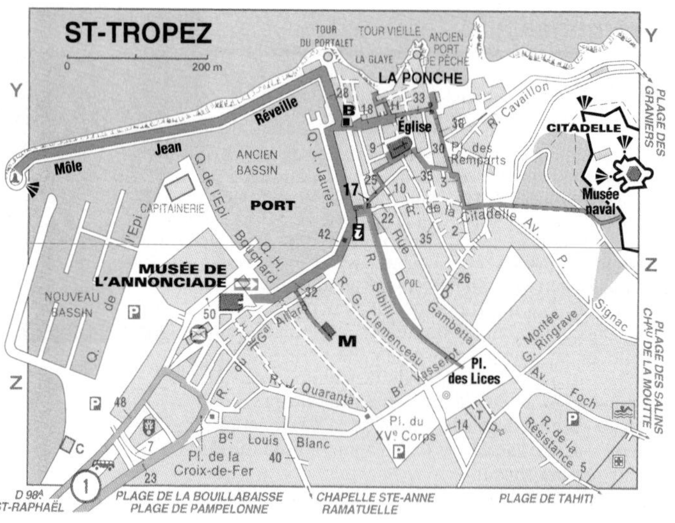

En saison zone piètonne dans la vieille ville

Aire-du-Chemin (R.)	Y	2	Herbes (Pl. aux)	Y	17	Péri (Quai Gabriel)	Z	32
Aumale (Bd d')	Y	3	Hôtel-de-Ville (Pl. de l')	Y	18	Ponche (R. de la)	Y	33
Belle-Isnarde (R. de la)	Z	5	Laugier (R. V.)	Y	22	Portail-Neuf (R. du)	YZ	35
Blanqui (Pl. Auguste)	Z	7	Leclerc (Av.)	Z	23	Remparts (R. des)	Y	38
Clocher (R. du)	Y	9	Marché (R. du)	Y	25	Roussel (Av. Paul)	Z	40
Commerçants (R. des)	Y	10	Miséricorde (R.)	Z	26	Suffren (Quai)	Y	42
Grangeon (Av.)	Z	14	Mistral (Quai-Frédéric)	Y	28	8-Mai-1945 (Av. du)	Z	48
Guichard (R. du Cdt)	Y	15	Ormeau (Pl. de l')	Y	30	11-Novembre (Av. du)	Z	50

Château de Suffren	Y B	Maison des papillons	Z M

visiter

L'Annonciade, musée de St-Tropez★★

Juin-sept. : 10h-12h, 15h-19h ; oct.-mai : tlj sf mar. 10h-12h, 14h-18h. Fermé nov., 1er janv., 1er mai, Ascension et 25 déc. 4,6€. ☎ 04 94 97 04 01.

À deux pas du port agité et pourtant loin des frasques de la ville, cette chapelle du 16e s. recueille, avec la donation Georges-Grammont (1955), des chefs-d'œuvre de la peinture de la fin du 19e s. et du début du 20e s., pour la plupart, interprétations merveilleuses du site tel qu'il se présentait alors.

La touche pointilliste de Signac rayonne d'emblée avec le bleu scintillant de son *Orage*. Éblouissante aussi, la nature méridionale vue par ses disciples H.-E. Cross *(Plage de St-Clair)*, T. Van Rysselberghe, Maximilien Luce et Picabia.

Le fauvisme, qui simplifie les formes et les transfigure par la couleur, s'exprime avec Matisse *(La Gitane)*, Van Dongen et Manguin, Braque *(L'Estaque)*, Vlaminck, Camoin, Derain, Friesz, Marquet.

La peinture des nabis décrit une atmosphère intimiste et subjective, aplanissant la réalité de ses couleurs franches : celles fondues de Bonnard irradient ses œuvres *(Paysage du Cannet)*. Plus sombres et mystérieuses, celles de Vuillard et Vallotton. Plus noires, les toiles des expressionnistes Rouault, Chabaud *(Hôtel-Hôtel)*, Utrillo, Suzanne Valadon. Enfin, des sculptures de Maillol et Despiau, des vases de grès d'E. Decœur finissent d'illustrer l'époque.

Mémento

Paul Signac, installé à St-Tropez depuis 1892, y attire par sa forte personnalité Matisse, Bonnard, Marquet, Camoin, Dunoyer de Segonzac... La lumière exceptionnelle de la région va révolutionner leur palette et leur technique, générant les grands mouvements du post-impressionnisme : pointillisme, fauvisme, nabi et expressionnisme, révélés par le Salon des indépendants et le Salon d'automne.

Maison des Papillons (musée Dany-Lartigue)

9 r. Étienne-Berny. Avr.-oct. et vac. scol. Noël : tlj sf mar. 10h-12h, 14h-18h. Fermé le reste de l'année, 1er janv., 1er mai, Ascension, 16-17 mai et 25 déc. 3€. ☎ 04 94 97 63 45.

Dans une venelle à l'écart de la cohue se cache une fantastique collection de 4 500 papillons. Dans la charmante maison de famille du photographe J.-H. Lartigue, son fils Dany, peintre et entomologiste, présente avec art les fruits de sa chasse en France ou les donations de spécimens du monde entier. Les espèces exotiques les plus remarquables sont disposées dans de superbes compositions esthétiques : les ornithoptères de Nouvelle-Guinée (les plus grands papillons diurnes du monde) voisinent avec les morphos d'Amérique du Sud aux magnifiques ailes irisées de chatoiements bleus (mâles). Peintures illustrant les fêtes tropéziennes dans le patio, photos de famille de J.-H. Lartigue (petit-fils du compositeur A. Messager) conduisent à l'étage où des compositions artistiques permettent d'apprécier les capacités de mimétisme des insectes placés dans leur biotope : le talent de l'artiste nous ravit encore à travers une intéressante carte du monde des papillons ou un tableau-herbier reproduisant le biotope des papillons.

Rarissimes

À l'étage, vitrines regroupant des espèces rares dont le fameux Apollon noir du Mercantour, le Parnassius et le Zerynthia.

Musée naval

Avr.-sept. : 10h-12h30, 13h30-18h30 (dernière entrée 1/2h av. fermeture) ; oct.-mars. : 10h-12h30, 13h30-17h30. Fermé nov., 1er janv., 1er mai, Ascension et 25 déc. €. ☎ 04 94 97 06 53.

Installé dans le donjon de la citadelle, ce musée de la marine est une annexe de celui du palais de Chaillot à Paris. Coupe d'une authentique torpille des ateliers navals de St-Tropez. Estampes, tableaux et objets illustrant les activités et l'histoire de St-Tropez jusqu'au débarquement allié de 1944.

De la terrasse, magnifique **panorama**★★ sur la ville et le golfe de St-Tropez, les Maures et l'Esterel. Dans la cour, des canons surveillent symboliquement le golfe.

Admirer

Les maquettes de vaisseaux anciens (galère grecque) et modernes (la *Calypso* du commandant Cousteau, *la Normandie* et ses 26 canons).

L'Orage (1896) par Paul Signac, instigateur du séjour des artistes peintres à St-Tropez et qui proposa la création dès 1922 du musée de l'Annonciade.

circuit

MOULINS DE PAILLAS ET GASSIN★

28 km - schéma p. suivante - 1/2 journée. Quitter St-Tropez par l'avenue Paul-Roussel, puis la route de Ste-Anne.

À l'écart de la fièvre estivale, la campagne tropézienne offre un paysage traditionnel alternant carrés de vignes, alignements de cyprès, pins parasols moutonneux et mas immaculés. Ce périple permet de découvrir des villages anciens et ravissants, qui surplombent du haut de leur colline un beau panorama.

Chapelle Ste-Anne

Bâtie sur un piton volcanique à l'ombre de grands arbres, cette jolie chapelle provençale n'est ouverte que pour les pèlerinages des gens de mer et des « bravadeurs ». **Vue★** étendue sur le golfe et la mer.

Emprunter la D 93 à travers les vignobles qui dominent l'anse de Pampelonne, puis à droite la D 61 vers Ramatuelle.

Ramatuelle★ *(voir ce nom)*

Prendre à droite la D 89 vers le col de Paillas.

Moulins de Paillas★★

Au-delà des moulins à huile en ruine, une plate-forme circulaire porte un radiophare. Suivre le sentier fléché. En contournant la clôture, on découvre, par des échappées à travers la futaie, un beau **panorama★★** : face à la mer, sur le cap Roux et les crêtes mouvementées de l'Esterel, la côte des Maures, Ste-Maxime, le golfe de St-Tropez, la longue étendue de sable de Pampelonne,

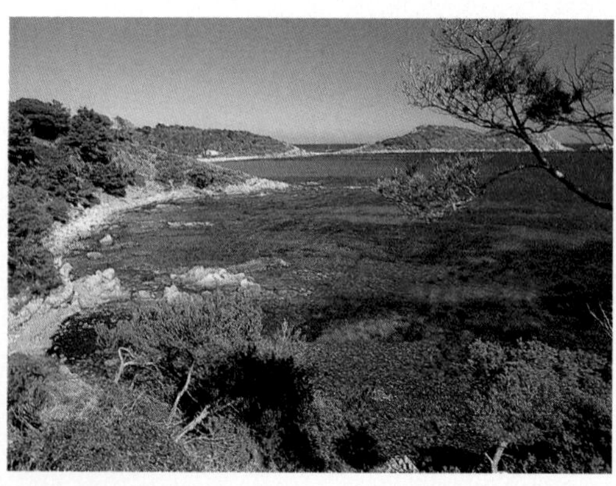

La baie de Briande où la mer prend souvent des reflets turquoise.

le phare blanc du cap Camarat émergeant de la pinède et, à l'Ouest, les îles du Levant et de Port-Cros ; vers l'intérieur, Gassin en contrebas, la chaîne des Pradels toute proche et celle de la Sauvette au Nord ; sur la droite Cogolin et Grimaud.

Revenir à l'embranchement et poursuivre vers la droite jusqu'à Gassin.

Gassin★

Fièrement campé à 201 m d'altitude, Gassin a préservé le caractère typiquement provençal de ses maisons et entrelacs de ruelles reliées parfois d'escaliers.

De la **terrasse des Barri,** plantée de micocouliers, et qui fleure l'ambiance méridionale, admirable **vue★** sur le golfe de St-Tropez, la baie de Cavalaire, les îles d'Hyères, la chaîne des Alpes à l'Est par mistral et au-dessous, la forêt de chênes-lièges restée vierge.

Rejoindre St-Tropez par la D 559 puis par la D 98A.

PROGRAMME
Venir à Gassin pour le marché le dimanche, l'aïoli de la St-Laurent, patron du village (2e dim. d'août) et la fête des vendanges (2e dim. de sept.). Acheter les bons crus AOC côtes-de-Provence dans les domaines viticoles de la commune.

randonnée

PRESQU'ÎLE PAR LES CAPS★★

Schéma p. suivante. Les 40 km du littoral de la presqu'île, préservés de l'emprise du béton par la politique d'acquisitions du Conservatoire du littoral, se répartissent entre les à-pics rocheux et sauvages des caps Camarat, Taillat et Lardier, et les longs rubans de sable fin de l'anse de Pampelonne et de la baie de Cavalaire. Le temps de trajet global est de 11h, à faire en deux jours de marche (mais camping sauvage interdit) ou, par tronçons, en voiture (nombreux parkings).

CONSEILS
S'équiper de bonnes chaussures de marche pour franchir les points rocheux abrupts où le sentier s'est effondré. Éviter évidemment les heures les plus chaudes de la journée, la visibilité étant réduite par les brumes de chaleur.

LE SENTIER DES DOUANIERS

Il ourle l'ensemble du littoral varois au plus près du rivage. Sa destination initiale, voulue par le ministre Fouché sous le Premier Empire, était de faciliter les patrouilles de douaniers armés, chargés de réprimer le trafic du sel puis celui du tabac et des armes. La réhabilitation du sentier, depuis 1976, a entraîné une servitude de passage obligatoire à 3 m minimum sur toute propriété privée donnant sur le rivage. Cette obligation ne s'applique pas aux clôtures en dur et murs édifiés avant cette date. Dans le Var, près de 200 km de littoral sont concernés par cette disposition.

De St-Tropez à la plage de Tahiti

Environ 3h. Le sentier part de la plage des Graniers à l'extrémité Ouest du port. Il épouse les sinuosités du rivage en offrant de superbes belvédères sur les contreforts des Maures et les premières avancées de roches rouges de l'Esterel. Par la pointe des Rabious et le cap de St-Tropez, on accède à la plage des Salins, première étape où l'on peut trouver réconfort et ravitaillement auprès des guinguettes ouvertes en saison estivale. En contournant le cap du Pinet, on débouche sur la plage de Tahiti qui ferme le Nord de l'anse de Pampelonne.

De la plage de Tahiti au cap Camarat

Environ 2h15. Jusqu'à la pointe de la Bonne-Terrasse, le sentier se confond sur 5 km avec le chemin parallèle à l'immense plage de sable de **Pampelonne**. En abordant la baie de la Bonne-Terrasse, le sentier escalade les premiers rochers au milieu d'une végétation plus dense. À proximité du rocher des Portes, un sentier s'engage à droite en direction du phare de Camarat qui émerge d'une forêt d'arbousiers et de fougères arborescentes.

Phare de Camarat★ – Ce noble phare de 129,80 m est l'un des plus hauts de France par rapport au niveau de la mer et a une portée lumineuse de 60 km. Mis en service en 1831, il fut électrifié après la Seconde Guerre

EN VOITURE
Depuis la D 93 de Ramatuelle, prendre la route fléchée « Route du phare » qui serpente sur la crête du promontoire au-delà du camping des Tournels. Stationner sur les emplacements à l'extérieur de l'enclos du phare dans lequel on ne pénètre qu'à pied.

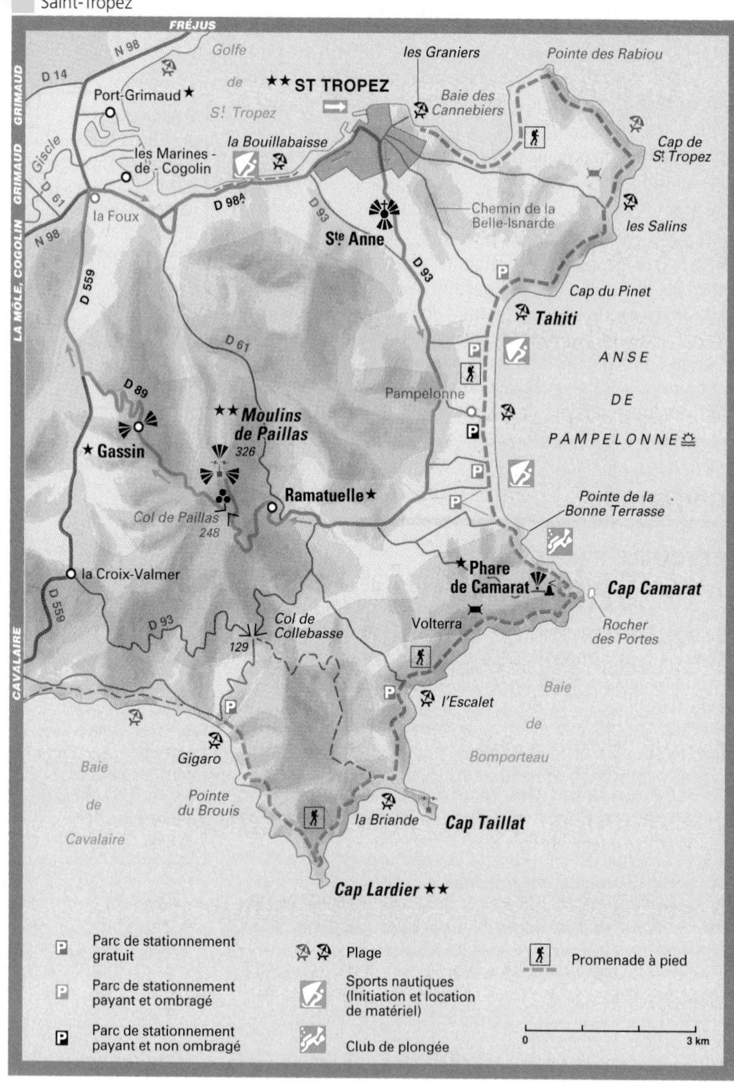

mondiale et entièrement automatisé en 1977. Du sommet, superbes **vues**★★ sur l'anse de Pampelonne, l'ensemble de la presqu'île et le golfe de St-Tropez.

> **INATTENDU**
> La vision du majestueux château de Volterra *(on ne visite pas)* qui domine la baie. Il a été le cadre de la série télévisée *Les Cœurs brûlés.*

Du cap Camarat au cap Taillat

Environ 2h. Restauration uniquement à l'Escalet. Après avoir contourné le rocher des Portes, le sentier mène à la plage de l'Escalet que l'on atteint après une succession de criques d'accès aisé et bien isolées par de grandes dalles rocheuses idéales pour parfaire votre bronzage.

Possibilité de rejoindre la route depuis la cabane de douaniers qui marque l'entrée du parking de l'Escalet.

Le sentier s'enfonce ensuite dans une végétation de maquis dominée par les chênes verts coupant à la base du cap. Le **cap Taillat** est en fait un tombolo en formation qui rattache l'écueil rocheux au littoral, le transformant en presqu'île. À l'extrémité s'élève un sémaphore.

> **CRIQUES À L'HORIZON**
> Plages de sable à Gigaro, Briande et l'Escalet, mais multitude de criques sinueuses que le sentier épouse, comme autant d'invites à une baignade privilégiée dans une nature préservée comme par miracle.

Du cap Taillat à Gigaro par le cap Lardier

On pénètre ici le **site**★★ du cap Lardier, qui présente une belle unité d'essences forestières, protégé par le Conservatoire du littoral. Au-delà de la forêt, les domaines viticoles occupent la totalité de l'espace.

L'origine du domaine du cap Lardier

À la Belle Époque, un remarquable vignoble s'étendait à l'emplacement des lotissements et du mas de Gigaro ; ce dernier date des années 1950 lorsque le domaine fut vendu et transformé en camping. Au début des années 1970, un établissement bancaire racheta l'ensemble, y incluant de nouvelles parcelles jusqu'à la plage de Brouis en vue d'y aménager un port de plaisance. La mobilisation des riverains, puis l'acquisition en 1976 de l'ensemble par le Conservatoire de l'espace littoral ont permis de conserver à cette portion de la côte varoise son aspect primitif.

De la baie de Briande à Gigaro en passant par le cap, le sentier longe une suite ininterrompue de falaises abruptes.

À Gigaro, parking sur le front de mer ou à gauche juste avant la pinède. En saison, un poste d'information est installé à proximité du panneau de situation à l'entrée de la pinède. Possibilité de revenir en bus à St-Tropez depuis La Croix-Valmer.

Saint-Vallier-de-Thiey

Au milieu d'un plateau verdoyant, le dernier avant les Préalpes, cette villégiature des Grassois comblera les randonneurs amateurs de nature « lunaire » ou sous-terraine. Ancien château seigneurial (mairie), enceinte avec belle porte à archères (sous l'alignement des maisons voisines) et église témoignent d'un passé important, d'abord romain, puis médiéval.

La situation

Carte Michelin Local 341 C5 – Alpes-Maritimes (06). Parking place du Grand-Pré (marché l'été ven.) et place St-Roch (marché le reste de l'année, ven.). *10 pl. de la Tour, 06460 St-Vallier-de-Thiey, ☏ 04 93 42 78 00.*

Le nom

Il dérive de St-Valerio ou Valerius, 1er évêque d'Antibes, martyrisé au 4e s. Thiey peut venir de Théodose, empereur à la même époque, qui fit du christianisme la religion officielle. Tout cela atteste que St-Vallier était une ancienne place forte romaine.

Les gens

2 261 Vallérois. De nombreux cinéastes choisissent le plateau du Caussols comme cadre de leur film. L'air y est pur, le site surnaturel : crevassé, désertique, désolé.

Hébergement

Villa Quercus – *2 chemin Blaqueirette - À l'entrée du village, face à la pharmacie - ☏ 04 92 60 03 84 - claudine.henry@wanadoo.fr - fermé nov. à janv. - 4 ch. : 50€.* Les atouts majeurs de cette villa : son immense jardin ombragé où paresse une piscine, et sa plaisante terrasse couverte pour les petits-déjeuners d'été. Étonnant mélange de styles dans les chambres.

Un aigle passe

Il ne s'agit pas d'un gypaète barbu mais de l'Empereur qui passa à St-Vallier le 2 mars 1815 comme le rappelle la colonne portant son buste sur la place. La route n'était alors qu'un chemin muletier.

La grotte de la Baume Obscure recèle une succession de gours impressionnants.

visiter

Église

Romane (12e s.), puis remaniée au 17e, elle possède une belle nef du 13e s. voûtée en berceau brisé et abrite deux retables baroques. Son clocher, avec sa tour à arcatures lombardes, est coiffé d'un gracieux campanile du 19e s.

Souterroscope de la Baume Obscure★

À la sortie Sud de St-Vallier-de-Thiey en direction de St-Cézaire, prendre à droite la route du cimetière signalée « Grotte Baume Obscure ». Après le cimetière, la route non revêtue se poursuit sur 2 km avant d'atteindre un vaste parking en face d'une construction abritant la billetterie de la grotte. Juil.-août : 10h-18h ; mai-juin et sept. : 10h-17h, dim. et j. fériés 10h-18h ; oct.-avr. : tlj sf lun. 10h-17h. Fermé de mi-déc. à fin janv. 7,65€ (enf. : 3,80€). ☎ 04 93 42 61 63.

Ce véritable réseau souterrain a été mis en évidence seulement en 1958 à cause des longs et étroits boyaux d'accès aux salles qui découragèrent les premiers découvreurs. Sur une longueur totale de 1 200 m, la visite ne s'étend que sur un parcours de 500 m, mais descend à 50 m de profondeur (« galerie du pas de course »).

Après un long corridor, à l'origine comblé d'argile, le visiteur découvre dans les neuf salles successives les vastes dômes, les gours cascadants et des multitudes de stalactites filiformes, véritable forêt d'aiguilles parsemant les plafonds. Dans la salle des gours, on admire la couleur particulière de l'eau, mise en valeur par un éclairage approprié, et le sol constitué d'une gigantesque coulée de stalagmite, tandis que la musique vient accentuer le caractère d'irréalité.

AVANT DE PARTIR

S'équiper de chaussures à semelles antidérapantes. Prévoir un pull pour les frileux : la température y est constante à 14°. Attention : plusieurs passages en boyau sont assez étroits.

DÉFINITION

Les gours sont issus de l'assèchement de petits lacs formés par les rivières souterraines. Ces cuvettes se sont creusées peu à peu sous l'action du carbonate de chaux.

Constructions en pierres sèches, ces bories doubles servaient autrefois d'abris aux bergers. De nos jours, elles font le bonheur des randonneurs.

circuit

LE PLATEAU DE CAUSSOLS★

De St-Vallier-de-Thiey à Gourdon (voir ce nom) - 30 km - 2h, visite de l'observatoire non comprise.

Sortir au Nord du village par la N 85 vers le pas de la Faye (superbes vues sur le bassin de St-Vallier), puis à droite, la D 5 qui serpente à flanc de montagne. Après le col de Ferrier, la route surplombe le vallon boisé de Nans. Laisser la route principale qui contourne la montagne de l'Audibergue et prendre à droite la D 12 signalée « Caussols ».

À une altitude moyenne de 1 000 m, le plateau est un rare exemple de relief karstique en France. Il est lui-même encaissé dans des plans plus élevés. La partie Nord présente un paysage de culture et de prairies grâce à l'apport de terre fertile ; en revanche, au Sud, dans un secteur plus chaotique, une succession de dolines, gouffres ou avens offre un incroyable panorama de formes dissolues de calcaire. On peut d'ailleurs en observer un exemple impressionnant en empruntant la petite route à droite à la sortie Est du village de **Caussols,** à l'habitat très dispersé. Elle traverse diagonalement le plateau pour atteindre les ***claps**★* (en provençal, les « pierres »). Il s'agit en fait d'un remarquable chaos, dont l'absence de végétation aux alentours renforce le caractère minéral. Quelques bories marquent la présence de l'homme. En se retournant, sur le plateau faisant face, on aperçoit les dômes des installations du CERGA.

Revenir à la D 12 et poursuivre 2 km vers Gourdon. À la sortie de Caussols, après 2 km à gauche de la D 12 se détache une route signalée « St-Maurice – Observatoire du CERGA ». Après les habitations, continuer au-delà de la pancarte « Route privée » marquant l'accès au domaine du CERGA. La route entame une série de lacets et offre de belles vues sur la dépression de Caussols.

Prudence
À proximité des cavités, le promeneur devra faire attention de ne pas glisser, particulièrement par temps de pluie.

Observatoire du CERGA

Mai-sept. : visite guidée (1h1/2) dim. 15h30. 4,5€. ☎ 04 93 85 85 58.

Situé à 1 300 m d'altitude, le **plateau de Calern** est un site unique du point de vue géologique. Le CERGA en occupe une partie. La visite permet d'approcher les équipes qui travaillent autour des interféromètres (mesure des diamètres stellaires), du télescope de Schmidt (surveillance du ciel), des télémètres laser (mesure distance terre-lune et vers les satellites) et des astrolabes (positions des étoiles).

Revenir à la D 12 et prendre la direction de Gourdon.

La route droite jusqu'à l'extrémité Est du plateau descend ensuite vers Gourdon. **Vue**★ magnifique sur la vallée du Loup au premier grand virage.

Observation
Créé en 1974, ce centre d'études et de recherches géodynamiques et astronomiques est spécialisé dans le développement d'instrumentations modernes en astronomie et l'observation des mouvements de la Terre. L'observatoire comprend également celui de Nice.

Sainte-Maxime

Idéal pour un séjour au bord de la mer : site superbe, vieille ville restaurée avec goût, port de pêche et de plaisance sont les atouts de cette station familiale, bien moins mondaine que sa voisine St-Tropez. En plein midi et abritée du mistral par des collines boisées, sa belle plage de sable fin fait la joie de fidèles estivants.

Plages
Vers St-Tropez, la Croisette, de l'autre côté de la route.
Au centre, plage du Casino.
La plus agréable est celle de la Nartelle, à l'Ouest, pas trop bondée.

La situation

Carte Michelin Local 340 O6 - Schéma p. 224 - Var (83).
En lisière du massif des Maures *(voir ce nom)* et face à St-Tropez. *Promenade Simon-Loriere, 83120 Ste-Maxime, ☎ 04 94 55 75 55.*

Moins médiatique que St-Tropez, le port de Ste-Maxime a ses inconditionnels. Il constitue un excellent point de départ pour la découverte de la côte et des îles varoises.

carnet pratique

Restauration

• À bon compte

Chez Sophie – *4 pl. des Sarrasins - ☎ 04 94 96 71 00 - fermé 15 nov. au 15 déc. et mer. hors sais. - 15€.* Une petite adresse qui sent bon la Provence : intérieur aux tons ensoleillés où domine le bois et terrasse sous un immense platane, idéale pour boire le pastis en été. Les plats aux parfums du Midi et les appétissants desserts maison sont servis « avé l'assent ».

La Maison Bleue – *48 r. Paul-Bert - ☎ 04 94 96 51 92 - maisonbl@aol.com - fermé 3 nov. aux vac. de fév. et en mars - 16/22,50€.* Les pâtes ont pris possession de cette maison provençale : vieilles affiches publicitaires, plaques en émail et anciens paquets de pâtes alimentaires ornent les murs ocre. Elles tiennent aussi une bonne place sur la carte. Belle terrasse sous les platanes.

Hébergement

• À bon compte

L'Auberge Provençale – *19 bd Aristide-Briand - ☎ 04 94 55 76 90 - fermé 20 déc. au 10 janv. - 15 ch. : 53,36€ - restaurant 20,58/32,77€.* La façade n'offre pas d'attrait particulier, mais sitôt le seuil franchi vous voilà plongé dans une belle ambiance provençale. Chambres et salles de bains rénovées aux couleurs du Sud. La cuisine, méditerranéenne, ne connaît que les produits frais.

• Valeur sûre

Le Chardon Bleu – *29 r. de Verdun - ☎ 04 94 55 52 22 - fermé janv. - 25 ch. : 49/75€ - ☕ 6,50€.* Cet établissement profite d'une situation intéressante au centre de la station et à 150 m de la plage. La plupart des chambres sont climatisées et dotées d'un balcon ; deux possèdent une grande terrasse où l'on peut prendre le petit-déjeuner en été.

Sorties

À la différence de Saint-Tropez, situé de l'autre côté du Golfe, les cafés et les pubs de Sainte-Maxime sont ouverts toute l'année, ce qui en fait une station balnéaire tout aussi vivante l'hiver que l'été.

Bar de l'Amarante Golf Plaza – *Av. Célestin - BP 29 - ☎ 04 94 56 66 66 - www.golf-plaza.fr - mars-janv. à partir de 18h – fermé mi-janv. à début mars. Mars.* Bar aménagé au sein d'un grand hôtel dominant Sainte-Maxime et le golfe de Saint-Tropez. Atmopshère cossue et... « so british » !

Café de France – *Pl. Victor-Hugo - BP 57 - ☎ 04 94 96 18 16 - juil.-août : 7h-3h ; oct.-mars : 7h-20h ; sept., avr.-juin : 7h-00h - fermé 3 sem. janv.* Miroirs d'origine et photos anciennes confèrent à cette brasserie ouverte en 1852 un délicieux parfum « rétro ». À l'extérieur, une vaste terrasse ombragée de platanes centenaires se dresse face à la marina.

Théâtre de la Mer – *Prom. Simon-Lorière - ☎ 04 94 49 18 86 / 06 03 69 32 23 - juin-sept. : selon le calendrier des spectacles (45 spectacles dont 4 payants).* Ce théâtre en plein air organise chaque été des spectacles de variétés, des concerts de musique classique, des danses folkloriques, ainsi que des feux d'artifice. Se renseigner à Sainte-Maxime Animation.

Big Pierrot's Café – *24 r. d'Alsace - ☎ 04 94 49 16 65 - dim.-jeu. 17h-1h, ven., sam. 17h-3h.* Ce petit pub occupe l'une des plus vieilles demeures de la ville, une maison de 300 ans d'âge. À l'étage, cheminée aux allures de demoiselle : elle n'a que 150 ans. Spécialité : de la bière, bien sûr.

L'Esquinade – *112 av. Charles-de-Gaulle - ☎ 04 94 49 23 72 - 18h-2h.* Déco très réussie dans ce nouveau bar de nuit transformé en cale de bateau. Spécialités : cocktails et whiskies. Cette esquinade-là nous fend le cœur...

Achats

Marchés – Vendredi (foire), marché couvert très animé tous les matins près de la pl. du Marché.

Loisirs-Détente

Héli Sécurité – *Quartier Perrat – ZA Grimaud – 83316 Grimaud - ☎ 04 94 43 39 30. 9h-19h.* Ce centre organise des circuits touristiques, mais aussi des transferts d'aéroport (ou autres), des transports de charge... Prix : 38,11€ pour voler au-dessus de la presqu'île de St-Tropez. Il est également possible d'y apprendre à piloter.

Club nautique de Ste Maxime – *Bd Jean-Moulin - ☎ 04 94 96 07 80 - cnsm83@club-internet.fr - vac. scol. :lun.-sam. 8h30-18h30, dim. 13h30-18h30 - fermé vac. Noël, 1er janv. et 1er mai.* Ce club nautique organise des stages de voile pendant les vacances scolaires et propose des formules de prêt de matériel en juillet-août.

Golf de Ste-Maxime – *Rte du Débarquement - BP 1 - ☎ 04 94 55 02 02 - ste.maxime@bluegreen.com - horaires diurnes. Été : 7h-20h30, hiver : 9h-17h30.* C'est un magnifique golf, très vallonné, occupant les monts qui surplombent la ville et le golfe de St-Tropez. Bar avec terrasse face à la mer.

Le nom

Les moines de Lérins occupant les lieux vers le 7e s. lui donnèrent le nom de cette sainte de leur ordre, qui avait fondé le couvent de Callian, où ses reliques sont toujours conservées.

Les gens

11 785 Maximois. La station vit aussi hors saison. Fête de l'Huile et de l'Olive les 5-7 décembre, du Mimosa le 1er dimanche de février, de Ste-Maxime le 15 mai, des Vendanges en septembre.

se promener

Bord de mer

Longeant la plage puis le port, la promenade Simon-Lorière propose une belle vue sur St-Tropez, à l'ombre de magnifiques platanes et palmiers. Pour les voitures, elle s'appelle l'avenue Charles-de-Gaulle.

N° 1
Première étape de la voie libératrice Ste-Maxime-Langres, la borne n° 1 rappelle le débarquement des Alliés en 1944.

Tour carrée des Dames

En face de l'église, sur le port. Tour défensive érigée au 16e s. par les moines, elle servit par la suite aux audiences de justice et abrite aujourd'hui le **musée des Traditions locales** : la nature, l'histoire et les traditions de Ste-Maxime et de sa région y sont évoquées (mer, artisanat, costumes provençaux...). *Tlj sf mar. 10h-12h, 15h-18h, lun. 15h-18h. Fermé 25 déc., 1er janv. et 1er mai. 2,30€. ☎ 04 94 96 70 30.*

UNE MANNE CHASSE L'AUTRE
À partir du 18e s., la ville connut la prospérité grâce au transport maritime des produits des Maures vers Marseille et l'Italie : huile, bois, liège, vin. Le chemin de fer mit fin à ce trafic mais permit l'avènement du tourisme.

Église

Le portail est décoré d'un tympan moderne en céramique. À l'intérieur, bel autel baroque en marbre ocre et vert provenant du monastère de la Verne (17e s.) et stalles du 15e s.

alentours

Parc St-Donat

10 km au Nord. Quitter Ste-Maxime au Nord par le boulevard G.-Clemenceau, D 25. Entre le col de Gratteloup et la chapelle de St-Donat, la forêt a été aménagée en un lieu de détente. Le **musée du Phonographe et de la Musique mécanique** en constitue la principale attraction. On y découvre une étonnante collection de 350 instruments de musique et appareils à reproduire le son. Pièces rares comme le mélophone de 1780 (ancêtre de l'accordéon), orgues de Barbarie et pianolas, une série de phonographes de 1878 (Edison) à nos jours, un pathégraphe pour l'étude des langues étrangères (premier appareil audiovisuel), et même un oiseau chanteur (Bontemps, 1860). ♿ *De mi-avr. à fin sept. : tlj sf lun. et mar. 10h-12h, 15h-18h. 3€. ☎ 04 94 96 50 52.*

ARCHITECTURE
La façade du musée évoque un orgue mécanique (limonaire) des années 1900.

Sanary-sur-Mer

Rose et blanc, cette charmante station est fréquentée en toute saison. Sanary est animée par son petit port de pêche et de plaisance, bordé de palmiers. La ville et la baie sont protégées du mistral par les collines boisées que domine le Gros Cerveau ; elles offrent plusieurs plages de sable fin.

CALENDRIER
En mai : les Floralies (tous les 2 ans) ; en juin : St-Pierre, fête des pêcheurs (dernier w.-end) ; en juil. : fête de la lavande, festival brésilien (tous les 2 ans), joutes provençales ; en août : joutes provençales.

La situation

Carte Michelin Local 340 J7 - Schéma p. 330 - Var (83). En train : gare d'Ollioules-Sanary à 2 km du centre. En bateau : de Sanary aux îles des Embiez (25mn). **i** *Jardins de la Ville, 83110 Sanary-sur-Mer, ☎ 04 94 74 01 04.*

Le nom

Le mot Sanary est la déformation de saint Nazaire (San Nary), lequel est vénéré dans l'église paroissiale.

Les gens

16 995 Sanaryens. L'un d'eux, Marius Michel (1819-1907), fut surnommé Michel Pacha pour avoir construit 110 phares sur les côtes ottomanes... transformant la Corne d'Or en corne d'abondance. Mais s'il fut à son retour élu maire de Sanary, c'est à Tamaris, près de la Seyne, qu'il fit construire, autour de son « château », tout un quartier de villas néomauresques.

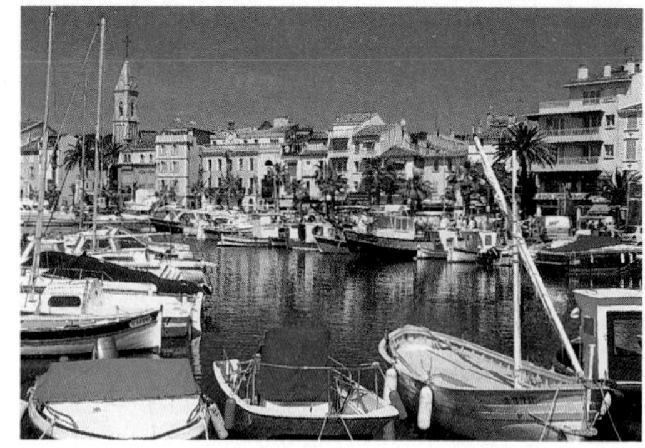

Le port de Sanary allie harmonieusement traditions et activité balnéaire.

Souvenir

Sur le port, au-dessus du jeu de boules, une plaque rappelle les noms des artistes réfugiés à Sanary. Ainsi, les Mann séjournèrent à la villa « La Tranquille ». Une plaquette localise les principales villas occupées *(en vente en librairie)*, ainsi que celles orientalisantes de Michel Pacha.

comprendre

Sanary, « capitale de la littérature allemande » d'avant-guerre – Le petit port varois, déjà réputé en 1920 et habité par des artistes et écrivains étrangers (Huxley, Kisling), devint à partir de 1933 le refuge d'un grand nombre d'intellectuels fuyant le régime d'Hitler. Parmi les plus connus, Thomas Mann et son frère Heinrich, Lion Feuchtwanger, Alma Mahler et Franz Werfel, Stefan Zweig... Lors de l'armistice de 1940, grâce à l'intervention de l'épouse du président Roosevelt, la plupart purent se réfugier aux États-Unis. Certains, moins connus, furent internés au camp des Milles, près d'Aix-en-Provence.

carnet pratique

Restauration

• *À bon compte*

Restaurant du Théâtre – *imp. de l'Enclos - près du théâtre - ☎ 04 94 88 04 16 - fermé juil.-août, dim. soir et lun. - 13€ déj. - 20/22€.* Quelques petites marches à descendre, et vous voilà installé dans une salle d'esprit rustique, originalement disposée en U. Votre attention sera vite captée par la belle cheminée où rôtissent viandes, saumons, gambas et brochettes. Cuisine du marché.

• *Valeur sûre*

Relais de la Poste – *pl. Poste - ☎ 04 94 74 22 20 - fermé dim. soir et lun. du 1er sept. au 30 juin - 28/40€.* Ce restaurant n'offre pas la vue sur la mer, mais cascade, plantes vertes, photos maritimes et harmonie des tons font l'attrait de ces deux salles à manger sises à l'étage. À table, on vous propose une cuisine au goût du jour.

Hébergement

• *Valeur sûre*

Chambre d'hôte Villa Lou Gardian – *646 rte de Bandol - ☎ 04 94 88 05 73 - ⊄ - 4 ch. : 70/75€ - repas 28€.* Malgré la proximité de la route, les chambres, climatisées, colorées et sobrement décorées, de ce bâtiment récent bénéficient d'une certaine quiétude. Préférer celles à proximité de la grande piscine. Le vaste jardin et son tennis vous séduiront. Table d'hôte dans le patio d'été.

Sorties

La Mezzanote – *1370 rte de Bandol - ☎ 04 94 88 16 00 - ven.-dim. et veille de fête 20h-3h30.* Beaucoup de succès pour ce bar-restaurant qui organise chaque semaine des karaokés, des soirées à thème, et fait office d'avant-boîte du Mai Taï, la discothèque qui le jouxte. Le week-end, il y a un monde fou !

Achats

Marché – Mercredi sur le port.

Loisirs-Détente

Acquascope – *Quai d'Honneur (face à la mairie) – Juil.-août : 9h-18h30 ; avr.-juin et sept. : 14h-17h ; janv. et mars : w.-end et j. fériés. Durée : 1/2h. 11,43€ (enf. : 7,62€).* Approche originale du monde sous-marin par une promenade en bateau semi-submersible.

Spectacle

Théâtre national de la Danse et de l'Image – À Châteauvallon. Conçu par Komatis et dirigé par Gérard Paquet à partir de 1965, ce théâtre s'est développé autour d'une bastide du 17e s., avec un vaste amphithéâtre en plein air et un théâtre couvert. Un festival de théâtre et un festival de jazz de qualité s'y déroulent à chaque saison.

se promener

Chapelle N.-D.-de-Pitié

Accès par le bd Courbet. Des marches bordées d'oratoires y mènent depuis le port. Là-haut, jolie **vue**★ sur la baie de Sanary, les collines de Toulon, la côte jusqu'à l'archipel des Embiez, les hauteurs du cap Sicié. La chapelle de 1560 contient de beaux ex-voto, naïfs pour la plupart. ▶

Où voir d'autres Ex-voto ?

N.-D.-du-Beausset-Vieux près de Bandol, N.-D.-du-Mai au cap Sicié, N.-D.-du-Peuple à Draguignan, N.-D.-des-Anges près de Gonfaron, collégiale St-Paul à Hyères (autrefois à N.-D.-de-Consolation), N.-D.-de-l'Ormeau à Seillans, N.-D.-de-Vie près de Mougins, N.-D.-de-Laghet en pays niçois.

Ex-voto de Provence-Côte-d'Azur

Présents dans toute la Provence et jusqu'en pays niçois, les ex-voto sont de naïves peintures religieuses, déposées dans les églises pour l'accomplissement d'un vœu ou en remerciement d'une grâce obtenue. Le tableau illustre le contexte de manière souvent aussi fraîche et qu'expressive : un bateau dans la tempête, un accident, une chute, un malade se relevant dans son lit... ; dans un angle, entourés d'une aura lumineuse, apparaît la Vierge, plus rarement le saint, auxquels s'adressent les remerciements du donateur.

Au 17e s., grande période de production, les ex-voto illustrent un esprit très prononcé de contre-réforme, marqué par l'importance de l'intercession de la Vierge dont les représentations sont majoritaires. On les trouve ainsi dans les sanctuaires dédiés à Marie.

circuits

LE GROS CERVEAU★★ 1

13 km au Nord – environ 1h1/4. Quitter Sanary à l'Est par l'avenue de l'Europe-Unie.

La D 11 traverse un bassin fertile où l'on cultive fleurs, arbres fruitiers et vigne.

À l'entrée d'Ollioules, prendre à gauche la D 20.

À travers les cultures en terrasses, la vue porte alternativement sur la butte du fort de Six-Fours et la Petite Rade de Toulon dominée par le mont Faron. À mesure que l'on monte, le panorama s'étend vers le Sud-Est sur Toulon et la presqu'île du cap Sicié. Plus loin, la **vue**★

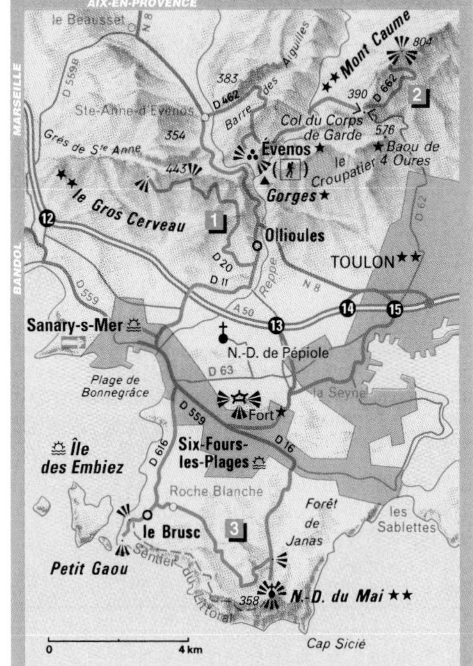

La production de fleurs de la région alimente le marché aux fleurs d'Hyères, le plus important du Sud-Est destiné à l'exportation.

Plages

La côte alterne anses sableuses et pointes rocheuses : entre Sanary et Bandol, plages Dorée et de Gorguette ; sur la baie de Cousse, plage de Beaucours (galets) ; baie de Port-Issol, plage du même nom ; entre Sanary et Six-Fours, plage de Bonnegrâce.

est magnifique, à droite, sur les grès de Ste-Anne – énormes rochers percés de grottes –, la plaine du Beausset, le massif de la Ste-Baume, les collines d'Évenos, les gorges d'Ollioules, puis, à nouveau, sur la côte.

8 km après Ollioules, on atteint une plate-forme (possibilité de faire demi-tour).

Belle **vue**★ dégagée sur le littoral. Poursuivre à pied vers le sommet du Gros Cerveau par la piste sinuant dans le maquis. Au pied du fortin (alt. 443 m), **vue**★★ merveilleuse sur la côte, depuis la presqu'île de Giens jusqu'à l'île Verte au Sud de la Ciotat.

LE MONT CAUME★★ 2

23 km au Nord-Est – environ 2h. Quitter Sanary à l'Est par l'avenue de l'Europe-Unie et suivre la D 11 jusqu'à Ollioules.

Ollioules

Bâti au pied d'un château du 13e s., ses rues sont bordées de vieilles maisons à arcades. L'église de style roman provençal date des 12e-13e s. Le village vit encore de la culture florale, malgré l'avancée de l'urbanisme.

À la sortie d'Ollioules, prendre à gauche la N 8 qui s'enfonce dans des gorges.

Bassin fertile

Bâti sur du basalte noir, Ollioules l'exploita dès 1 000 ans avant J.-C. en fabriquant meules, mortiers et auges. Vers le 11e s., la petite ville tire sa richesse de la culture de l'olivier (d'où son nom), ainsi que du raisin, de l'amande, des figues. Au 19e s., elle se spécialise dans la culture florale qu'elle expédie dans toute l'Europe. Elle devient la capitale de l'immortelle jaune.

Gorges d'Ollioules★

Comme les a peintes Hubert Robert au 18e s. *(voir musée des Beaux-Arts de Nice)* et les a décrites avec enthousiasme Victor Hugo, les gorges sont arides, sinueuses, déchirées ; la Reppe y a creusé une profonde faille avant de se jeter dans la baie de Sanary. Plus haut, on voit les grès de Ste-Anne, étonnants rochers sculptés par l'érosion.

À Ste-Anne-d'Évenos, tourner à droite dans la D 462. On remonte un ravin encaissé, dominé à gauche par l'abrupte barre des Aiguilles.

Prendre à droite vers Évenos et laisser la voiture à hauteur d'un rocher surmonté d'une croix.

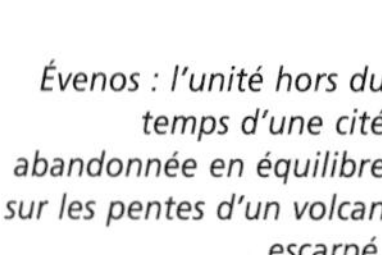

Évenos : l'unité hors du temps d'une cité abandonnée en équilibre sur les pentes d'un volcan escarpé.

Évenos★

1/4h à pied AR. Incroyablement perché sur des pentes escarpées, le village est fait d'un enchevêtrement de maisons, aujourd'hui restaurées, entre lesquelles s'insinuent des calades. Cette « cité de basalte qui meurt autour de son donjon » s'élève sur un volcan dont on peut encore voir les scories. L'église du 13e s. présente un clocher à deux baies. Le tout est dominé par les ruines d'un vieux château du 16e s. De la plate-forme, la **vue** s'étend sur les gorges du Destel et le Croupatier tout proches, le cap Sicié, les gorges d'Ollioules et le Gros Cerveau, la Ste-Baume à l'horizon.

Reprendre la voiture et emprunter la D 62. Au col du Corps-de-Garde, prendre à gauche la D 662.

Mont Caume

Il culmine à 801 m d'altitude. La route, en forte pente, propose de beaux points de vue et, à l'endroit où elle se termine (monter sur la butte), un magnifique **panorama**★★ sur la côte, du cap Bénat à la baie de la Ciotat et, à l'intérieur, sur la Ste-Baume.

PRESQU'ÎLE DU CAP SICIÉ★ 3

Circuit de 25 km – environ 2h (île des Embiez non comprise). Quitter Sanary par l'avenue d'Estienne-d'Orves.

La route longe la plage de Bonnegrâce, passe à la racine de la pointe Nègre, puis offre de jolies vues sur la baie de Sanary et Bandol.

BONS MARCHEURS
Un sentier longe le littoral de Sanary à N.-D.-du-Mai en passant par Le Brusc *(voir Six-Fours-les-Plages)*.

Le Brusc

Village de pêcheurs et station bien située qui possède un petit port d'où l'on peut s'embarquer pour l'île des Embiez *(voir ce nom)*.

Petit Gaou

C'est une ancienne île maintenant rattachée à la côte et dont les rivages rocheux, furieusement battus par la mer, ont des airs de paysage breton. De la pointe, la **vue** s'étend largement sur la côte et l'archipel des Embiez.

Revenir au Brusc et sortir vers Six-Fours par la D 16 qu'on laisse à gauche au lieu dit « Roche-Blanche ».

Suivre la route tracée à 1 km environ en retrait du littoral, mais offrant quelques belles échappées sur la Ciotat, Bandol, Sanary. Cette route débouche sur celle de N.-D.-du-Mai : la **vue★★** porte sur la rade de Toulon, le cap Cépet, la presqu'île de Giens et les îles d'Hyères.

Tourner à droite et aller jusqu'au parc de stationnement de la TDF.

N.-D.-du-Mai★★

Accès en voiture interdit de mi-juin à mi-septembre. Gagner la chapelle en contournant les installations de la TDF. Voir description à Six-Fours-les-Plages.

Faire demi-tour ; au carrefour d'accès, continuer tout droit. La route, étroite, traverse la belle **forêt de Janas**, plantée de résineux, et rejoint la D 16 qu'on prend à gauche.

Six-Fours-les-Plages *(voir ce nom)*

Rentrer à Sanary par la D 559.

Saorge★★

À la sortie de ses admirables gorges, la perle de la région apparaît entre ses deux falaises rocheuses, dans un site★★ extraordinaire. Bâtie en amphithéâtre comme les autres villes de la haute vallée de la Roya, son architecture médiévale est particulièrement intacte. Protégeant la vallée de ses châteaux forts, elle était en effet réputée imprenable. Aujourd'hui, cette région sauvage a pour principales ressources des usines hydro-électriques et des exploitations forestières.

RESTAURATION
Le Bellevue – *5 r. L.-Périssol - ☎ 04 93 04 51 37 - fermé 1er au 15 juin, 1er au 8 sept., 18 nov. au 8 déc., mar. soir et mer. sf juil.-août - 16/22€.* Au cours de votre promenade dans les ruelles, venez vous restaurer en toute confiance dans sa salle à manger jaune, au plafond lambrissé de bois, sans perdre la vue panoramique sur les gorges de la Roya et le village.

La situation

Carte Michelin Local 341 G4 - Schéma p. 281 - Alpes-Maritimes (06). En venant de Breil, dépasser Saorge et prendre à droite dans le centre de Fontan. *Office du tourisme de la haute Roya, av. du 16-Septembre-1947, 06430 Tende, ☎ 04 93 04 73 71. À Breil, Office du tourisme de la Vallée de la Roya, 06540 Breil-sur-Roya, ☎ 04 93 04 99 90.*

Le nom

Il est la traduction du provençal *sorga* dont la racine préceltique *sor* ou indo-européenne *sarit* signifie « source », « rivière ».

VIGIE DE LA VALLÉE
Ancienne ville ligure, puis romaine, son importance stratégique en fit au Moyen Âge une place forte invincible. Saorge céda tout de même aux Français commandés par Masséna en 1794, et une deuxième fois au cours des opérations d'avril 1945.

se promener

Laisser la voiture à l'entrée Nord du village.

Vieux village★

Ses ruelles en dédale, presque toujours en escalier, souvent voûtées, sont amusantes à parcourir. On y découvre des maisons du 15e s. abritées de lauzes et de portes aux linteaux sculptés. En prenant en avant et à droite à

Un bout de Tibet sur la terre d'Azur ? Oui, lorsqu'on atteint Saorge et ses maisons perchées.

l'extrémité de la place, puis encore à droite, on atteint une terrasse offrant une belle **vue★** sur le fond des gorges de la Roya. Au-dessus, de fiers clochers dominent le village.

Église St-Sauveur

Construite au 16e s. et revoûtée au 18e, elle est composée de trois nefs, séparées par des colonnes à chapiteaux corinthiens dorés. Outre ses retables, on remarque un beau tabernacle Renaissance, une Vierge en bois doré avec baldaquin (1708), des fonts baptismaux du 15e s., surmontés d'un petit tableau peint en 1532 par un notable saorgin, et enfin, un primitif du 16e s. sur l'autel de l'Annonciation.

À DOS DE MULET !
L'**orgue** de l'église, fabriqué en 1847 par les Lingiardi, facteurs à Pavie, fut transporté du port de Nice à Saorge à dos de mulet, après un voyage par mer de Gênes à Nice.

Traverser le village vers le Sud. À une bifurcation, prendre le chemin de droite.

Madonna del Poggio

Propriété privée. En principe, on ne visite pas. Exemple marquant de l'architecture romane primitive de la région, il s'agirait de son plus vieil édifice religieux. On admirera le **clocher** élancé à six étages de bandes lombardes et le chevet. Le chemin de retour offre un beau **point de vue** sur Saorge et ses terrasses d'oliviers.

À la bifurcation, prendre à droite à angle aigu vers le monastère.

Couvent des franciscains

Avr.-oct. : tlj sf mar. 14h-18h (dernière entrée 1/2h av. fermeture) ; nov.-mars : 10h-12h, 14h-17h. 3,96€. ☎ 04 93 04 55 55.
Dans un bel environnement d'oliviers, il domine au Sud le village. L'église du 17e s., de style baroque italien, possède un porche surmonté de balustres et un clocher à bulbe couvert de tuiles polychromes. On visite également un petit **cloître** décoré de jolies peintures aussi rustiques que pieuses.
De la terrasse, la **vue★★** porte sur Saorge, la Roya et ses gorges.

circuit

GORGES DE SAORGE ET DE BERGUE 10

39 km – environ 4h – schéma p. 286.

SUR L'EAU OU DANS L'EAU ?
Pour les amateurs de sensations fortes, les gorges de Saorge sont à découvrir en kayak, canoë, raft ou canyoning. S'adresser à l'Office du tourisme de Tende pour la liste des prestataires. ☎ *04 93 04 73 71.*

Breil-sur-Roya *(voir ce nom)*

Quitter Breil-sur-Roya au Nord par la N 204.

On laisse à gauche la route du col de Brouis *(voir Sospel).*

La Giandola *(voir Sospel)*

La route remonte la vallée de la Roya, qui se resserre de plus en plus.

Gorges de Saorge★★

La route longe le torrent puis surplombe, en corniche étroite sous les rochers, les gorges parmi les plus belles de la région avec celles de Bergue. La voie ferrée de Nice à Cuneo a réussi aussi à s'y frayer un passage au prix de nombreux ouvrages d'art. Ces premières gorges s'interrompent par le fantastique tableau que compose Saorge parmi ses oliviers.

Gorges de Bergue★

Après Saorge et Fontan, les gorges apparaissent, grandioses, creusées dans un défilé de schistes feuilletés et colorés de rouge. On peut rejoindre le mignon hameau de Granile par un joli sentier. La vallée s'élargit ensuite dans le bassin de St-Dalmas-de-Tende *(voir Tende)*.

Seillans★

Village surréaliste par excellence. D'abord parce que Max Ernst l'a élu pour y vivre ses dernières années. ▶ Ensuite parce qu'il est incroyablement bâti en pente, bien plus que ses voisins. Depuis son château médiéval, on descend avec plaisir des ruelles pavées de galets, ponctuées par les étages de maisons blondes, roses et fleuries. Tout en bas, dans les cyprès, un trésor vous attend...

Surréaliste
Max Ernst (1891-1976) devient un animateur très actif du mouvement dada, qui va se transformer en surréalisme. Il s'installe à Seillans en 1964, avec son épouse peintre, Dorothée Tanning. Un petit **musée** expose les belles lithographies de ce peintre de l'imaginaire, de l'humour et du rêve. *De mi-juin à mi-sept. : tlj sf lun. 10h30-12h, 15h-19h, dim. 15h-19h ; de mi-sept. à mi-juin : 14h-18h. Visite guidée dim., sur demande (3 j. av.) auprès de Lydie. Fermé oct.-nov., 1er janv., 1er et 8 mai, Ascension et 25 déc. 2€. ☎ 04 94 76 85 91.*

La situation

Carte Michelin Local 340 O4 - Var (83). Sur les contreforts du plan de Canjuers. Parking tout en haut, avant le château et l'Office de tourisme.

R. du Valat, 83440 Seillans, ☎ 04 94 76 85 91.

Le nom

Il dériverait du nom d'un certain Cælius, peut-être celui-là même dont on a retrouvé l'épitaphe à Seillans (N.-D.-de-l'Ormeau), encore que certains aiment à y voir un hommage rendu à Séléné, la déesse de la lune.

Les gens

2 115 Seillanais. Ils vivent de l'art et de l'artisanat, de la fabrication de matières aromatiques (exportation dans le monde entier) et produisent un miel apprécié.

visiter

Église

Rebâtie en 1477, elle a gardé quelques parties du 11e s. Elle abrite, sur le côté droit, deux beaux triptyques dont un Couronnement de la Vierge, peint sur bois au 15e s., et un bénitier en marbre de 1491.

L'Adoration des bergers, détail du retable (16e s.) de la chapelle N.-D.-de-l'Ormeau.

carnet pratique

Hébergement et Restauration

• ***Valeur sûre***

Les Deux Rocs – *Pl. Font-d'Amont - ☎ 04 94 76 87 32 - fermé nov. à mars et mar. sf le soir - 14 ch. : 48/94€ - ☕ 8,50€ - restaurant 20/38€.* Cette demeure ancienne en haut du village abrite une hostellerie de caractère. Le vieil escalier mène aux chambres décorées de tissus muraux colorés et de meubles anciens. Salle à manger devant la cheminée ou terrasse d'été sous les platanes, près de la fontaine du village.

Calendrier

Fête de N.-D.-des-Selves (1er w.-end de juil.) et de St-Cyr et St-Léger (dernier w.-end de juil.).

Marché potier, le 15 août.

Admirer

Derrière les personnages mobiles (fixés pour éviter le vol), le superbe paysage qui se profile sur les côtés : complexe, tout en hauteur et verdoyant (peut-être celui de Seillans). D'or et de couleurs, ce retable est un véritable livre d'images ouvert devant vous.

Procession

De la statue du 14e s. de Notre-Dame-de-l'Ormeau le 16 juillet, la chapelle ayant été la paroisse du village primitif.

N.-D.-de-l'Ormeau

1 km au Sud-Est sur la route de Fayence. Juil.-août : mar., jeu. 11h-12h ; sept.-juin : jeu. 11h-12h, dim. 10h30-12h30 sur demande préalable à l'Office de tourisme. ☎ 04 94 76 85 91.

Les hauts cyprès de cette chapelle romane rivalisent avec son clocher en pierre de taille. Ultérieur, le porche dépare un peu avec le lieu, mais l'ensemble reste harmonieux.

À l'intérieur, on est saisi par la profusion décorative des œuvres, en particulier de l'exubérant **retable★★**, en bois taillé dans la masse et peint au 16e s. par un moine italien. Richement ouvragé dans un cadre Renaissance, il est dédié à la Vierge : la prédelle représente sa vie, le fronton, l'Ascension. Au centre, quantité de personnages escaladent l'Arbre de Jessé. À gauche, l'Adoration des bergers, à droite l'Adoration des mages. Elles sont toutes deux d'un expressionnisme frappant.

Également, un beau bas-relief de l'Assomption (17e s.), une pierre tombale romaine avec inscription, de nombreux ex-voto de l'époque 1800, naïfs et touchants, qui montrent l'importance de ce sanctuaire.

Six-Fours-les-Plages

Les plages

La commune en comprend plusieurs : la plus proche et la plus vaste – 2 km de sable – est celle de Bonnegrâce qui jouxte Sanary. Les autres s'étendent jusqu'au Brusc. Ensuite, la corniche, très découpée, n'est accessible que par la mer. Seule la plage des Fosses peut être atteinte par le sentier du littoral, au niveau de la Haute-Lèque.

Plages, littoral sauvage, lieux de culte antique sont les richesses de cette vaste commune qui s'étend sur la partie Ouest de la presqu'île de Sicié, la partie Est étant occupée par La Seyne-sur-Mer. À partir des 18e-19e s., les villageois ont préféré la plaine de Reynier au vieux Six-Fours fortifié et perché sur la colline : il n'en reste que la précieuse collégiale St-Pierre.

La situation

Carte Michelin Local 340 K7 - Schéma p. 337 - Var (83).

Autour du centre-ville Reynier, la commune se disperse sur 125 hameaux et des quartiers résidentiels. Mieux

Le caviar de la Méditerranée

Depuis l'Antiquité, l'**oursin**, appelé familièrement châtaigne de mer, est apprécié pour la finesse de ses « œufs ». La partie comestible est constituée par les organes sexuels, répartis en cinq branches, orange chez la femelle et blanchâtres chez le mâle. Mais sa récolte intense entraîne sa raréfaction sur les rivages méditerranéens, au grand dam des gourmands qui sont bien punis de leur gloutonnerie ! Pour assurer sa protection, des campagnes d'information sont menées par des organismes tel l'Institut océanographique Paul-Ricard aux Embiez. L'interdiction de la pêche de mai à fin août (les mois sans « r ») correspond à la période où l'animal est vide. La pêche professionnelle, en plongée avec bouteille, se pratique à l'aide d'un gabarit permettant de calibrer les prises supérieures à 5 cm de diamètre.

vaut se munir d'une carte à l'Office de tourisme. *Prom. Charles-de-Gaulle, 83140 Six-Fours-les-Plages, ☎ 04 94 07 02 21.*

Le nom

Plutôt que « six fours », il semble qu'il faille comprendre « six forts » : ceux-ci remonteraient à la colonisation des Phocéens venus de Massilia.

Les gens

32 742 Six-Fournais. Saint Pierre y est le patron des pêcheurs. La collégiale le représente, mais aussi le restaurant qui porte son nom au Brusc et régale par sa bouillabaisse et sa bourride.

carnet pratique

RESTAURATION

• *À bon compte*

Le Ligure – *60 av. John-Kennedy, rte de Playes - ☎ 04 94 25 63 87 - fermé 15 nov. au 15 déc., dim. soir et lun. hors sais. - 10,90€ déj. - 13,71/21,20€.* Cet établissement offre, depuis sa vaste terrasse, un panorama assez exceptionnel sur la mer et la baie de Sanary. Intérieur rénové, peint aux couleurs provençales et agrémenté d'une fresque. Carte privilégiant le poisson et pizzas cuites au feu de bois.

La Marmite – *quai St-Pierre, au port du Brusc - ☎ 04 94 34 04 81 - lamarmite@infonie.fr - fermé janv., dim. soir et lun. sf juil.-août - 10€ déj. - 14,50/27€.* Profitant de la vue sur le port, à l'abri des grandes baies vitrées, vous pourrez choisir votre menu, dans un cadre très simple. On y vient aussi pour ses prix raisonnables.

HÉBERGEMENT

• *Valeur sûre*

L'Île Rose – *242 prom. du Gén.-de-Gaulle - ☎ 04 94 07 10 56 - www.hilrose@club-internet.fr - P - 21 ch. : 45/49€ - ☕ 5,50€ - restaurant 15/25€.* On fréquente ce petit hôtel pour sa situation privilégiée à 20 m de la plage de Bonnegrâce, pour ses chambres unicolores rénovées et pour le plaisir d'ouvrir chaque matin ses fenêtres face à la baie de Sanary et les îles des Embiez.

se promener

LE VIEUX SIX-FOURS

Accès par l'avenue du Mar.-Juin ; prendre à gauche la petite route du fort.

La montée, très raide, alterne des perspectives sur la baie de Sanary et sur la rade de Toulon. Regroupée au sommet de la colline dès le haut Moyen Âge, la communauté villageoise était protégée par trois rangées de remparts. Elle est descendue s'installer dans la plaine vers le 19e s.

Fort de Six-Fours★

Alt. 210 m. Construit au 19e s., il ne se visite pas. La plate-forme offre un superbe **panorama★** sur la rade de Toulon, la presqu'île de St-Mandrier, le cap Sicié, la baie de Sanary, le Brusc et l'archipel des Embiez.

Collégiale St-Pierre

Juin-sept. : 15h-19h, dim. 10h-12h, 15h-19h ; oct.-mai : 14h-18h, dim. 10h-12h, 14h-18h. ☎ 04 94 34 24 75.

Au pied de la forteresse, l'église du village abandonné du vieux Six-Fours présente la particularité d'avoir deux nefs perpendiculaires, l'une romane, l'autre bâtie au 17e s. dans le style gothique pour agrandir le sanctuaire. On y remarque un magnifique polyptyque attribué à Louis Bréa, une Descente de croix de l'école flamande (fin 16e s.) et une Vierge attribuée à Pierre Puget.

1ers CHRÉTIENS

Persécutés, les premiers chrétiens se réfugièrent dans la collégiale. Celle-ci fut ensuite occupée au 5e s. comme l'attestent l'autel, le baptistère et des parties de l'abside. Les moines de Montmajour puis de St-Victor y édifièrent un prieuré et une chapelle au 11e s.

SENTIER DU LITTORAL

Départ de la plage de Bonnegrâce (à la limite de Sanary). Le sentier longe les plages puis traverse des épineux, petits mais piquants ! On passe par le petit port de pêche du Brusc, animé par les jolies embarcations de pêcheurs, les « pointus ». On atteint au bout le **Petit Gaou** entouré d'écueils rocheux, d'où la **vue★** est splendide sur la partie Sud de la presqu'île du cap Sicié.

BRETONNANT

Le Petit Gaou, par temps de tempête, procure un spectacle impressionnant : la mer en furie se jette sur ses rivages rocheux.

Les marcheurs entraînés pourront continuer jusqu'à N.-D.-de-Mai *(voir ci-dessous)* entre falaise et garrigue de la forêt de Janas. Le retour se fera soit par le même chemin soit par la route *(en été, parking au relais TDF)*.

alentours

Chapelle Notre-Dame-du-Mai★★

Oct.-avr. : 1er sam. du mois. Laisser la voiture au parking et gagner la chapelle à pied. Accès en voiture interdit de mi-juin à mi-sept. ☎ 04 94 25 50 39.

PÈLERINAGE
De nombreux et intéressants **ex-voto** ornent l'intérieur de ce lieu de pèlerinage (14 septembre).

Point culminant de la presqu'île (318 m), elle surplombe dans un à-pic vertigineux le **cap Sicié** dans les flots et procure un **panorama★★** splendide des îles d'Hyères aux calanques de la région marseillaise.

N.-D.-de-Pépiole

3 km – environ 1h. Quitter Six-Fours au Nord. Peu après, au rond-point, on trouve, à gauche, une petite route balisée par des panneaux des Monuments historiques. Laisser la voiture sur une terrasse, à 100 m de la chapelle. 15h-18h. Possibilité de visite guidée sur demande à la Confrérie. ☎ 04 94 63 23 03 ou 04 94 63 38 29.

ANTIQUE
Les enduits qui la recouvraient ont fait méconnaître pendant des siècles l'un des plus antiques monuments paléochrétiens de France.

Cette adorable chapelle, bâtie en pierres roses, jaunes et grises, et dotée de deux charmants campaniles et de trois absidioles, occupe un **site★** merveilleux : un paysage composé de pins, cyprès, oliviers, vignes et genêts sur fond de montagne toulonnaise.

Ses trois chapelles primitives, indépendantes aux 5e-6e s., ont été réorganisées en un unique lieu de culte au 12e s. par le percement de grandes arcades latérales de pierre bleue. À l'intérieur, statue du 17e s. de Notre-Dame-de-Pépiole.

N.-D.-de-Pépiole présente une architecture originale avec ses trois absides réunies.

Sospel★

LES RICHES HEURES DE SOSPEL
Sospel fut tour à tour évêché au 5e s., commune libre de la Provence puis de la Savoie au Moyen Âge, de nouveau évêché rattaché au pape d'Avignon suite au Grand Schisme, académie littéraire au 17e s., comté avec les fiefs de Moulinet et de Castillon au 18e s. et enfin titulaire de la croix de guerre en 1944.

Cette petite cité chargée d'histoire regarde aujourd'hui paisiblement la Bévéra couler face aux montagnes qui la cernent. Son site verdoyant d'oliviers fut un lieu de passage obligé sur la « **route du sel** » qui reliait le littoral à Turin, alors capitale sarde. D'où de nombreux sentiers de muletiers et routes en corniche qui feront la joie des randonneurs.

La situation

Carte Michelin Local 341 F4 – Schéma p. 286 – Alpes-Maritimes (06). Comme à Paris, il y a la rive gauche et la rive droite. Un vieux pont les sépare ; à Paris, c'est le Pont-Neuf, à Sospel, le Pont-Vieux !

ℹ *Le Pont-Vieux, 06380 Sospel, ☎ 04 93 04 15 80.*

Symbole du village et silhouette emblématique du haut pays mentonnais, le vieux pont à péage était le lieu de passage obligé sur la route du sel.

Le nom

La localité était appelée au 11e s. *Hospitellum*, probablement en raison de l'établissement d'un relais par l'ordre des Hospitaliers sur la route de Turin.

Les gens

2 885 Sospellois placés sous la protection martiale de l'archange saint Michel, patron du village, dont la statue de « peseur d'âmes » trône au-dessus du porche de l'ancienne cathédrale.

se promener

VIEUX VILLAGE*

Rive droite

La charmante place St-Michel compose, avec l'église et les maisons gothiques, un ensemble très agréable. La plus vieille maison (palais Ricci), à droite de l'église, accueillit Pie VII en 1809 : chassé par Napoléon des États pontificaux annexés à l'Empire, il se vengea en excommuniant l'Empereur.

Église St-Michel

Romane (clocher, bandes lombardes), elle fut rebâtie au 17e s. dans le goût baroque, comme le montrent sa belle façade et la richesse de sa décoration intérieure : autel, fresques, dorures. Parmi les retables, une des

Sainte Suzanne, détail de la Vierge immaculée, une des œuvres les plus abouties (1520) de François Bréa.

carnet pratique

Restauration

• À bon compte

L'Auberge du Pont Vieux – *3 av. Jean-Médecin - ☎ 04 93 04 00 73 - fermé vac. scol. de fév., 15 juin au 7 juil., vac. scol. de Toussaint et dim. soir hors sais. - 10,52€ déj. - 11/21€.* Aménagée dans les murs d'un monastère du 14e s., auberge sans prétention appréciée des Sospellois pour sa copieuse cuisine régionale. Salle en partie lambrissée, égayée de nappes aux couleurs ensoleillées. Les chambres ont toutes été rénovées.

Achats

Marchés le jeudi sur la place Gianotti et le dimanche matin sur la place de la Cabraïa : fromages de chèvre et miel. Marché des producteurs régionaux à la St-Michel. Artisanat d'objets tournés en bois d'olivier et production de miel.

Loisirs-Détente

ABC d'Air – *☎ 04 93 21 11 39.* Le sommet du mont Agaisen dominant le village est une bonne base de parapente et l'occasion de découvrir la vallée d'en haut. Baptêmes de parapente.

Jérome Béretti – *3 pl. Auguste-Cotta - ☎ 08 00 59 83 25.* Guide de montagne proposant canyoning et via ferrata (La Colmiane, Tende et Peille), avec location de matériel.

Randonnées – Liste de plusieurs sentiers locaux balisés au départ du village disponible auprès de l'Office de tourisme. Possibilités également de randonnées équestres.

œuvres les plus remarquables de François Bréa de 1520, la **Vierge immaculée★**, nimbée d'angelots et dominant un superbe paysage de mer et montagne.

Depuis le parvis, flâner à la découverte des ruines d'un couvent de carmélites *(en haut des escaliers)*, de fortifications (tour d'angle du 15e s.) puis, après une porte d'enceinte et un escalier, dans la **rue St-Pierre** où arcades, placette, jolie fontaine et linteaux armoriés (nos 3, 20 et 29) ponctuent la promenade.
Au no 30, intéressante façade en bel appareil ornée de deux fenêtres Renaissance et rez-de-chaussée gothique avec fenêtre et porte en ogive.

Vieux pont★

Trait d'union des deux rives depuis le 11e s., ce passage sur la route du sel était le lieu idéal pour installer un péage, dans sa tour, reconstituée après la guerre de 1939-1945. Il abrite le Syndicat d'initiative et en saison, un bureau d'informations sur le parc du Mercantour.

Rive gauche

On y admire la place St-Nicolas, avec ses maisons anciennes et son pavement de galets colorés (calades). Sous les arcades de l'ancienne maison communale, ornée d'un agneau pascal en bas-relief, belle fontaine du 15e s. À droite, la rue de la République bordée de linteaux (nos 14, 15, 23, 51) était animée de nombreux négoces ; elle abrite de vastes caves qui servaient d'entrepôts pour les commerçants de passage avant d'acquitter les taxes du pont. Après le no 51, dans un renfoncement à droite, élégante fontaine provençale. En prenant la pittoresque et étroite rue des Tisserands, vous découvrirez la chapelle Ste-Croix (17e s.).

LES FONTAINES DE SOSPEL
Sculptées, les fontaines attestent du passé commercial de la cité. La plus imposante, celle de la place de la Cabraïa, est à deux niveaux et servait d'abreuvoir aux troupeaux de chèvres qui s'y rassemblaient. La plus ancienne se trouve place St-Nicolas et les autres, au bout de la rue de la République et sur la place St-Pierre, derrière la mairie.

alentours

Fort St-Roch★

À 1 km du centre du village, sur la route de Nice, D 2204. À droite après le cimetière, prendre une ancienne route militaire signalée. Juil.-sept. : visite guidée (1h1/2) tlj sf lun. 14h-18h ; avr.-juin et oct. : w.-end et j. fériés 14h-18h. 5€ (enf. : 3€). ☎ 04 93 04 14 41 ou 04 93 04 00 70.
Véritable ville souterraine à 50 m de profondeur, le fort faisait partie de la « ligne Maginot des Alpes » construite pendant les années 1930 dans la région. Cet ouvrage militaire a été conçu pour verrouiller la vallée de la Bévéra, couvrir le col de Brouis et la sortie du tunnel ferroviaire de Breil. Un funiculaire transportant les munitions menait aux postes de tir et aux salles d'artillerie. Des périscopes permettent d'avoir une vue intéressante des environs. Une rétrospective de l'armée des Alpes de 1939-1945 est également proposée.

COMME DES TAUPES
Pouvant tenir un siège de trois mois, le fort abritait dans ses 2 km de galeries tout le nécessaire vital (cuisine, centrale électrique, bloc opératoire, salles de ventilation), et même le superflu : une salle de cinéma !

randonnées

Sentier botanique

1h1/2 AR. Prendre la D 2204 puis la D 93 vers le poste frontière d'Olivetta. Descendre à droite vers la voie de chemin de fer puis, à gauche sous le pont. Le sentier est annoncé près d'une ruine. Agréable et pédagogique, ce parcours traverse une forêt de chênes, un bosquet d'aulnes qui apprécient l'humidité régnante, une garrigue qui a colonisé les anciennes cultures et une autre forêt de chênes.

Mont Agaisen

7 km en voiture puis 1h à pied AR. Quitter Sospel par la route qui longe le bâtiment des Postes et remonte la rive gauche de la Bévéra. Après 1,5 km, tourner à droite et monter en direction des serres de Bérins. La route serpente à flanc de collines, au milieu des vergers, avec de belles échappées sur la vallée. À Bérins, prendre la route à droite qui s'engage vers le Sud. Après une traversée sous bois, l'ancienne route militaire atteint les premiers fortins de l'ensemble fortifié du mont Agaisen *(on ne visite pas).*

Stationner sur les espaces libres de la montée. Poursuivre à pied le sentier qui atteint le sommet (alt. 745 m), parsemé de casemates et tourelles de tir. Le rebord du sommet se trouve plein Sud, près d'une grande croix métallique. On est récompensé par une belle vue sur le village, la vallée de la Bévéra et le mont Barbonnet, reconnaissable aux glacis fortifiés. Un peu plus loin, d'autres points de vue sur le col de Brouis, et au Nord, la vallée encaissée, dominée par le sommet dénudé du mont Mangiabo (1 801 m).

Pour marcheurs entraînés

On peut partir à pied du village : en haut du groupe scolaire, suivre la route qui s'engage à gauche, balisée GR 52 sur 1 km, puis balisage jaune. Prendre à gauche une route goudronnée (1 km) avant de rejoindre les premières ruines de bâtiments militaires et l'itinéraire en voiture décrit ci-contre *(environ 3h de marche).*

circuits

PIÈNE-HAUTE PAR LE COL DE VESCAVO★

9 km - 1/2 journée. Quitter Sospel à l'Est par la D 2204. Après 2 km, une route se détache à droite, signalée « Piène-Olivetta ». Après 4 km, la D 93 atteint le col de Vescavo (478 m) qui domine le versant italien de la Bévéra. Prendre à gauche la D 193.

Un petit goût d'Italie

Après le col, la D 93 redescend en Italie sur le village d'**Olivetta**, au nom inspiré des oliviers qui l'entourent.

On atteint le charmant village de **Piène-Haute** isolé à 613 m d'altitude. Stationner à l'entrée du village sur l'esplanade. Avant de s'engager à pied dans la descente, belle **vue★** sur les vieilles maisons serrées et dominées par les ruines du château. De petites rues fleuries conduisent à la pittoresque placette de la mairie. L'église, située en hauteur, est accolée d'un beau clocher sculpté et abrite un curieux retable en marbre rouge. Au-dessus, les ruines du château offrent des vues impressionnantes sur la vallée de la Roya et le hameau de Piène-Basse, poste frontière.

Pour mollets aguerris

On peut rejoindre le col de Brouis *(une demi-journée)* ou le sommet de l'Arpette (1 610 m) via le hameau de Libre et la ligne de crête frontalière qui surplombe le village *(une journée).*

ROUTE DU COL DE BROUIS 9

21 km - environ 1h - schéma p. 281. Quitter Sospel à l'Est par la D 2204.

C'est l'ancienne « route du sel » du col de Braus *(voir Forêt de Turini)* à Turin. Elle relie la vallée de la Bévéra à celle de la Roya.

En gagnant de la hauteur, belle vue en arrière sur Sospel et le fort du Mont-Barbonnet qui la commande.

Col du Pérus

Alt. 654 m. La route y domine le profond ravin de la Bassera.

Col de Brouis ★

Alt. 879 m. Au-dessus du parking, un monument commémore la dernière offensive française en 1945 contre les forces allemandes repliées dans les vallées.

Étiré sur la crête frontalière avec la basse vallée de la Roya, le village de Piène-Haute se termine par le clocher de l'église.

La « route du sel »

Par son rôle économique primordial pour la conservation des viandes et le tannage des peaux, le sel a présenté de tout temps un intérêt stratégique. Depuis le Moyen Âge, les salines provençales approvisionnaient le Piémont, via la mer jusqu'à Nice, puis à dos de mulet jusqu'à Turin, en passant par Sospel et Saorge. Au retour, les caravanes étaient chargées de riz piémontais, de chanvre et de tissus. Cet intense trafic (plus de 5 000 t par an) d'environ 15 000 mulets à la fin du 18e s. obligea les autorités à rendre cette route royale carrossable et à concevoir les plans d'un tunnel sous le col de Tende, achevé seulement en 1883. Ce trajet demeure l'axe principal de la Côte d'Azur aux cités piémontaises.

Devinette :
Qu'est-ce que le brouis ? Un buisson de bruyère particulièrement abondant en ces lieux.

À l'amorce de la descente du col, belle **vue**★ sur les crêtes de la rive gauche de la Roya. Une pente raide puis sinueuse conduit à la vallée encaissée de la Roya et au hameau de la Giandola.

La Giandola

Rural et plaisant à souhait dans son beau paysage de montagne, ce village possède un clocher Renaissance.

La route remonte ensuite la vallée de la Roya de plus en plus étroite.

Massif du Tanneron★

Hors des sentiers battus et pourtant si près de Cannes, ce beau tapis de verdure se transforme en or de mi-janvier à mi-mars, par la magie du mimosa. Prolongeant l'Esterel au Nord, il s'apparente davantage aux Maures par ses formes massives et arrondies, la nature de ses roches (gneiss) et sa végétation.

La situation

Carte Michelin Local 341 C6 – Alpes-Maritimes (06). Entre le lac de St-Cassien et la Siagne. La N 7 et l'autoroute La Provençale le séparent de l'Esterel. Itinéraire à faire au moment de la floraison du mimosa, c'est-à-dire entre novembre et mars.

Le nom

Tan est une racine pré-indo-européenne signifiant « montagne ».

Les gens

Dispersés dans leurs hameaux, ils font de beaux bouquets, du miel, pêchent dans la Siagne ou travaillent à la centrale hydroélectrique du lac de St-Cassien.

comprendre

Le mimosa – Jadis le massif était couvert essentiellement de pins maritimes et de châtaigniers. Mais la forêt a considérablement reculé sous la triple agression des

carnet pratique

Restauration

• *Valeur sûre*

Champfagou – *pl. du Village - ☎ 04 93 60 68 30 - fermé nov., le soir du 15 oct. au 15 déc. - 20/26€.* Une façade rose, des hortensias, un coquet jardin, une terrasse ombragée, cette auberge villageoise a su se parer de jolis atouts. À table, c'est le régionalisme qui prévaut. Petites chambres simples aux meubles de bambou.

Hébergement

• *Valeur sûre*

Auberge de Nossi-Bé – *65 rte du Village - 06810 Auribeau-sur-Siagne - au centre du village - ☎ 04 93 42 20 20 - fermé 1er nov. au 15 déc. et mer. - 6 ch. : 46/54€ - ☕ 7,50€ - restaurant 34€.* Cette engageante auberge en pierre offre, depuis sa vaste terrasse, un joli panorama sur la vallée et les collines boisées de la Siagne. Chambres de style rustique, d'ampleur variée, mais bien tenues. Plats traditionnels.

Balade bucolique dans le Tanneron : si près de Cannes et si loin, dirait-on !

hommes (un « droit d'usage à culture » existe depuis le Moyen Âge), de la cochenille (insecte parasite, ennemi mortel du pin maritime) et des incendies. À partir de 1839, le mimosa est importé d'Australie en Europe méditerranéenne ; on signale sa présence autour de Cannes dès 1864. Depuis, il est parti à l'assaut des pentes du massif du Tanneron abandonnées par la forêt ; à l'aube du 20e s., il faisait la fortune de la région. Le mimosa a beaucoup souffert des chutes de neige et des fortes gelées des hivers 1985 et 1986.
Le mimosa appartient au genre acacia (ne pas confondre avec l'acacia commun ou robinier, qui est un « faux acacia »). Il existe de nombreuses espèces de mimosas qui se présentent sous forme d'arbustes ou d'arbres pouvant atteindre 12 m de hauteur, et qui fleurissent à des époques différentes entre novembre et mars ; le mimosa dit « des 4 saisons » fleurit même toute l'année. Le mimosa le plus répandu vit pratiquement à l'état sauvage par massifs étendus. Des milliers de tonnes de fleurs coupées du Tanneron sont expédiés annuellement dans toute la France et à l'étranger.

Floraison précoce

Par la technique du forçage : les branches coupées prématurément sont enfermées dans une chambre close (la « forcerie ») où elles passent 2 à 3 jours dans l'obscurité, à une température de 22 à 25°, avec une hygrométrie très forte.
Par l'addition d'une poudre magique diluée dans de l'eau chaude : elle provoque l'éclosion des rameaux encore en boutons.

circuit

LE TANNERON AU DÉPART DE CANNES

56 km – 1/2 journée. Quitter Cannes par l'Ouest, en direction de Fréjus, N 7. Jusqu'au carrefour du Logis-de-Paris, le parcours est décrit au circuit 2 *de l'Esterel (p. 162).*

Prendre ensuite à droite la D 237 qui offre de belles **échappées** sur le golfe de La Napoule et le mont Vinaigre. Après les Adrets-de-l'Esterel, on aperçoit les Préalpes de Grasse. On traverse le bois de Montauroux et on passe au-dessus de l'autoroute La Provençale avant de longer le lac de St-Cassien.

Avant le pont de Pré-Claou, tourner à droite dans la D 38.

Lac de St-Cassien *(voir Fayence)*

La route s'élève dans un bois de pins, offrant d'agréables **coups d'œil** sur le lac, le barrage et sur les crêtes à l'horizon.
Autour du hameau des Marjoris, le parcours sinueux s'effectue sur les versants chargés de mimosas du vallon de la Verrerie.

Avant l'entrée du village de Tanneron, prendre à droite une route étroite en forte montée.

N.-D.-de-Peygros★

Alt. 412 m. Depuis la terrasse de cette petite chapelle romane, superbe **panorama★** sur le lac de St-Cassien, la vallée de la Siagne et Grasse ; à l'Est, le mont Agel et les Alpes franco-italiennes ; au Sud, la vue porte sur l'Esterel et les Maures.

Traverser le village de Tanneron et poursuivre jusqu'au carrefour de Val-Cros. Au cours de la descente, de belles **vues** se révèlent sur Auribeau et ses abords, Grasse et la vaste dépression de la Siagne.

Miel à vendre

Pour la dégustation, suivez les indications portées sur les panneaux d'invite au bord de la route.

Auribeau-sur-Siagne★

7 km au départ du carrefour de Val-Cros. Au carrefour, prendre à gauche une route étroite et sinueuse, noyée dans les mimosas, qui traverse la jolie Siagne qui sort de ses gorges, et monte à la colline coiffée par ce charmant village. Fondé au 12e s., Auribeau fut reconstruit en 1490 par une colonie génoise.

Au fil de l'eau

Remontez le cours de la Siagne vers ses gorges par le sentier qui s'amorce sur la rive gauche au Nord d'Auribeau, en bordure de la D 38.

La porte Soubran, c'est-à-dire supérieure (16e s.), mène aux ruelles en escalier qu'il faut prendre le temps de parcourir. Les vieilles maisons restaurées se groupent autour de l'**église**, où l'on peut voir un reliquaire du 15e s. en vermeil avec émaux et un calice du 16e s. *Dim. 10h-16h, mer. 14h-16h. S'adresser à la mairie. ☎ 04 92 60 20 20.*

Les degrés descendent ensuite vers la porte Soutran, c'est-à-dire inférieure, fortifiée en plein cintre (15e s.). De la place de l'église, la **vue** porte sur les collines boisées de la Siagne, la ville de Grasse et ses montagnes, le pic de Courmettes et le plateau de Valbonne.

Revenir au carrefour de Val-Cros, continuer tout droit par la D 109 en direction de Mandelieu-la-Napoule.

Route de Mandelieu★★

La D 92 grimpe sur les pentes du massif occupées par un maquis. La descente rapide sur Mandelieu-La-Napoule, parmi les mimosas, est merveilleuse, offrant à plusieurs reprises des **vues★★** sur l'Esterel, la ville et son aérodrome, le golfe de La Napoule, Cannes et les îles de Lérins, la vallée de la Siagne, Grasse et les Préalpes ; au loin les cimes des Alpes franco-italiennes.

Mandelieu-la-Napoule *(voir ce nom)*

Retour à Cannes par le bord de mer (D 92 puis N 98).

Tende★

Française

Lorsque le comté de Nice fut rattaché à la France, le roi italien Victor-Emmanuel II réussit à conserver la haute vallée de la Roya... pour pouvoir continuer à y chasser le chamois ! Le traité de paix avec l'Italie, confirmé le 12 octobre 1947 par un plébiscite, mit un terme à cette situation : les hautes vallées de la Roya, de la Tinée et de la Vésubie furent rattachées à la France, faisant ainsi coïncider la frontière avec la ligne de partage des eaux.

Sévère avec ses hautes maisons sombres étagées de toits de lauzes, alpestre (816 m) entre montagne et rivière (la Roya), Tende compose un site★ surprenant. Commandant le principal col avec l'Italie, elle ne devint française qu'en 1947, avec La Brigue. Comme St-Dalmas, Tende est le point de départ des excursions pour la vallée des Merveilles, dont elle introduit la visite par un intéressant musée.

La situation

Carte Michelin Local 341 G3 – Schéma p. 280 – Alpes-Maritimes (06). Vieille ville bâtie sur la rive gauche de la Roya. Tende, en lacet jusqu'à son col, était l'ancienne route du sel pour Cuneo et Turin. *Av. du 16-Septembre-1947, 06430 Tende, ☎ 04 93 04 73 71.*

Le nom

Il apparaît au 11e s. pour désigner la tente ou campement qui précéda le village, au pied du col de Tende, ancien mont *Cornio* (« mont escarpé »).

Les maisons de Tende, uniformément couvertes de schiste vert de la Roya, s'étagent sous l'ombre des vestiges du château des Lascaris.

carnet pratique

RESTAURATION

• ***À bon compte***

Auberge Tendasque – *65 av. du 16-Septembre-1947 - ☎ 04 93 04 62 26 - fermé mar. soir de juin à oct. et le soir de nov. à mai sf sam. - 13/20€.* Ce petit restaurant est proche du musée des Merveilles où est retracée l'histoire archéologique et géologique de la région. La cuisine, régionale, est de qualité. Bon rapport qualité/prix.

HÉBERGEMENT

• ***Valeur sûre***

Prieuré – *06430 St-Dalmas-de-Tende - 4 km au S de Tende par N 204 - ☎ 04 93 04 75 70 - contact@leprieure.org - fermé Noël au J. de l'An - P - 24 ch. : 41,60/58,85€ - ☕ 5,65€ - restaurant 15/22€.* Ancien prieuré restauré avec goût dans un style actuel et impeccablement tenu. Chambres spacieuses, dotées de beaux meubles. Au restaurant, plats de la région à déguster dans une salle à manger voûtée donnant sur un agréable patio. Terrasse sous la treille, avec en toile de fond le mont Bego.

LOISIRS

Lucien Béranger – *☎ 04 93 04 77 85 .* Guide de haute montagne.

Les gens

1 844 Tendasques. De nouveaux sportifs ont remplacé les bergers, les chasseurs et les muletiers. Ces derniers sont encore honorés à la St-Éloi (10-11 juillet) : ils défilent avec leurs mulets richement caparaçonnés.

se promener

Vieille ville★

Les demeures, dont certaines datent du 15e s., sont souvent habillées des schistes verts et violets de la haute vallée de la Roya. Balcons à tous les étages pour profiter du soleil, larges toits débordants contre les chutes de neige, l'architecture est définie par le climat alpin. Dans le lacis des rues étroites, de nombreux linteaux armoriés ou historiés rappellent un passé glorieux. On voit, au passage, les clochers Renaissance des chapelles des Pénitents-Noirs et des Pénitents-Blancs.

RUINES

En haut de la ville, un pan de mur aigu de 20 m est le dernier vestige de la grandeur des Lascaris, comtes souverains de Vintimille-Lascaris dont Tende était le chef-lieu (jusqu'en 1575, passant à la Savoie ensuite). Le **château** fut démantelé par les Français au cours de la guerre de la Ligue d'Augsbourg (1692). Près des ruines, un curieux cimetière étagé ajoute une note d'étrangeté. De là-haut, belle **vue★** sur clochers et lauzes.

Collégiale N.-D.-de-l'Assomption

Elle aussi est en schiste vert et du début du 15e s., à l'exception d'une tour lombarde romane à coupole. Le magnifique **portail** Renaissance est constitué de deux colonnes doriques reposant sur deux lions d'inspiration romane ; l'entablement, orné des statuettes du Christ et des apôtres, est couronné par un tympan semi-circulaire où l'Assomption se détache en bas-relief. L'intérieur, qui conserve les tombes des Lascaris, est divisé en trois nefs par de grosses colonnes en schiste.
Le plafond de la sacristie est décoré de fresques et de stucs du 17e s.

visiter

Musée des Merveilles

Av. du 16-Septembre-1947, face au bâtiment des douanes. ♿ De déb. mai à mi-oct. : tlj sf mar. 10h-18h30 ; de mi-oct. à fin avr. : tlj sf mar. 10h-17h. Fermé de mi-mars à fin mars et de mi-nov. à fin nov., 1er janv., 1er mai et 25 déc. 4,55€, gratuit 1er dim. du mois. ☎ 04 93 04 32 50.

Il est incontournable, aussi bien d'un point de vue esthétique, avec les douze colonnes de sa façade ultramoderne (parvis tapissé de motifs rupestres), que d'un point de vue pédagogique, complément précieux de la randonnée autour du mont Bégo *(voir vallée des Merveilles)*. Trois thèmes sont développés : le contexte géologique régional (maquettes en relief et tables d'animation) ; l'archéologie, prépondérante, qui évoque les croyances et explique la vie quotidienne des populations des Alpes méridionales à l'âge du cuivre et à l'âge du bronze

GRAVEUR DE TOUT TEMPS

Depuis cinq mille ans, bergers, pèlerins, voyageurs, déserteurs, chasseurs ou prieurs inscrivent dans la pierre la trace de leur passage dans cette région à la fois isolée et carrefour naturel. La tradition se maintient mêlée de vandalisme, ce qui oblige les autorités à protéger davantage le site des gravures de la vallée des Merveilles.

ancien, notamment à partir de la stèle originale dite du « **Chef de tribu** » (déplacée pour cause de dégradations), de dioramas et de nombreuses vitrines d'objets ; enfin, les arts et traditions populaires de la vallée de la Roya qui décrivent la vie économique de la région, aux activités pastorales continues depuis cinq mille ans.
Le musée abrite également un centre de formation universitaire et une structure de recherche sur l'art rupestre de cette période.

circuit

Nature contrastée
En montant à Tende depuis Sospel et Breil-sur-Roya, on passe d'un paysage de rocaille et d'oliviers à celui de prairies et de pommiers, en traversant la belle **forêt de châtaigniers** de St-Dalmas-de-Tende.

St-Dalmas-de-Tende

Agréable petite station de séjour pour rayonner à pied, à cheval, à vélo ou à ski, notamment jusqu'à la vallée des Merveilles *(voir ce nom). La gare, avec son immense et luxueuse façade, rappelle qu'elle fut dans les années 1930 l'important poste-frontière de la ligne Nice-Cuneo.*

En direction de Casterino par la D 91, prendre à gauche à la sortie de St-Dalmas. La route serpente sur 5 km au milieu de châtaigniers et de pins sylvestres avant de se terminer en cul-de-sac *(garer la voiture avant les premières maisons).*

Granile

Ce charmant hameau, encerclé de montagnes, présente une belle unité de style montagnard, avec ses habitations ornées de balcons de bois, recouvertes de dalles de lauze. Impressionnante vue sur les gorges de la Roya et à l'Est sur la crête des cimes frontalières.

Abbaye du Thoronet★★

Restauration
Le Tournesol – *9 r. des Trois-Ormeaux - 4 km de l'Abbaye - ☎ 04 94 73 89 81 - fermé janv. - ⊭ - 15/17€.* Malgré la modeste taille de cette maison du 17e s., au cœur du petit village, vous serez charmé par les couleurs gaies des murs et du mobilier, par la simplicité de la cuisine et par le charme de la terrasse située dans la ruelle.

Chef-d'œuvre de pureté, la plus ancienne des trois abbayes cisterciennes de Provence (avec Sénanque et Silvacane) procure un moment de beauté et de sérénité, loin des préoccupations terrestres. Elle se cache parmi les chênes dans un site sauvage et isolé qui s'accorde bien avec la règle austère de l'ordre de Cîteaux.

La situation

Carte Michelin Local 340 M5 - Schéma p. 126 - Var (83). Entre Lorgues et le lac de Carcès. De l'A 8, sortie Le Cannet. Parking et buvette (l'été) à proximité.

Le nom

Toron ou *teron* en préceltique signifie « source jaillissante ». Outre le sens symbolique, l'abbaye s'est implantée entre une rivière et une source.

Les gens

Chant
Propice à l'exécution du chant grégorien, l'acoustique exceptionnelle de l'abbaye favorise la résonance de la voix. Pour l'apprécier, assistez à la messe du dimanche ou aux Rencontres de musique médiévale qui se déroulent durant la deuxième quinzaine de juillet dans l'abbaye et les églises alentour.

Les conférenciers des Monuments historiques sont des passeurs passionnés du message cistercien. Et le dimanche à 12h, les portes s'ouvrent à tous ceux qui désirent assister à la superbe messe chantée par les sœurs de Bethléem, voisines discrètes du lieu.

comprendre

Des origines à nos jours – D'abord installés en 1136 à Floriège, près de Tourtour, des moines venus de l'abbaye de Mazan (Ardèche) s'établirent définitivement au Thoronet, sur un domaine que leur céda Raymond-Bérenger, comte de Barcelone et marquis de Provence. L'abbaye ne tarda pas à connaître la prospérité, à la suite des

nombreuses donations qui affluèrent, notamment de la part des seigneurs de Castellane. L'église, le cloître et les bâtiments monastiques virent le jour entre 1160 et 1190. Au 14e s., le Thoronet, comme bien d'autres abbayes cisterciennes, connut peu à peu le déclin. Les révoltes internes, puis plus tard les guerres de Religion entraînèrent la défection des moines de l'abbaye qui, en 1787, fut rattachée à l'évêché de Digne. Vendue à la Révolution, puis de nouveau délaissée, elle fut rachetée par l'État en 1854. Grâce à l'intervention de Prosper Mérimée, elle échappa à la ruine.
Depuis, les travaux de consolidation et de restauration se sont succédé. Ils étaient devenus d'autant plus indispensables que l'abbaye souffrait de l'exploitation de la bauxite à proximité.

visiter

1 heure. Avr.-sept. : 9h-19h, dim. 9h-12h, 14h-19h ; oct.-mars 10h-13h, 14h-17h. Fermé 1er janv., 1er mai, 1er et 11 nov., 25 déc. 5,5€. ☎ 04 94 60 43 90.
La qualité de l'ensemble conservé (église et cloître) ainsi que la recherche de simplicité et de rigueur dont elle témoigne valent à l'abbaye du Thoronet d'être l'un des joyaux de l'architecture cistercienne de l'école romane provençale.

Église*

On est ébloui d'emblée par la pureté des lignes de l'édifice. La belle pierre blonde y contribue : finement taillée, elle présente un remarquable appareillage.
La façade occidentale est percée symétriquement de petites ouvertures : sous l'oculus, quatre baies et deux portes latérales. Les frères convers entraient dans l'église par la porte de gauche.
Sur le flanc droit de l'église, on voit un des rares **« enfeus »** extérieurs de Provence : il s'agit d'un « dépositoire » pour les morts du village.
La beauté de l'espace intérieur coupe le souffle. La hauteur, le dénuement, la pénombre, tout ici invite au silence de la méditation, à l'élévation de l'âme, loin du monde et de ses futilités.
Le plan, en forme de croix latine, ressemble étonnamment à celui de Sénanque. Les trois travées de la nef se terminent à l'Est par le chœur entouré de deux chapelles : semi-circulaires à l'intérieur et comprises dans un massif rectangulaire à l'extérieur. Le chœur, en cul-de-four, comme à Sénanque, est percé de trois baies, symbole de la Trinité. L'oculus qui le surmonte appelle le regard vers la magnifique voûte, en berceau légèrement brisé.

Concession
La présence d'un petit clocher carré en pierre constitue une exception dans les prescriptions architecturales de l'ordre cistercien, qui ne tolérait que de modestes ouvrages en bois. Il est justifié ici par la violence des vents et les risques d'incendie.

Dénuement
En respect à la règle de saint Bernard, le décor sculpté est quasiment absent de l'église, soulignant la majesté des formes. On remarque simplement l'arrondi des impostes des piliers et celui des demi-colonnes qui reçoivent les doubleaux et s'interrompent à 2,90 m du sol selon l'usage adopté par les cisterciens.

Cloître*

Une étonnante sérénité se dégage de ce monde clos qui s'ouvre sur le ciel par les toits roses, les collines de chênes verts et un unique cyprès. Dépouillement et proportions puissantes apportent ce sentiment d'équilibre. La forme trapézoïdale est justifiée par le dénivelé du terrain, compensé par sept marches.
Voûtées en parfaits berceaux sur doubleaux, les galeries offrent leur ombre et leur fraîcheur. Les murs épais sont percés en plein cintre par d'austères arcades géminées, simplement ajourées d'un oculus au tympan.
Face à la porte du réfectoire (disparu aujourd'hui), comme il se doit, le **lavabo** ou fontaine servait à la consommation d'eau. Une architecture hexagonale l'abrite, voûtée d'une coupole restaurée.

Bâtiments conventuels

Ils s'ouvrent au Nord de l'église. Au rez-de-chaussée, on trouve l'**armarium** ou bibliothèque dont la porte est surmontée d'un linteau en bâtière.

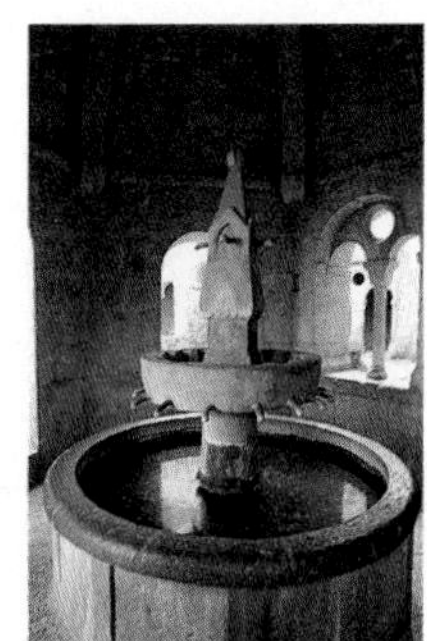

La fontaine, lieu de rencontre des moines, servait à leur ablution.

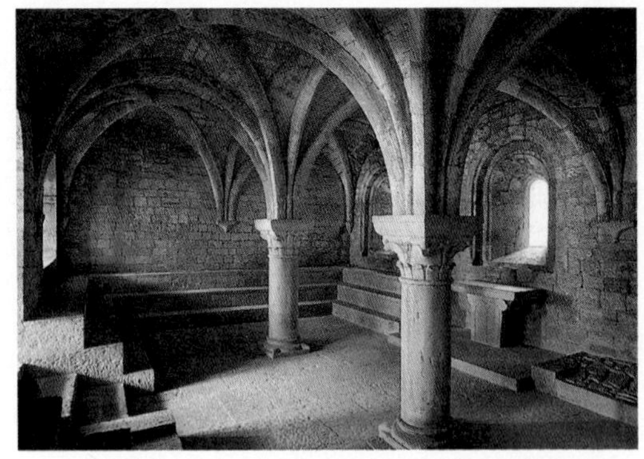

La salle capitulaire réunissait tous les matins les moines pour une lecture d'un chapitre de la règle des bénédictins.

Ornements
La salle capitulaire présente les seules sculptures de l'abbaye sur les chapiteaux des colonnes qui soutiennent les voûtes d'ogives. Feuilles d'eau (roseau ou cistel d'où vient le nom de Cîteaux), pommes de pin (vérité), branches de palmiers, main refermée sur une crosse (l'abbé est un guide comme le berger) sont autant de messages dans ce lieu où le père-abbé était élu démocratiquement.

◄ La **salle capitulaire★** consacrée à la lecture de la règle de saint Benoît (6e s.), réaffirmée par saint Bernard ; dans ce seul lieu non dévolu à la prière, on décèle une architecture plus ornementée, influencée par le premier art gothique.
À côté, le **parloir** – seul lieu où l'on pouvait parler – forme passage entre le cloître et le jardin extérieur : on y distribuait les tâches avant les travaux des champs.
Un escalier voûté dessert le **dortoir,** couvert d'un berceau brisé sur doubleaux. Il offre un accès direct à l'église, permettant aux moines de se rendre facilement aux offices de nuit et de jour. Les dix-huit baies et les pierres du sol délimitent l'espace attribué à chaque moine. L'abbé avait sa propre cellule.
Les portes au Nord donnaient sur la salle des moines, le chauffoir, le réfectoire et la cuisine.
À l'Ouest du cloître, dans le **cellier,** on produisait le vin (cuves du 18e s.) et l'huile d'olive de l'abbaye. Une belle voûte en berceau brisé le recouvre.
Le **bâtiment des frères convers** ou « lais », à l'angle Nord-Ouest du cellier, comprend le réfectoire au rez-de-chaussée et le dortoir au 1er étage. Les lais déchargeaient les moines des travaux manuels les plus contraignants, mais suivaient une règle de vie plus souple.

Bâtiments annexes

En bordure du torrent, les bases de l'ancienne **hôtellerie** ont été dégagées. Dans la **grange dîmière**, située au Sud de l'église et transformée par la suite en moulin à huile, on peut voir des meules et un mortier.

Toulon★★

Toulon est d'abord une rade★★, l'une des plus belles de la Méditerranée, qui s'arrondit majestueusement en une nappe bleu sombre bordée de bâtiments aux tons clairs, crème et rosé. Les croiseurs et frégates du port militaire ont depuis longtemps remplacé galères et forçats ; l'ombre de Vidocq a dû souvent entendre ce refrain résonner dans les petites rues du vieux Toulon : « C'est nous, les gars de la marine... »

La situation

Carte Michelin 340 K7 - Schéma p. 358 - Var (83). Le boulevard de Strasbourg et l'avenue du Gén.-Leclerc, tracés sur d'anciennes fortifications, raccordent les deux tronçons de l'A 57, laissant au Sud la vieille ville et le port, au Nord la ville moderne et les banlieues qui grimpent sur les collines. L'arsenal et le port militaire sont interdits au public.
Pl. Raimu, 83000 Toulon, ☎ 04 94 18 53 00.

Transports

Zone piétonne - Le secteur de la vieille ville délimité par la rue Anatole-France, l'avenue de la République, l'avenue de Besagne et le boulevard de Strasbourg n'est pas accessible aux véhicules de passage. Les parkings les plus vastes se situent place d'Armes, place de la Liberté et au centre Mayol.

Bus – Les lignes de la RMTT desservent Toulon et les communes voisines. Plan, horaires et billeterie au kiosque, pl. de la Liberté.

Navettes maritimes SITCAT/RMTT – *Quai Cronstadt ou 720 av. du Col.-Picot - ☎ 04 94 03 87 03.* Les localités de la Seyne-sur-Mer, des Sablettes, de Tamaris et de St-Mandrier-sur-Mer sont desservies toute l'année par des vedettes, à partir de Toulon. Ces lignes sont complètement intégrées au réseau de transport urbain de l'agglomération toulonnaise et accessibles aux mêmes tarifs que ceux en vigueur à bord des bus.

Visite

Visites guidées de la ville – Dép. de l'Office de tourisme pour découvrir la vieille ville (1h1/2). Juil.-août : mer.-ven. à 10h ; sept.-juin : mer. et ven. à 14h.

Restauration

• *À bon compte*

Al Dente – *30 r. Gimelli - ☎ 04 94 93 02 50 - spaa.aldente@wanadoo.fr - fermé dim. midi - 9,80€ déj. - 18/22€.* Une carte de pâtes et de plats italiens complétée par des menus très abordables attirent une clientèle d'habitués qui apprécie également l'atmosphère créée par la décoration contemporaine et colorée.

• *Valeur sûre*

Chez Mimi – *83 av. de la République - ☎ 04 94 24 97 42 - fermé juil. et lun. - 19,82/25,92€.* La salle à manger simplement aménagée, les tableaux traditionnels tunisiens, la gentillesse de l'accueil, l'ambiance familiale, la carte des couscous et les plats vous feront passer un chaleureux moment sans avoir à traverser la Méditerranée voisine.

L'Eau à la Bouche – *54 r. Muiron - ☎ 04 94 46 33 09 - fermé sam. midi, dim. et lun. - 22/30€.* Restaurant voisin de l'arsenal du Mourillon, sur la route de la Tour Royale. Le coquet décor est bien évidemment de style... marin ! Les suggestions du jour, présentées sur ardoise, ne manqueront pas de vous mettre l'eau à la bouche.

• *Une petite folie !*

Chez Daniel "rest. du Rivage" – *83500 La Seyne-sur-Mer - 4 km au S de La Seyne par rte de St-Mandrier et rte secondaire - ☎ 04 94 94 85 13 - fermé nov., dim. soir et lun. de sept. à juin - 36/58€.* Profitez de l'art de vivre à la provençale ! Au fond d'une petite crique, dégustez les spécialités locales : produits de la mer ou provenant du vivier attenant. Ne manquez pas dans l'une des salles la collection de vieux outils et calèches anciennes.

Hébergement

• *À bon compte*

Les 3 Dauphins – *9 pl. des Trois-Dauphins - ☎ 04 94 92 65 79 - 14 ch. : 33,54/38,11€ - ☕ 4,12€.* Les fenêtres de ce sympathique hôtel tout juste rénové s'ouvrent sur une minuscule place où trône un buste de Raimu. Décoration réussie dans les chambres, petites mais illuminées par de jolies couleurs ensoleillées. Accueil charmant.

• *Valeur sûre*

Grand Hôtel Dauphiné – *10 r. Berthelot - ☎ 04 94 92 20 28 - grandhoteldauphine@wanadoo.fr - 55 ch. : 38,11/48,78€ - ☕ 6,10€.* Cet hôtel central est un point de départ idéal pour découvrir à pied les ruelles enchevêtrées de la vieille ville. Les chambres, égayées de tissus imprimés et bien tenues, restent avant tout fonctionnelles.

New Hôtel de l'Amirauté – *4 r. A.-Guiol - ☎ 04 94 22 19 67 - 58 ch. : 60,98/65,55€ - ☕ 10€.* Bien situé au centre-ville, cet hôtel vous permettra de concilier affaires et tourisme si vous en avez le temps. Dans un décor qui s'inspire de celui des grands navires de croisière, ses chambres fonctionnelles sont bien insonorisées.

Val'Hôtel – *Av. René-Cassin, ZA Paul Madon - 83160 La Valette - sur A 57 sortie 5, derrière Leroy-Merlin, ZA de Toulon-la-Valette - ☎ 04 94 08 38 08 - P - 42 ch. : 49€ - ☕ 6€ - restaurant 7/15€.* L'environnement verdoyant, les chambres spacieuses et colorées, toutes avec balcon ou terrasse, et les tarifs attractifs du week-end font vite oublier la proximité d'une sortie d'autoroute.

Temps d'un verre

Bar à Thym – *32 bd de Cunéo - ☎ 04 94 41 90 11 / 04 94 41 90 10 - www.barathym.com - lun. : 18h-1h, mar.-sam. 18h-3h ; mai-sept. : 18h-5h - fermé 24 et 31 déc., 1er janv.* Le bar incontournable de la ville. Ses bières sont une référence : la carte en compte une centaine, dont douze pressions. Ses concerts (mardi-mercredi-jeudi) sont très appréciés. Un DJ se charge de l'animation musicale les autres soirs. Soirées à thème vendredi et samedi.

La Lampa – *117 quai de Sinse - ☎ 04 94 03 06 09 - avr.-oct. : 10h-1h ; nov.-mars : mar.-dim. 10h-1h - fermé lun. oct. à mai.* Un grand comptoir dans ce bar. La clientèle est variée. Terrasse donnant sur le port. Toute l'année, le Lampa organise des soirées à thème.

Le Tigre – *Sommet du mont Faron - ☎ 04 94 88 08 00 - juin-sept. : tlj 9h30-22h ; oct.-mai : tlj 10h-18h.* Une vue d'exception depuis ce café-restaurant qui, juché sur le Mont Faron, domine la rade de Toulon. La famille de Souza (propriétaire du zoo) occupe les lieux depuis avril 2000 et se

La partie de cartes de Pagnol, place Raimu.

fera un plaisir de vous guider dans votre contemplation de la plus belle rade d'Europe. Accueil chaleureux. Commentaires et jumelles à disposition.

SORTIES

Comme toute vraie ville, Toulon grouille de monde. Sa rade (la plus belle d'Europe), ses salles de spectacles et ses nombreux organismes de loisirs en font un centre d'activités touristiques, culturelles et sportives. Les soirées y sont animées, grâce à ses nombreux bars et restaurants.

Café-Théâtre – *Pl. Armand-Vallée - ☎ 04 94 92 99 75 - selon le calendrier des manifestations - fermé juin-sept.* Ce café-théâtre organise toute l'année des concerts (jazz, clarinette), des pantomimes et des spectacles comiques.

Opéra de Toulon – *Bd de Strasbourg - ☎ 04 94 92 70 78 / 04 94 93 03 76 - lun.-ven. 9h-12h30, 14h30-18h30, soirs de spectacle - fermé août.* Construit en 1862, l'Opéra de Toulon est la deuxième salle de France en terme de capacité et d'acoustique. La saison 2001-2002 est composée d'opéras (*Norma, La Somnabule, Manon, La Traviata, Don Giovanni*...), d'opérettes (*Valses de Vienne, La Veuve Joyeuse, La Belle Hélène*...), de ballets (*La Belle au Bois Dormant, Don Quichotte*...) et de pièces de théâtre.

Zénith-Oméga – *Bd Cdt Nicolas - Pl. des Lices - ☎ 04 94 22 66 77 - selon le calendrier des manifestations. 9h-13h, 14h-19h.* Des spectacles variés ont lieu dans cette grande salle : variétés, concerts, pièces de théâtre... Mais également des salons.

ACHATS

Spécialités – Escabèche de sardine, « pompe à l'huile » (galette dure, huilée et parfumée à la fleur d'oranger). On déguste le *chichi-fregi* (beignet sucré) et la *cade* (galette de pois chiche, cousine de la *socca* niçoise) devant les étals du marché Lafayette.

Rues commerçantes – Rues d'Alger, Jean-Jaurès, Hoche et place Victor-Hugo.

Marché – Cours Lafayette (tous les jours sauf lundi).

Centre Mayol – Supermarché, FNAC, toutes les boutiques habituelles.

Côté Tissus – *8 r. de la Fraternité - ☎ 04 94 46 37 92 - mar.-sam. 9h-12h, 14h30-19h - fermé j. fériés.* Charmante boutique proposant tissus, nappes, boutis et autres articles typiquement provençaux. L'un des murs comporte un arceau, précieux témoin du cours d'eau qui passait autrefois en ces lieux.

Les Navires de la Royale – *30 r. des Riaux - ☎ 06 11 18 55 61 - lun.-sam. 9h-12h, 14h-18h.* À voir absolument ! Jean-Michel Delcourte est un artiste passionné de bateaux, dont il réalise ou restaure les maquettes : bâtiments de la Marine nationale, navires, voiliers... Il se fera un plaisir de tout vous raconter sur la vie de ses bateaux.

La Santonnerie – *92 R. Alphonse-Daudet - 83220 Le Pradet - ☎ 04 94 75 04 35 - 9h-12h, 15h-19h.* Santons.

Moulin de St-Côme – *Quartier St-Côme - 83740 La Cadière-d'Azur - ☎ 04 94 90 11 51.* Huiles d'olives, spécialités régionales, tissus d'art. Visite gratuite du pressoir à huile et dégustation d'huile d'olive.

Le nom

Issu de *Telo Martius* (« poste rouge »), nom du site romain lié à une manufacture impériale de pourpre (teinture rouge fabriquée à partir de la glande d'un coquillage, le murex).

Les gens

L'agglomération compte 519 640 habitants. On appelle « moccots » les Toulonnais d'origine. De Raimu à Bécaud en passant par Mayol, ils furent nombreux à mener carrière dans le spectacle.

Des murs peints illustrent la marine marchande (rue du Noyer), la construction navale et les filles à matelots (rue Micholet), sans oublier le créateur de Viens Poupoule, *Félix Mayol (avenue Franklin-Roosevelt).*

comprendre

Les galères – À partir du 17e s. et jusqu'en 1748, les voyageurs de passage à Toulon ne manquent pas d'aller admirer les galères amarrées dans la Darse Vieille : majestueux bâtiments aux voiles triangulaires, décorés par les maîtres sculpteurs et peintres de l'arsenal, elles glissent puissamment à la surface de l'eau. Les milliers de galériens ont, eux, une autre vision de la chose. Il faut quatre hommes pour chacun des 25 ou 26 avirons d'une galère : malfaiteurs variés, esclaves turcs, condamnés politiques, huguenots, « volontaires » conduits là par la misère. Ils ne quittent leur place ni pour manger, ni pour dormir.

Bagnard à Toulon – En 1748, la suppression des galères transforme le galérien en forçat, employé à la construction navale ou à l'entretien de la rade. Enchaîné en permanence à un autre condamné, il porte un bonnet rouge (peine limitée), vert (perpétuité) ou brun (déserteur)

Napoléon au siège de Toulon en 1793. Image d'Épinal.

et occupe ses rares loisirs à fabriquer de menus objets à vendre. Le bagne de Toulon a compté jusqu'à 4 000 forçats. Quoique les bagnes soient transférés aux colonies (Guyane et Nouvelle-Calédonie) dès 1854, celui de Toulon ne ferme définitivement qu'en 1874. De cet endroit sinistre où Victor Hugo et Balzac ont fait évoluer les personnages antithétiques de Jean Valjean et de Vautrin, il ne reste qu'un pan de mur dans l'arsenal.

Les premières armes de Bonaparte – Le 27 août 1793, Toulon est livré par les royalistes à une flotte anglo-espagnole. Une armée républicaine accourt. L'artillerie est sous les ordres d'un petit capitaine au nom obscur de Bonaparte. Entre la Seyne et Tamaris, les Anglais construisent un ouvrage si puissant qu'on lui donne le nom de « petit Gibraltar », et où s'élève aujourd'hui le fort Carré ou Napoléon. Une batterie est installée face au fort anglais. Elle subit un feu terrible et ses servants fléchissent. Le jeune Corse fait planter un écriteau sur lequel on peut lire : « Batterie des hommes sans peur ». Aussitôt, les volontaires affluent. Bonaparte donne l'exemple : il pointe et manie l'écouvillon. Le petit Gibraltar est pris le 17 décembre. La flotte étrangère s'enfuit après avoir incendié les navires français, l'arsenal, les magasins de vivres et embarqué une partie de la population. Tandis que Bonaparte est fait général de brigade, Toulon frise la destruction. La Convention renonce, au dernier moment, à ce projet, mais débaptise la ville en signe d'opprobre : pour un temps, elle s'appellera « Port la Montagne ».

Le sabordage de la flotte de la Méditerranée – C'est le 27 novembre 1942 que la flotte française, bloquée dans le port de Toulon par son commandement, choisit de se saborder pour ne pas tomber aux mains de l'armée allemande en train d'envahir la « zone libre ».
75 bâtiments, privés par le gouvernement de Vichy des moyens d'appareiller, se sabordent. Parmi les rescapés, plusieurs sous-marins dont le *Casabianca* qui assurera la liaison entre les Forces françaises libres et la Corse. Les épaves demeureront sur place pendant le restant du conflit. À la Libération, le nettoyage de la rade prendra dix années au cours desquelles seront enlevées près de 400 000 tonnes de ferraille.

se promener

DE LA GARE À L'ARSENAL 1

Place de la Liberté

Au cœur du Toulon moderne trône la fontaine de la Fédération, œuvre du sculpteur Allar inaugurée en 1889 pour le centenaire de la République. En arrière-plan, la façade du cinéma mord sur celle, très 19e s., du Grand Hôtel, dernier vestige des constructions de la Belle Époque toulonnaise. Au Sud de la place, le défilé incessant des bus rythme le trafic du boulevard de Strasbourg.

Sérénité à la tombée du jour sur la rade de Toulon.

LE PETIT RAIMU ILLUSTRÉ
Le Marseillais des films de Pagnol était toulonnais ! Jules Muraire, dit Raimu (1887-1947), est né **6 rue Anatole-France**. La partie de cartes de *César* est peinte **place Victor-Hugo** (où se trouve aussi la statue du comédien) et sculptée **place Raimu**.

Place Victor-Hugo

Un peu plus loin sur le même boulevard apparaît l'une des façades du théâtre de Toulon, une des plus belles salles de province, construite en 1862. Faire le tour pour profiter plus de l'autre façade, immaculée, donnant sur la place et des terrasses de café.

Place d'Armes

Colbert l'avait conçue pour la revue des troupes. Elle s'appelait alors « champ de Bataille ». La bourgeoisie toulonnaise et les officiers en partance en firent le lieu de rendez-vous à la mode, avec kiosque à musique, cafés, restaurants et siège de grands quotidiens locaux comme *Le Petit Marseillais*. Aujourd'hui, l'endroit est plus calme.

Corderie

Au Sud de la place d'Armes. Domaine militaire fermé au public. L'ancienne fabrique de cordage de la Marine, conçue par Vauban, est longue de 320 m. La **porte★**, ornée d'allégories de la Loi et de la Force, date de 1689, mais provient de l'ancien séminaire des jésuites. Elle a été plaquée sur la façade en 1976.

DANS LA VIEILLE VILLE★ 2

La vieille ville enchevêtre ses ruelles entre les rues Landrin *(au Nord)* et Anatole-France *(à l'Ouest)*, et le cours Lafayette *(à l'Est)*, soit le tracé des fortifications de l'époque Henri IV. Jadis, Chicago, le « quartier réservé » était un des hauts-lieux de la vie nocturne des ports de la Méditerranée. Rénové progressivement depuis 1985, le vieux Toulon, avec ses placettes et ses fontaines vaut toujours la promenade.

Entrer place de l'Amiral-Senès et tourner à droite dans la rue Notre-Dame.

Église St-Louis

Belle façade néoclassique (fin 18e s.), assez inattendue ici. L'intérieur est à l'avenant : trois nefs à double colonnade dorique et une coupole à lanternon, soutenue par dix colonnes corinthiennes et ornée d'une frise de rinceaux.

Continuer dans la rue Vezzani. La reproduction d'une **proue de navire** du 18e s. semble jaillir d'un mur, en hommage aux constructions navales. *Gagner la place Puget.*

DÉTOUR
La curieuse **fontaine** de la place du Globe évoque le bagne de Toulon.

Fontaine des Trois-Dauphins

La place Puget, ombragée et nantie de nombreuses terrasses, s'orne depuis 1780 de cette curieuse fontaine-jardin due à deux artistes toulonnais et à mère Nature : la végétation a comblé les vasques et les fameux dauphins disparaissent sous la mousse, les fougères, un figuier, un néflier et un laurier-rose ! C'est un buste de Raimu qui occupe, un peu plus haut, la minuscule place des Trois-Dauphins. *Descendre par la rue Hoche.*

Rue d'Alger

La principale artère, modernisée, de la vieille ville, débouche sur la Darse Vieille. Place Lambert, remarquez la rue de la Glacière (passages privés voûtés).

Tourner à gauche dans la rue Seillon puis suivre la rue de la Fraternité.

Église St-François-de-Paule

Tlj sf dim. 10h-12h, 15h-18h. ☎ *04 94 93 15 56.*

Construite en 1744 par les récollets, elle évoque le baroque niçois par sa façade rose doublement cintrée et son clocher génois.

Rebrousser chemin jusqu'à la rue Méridienne.

De la place à l'Huile (jadis lieu d'un marché aux huiles), on atteint la place de la Poissonnerie ; les dernières halles au poisson, hauts lieux du verbe toulonnais, ont été détruites en 1988.

Remonter sur la droite par les rues Pressence, Brunetière ou des Boucheries.

Cathédrale Ste-Marie

La belle façade classique date des agrandissements du 17e s. Le clocher est encore plus récent (1740). L'intérieur, plutôt sombre, associe roman et gothique, les architectes du 17e s. ayant voulu respecter les lignes de l'édifice primitif (11e s., restauré au 12e s.).
En arrivant ou en sortant, remarquez la rue des Boucheries et ses traces d'ambiance médiévale.

Continuer vers le cours Lafayette et sortir de la vieille ville par la rue Garibaldi.

Porte d'Italie

Porte bastionnée construite en 1790. C'est l'unique vestige des fortifications de Toulon.

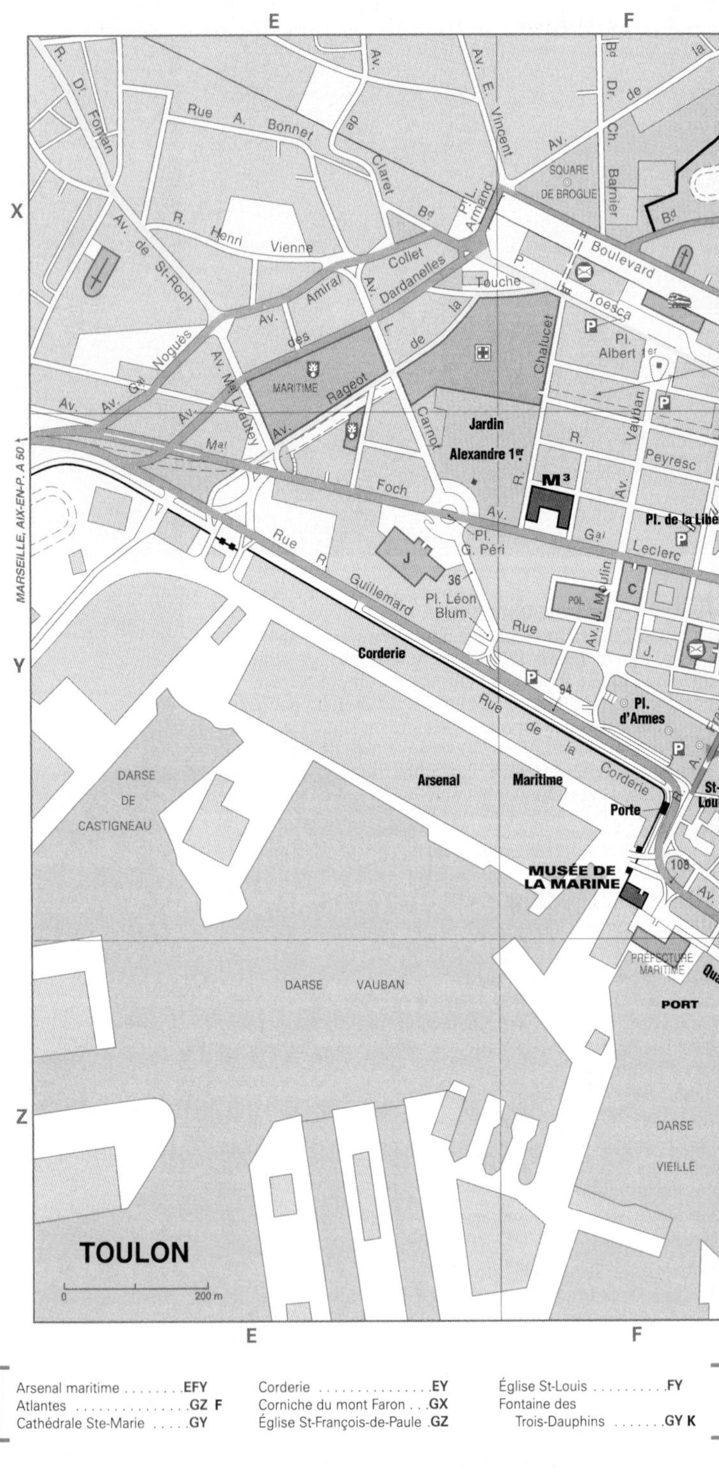

Arsenal maritime . . . . EFY
Atlantes . . . . GZ **F**
Cathédrale Ste-Marie . . . . . GY
Corderie . . . . EY
Corniche du mont Faron . . . GX
Église St-François-de-Paule . GZ
Église St-Louis . . . . FY
Fontaine des Trois-Dauphins . . . . GY **K**

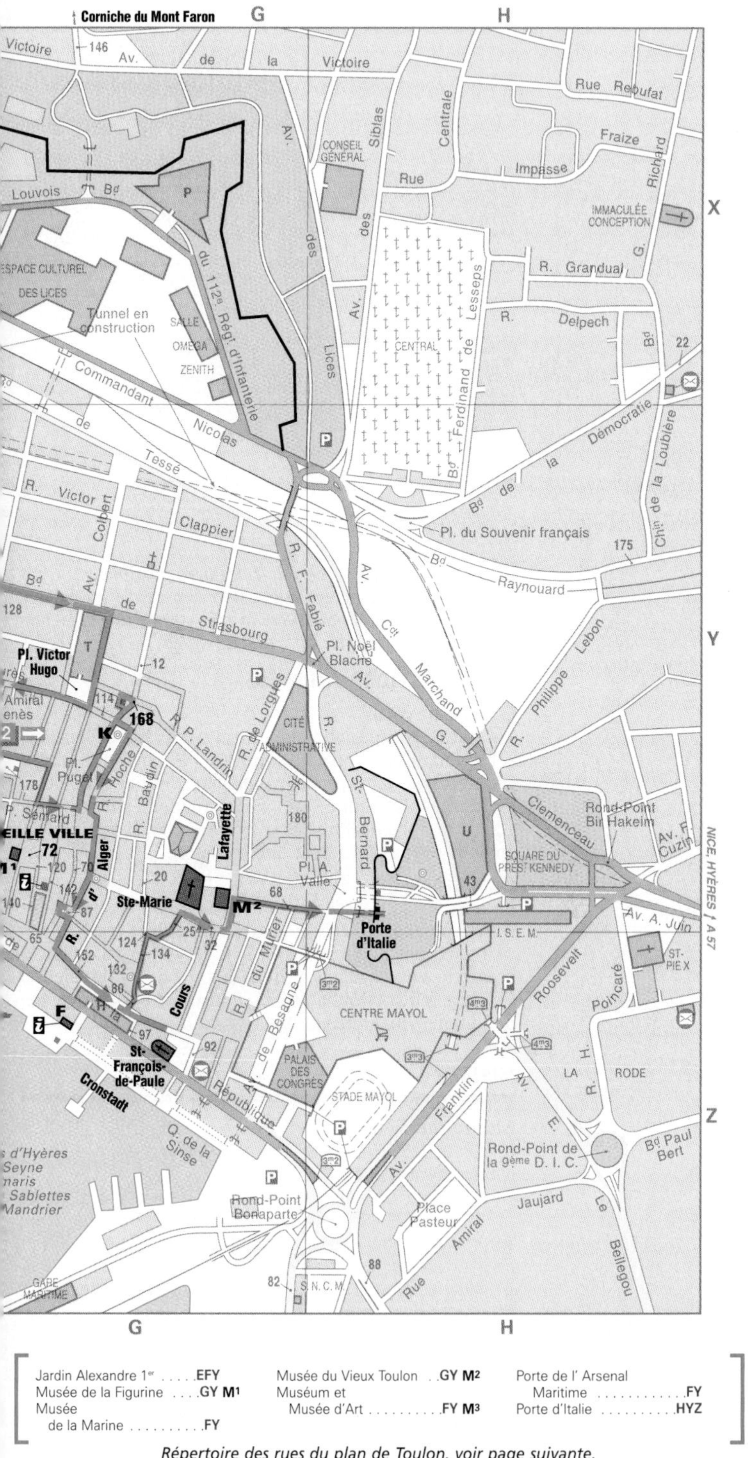

Jardin Alexandre 1er . . . . .**EFY**	Musée du Vieux Toulon . .**GY M2**	Porte de l' Arsenal Maritime . . . .**FY**
Musée de la Figurine . . . .**GY M1**	Muséum et Musée d'Art . . . .**FY M3**	Porte d'Italie . . . .**HYZ**
Musée de la Marine . . . .**FY**		

Répertoire des rues du plan de Toulon, voir page suivante.

Répertoire des rues du plan de Toulon

Albert 1er (Pl.) . . . . **FX**
Alger (R. d') . . . . **GY**
Amiral Senès (Pl.) . . . . **GY**
Anatole-France (R.) . . . . **FY**
Armes (Pl. d') . . . . **FY**
Baudin (R.) . . . . **GY**
Bernard (R. Saint) . . . . **HY**
Bert (Bd. Paul) . . . . **HZ**
Berthelot (R.) . . . . **GY** 12
Besagne (Av. de) . . . . **GZ**
Bir-Hakeim (Rd-pt) . . . . **HY**
Blache (Pl. Noël) . . . . **HY**
Blum (Pl. Léon) . . . . **EY**
Bonaparte (Rond-Point) . . . **GHZ**
Bonnet (R. A.) . . . . **EX**
Bony (R. A.) . . . . **EX**
Boucheries (R. des) . . . . **GY** 20
Bozzo (Av. L.) . . . . **HX** 22
Brunetière (R. F.) . . . . **GYZ** 25
Carnot (Av. L.) . . . . **EXY**
Cathédrale (Traverse de la) . **GYZ** 32
Centrale (R.) . . . . **HX**
Chalucet (R.) . . . . **FXY**
Churchill (Av. W.) . . . . **EY** 36
Clappier (R. Victor) . . . . **GY**
Clemenceau (Av. G.) . . . . **HY**
Colbert (Av.) . . . . **GY**
Collet (Av. Amiral) . . . . **EX**
Claret (Av. de) . . . . **EX**
Corderie (R. de la) . . . . **EFY**
Cronstadt (Quai) . . . . **FGZ**
Cuzin (Av. François) . . . . **HY**
Dardanelles (Av. des) . . . . . **EXY**
Daudet (R. Alphonse.) . . . . . **HY** 43
Delpech (R.) . . . . **HX**
Démocratie (Bd de la) . . . . . **HY**
Dr. Barnier (R.) . . . . **FX**
Dr. Fontan (R.) . . . . **EX**
Fabié (R. François) . . . . **GHY**
Foch (Av. Mar.) . . . . **EY**
Fraize (Impasse) . . . . **HX**
Gambetta (Pl.) . . . . **GYZ** 65
Garibaldi (R.) . . . . **GY** 68
Glacière (R. de la) . . . . **GY** 70
Globe (Pl.du) . . . . **GY** 72
Grandval (R.) . . . . **HX**
Guillemard (R. G.) . . . . **EY**
Hoche (R.) . . . . **GY**
Huile (Pl. à l') . . . . **GZ** 80
Infanterie de Marine
(Av. de l') . . . . **GZ** 82
Italie (Porte d') . . . . **HYZ**
Jaujard (R. Amiral) . . . . **HZ**
Jaurès (R. Jean) . . . . **FGY**
Juin (Av. Alphonse.) . . . . **HY**
Lafayette (Cours) . . . . **GYZ**
Lambert (Pl. Gustave) . . . . . . **GY** 87
Landrin (Cours) . . . . **GY**
Landrin (R. P.) . . . . **GY**
Lattre de Tassigny
(Av. Mar. de) . . . . **HZ** 88
Le Bellegou (Av. E.) . . . . **HZ**
Lebon ((R. Philippe) . . . . **HY**
Leclerc (Av. Gén.) . . . . **EFY**
Lesseps (Bd Ferdinand. de) **HXY**
Liberté (Pl. de la) . . . . **GY**
Lices (Av. des) . . . . **GHX**
Lices (Chemin. des) . . . . . . **HX**
Lorgues (R. de) . . . . **GY**
Loubière (Chemin. de la) . . . **HY**
Louis-Blanc (Pl.) . . . . **GZ** 92
Louvois (Bd) . . . . **FGX**
Lyautey (Av. Mar.) . . . . **EXY**
Magnan (Av. Gén.) . . . . **FY** 94
Marchand (Av. Cdt) . . . . **HY**
Méridienne (R.) . . . . **GZ** 97
Micholet (Av. V.) . . . . **FY** 102
Monsenergue
(Pl. Ingénieur-Gén.) . . . . . **FY** 108
Moulin (Av. Jean) . . . . **FY**
Muraire (R. Jules) . . . . **GY** 114
Murier (R. du) . . . . **GYZ**
Nicolas (Bd Cdt) . . . . **FGX**
Noguès (Av. Gén.) . . . . **EX**
Notre-Dame (R.) . . . . **GY** 118
Noyer (R. du) . . . . **GY** 120
Orfèvres (Pl. des) . . . . **GYZ** 124
Pasteur (Pl.) . . . . **HZ**
Pastoureau . . . . **GY** 128
Péri (Pl. Gabriel) . . . . **EY**
Peyresc (R.) . . . . **FY**
Poincaré (R. H.) . . . . **HZ**
Poissonnerie (Pl. de la) . . . . **GZ** 132
Pressensé (R. F. de) . . . . . . **GZ** 134
Puget (Pl.) . . . . **GY**
Rageot de la Touche (Av.) . **EXY**
Raimu (Pl.) . . . . **GY** 140
Raynouard (Bd) . . . . **HY**
Rebufat (R.) . . . . **HX**
République (Av. de la) . . . . **FGZ**
Riaux (R. des) . . . . **GY** 142
Richard (Bd G.) . . . . **HX**
Roosevelt (Av.Franklin) . . . . **HZ**
Saint-Roch (Av.) . . . . **EX**
Sainte-Anne (Bd) . . . . **GX** 146
Seillon (R. H.) . . . . **GZ** 152
Sémard (R. P.) . . . . **GY**
Siblas (Av. des) . . . . **HX**
Sinse (Quai de la) . . . . **GZ**
Souvenir Français (Pl. du) . . **HY**
Strasbourg (Bd de) . . . . **GY**
Tessé (Bd de) . . . . **GXY**
Toesca (Bd P.) . . . . **EFX**
Trois Dauphins (Pl. des) . . . **GY** 168
Vallée (Pl. A.) . . . . **HY**
Vauban (Av.) . . . . **FXY**
Vert coteau (Av.) . . . . **HY** 175
Vezzani (Pl. César) . . . . **GY** 178
Victoire (Av. de la) . . . . . . **FGX**
Victor-Hugo (Pl.) . . . . **GY**
Vienne (R. H.) . . . . **EX**
Vincent (Av. E.) . . . . **EFX**
Visitation (Pl. de la) . . . . . **GHY** 180
9e D.I.C. (Rond-Point de la) . **HZ** 188
112e Régt d'Infanterie
(Bd du) . . . . **GXY**

Revenir sur ses pas et choisir entre trois possibilités : tranquille, remonter le cours Lafayette vers la ville moderne ; aquatique, le redescendre vers le port ; aventureuse, retraverser la vieille ville au hasard des ruelles....

LES QUARTIERS ANIMÉS

Cours Lafayette

Bécaud a chanté le marché qui se tient chaque jour sur cette voie qu'on appelait autrefois « le pavé d'amour ». La mercerie, la fripe et les gadgets tiennent les deux extrémités, les fruits et légumes règnent sur le reste. Olives, herbes de Provence, figues de Barbarie pour la couleur, verbe aussi haut que coloré.

Quai Cronstadt

Le port fut bombardé pendant la Seconde Guerre mondiale. Aujourd'hui, un rideau d'immeubles, guère harmonieux, des années 1950, cache la vieille ville. Sur le quai, cafés et magasins attirent la foule des promeneurs. C'est de là qu'on embarque pour la visite ou la traversée de la rade *(voir « découvrir »)*.

visiter

Musée du Vieux Toulon

69 cours Lafayette. Tlj sf dim. 14h-17h45. Fermé j. fériés. Gratuit. ☎ 04 94 62 11 07.

Installé dans une maison du 17e s. (ancien évêché) ; les marches de l'escalier sont couvertes de tomettes. Impressionnante collection de plaques de cheminées (ce qui restait des maisons bombardées en 1943-1944) et d'autres souvenirs de l'ancien Toulon, de sa vie quotidienne et des grandes occasions.

Muséum

9h30-12h, 14h-18h, w.-end 13h-18h. Fermé j. fériés. Gratuit. ☎ 04 94 36 81 10.

Il occupe l'aile droite d'un édifice de style Renaissance, l'aile gauche est réservée au musée d'Art.

Belles collections de minéralogie et d'animaux naturalisés, des oiseaux principalement. L'accueil est confié à une célébrité locale, le tigre Clem, ancienne mascotte du porte-avions *Clemenceau*, né au mont Faron *(voir « alentours »)*, mort de vieillesse.

Musée d'Art

13h-18h30. Fermé j. fériés. Gratuit. ☎ 04 94 36 81 00.
Une grande salle expose des tableaux des écoles flamande, hollandaise, italienne et française (16e-18e s.), et ► un fonds du 19e s. où figurent des œuvres de peintres provençaux comme le paysagiste toulonnais Vincent Courdouan. Un vaste choix de peintures et de sculptures contemporaines est exposé par roulement, en attendant le futur musée d'Art contemporain de Toulon.

À BOIRE !
À côté du musée d'Art, dans le **jardin Alexandre Ier**, le buste de *Puget*, par Injalbert, et la bien nommée *fontaine du Buveur*, par Hercule, se cachent parmi les cèdres, palmiers et magnolias.

Musée de la Figurine

Pl. du Globe. Fermé au public.
Dans des bains douches désaffectés, 3 000 figurines illustrent dans des dioramas la campagne d'Égypte. Indispensable pour les fans des soldats de plomb et du général Bonaparte. Les autres peuvent s'en dispenser.

Quai Cronstadt, les célèbres Atlantes★ de Pierre Puget, sauvés des bombes, soutiennent le balcon de la mairie d'honneur : l'un est fort, l'autre, fatigué.

découvrir

LA MARINE MILITAIRE

Port★

La construction de la Darse Vieille commence sous le règne de Henri IV, aux frais de Toulon, qui la finança par une taxe de 25 % sur l'huile. L'arsenal militaire, destiné à construire et réparer la flotte royale, est créé par le cardinal de Richelieu. C'est pour l'arsenal que Vauban creuse la Darse Neuve, de 1680 à 1700, et c'est encore l'arsenal qui bénéficie de plusieurs agrandissements successifs (annexe du Mourillon, darses de Castigneau, de Missiessy) au 19e s.
Aujourd'hui, la Darse Vieille est consacrée au transport de voyageurs (vers les îles d'Hyères, la Corse, la Sardaigne) et à la plaisance. Le port de commerce occupe l'anse de Brégaillon, du côté de La Seyne-sur-Mer.

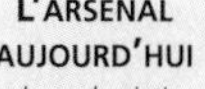

L'ARSENAL AUJOURD'HUI
C'est la base logistique des bâtiments de la Marine nationale opérant en Méditerranée. En chiffres : plus de 250 ha, 10 km de quais et 30 km de routes, environ 12 000 employés, civils pour la moitié. La zone de la Force d'action navale est interdite au public. Seule solution pour les curieux : engagez-vous !

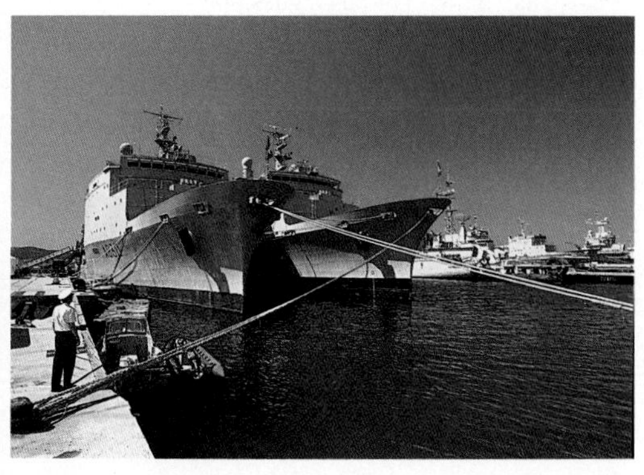

Depuis Richelieu, si le bois a cédé la place à l'acier, Toulon reste le havre privilégié de la « Royale ».

Tour Royale

De mi-juin à fin sept. : 10h-18h30 ; oct.-mai : sur demande. Fermé nov., 1er janv., 1er mai et 25 déc. 4,60€. ☎ 04 94 02 02 01.

Ouvrage défensif (murs épais de 7 m à la base), la Grosse Tour, ou tour de la Mitre, fut construite au début du 16e s. et servit surtout de prison. Aujourd'hui, c'est le Musée naval. Du chemin de ronde, beau **panorama★** sur Toulon, le mont Faron, les rades et la côte, de la presqu'île de Giens au cap Sicié.

Tour de la rade en bateau★

De mi-avr. à fin oct. : circuit commenté (1h) dans la rade matin et ap.-midi. Embarcadère : quai Cronstad, côté préfecture maritime. 8€. Réservations : SNRTM, 1247 rte du Faron. ☎ 04 94 62 41 14.

On sort de la Darse Vieille pour explorer la Petite Rade et longer (de loin) les installations militaires, surtout les bassins Vauban. Parmi les bâtiments visibles : chasseurs de mines, transporteurs de péniches de débarquement, remorqueurs au pied de la vigie, frégates lance-missiles, navires ravitailleurs, voire un porte-avions ou la silhouette sombre et effilée d'un sous-marin. Dans le cimetière marin, les navires en fin de carrière attendent leur « désossage » au chalumeau.

Le bateau passe devant le port de commerce, l'institut IFREMER, l'ex-chantier naval de la Seyne. Les forts de l'Éguillette et de Balaguier encadrent les parcs à moules de la corniche de Tamaris. Le circuit se termine par la côte de St-Mandrier, elle aussi colonisée par la marine, et la digue déchiquetée qui protège la Petite Rade. Tout au long de la promenade, magnifiques **vues★** sur Toulon, couché de tout son long entre la mer et les montagnes.

La monumentale porte de l'Arsenal, construite au 18e s. reflète l'importance accordée à la marine de guerre.

Musée de la Marine★

De déb. avr. à mi-sept. : 10h-18h30 ; de mi-sept. à fin mars : tlj sf mar. 10h-12h, 14h-18h. Fermé de mi-déc. à fin janv. et 1er mai. 4,6€. ☎ 04 94 02 02 01.

On entre par l'ancienne **porte de l'Arsenal** (18e s.). Quatre colonnes encadrant des trophées d'armes supportent le fronton ; à gauche, statue de Mars, à droite, statue de Minerve. À l'intérieur, deux niveaux retracent le passé et le présent de la marine de guerre à Toulon : *Vue du port* d'après J. Vernet, spectaculaires maquettes de la frégate *la Sultane* et du vaisseau *Duquesne* (18e s.), curieuse torpille « écorchée », rutilant tableau de manœuvres du porte-avions *Clemenceau*. Des cordages aux cadrans...

séjourner

Conseil
Le parking du Mourillon est payant l'été. Allez-y en bus ! Les lignes 3, 13 et 23, pour le Mourillon, ou 7 et 23, pour les anses, vous déposent à la plage.

Plage du Mourillon

À l'Est, le long du littoral Frédéric-Mistral, entre le fort St-Louis et la base nautique. Postes de secours. Restaurants, sanitaires. La grande plage (artificielle) de Toulon, séparée de la route par un vaste jardin, est constituée de quatre arrondis de sable fin, de graviers ou d'un mélange des deux, selon les endroits. Pente douce vers la mer et baignade abritée par des digues.

La vertigineuse descente du Mont Faron sur Toulon : un spectacle que vous ne serez pas près d'oublier !

Plages des anses Méjean et Magaud

Du Mourillon, suivre la direction La Garde-Le Pradet. À l'entrée de La Garde, le chemin de la Mer mène à deux plages de sable naturelles, les anses Magaud *(à gauche)* et Méjean *(à droite).*

alentours

Mont Faron★★★

Le massif calcaire du mont Faron (alt. 584 m) domine Toulon. La montée est l'occasion de découvrir de belles **vues★** sur la ville, les rades, St-Mandrier, le cap Sicié et Bandol. À quelques pas du parking démarre le **sentier des Crêtes**, agréable promenade balisée *(plan à l'Office du tourisme de Toulon).* Du fort de la Croix-Faron, belle vue sur la côte, la presqu'île de Giens, Bandol. Une centaine de mètres au Nord du fort, vue sur les Alpes de Provence.

On ne visite pas

Les passionnés se feront une raison. Certains forts de Toulon, domaines militaires, sont fermés au public : forts St-Antoine et de la Croix-Faron (mont Faron), fort du Lieutenant-Girardon (mont Coudon), forts St-Louis et du cap Brun, (de part et d'autre du Mourillon).

Téléphérique du mont Faron★ – *Gagner le boulevard Ste-Anne puis suivre les panneaux « Téléphérique du mont Faron ». Gare de départ av. Perrichi. En cas d'affluence, laisser la voiture à gauche en contrebas de la station. Juil.-août : tlj sf lun. 9h30-19h45 ; de mi-juin à fin juin et de déb. sept. à mi-sept. : tlj sf lun. 9h30-19h ; de déb. juin à mi-juin et de mi-sept. à fin-sept. : tlj sf lun. 9h30-12h, 14h-18h30 ; avr.-mai et oct. : tlj sf lun. 9h30-12h, 14h-18h ; nov.-mars : 9h30-12h, 14h-17h30. Fermé déc.-janv. et 1er mai. 5,8€ AR, billet combiné avec le zoo 9,5€ (enf. : 4€ et 5,5€). ☎ 04 94 92 68 25.*

Montée (et descente !) spectaculaires : si vous êtes sujets au vertige, fermez les yeux ; sinon profitez de la vue sur la ville et la rade, et aussi sur les pentes, habitées, puis assez vertes, puis franchement caillouteuses et peu accueillantes. La terrasse de la station d'arrivée n'est ouverte qu'aux consommateurs, mais on aura une vue agréable sur la route d'accès au mont Faron, une dizaine de mètres à gauche.

Musée-mémorial du Débarquement en Provence★ – ♿ *Juil.-sept. : 9h45-12h45, 13h45-18h30 (dernière entrée 1h av. fermeture) ; mai-juin : tlj sf lun. 9h45-12h45, 14h-18h ; oct.-avr. : tlj sf lun. 9h45-12h45, 13h45-17h30. 3,80€. ☎ 04 94 88 08 09.*

Installé dans la tour Beaumont, construite entre 1840 et 1845, le musée commémore la libération du Sud-Est de la France par les Alliés en août 1944. Les premières salles présentent des souvenirs des combattants dans la région lors de la Libération : Anglais, Américains, Canadiens, Français, Allemands. Un diorama (12mn) met en scène la libération de Toulon et de Marseille. Dans la salle de cinéma sont projetés des documents filmés lors du débarquement (15mn).

Tour d'horizon

Sur le paysage, du haut de la terrasse *(accessible avec la visite du musée)* : superbe **vue★★★** sur Toulon, la rade, la Méditerranée, les îles et les montagnes alentour *(trois tables d'orientation).*

Zoo – ♿ *Mai.-sept. : 10h-18h30 ; oct.-mars : 14h-17h30. 7€ (enf. : 5€). ☎ 04 94 88 07 89.*

Centre de reproduction d'espèces menacées, spécialisé dans les fauves : panthère des neiges, ocelot, caracal. On y trouve également singes, ours, hyènes et lémuriens.

La Garde

9 km par la D 29 à l'Est, en direction de la Valette. Aujourd'hui banlieue industrielle de Toulon, cette petite cité a ouvert un **musée Jean-Aicard** dans la maison où l'auteur de *Maurin des Maures* recevait amis et disciples. *Visite guidée (1h) mar., jeudi, ven., les 1er et 2e w.-end du mois 14h-18h. Fermé j. fériés. Gratuit. ☎ 04 94 14 33 78*

Solliès-Ville

15 km au Nord-Est. Quitter Toulon par l'A 57. Sortie La Farlède puis direction Solliès-Ville par la D 67. On entre dans Solliès-Pont (grand producteur de figues) avant de monter à Solliès-Ville, qui domine la plaine. Sur l'**esplanade de la Montjoie**, ruines du château des Forbin, seigneurs de Solliès, et **vue★** sur la vallée du Gapeau et les Maures.

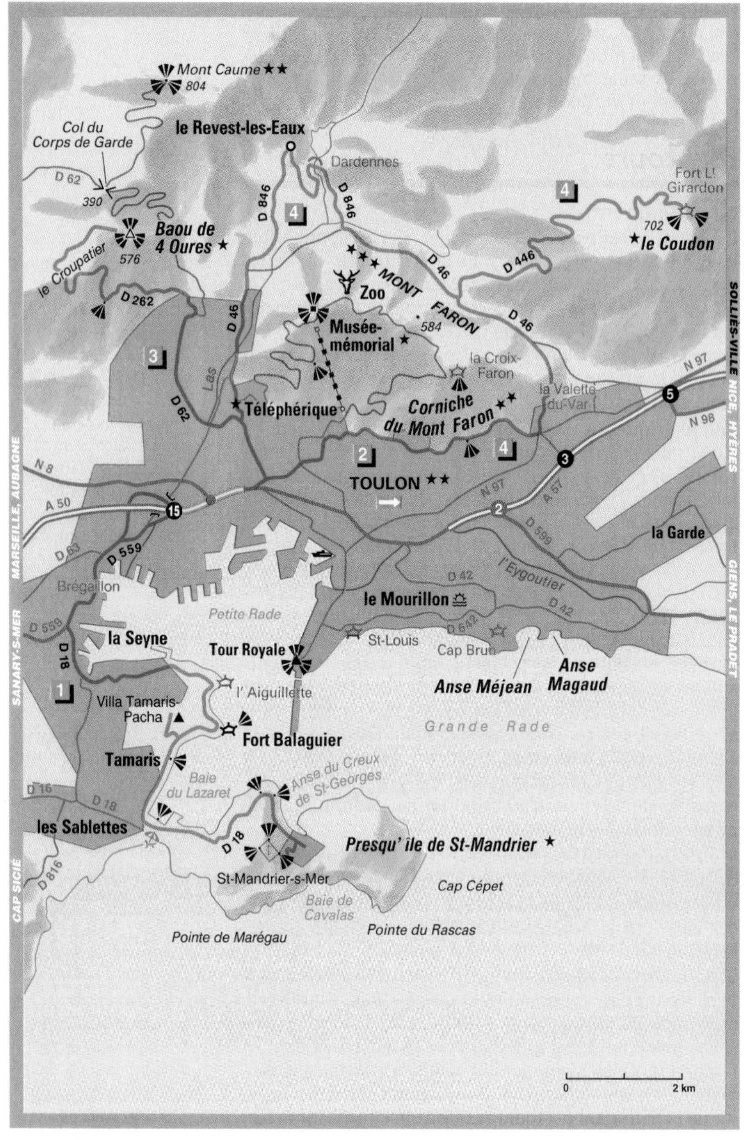

L'**église**, une ancienne salle capitulaire, abrite, au maître-autel, un curieux monolithe qu'on suppose être un ciborium (15e s.). *S'adresser à la maison Jean-Aicard.* On visite (ici aussi !) la **maison de Jean Aicard** (1848-1921), ainsi qu'un musée du vêtement provençal. *Visite guidée (1h) mar., jeu., ven. et les 1er et 3e w.-end du mois 14h-18h. Fermé 1er janv., lun. Pâques, 1er mai, 14 juil., 1er nov. et 25 déc. Gratuit. ☎ 04 94 33 72 02.*

circuits

La région de Toulon comprend des zones militaires dont l'accès est strictement interdit au public.

TOUR DE LA RADE EN VOITURE★★ 1

17 km au Sud – environ 1h1/2. Quitter Toulon par l'autoroute A 50, puis la D 559, et tourner à gauche vers La Seyne.

Petit frère de feu le pont transbordeur de Marseille, le pont roulant des chantiers navals de La Seyne a, lui, été conservé.

La Seyne

Port de pêche et de plaisance, autrefois connu pour ses chantiers des Constructions navales et industrielles de la Méditerranée, créés en 1856 et qui construisaient des bâtiments pour la marine marchande et la flotte de guerre. L'ancien pont roulant à l'entrée des chantiers a été conservé.

Une petite baie, limitée par les forts de l'Éguillette et de Balaguier construits au 17e s. pour verrouiller, avec la tour Royale, l'entrée de la Petite Rade, donne une vue d'ensemble sur la Petite Rade, Toulon, le Faron et le Coudon.

Lumière
C'est en fin d'après-midi que vous bénéficierez du meilleur éclairage.

Fort Balaguier

De mi-juin à mi-sept. : tlj sf lun. 10h-12h, 15h-19h ; de mi-sept. à mi-juin : tlj sf lun. 10h-12h, 14h-18h. Fermé janv. 2€. ☎ 04 94 94 84 72.

En 1793, ce fort aux murs épais de 4 mètres fut repris aux Anglais par un jeune commandant nommé Bonaparte. Aujourd'hui, outre un aperçu du confort très relatif dont bénéficiait la garnison, on y trouve un **musée naval** (maquettes de vaisseaux, souvenirs napoléoniens, peintures de la région toulonnaise) et, dans la chapelle (17e s.), des objets et des documents sur le bagne et les galères.

Tour de garde
Du chemin de ronde, très belles **vues**★ sur St-Mandrier, Toulon et la rade. Charmant jardin, agrémenté d'un bassin et d'une volière où se promène un paon.

Tamaris

Agréable petite station ombragée, étalée au flanc d'une colline, avec une belle vue sur la presqu'île de St-Mandrier. Elle se développa à partir des années 1880 sous l'impulsion du maire de Sanary, « Michel Pacha », mais ne s'est jamais imposée durablement. Il reste de cette époque la **villa Tamaris Pacha**, somptueuse demeure à l'italienne que Michel Pacha fit construire pour sa femme, avant d'arrêter les travaux à la mort de celle-ci, assassinée en 1893. Inhabitée pendant un siècle, la maison, située dans un beau parc, accueille aujourd'hui des expositions d'art contemporain. ♿ *Tlj sf lun. 14h-18h. Gratuit. ☎ 04 94 06 84 00.*

En bordure de la baie du Lazaret, une belle villa mauresque, autre création de Michel Pacha, abrite l'Institut de biologie marine de l'université de Lyon. Côté mer, des cabanes sur pilotis jalonnent les parcs à moules.

Les Sablettes

Longue plage de sable fin tournée vers le large, le long de l'isthme reliant le continent à St-Mandrier. Les maisons néoprovençales, construites après la guerre, sont de l'architecte Fernand Pouillon.

Presqu'île de St-Mandrier★

La côte sur la rade est largement occupée par la base aéronavale et les écoles des mécaniciens et nageurs de combat de la Marine, domaine militaire isolé de la route par un mur. Les plages et quartiers résidentiels se trouvent sur le versant tourné vers le large. Le Creux St-Georges abrite un joli petit port.

Au sommet
Beaux **panoramas**★★ sur le cap Sicié *(prendre la route du cimetière à droite en montée à l'entrée de St-Mandrier)* et la rade de Toulon *(depuis le cimetière franco-italien).*

CORNICHE DU MONT FARON★★ 2

1/2h en voiture. Gagner la corniche par le pont de Ste-Anne, l'avenue de la Victoire et le boulevard Ste-Anne à gauche.

La magnifique corniche Marius-Escartefigue donne la meilleure **vue★** d'ensemble des rades de Toulon : la Petite Rade entre le Mourillon et La Seyne, la Grande Rade limitée au Sud par la presqu'île de St-Mandrier, à l'Est par le cap Carqueiranne ; plus loin encore, le golfe et la presqu'île de Giens. Sans oublier, bien sûr, la vieille ville, le port et les faubourgs adossés à la montagne.

BAOU DE QUATRE-OURES★ 3

11 km au Nord-Ouest – environ 1h. Quitter Toulon par l'avenue St-Roch. Tout droit, puis à gauche dans l'avenue des Routes. Place Macé, prendre à droite la D 62 (avenue Clovis-Hugues), puis 4 km plus loin, à gauche dans la D 262.

Après 3 km, une plate-forme procure une magnifique **vue★★** sur Toulon et sa rade ainsi que sur la côte. *Au-delà, la route étroite qui conduit au sommet (4 km) traverse un champ de tir.*

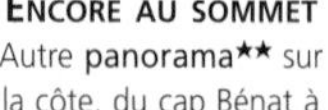

ENCORE AU SOMMET
Autre **panorama★★** sur la côte, du cap Bénat à La Ciotat, et sur l'intérieur, de la Ste-Baume aux Maures.

LE COUDON★ 4

36 km – environ 1h1/2. Quitter Toulon par le pont de Ste-Anne, l'avenue de la Victoire et le boulevard Ste-Anne à gauche, puis la corniche Marius-Escartefigue à droite. Au bout, prendre à gauche l'avenue Canaillette qui mène à la D 46, puis tourner à droite dans la D 446, route du Coudon, étroite et en forte montée.

Le Coudon★

Alt. 702 m. Il apparaît d'abord tout entier, dominant la plaine de la Crau. La route traverse une pinède puis une région plantée d'oliviers, et atteint la garrigue peuplée de chênes verts ; la **vue★** s'élargit jusqu'à l'entrée du fort du Lieutenant-Girardon, d'où le regard embrasse toute la côte, de la presqu'île de Giens à l'ancienne île de Gaou près du Brusc.

Revenir à la D 46 et prendre à droite. 2,5 km plus loin, la D 846 atteint Le Revest-les-Eaux, en passant à hauteur d'un barrage de retenue.

Le Revest-les-Eaux

Charmant vieux village ombragé, construit au pied du mont Caume et dominé par une « tour sarrasine ». Château du 17e s. occupé par une auberge. L'église est de la même époque.

Rentrer à Toulon par le vallon du Las (D 846) qui s'ouvre entre le Faron et le Croupatier.

Tourrettes-sur-Loup★

C'est le pays des violettes, cultivées sur les « planches » d'oliviers. Mais c'est surtout un ravissant village, bâti au bord d'un à-pic de pierre et de verdure, vision saisissante qu'on découvre depuis la route de Vence. Un rempart de maisons, étroites et hautes sur leur socle de roche, dissimule les ruelles du village où il est particulièrement agréable de s'adonner à la flânerie.

Tourrettes, la cité de la violette...

La situation

Carte Michelin Local 341 D5 – Alpes-Maritimes (06). En saison, laisser la voiture sur le parking à l'entrée du village en venant de Vence (à la sortie en venant de Grasse) et regagner le village à pied (ou par la navette gratuite). Belle **vue★** en prenant la route des Quenières, qui prolonge la route St-Jean. Hors saison, vous n'aurez aucun mal à vous garer sur la place... mais le parking est payant...

5 rte de Vence, 06140 Tourrettes-sur-Loup, ☎ 04 93 24 18 93.

Le nom

Histoire de tour, bien sûr. Le latin *turris alta* (« tour » ou « point d'observation élevé ») a donné Tourrettes, complété en « lès-Vence » ou « de-Vence », puis « sur-Loup » depuis 1894.

Les gens

3 870 Tourrettans et quelques visiteurs célèbres, comme Francis Poulenc qui y acheva en 1955 son opéra le *Dialogue des Carmélites*. Nombre d'autochtones quant à eux cultivent la violette pour les fleuristes, confiseurs et parfumeurs : il n'y a pas de véritable crèche sans une Tourrettane au bouquet de violettes !

se promener

Vieux village★

Prendre la porte à beffroi, dans l'angle Sud de la place.
Restauré et habité par des artisans, artistes et restaurateurs, c'est une succession de ruelles, de passages parfois voûtés, de petits escaliers où somnolent des chats. Un charme fou ! La Grand'Rue traverse le village et aboutit de l'autre côté de la place, mais, en cours de route, on peut descendre le long du chemin de ronde planté de figuiers de Barbarie, profiter d'un large **panorama★** *(table d'orientation)* et jeter un coup d'œil au château (expositions en saison).
Sur la place, l'**église** abrite un triptyque du 15e s. dont la facture évoque l'école des Bréa : saint Antoine entre saint Pancrace et saint Claude.

Chapelle St-Jean

Sur demande à la mairie. ☎ 04 93 59 30 11.
Au Nord du village, la route St-Jean conduit à cette chapelle décorée en 1959 de fresques naïves par Raphaël Soupault.

carnet pratique

Visite

Visite guidée de la ville – Elle est proposée par l'Office de tourisme.

Restauration

• Valeur sûre

Le Médiéval – *☎ 04 93 59 31 63 - fermé 15 déc. au 15 janv., mer.. soir et jeu. - 16/29,70€.* En déambulant dans les ruelles de ce village typique, vous découvrirez le restaurant et sa longue salle rustique. À l'étage, une terrasse longe l'arrière de la vieille maison. Des menus sans surprise, à des prix abordables.

Auberge de Tourrettes – *11 rte de Grasse - ☎ 04 93 59 30 05 - info@aubergedetourrettes.fr - fermé 6 janv. au 5 fév. et 25 nov. au 4 déc. - 26,80€ déj. - 49,55€.* Maison rose aux volets verts dont la belle salle à manger ensoleillée et la terrasse offrent un large panorama sur la vallée. Dans l'assiette, les plats du marché sont à l'honneur. Pour prolonger l'étape, quelques jolies chambres provençales.

Hébergement

• Valeur sûre

Chambre d'hôte Mas des Cigales – *1673 rte des Quenières - 2 km de Tourrettes rte de St-Jean - ☎ 04 93 59 25 73 - fermé 30 oct. au 25 mars - ⊭ - 5 ch. : 92€.* Le plus dur est de quitter cette belle villa entourée d'un jardin. De la terrasse qui borde la piscine, vous découvrirez, en contrebas, une petite cascade, le tennis et la mer dans le lointain. Confortables, les chambres sont joliment aménagées. Accueil délicieux.

Achats

Confiserie des Gorges du Loup – *Pont-du-Louo - ☎ 04 93 59 32 91 - 9h-12h, 14h-18h30.* Fruits confits, confitures d'agrumes, fleurs cristallisées, confits de fleurs à la rose, au jasmin et à la violette, chocolats et bonbons, fabriqués sur place. Visite guidée de la confiserie

Tourtour★

Site unique pour humer l'air frais depuis sa crête boisée de chênes et de pins, entre deux châteaux, de vieilles rues blotties sur elles-mêmes et une place où il fait bon contempler le panorama infini sur la côte. Tourtour est l'un de ces bouts du monde où le temps semble s'être arrêté... hors saison !

La situation

Carte Michelin Local 340 M4 - Var (83). À l'Est, le village résidentiel de **St-Pierre-de-Tourtour** a été créé de toutes pièces par Beaumont, le concepteur des Issambres, dans un beau cadre forestier.

Av. des Ormeaux, 83690 Tourtour, ☎ *04 94 70 54 36.*

Le nom

La racine préceltique *tur* signifie « point culminant ». Et comme il est très culminant...

Les gens

472 Tourtourains. En 1638, Anne d'Autriche a semé sur son passage des ormeaux sur la place. Celle-ci est aujourd'hui plantée de deux gros oliviers et de platanes qui, avec les restaurants et la terrasse où se disputent des parties de boules, font toute l'animation du village.

Isolée à l'extrémité Sud-Est de la crête, l'église St-Denis date du 11e s., mais a été très remaniée au siècle dernier.

se promener

Village★

Religieusement
Au 12e s., des moines cisterciens fondèrent à Tourtour l'abbaye de Florielle *(au Sud-Est)*, avant de s'installer au Thoronet. Quelques vestiges subsistent près de l'actuelle **chapelle de Florielle**.

Médiéval à souhait avec ses vestiges de fortifications, ses maisons restaurées avec goût et ses ruelles étroites et en pente qui communiquent par des passages voûtés et se rejoignent sur la place centrale.

Depuis celle-ci, le passage sous voûte conduit à la **tour de l'Horloge** puis au musée des Fossiles, installé dans un ancien moulin. À gauche, on atteint les ruines du vieux château du 12e s. En poursuivant sur 1 km, on rejoint une tour médiévale de deux étages, la **tour Grimaldi**. Remarquer à droite, au bord de la route en montée, un charmant lavoir.

De l'autre côté de la place, la mairie occupe l'ancien château des Raphelis, solide bâtisse du 16e s. cantonnée de tours en poivrière.

Point de vue★

De l'esplanade devant l'église, on découvre un immense et splendide **panorama★** (table d'orientation) sur les dépressions de l'Argens et du Nartuby. La vue s'étend jusqu'aux Maures à l'Est et à la Ste-Baume, la montagne Ste-Victoire et au Lubéron à l'Ouest.

carnet pratique

Hébergement

• *Valeur sûre*

Auberge St-Pierre – *3 km à l'E de Tourtour par D 51 et rte secondaire - ☎ 04 94 70 57 17 - fermé 14 oct. au 28 mars - P - 16 ch. : 70,50/91€ - ☕ 8,50€ - restaurant 23/34€.* Séjour nature garanti dans cette demeure régionale isolée sur un domaine de 90 ha. Non loin du joli village de Tourtour, vous goûterez au calme de la campagne dans ses chambres sobrement meublées. Pour les adeptes du sport : piscine, tennis, VTT, fitness...

Achats

La Ferme de Tourtour – *Rte de Villecroze - ☎ 04 94 70 56 18 - claude.catrice@wanadoo.fr - fermé j. fériés.* Terrines, plats cuisinés, tapenade, anchoïade, confitures, coulis de fruits, spécialités provençales.

Marché – Mercredi, samedi, pl. des Ormeaux.

visiter

Musée des Fossiles

♿ *De mi-juin à mi-sept. : 15h-18h ; de mi-sept. à mi-juin : visite guidée sur demande à l'Office de tourisme. 1,6€. ☎ 04 94 70 59 47 ou 04 94 70 56 06.*

Intéressante présentation de fossiles provenant de la région. On y remarque des œufs de dinosaure, des ammonites, grandes ou déroulées, et des empreintes de fossiles.

L'ancêtre

L'ammonite, fossile de mollusque à coquille enroulée, abonde dans les terrains secondaires (130 millions d'années).

Moulin à huile

♿ *De mi-juin à mi-sept. Se renseigner à l'Office de tourisme. ☎ 04 94 70 59 47.*

Ce moulin communal possède 3 pressoirs. En période de production, à l'automne, 5 000 litres d'huile sortent de ses cuves, et démontrant l'importance de la tradition oléicole dans la région. L'été, le moulin abrite un autre genre d'huiles : celle des peintures qui y sont exposées.

Ce moulin à huile fonctionne depuis le 17e s. pour le bonheur de habitants de Tourtour.

La Turbie★

La Turbie est avant tout l'endroit où s'élève l'un des deux seuls trophées romains qu'ait conservés le ▶ monde moderne : un site archéologique majeur. Mais sa position sur la grande corniche, à 480 m d'altitude, en fait aussi un point de vue splendide et imprenable sur la côte, surtout le soir, quand s'illuminent Monaco et Monte-Carlo.

Pour comparer

Il n'y a qu'un seul autre trophée érigé à la gloire d'Auguste. Il se trouve à Adamklissi (Roumanie), à 150 km de Bucarest.

La situation

Carte Michelin Local 341 F5 - Schémas p. 286 et 302 - Alpes-Maritimes (06). La Turbie est située au point culminant de la via Julia Augusta, qui conduisait de Gênes à Cimiez, à 450 m juste au-dessus de Monaco, sur le promontoire de la Tête de Chien. Le Trophée est visible de loin.

Le nom

Le « Trophée d'Auguste » a donné son nom, *Tropea Augusti*, déformé, à la ville qu'il a fait naître.

Les gens

Les 3 021 habitants doivent le trophée et, disons-le, leur existence en tant que Turbiasques à une décision du Sénat et du peuple romains, rien que cela, prise en l'an 6 avant J.-C.

se promener

Départ avenue Charles-de-Gaulle.

À la **fontaine** de l'avenue Charles-de-Gaulle, construite au 19e s., aboutit l'aqueduc romain remis en service à la même époque. En bas, au Sud-Ouest de la **place Neuve**, belle **vue**★ sur tout le littoral jusqu'aux Maures.

Rue Comte-de-Cessole

C'est l'ancienne via Julia Augusta, qui passe sous le portail de l'Ouest, entre deux rangs de demeures médiévales. À droite, gravés sur une pierre d'angle de maison, les vers que Dante consacra à La Turbie. Une autre inscription précise que la ville figurait sur l'itinéraire d'Antonin : liste de villes-étapes (avec distances intermédiaires) sur les grandes routes de l'Empire romain.

Église St-Michel-Archange

Éclairage : 1re chapelle à droite en entrant. Bel exemple de baroque niçois : façade légèrement concave à deux étages, clocher à coupole en tuiles vernissées et plan ellipsoïdal. À l'**intérieur**★, la nef et les chapelles, voûtées en berceau sur de hauts pilastres, sont couvertes de fresques et de stucs. Table de communion (17e s.) en onyx et agate, maître-autel en marbre polychrome provenant de l'abbaye de St-Pons à Nice, où il servit, sous la Révolution, au culte de la Raison.

Nombreux tableaux : dans la chapelle à gauche du chœur, *Pietà* (école des Bréa), *Saint Marc écrivant l'Évangile* (attribué à Véronèse) ; dans la 1re chapelle de droite, *Sainte Dévote* (attribué à Ribera) ; dans la 2e chapelle, *Marie Médiatrice* (école de Murillo), *Flagellation* dans la manière de Rembrandt.

Revenir dans la rue de Cessole.

En haut de la montée, coup d'œil sur le trophée. Redescendre vers la **rue Droite** qui emprunte aussi le tracé de la via Julia vers l'Italie, avant de passer sous le portail Est. De là, après un détour sur les **terrasses**, remonter vers l'avenue Charles-de-Gaulle.

PLEIN LES YEUX

Des **terrasses**, splendide **panorama**★★★ sur la principauté de Monaco, la côte italienne, le cap Martin, Èze, le cap Ferrat, l'Esterel, les hauteurs de la corniche, le vallon du Laghet, le mont Agel.

visiter

Trophée des Alpes★

De mi-juin à mi-sept. : 9h30-19h ; de déb. avr. à mi-juin : 9h30-18h ; de mi-sept. à fin mars : tlj sf lun. 10h-17h. Fermé 1er janv., 1er mai, 1er et 11 nov., 25 déc. 4€. ☎ *04 93 41 20 84.*

Vénéré pendant l'Antiquité, puis mutilé et dépouillé de son décor, il fut converti en ouvrage fortifié à l'époque féodale, d'où une relative conservation. Louis XIV le fit miner, sans parvenir à une totale destruction. Exploité

Le monument, vénéré pendant la paix romaine, célèbre les conquêtes décisives de leur principal auteur, Auguste.

ensuite comme carrière, notamment pour l'église de la Turbie, il n'était plus qu'une tour ruinée entourée de décombres, avant la restauration menée de 1929 à 1933 par l'architecte Jules Formigé et financée par le mécène américain Edward Tuck.

UN TROPHÉE POUR AUGUSTE

À la mort de César, la Gaule et l'Espagne sont romaines, mais les peuplades insoumises des Alpes contrarient la communication entre Rome et ses possessions transalpines. **Auguste** entreprend alors une série de campagnes (25-14 avant J.-C.), auxquelles il participe sans doute en personne, aidé de Drusus et Tibère. Il en résulte de nouvelles provinces, faisant la liaison entre l'Italie, la Gaule et la Germanie : parmi elles, les « Alpes maritimes », avec Cimiez pour capitale.

Monument – Une grande partie de la ruine a été laissée intacte ; les arcatures aveugles au sommet datent du Moyen Âge. Construit surtout en belle pierre blanche de la Turbie, le trophée mesurait 50 m de haut (35 m aujourd'hui) et 38 m de long. Des escaliers accèdent à tous les niveaux. Le soubassement carré portait un petit étage en retrait, puis une colonnade dorique circulaire, avec des niches abritant les statues des généraux ayant pris part aux campagnes. Une coupole conique à degrés servait de piédestal à une colossale statue d'Auguste, peut-être flanquée de deux captifs.

C'ÉTAIT ÉCRIT

Une face du soubassement portait une immense dédicace à Auguste et l'énumération des 44 peuples soumis. Elle a été reconstituée grâce à une citation de Pline. C'est la plus longue inscription lapidaire connue de l'Antiquité romaine.

Musée – Plans, dessins, photos retracent l'histoire du trophée et de sa restauration (maquette). Également des bornes milliaires, inscriptions, fragments du Trophée, moulages, documents sur les autres monuments romains en Europe.

Forêt de Turini★★

Son nom évoque fraîcheur et dépaysement pour les habitants de la côte. À 25 km de la mer, elle est en effet boisée d'une étonnante végétation nordique. Depuis les pins maritimes et les chênes au Sud, on monte parmi les hêtres, les châtaigniers et les érables, et surtout, les magnifiques sapins et épicéas grands de plus de 35 m au Nord. Entre 1 500 et 2 000 m règne le mélèze. L'ensemble représente une forêt de 3 500 ha étalés entre les vallées de la Vésubie et de la Bévéra.

La situation

Carte Michelin Local 341 F4 – Schéma p. 286 – Alpes-Maritimes (06). Du col de Turini, plusieurs routes invitent à rayonner dans la région, point incontournable pour passer de la vallée de la Bévéra à la vallée de St-Martin-Vésubie. Accès à la haute vallée de la Tinée.

Le nom

Turin ? Certes, certes, la route qui franchit le col de Turini y conduisait... Mais pourquoi ne pas y voir tout simplement la racine pré-indo-européenne *tur-* qui signifie « rocher » ou « montagne » ?

Les gens

À part les loups, et, plus fréquemment, quelque bouquetin égaré, on y rencontre en hiver les concurrents du rallye de Monte-Carlo dans l'une des épreuves chronométrées les plus difficiles. Même sans neige, vous comprendrez bientôt pourquoi !

Lors du passage du rallye de Monte-Carlo, finie la quiétude des sous-bois pour les habitants naturels de la forêt.

circuits

L'AUTHION★★ 7

18 km au départ du col de Turini - environ 3/4h - schéma p. 286.

Depuis le col de Turini, la route de l'Authion (D 68), au milieu des sapins et des mélèzes, parcourt un paysage de montagnes de plus en plus grandiose à mesure qu'on s'élève. À 4 km du col, un monument aux morts fait face à un **panorama★** étendu.

POUR NE PAS SE PERDRE EN HIVER
Un circuit d'interprétation est aménagé, qui facilite une meilleure compréhension des paysages traversés quand les routes sont obstruées par la neige, parfois jusqu'au printemps.

Monument aux morts

Le massif de l'Authion fut à deux reprises le théâtre d'opérations militaires. En 1793, les troupes de la Convention se battirent contre les Austro-Sardes. En avril 1945, la 1re DFL livra de durs combats avant d'en déloger les Allemands.

Près de là se rejoignent les extrémités de la boucle formée par la D 68 que l'on prend à droite.

Après les Cabanes Vieilles, casernes endommagées en 1945, on traverse les alpages des Vacheries par de très belles **vues★** sur la vallée de la Roya.

À la hauteur d'un monument, emprunter à droite une piste qui mène en 500 m à une plate-forme où l'on peut faire demi-tour.

Pointe des Trois-Communes★★

Un merveilleux **panorama★★** se découvre du haut de ses 2 082 m, sur les cimes du Mercantour et des Préalpes de Nice.

Revenir à la D 68, et, au monument aux morts, reprendre la route de l'aller.

VALLON DE STE-ÉLISABETH★ 7

18 km au départ du col de Turini - environ 1h - schéma p. 280.

La D 70 s'insinue entre la cime de la Calmette et la tête du Scoubayoun, surplombant le profond vallon où coule la petite Ste-Élisabeth, affluent de la Vésubie.

Enchâssé dans un écrin de cimes bleutées, le village de Bollène-Vésubie reste une étape appréciée dans la traversée du massif de Turini

Gorges de Ste-Élisabeth

Très sauvages, elles sont creusées dans des roches aux plis violemment redressés.

Peu après un tunnel, dans un coude de la route, s'arrêter près de la chapelle.

Point de vue de la chapelle St-Honorat*

De la terrasse, le beau village perché de la Bollène s'aperçoit tout près ; au-delà, la vallée de la Vésubie, de Lantosque à Roquebillière ; au Nord, les cimes du Mercantour.

La Bollène-Vésubie

Elle domine agréablement une forêt de châtaigniers, au pied de la cime des Vallières. Ses rues concentriques montent vers l'église, serrées de demeures du 18e s.

Par de nombreux lacets, on descend vers la vallée de la Vésubie (voir ce nom) et la D 2565 qui rejoint Nice, offrant des vues plongeantes.

Image pastorale du temps qui semble figé sur les hauteurs de l'Authion.

ROUTE DU COL DE BRAUS** 7

76 km au départ du col de Turini – compter la journée – schéma p. 280.

Jusqu'à Peïra-Cava, la D 2566 traverse la partie la plus dense et la plus verte de la forêt de Turini. À flanc de pente, elle offre de belles **vues** sur la vallée de la Vésubie et son cadre de montagnes.

Peïra-Cava*

Charmante station d'été et d'hiver boisée de conifères, ce véritable belvédère (1 450 m) se situe sur une arête étroite entre les vallées de la Vésubie et de la Bévéra, d'où l'on a une vue quasi aérienne sur la région.

À la sortie de la station, une route à droite (à angle aigu) mène à une plate-forme de stationnement. De là, faire 50 m à pied jusqu'à un escalier, à gauche.

Pierre Plate**

Après la pierre creuse *(cava)*, la pierre plate ! Mais qu'importe, puisque le **panorama**** y est tout aussi splendide *(table d'orientation)*.

Revenir à la D 2566, toujours en forêt, et prendre à la Cabanette la route de Lucéram (D 21) qui descend en lacets très serrés, offrant des **vues*** magnifiques de tous côtés. Soudain changement de décor : on quitte la forêt de sapins pour un paysage d'oliviers, laissant sur la gauche la route pittoresque qui rejoint le col de Braus par le col de l'Orme.

Lucéram* *(voir ce nom)*

À partir de Lucéram, la D 2566 descend la vallée du Paillon jusqu'à L'Escarène.

L'Escarène *(voir Nice, « circuits »)*

La D 2204 au Nord de L'Escarène remonte le torrent de Braus. Jusqu'à Sospel, elle n'est qu'une étonnante suite de lacets escaladant les Préalpes niçoises. ▶

À SAVOIR

La route du col de Braus, qui relie les vallées du Paillon et de la Bévéra, est un tronçon de l'ancienne route du Piémont, de Nice à Turin.

On traverse **Touët-de-l'Escarène**, coquet petit village avec une église baroque.
On quitte les oliviers ; le paysage se dénude et fait place à une garrigue de genêts.

Clue de Braus

Courte mais impressionnante, elle s'ouvre après le village de Touët. Du hameau de St-Laurent, on peut accéder à la cascade de Braus (*1/4h AR*) après avoir laissé la voiture au parking du restaurant où, au retour, vous vous serez reposé avant d'attaquer les 16 lacets répartis sur 3 km.
Tandis que l'on s'élève, la **vue★** s'étend progressivement à l'observatoire de Nice dont on aperçoit la coupole blanche au sommet du mont Gros et jusqu'à la mer dans laquelle se découpent le cap d'Antibes et le massif de l'Esterel.

Col de Braus

Alt. 1 002 m. Quel soulagement de voir d'en haut les lacets tourmentés qu'on vient de parcourir ! Mais sachez qu'il en reste 18 à négocier avant d'atteindre Sospel...
Le col franchi, on descend en parcourant du regard les **vues★★** étendues sur les montagnes du bassin de la Bévéra, notamment l'Authion et la cime du Diable.
La route contourne le mont Barbonnet couronné des fortifications du fort Suchet.

Col St-Jean

À gauche, entre les habitations, se détache l'ancienne route militaire qui donne accès au porche d'entrée du **fort Suchet** construit de 1883 à 1886, puis modernisé dans les années 1930. On remarque notamment sur le sommet les deux imposantes tourelles. *Juil.-août. Se renseigner à l'Office du tourisme de Sospel. ☎ 04 93 04 15 80.*

Après le col St-Jean, la route se rapproche de la vallée du Merlanson puis atteint Sospel. À la hauteur des casemates du fort St-Roch *(voir Sospel)*, belle vue sur le village.

Sospel★ *(voir ce nom)*

Les oliviers font leur réapparition dans le large bassin de Sospel. Puis la D 2566 remonte, en forêt, la **vallée de la Bévéra★**. La rivière a creusé de profonds méandres très serrés dominés par de hautes arêtes rocheuses et boisées. Jolie **cascade**, à droite.

Gorges du Piaon★★

En corniche et parfois sous un toit rocheux, la route surplombe de façon impressionnante le lit du torrent, chamboulé par d'énormes blocs de rochers.

Chapelle N.-D.-de-la-Menour

Du chemin qui y mène à droite (petit oratoire à l'entrée), on a un aperçu vertigineux de la vallée et des gorges. Un escalier monumental donne accès à la chapelle ornée d'une façade Renaissance à deux étages.

La route traverse **Moulinet**, charmant village établi dans un petit bassin frais et verdoyant, puis, en forêt, regagne le col de Turini.

Utelle★

Après les gorges de la Vésubie, vous découvrirez l'un des plus beaux panoramas de la région en montant au sanctuaire de la Madone, isolé dans son plateau verdoyant. Entre les deux, Utelle procure une halte très agréable. Loin de tout, ce fut pourtant un véritable chef-lieu entre la Tinée et la Vésubie, comme en témoignent ses fortifications, ses maisons anciennes, ses cadrans solaires et sa jolie fontaine.

RESTAURATION
L'Aubergerie Del Campo – *rte d'Utelle - 06450 St-Jean-la-Rivière - 5 km à l'E d'Utelle par D 132 - ☎ 04 93 03 13 12 - ⊄ - réserv. conseillée le soir - 18/29€.* Il règne une ambiance un rien bohème en cette petite auberge bâtie sur les ruines d'une ancienne bergerie. Salle toute simple éclairée par de minuscules fenêtres et superbe terrasse surplombant les gorges de la Vésubie. Cuisine provençale.

La situation

Carte Michelin Local 341 E4 - Schéma p. 286 - Alpes-Maritimes (06). À la sortie des gorges, prendre à gauche à St-Jean-la-Rivière. Les terrasses d'oliviers et la vue, de plus en plus belle, vous font presque oublier les 9 km de lacets de la route. Se garer à l'entrée du village.

Le nom

Il dérive probablement de la racine préceltique *ut* qui signifie « hauteur ».

Les gens

488 Utellois. Une atmosphère paisible dans ce bout du monde. L'animation vient des randonneurs ou des pèlerins qui, plusieurs fois par an, viennent prier la Madone. Des guérisons miraculeuses s'y produisent, la première mentionnée étant celle du comte de Tende, George Lascaris, au 16e s.

se promener

Église St-Véran

Bâtie au 14e s. sur un plan basilical et remaniée au 17e s., elle offre à l'intérieur un surprenant contraste entre l'architecture sobre de montagne (voûtes d'arêtes ou en plein cintre sur des colonnes et chapiteaux romans archaïsants) et l'abondante décoration baroque (beaux stucs jusque sur les arcs). Derrière le maître-autel, la statue de saint Véran se détache sur un grand **retable en bois sculpté★** représentant des scènes de la Passion. Sur l'autel du bas-côté gauche, un intéressant retable de l'Annonciation, de l'école niçoise. Sous l'autel du bas-côté droit, un Christ gisant (13e s.) en bois polychrome. On remarquera enfin les belles boiseries du 17e s. *(chœur, chaire)*, les fonts baptismaux de pierre et de bois sculptés (16e s.) et, dans la sacristie, les ornements sacerdotaux en velours de Gênes et soie.

SAINT PATRON
Saint Véran figure dès la porte d'entrée de l'église sous l'élégant porche gothique. Douze superbes vantaux sculptés du 16e s. racontent la légende de la vie de ce moine, vainqueur du dragon du mal... et réputé très efficace lors des épidémies de peste.

Chapelle des Pénitents-Blancs

Près de l'église, elle abrite un retable en bois sculpté reproduisant la Descente de croix de Rubens et six grands tableaux du 18e s.

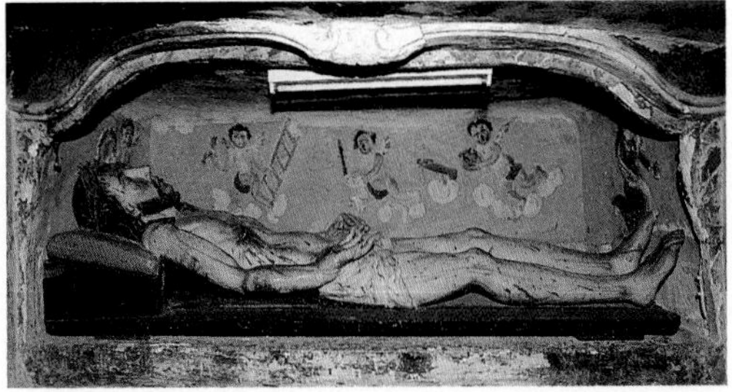

Christ gisant (13e s.) de l'église St-Véran à Utelle.

PÈLERINAGES
Ils ont lieu lors des grandes fêtes de la Vierge, le 15 août (précédées, le 14, d'une marche aux étoiles) et le 8 septembre, les lundis de Pâques et de Pentecôte, ainsi que le jeudi de l'Ascension.

alentours

Panorama de la Madone d'Utelle★★★

6 km au Sud-Ouest. Lieu de pèlerinage, le sanctuaire de N.-D.-des-Miracles, reconstruit en 1806, fut fondé en 850 par des marins espagnols qui remercièrent ainsi la Vierge de les avoir sauvés d'un naufrage en les guidant par une étoile. L'intérieur contient les ex-voto parfois amusants, souvent émouvants, des pèlerins reconnaissants. Recherchées, les étoiles à cinq branches de la Madone sont du silicate noir, serti par le gel et le vent, provenant de fossiles ou de météorites. À peu de distance, sous un dôme, depuis la table d'orientation (alt. 1 174 m), vous découvrirez un **panorama** inoubliable sur l'ensemble des Alpes-Maritimes et la mer.

Valbonne

POUMON VERT
Le **parc de Valmasque** offre aux marcheurs 20 km de sentiers à travers bois de pins et de chênes. Il intègre le centre d'activités Sophia-Antipolis qu'il cache de sa verdure aux deux tiers.

◀ Sur son doux plateau entouré de verdure, les moines fondèrent une abbaye qui devint un beau village. La route de Biot traverse les maquis de la « vallée verte » et celle de Sophia-Antipolis recouvre de forêts ce complexe industriel et scientifique, rattaché à la commune de Valbonne.

La situation

Carte Michelin Local 341 D6 – Alpes-Maritimes (06). Le plateau valbonnais, à 200 m d'altitude moyenne, descend doucement des Préalpes de Grasse au littoral par un manteau vert de 2 000 ha, arrosé de rivières. ℹ *Espace de la Vignasse, 06560 Valbonne, ☎ 04 93 12 34 50.*

Le nom

La « vallée heureuse » *(vallis bona)* fut exploitée dès l'Antiquité.

Les gens

10 746 Valbonnais, nonobstant les 18 000 personnes qui travaillent à Sophia. Tous les ans, autour de la St-Blaise (3 février), a lieu la fête du « servan », raisin doré tardif, conservé en baignant les sarments dans l'eau fraîche.

À deux pas de Sophia-Antipolis, le sobre dépouillement de l'église de Valbonne, témoignage de la haute technologie des bâtisseurs romans

se promener

Le village

Reconstruit au 16e s. sous la direction des moines de Lérins, le village est dessiné selon un plan en damier, depuis les maisons-remparts jusqu'à la **place centrale** ; celle-ci a très fière allure avec ses arcades du 15e et du 17e s. et les restaurants qui l'animent.

Église

Au Sud du village, sur la Brague. D'une sobre beauté, elle fait partie de l'abbaye fondée en 1199 par l'ordre de Chalais, passée ensuite dans l'obédience de Lérins avant de devenir **église** paroissiale. Malgré de nombreux remaniements, l'édifice en forme de croix latine et à chevet plat a gardé le caractère d'extrême dépouillement des constructions chalaisiennes.

L'abbaye abrite un intéressant **musée du Patrimoine**. *Juin-sept. : tlj sf lun. 15h-19h ; oct.-mai : tlj sf lun. 14h-18h. Fermé de mi-déc. à fin janv. 2P. ☎ 04 93 12 96 54.*

LES SCIENCES DE DEMAIN
Actuellement sont implantés quatre grands secteurs d'activité : l'informatique, l'électronique et les télécommunications ; les sciences de la santé et les biotechnologies ; l'enseignement et la recherche ; les sciences de l'environnement.

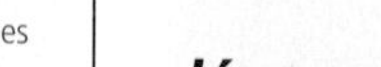

découvrir

Sophia-Antipolis (technopole)

◀ Sur ses 2 400 ha, ce site, à l'architecture intégrée dans de vastes espaces verts, est conçu sur le modèle des campus américains.

carnet pratique

Restauration

• *Valeur sûre*

Auberge Fleurie – *rte de Cannes - 1,5 km par D 3 - ☎ 04 93 12 02 80 - fermé 2 déc. au 8 janv., lun. et mar. - 20/29€.* Enseigne justifiée : un plaisant jardin fleuri entoure cette auberge. Vous serez placé à votre convenance dans la salle à manger intérieure, en véranda ou sur la terrasse pour apprécier une généreuse cuisine traditionnelle.

Hébergement

• *Une petite folie !*

Château de la Bégude – *06650 Opio - 2 km au NE de Valbonne par rte de Biot - ☎ 04 93 12 37 00 - begude@worldnet.fr - fermé 25 nov. au 25 déc. - P - 34 ch. : 74,70/243,92€ - ☕ 12,20€ - restaurant 25,16/35,06€.* Pour les adeptes du farniente au bord de la piscine ou du golf, cette bastide du 17e s. est idéale ! Installée sur le site du golf d'Opio-Valbonne, elle associe une architecture extérieure ancienne à un confort intérieur actuel. Le restaurant sert aussi de club-house et de bar au golf.

Sophia-Antipolis est née d'une association du même nom créée en 1969 par le directeur de l'École des mines, Pierre Laffitte. La proximité de l'autoroute et de l'aéroport international Nice-Côte d'Azur rend la situation privilégiée pour les 1 200 entreprises françaises et étrangères qui y sont implantées : le centre mondial de réservation d'Air France, l'INRIA, Dow Agrosciences, Amadeus, Thomson, Toyota... À terme, la technopole compte doubler en surface et en nombre d'entreprises. Par son importance, elle termine la **route des hautes technologies** qui relie, entre Aix-en-Provence et Valbonne, un certain nombre de centres de pointe.

Vallauris

À deux pas de la mer, cette commune s'étend largement sur ses douces collines. Rasée en 1390, la vieille ville fut reconstruite en damier au 16e s. et repeuplée de familles génoises. L'activité traditionnelle de la ville, la poterie, déclinait lorsque Picasso lui insuffla un sang nouveau. La vogue qui en découla contribua à une urbanisation accélérée. Mais la Biennale internationale de la céramique continue d'en faire la « Ville française de la céramique ». ▶

Tous les deux ans

Aujourd'hui, la Biennale fonctionne comme une exposition dont les œuvres sont sélectionnées par un commissaire. Auparavant 200 pièces étaient choisies parmi 1 500 venant du monde entier, puis primées par un autre jury. Données par leurs auteurs au musée, elles rendaient compte de la création contemporaine la plus récente. La Biennale a lieu l'été dans les salles du château.

La situation

Carte Michelin Local 341 D6 – Alpes-Maritimes (06). Formant commune avec Golfe-Juan, la ville moderne s'étend en longueur à l'Est du vieux quartier et du château. Parking place J.-Cavasse.

ℹ *Square du 8-Mai-1945, 06227 Vallauris, ☎ 04 93 63 82 58.*

Le nom

Elle était appelée dès le 11e s. *Vallis Aurea*, c'est-à-dire « vallée d'or ».

Les gens

25 773 Vallauriens (avec Golfe-Juan) dont nombre d'artistes de renom parmi lesquels les citoyens d'honneur Pablo Picasso (de 1948 à 1955) et Jean Marais, qui s'y installe en 1980 pour peindre, modeler, sculpter, jusqu'à sa mort en 1998. Il repose dans le petit cimetière.

visiter

Musée national « La Guerre et la Paix »★

De mi-juin à mi-sept. : tlj sf mar. 10h-18h ; de mi-sept. à mi-juin : tlj sf mar. 10h-12h, 14h-17h. Fermé 1er janv., 1er et 8 mai, 1er et 11 nov., 25 déc. 3€, gratuit 1er dim. du mois. ☎ 04 93 64 16 05.

Commandée à **Picasso** par la ville en 1952, cette unique composition *La Guerre et la Paix* remplit de son intensité l'espace de la chapelle romane. Dans un chemine- ▶

Un château pour deux musée

Avec ses quatre tours rondes coiffées en poivrière, le **château**, reconstruit au 16e s., rare exemple d'architecture Renaissance en Provence, est l'ancien prieuré des moines de Lérins qui possédaient la ville. Ne reste de cette époque que la chapelle du 12e s. Il abrite aujourd'hui deux musées le musée national « La Guerre et la Paix » et le musée Magnelli-musée de la Céramique.

carnet pratique

Restauration

• ***Valeur sûre***

Gousse d'Ail – *11 av. de Grasse - ☎ 04 93 64 10 71 - fermé 25 juin au 8 juil., 5 au 25 nov., dim. soir et lun. - 15€ déj. - 20/27,50€.* Discrètement sis près de l'église ce restaurant ne peut, avec une telle enseigne, que proposer une cuisine régionale. Elle est servie dans un cadre rustique, l'ambiance y est simple et familiale. Et le vendredi, si vous pensez à le commander, c'est l'aïoli !

Visite-Achats

Visite d'ateliers traditionnels de poterie – Tlj (sf w.-end) 10h30 et 15h30. Gratuit. S'adresser à l'Office de tourisme.

Galerie Madoura – *R. Suzanne et Georges-Ramié - ☎ 04 93 64 66 39 - www.madoura.com - fermé w.-end.* Exposition et vente des céramiques éditées par Picasso.

La Femme au bouquet *(1914), Alberto Magnelli.*

ment narratif puissant, deux panneaux se confrontent : dans l'un, dominé de noir, des envahisseurs foulent les symboles de la civilisation, juste (balance) et pacifique (colombe). L'autre est une explosion de couleurs vives où les personnages savourent les joies innocentes de la paix et s'adonnent aux travaux féconds. La fraternité des races figure au fond.

Musée Magnelli - Musée de la Céramique

Mêmes conditions de visite que le musée national La Guerre et la Paix.

Ce musée est l'un des rares lieux en France qui représente la création céramique contemporaine. On peut y admirer les pièces primées lors des Biennales internationales de la céramique d'art et données par des céramistes maintenant connus (salles voûtées).

Au 1er étage, autour de la grande collection Declein, on découvre la production traditionnelle de Vallauris, et surtout l'**Art nouveau**, en France et à Vallauris, avec l'œuvre superbe des Massier : formes et motifs naturalistes et symbolistes nappés d'onctueuses couleurs lustrées. Également, céramique Art déco et des années 1950.

Par ailleurs, un étonnant ensemble de **céramiques précolombiennes** montre l'ingéniosité de leurs auteurs (vase en forme d'acrobate, sifflet).

Une passion

Picasso, qui habitait Golfe-Juan, se passionne pour la céramique en 1946 lorsqu'il rencontre les Ramié, propriétaires de l'atelier Madoura, chez qui il va réaliser des pièces, parfois aidé de leur tourneur.

Un bel escalier à balustres mène aux céramiques de ◄ **Picasso**, quelques-unes parmi les 4 000 originales qu'il réalisa en vingt ans : superbes ou fantaisistes, elles sont la géniale synthèse de son art de la peinture et de la sculpture à travers des formes humaines ou animales.

L'importante **donation Magnelli** (1888-1971), peintre né à Florence mais français d'adoption, retrace l'évolution de son œuvre : depuis ses larges à-plats figuratifs aux couleurs pures, il passe à l'abstraction *(Explosion lyrique)* qu'il abandonne dans les années 1920 pour y revenir définitivement en 1931 *(Attention naissante, Rien d'autre, Volontaire n° 3).* Parmi les collages, on remarque surtout les « râteaux japonais ».

Détail de La Guerre et la Paix, *par Picasso.*

AU COMMENCEMENT ÉTAIT L'ARGILE

Les Romains, les moines, puis les Génois exploitent la riche terre argileuse des environs et font de Vallauris un centre de céramique culinaire. Aux 18e s. et 19e s., de grandes familles font la réputation de la ville avec le fameux décor provençal uni de belles couleurs vernissées ou orné de magnifiques jaspures. La poterie est alors exportée par mer et par dos de mulet. La céramique d'art apparaît au 19e s. avec les Massier, qui excellent dans l'Art nouveau. Au 20e s., c'est l'âge d'or, avec une riche production, innovante ou décorative, grâce à des céramistes tels que Valentin (Les Archanges), Ferlay et Bourguet, les Batigue, Baud, Capron, Derval, Innocenti... et les Ramié, Picasso et, avec lui, tous les artistes qui s'essayèrent à la céramique : Chagall, Brauner, Jean Marais pour ne citer que les plus connus.

Musée de la Poterie

R. Sicard. ♿ *Mai-oct. : 9h-18h, dim. et j. fériés 14h-18h ; fév.-avr. : 14h-18h. 3€.* ☎ *04 93 64 66 51.*

Initiative d'un céramiste passionné et généreux, ce musée présente une intéressante rétrospective du travail de l'argile tel qu'il se pratiquait pendant la première moitié du 20e s. : techniques d'extraction de la terre, machines à battre et à filtrer l'argile, à préparer les vernis, fours à bois, collections de poteries anciennes... La visite de l'atelier actuel permet ensuite de mesurer l'évolution du métier.

Vence★

Au pied des Baous, Vence est entourée de sa belle nature provençale, baignée de ravins à l'eau pure. Postée sur son rocher, elle regarde la mer de loin, trop occupée à rassembler les villages voisins les jours de marché ou à faire le bonheur du visiteur avec sa vieille ville où abondent les galeries d'art moderne et contemporain.

FÊTE PASCALE

Elle commémore chaque année le siège victorieux que Vence soutint lors des guerres de Religion contre le huguenot Lesdiguières en 1592. Elle est prétexte à une fête villageoise et provençale de plusieurs jours : musique, danse, messe en plein air, bataille de fleurs...

La situation

Carte Michelin Local 341 D5 – – Alpes-Maritimes (06).

La ville s'étend bien au-delà de ses remparts, vers l'Ouest, où l'on pourra se garer dans l'un des trois parkings.

ℹ *Pl. du Grand-Jardin, 06140 Vence,* ☎ *04 93 58 06 38.*

Le nom

De Provence ? Ou de la divinité locale romaine Vintius ? Ou de *vin-t* qui indique une « hauteur » en preceltique ? Nous optons pour la dernière, la plus plausible.

Les gens

16 982 Vençois. La ville, au cours de son illustre histoire, donna deux saints, un pape et des reines. Au 20e s., elle s'urbanise du fait de son succès auprès d'artistes comme Chagall, Matisse, Dubuffet... sans perdre son âme.

comprendre

Une ville épiscopale depuis le 4e s. – Fondée par les Ligures, la cité romaine de *Vintium*, vit croître sa puissance avec le christianisme et devint une importante ville épiscopale. Parmi les évêques qui s'y succédèrent, on compte saint Véran (5e s.) et saint Lambert (12e s.), Alexandre Farnèse (16e s.), le futur Paul III (qui n'y mit jamais les pieds), Antoine Godeau et Surian (18e s.), autre brillant prélat.

Les seigneurs de Vence – Les évêques de Vence durent de tout temps disputer le pouvoir aux barons de Villeneuve, coseigneurs de la ville. Cette famille tirait son renom de **Romée de Villeneuve**, l'habile sénéchal

carnet pratique

Restauration

• À bon compte

Le Pêcheur de Soleil – *1 pl. Godeau - ☏ 04 93 58 32 56 - fermé nov., déc., dim. et lun. du 15 oct. au 15 mars - 6,10/22,90€.* Cette pizzeria du vieux Vence mériterait une inscription dans le Livre des Records : sa carte propose quelque 600 variétés de pizzas, cuites au feu de bois et servies dans une salle à manger rustique où sont exposés de vieux ustensiles de cuisine. L'été, terrasse au pied de la cathédrale.

Crêperie Bretonne Hervé – *6 pl. Surian - ☏ 04 93 24 08 20 - fermé 2 au 28 nov., mer. soir et jeu. de sept. à mai - 7,62/15,24€.* Au cœur de la cité historique, une coquette crêperie adapte l'influence bretonne aux couleurs provençales. La grande terrasse installée sur la place aux beaux jours invite à une escale gourmande.

• Valeur sûre

Chez Jordi – *8 r. de Hôtel-de-Ville - ☏ 04 93 58 83 45 - fermé 1er juil. au 15 août, 15 déc. au 31 janv., dim. et lun. - réserv. obligatoire - 20/25€.* Au calme d'une ruelle étroite et peu passante, ce petit restaurant est une halte sympathique lors de la visite de la ville. La cuisine, simple est servie généreusement. Spécialités espagnoles sur commande : paella, zarzuella...

Auberge des Seigneurs – *pl. du Frêne - ☏ 04 93 58 04 24 - fermé 2 nov. au 14 mars - 27,44/39,64€.* Cette maison du 17e s., située à l'entrée du vieux Vence, eut de célèbres convives : François 1er, puis Renoir, Modigliani, etc. La salle à manger associe la rusticité des tables anciennes en bois massif et le raffinement des couverts en argent. Plats provençaux, agneau à la broche. Quelques chambres, spacieuses.

Hébergement

• À bon compte

Hotel La Victoire – *Pl. du Grand-Jardin - ☏ 04 93 58 61 30 - fermé mi-nov. à mi-déc. - 15 ch. : 27/36€ - ☕ 5,50€.* L'atout indéniable de cet hôtel situé aux portes de la vieille ville est son très bon rapport qualité-prix. Chambres impeccablement tenues, meublées dans un plaisant esprit « seventies » ; celles du 4e étage sont mansardées et plus sombres. Accueil familial.

• Valeur sûre

Parc Hôtel – *50 av. Foch - ☏ 04 93 58 27 27 - resa@le-parc-hotel.net - P - 12 ch. : 41,20/60,20€ - ☕ 6€.* Demeure bourgeoise du début du 20e s. tournée sur une cour bordée de palmiers. Les chambres, de faible ampleur, sont toutes aménagées sur le même modèle.

Villa Roseraie – *Rte de Coursegoules - ☏ 04 93 58 02 20 - fermé 16 nov. au 14 fév. - P - 14 ch. : 82/133€ - ☕ 13€.* Un soin particulier est apporté à la décoration de cet hôtel de charme aménagé dans une villa 1900. Les petites chambres sont fraîches et agréables. La piscine invite à faire la sieste au soleil. Des sculptures agrémentent la terrasse.

• Une petite folie !

La Bastide aux Oliviers – *1260 chemin de la Sine - rte de Tourrettes-sur-Loup - ☏ 04 93 24 20 33 - ⊄ - 4 ch. : 100/175€.* Trois belles chambres et une suite, harmonieusement décorées aux couleurs provençales, ont été aménagées dans cette bastide en pierre blonde plantée au milieu des pins et des oliviers. La terrasse offre une jolie vue sur la vallée du Loup.

La Tour de Vence – *310 chemin du Baou des Noirs - au NE de Vence dir. St-Jeannet - ☏ 04 93 24 59 00 - fermé 15 nov. au 15 déc. - ⊄ - 4 ch. : 150/350€ - ☕ 12€.* Difficile de ne pas succomber au charme de cette splendide demeure construite avec les pierres d'un ancien monastère de Bourgogne. Chambres douillettes, exhalant le raffinement. La vue panoramique sur la côte méditerranéenne et les montagnes est à couper le souffle.

Achats

Marché de fleurs et des producteurs : tlj sauf lundi sur les places du Grand-jardin et Surian. Des brocanteurs et bouquinistes : le mercredi pl. du Grand-jardin.

Autres marchés : les mardi et vendredi pl. Clemenceau, Godeau, r. de l'Evêché, impasse Cahours.

Calendrier

Les Jardins de la Cité – W.-end de l'Ascension, les rues et les places de Vence deviennent des jardins thématiques (tropical, aquatique, japonais...), grâce au concours de jardiniers et de paysagistes de la région, ajoutant encore au caractère dépaysant de la vieille cité.

Autres festivités – Fête de Pâques, de fin mars à début avr.

Festival « Les Nuits du Sud », de mi-juil. à mi-août.

Fête du village à la Ste-Elizabeth, déb. août.

Fête du moyen et haut pays, déb. oct.

Brillant

Petit, maigrichon, noiraud, fort laid, Godeau n'en fait pas moins fureur chez les précieuses par son esprit, sa parole facile et sa veine poétique. Sa réputation est inouïe. D'un texte qui bravera les siècles, on dit : « C'est du Godeau ». Sans attendre, Richelieu en fait le premier membre de l'Académie française.

d'origine catalane qui, au 13e s., rétablit les affaires du comte de Provence et de Forcalquier. Le comte avait un trésor à sec et quatre filles à marier. Fin diplomate, il parvint à en faire des reines, regonflant du même coup ses finances.

En attendant Godeau – Le souvenir d'Antoine Godeau est resté vivant dans le pays. Ses débuts ne semblaient pas devoir le conduire à l'épiscopat : il était l'oracle de l'hôtel de Rambouillet. On le surnomme le « nain de Julie » (fille de la marquise de Rambouillet) et le « bijou des Grâces ». À 30 ans, sans doute fatigué de composer des vers, et à la suite d'une déception sentimentale, Godeau entre dans les ordres et, l'année suivante, il est nommé évêque de Grasse et de Vence. Il reste pourtant plusieurs années entre deux mitres avant d'opter pour Vence. L'ancien précieux prend son rôle au sérieux ; il relève sa cathédrale qui tombe en ruine, introduit diverses industries : parfumerie, tannerie, poterie, et rend prospère son pauvre et rude diocèse. En 1672, à 67 ans, en toute humilité d'esprit, il rend son âme à Dieu.

se promener

VIEILLE VILLE

Partir de la place du Grand-Jardin, puis de la place du Frêne.

Médiévale à souhait, avec son beau château situé sur la place du Frêne, ombragée par un arbre vénérable planté selon la tradition - apocryphe bien entendu - par François Ier et le pape Paul III en 1538 *(voir « visiter »)*, et son enceinte elliptique à cinq portes dont celle du Peyra (1441), la vieille ville abrite un charmant lacis de ruelles, animées de marchés, galeries d'art, restaurants, boutiques d'artisanat et de spécialités provençales.

Si vous voyez un dôme aux tuiles polychromes, il s'agit de la jolie **chapelle des Pénitents-Blancs**, place F.-Mistral, qui accueille des manifestations artistiques.

Place du Peyra★

Ancien forum de la ville romaine, c'est la plus mignonne, avec les eaux chantantes et fraîches de sa jolie fontaine en forme d'urne (1822) et sa tour carrée.

Prendre au Sud de la place la rue du Marché et tourner à gauche pour atteindre la place Clemenceau.

Vers les remparts

En sortant par la porte du chevet de la cathédrale *(voir description dans « visiter »)*, on débouche sur la place Godeau, avec au centre une colonne, d'où l'on voit le clocher carré couronné de merlons, et de vieilles maisons. Par la rue St-Lambert et la rue de l'Hôtel-de-Ville, gagner la porte de Signadour (13e s.) et tourner à gauche. Poursuivant vers le Nord, on trouve, à gauche, la porte de l'Orient, ouverte au 18e s. (la date de 1592 gravée sur une pierre, en haut à gauche, est celle du siège de Lesdiguières).

Le boulevard Paul-André, vers lequel dégringolent des calades, borde des vestiges importants de remparts ; il offre de belles **vues** sur les *baous* et les contreforts des Alpes. Franchir le portail Lévis (13e s.), à arcature gothique, et suivre la rue du Portail-Lévis (belles maisons anciennes) qui ramène à la place du Peyra.

COLONNES À LA UNE

La ville recèle deux **colonnes romaines** élevées au dieu Mars et données en cadeau par la ville de Marseille en 230 en gage de bonnes relations. Elles se dressent sur les places Godeau et du Grand-Jardin.

visiter

Cathédrale

Construite sur l'emplacement d'un temple de Mars puis d'une église mérovingienne, elle surprend par son caractère hétéroclite : roman, gothique, baroque.

L'intérieur est composé de cinq nefs. On peut y voir *(2e chapelle de droite)* la tombe de saint Lambert avec son épitaphe, un sarcophage du 5e s. *(3e chapelle de droite)* dit tombeau de saint Véran ; dans le bas-côté, retable des saints Anges, du 16e s. Dans plusieurs piliers sont encastrées des **pierres carolingiennes** à très beau décor d'entrelacs. Dans le baptistère, une mosaïque de Chagall représente Moïse sauvé des eaux.

Ne pas manquer la **tribune** avec son lutrin et les **stalles★** qui viennent du chœur : montants, accoudoirs et surtout miséricordes ont été traités avec une verve qui frôle parfois la grivoiserie par le sculpteur grassois, Jacques Bellot, au 15e s.

Chapelle du Rosaire★ (chapelle Matisse)

Suite à une convalescence chez les sœurs du Rosaire, Henri **Matisse**, reconnaissant, leur offrit cette chapelle qu'il conçut avec l'architecte Perret et décora de 1947 à 1951. Ce geste généreux de la part d'un artiste

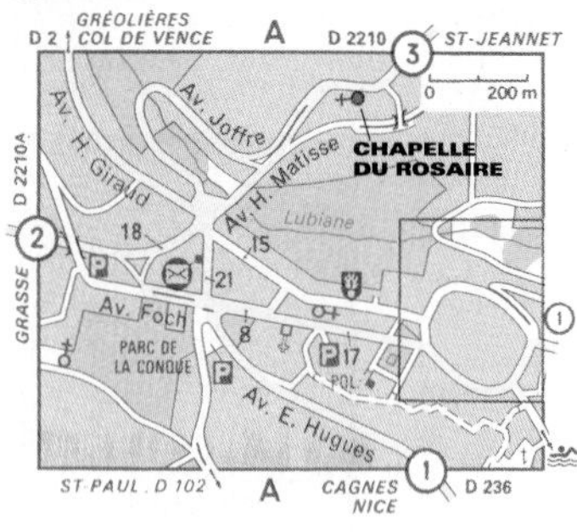

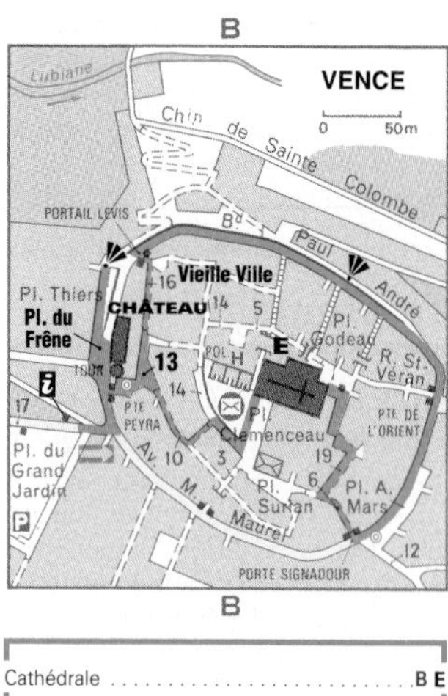

Alsace-Lorr. (R.)	B 3	Place-Vieille (R.)	N 14
Évêché (R. de l')	B 5	Poilus (Av. des)	A 15
Hôtel-de-ville (R.)	B 6	Portail-Levis (R.)	B 16
Juin (Pl. Mar.)	A 8	Résistance (Av.)	AB 17
Marché (R. du)	B 10	Rhin-et-Dan. (Bd)	A 18
Meyère (Av. Col.)	B 12	St-Lambert (R.)	B 19
Peyra (Pl. du)	B 13	Tuby (Av.)	A 21

Cathédrale .... B E

déjà célèbre, comparable à celui des maîtres médiévaux, provoqua un grand courant d'intérêt autour de l'édifice. Extérieurement, il apparaît comme une simple maison provençale à tuiles vernissées. Seule une immense croix de fer forgé rappelle le caractère sacré du lieu et la main du maître.

Lucide

« Je la considère, malgré toutes ses imperfections, comme mon chef-d'œuvre... un effort qui est le résultat de toute une vie consacrée à la recherche de la vérité. » H. Matisse, 1951.

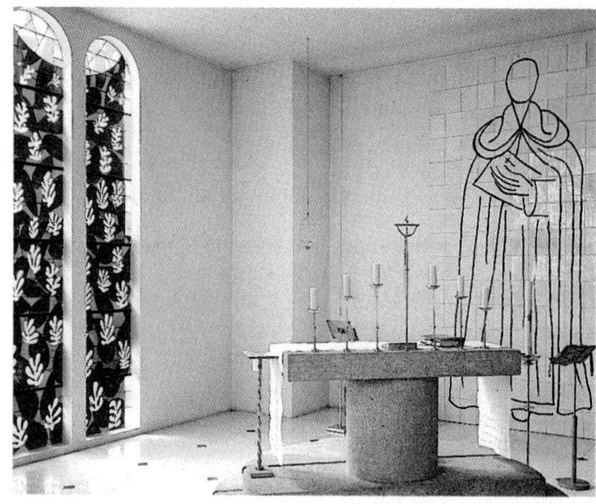

Dans la chapelle du Rosaire, pétales de tulipe de l'arbre de vie marient harmonieusement le jaune, le vert et le bleu.

Moderne

Le mobilier, les objets liturgiques, les vêtements sacerdotaux sont d'une simplicité extrême. L'autel en biais est le trait d'union entre la nef des religieuses et celle des fidèles.

◄ À l'intérieur, on est littéralement saisi : tout est blanc et de ce blanc, par les vitraux hauts et serrés, explosent les couleurs pures de Matisse, qui transfigurent ce lieu dénudé en un hymne à Dieu. Le trait éminemment essentiel de Matisse cerne les grandes figures du mur droit, saint Dominique et la Vierge à l'Enfant, qui remplissent l'espace de leur douceur et de leur présence, telles des ombres humaines. Plus débridé et gestuel est le trait qui dessine le chemin de croix, ascension tragique vers le Calvaire.

Dans la galerie sont réunies les études faites pour la réalisation de la chapelle (d'autres études préparatoires sont présentées au musée Matisse à Nice, complément indispensable à la visite de la chapelle).

Château de Villeneuve-Fondation Émile-Hugues

Juil.-sept. : tlj sf lun. 10h-18h ; oct.-juin : tlj sf lun. 10h-12h30, 14h-18h. Fermé 1er janv., 1er mai et 25 déc. 5€. ☎ 04 93 24 24 23.

L'ancien château des barons de Villeneuve édifié au 17e s. englobe la tour de garde datant du 13e s. Dans une belle décoration intérieure se marient patrimoine local et création artistique. On y admire les œuvres issues du séjour vençois des grands maîtres du 20e s. (Matisse, Dubuffet, Dufy, Chagall, Soutine) ou celles d'artistes contemporains.

alentours

Galerie Beaubourg-Château N.-D.-des-Fleurs

3 km au Nord-Ouest par la D 2210. Juil.-août : 11h-19h ; sept. : tlj sf dim. 11h-19h ; mai-juin : tlj sf dim. 14h-19h ; oct. et avr. : tlj sf dim. 14h-18h. ☎ 04 93 24 52 00.

Ce château, reconstruit à l'italienne au 19e s., appartient à la fameuse galerie parisienne d'art contemporain de Marianne et Pierre Nahon. Le site vaut vraiment la peine : la **vue★** s'y étend du cap Ferrat à l'Esterel, et la maison s'élève sur fond de montagnes au milieu d'un superbe jardin en terrasse animé par des sculptures monumentales de César, Schnabel, St-Phalle... Les œuvres présentées à la convoitise des collectionneurs sont d'une très haute qualité.

PASSÉ-PRÉSENT

La chapelle du château est éclairée d'un magnifique vitrail transparent de J.-P. Raynaud et des lumières de la sculpture animée de Tinguely. La chapelle est le seul vestige de l'ancienne abbaye bénédictine où résidèrent les évêques de Vence de 1638 à 1728 et sur les vestiges de laquelle fut construit le château.

circuit

LA ROUTE DES CRÊTES★★

59 km – compter 1/2 journée. Quitter Vence par le Nord-Est, route de St-Jeannet.

La D 2210, longeant les fiers *baous* des Blancs, des Noirs et de St-Jeannet, permet de contempler à loisir le **site★** de St-Jeannet *(voir Cagnes-sur-Mer)*.

Gattières

Perché parmi les vignes et les oliviers, le village regarde la vallée du Var et ses voisins. Sa charmante **église** romano-gothique renferme une sculpture naïve polychrome, saint Nicolas et trois enfants *(à droite du chœur)*, et un beau Christ moderne *(chœur). Fermé pour travaux.*

À la sortie Ouest de Gattières, prendre la D 2209.

La route en corniche contourne le rebord des Préalpes de Grasse en dominant le Var, et offre à l'arrière un joli coup d'œil sur Gattières.

Carros

Groupé autour de son château (13e-16e s.), le vieux village occupe un **site★** remarquable. En contrebas, un rocher couronné des vestiges d'un vieux moulin permet d'admirer le **panorama★★** *(table d'orientation)*.

Les **vues★** magnifiques se prolongent sur la route de Carros au Broc avec les nombreux villages perchés et le confluent de l'Esteron et du Var.

Le Broc

Ce village perché est doté d'une jolie place à arcades et à fontaine. L'**église** du 16e s. a été décorée, à l'époque moderne, par le peintre Guillonet. *Visite guidée lun.-ven.9h-12h, 14h-16h. ☎ 04 92 08 27 30.*

La route s'encastre dans les contreforts des Alpes du Sud, surplombant le confluent de l'Esteron et du Var, puis le ravin du Bouyon.

Bouyon

Ce village est un véritable **belvédère★** donnant sur un paysage découpé entre torrents et montagne. Le Cheiron rocailleux domine à 1 778 m.

La D 8, au Sud de Bouyon, longe la montagne du Chiers et gagne Coursegoules par Bézaudun-les-Alpes.

Coursegoules

Dans une nature qui invite à la balade, ce beau village sis au pied du Cheiron, domine de ses hautes maisons le ravin de la Cagne naissante. À ne pas manquer : dans l'**église,** le **retable** de Louis Bréa : saint Jean Baptiste

MERVEILLEUX BRÉA

Son beau saint Gothard, aux traits si fins, est précieusement paré des insignes pontificaux : mitre cousue de pierreries, agrafe ouvragée de la chape et crosse en orfèvrerie.

entre sainte Pétronille et saint Gothard. *8h-11h. Sur demande préalable à la mairie.* ☎ *04 93 59 11 60.*

Prendre la route de Vence.

La route traverse alors un paysage désertique splendide, contrastant avec la Provence de Vence si proche. En dessous, la Cagne se transforme, en période d'orages, en une belle cascade.

BALADE
Un sentier partant après le col de Vence à gauche permet de rejoindre St-Jeannet par le GR 51 qui longe la Cagne *(4h)*, avec vue sur les *baous* : superbe.

Col de Vence★★

◄ Alt. 970 m. Peu après le col, la route plonge dans un **panorama★★** spectaculaire : la rive gauche du Var jusqu'au mont Agel ; la côte avec le cap Ferrat, la baie des Anges, le cap d'Antibes, l'île Ste-Marguerite, l'Esterel. À l'arrière, les barres blanches du Cheiron se détachent violemment du ciel.

La route dégringole au Sud des Préalpes de Grasse, dans une garrigue calcaire dénudée.

Vallée de la Vésubie★★

Alimentée par les neiges des derniers hauts massifs alpins, la Vésubie, l'une des plus belles vallées de l'arrière-pays niçois, présente des aspects très variés. Dans son cours inférieur, à partir du Plan-du-Var, le torrent a taillé des gorges aux parois verticales pour rejoindre le Var. Le paysage est encore méditerranéen entre St-Jean-la-Rivière et Lantosque : les versants les moins abrupts et les mieux exposés de la vallée moyenne se couvrent de cultures en terrasses, de vignes et d'oliviers. La haute vallée est, elle, résolument alpestre, alternant pâturages verdoyants, forêts de sapins, cascades et hauts sommets.

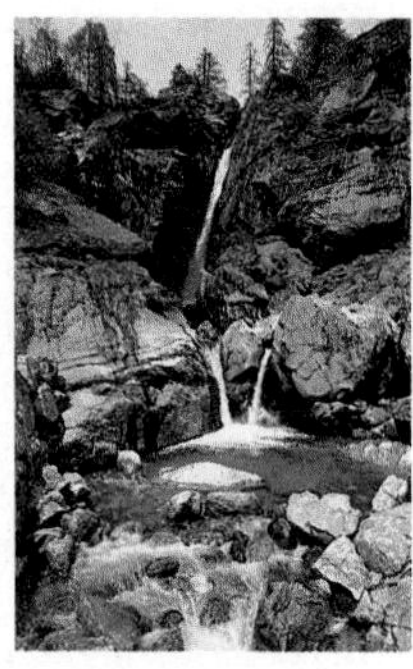

Tumultueuses, les eaux des fontes dévalent la cascade du Ray.

La situation

Carte Michelin Local 341 E3/4 - Schéma p. 286 - Alpes-Maritimes (06). La Vésubie, affluent de la rive gauche du Var, est formée de deux torrents : la Madone de Fenestre et le Boréon, nés près de la frontière italienne. 🅸 *Pl. Félix-Faure, 06450 St-Martin-Vésubie,* ☎ *04 93 03 21 28.*

Le nom

À défaut d'une étymologie latine ou celtique, tentons un rapprochement : un célèbre volcan napolitain, le Vésuve, une montagne des Alpes piémontaises, le mont Viso, n'aurions nous pas là une racine *ves* qui pourrait signifier « hauteur » en quelque dialecte pré-indo-européen ?

Les gens

Ils regardent leur rivière couler depuis leurs austères villages encaissés entre des versants montagneux. Côté Sud-Est (*adrech* ou adret), ils bronzent. De l'autre (ubac), ils ont droit au coucher du soleil, à moins que la cime d'en face ne les en prive !

circuit

DE PLAN-DU-VAR À ST-MARTIN-VÉSUBIE 6

110 km - environ 5h - schéma p. 286.

La D 2565 suit le fond des **gorges de la Vésubie★★★**, étroites, sinueuses, abruptes, sauvages. Les parois de ces roches sont stratifiées de couleurs changeantes. À St-Jean-la-Rivière, prendre à gauche la D 32 qui monte vers Utelle. Nombreuses **vues** sur les gorges de la Vésubie.

CONSEIL
N'hésitez pas à vous arrêter (pour la photo) aux rares refuges... Ailleurs, c'est d'autant plus impensable que les conducteurs locaux, totalement insensibles à la beauté des paysages, ne vous laisseront guère le loisir de ralentir !

La Madonne-d'Utelle★★★ *(voir Utelle)*

Faire demi-tour vers St-Jean-la-Rivière et prendre à gauche la D 2565. La vallée s'insinue entre des barres rocheuses, ne s'élargissant qu'au Suquet, dominée alors par le Brec d'Utelle (1 606 m) sur la gauche.

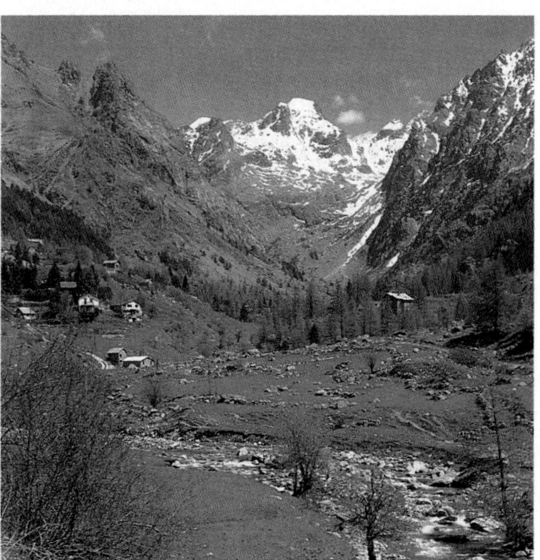

Le vallon de la Gordolasque, modelé par les glaciers, est dominé par la cime du Diable toujours enneigée.

Lantosque

Village curieusement perché sur une arête de calcaire. Ses mélèzes marquent le seuil de la haute montagne.

Roquebillière

Dans le nouveau village, l'**église St-Michel-du-Gast** est un exemple fréquent en Provence de prolongement tardif d'éléments romans (clocher à flèche de pierre et piliers trapus à l'intérieur) associés à du gothique (trois nefs). On remarque surtout un **retable** de l'école niçoise, voué à saint Antoine, avec les scènes de sa légende sur la prédelle. La cuve baptismale en pierre volcanique, sculptée d'une croix de Malte, atteste l'origine hospitalière de l'église. À la sacristie, on peut admirer des vêtements sacerdotaux des 17e et 18e s. *Visite guidée sur demande 10h-12h, 14h-18h. Gratuit.* ☎ *04 93 03 45 62.*

À la sortie de Roquebillière-Vieux, prendre à droite la petite route de Belvédère.

Une route pittoresque remonte le **vallon de la Gordolasque★★**, qui s'insinue sauvagement entre les cimes minérales du Diable et de la Valette.

Six fois mais pas sept

Six fois depuis le 6e s., Roquebillière a été détruit par des éboulements ou des inondations. Et six fois, les habitants l'ont reconstruit au même endroit. Sauf une fois, la dernière, après le glissement de terrain de 1926 : la majeure partie des habitants a quitté les hautes maisons sévères du vieux village pour la rive droite où se trouvait déjà une église du 15e s.

Hébergement et Restauration

Auberge du Bon Puits *– 06450 Le Suquet - 5,5 km au S de Lantosque dir. Nice -* ☎ *04 93 03 17 65 - fermé fin nov. à Pâques et mar. sf juil.-août -* ▭ *- 17/26€.* L'auberge construite de grosses pierres du pays est le long de la Vésubie, au bord de la route. La cheminée anime la grande salle à manger décorée de poutres massives. Quelques chambres et un parc d'agrément avec poneys et jeux pour enfants.

Belvédère

Charmant village, dont le **site★** domine à la fois la Vésubie et la Gordolasque. De la terrasse derrière la mairie, on a un excellent **point de vue★** sur l'aval de la Vésubie avec le mont Férion, la forêt de Turini à gauche, le Tournairet à droite et Roquebillière-Vieux à ses pieds.

La D 171 s'élève parmi les roches grandioses et les jolies cascades, dont la **cascade du Ray★**, qui s'écoule abondamment en deux branches.

La route monte parallèlement à la vallée des Merveilles (voir ce nom) dont elle est séparée par la cime du Diable. Plus loin se profilent les rochers découpés du Grand Capelet.

Cascade de l'Estrech★

La route se perd en un sentier qui longe le torrent de la belle cascade de l'Estrech *(1 km à pied)* dévalant un **cirque★★** de hautes montagnes enneigées. À plus de 3 000 m, dominent la cime du Gélas et le mont Clapier.

Revenir à la D 2565 puis prendre à droite la D 72.

Observer

Ici règnent la nigritelle, orchidée des montagnes herbeuses, de couleur rose à pourpre, le passereau nommé accenteur, l'aigle royal, le chocard à bec jaune et le bouquetin.

Berthemont-les-Bains

Dans un site ombragé, la principale station thermale de la Côte d'Azur était déjà connue des Romains. Son eau sulfureuse radioactive à 30° soigne les affections respiratoires, la rhumatologie et les troubles articulaires.

La D 2565 remonte la vallée qui change de caractère à mesure qu'on s'élève : châtaigniers, sapins et verts pâturages justifient l'appellation de « Suisse niçoise » qu'on a donnée à la région de St-Martin-Vésubie. À gauche, on aperçoit le village perché de Venanson.

St-Martin-Vésubie★ *(voir ce nom)*

La réintroduction du « casseur d'os »

Si vous recevez sur la tête un os de belle taille, au lieu de vous lamenter, levez alors les yeux : peut-être aurez-vous la chance d'apercevoir dans le ciel de la vallée l'un des 5 **gypaètes barbus** parmi les 86 lâchés sur l'ensemble de l'arc alpin, dans le cadre d'un vaste programme international de réintroduction depuis 1987. Ce majestueux vautour de 2,80 m est l'une des espèces menacées d'Europe. Décimé au 19e s. dans les Alpes, il a subsisté dans les Pyrénées et en Corse. Le plus grand oiseau alpin a un mode de vie bien particulier : alternant vol planant et périlleuses acrobaties, il survole les versants escarpés des pâturages pour se nourrir des charognes de chamois ou de brebis dont il détache les gros os (jusqu'à 3 kg). Il les lâche ensuite sur les rochers afin de les briser. Il était considéré autrefois comme l'auxiliaire naturel du berger. Sa réintroduction à l'état de poussins dans le parc du Mercantour (à Roubion) en 1993 a été couronnée de succès. Il faut ensuite attendre huit ans pour que l'oiseau atteigne son âge adulte.

Villecroze

Pas besoin d'être grand pour attirer les curieux ! Ce petit village, entouré de vergers, de vignes et d'oliviers, et adossé aux premiers contreforts des plans de Provence, vous réserve de bonnes surprises.

La situation

Carte Michelin Local 340 M4 – Var (83). À l'entrée du village en venant d'Aups, parking pratique, proche de tout. Des panneaux y indiquent parc et grottes. *R. Ambroise-Croizat, 83690 Villecroze, ☎ 04 94 67 50 00.*

Les grottes

Du dehors, on aperçoit d'insolites fenêtres à meneaux encastrées dans la roche. Dedans, plusieurs petites salles avec de jolies concrétions. *De déb. juil. à mi-sept. : visite guidée (1/4h) 10h-12h, 14h30-19h ; avr.-juin : 14h-18h ; de mi-sept. à fin sept. : w.-end 14h-18h ; vac. scol. fév. et Pâques : 14h-17h30 ; mars : w.-end 14h-17h30. 2€. ☎ 04 94 70 63 06.*

Le nom

Vient-il de « ville creusée », à cause des grottes, ou de « ville croisée », comme l'affirment les armes de Villecroze ?

Les gens

1 087 Villecroziens. Ce sont les seigneurs de Villecroze qui aménagèrent une partie des grottes en repaire, au 16e s.

se promener

Vieux village

Enserré dans d'anciennes murailles reconverties en murs de soutènement, il a conservé ses rues étroites. Non loin se dresse l'église Notre-Dame, du 18e s. De la tour de l'Horloge (15e s.), on atteint la **rue des Arcades**. La rue de France a conservé son charme médiéval.

Parc municipal

Une cascade d'une quarantaine de mètres dévale de la falaise et coule en ruisseau dans le jardin. Un chemin fléché monte vers les grottes.

Belvédère★

1 km, en bordure de la route vers Tourtour. **Panorama★** circulaire sur Tourtour, les plans de Provence, Villecroze, Salernes, le Gros Bessillon et, plus loin à l'Est, sur les Maures et la Ste-Baume *(table d'orientation).*

Villefranche-sur-Mer★

Ce joli port de pêche a gardé tout son charme du 17ᵉ s. avec ses couleurs, ses ruelles imbriquées et sa citadelle. La station balnéaire de Villefranche est surtout connue pour sa rade★★, encadrée de pentes boisées, l'une des plus belles de la Méditerranée. La baie s'étend entre la presqu'île du cap Ferrat et les hauteurs du mont Boron ; profonde (25 à 60 m), elle peut accueillir une escadre entière.

La situation

Carte Michelin Local 341 E5 - Schéma p. 302 - Alpes-Maritimes (06). La rade est signalée par trois phares et un sémaphore. Pour les voitures, parkings autour de la citadelle et sur la darse. 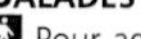 *Jardin François-Binon, 06230 Villefranche-sur-Mer, ☎ 04 93 01 73 68.*

Le nom

Le neveu de Saint Louis, le comte de Provence Charles II d'Anjou, fonda la ville au 13ᵉ s. et lui accorda des libertés ou « franchises » commerciales. D'où le nom.

Les gens

6 833 Villefranchois. Ambiance populaire aujourd'hui, artistique hier. Quatre citoyens ou fils adoptifs de la ville lui ont laissé leur art dans les musées qui portent leur nom : Cocteau, Volti, Goetz et Boumeester.

Balades

Pour admirer la rade d'en haut, monter sur la colline superbement boisée des monts Alban et Boron *(itinéraire à l'Office de tourisme).*

Villefranche-sur-Mer : une rade superbe et des maisons étagées... un petit air d'Italie pour le plus russe des ports méditerranéens.

carnet pratique

Visite

Visites guidées de la ville – Elles sont organisées par l'Office de tourisme mer. à 10h et durent 1h3/4 (5€). Un petit déjeuner et une visite commentée des jardins Volti ont lieu de mai à oct. le ven. à 9h (8€).

Restauration

• ***À bon compte***

La Caravelle – *3 r. de l'Église, vieille ville - ☎ 04 93 01 81 10 - fermé nov.-déc., le midi et mer. hors sais. - 12,96/16,77€.* Ambiance marine en ce petit restaurant où, de la salle à la terrasse, toutes les nuances de bleu se conjuguent. La cuisine y est simple, le service sans chichi et la convivialité toujours présente. En sus, le patron connaît la région par cœur...

• ***Valeur sûre***

La Grignotière – *3 r. du Poilu - ☎ 04 93 76 79 83 - fermé le midi sf dim. et mer. soir hors sais. - 19/32€.* L'enseigne peut induire en erreur, mais les assiettes gargantuesques, se chargeront de vous rassurer. Fi donc des grignotages, on vient ici pour la qualité des produits, cent pour cent frais, et les portions généreuses. Les habitués ne s'y trompent pas !

Hébergement

• ***Valeur sûre***

Le Riviera – *2 av. Albert-Ier - ☎ 04 93 76 62 76 - fermé janv. - 24 ch. : 46/67€ - ☕ 7,50€.* Cet hôtel simplement - mais joliment - rénové offre une halte agréable sur la corniche inférieure. Chambres progressivement améliorées, accessibles à toutes les bourses ; certaines ont vue sur la mer. Petit-déjeuner servi sur le plaisant toit-terrasse.

comprendre

La présence russe à Villefranche – Elle remonte à la fin du 18e s. et a fait preuve depuis d'une originale constance. L'intérêt stratégique de la rade n'avait pas échappé aux autorités maritimes russes de l'époque qui y mouillaient à chaque conflit avec l'empire ottoman. Elle leur devient essentielle quand, au lendemain de la guerre de Crimée en 1856, la flotte militaire russe est privée d'accès à la Méditerranée par le Bosphore : le roi de Sardaigne accepte alors de céder à la Russie le lazaret et la darse de Villefranche qui lui servent de dépôt à vivres et à combustibles. La rade devient alors le port d'attache de la noblesse impériale en villégiature sur la Côte, et ce malgré le rattachement du comté de Nice. ◄ Puis l'intérêt pour le site évolue à la fin du siècle : en 1893, une équipe de scientifiques de Kiev remplace les militaires pour pratiquer des recherches océanographiques en profitant de la présence d'un courant ascendant dans la rade. Ces études, malgré les aléas politiques, se poursuivent jusqu'aux années 1930.

Station de zoologie
L'université de Paris reprend dans les années 1930 les locaux scientifiques russes et y établit une station de zoologie marine de réputation internationale.

Profonde
Les fonds sous-marins de la rade atteignant jusqu'à 60 m ont attiré les bateaux romains avant que ne s'y relâchent bâtiments de guerre russes, yachts ou paquebots. « Port de toute la Côte d'Azur » selon P. Morand, la rade de Villefranche fut, du 14e au 18e s., le grand port de l'État savoyard puis sarde, avant que Nice n'ait le sien. De 1945 à 1962, la base navale américaine y prit ses quartiers.

séjourner

Vieille ville★

Elle s'ouvre sur le charmant port de pêche par un front de hautes façades vivement colorées. La rue du Poilu forme l'artère principale de ce bel enchevêtrement de rues étroites, parfois en escalier ou voûtées, comme la curieuse **rue Obscure**, où la population cherchait refuge lors des bombardements.

Église St-Michel

Discrètement baroque, elle abrite des retables du 18e s. et des statues : en bois polychrome du 16e s., saint Roch et son chien *(à gauche, contre un pilier)*, et un Christ gisant du 17e s., sculpté par un galérien dans un tronc

VILLEFRANCHE-SUR-MER

Cauvin (Av.)	2
Corderie (Quai de la)	3
Corne-d'Or (Bd de la)	5
Courbet (Quai Amiral)	6
Église (R. de l')	7
Foch (Av. du Maréchal)	8
Gallieni (Av. Général)	9
Gaulle (Av. Général-de)	10
Grande-Bretagne (Av. de)	12
Joffre (Av. du Maréchal)	14
Leclerc (Av. Général)	15
Marinières (Promenades des)	16
May (R. de)	18
Obscure (R.)	19
Paix (Pl. de la)	20
Poilu (R. du)	22
Pollonais (Pl. A.)	24
Ponchardier (Quai Amiral)	25
Poullan (Pl. F.)	26
Sadi-Carnot (Av.)	28
Settimelli-Lazare (Bd)	30
Soleil d'Or (Av. du)	31
Verdun (Av. de)	32
Victoire (R. de la)	34
Wilson (Pl.)	35

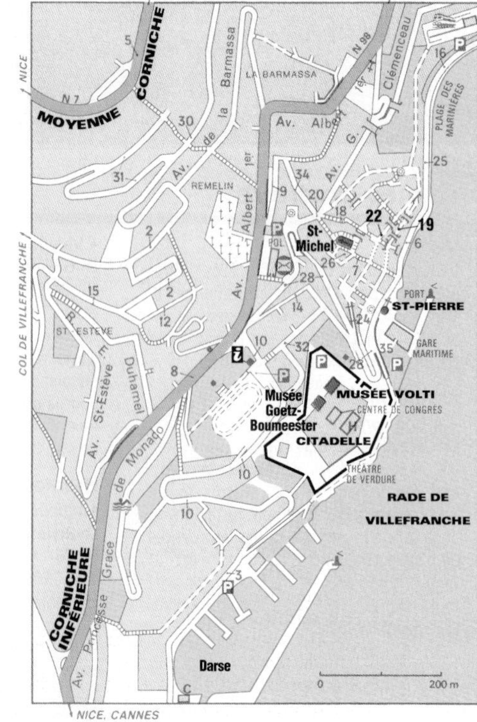

de figuier, d'un réalisme impressionnant *(croisillon gauche)*. À la tribune, orgue typiquement français de 1790, récemment restauré, œuvre des frères Grinda, facteurs niçois de grande réputation.

Darse

C'est l'ancien port militaire où se construisaient les galères et où embarquaient les forçats ; aujourd'hui y mouillent yachts et canots de plaisance.

visiter

Chapelle St-Pierre*

De mi-juin à mi-sept. : tlj sf lun. 10h-12h, 16h-20h30 ; de mi-sept. à mi-déc. : tlj sf lun. 9h30-12h, 14h-18h ; de mi-déc. à mi-mars : tlj sf lun. 9h30-12h, 14h-17h ; de mi-mars à mi-juin : tlj sf. lun. 9h30-12h, 15h-19h. Fermé de mi-nov. à mi-déc. et 25 déc. 2€. 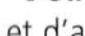 *04 93 76 90 70.*

Jean Cocteau, qui découvrit Villefranche dès 1924, décora la chapelle en 1957. Elle est dédiée à saint Pierre, patron des pêcheurs. Les fresques affirment la primauté du dessin, ample et précis, qui cerne des images figuratives et populaires : elles racontent la vie du saint, mais traitent aussi de sujets profanes comme l'*Hommage aux demoiselles de Villefranche* ou *Les Gitans*. Un décor géométrique relie les différentes scènes.

Voir
De part et d'autre de la porte peinte intérieurement, les flammes des chandeliers de l'Apocalypse – traités en céramique – sont des yeux grands ouverts.

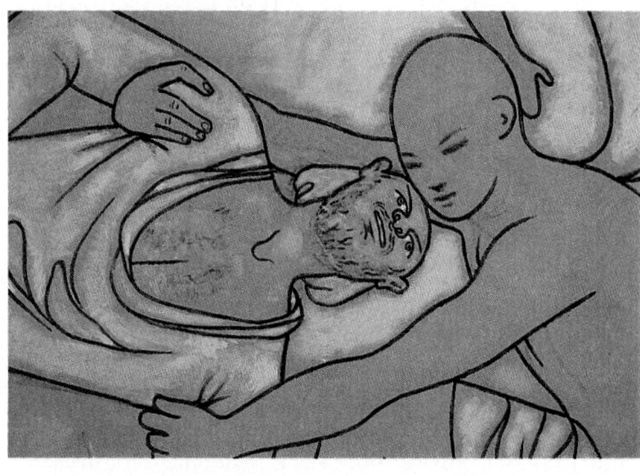

La vie de saint Pierre, vue et dessinée par Jean Cocteau : une ample fresque aux motifs déliés.

Citadelle

Restaurée à la perfection en 1981, elle a été élevée à la fin du 16e s. par le duc de Savoie pour protéger la rade. Elle faisait l'admiration de Vauban et fut épargnée par Louis XIV avec le fort du mont Alban lors de la destruction des défenses du comté de Nice.

Elle abrite l'hôtel de ville, l'ancienne chapelle St-Elme, qui accueille des expositions temporaires, un auditorium de 200 places, un théâtre de verdure et trois musées décrits ci-dessous.

Collection Roux

Dans les casemates de la citadelle. Mêmes conditions de visite que le musée Volti.

Figurines de céramique évoquant des scènes de la vie quotidienne au Moyen Âge et à la Renaissance, réalisées d'après des traités et ouvrages datant de cette époque.

Musée Volti*

Juil.-août : tlj sf mar. 10h-12h, 14h30-19h, dim. 14h30-19h ; juin et sept. : tlj sf mar. 9h-12h, 14h30-18h, dim. 14h30-18h ; oct.-mai : tlj sf mar. 10h-12h, 14h-17h30, dim. 14h-17h30. Fermé nov. Gratuit. ☎ 04 93 76 33 27.

La grande cour de la citadelle et le dédale de casemates voûtées mettent admirablement en valeur les corps voluptueux de Volti, sculpteur de Villefranche que l'on sent formé à l'art de Maillol.

Il excelle dans la représentation inlassable de la femme, dressée avec la suprême élégance des Parisiennes, couchée avec grâce *(Nikaïa)*, noblement assise *(Maternité de*

L'humour n'est pas exclu, des œuvres de Volti, comme dans les *Cavaliers du ciel*, véritables hommes-cheminées en cuivre martelé *(dans la cour)*.

Cachan) ou enroulée comme un œuf *(Lotus)*. Certaines des œuvres les plus récentes atteignent à une majesté monumentale *(La Reine, Minerve...)*. De très belles sanguines accompagnent, çà et là, les sculptures.

Musée Goetz-Boumeester

Juil.-août : tlj sf mar. 10h-12h, 14h30-19h, dim. 14h30-19h ; juin et sept. : tlj sf mar. 9h-12h, 15h-18h, dim. 14h30-19h ; oct.-mai : tlj sf mar. 9h-12h, 14h-17h30, dim. 13h30-18h. Gratuit. ☎ 04 93 76 33 27.

Une centaine d'œuvres, représentant cinquante ans de recherches picturales allant du figuratif à l'abstrait, parmi lesquelles celles du peintre-graveur Henri Goetz, né en 1909, et de son épouse Christine Boumeester (1904-1971) qui donnèrent leur collection à la ville de Villefranche. Également des œuvres-souvenirs signées Picasso, Miró, Hartung, Picabia, etc.

Villeneuve-Loubet

Médiéval

Le vieux village est dominé par le château des Villeneuve *(voir Vence)*, du 13e s., restauré au 19e s. Le haut donjon pentagonal fut en partie édifié au 9e s. C'est dans ce château, où résidait François Ier, que fut signée en 1538 l'éphémère paix de Nice avec Charles Quint (elle ne dura que cinq ans !).

Deux villes en une, contenant tous les contrastes de la Côte : le château médiéval dominant la vieille ville ou la moderne Marina-Baie-des-Anges sur le littoral. Côté mer, une vaste plage de galets. Côté tradition, les villageois pratiquent toujours la pelote provençale à main nue.

La situation

Carte Michelin Local 341 D6 – Schéma p. 134 – Alpes-Maritimes (06). Entre le Loup et la Brague, la plage de Villeneuve prolonge celle de Cagnes. Derrière se trouvent la moderne puis la vieille ville. *16 av. de la Mer, 06270 Villeneuve-Loubet, ☎ 04 92 02 66 16.*

Le nom

Il désigne une agglomération neuve... au Moyen Âge, fondée par un seigneur qui s'appelle Villeneuve, de surcroît ! Loubet, ancien fief voisin, tire son nom du Loup se jette ici dans la mer.

Les gens

12 935 Villeneuvois. Natif de Villeneuve, l'illustre cuisinier Auguste Escoffier (1846-1935) fit ses armes à Nice puis à Paris au Petit Moulin Rouge avant de se forger une réputation dans les palaces qu'il créa avec César Ritz. « Cuisinier des Rois et Roi des Cuisiniers », il sut plaire aux grands de ce monde en leur concoctant des plats attitrés (il créa ainsi la pêche Melba, en l'honneur d'une cantatrice du même nom) tout en innovant dans la légèreté, la simplicité et la qualité.

Due à André Minangoy, Marina-Baie-des-Anges est l'une des réalisations immobilières les plus prestigieuses de la Côte d'Azur... Une réussite ? En tout cas, elle se voit de partout !

visiter

Musée de l'Art culinaire★

Juil.-sept. : tlj sf lun. 14h-19h ; oct.-juin : tlj sf lun. 14h-18h. Fermé nov. et j. fériés. 4,50€. ☎ *04 93 20 80 51.*

Au bord du Loup, dans la maison natale d'**Auguste Escoffier** (1846-1935). Souvenirs du célèbre chef de cuisine qui s'illustra au Savoy et au Carlton de Londres ainsi qu'au Ritz à Paris, et qui fut un ambassadeur de la cuisine française. Riche documentation sur l'art culinaire ; incroyables pièces montées en sucre ou en pâte d'amande. Traversant une pièce joliment réaménagée en cuisine provençale, on monte à la salle affectée à la présentation d'une collection de 1 500 menus, de 1820 à nos jours.

Musée d'Histoire et d'Art

R. de l'Hôtel-de-Ville. 9h-12h, 14h-18h, w.-end 10h-12h. Fermé j. fériés. Gratuit. ☎ *04 92 02 60 50.*

Intéressant musée consacré aux grands conflits dans lesquels la France a été engagée au 20e s. : les deux guerres mondiales, les guerres d'Indochine (1945-1954) et d'Algérie (1954-1962), les interventions au Tchad et au Zaïre (1969-1984), au Liban (1982-1987) et la guerre du Golfe (1991). Expositions temporaires d'art.

Source iconographique

p. 1 : S. Sauvignier/MICHELIN
p. 4 : S. Sauvignier/MICHELIN
p. 4 : S. Sauvignier/MICHELIN
p. 5 : D. Pazery/MICHELIN
p. 16 : D. Thierry/PHOTONONSTOP
p. 18 : Villes et pays d'art et d'histoire
p. 19 : S. Sauvignier/MICHELIN
p. 21 : S. Sauvignier/MICHELIN
p. 23 : E. Baret/MICHELIN
p. 27 : E. Baret/MICHELIN
p. 28 : S. Sauvignier/MICHELIN
p. 31 : D. Pazery/MICHELIN
p. 32 : S. Sauvignier/MICHELIN
p. 34 : S. Sauvignier/MICHELIN
p. 37 : H. Le Gac/MICHELIN
p. 39 : H. Le Gac/MICHELIN
p. 40 : S. Sauvignier/MICHELIN
p. 41 : S. Sauvignier/MICHELIN
p. 42 : R. Corbel/MICHELIN
p. 44 : J.-L. Gallo/MICHELIN
p. 45 : S. Sauvignier/MICHELIN
p. 48 : D. Pazery/MICHELIN
p. 50 : ©Paramout, Kobal, PPCM, 1954
p. 51 : M. Braun
p. 53 : Office de Tourisme, Vallauris-Golfe-Juan
p. 54 : S. Sauvignier/MICHELIN
p. 56 : M. Troncy/HOA QUI
p. 58 : J.-M. Lecerf/HOA QUI
p. 58 : G. Simeone/MICHELIN
p. 58 : C. Moirenc/PHOTONONSTOP
p. 59 : N. Wheeler/PHOTONONSTOP
p. 60 : D. Pazery/MICHELIN
p. 60 : D. Faure/PHOTONONSTOP
p. 60 : E. Valentin/HOA QUI
p. 61 : D. Pazery/MICHELIN
p. 61 : D. Pazery/MICHELIN
p. 62 : Pratt-Pries/PHOTONONSTOP
p. 63 : E. Baret/MICHELIN
p. 64 : J.-Ch. Gérard/PHOTONONSTOP
p. 64 : J.-Ch. Gérard/PHOTONONSTOP
p. 65 : E. Valentin/HOA QUI
p. 65 : N. Wheeler/PHOTONONSTOP
p. 66 : B. Kaufmann/MICHELIN
p. 66 : B. Kaufmann/MICHELIN
p. 67 : E. Baret/MICHELIN
p. 68 : S. de Wilde/JACANA
p. 68 : M. Ajuria/SUNSET
p. 69 : A. Rozenfeld/PHOTOCEANS
p. 69 : A. Rozenfeld/PHOTOCEANS
p. 70 : M. Janvier/MICHELIN
p. 70 : M. Janvier/MICHELIN
p. 70 : D. Pazery/MICHELIN
p. 71 : M. Janvier/MICHELIN
p. 71 : E. Baret/MICHELIN
p. 72 : E. Baret/MICHELIN
p. 73 : E. Baret/MICHELIN
p. 74 : LAUROS-GIRAUDON
p. 74 : LAUROS-GIRAUDON
p. 75 : LAUROS-GIRAUDON
p. 76 : RUE DES ARCHIVES
p. 76 : Brierre/RUE DES ARCHIVES, © Succession Picasso 2000
p. 78 : RUE DES ARCHIVES
p. 78 : RUE DES ARCHIVES
p. 79 : KEYSTONE
p. 80 : R. Corbel/MICHELIN
p. 80 : R. Corbel/MICHELIN
p. 81 : R. Corbel/MICHELIN
p. 81 : R. Corbel/MICHELIN
p. 81 : R. Corbel/MICHELIN
p. 82 : R. Corbel/MICHELIN
p. 82 : R. Corbel/MICHELIN
p. 83 : R. Corbel/MICHELIN
p. 83 : R. Corbel/MICHELIN
p. 83 : R. Corbel/MICHELIN
p. 84 : R. Corbel/MICHELIN
p. 84 : R. Corbel/MICHELIN
p. 85 : R. Corbel/MICHELIN
p. 85 : R. Corbel/MICHELIN
p. 86 : D. Faure/PHOTONONSTOP
p. 86 : E. Baret/MICHELIN
p. 86 : E. Baret/MICHELIN
p. 88 : C. Moirenc/PHOTONONSTOP
p. 89 : P. Ricou
p. 88 : D. Thierry/PHOTONONSTOP, Dubuffet ©Adagp, Paris 2001
p. 89 : D. Thierry/PHOTONONSTOP, Miro © Adagp, Paris 2001
p. 89 : G. Meguerditchian/Centre G. Pompidou © Adagp, Paris 2001
p. 92 : J.-Ch. Gérard/PHOTONONSTOP
p. 92 : J.-Ch. Gérard/PHOTONONSTOP
p. 94 : J.-Ch. Gérard/PHOTONONSTOP
p. 95 : A. Eli/MICHELIN
p. 95 : C. Moirenc/PHOTONONSTOP
p. 96 : H. Amiard/TOP
p. 96 : J.-Ch. Gérard/PHOTONONSTOP
p. 97 : J.-D. Sudres/PHOTONONSTOP
p. 98 : D. Pazery/MICHELIN
p. 99 : D. Pazery/MICHELIN
p. 100 : B. Kaufmann/MICHELIN
p. 101 : S.Sauvignier/MICHELIN
p. 104 : G. Blot/RMN, © Succession Picasso 2000
p. 105 : B. Kaufmann/MICHELIN
p. 106 : S. Sauvignier/MICHELIN
p. 108 : E. Baret/MICHELIN
p. 109 : J.-Ch. Gérard/PHOTONON-STOP
p. 110 : D. Pazery/MICHELIN
p. 112 : B. Kaufmann/MICHELIN
p. 112 : Jardin exotique de Sanary-Bandol
p. 113 : C. Moirenc/PHOTONONSTOP
p. 115 : E. Baret/MICHELIN
p. 116 : D. Pazery/MICHELIN
p. 117 : E. Baret/MICHELIN
p. 119 : B. Kaufmann/MICHELIN
p. 120 : S. Sauvignier/MICHELIN
p. 120 : S. Sauvignier/MICHELIN
p. 122 : D. Pazery/MICHELIN
p. 122 : S. Detchemendy/MICHELIN
p. 124 : E. Baret/MICHELIN
p. 124 : J. Guillard/SCOPE
p. 125 : E. Baret/MICHELIN
p. 126 : E. Baret/MICHELIN
p. 127 : Th. Leconte/MICHELIN
p. 129 : E. Baret/MICHELIN
p. 130 : B. Kaufmann/MICHELIN
p. 131 : E. Baret/MICHELIN
p. 133 : G. Pillon/Société des Courses de la Côte-d'Azur
p. 136 : B. Kaufmann/MICHELIN
p. 137 : S. Sauvignier/MICHELIN
p. 138 : Mirkine/KIPA INTERPRESS
p. 139 : D. Pazery/MICHELIN
p. 140 : D. Pazery/MICHELIN
p. 141 : D. Pazery/MICHELIN
p. 145 : D. Laurent/MICHELIN
p. 146 : S. Sauvignier/MICHELIN
p. 148 : B. Kaufmann/MICHELIN
p. 150 : E. Baret/MICHELIN
p. 151 : D. Pazery/MICHELIN
p. 153 : D. Pazery/MICHELIN
p. 155 : D. Pazery/MICHELIN
p. 157 : SAEP INGERSHEIM/ Musée des Arts et Traditions de moyenne Provence, Draguignan
p. 158 : B. Kaufmann/MICHELIN
p. 158 : B. Kaufmann/MICHELIN
p. 159 : Y. Arthus-Bertrand/ALTITUDE
p. 160 : B. Kaufmann/MICHELIN
p. 162 : S. Sauvignier/MICHELIN
p. 162 : S. Sauvignier/MICHELIN
p. 163 : Office national des forêts
p. 167 : B. Kaufmann/MICHELIN
p. 167 : B. Kaufmann/MICHELIN
p. 169 : B. Kaufmann/MICHELIN
p. 169 : D. Pazery/MICHELIN
p. 172 : D. Pazery/MICHELIN
p. 173 : B. Kaufmann/MICHELIN
p. 176 : E. Baret/MICHELIN
p. 178 : E. Baret/MICHELIN
p. 179 : E. Baret/MICHELIN
p. 180 : E. Baret/MICHELIN
p. 181 : E. Baret/MICHELIN, © Adagp, Paris 2001
p. 183 : B. Kaufmann/MICHELIN
p. 184 : B. Kaufmann/MICHELIN
p. 185 : S. Sauvignier/MICHELIN
p. 186 : B. Kaufmann/MICHELIN
p. 186 : B. Kaufmann/MICHELIN
p. 189 : D. Faure/PHOTONONSTOP
p. 190 : S. Sauvignier/MICHELIN
p. 191 : S. Sauvignier/MICHELIN
p. 193 : B. Kaufmann/MICHELIN
p. 194 : H. Le Gac/MICHELIN
p. 198 : S. Sauvignier/MICHELIN
p. 199 : B. Kaufmann/MICHELIN
p. 200 : B. Kaufmann/MICHELIN
p. 201 : J. Kérébel/PHOTONONSTOP
p. 202 : C. Moirenc/PHOTONONSTOP
p. 203 : B. Kaufmann/MICHELIN
p. 203 : Parc national de Port-Cros
p. 205 : Gonot/PPCM/INA
p. 207 : D. Pazery/MICHELIN
p. 208 : S. Sauvignier/MICHELIN
p. 209 : B. Kaufmann/MICHELIN
p. 211 : ROGER-VIOLLET
p. 213 : B. Kaufmann/MICHELIN
p. 213 : C. Moirenc/PHOTONONSTOP
p. 214 : J.-P. Augier
p. 215 : D. Faure/PHOTONONSTOP
p. 216 : B. Kaufmann/MICHELIN
p. 218 : J. Guillard/SCOPE
p. 219 : E. Baret/MICHELIN
p. 220 : B. Kaufmann/MICHELIN
p. 221 : E. Baret/MICHELIN
p. 222 : D. Thierry/PHOTONONSTOP
p. 224 : J. Guillard/SCOPE
p. 225 : S. Sauvignier/MICHELIN
p. 226 : S. Sauvignier/MICHELIN
p. 226 : D. Pazery/MICHELIN
p. 231 : G. Sioen/RAPHO
p. 231 : E. Baret/MICHELIN
p. 232 : D. Pazery/MICHELIN
p. 233 : E. Baret/MICHELIN
p. 234 : E. Baret/MICHELIN
p. 235 : D. Pazery/MICHELIN
p. 237 : C. Valentin/HOA QUI
p. 239 : J. Guillard/SCOPE
p. 240 : E. Baret/MICHELIN
p. 242 : Parc national du Mercantour
p. 243 : Th. Leconte/PHOTONONSTOP
p. 244 : B. Kaufmann/MICHELIN
p. 244 : B. Kaufmann/MICHELIN
p. 245 : B. Kaufmann/MICHELIN
p. 247 : D. Pazery/MICHELIN
p. 249 : E. Baret/MICHELIN
p. 253 : B. Kaufmann/MICHELIN
p. 254 : A. Soriano
p. 255 : Collection de voitures anciennes de S.A.S. le Prince de Monaco
p. 256 : Musée océanographique, Monaco
p. 257 : Jardin exotique, Monaco
p. 259 : S. Sauvignier/MICHELIN
p. 261 : B. Kaufmann/MICHELIN
p. 263 : GIRAUDON
p. 264 : J.-Ch. Gérard/PHOTONON-STOP
p. 265 : HARLING-VIOLLET
p. 266 : S. Sauvignier/MICHELIN
p. 267 : S. Sauvignier/MICHELIN
p. 269 : B. Kaufmann/MICHELIN
p. 270 : B. Kaufmann/MICHELIN
p. 272 : S. Sauvignier/MICHELIN
p. 276 : Ville de Nice, © Succession Henri Matisse 2000
p. 277 : G. Blot/RMN, © Chagall Adagp, Paris 2001
p. 278 : Musée d'art moderne, © Raysse Adagp, Paris 2001
p. 279 : B. Kaufmann/MICHELIN
p. 280 : LAUROS-GIRAUDON
p. 281 : J.-L. Gallo/MICHELIN
p. 282 : G. Véran/Conseil Général des Alpes Maritimes
p. 284 : B. Kaufmann/MICHELIN
p. 284 : E. Baret/MICHELIN
p. 289 : R. Mazin/PHOTONONSTOP
p. 291 : C. Moirenc/PHOTONONSTOP
p. 293 : B. Kaufmann/MICHELIN
p. 294 : E. Baret/MICHELIN
p. 296 : D. Philippe/ALTITUDE
p. 296 : Musée de la Mine, Cap Garonne
p. 298 : C. Moirenc/PHOTONONSTOP
p. 300 : D. Faure/PHOTONONSTOP
p. 301 : G. Sioen/RAPHO
p. 304 : D. Thierry/PHOTONONSTOP
p. 305 : B. Kaufmann/MICHELIN
p. 309 : E. Baret/MICHELIN
p. 310 : P. Royer/HOA QUI
p. 310 : B. Kaufmann/MICHELIN
p. 311 : E. Baret/MICHELIN
p. 312 : E. Baret/MICHELIN
p. 314 : E. Baret/MICHELIN
p. 316 : D. Thierry/PHOTONONSTOP, © Dubuffet Adagp, Paris 2001
p. 317 : B. Kaufmann/MICHELIN
p. 320 : S. Sauvignier/MICHELIN
p. 321 : E. Baret/MICHELIN
p. 322 : S. Sauvignier/MICHELIN
p. 323 : D. Pazery/MICHELIN
p. 325 : S. Sauvignier/MICHELIN
p. 326 : D. Pazery/MICHELIN
p. 328 : Musée de l'Annonciade, © Adagp, Paris 2001
p. 328 : E. Baret/MICHELIN
p. 330 : D. Pazery/MICHELIN
p. 331 : R. Delon/CASTELET
p. 332 : J.-Ch. Gérard/PHOTONON-STOP
p. 336 : E. Baret/MICHELIN
p. 337 : B. Kaufmann/MICHELIN
p. 338 : D. Pazery/MICHELIN
p. 340 : E. Baret/MICHELIN
p. 341 : E. Baret/MICHELIN
p. 344 : E. Baret/MICHELIN
p. 345 : D. Faure/PHOTONONSTOP
p. 347 : M. Troncy/HOA QUI
p. 349 : S. Sauvignier/MICHELIN
p. 350 : B. Kaufmann/MICHELIN
p. 353 : E. Baret/MICHELIN
p. 354 : B. Kaufmann/MICHELIN
p. 355 : D. Pazery/MICHELIN
p. 356 : D. Pazery/MICHELIN
p. 357 : ROGER-VIOLLET
p. 358 : E. Baret/MICHELIN
p. 363 : D. Pazery/MICHELIN
p. 363 : J.-L. Gallo/MICHELIN
p. 364 : D. Pazery/MICHELIN
p. 364 : J.-L. Gallo/MICHELIN
p. 367 : D. Pazery/MICHELIN
p. 368 : S. Sauvignier/MICHELIN
p. 370 : D. Pazery/MICHELIN
p. 371 : E. Baret/MICHELIN
p. 372 : B. Kaufmann/MICHELIN
p. 374 : B. Kaufmann/MICHELIN
p. 374 : DPPI
p. 375 : J. Bravo/HOA QUI
p. 377 : E. Baret/MICHELIN
p. 378 : S. Sauvignier/MICHELIN
p. 380 : Sarramon/TOP, © Succession Picasso 2000
p. 380 : RMN, Magnelli © Adagp, Paris 2001
p. 383 : S. Sauvignier/MICHELIN
p. 384 : H. del Olmo/RMN, © Succession Matisse 2000
p. 386 : E. Baret/MICHELIN
p. 387 : E. Baret/MICHELIN
p. 389 : B. Kaufmann/MICHELIN
p. 391 : E. Baret/MICHELIN, © Adagp, Paris 2001
p. 392 : E. Baret/MICHELIN

Notes

Notes

Notes

Notes

Index

Nice . . . . Villes, sites et régions touristiques
Picasso . . . . Noms historiques et termes faisant l'objet d'une explication

Les sites isolés (châteaux, abbayes, grottes...) sont répertoriés à leur propre nom.

46, avenue de Breteuil – 75324 Paris Cedex 07
☎ 01 45 66 12 34
www.ViaMichelin.fr
LeGuideVert@fr.michelin.com

Manufacture française des pneumatiques Michelin
Société en commandite par actions au capital de 304 000 000 EUR
Place des Carmes-Déchaux – 63 Clermont-Ferrand (France)
R.C.S. Clermont-Fd B 855 200 507

Dépôt légal mars 2000 – ISBN 2-06-032005-4 – ISSN 0293-9436
Printed in France 12-02/5.6

Compogravure : Le Sanglier à Charleville-Mézières
Impression : Maury à Malesherbes
Brochage : Aubin à Ligugé

Conception graphique : Christiane Beylier à Paris 12e
Maquette de couverture extérieure : Agence Carré Noir à Paris 17e